新疆维吾尔自治区农村信用合作社志丛书

呼图壁县

农村信用合作社志

《呼图壁县农村信用合作社志》
编纂委员会

方志出版社
Publishing House of Local Records

图书在版编目(CIP)数据

呼图壁县农村信用合作社志 /《呼图壁县农村信用合作社志》编纂委员会编. -- 北京 : 方志出版社, 2015.9

ISBN 978-7-5144-1704-3

Ⅰ. ①呼… Ⅱ. ①呼… Ⅲ. ①农村信用社—概况—呼图壁县 Ⅳ. ①F832.745.4

中国版本图书馆CIP数据核字(2015)第218565号

呼图壁县农村信用合作社志

编　　者:《呼图壁县农村信用合作社志》编纂委员会
责任编辑: 张　昊
出 版 人: 冀祥德
出 版 者: 方志出版社
　　地址　北京市朝阳区潘家园东里9号 (国家方志馆4层)
　　邮编　100021
　　网址　http://www.fzph.org
发　　行: 方志出版社发行中心
　　电话 (010) 67110500
经　　销: 各地新华书店
印　　刷: 新疆金版印务有限公司
开　　本: 889×1194　1/16
印　　张: 32.25
字　　数: 820千字
版　　次: 2015年9月第1版　2015年9月第1次印刷
印　　数: 0001~2500册

ISBN 978-7-5144-1704-3　定价: 358.00元

ISBN 978-7-5144-1704-3

9 787514 417043 >

《新疆维吾尔自治区农村信用合作社志丛书》编审机构及编纂人员

《新疆维吾尔自治区农村信用合作社志丛书》编纂委员会

（2013年2月25日）

主　任：阿不都（哈萨克族）

副主任：田海舟　谭建新　李文祖　姜志国　杨志勇　陈伟林

委　员：任　胜　潘　隽　王　虎　薛峰林　高　磊　袁　忠　帕尔哈提·赛帕尔（维吾尔族）
杨照文　张　军　辛夏菡（女）　张晓东　彭名安　吾米提·阿不力克木（维吾尔族）
陶　钧（女）　李耀涛（女）　王　冰　赵雄胜　吴永江　张　涛　宁学金　王彦军
阿德力汗·热合木（哈萨克族）　任建疆　陈海力

《新疆维吾尔自治区农村信用合作社志丛书》编纂委员会

（2014年1月15日）

主　任：阿不都

副主任：田海舟　谭建新　李文祖　姜志国　杨志勇　陈伟林

委　员：任　胜　潘　隽　王　虎　薛峰林　高　磊　袁　忠　帕尔哈提·赛帕尔　杨照文
张　军　辛夏菡　张晓东　彭名安　吾米提·阿不力克木　陶　钧　李耀涛
王　冰　赵雄胜　吴永江　张　涛　宁学金　王彦军　阿德力汗·热合木　任建疆
陈海力　马文学　田　戈　刘怀强　徐长江　王海勇

《新疆维吾尔自治区农村信用合作社志丛书》编辑部

主　　编：任　胜

高级顾问：李锡印

特约编纂：郑东辉　武星斗　刘德润　孙文件　陈德昌

编　　辑：（按姓氏笔画为序）
叶发新　刘晶晶（女）　李　瑞（女）　陈冬梅（女）　唐　凌（女）

《呼图壁县农村信用合作社志》编审机构及编纂人员

《呼图壁县农村信用合作社志》编纂委员会

一、2013年4月10日成立时组成人员

主　任：刘怀强

副主任：朱智岗　刘　娟　叶　斌　陈志高

委　员：唐志艳　闫紫涵　柳茂军　张　闫　冯琬婷　何建斌　姚雅洁　徐贵全

蒋　斌　王玉梅　蔡春元　马文江　陈晓军　陈　军　姚继文　刘金泉

二、2014年1月1日调整后组成人员

主　任：季　明

副主任：刘轶全　叶　斌　陈志高　狄光甫

委　员：王　程　王舞龙　唐志艳　冯琬婷　姚雅洁　祁小娟　马文江　何建斌

夏　琦　杨国锋

《呼图壁县农村信用合作社志》编辑部

主　　编：刘怀强　季　明

副 主 编：叶　斌　陈志高　唐志艳

特邀编纂：刘树靖

编　　辑：王舞龙　周炜娜（女）　叶寿林　李新花（女）　向国忠　闫紫涵（女）

田吉新　王万清　宋巨森　张秋芳（女）　李彦清

《呼图壁县农村信用合作社志》审定验收单位

呼图壁县农村信用合作联社编纂委员会

呼图壁县地方志编纂委员会办公室

《新疆维吾尔自治区农村信用合作社志丛书》编纂委员会

方志出版社

全心全意服务"三农"，支持县域经济发展。

阿不都

2009年9月

阿不都，新疆维吾尔自治区农村信用社联合社党委委员、主任大力开拓农村合作金融新领域，支持县域“三农”经济发展！

杨为新

2009.11.6.

杨为新，中国人民银行昌吉州中心支行党组书记、行长

根植三农
服务三农
和谐共赢

王新伟

2003年8月

王新伟，中国银行业监督管理委员会昌吉监管分局党组书记、局长

发挥金融职能作用
支持县域经济发展。

曾春雷
2009年11月

曾春雷，中共呼图壁县委员会书记

序 一

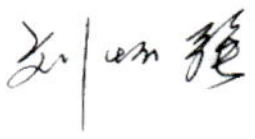

古人云“盛世修志”，呼图壁县农村信用合作社历经沧桑走过了60多年的发展历程，几经内部体制的重大改革，由小到大，由弱到强，在各级党、政和人民银行、农业银行及自治区农村信用社联合社的领导下，经过几代信合干部职工的艰苦创业与励精图治，至今已经是一个基础设施完善、内部管理制度健全、法人治理结构完整、全部业务实现高科技的电子化和规范化运行的现代金融实体。

自2006年自治区农村信用社联合社成立以来，呼图壁县农村信用合作联社迈向高速发展的快车道，也是呼图壁县从农牧业大县向农牧业强县跨越的关键时期，全社干部员工通力协作，发扬信合人吃苦耐劳的精神，积极配合县委、县人民政府产业结构调整的战略规划，有力支持了“三农”和中小微企业的发展，现已成为呼图壁县金融主力军。在9721.6平方公里的这片热土上，全县六镇一乡三场的每一个村庄、角落，各工矿企业、事业、商业等都深深地留下了农村信用社各级管理者和员工的足迹。

在过去艰苦奋斗的60多年里，信用社每前进一步，都付出了很大的艰辛与努力。随着中国经济迈向21世纪，农村经济向专业化、种植多样化转变。在走向世界市场的过程中，二十余万呼图壁县人民又一次翘首期盼，希望农村信用社为呼图壁县的经济发展再上新台阶做出新的更大的贡献。我坚信，我们的信合新一代一定能继承前辈的创业精神，再创新成绩，再铸新辉煌！

只言片语，是为序。

2014年6月24日

作者：刘怀强，中共呼图壁县农村信用合作联社委员会原书记、理事长，现为中共新疆维吾尔自治区农村信用社联合社委员会巡视组巡视专员（副处级）。

序　二

季明

《呼图壁县农村信用合作社志》，是一部体例完备、资料翔实、观点正确的专业志、部门志。在隆重纪念呼图壁县农村信用社成立60周年之际，这部鸿篇巨制得以出版发行，对于全县信合人的物质文明、精神文明、政治文明建设均有深远的历史意义和重大的现实意义。

《呼图壁县农村信用合作社志》在全面调查研究、广征博采资料的基础上，用真实可靠的丰富资料，全面、系统、科学地记述了呼图壁县联社发展与壮大的历史与现状。她横排门类，纵写史实，横陈现状，百科并举，既反映呼图壁县联社的方方面面，又反映了事物之间的内在联系；既反映已取得的伟大成就，又反映前进中的曲折和教训。所记事物的来龙去脉和发展轨迹清晰可鉴，为今后领导决策，为促进民族团结、推动经济发展、维护社会稳定，提供科学依据和历史借鉴。

《呼图壁县农村信用合作社志》为述、记、志、传、图、表、录并用，按章、节、目排列，全志共23章、99节、299目，90万余字，堪称呼图壁县联社"一方之全史""一地之百科全书"。此书的编纂出版，必将为呼图壁县联社更好地为"三农"服务、为建设更加美好的明天服务，发挥巨大而不可估量的作用。

藉以此志付梓之际，我谨代表呼图壁县联社党委和全社员工向志书全体编辑人员、工作人员，以及为这部志书的出版给予关怀、支持的领导、专家、学者、朋友们，致以崇高的敬意和诚挚的感谢！

"疾风知劲草，路遥知马力。"60多年来，信合人那种滴水穿石、绳锯木断的毅力，坚持不懈、持之以恒、锲而不舍的精神，那种"不到长城非好汉"的坚强决心和不拔信念，我们将永远发扬光大、更上层楼。

谨以此与全县信合人共勉！是为序。

2014年10月1日

作者：季明，系呼图壁县农村信用合作联社现任党委书记、理事长。

序 三

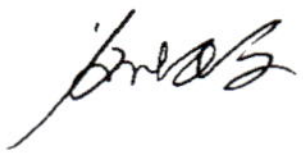

在隆重纪念信用社成立60周年的日子里,《呼图壁县农村信用合作社志》出版发行,作为县联社主任,感到由衷喜悦、格外欣慰!

呼图壁县农村信用合作社始建于1954年3月。在60多年的历程中,呼图壁县信合事业历尽坎坷,走过了一条艰难曲折之路。在呼图壁信合事业遭遇挫折、面临逆境时,广大信合员工始终坚定信念,艰苦奋斗,固守宗旨,努力拼搏,锐意进取,终于使信用社由小变大,由弱到强,成为呼图壁县“三分天下有其一”的合作金融组织。60多年来,在历届呼图壁县委、县政府的正确领导下,尤其是2006年自治区联社成立后在自治区联社党委的坚强领导下,作为涉农金融机构之一,呼图壁县联社为支持“三农”,支持县域经济发展发挥了重要作用,仅以2012年为例,即是明证。是年,县联社投放各项贷款30.96亿元,同比增加7.22亿元,增长30.41%。其中,投放农业贷款29.57亿元,同比增加6.71亿元,占95.51%,增长23.97%;投放农户联保贷款17.71亿元,同比增加6.75亿元,占60%,增长61.57%;“两居”(富民安居,定居兴牧)贷款投放0.50亿元,惠及农牧民1411户;投放涉农中小企业贷款8.31亿元,同比增加0.97亿元,占26.84%,增长13.35%。各项存款余额为35.68亿元,同比增加7.07亿元,增长24.73%。各项存款占全县7家金融机构各项存款的55%,比上年提高2个百分点,居全县金融机构之首。回首往事,既有成功的喜悦,又有受挫的遗憾,正可谓浮想联翩,感慨万千。

《呼图壁县农村信用合作社志》,总结经验,吸取教训,以史为鉴,服务现实,努力做到了思想性、科学性、资料性相统一,力求突出时代特色、地方特色、民族特色,以增强可读性。“文直事核,欲使览者易知”,地方志行文要求秉笔直书,不唯上,不唯亲,只唯实。《呼图壁县农村信用合作社志》正是遵循这一原则,不讳言,不饰美,把真实情况告诉后人,借以“资治、存史、教化”。

在志书编纂过程中,全体纂辑人员经过深挖资料,广征博采,不畏寒暑,精心编写,反复修改,数易其稿,悉心磨砺,终成巨制,功莫大焉!值此志书付印之际,我谨代表县联社向他们表示由衷敬意和诚挚感谢!

志书付梓在即,一瓣心香,赘之为序。

2015年5月31日

作者:刘轶全,系呼图壁县农村信用合作联社现任主任。

凡　例

一、指导思想　本志以马列主义、毛泽东思想、邓小平理论、“三个代表”重要思想、科学发展观及中共十八大精神为指导，运用新观点、新材料、新方法，全面系统、实事求是地记述呼图壁县农村信用社的历史与现状，着重记述改革开放以来呼图壁县农村信用社的发展、壮大史实，以突出时代特色、地方特色和民族特色。

二、记述时限　本志上限自1954年1月1日，下限讫于2012年12月31日。为了说明事物原委，个别处有所延伸，图照延至2015年。

三、记述体裁　本志为述、记、志、传、图、表、录等多种体裁并用，以志为主。以章、节、目为基本框架，横排门类，纵写史实。全志除概述、大事记外，设23章、99节、276目，96万余字。

四、记述方法　本志采用语体文、记述体。为揭示梗概，开宗明旨，各章之首均冠以小序。概述、小序采用“夹叙夹议”手法，以叙为主，略加评议和抒情；大事记以编年体为主，辅以纪事本末体；其余章节，只记史实，不作评述，寓褒贬于记述之中。

五、纪年简称　本志纪年，用公元纪年。为简化文字，新疆维吾尔自治区、昌吉回族自治州、呼图壁县农村信用合作社、呼图壁县农村信用合作社联合社、呼图壁县农村信用合作联社、中国人民银行新疆维吾尔自治区分行、中国人民银行呼图壁县支行、中国农业银行呼图壁县支行、中国银行业监督管理委员会新疆监管局、新疆维吾尔自治区农村信用社联合社、中国银行业监督管理委员会昌吉监管分局首次出现时用全称，其后简称为“自治区”“昌吉州”“呼图壁县信用社（或信用社）”“呼图壁县联合社（或县联合社）”“呼图壁县联社（或县联社）”“人民银行新疆分行”“人民银行呼图壁县支行”“农业银行呼图壁县支行”“新疆监管局”“自治区联社”“昌吉监管分局”；人物首次出现时冠以职务，其后直书姓名。

六、称谓　本志地名、行政区划名、政权和官职名、组织机构和会议名称，均以当时称谓为准；地名有变化的，在括号内注明今名。

七、币制　本志币制，统一采用中华人民共和国成立后人民币新币制，即统用1955年3月1日改革后的新币制。

八、数据计量单位　本志所用数据、计量单位，均以呼图壁县农村信用合作联社当时统计的资料为准；一般用阿拉伯数字书写，历史沿袭的专用名称或数据则用汉字书写。

九、立传人物　遵循“生不立传”原则，不分主、客籍，对信合事业有较大贡献或影响者，予以立传；对县联社高管正、副职领导及其他有贡献和影响者，分别以“人物简介”“人物名表”载之。

十、资料来源　本志资料主要源于县联社档案室、县档案局、县统计局、县委史志办、县联社所属各部门等及少部分口碑资料。资料均经考证核实，行文中一般不注明出处。

联社新貌

1995年9月建的呼图壁县联合社办公大楼

2015年8月竣工的呼图壁县联社综合办公大楼

领导关怀

2011年2月21日，自治区联社党委委员、主任阿不都在呼图壁县联社基层社考察

2011年2月21日，自治区联社党委委员、主任阿不都(左二)带领全疆县、市联社监事长抵呼图壁县枣园信用社考察“五小工程”建设

2012年8月，自治区联社党委副书记田海舟（左一）在呼图壁县联社检查指导工作

2010年5月31日，新疆监管局局长王新伟（上排左二）在呼图壁县联社考察

2010年10月9日，昌吉监管分局纪检书记童欣（左一）在呼图壁县考察棉花企业加工情况

信合机构

呼图壁县联合社第六届理事会成员（2002年）左起：何建斌、李财寿、叶斌、刘怀强、李澍、姚继文、刘娟

呼图壁县联合社第三届监事会成员（2002年）左起：唐志艳、王惠琴、柳茂军、张闫、王程

呼图壁县联社党委班子成员(2008年)左起:陈志高、叶斌、刘怀强、朱智岗、王惠琴

呼图壁县联社第一届理事会(2008年)部分成员左起:匡玉林、柯永福、李贵泉、贺云龙、刘怀强、朱智岗、罗文辉、叶斌

呼图壁县联社第一届监事会（2008年）部分成员左起：甘润枝、马燕、王惠琴、张辉、李子良、柳茂军

呼图壁县联社经营班子（2008~2012年）左起：副主任叶斌、主任朱智岗、副主任陈志高

呼图壁县联社党委班子成员（2013年8月）左起：狄光甫、刘铁全、季明、叶斌、陈志高

呼图壁县联社第三届理事会成员（2013年）前排左起：李玉山、刘铁全、季明、王多明，后排左起：杨国锋、罗存福、柳茂军、张新芳、孟彪

呼图壁县联社第三届监事会成员（2013年）左起：张闫、何建斌、叶斌、李军、徐新柱

呼图壁县联社经营班子成员（2013年8月）左起：副主任陈志高、主任刘铁全、副主任狄光甫

2006年12月7日，呼图壁县联社（统一法人）创立暨一届一次社代会代表合影

2015年2月12日，呼图壁县联社召开三届三次社代会

2009年3月14日,呼图壁县联社召开一届四次社代会

2009年3月20日,呼图壁县联社四届一次职代会表决现场

2010年10月28日，呼图壁县联社召开二届二次理（监）事会

2010年3月17日，呼图壁县联社召开五届二次职代会

经营管理

2010年11月19日，呼图壁县联社召开2010年三季度经营分析工作例会

2014年7月23日，呼图壁县联社召开全辖主任、信贷员存款及不良贷款工作专题会议

2004年3月，呼图壁县联合社经营班子召开乡镇信用社主任工作会

2009年9月，呼图壁县联社召开不良贷款清收攻坚动员大会

2008年10月，呼图壁县联社党委书记、理事长刘怀强（左三）陪同昌吉监管分局党组书记、局长李文彪（左一）深入企业调研

2008年10月，呼图壁县联社主任朱智岗（左一）深入企业调研

2010年10月，呼图壁县联社党委书记、理事长刘怀强（右三）、联社主任朱智岗（右一）陪同昌吉监管分局纪检书记童欣（右二）在棉花收购企业调研

2010年3月，呼图壁县联社主任朱智岗（右二）在养羊专业户了解绵羊育肥情况

2010年8月，呼图壁县联社理事长刘怀强(前排左一)在农户番茄地了解收成情况

2010年8月，呼图壁县联社主任朱智岗(右二)、副主任陈志高(左一)在番茄种植专业合作社调研

2014年9月，呼图壁县联社党委书记、理事长季明（右二）在北疆面粉厂调研

2014年9月18日，呼图壁县联社党委书记、理事长季明（右四）陪同昌吉监管分局局长王新伟（右三）、副局长甘俊世（右二）一行参观天山农业千亩甘草种植基地

2014年5月，呼图壁县联社主任刘铁全（左三）在呼图壁县大丰镇新疆同发饲草料种植农民专业合作社调研

服务“三农”

2009年1月，呼图壁县联社党委书记、理事长刘怀强（前排左一）在社团贷款签约仪式现场

2009年9月17日，呼图壁县联社召开旺季“三收”工作动员大会

2008年4月，呼图壁县大丰信用社主任桂玉海（右二）、信贷员张鑫（右一）在大丰镇给农户办理贷款

2010年9月，呼图壁县联社党委书记、理事长刘怀强（前排中）、主任朱智岗（后排左二）、副主任叶斌（后排右一）在棉花加工收购企业社团贷款合同签字仪式现场

2010年12月，呼图壁县联社与新疆动力源生物科技有限公司举行社团贷款8000万元合同签字仪式

信用工程

2010年9月8日，呼图壁县联社在兵团农六师一〇五团召开2009年度农 村信用工程创建总结暨表彰大会

2013年10月29日，呼图壁县信用工程建设创建“信用县”工作推进会在县联社召开

2013年4月3日，呼图壁县联社在石梯子哈萨克族乡召开全疆第一个“哈萨克族信用乡镇”授牌大会

业务宣传

2010年5月12日，呼图壁县联社在兵团第六师芳草湖农场开展送“金融知识”下团场活动

2009年3月11日，呼图壁县联社在县城繁华地段开展“争当优质文明信用户”享受贷款优惠利率宣传教育活动

2010年5月13日，呼图壁县联社与人民银行呼图壁县支行在县城繁华地段联袂开展反洗钱反假币反假发票犯罪活动

2008年6月14日，呼图壁县联社在银星信用社门前举行呼图壁县征信知识宣传月活动

2012年10月5日，呼图壁县联社在大丰镇开展农村金融服务“三大工程”法规宣传活动

2005年8月，呼图壁县联合社在县城繁华地段开展电子商业汇兑宣传活动

业务培训

2014年3月13日，呼图壁县联社举办网上银行业务培训班

2011年4月14日，呼图壁县联社举办反假币上岗资格培训班

2010年4月，呼图壁县联社举办安全保卫培训班

2010年11月16日，呼图壁县联社举办自律监管及审计业务培训班

2015年3月27日，呼图壁县联社举办第二期信贷业务培训班

2010年5月13日，呼图壁县联社举办会计业务培训班

2011年9月10日，呼图壁县联社举办“三项整治”工作整改培训班

2013年3月15日，呼图壁县联社举办银行服务标准网点项目辅导培训班

技术练兵

2009年11月21日，呼图壁县联社举行员工珠算大比武

2010年7月17日，呼图壁县联社举行员工业务技能达标考核选拔赛

2011年12月10日，呼图壁县联社举行员工手工点钞比赛

网络建设

2002年11月11日，呼图壁县网上银行业务开通签字仪式在县联合社举行

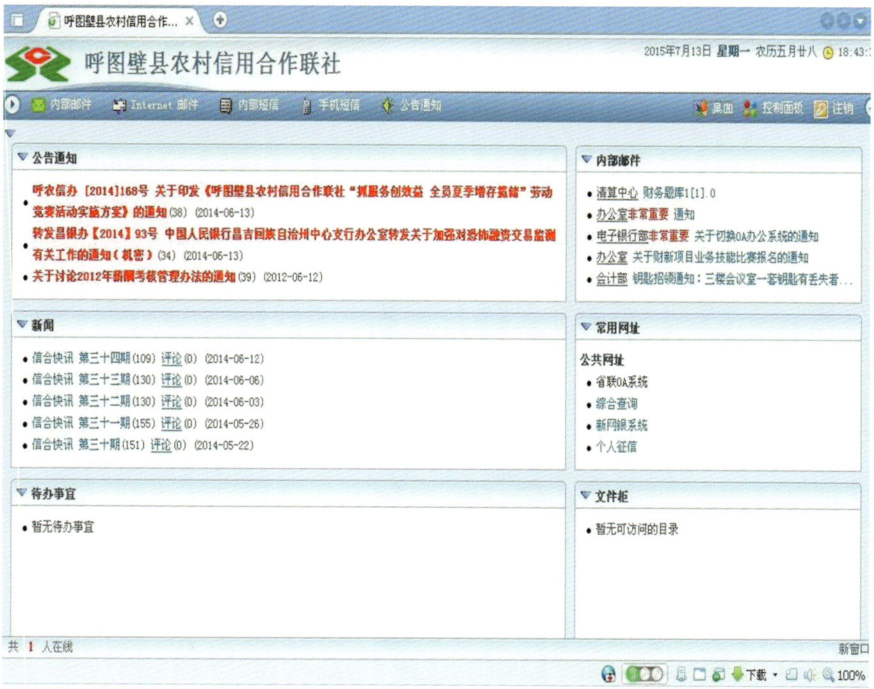

2007年1月，呼图壁县联社OA办公系统上线运行

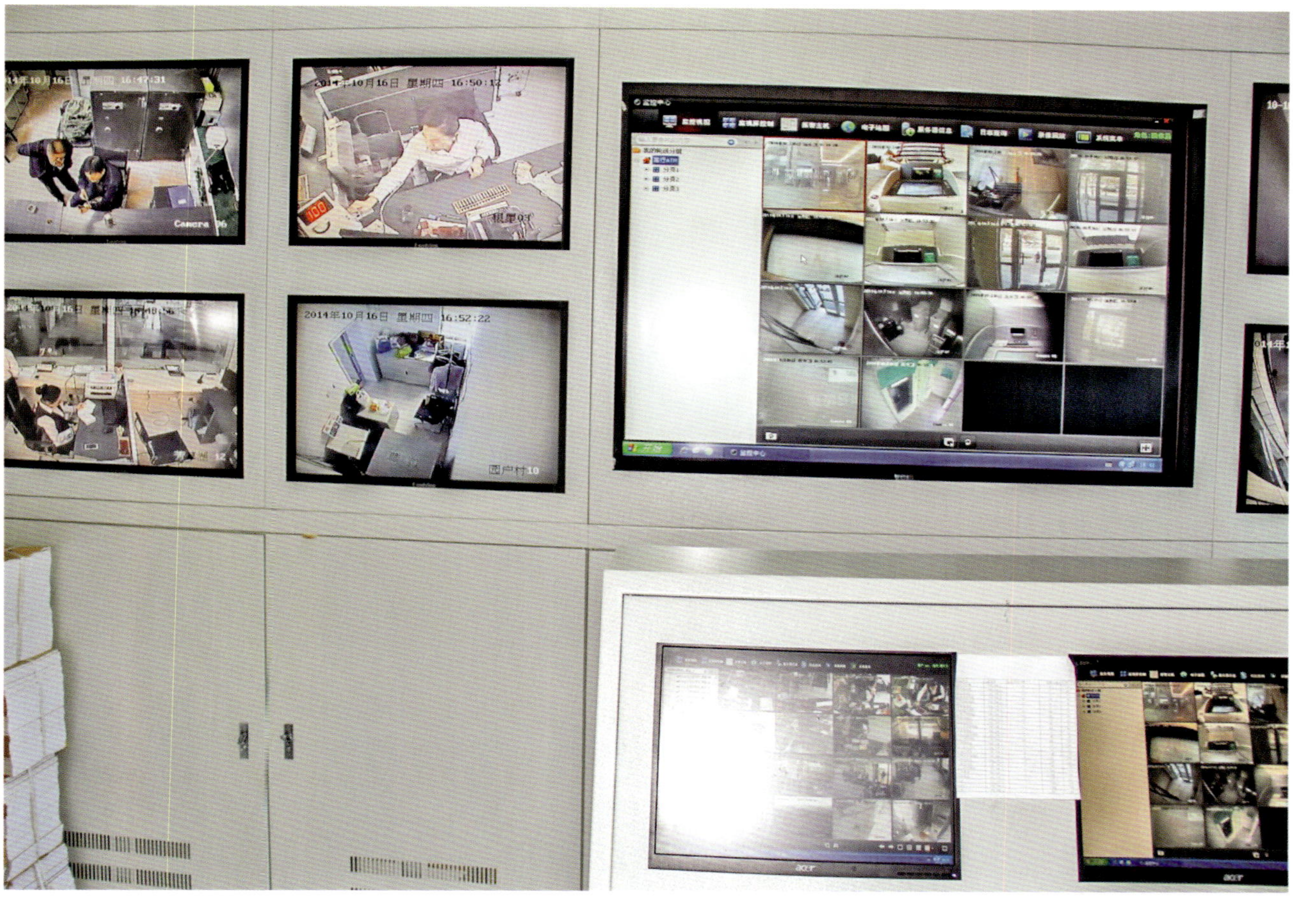

2010年3月,呼图壁县联社建立总监控室

2010年9月,呼图壁县联社开办自助银行服务窗口

安全保卫

2009年4月28日，呼图壁县联社副主任陈志高(左三)与基层社安全员消防演练现场

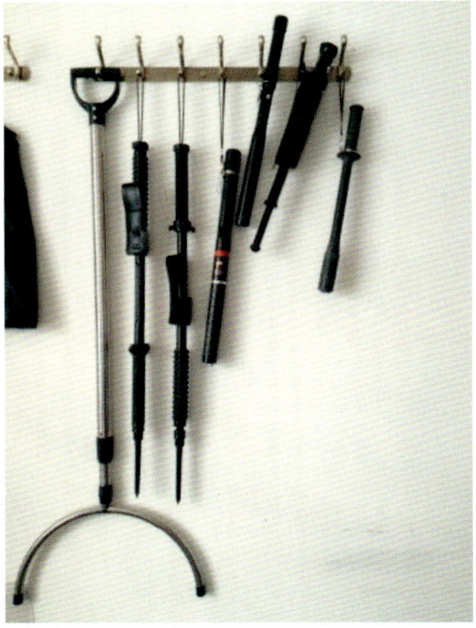

呼图壁县联社安全保卫部分器械

呼图壁县武装押运人员为呼图壁县联社营业部送钞

书法《龙》(刘怀强)

国画《大山深处》(周炜娜)

十字绣《清明上河图》(潘存娟)

手工艺品《鹰》(达列力·热斯别克)

摄影《春映桃花别样红》(蒋斌)

2011年6月28日,呼图壁县联社举行庆祝建党90周年骑自行车比赛

2010年6月28日,呼图壁县联社篮球代表队在呼图壁县建党89周年篮球友谊赛中获冠军

2009年4月25日,呼图壁县联社举行庆"五一"迎"五四"职工拔河比赛

1998年2月11日,呼图壁县联合社秧歌队在呼图壁县第八届元宵节秧歌社火大赛中表演自编的《老夫老妻闹元宵》

2009年6月19日，呼图壁县联社举行“迎七一，因为有你而骄傲”演讲比赛

2008年7月8日，呼图壁县联社举办征信知识竞赛

2015年1月24日，呼图壁县联社迎新春联欢会员工风采

2015年4月27日，呼图壁县联社在呼图壁县第十三届职工运动会中获体操比赛第一名

党建工作

2010年7月7日，呼图壁县联社召开第十二个党风廉政教育月活动动员大会

2012年12月29日，呼图壁县联社召开机关党员民主生活会

2011年7月20日，呼图壁县联社全体党员在庆"七一"野外活动中宣誓

2008年10月19日，呼图壁县联社举行深入学习实践科学发展观活动动员大会

2013年8月12日，呼图壁县联社召开党的群众路线教育实践活动动员部署会

社团活动

2010年5月27日，呼图壁县联社召开2010年“双拥”工作座谈会

2010年7月28日，呼图壁县联社主任朱智岗（左五）一行前往县武警消防官兵赠送节日慰问品

2013年7月17日，呼图壁县联社雷锋志愿服务队在县敬老院帮助老人整理衣物、打扫卫生并送西瓜和牛奶

爱心捐献

2005年1月15日，呼图壁县联合社159名干部职工为印度洋地震海啸灾区捐款

2009年7月17日，呼图壁县联社干部职工向“7·5”暴恐事件中无辜受伤的群众、公安干警、武警官兵捐款

2009年7月21日，呼图壁县联社领导班子前往呼图壁镇西河社区慰问少数民族群众

温暖职工

2009年1月21日，呼图壁县联社党委书记、理事长刘怀强（左一）慰问退休老党员张春山

2010年2月5日，呼图壁县联社主任朱智岗（左一）慰问藏族退休老干部来国珍

2013年1月22日，呼图壁县联社副主任陈志高（右）慰问县联社扶贫帮困对象呼图壁镇美华社区维吾尔族居民吐尔迪·亚库甫

2014年7月1日，呼图壁县联社党委书记、理事长季明（左）给退休老职工李生珍送去节日慰问金

档案管理

2004年3月6~7日，呼图壁县联合社举办档案管理培训班

2012年，呼图壁县联社装修一新的档案室

1998年11月28日，呼图壁县联合社被自治区档案局评为档案管理新疆维吾尔自治区一级单位

贷款支持的重点企业

西域春乳业公司产品包装车间

鑫联煤化工公司生产厂区

天山农业公司办公楼

二十里店镇苗木花卉农民专业合作社彩叶造型生产区

北疆面粉厂生产车间

岁月钩沉

20世纪60~70年代，呼图壁县信用合作社使用过的办公桌

20世纪60~70年代，呼图壁县信用合作社员工使用过的算盘、黄背包及穿过的黄球鞋

20世纪50~70年代，呼图壁县信用合作社员工使用过的煤油灯、马灯、罩子灯及铜锁

20世纪70~80年代，呼图壁县信用合作社职工张春山持有的城镇居民粮油供应证

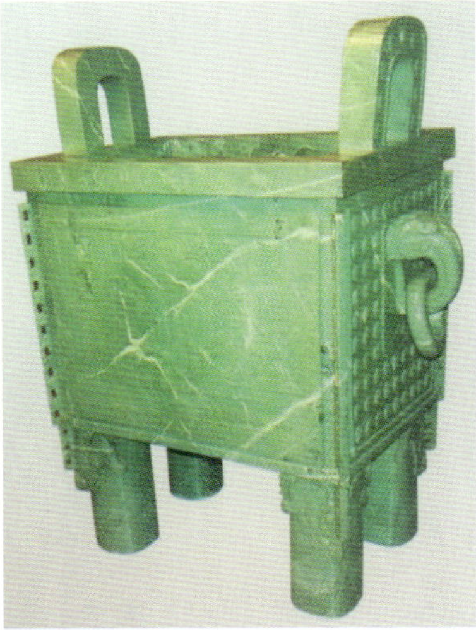

2007年6月，为纪念取消乡级法人社、县联社统一法人社成立而制做玉鼎一尊、玉印一枚，刘怀强在玉鼎上题词“信合宝鼎，盛世乾坤”

20世纪60年代，信用合作社员工工作证

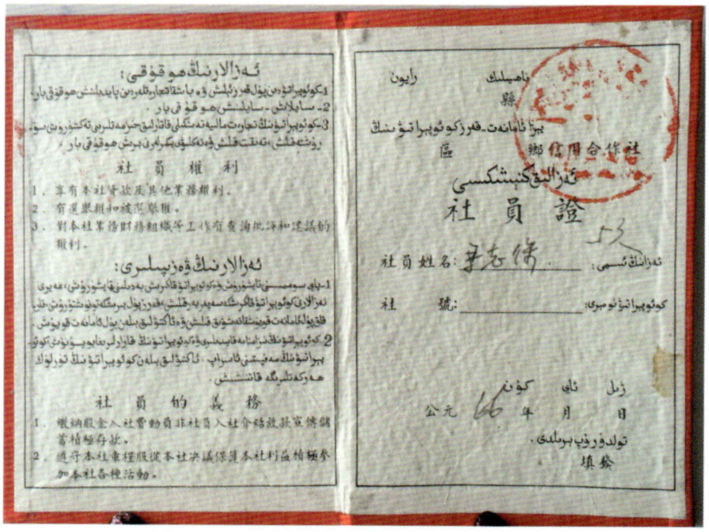

1966年，呼图壁县信用合作社社员持有的社员证

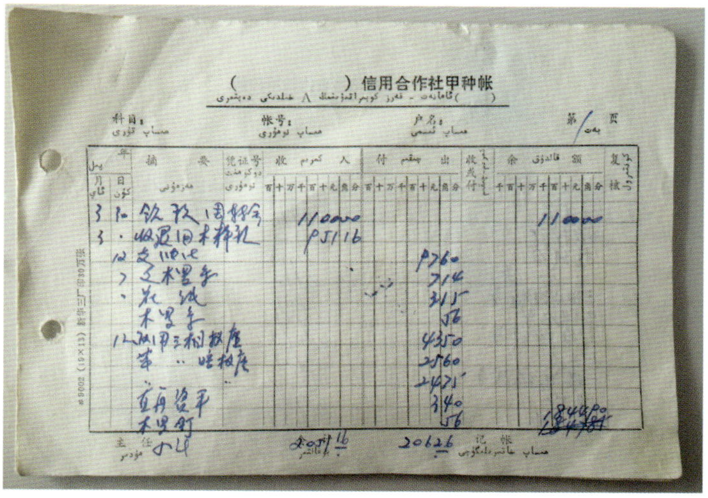

20世纪60～80年代，信用合作社甲种账页

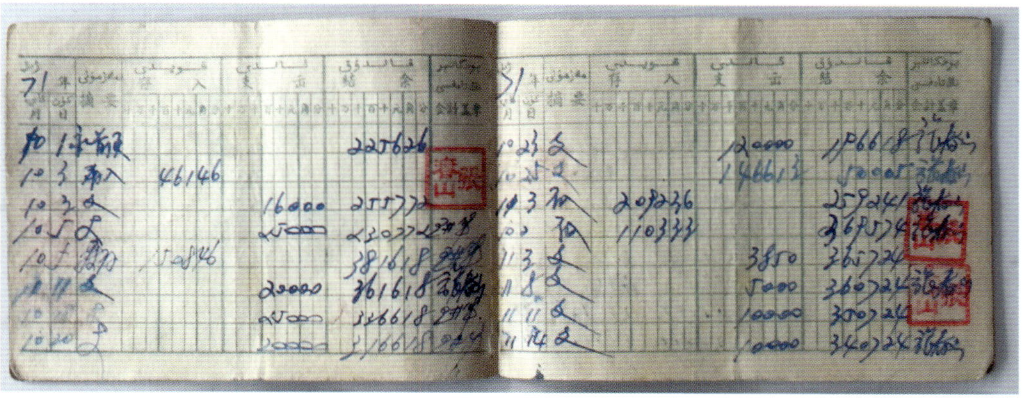

1971年，呼图壁县信用合作社活期存折

1989年，国家财政部为从事会计工作满三十年人员颁发的荣誉证书

20世纪60年代，呼图壁县信用合作社社员股金证

荣誉称号

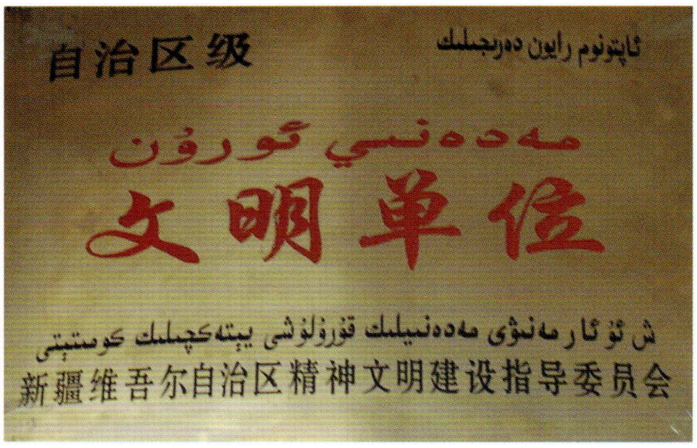
自治区级
文明单位
新疆维吾尔自治区精神文明建设指导委员会

纳税信用等级企业
A级
2009-2010
自治区地方税务局
监制

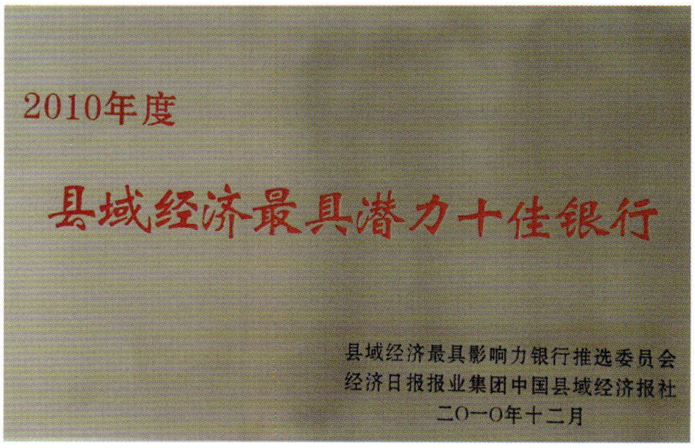
2010年度
县域经济最具潜力十佳银行
县域经济最具影响力银行推选委员会
经济日报报业集团中国县域经济报社
二〇一〇年十二月

档案管理
自治区一级单位

自治区级
卫生红旗单位
新疆维吾尔自治区爱国卫生运动委员会

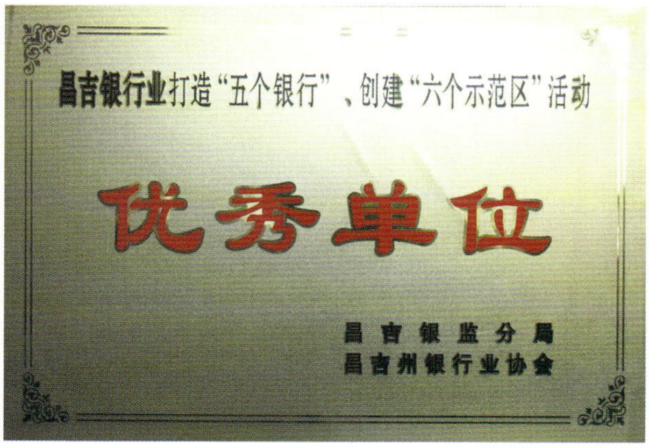
昌吉银行业打造“五个银行”、创建“六个示范区”活动
优秀单位
昌吉银监分局
昌吉州银行业协会

光荣里程

“五小”建设

2008年，呼图壁县联社为9家基层信用社建起小宿舍、小食堂、小浴室、小菜园、小阅览室等“五小”工程

县域风光

3000年前呼图壁县康家石门子生殖崇拜岩画(双头同体像)

形成于7000万年前中国最长的侏罗纪山脉——国家AAA级旅游景区呼图壁县百里丹霞画廊一角

2011年，呼图壁县世纪园被国家旅游局评定为AAAA级国家旅游景区

食帛园—视觉、味觉、听觉的“盛宴展厅”

卧龙山滑雪场—
银色仙境，天然冰雪旅游胜地

红莲山风景区：佛教圣地，红莲传奇；国家A级旅游风景区

呼图壁人民公园一角

马桥故城遗址

大海子晚霞美景

清同治四年(1865),为抗击沙俄阿古柏侵略,民团首领徐学功、高克武(高四)率众修筑的马桥子城

莲花争艳

野鸭情趣

沙漠风光

翩翩起舞的白鹭

修志剪影

2013年5月22日，自治区联社修志办主任任胜一行4人抵县联社指导修志工作

2013年6月26日，自治区联社修志专家组抵县联社检查指导修志工作

2015年6月4日，自治区联社修志专家组抵县联社召开修志工作座谈会

2015年6月，呼图壁县联社办公室副主任、社志办公室负责人王舞龙（左二）与全体编辑人员研讨社志现场

2015年5月，社志编辑编写志稿现场，左起为李新花、周炜娜、刘树靖、向国忠

呼图壁县农村信用合作联社网点分布图

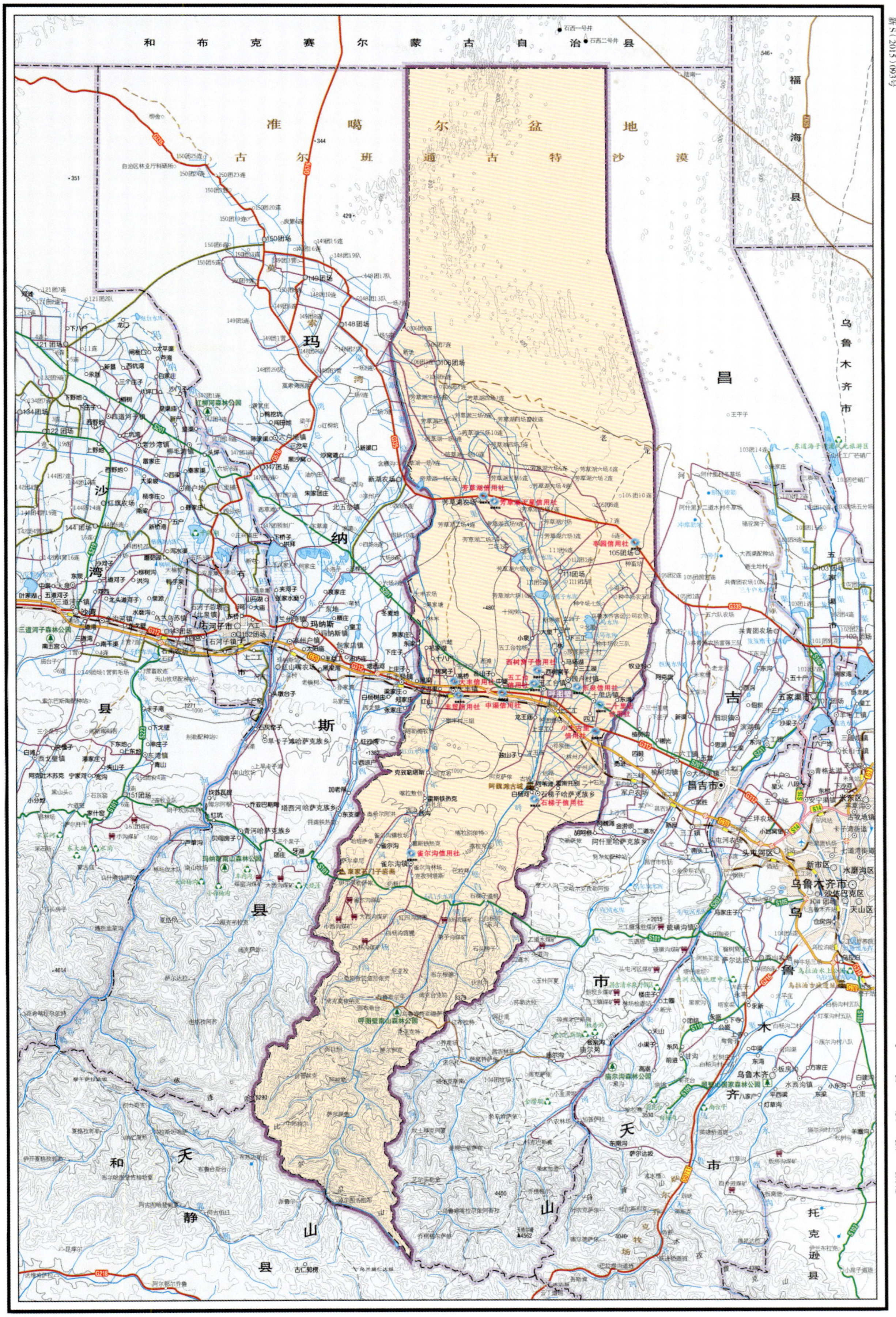

呼图壁县农村信用合作联社城区网点分布图

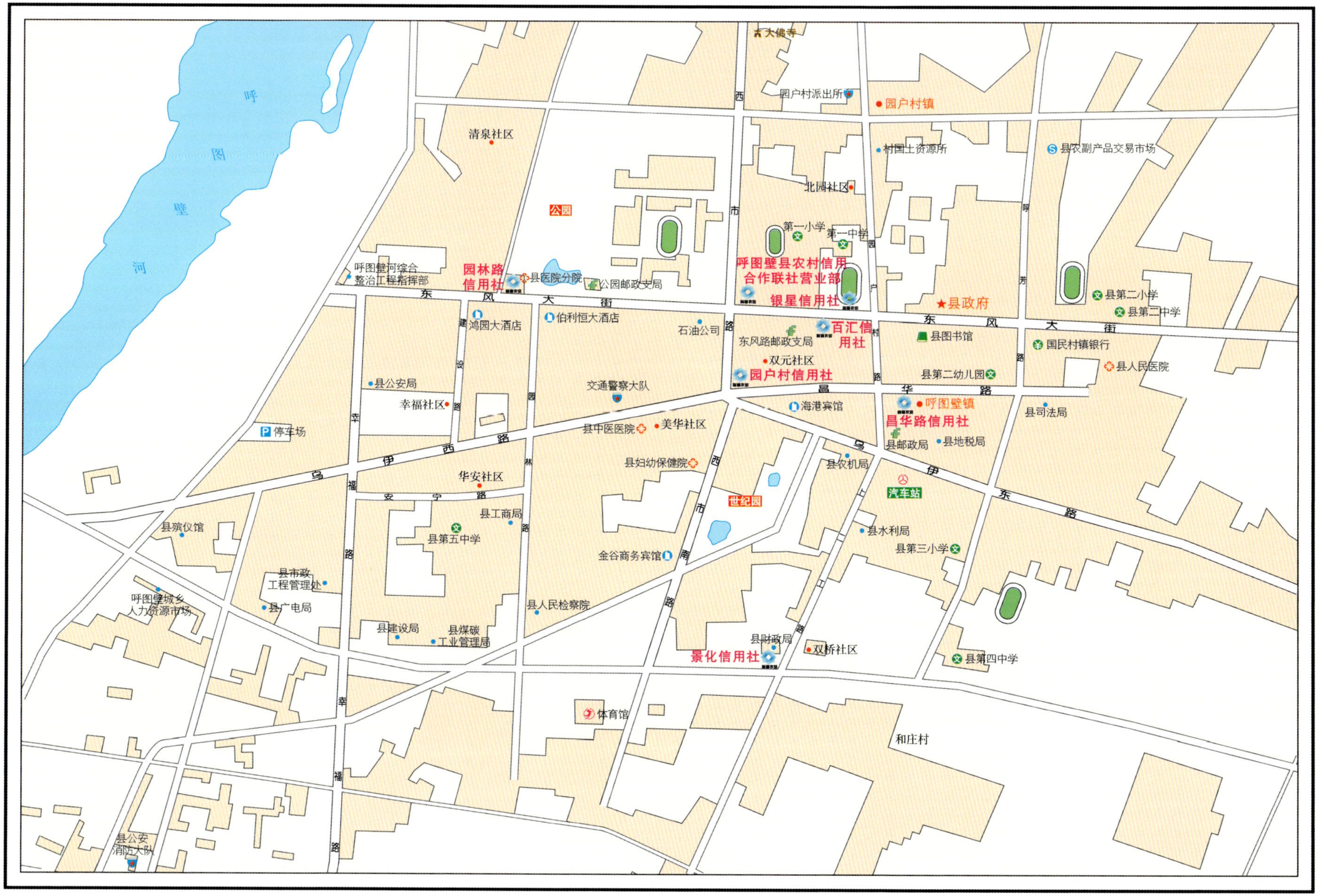

新S(2015)093号

目　录

第二章　机　构

第三章　体制改革

第四章　职工队伍

第五章　人民币管理

第六章 股 金

第七章 存 款

第八章 贷 款

第九章 利 率

第十章 信用工程

第十一章 资产风险管理

第十二章 会计 出纳

第十三章 财务管理

第十四章 稽核审计

第十五章 电子银行业务

第十六章 资金业务

第十七章 优惠政策

第十八章 安全保卫

第十九章 社务管理

第二十章 党群组织

第二十一章 精神文明建设

第二十二章 企业文化

第二十三章 人 物

附　录

概　述

一

呼图壁县位于天山北麓中段，准噶尔盆地南缘，地处北纬43°16′~45°20′，东经86°05′~87°7′26″之间，为玛纳斯近邻之门户、石河子东侧之要冲，总面积9721.6平方千米。

呼图壁，历史悠久。西周时代即有先民繁衍生息，天山康家石门子生殖崇拜岩画即为佐证。“呼图壁”一名，是由宋、元时期的蒙古语“古塔巴”或“苦塔巴”及以后的“呼图克拜”谐音而来，意即神灵出没之地，取吉祥貌。古为汉代西域五十国之中的乌贪訾离国（都于娄谷）、东且（ju）弥国（都兑虚谷）和劫国的结合部，民国7年（1918）正式设县，属迪化（乌鲁木齐）道所辖。1949年9月25日新疆和平解放后，属乌鲁木齐专署。1958年，改属昌吉回族自治州迄今。2012年，全县共有6镇、1乡、16个社区居委会、49个村民委员会，人口21.73万。是年年末，全县生产总值106.87亿元，比上年增长16.7%，是改革开放前1978年社会生产总值2865万元的373倍。

呼图壁县农村信用合作联社（以下简称县联社），驻呼图壁县东风大街西端61号。由县联社驻地南行4千米抵呼图壁火车站；沿乌阿（乌鲁木齐至阿拉山口）铁路东行80千米至乌鲁木齐市；西行75千米达石河子市。乘汽车经乌奎（乌鲁木齐至奎屯）高速公路抵达上述两市与火车路程相当。汽车和火车，均可通达大江南北，长城内外。距地窝堡国际机场约65千米，机场通航天南海北（天津、南京、上海、北京）、广州、深圳及世界各国。呼图壁是古代举世闻名的丝绸之路新北道上的重要驿站，是通往中亚、欧洲诸国的必由之路，历来为兵家必争之地，素有“东进咽喉，西出隘口”“欧亚大陆桥头堡”之称。

境内有举世闻名的3000年前康家石门子生殖崇拜岩画等省级重点文物保护单位和百里丹霞画廊、世纪园等20余处自然和人文风景名胜。历代名贤志士寄情于这片奇山异水，留下诸多遗迹，如清洪亮吉、林则徐、祁韵士等都有诗文传于世，招来中外游客络绎不绝。呼图壁县是新疆抗击阿古柏侵略的著名民族英雄徐学功、高克武（高四）故里。清同治三年（1864），徐、高率民团千余众在古尔班通古特沙漠边缘马桥子（今兵团第六师一〇六团）筑城自卫，配合清军抵御外侮、收复失地、重建家园长达13年之久。如今，马桥子故城已成为一处爱国主义教育基地、旅游胜迹。另外，呼图壁拥有西北五省区最大的苗木花卉中心，呼图壁西甜瓜、番茄、大白桃、李光桃、大枣、西域春牛奶等名优特产和各类民族风情园等，尤其是近10余年，诗、词、书、画、奇石等特色旅游呈活跃态势。

呼图壁县是全国科技进步先进县。作为新疆农业大县、畜牧业强县、“乌昌一小时经济圈”“天山北坡经济带排头兵、领头雁”、资源富县、交通枢纽，加之上述得天独厚的区位优势，光彩夺目的人文、自然优势和地方党政领导的关心与科学决策，给呼图壁县农村信用合作事业发展奠定坚实的物质基础，创造良好的外部条件。

二

60年来，呼图壁县农村信用合作社机构及其隶属关系演变犹如一部传奇小说，波澜起伏，跌宕曲折，走过了一条几经周折之路，大致可分为5个历史阶段。

第一阶段，1954~1957年人民银行呼图壁县支行领导时期。1951年5月，全国农村金融工作会议召开后，本着“重点试办、创造经验、推动全面”的工作方针，新疆农村信用合作社组织如雨后春笋勃勃兴起，呼图壁县农村信用合作社随之应运而生。1954年3月25日，渭户乡（今兵团第六师芳草湖农场六分场）农村信用合作社成立，这是呼图壁县第一个农村信用合作社（简称信用社）。5月，渭户乡河西四个村信用社成立。至1957年底，全县共建立信用社19个（农区13个，牧区6个），有干部36人。信用社干部由半脱产转为全脱产，工资与党政部门干部一样。从信用社成立到1957年，信用社业务上由人民银行呼图壁县支行领导，行政和人事受区公所或乡（镇）政府领导，业务受农业银行呼图壁县支行指导。

第二阶段，1958~1978年严重受挫时期。在1958~1978年的20多年间，农村信用社大起大落，跌宕起伏。1958~1962年人民公社化后，信用社改为信用部，属于人民公社领导，是人民公社的组成部分。1963~1965年，各公社信用部恢复信用社名称受农业银行呼图壁县支行领导。1965年10月农业银行撤并后，1966~1968年各公社信用社又划归人民银行呼图壁县支行领导。1969~1973年，各公社信用社移交贫下中农管理委员会（简称贫管会）领导。人权、财权和资金调动权概属贫管会领导。1974~1978年，由于信用社财务混乱，亏损严重，限制了贫管会的权利，贫管会只负责政治思想工作，信用社的行政、业务仍归人民银行呼图壁县支行领导。在贫下中农管理信用社期间，信用社员工由脱产改为不脱产，走“亦工亦农”道路，美其名曰“红专道路”。这种管理上的混乱，造成信用社业务停顿、财务瘫痪，事业停滞不前。

第三阶段，1979~1996年农业银行呼图壁县支行管理时期。中共十一届三中全会后，1979年农村信用社业务发展初步改观。是年，全县共有12个独立核算的信用社，干部40多人。1979~1996年，农业银行第三次成立后，呼图壁县农村信用合作社划归农业银行呼图壁县支行领导。1980年，农业银行呼图壁县支行设信用合作股作为农业银行一个专门管理信用社的部门。1984年8月，国务院批转《中国农业银行〈关于农村信用社管理体制改革的报告〉》，对信用社的本质特征、改革方向、政策措施作了明确规定，从而改善农业银行对信用社的领导和管理，逐步理顺行社关系。1988年5月8日，呼图壁县农村信用合作社联合社（简称县联合社）成立，由农业银行呼图壁县支行行长乔生福兼任县联合社主任，县信用合作社成为农业银行呼图壁县支行的“基层机构”，被纳入“官办”轨道。至1996年年底，全辖有9个独立核算信用社，营业机构网点32个，职工135人，其中正式工67人，专职代办员68人。

第四阶段，1996~2006年县联合社与农业银行呼图壁县支行脱钩，人民银行呼图壁县支行管理时期。1996年8月，国务院下发《关于农村金融体制改革的决定》。同年11月19日，县联合社与农业银行呼图壁县支行正式脱离行政隶属关系，实行“自主经营，独立核算，自负盈亏，自担风险”

的管理体制。1997~2003年，县联合社及乡镇信用社归人民银行昌吉州中心支行（农金办）领导。2004~2005年，县联合社及乡镇信用社划归昌吉监管分局领导。中国人民银行内设农村合作金融监管职能部门，承担农村信用社管理和行业管理的双重职能。2006年底，全辖有县级联社1个、法人社7个、分社15个，职工184人，其中在岗176人，内退8人。

第五阶段，2006年7月后县联社划归自治区农村信用社联合社领导，从此农村信用社有了上级管理组织。2003年6月27日，国务院下发《关于深化农村信用社改革试点方案的通知》，要求加快信用社管理体制和产权制度改革，标志着农村信用社新一轮改革全面启动。2006年12月22日，呼图壁县农村信用合作联社（简称县联社）开业。至2012年，县联社及乡镇信用社实行“统一法人、统一核算、分级管理、授权经营”的管理体制，取消乡镇信用社的独立法人资格。县联社划归自治区农村信用合作社联合社领导。自此，呼图壁县农村信用社的改革工作取得实质性成效。至2012年年底，县联社共有营业机构20个，其中城区7个，农牧区13个；员工264人，其中在岗204人，劳务派遣41人，退休19人。

三

1954~2012年，60年来，呼图壁县农村信用社的股金和存款在一次次困难和逆境中顽强地生存，并不断发展和壮大。

1954~1955年，呼图壁县各乡镇信用社成立初期，国民经济处于困难时期，信用社的股金和存款微乎其微。至1955年年底，股金仅有1.11万元、存款0.56万元。1957年，随着对农业社会主义改造的逐步完成，呼图壁县国民经济日益发展，信用社的存款也不断增加。是年年底，全县19个信用社存款达到42.3万元。1958年，以人民公社生产大队为单位设立信用部，全县21个信用部存款仅有3.4万元，比1957年减少38.9万元。1959年开展比武打擂、踊跃储蓄“放卫星”活动，年底各项存款余额达到104.9万元，是1958年的30.9倍。但由于“浮夸风”和“一平二调”共产风的影响，农业经济遭到严重破坏，信用社存款余额逐年下降，1962年呼图壁县信用社存款余额降至53万元，比1959年减少51.9万元。1965年，回升到92.2万元，信用社业务趋于正常。

1966年5月，“文化大革命”开始，信用社刚刚恢复的正常秩序被打乱。尤其在“宁要社会主义的草，不要资本主义的苗”“反对金钱至上”等极“左”思潮影响下，各种行之有效的规章制度被废除，正确的经营理念受到批判，股金和存款余额逐年下降，有的信用社亏损严重，资不抵债，濒临倒闭。至1969年，呼图壁县信用社当年总计存款余额34.1万元，比1965年减少58.1万元。

1976年10月，十年“文化大革命”结束。1977年，国务院颁发《关于整顿和加强银行工作的几项规定》，明确“信用社是集体金融组织，又是国家银行的基层机构”，实行统一的信贷和利率政策，经营管理比照银行办法办理，信用社成为国家银行的基层机构。管理体制的变革给信用社的事业发展创造有利条件。1978年中共十一届三中全会后，信用社存款余额逐年增加。1979年呼图壁县信用社存款余额189.9万元，至1985年增至846万元，其中储蓄存款767.7万元。股金从1958年的3.79万元增至1985年的8.12万元。

1988年5月8日，呼图壁县农村信用合作社联合社成立后，根据国务院批转中国农业银行《关于改革信用社管理体制的报告》，提出把信用社真正办成群众性的金融组织，在遵守国家金融政策和接受农业银行领导、监督下，独立自主地开展业务，恢复和加强信用社“组织上的群众性、管理上的民主性、经营上的灵活性”。呼图壁县联合社工作作风的大转变带来股金和存款余额的大幅提升。至1995年，各项存款余额突破亿元大关，达到11192万元，比1985年增长13.23倍，其中储蓄存款10665万元，比1985年增长13.89倍。股金余额从1985年8.12万元增至1995年的200多万元，增长25倍。

1996年11月19日，呼图壁县联合社与农业银行脱离行政隶属关系后，自我发展的运行体制给县联合社事业发展创造更加有利的条件，广开财源，适时开办多种存款业务，股金和存款余额跨越式增长。1996年，县联合社股金余额200余万元；2002年增长到1057.7万元（其中职工入股248.1万元）；2005年增长到3021.53万元（其中法人股金515.63万元，自然人股金1773.3万元，职工股金732.6万元），是1996年股金余额的15倍。1996年各项存款余额12763万元，比1995年11192万元增加1571万元；2002年各项存款余额30961万元增至2005年62441万元，是1995年各项存款余额的5.5倍。

2006年12月22日，呼图壁县农村信用合作联社统一法人社成立后，在自治区联社的正确领导下，呼图壁县联社股金与存款业务得到长足发展。2007年股金余额3479万元增至2009年7187.42万元；2010年11495万元增至2012年15732.63万元，是2005年股金余额3021.53万元的5.21倍。2007年各项存款余额72060万元增至2009年143656万元；2010年各项存款余额221226万元增至2012年356884万元，首次突破35亿元大关，是2005年存款余额的5.71倍，占全县7家金融机构各项存款总数的55%，比2011年提高2个百分点，居全县金融机构之首。

四

天降大任于斯也，信用社自成立即成为服务“三农”（农业、农村、农民）以及支持社队企业发展的主要载体，堪称支持县域经济发展“三分天下必有其一”的中坚力量。

1954~1955年，农业合作化时期，呼图壁县各乡信用社成立初期，贷款结构单一，项目简单，主要帮助农民解决生活、生产、治病等方面的燃眉之急，农民经济拮据，贷款颇少。

1958年，在国民经济“大跃进”和人民公社化运动中，国家下放管理体制，1959年人民银行呼图壁县支行的基层营业所与信用社行社合一，隶属人民公社，以生产大队为单位设立信用分部，信用社资金被占用，干部被抽调搞其他工作，农村信用关系遭到不同程度的破坏。加上三年经济困难，农业歉收，导致信贷失控，存款业务萎缩。1955~1960年，6年时间发放贷款94.7万元。1963年自然灾害严重，农民不仅交不起公粮而且还得吃回销粮，有9个生产队获无偿贷款1.8万元。1965年，国家批准信用社豁免1961年以前旧贷款20.4万元，其中社队18.63万元，社员1.77万元。

1966~1976年，因“文化大革命”运动，农业生产高度集体化，社员发展私有经济一律被取消，家庭副业被当成“资本主义尾巴”割掉，一切“以阶级斗争为纲”，阶级斗争成为信用社的工作重点，因而信用社发放农户个人贷款在较长时期内处于低谷。

1978年，中共十一届三中全会后，农村推行家庭联产承包生产责任制，提倡发展多种经营，搞活农村经济，呼图壁县农村信用社的农贷工作从支持集体农业向支持农户个体经营转变。大量涌现的土地承包户、种养专业户、重点户及各类个体户成为信用社支持的主体对象。1980年发放农业贷款125万元，1982年137万元，1983年222万元，1984年409万元，1985年499万元。至1990年，发放量达到1687万元，是1985年499万元的3.38倍。

1991年，是“八五”计划的开局之年，按照年初全疆农业银行支行长会议精神，认真贯彻落实中共中央、国务院《关于1991年农业和农村工作的通知》，呼图壁县联合社在把握产业结构变化趋势的前提下，突出支持农业生产、强化信贷服务，把支持承包户的生产经营作为信贷支持的重点，优先满足农户生产费用需求，同时积极稳妥地支持发展农业社会化服务体系。是年，全辖累计发放各项贷款2476万元，比1990年增加789万元，增长46.77%。1993年累计发放各项贷款3530万元，1994年累计发放9207万元。1995年累计发放9717万元，是1990年1687万元的5.76倍。

1996年11月19日，呼图壁县联合社与农业银行呼图壁县支行脱离隶属关系后，进一步松绑、放权、搞活。县联合社坚持“以农为本，服务三农，富民强社，振兴信合”的经营理念，把信贷支持放在突出位置，明确目标，责任到人，做到计划优先安排，资金切实到位。1997年各项贷款累计发放突破亿元大关，达到17750万元；2003年各项贷款累计发放突破3亿元，达到35681万元；2004年突破4亿元，达到40808万元；2005年突破6亿元，达到61684万元，是1995年9717万元的6.35倍，有力地支持县域经济的跨越式发展。

2006年12月22日，统一法人的呼图壁县联社成立后，才真正步入自主经营、自我管理新常态。在自治区联社领导下，通过一系列改革整顿和规范管理，不断拓宽贷款领域，不断调整贷款投向，呼图壁县联社贷款业务进入一个史无前例的辉煌时期：2007年累计发放各项贷款83978万元，2008年累计发放99775万元。2009年，各项贷款累计发放突破10亿元大关，达到139270万元。2010年累计发放各项贷款158890万元，2011年累计发放237399万元。2012年各项贷款累计发放突破30亿元大关，达到309602万元，同比增加72203万元，增长30.41%。年末各项贷款余额和增量市场份额均居全县7家金融机构之首，达到国家银监会提出的“两个不低于”（涉农贷款的增量不低于上年，涉农贷款的增速不低于全部贷款的增速）工作目标。呼图壁县联社在支持县域经济发展中发挥举足轻重、无可替代的作用。

五

回眸60多年的风雨历程，呼图壁县农村信用社由小变大，从弱到强，由老一代信合人的“挎包银行”“马背银行”到今天成为集存款、贷款、结算、汇兑、中间业务、兵团业务、网上银行、电子银行等多种功能于一体，网点遍布城乡的现代化合作金融机构，已成为居全县金融份额60%以上的农村金融主力军，其曲折发展之路表明：

（一）党的领导是发展的强有力保证。无论是2008年县联社成立党委还是以前的党总支、党支部，始终坚持以邓小平理论、“三个代表”重要思想为指导，以科学发展观为统领，以提高党的执政能力和先进性建设为主线，以加强组织建设为重点，以开展“天山先锋”实践活动为抓手，以改革创新精神大力加强党的思想、组织、作风、制度建设和反腐倡廉建设，全面推进县联社“三个文明”（物质、精神、政治文明）建设。始终坚持党是县联社各项事业的领导核心，不断增强党组织的号召力、创造力、凝聚力和战斗力，把全体员工紧紧团结在党组织周围，为县联社各项事业的快速、健康发展，提供坚强的组织保证。2000~2012年，多次被呼图壁县委、县人民政府评为先进基层党组织、为人民服务标准化党支部、党建示范企业、机关党的建设工作先进党组织、“三个代表”活动优秀党组织等荣誉称号。事实证明，信用社茁壮成长、发展壮大，盖出于党的英明决策、正确领导。

（二）加大制度改革和信贷管理是发展的基本保证。一是改革用工制度。实行员工内部退养、干部竞聘上岗制度，联社机关中层干部、联社营业部及各乡镇信用社正、副主任一律实行竞聘上岗，搬掉“金交椅”，打破“铁饭碗”。二是推行绩效薪酬制。建立基本生活保障下的薪酬制，真正体现“多劳多得、不劳不得”的分配原则，打破干好干坏一个样的“平均主义”。三是优化网点机构，增强抗风险能力。按照“调整结构，合理布局”的要求，对业务量小、支付困难、长期亏损、资不抵债的信用社，采取降格、撤销、合并等办法进行调整。四是推行贷款第一责任人制度。明确责任，严格考核，对违规违纪责任人实行待岗清收，直到清收完毕方可返回原单位等措施。五是依靠地方党委、政府及政法部门行政、法律及经济制裁等手段清收。同时，对历史形成的不良贷款，采取新老划段、专职清收的办法清收。六是设立风险管理部，基层社设置不良资产管理岗位，明确风险问责。七是加强财务管理。认真执行“三重一大”制度，按程序规范操作流程，严格审查大额财务支出和固定资产投资及其开支报审制度。八是建立新增不良贷款责任追究制度，促进经营收入的有效增长，降低经营成本，增加利润空间。由于上述制度的制定和实施，企业发生天翻地覆的变化：各项存款余额从2000年的24316万元飙升到2012年的356884万元；各项贷款余额由2000年的9316万元飙升到2012年的236792万元；税后利润由2000年的23万元飙升到2012年的8600万元，比2000年增长37.39倍。

（三）实施人才战略是发展的关键。事业的成功与否取决于人才。为更好地使用和管理人才，呼图壁县联社建立人才库，制定《人才管理办法》，数十年如一日念念不忘“人才经”，始终在发现、培养、团结、爱惜和使用人才方面大做文章。仅2011~2012年，就举办核心系统和新员工等各种培训班50多期受训者达1100多人次，并招收文化水平较高的新员工60名，其中本科生27名。2012年，全辖有员工245人，其中大专以上文化程度219人，占员工总数的89.39%。为进一步提高员工素质，县联社不惜代价从乌鲁木齐市、石河子市、昌吉市，甚至从北京、西安、深圳等地请来金融、财政、司法、税务及礼仪等方面的专家授课。呼图壁县联社从关怀人才着手，创办的“五小”（小宿舍、小食堂、小浴室、小菜园、小阅览室）建设覆盖率达100%，为员工营造温馨、舒适的学习、工作、生活环境，极大地改变干部员工的工作作风，树立良好的信合形象，因而成为自治区联社实施人才战略和“五小建设”的领头羊和示范点。

（四）优化信用环境是发展的“强心剂”。为“三农”提供快捷、便利、有效的金融服务，创建乡镇（团场）信用工程，推行农户（农工）资信卡办贷，开办农户（农工）小额信用贷款、农户联保贷款、乡镇（团场）企业贷款、社团贷款、事业单位贷款、个人房产抵押贷款、再就业小额担保贷款、农民专业合作社贷款、妇女创业贷款，助学贷款、住房消费贷款、兵团农工贷款等十多个涉农贷款项目，开展贷款营销、送货上门、信用乡镇村户评定等。截至2012年，共评定信用户20489户，占农户总数的55.06%；评定信用乡镇5个，占71.4%。有了良好的信用环境，解决贷款难问题，信用社成了农民的精神支柱，农民像服了一副“强心剂”，从而有力地推动信用社的蓬勃发展。

（五）创新企业文化是发展的“助推器”。20世纪50~70年代，县联社开展舞狮、龙灯、旱船、秧歌、高跷等“社火”和自编自演小曲子、秦腔等戏曲活动；80~90年代，运用在街口村头建长期性宣传栏、板报壁画、巡回文艺演唱等形式，推动企业文化发展。1995年以来，借春节和元宵节灯展之机宣传企业，每年不失时机组织宣传车下乡、设咨询站、散发宣传资料；举办各类演讲和征文比赛及书法、绘画、摄影展等。1999~2008年，先后创办《农村合作金融通讯》《信合简报》《信合快讯》，至2012年分别内部印行100、65和84期。2005年，投资50多万元在城乡繁华地段制作灯箱及外宣广告，并与县电视台联办新闻节目、制作专题宣传片。自2012年起，将每年的12月1日确定为县联社职工文化艺术节。60年来，信用社企业文化红红火火，行风正、人气旺。实践证明，企业文化是信用社发展的“助推器”，是兴社之魂、强社之基，是凝聚力和向心力的磁场，为信用社的繁荣、发展发挥巨大作用。

（六）艰苦奋斗、勤俭节约是发展之源。呼图壁县联社有艰苦奋斗、勤俭节约、励精图治、拼搏进取的光荣传统。20世纪50~70年代，以王所财、蒋兆茂、唐志成为代表的第一代信合人发扬艰苦奋斗、精打细算过日子的优良传统，使信誉在群众中生根、开花、结果；80~90年代，以乔生福、叶生虎、陈定山为代表的信合人继承老一辈信合人艰苦奋斗、励精图治的优良作风，威武不屈，富贵不淫，为其后裔树立楷模。进入21世纪以来，以刘怀强、朱智岗为代表的新一代信合人注重勤俭节约，严格企业管理，勇于探索，勤于经营，艰苦创业，团结进取，使信用社健康、持续发展，赢得社会广泛赞誉。1998~2012年，县联社曾被评为自治区级文明单位、自治区级信用工程建设先进集体、自治区优秀信用社、自治区纳税信用A级企业、自治区级卫生红旗单位、县域经济最具潜力十佳银行、自治区级模范职工之家、档案管理自治区一级单位等荣誉称号。

六

呼图壁县联社要开创信合事业的新局面，关键在于从实际出发，因地制宜，以人为本，植根三农，服务三农，充分发挥本地优势；在于联社党委班子带领全辖200多名员工同心同德，团结一致，艰苦奋斗，不懈努力，开拓创新，顽强拼搏。

市场的竞争归根结底是人才的竞争，振兴呼图壁信合，首先要抓科技教育和人才培养。要花大力气办好各类专业培训和业务进修，要不惜代价招贤纳士、礼贤下士，改善从业条件，提高员工素质，尽快改变各类人才匮乏尤其是拔尖人才缺的局面。这是全辖员工的百年大计、长远利益之所在。其次，要从“三农”入手，随着地方不断调整产业结构而不断调整信贷投向，拓宽融资渠道，改革体制，疏通环节，逐步形成一个具有开拓性、富有竞争力的金融环境及其人才、事业、服务和管理体系。再次，有效地开发、利用本地资源，就地取材，继续实施人才战略，创新企业文化，进一步增强凝聚力和向心力。一切从实际出发，以法治社，科学发展，由现在的以自主经营为主的粗放型企业向以集约型为主的规范型企业方向迈进。

呼图壁县联社有良好的人缘、地缘优势，有200多名恪职敬业的各族员工和60年建立起来的物质基础和历史积淀，在新世纪社会主义市场经济和中国特色现代化建设上，具有巨大的发展潜力。呼图壁县农村信用社犹如一颗璀璨的明珠，正在巍峨的天山北坡呼图壁河畔闪烁灿烂光辉！

大事记

1954年

3月25日，呼图壁县第一个农村信用合作社——渭户乡（今兵团第六师芳草湖农场六分场）农村信用合作社（以下简称信用社）在河西第六村杨家庄子成立并开业。该社从2月下旬开始筹建，共历31天的筹备。开业时，县党政机关、人民银行呼图壁县支行等单位送锦旗，县长张文治、人民银行呼图壁县支行副行长杨建棠、区乡村干部及社员、群众300多人参加成立大会。会上，张文治作《成立农村信用合作社重大意义的报告》，号召“全县各族人民齐心协力办好自己的信用合作社，发展生产，支援国家工业建设”。社员代表王曰秀、张银德等发表激情洋溢的讲话。殷天秀、叶长秀等妇女当场存款20万元（旧人民币）。社员郭祥玉等当场获低利息贷款100万元，月息1万元（旧人民币）。入社、入股者达299人，占全乡成年人总数的55%。

3月25~28日，渭户乡信用合作社第一届社代会召开，应邀和列席代表300多人参会，县委书记张文治作《成立农村信用合作社重大意义的报告》。大会制定并通过《信用社章程》。

3月，中国人民银行新疆分行干部工作组抵呼图壁县择重点乡进行信用合作社试办工作。

5月29日，呼图壁县渭户乡河西四个村信用合作社成立至今一个多月以来，发放生产贷款830多万元（旧人民币）、生活贷款550多万元（旧人民币）、副业生产贷款80万元（旧人民币）。这些贷款使社员和群众买回大量农具、种子及耕畜、饲料，替一些缺粮及因病和婚丧造成困难的农民解决实际问题。

是年，信用社入社社员566人，入股621股，股金863万元（旧人民币）。其隶属关系属人民银行呼图壁县支行管理。

1955年

2月，全县已建立7个信用社，入社社员3359人，股金1.11亿元（旧人民币）。

3月1日，中国人民银行总行奉命发行印有汉、藏、蒙、维吾尔4种文字的新人民币，主币面额为1元、2元、3元、5元、10元及辅币5角、2角、1角、5分、2分、1分，共11种。各信用社协助执行。

3月，人民银行呼图壁县支行组织工作组分赴各区、乡兑换旧人民币。兑换值按2月21日国务院发布的《关于发行新人民币和收回现行人民币的命令》规定执行，即新人民币1元等于旧人民币

1万元。各信用社配合工作。

是月，人民银行呼图壁县支行开始兑换新版人民币，即3月1日中国人民银行发行的新版人民币（第二套人民币）兑换工作，至5月底结束。各信用社积极配合工作。

4月1日，面额1万元、5万元的旧币在县境市场停止流通，5月1日起停止收兑；票面5000元以下的旧币，6月11日起停止收兑。各信用社配合工作。

是年，县农村信用合作社的贷款利率比照国家专业银行的利率执行。

1956年

年底，全县共建农村信用合作社13个，有社员6117人，股金1.44万元，发放贷款8.06万元。

1957年

2月1日，中国人民银行总行奉命发行5分、2分、1分3种硬辅币，与同额的纸币同时使用。各信用社协助执行。

是年，二十里店乡东滩、头工、宁州户、园户村乡下三工、五工台乡五工台、乱山子6个信用社成立。

1958年

3月12日，全县共认购国家经济建设公债6.46万元，完成认购任务的145.3%。各信用社协助工作。

夏，人民银行呼图壁县支行动员全县干部职工参加县委开展的“除四害”（苍蝇、蚊子、麻雀、老鼠）讲卫生运动。各信用社同时进行。

是年，呼图壁县掀起大办人民公社高潮，信用社归人民公社领导，并根据全国财贸会议精神，实行“两放、三统、一包”体制，即机构人员、资金下放给人民公社；实行统一计划、统一政策、统一流动资金管理；财政任务包干到公社。

是年，人民公社化后，将农村信用社下放给人民公社，改称信用部，并冠以公社名称。

1959年

3月，大丰公社信用部被中国人民银行评为全国先进单位，并颁发奖状。

1960年

2月，在人民银行呼图壁县支行和信用部学习四川省江油县“安排生产资金，准备生产资料”的经验活动中，人民银行新疆分行派两个工作组分赴托克逊、呼图壁两县重点推广江油县的经验。

是年，中央颁发农村人民公社“六十条”，对人民公社确定“三级所有、队为基础”的体制，解散公共食堂，允许社员耕种自留地，开展养猪、养羊、养鸡、农副产品加工等家庭副业生产。县信用部把贷款重点放在解决社员生产、生活急需问题上。

1962年

3月，县境平地不见雪，出现新中国建立以来未曾有过的干旱，全县各信用部员工积极放贷，登门服务，主动帮助社员解决生产、生活困难。

是月，全县各信用部学习贯彻中共中央、国务院《关于切实加强银行工作的集中统一，严格控制货币发行的决定》（即银行六条）。

4月20日，人民银行总行陆续发行第三套人民币。主币有1元、2元、5元、10元4种，辅币有1角、2角、5角3种。遵照上级指示，人民银行呼图壁县支行开展发行工作，至1966年1月10日结束。各信用部协助执行。

11月，人民银行呼图壁县支行贯彻中央政府批转人民银行总行《关于农村信用社若干问题的规定》，决定恢复信用社的性质和任务，重新明确农村信用社组织的独立地位，并赋予自主权，信用社干部待遇按照人民公社同级干部的待遇标准执行。

12月，人民银行呼图壁县支行贯彻中共中央、国务院批转的人民银行总行《关于农村信用社若干问题的决定》，压缩农村信贷规模，整顿农村信用社。

是年，人民银行呼图壁县支行贯彻中央政府决定：将农村信用社的领导权从生产大队收回，由人民银行呼图壁县支行直接领导。

1963年

是年，人民银行呼图壁县支行贯彻3月19日国务院批转的《中国人民银行关于信用合作社干部口粮和副食品、日用品供应情况的报告》规定："信用合作社脱产干部的口粮，全部改由国家供应，他们的副食品和日用品……由商业部门供应。"

是年，改信用部为信用合作社，并冠以公社名称。

1964年

1月1日，农业银行呼图壁县支行成立，有职工39人。至此，人民公社农村信用合作社脱离人民银行归农业银行管理。至1965年10月1日，农业银行呼图壁县支行并入人民银行呼图壁县支行，信用合作社又随之属人民银行呼图壁县支行管理。

4月15日，人民银行呼图壁县支行奉命回收兑换1955年发行的由苏联代印的1953年面额为3元、5元、10元的3种人民币（简称"三票"），并停止在市场上使用，同时人民银行总行自印的主币进行市场流通。各信用合作社协助执行。

是年，人民银行呼图壁县支行执行人民银行总行颁发的10项基本规定，即"钱账分管、当时记账、先借后贷、账折见面、日清月结、双人管库、双人押运、账要复核、款要复点、按月对账"。各信用合作社协助执行。

1965年

人民银行呼图壁县支行根据人民银行总行《关于农村四类分子能否参加信用社和向信用社贷款问题的通知》精神，各人民公社农村信用合作社对四类分子贷款原则上停止办理，但对已经是信用社社员、有困难需要解决的，经理事会批准后方可办理。否则，不予办理。

1966年

6月，“文化大革命”开始，人民公社农村信用合作社干部职工即投入运动。

11月5日，在“文化大革命”“左”的错误影响下，县委、县人委决定，10个大队更名：“三工”更名为“团结”，“和庄”为“向阳”，“长胜”为“红卫”，“头工”为“红升”，“五工台”为“东风”，“乱山子”为“红胜”，“西树窝子”为“永红”，“大泉”为“红湖”，“石梯子一大队”为“山鹰”，“二大队”为“前进”。全县各人民公社农村信用合作社名称也随之更改。

是年，全县农牧区21个农村信用合作社以人民公社为单位合并为6个大社，即园户村、二十里店、五工台、大丰、雀尔沟、石梯子农村信用合作社。

1967年

1月，“文化大革命”继续深入，名目繁多的“革命造反队”“战斗队”“造反兵团”“司令部”等群众组织纷纷出现，并冠以“捍卫最高指示”“红旗”“延安”“井冈山”“瑞金”“敢把皇帝拉下马”“炮声隆”“无法无天”等名称。全县各人民公社农村信用合作社部分干部职工也参加相关群众组织。

1972年

10月，人民银行呼图壁县支行贯彻人民银行总行“全国银行工作会议”精神，重新明确人民公社农村信用合作社职工的政治和经济待遇，不再要求人民公社农村信用合作社走“亦工亦农”道路。

是年，全县6个人民公社农村信用合作社（大社）划分为22个小社，即十三户、下三工、上二工、和庄、东滩、宁州户、小土古里、头工、十四户、西树窝子、大泉、五工台、大丰、渭户、中渠、大东沟、西沟、牧区一大队、二大队、三大队、四大队、五大队农村信用合作社。

1974年

根据人民银行总行全国农村金融工作座谈会精神，即恢复人民银行对信用合作社的管理，重新赋予农村信用合作社在业务和人事上的自主权。

1975年

全县人民公社农村信用合作社执行人民银行总行“提高革命责任心，坚持双人押运、双人临柜和交叉复核等制度，杜绝差错事故的发生”的出纳工作制度。贯彻执行《现金管理细则》，严格核定、检查库存。加强柜面监督，禁止坐支现金。

1976年

3月，呼图壁县信用合作社遵照上级指示精神，人民公社所在地人民银行营业所和信用合作社合署办公，干部统一使用，一套人马，两块牌子，账务分别核算。

12月，呼图壁县信用合作社干部纳入国家集体企业计划编制。

1977年

12月，呼图壁县信用合作社学习贯彻人民银行新疆分行决定，从1978年起信用合作社资金纳入人民银行呼图壁县支行信贷计划管理。

是月，呼图壁县信用合作社贯彻执行国务院关于整顿和加强银行工作的规定，信用合作社的资金纳入国家信贷计划，人员编制纳入县集体劳动工资计划，干部待遇与人民银行基本一致。

1978年

8月17日，呼图壁县革命委员会发出通知，取消跃进、红星、红旗、东方红、向阳5个公社名称，改为二十里店、园户村、五工台、雀尔沟、石梯子公社，全县各信用合作社名称也作相应改变。

1979年

10月，全县各人民公社农村信用合作社股金分红工作结束。

是年，在农区恢复信用社大社，在牧区仍为小社，全县共建12个独立核算的信用合作社。

1980年

1月1日，农业银行呼图壁县支行恢复，设行政股、人保股、计划股、会计股、集体信贷股、国营农牧企业信贷股、信用合作股及支行营业部，有职工38人。全县各乡镇信用合作社隶属于农业银行呼图壁县支行领导。

4月1日，人民银行总行发行面额为1元、5角、2角、1角4种金属人民币（与同面额纸币值相同）。这几种金属币在县境流通极少。全县各乡镇信用合作社配合执行。

是年，全县信用合作社学习国务院5月下发的文件精神：重申信用社属于集体性质，实行企业管理、独立核算、自负盈亏。全县各信用合作社归农业银行呼图壁县支行领导，实行“统一领导、分级管理、独立核算、自负盈亏、损益集中、利益留取”的财务管理体制。确定信用社为基本核算单位，财务收支计划和经济核算指标由农业银行呼图壁县支行核定。

1982年

1～4月，农业银行呼图壁县支行园户村公社营业所和信用社发放社员贷款1.70万元，是上年同期的6.5倍，比上年全年发放的此类贷款还多2300多元。

是年，全县各信用合作社所需账表、证、单等由农业银行呼图壁县支行信用合作股统一供应。

1983年

1月，农业银行呼图壁县支行组织全县各农村信用合作社学习贯彻中共中央“关于信用社应该坚持合作金融组织性质”文件精神，对信用社实行改革，发动社员入股，宣传动员农户存款，扩大对社员农户的信贷支持，以恢复组织上的群众性、管理上的民主性、经营上的灵活性。

1984年

1～2月，农业银行呼图壁县支行园户村公社营业所和信用社给农村专业户及社队企业发放贷款19.1万元，比上年同期增加11万多元。

5月，农业银行呼图壁县支行和基层营业所、信用社50多名干部职工深入农村走乡串户，为农民发放农时贷款100多万元。

11月6～8日，县农村信用合作社第二届社代会在农业银行呼图壁县支行召开，历时3天，应到代表32人，实到31人，其中汉族代表8人，少数民族代表7人，领导干部12人，列席代表4人。会议听取和审议乔生福作的《农业银行呼图壁县支行工作报告》、讨论通过《奖金发放办法及医疗费管理办法》，听取审议代表提案，选举产生第二届职工代表大会主席团。

12月15日，县人民政府表彰奖励含农村信用合作社在内的超额完成国库券认购任务的12个先进单位和106名先进个人。

1985年

年底，县农村信用合作社拥有资金33.5万元。

年底，从1950年建立人民银行呼图壁县支行起至1985年年底，全县含信用社在内的各金融机构共为国家筹集资金32060.3万元。

年底，全县含信用社在内金融机构发放各项贷款4318.9万元，是1950年的1542.46倍；全县各乡信用合作社贷款余额达300万元（社员贷款218万元，集体贷款17万元，乡镇企业贷款65万元），比1984年增长1.84倍。全县含信用社在内存款3661.4万元，是1950年的642.35倍，储蓄存款

2788.4万元，是1953年的248.96倍。

是年，全县发展到12个独立核算的信用社、14个非独立核算的信用社。

是年，农业银行呼图壁县支行辖二十里店、园户村、五工台、大丰、雀尔沟、石梯子、种牛场、一一一团8个营业所和支行营业部，有职工125人（农业银行75人，信用社50人），其中助理会计师3人，经济员2人。

1986年

是年，农业银行呼图壁县支行合作股组织信用社财会人员学习、贯彻执行人民银行总行颁发的《农村信用合作社会计基本制度》。

是年，县园户村乡信用社1986年存款余额240万元，比1985年增加88万元，是年计划存款的4倍。

1988年

4月11日，呼图壁县农村信用合作社联合社筹备小组成立，潘进麟任组长，乔生福、王建甫为副组长，叶生虎、石金山、佘福贵、田吉新为成员。筹备小组下设办公室，王建甫任主任，宋斌、王万清为工作人员。

4月28日，县联合社筹备小组会在农业银行呼图壁县召开，参会的有潘进麟、乔生福、王建甫、叶生虎、石金山、佘富贵、田吉新等。

4月，信用合作社第三届社代会在农业银行呼图壁县支行召开，出席代表38人，审议通过行长乔生福的《工作报告》《职工综合奖发放办法》《医药费管理办法》。

5月8日，县联合社第一届第一次社代会在农业银行呼图壁县支行举行，出席代表25人。审议通过农业银行呼图壁县支行行长乔生福作的《工作报告》《呼图壁县农村信用合作社联合社章程》，选举产生理事会，乔生福当选县联合社理事长和主任，王建甫当选副主任。

5月17日，人民银行昌吉州中心支行批复，同意合并呼图壁县雀尔沟镇一、二、三、四大队的4个信用分社为雀尔沟镇信用社。

6月3日，人民银行昌吉州中心支行批复，同意建立呼图壁县农村信用合作社联合社。县联合社受农业银行呼图壁县支行的政策领导和业务指导。

7月26日，县联合社转发农业银行昌吉州中心支行《1988年农村信用社工作考评办法》。

9月6日，农业银行昌吉州中心支行专业技术职务评审委员会1988年8月29日至9月1日审议通过：叶生虎、王振荣、张春山、李北昌、刘生健、刘炳江、吐孜阿洪·木那甫为助理经济师，结克山巴依·吾力买赛克、来国珍为助理会计师。

1989年

12月4日，人民银行昌吉州中心支行批复，同意大丰镇信用社永丰分社、红山村分社、五工台乡信用社中渠村分社、园户村信用社园户村分社，机构地址分别为永丰村、红山村、中渠村、园户村四队。

1990年

3月10日，县联合社转发国家税务局《关于对农村信用社几个税收问题的暂行规定》。

8月31日，农业银行昌吉州中心支行批复，同意农业银行呼图壁县支行行长兼县联合社主任乔生福聘任孙吉贤为县联合社第一副主任。

11月15日，农业银行昌吉州中心支行转发《呼图壁县农村信用合作社联合社稽核工作罚款规定》。

是年，全县信用社共发放农牧业贷款1215.3万元，乡镇企业贷款354.6万元，其他企业贷款117.1万元，累计发放1687万元，比去年同期多投放637万元。共收回各项贷款1434万元，占当年发放总数的85%。按照压缩信贷要求，年末余额1249万元，低于中心支行下达的控制余额计划任务的18.4%。收回非正常贷款129.6万元，完成计划任务的82.6%。全县信用社对1989年年底996万元贷款余额进行清理，共清出正常贷款212万元，占贷款余额总数的21.3%，一般逾期贷款521万元，占贷款余额总数的52.3%，呆滞贷款261万元，占贷款余额总数的26.2%，呆账贷款2万元，占贷款余额总数的0.2%。

是年，县联合社各项存款达2617.3万元，其中储蓄存款比上年增长623.2万元，增长33.2%。全辖8个独立核算的信用社（包括联合社营业部），盈余社4个盈余1.25万元，亏损社4个亏损14.3万元，亏损大于盈余13.05万元。

1991年

6月18~20日，信用合作社第四届社代会在各乡镇信用社召开，会议审议通过《理事会工作报告》《股金红利分配》等。

9月3日，县联合社会计达标领导小组成立，王建甫任组长，王万清、宋斌、来国珍、叶生虎为成员。

12月14日，县联合社转发农业银行总行《农村信用社会计工作达标升级实施办法》。

12月19日，农业银行昌吉州中心支行决定，狄光友兼任呼图壁县联合社主任。

是年，全县信用社累计发放各项贷款2476万元，比上年增长46.76%，其中为大农业产前、产中、产后服务的贷款1641.90万元，占全年累计发放总额的66.32%，比上年增长35.1%。

是年，县联合社各项存款3046.5万元，其中储蓄存款2868.7万元，比上年净增368.7万元，增长14.75%，完成计划任务110.1%；全年增股12.33万元，完成中支下达计划任务的100.6%；累计发放各项贷款2476万元，累计收回2277万元。年底各项贷款1448.6万元，比上年净增199万元，增长15.98%。是年年底，全县8个独立核算的信用社均实现盈余，共盈余37万元。

是年，县联合社非正常贷款占用率下降到50.02%，两呆贷款占用率下降到15%，分别超额完成中支下达任务的4.05%和6.21%。

1993年

9月，王炳剑兼任县联合社主任，免去狄光友县联合社主任职务。

10月5日，提任刘新为县联合社副主任。

1994年

3月24日，农业银行呼图壁县支行印发《呼图壁县农村信用社1994年经营承包责任制考核办法》。

4月18日，县联合社向农业银行昌吉州中心支行信合科呈送《关于呼图壁县农村信用联社在东风街园户村乡农副产品市场东拐角处建立办公楼房的报告》。

5月3日，人民银行呼图壁县支行批复，同意县联合社成立园户村乡信用社三工湖、上三工、良种场及大丰镇、大土古里村、祁家湖村、五工台乡八十八公里处、中渠村、幸福路等9个信用分社。

12月13日，农业银行呼图壁县支行转发农业银行总行《关于进一步加强农村信用社信贷管理的意见》。

12月15日，农业银行呼图壁县支行转发农业银行总行《农村信用社县辖往来核算示范办法》。

12月21日，县联合社为呼图壁县农牧区改水防病工程、县残疾人联合会捐资1849元。

1995年

1月6日，农业银行呼图壁县支行下发《呼图壁县农村信用社工效挂钩实施办法》。

4月19日，人民银行昌吉州中心支行批复，同意筹建呼图壁县石梯子乡信用社，二十里店信用社十四户村、四工村、林场分社，大丰信用社十八户村、高桥村分社，五工台信用社龙王庙村、小泉村、十户村信用分社。

5月1日，县联合社营业部入选《新疆妇女风采》大型专刊先进集体。县联合社营业部自1988至1995年，曾多次获县、州两级“金融先进单位”“十佳信用社”“十佳储蓄所”、州级“信贷管理工作先进单位”，1995年获自治区金融系统“巾帼建功”先进集体等。营业部自1988年成立至1994年底，各项存款突破1172万元。

5月2日，在农业银行新疆分行“迪康杯”知识竞赛活动中，县联合社张闫获二等奖，王艳、冉秀萍获三等奖。

5月12日，县联合社决定，聘任叶寿林为二十里店乡信用社主任、宋巨森为二十里店乡信用社副主任、李彦清为五工台乡信用社副主任、田吉新为大丰镇信用社主任、木合买提·哈南为雀尔沟镇信用社坐班主任，免去哈不哈尼·吐尔甫别克雀尔沟镇信用社坐班主任职务，指定陈家才为石梯子民族乡信用社负责人。来国珍为园户村乡信用社主任，免去其县联合社营业部副主任职务；石金山为县联合社营业部主任，免去其园户村乡信用社副主任职务。

7月3日，农业银行昌吉州中心支行批复，同意县联合社园户村信用社下三工分社修建砖灰结构的营业室及职工宿舍平房一幢，建筑面积116平方米，总造价控制在6.5万元以内。

7月6日，农业银行昌吉州中心支行决定，任命王炳剑为农业银行呼图壁县支行行长兼县联合社主任；来国珍为县联合社副主任，免去孙吉贤副主任职务。

7月20日，农业银行昌吉州中心支行批复，同县联合社大丰信用社祁家湖分社修建一幢92平方米砖灰结构办公室，总造价控制在5万元之内；同意县联合社二十里店信用社十四户分社修建一幢120平方米的砖灰结构办公室，总造价控制在6万元之内。

7月27日，农业银行呼图壁县支行决定，聘任王万清为园户村信用社主任，陈发斌为幸福分社副主任，免去来国珍园户村信用社主任职务。

8月，县联合社办公大楼交付使用，共五层（含地下室），建筑面积2475.8平方米（含营业大厅），耗资338.59万元。

是年，县联合社营业部被农业银行新疆分行评为新疆维吾尔自治区金融系统“巾帼建功”先进集体，并被授予全疆“最佳储蓄所”荣誉称号。

1996年

4月1日，县联合社会计达标升级考评领导小组成立，王钧任组长，来国珍为副组长，李生珍、柳茂军、张闫为成员。

5月28日，县联合社聘任柳茂军为办公室主任，指定李生珍为综合业务股负责人，调整王惠琴为五工台信用社坐班主任，免去其市场营业部坐班主任职务。

5月29日，县联合社决定：（一）设立呼图壁县农村信用联社办公室，负责全辖的人事、保卫、行政、纪检、监察、稽核、审计及行政等具体管理工作；（二）设立呼图壁县农村信用联社综合业务股，负责全辖资金计划、信贷、财务、会计、统计、信息等具体管理工作。

5月30日，雀尔沟信用社全体职工民主选举木合买提·哈南为雀尔沟信用社主任，免去托克西·举尔提拜雀尔沟信用社主任职务。

6月30日，县联合社召开全县各乡镇及村队领导、各机关团体和企业负责人共40多人会议，县委副书记原军、县联合社主任王钧分别作《把农村信用社办成合作金融组织，更好地支持农业和农村经济发展》《关于呼图壁县农村合作金融事业的历史回顾及展望》的报告。

8月28日，县联合社向农业银行昌吉州中心支行呈送《呼图壁县农村信用社联合社东风路市场储蓄所升格的报告》。

10月15日，人民银行昌吉州中心支行批复，同意呼图壁县联合社东风路储蓄所变更为园户村信用社市场分社。

11月19日，根据国务院农金体改办〔1996〕2号《关于印发<农村信用社与中国农业银行脱离行政隶属关系实施方案>的通知》精神，呼图壁县农村信用合作社联合社与农业银行呼图壁县支行脱离行政隶属关系，归属人民银行呼图壁县支行监管和领导。

是日，农业银行昌吉州中心支行党组决定：免去王炳剑呼图壁县农村信用合作社联合社主任职务。

是日，昌吉州农金体改办批复，同意县联合社设两股一室，即综合业务股、监察稽核股、办公室。

11月21日，昌吉州农金体改办决定，王钧任呼图壁县农村信用合作社联合社主任，来国珍任副主任。

12月，县联合社学习贯彻新疆农金体改办制定的《新疆农村信用社与新疆农业银行脱离行政隶属关系工作验收标准》，努力使县联合社“脱钩”工作达到合格标准。

是年，县联合社各项存款12763万元，其中储蓄存款余额12094万元，比上年增加1429万元，增长13%。营业收入1889万元，综合费用率19.4%。全辖实现盈利信用社5个，盈利82.4万元；亏损社4个，亏损75.1万元。

是年，县联合社各项贷款余额7003万元，年累计投放1.6亿元，比上年累计投放增加6465万元，其中粮、油生产贷款10809万元，“菜篮子”工程贷款514万元，牛羊育肥贷款593万元，年末存贷款比例55%。

是年，县联合社累计发放农牧业生产贷款13369万元，占各项贷款累放的83%。乡镇企业、农村加工、销售业贷款2813万元，占各项贷款累放的17%。

1997年

1月5日，县联合社第一届党总支成立，王钧任党总支书记，王万清为纪检委员，李生珍为组织委员，叶寿林为青工委员，柳茂军、李彦清为宣传委员。

1月13日，县联合社党总支委员会决定，聘任刘晓进为联合社营业部副主任、李生珍为综合业务股副股长、李澍为二十里店信用社副主任并主持全盘工作、王传忠为大丰信用社副主任、来国珍兼联社办公室主任、李彦清为五工台信用社主任免去其五工台信用社副主任职务、叶寿林为综合业务股股长免去其二十里店信用社主任职务、柳茂军为园户村信用社主任免去其办公室主任职务、王万清为监察稽核股股长免去其园户村信用社主任职务。

1月31日，县联合社举办“1997迎春联谊会”，全辖100多名职工参加，人民银行呼图壁县支行行长徐士良，县直机关党委书记季国祥，县工会、青工、妇联等部门负责人出席联谊会。

是日，县联合社第一届职工代表大会召开，参会代表28人。石金山当选工会主席，王钧、叶寿林、柳茂军、来国珍为工会委员；来国珍当选女工委员会主任，李生珍、甘润枝、张立、张闫为委员；叶寿林当选经费审查委员会主任，来国珍、王万清为委员。

2月21日，县联合社组织80多人参加元宵节秧歌表演，并出动宣传车一辆，佩戴信用社标志，在县城主要街道宣传信用社的性质、作用及惠民政策等。

3月2日，自治区国税局批复，同意免征石梯子信用社、联合社幸福分社、园户村信用社市场分社3个新办社3年所得税，执行期为1997年1月1日至1999年12月31日。

3月13日，昌吉州国税局对县联合社1996年决算工作进行审计。

是日，县联合社春耕生产工作汇报会召开，各基层社主任参会。

4月1日，人民银行昌吉州中心支行副行长仝文雄、计划科长李大晟、农合科哈孜一行抵县联合社调研春耕生产资金情况，确定下调5%准备金用于春耕生产。

4月8日，县联合社王钧赴昌吉参加人民银行主持召开的昌吉州春耕生产资金会。全州8县市联合社主任及各县市人民银行业务股长出席会议。

是日，县联合社决定，将雀尔沟二大队信用社撤并到雀尔沟镇信用社，原社只作为雀尔沟镇信用社储蓄代办点，并呈报告上级主管部门。

6月5日，县联合社举行“庆七一、迎回归”文明优质服务演讲会，10多名青年职工登台演讲。

6月13日，县联合社召开党员、主任、入党积极分子学习大会。会上，学习《中国共产党纪律处分条例》和《廉政建设准则及相关条例》，并安排“庆七一”活动内容。

6月20日，县联合社王钧赴昌吉参加人民银行召开的“深化农村合作金融体改”座谈会，副州长刘本初、州政府副秘书长王化龙到会讲话，全州8县市联合社主任出席会议。

6月22日，县联合社在合作金融宣传月活动中组织40人摩托车方队，佩戴社标，并派宣传车1辆在县城各大街道进行广播宣传。

8月11日，县联合社合作金融体改座谈会召开，县长李铁明、县委副书记卞扣宝、人民银行昌吉州中心支行农合科科长狄光友、人民银行呼图壁县支行行长徐士良、各乡镇党委书记及有关单位主要负责人参会。

8月20日，县联合社第二届第一次社代会召开，出席代表35人，审议通过农业银行呼图壁县支行行长王炳剑作的《理事会工作报告》等，并选举产生理事会和监事会，王钧当选理事长，王万清当选监事长。

是日，王钧被任命为县联合社主任，来国珍当选工会主席。

9月22日，县直机关党委批复，同意县联合社建立4个基层党支部，即县联合社机关、园户村信用社、五工台信用社、雀尔沟镇信用社党支部。

11月28日，人民银行昌吉州中心支行1997年度全州信用社会计决算会在县联合社召开，会期两天，人民银行昌吉州中心支行行长傅祖宏参会。

12月3日，县联合社年终决算会召开，各基层社主任、坐班主任参会。

12月17日，县联合社决定，撤销五工台信用社独山子分社，债权债务归并大社；撤销石梯子信用社归并园户村信用社，为园户村信用社石梯子代办所；撤销雀尔沟信用社归并大丰信用社，为大丰信用社雀尔沟代办所；撤销二十里店信用社四工分社，债权债务归并大社；撤销园户村信用社三工湖分社，债权债务归并园户村分社；撤销园户村信用社上三工分社，债权债务归并上二工分社；撤销五工台信用社小泉分社，债权债务归并大泉分社；撤销大丰信用社大丰镇分社，债权债务归并大社。

是年，全辖各项存款达17647万元，比上年同期增长4884万元，占全县金融机构的27.7%，仅1997年第一季度，全县农村信用社各项存款就达14113万元，在年底的基础上净增1350万元。

是年，县联合社累计发放各项贷款17750万元，其中发放农业贷款14600万元，占各项贷款的82.25%，创历史新高。

1998年

1月4日，县联合社党总支1997年12月31日会议决定，聘任刘晓进为联社营业部主任、叶斌为市场营业部主任、陈发斌为幸福分社主任、李澍为二十里店信用社主任、王传忠为大丰信用社主任、张闫为联社营业部副主任、姚继文为五工台信用社副主任、甘润枝为大丰信用社副主任、王艳为市场营业部坐班主任、黄卫民为县联合社综合业务股副股长；免去刘晓进联社营业部副主任、陈发斌幸福分社副主任、李澍二十里店信用社副主任、田吉新大丰信用社主任职务。

1月23日，县联合社工会举办1998年迎新春联欢会，特邀县总工会、人民银行呼图壁县支行、县机关党委领导参加，各基层信用社表演合唱、清唱、话剧、舞蹈等文艺节目。

4月13日，县联合社为全疆40家农村信用社之一，开办特约联行银行汇票业务。

4月16～17日，县联合社二届一次职代会召开，参会代表32人，会议审议通过来国珍作的《1997年工会工作报告》，讨论有关规章制度，7个先进集体和19名先进个人受到表彰。

5月3日，县联合社举办信贷业务知识、棋类、扑克、乒乓球等比赛。

6月11日，县联合社党总支决定，综合业务股、监察稽核股更名为综合业务科、监察稽核科，其相应的属名都随之改变。

7月15～20日，县联合社历时5天对全辖会计达标社考核验收。联合社营业部达标二级社，二十里店、大丰信用社为三级社，园户村、五工台信用社为四级社。

9月1~2日，县联合社第五届社代会在各乡镇信用社召开。会议审议通过《理事会工作报告》《社章修订稿》等。

11月5日，银星城市信用社清产核资领导小组成立，王钧任组长，来国珍、何伟为副组长，王万清、叶寿林、唐萍为成员，下设办公室，王万清为主任。银星城市信用社清理“三产”领导小组成立，王钧任组长，何伟为副组长，王万清、叶寿林、唐萍、王毅飞为成员。

11月28日，县联合社档案管理工作通过自治区档案局、昌吉州档案局、县档案局验收，达到自治区一级标准，被自治区档案局授予“档案管理自治区一级单位”牌匾。

12月16日，县联合社第二届社代会召开，出席代表51人，讨论社员入股金额等事宜。

是年，县联合社出台《农村信用社文明优质服务细则及处理办法》。

是年，县联合社存款达17039万元。

是年，县联合社累计发放农业生产费用贷款1.2亿元，其中生产资料贷款0.7亿元。支持农业基础设施改造（打井、修防渗渠道、改善农村饮水条件及发展农村畜牧业）工程贷款0.1亿元。

1999年

1月1日，县联合社取消幸福分社的独立核算性质，其人员、账务并入园户村信用社。

2月10日，县联合社举办“九九迎春文艺联欢会”。

3月2日，县联合社在县团委、县文体局举办的元宵节花灯展中获第二名。

3月20日，县联合社在城区开展存款宣传周活动，组织3名宣传员、1辆宣传车、3个广播，散发1000多份宣传单。

3月31日，园户村信用社市场分社升格，更名为县联合社市场分社。

4月23日，在县联合社乒乓球赛中，叶斌、何建斌、杨斌分获男子一、二、三名，王艳、来国珍、吴燕分获女子一、二、三名。

5月4日，县联合社举办纪念五四运动80周年演讲比赛、职业道德培训、安全保卫知识及业务知识问答等活动。

5月7日，县联合社抽调股室工作人员12人赴大丰镇参加县委组织的义务棉花放苗活动。

5月13日，县联合社举办第二期法制法规培训班，特聘县纪检委副书记吴宏文授课。

6月4日，在县联合社安全保卫知识竞赛中，五工台、园户村信用社分获一、二名，县联合社营业部和大丰信用社并列第三名。

6月10日，人民银行昌吉州中心支行批复，同意将园户村饭店分社迁至联社家属楼一楼营业，同时更名为园户村信用社昌华路分社；同意园户村信用社三工湖分社迁至县人民政府宾馆楼下营业，同时更名为园户村信用社景化分社。

6月13日，县联合社在城区设10个反假币宣传点，共出动20多人，散发宣传单1000多份。

6月17日，县联合社工作会召开，副县长吴享斌、马玉林及各乡镇主管经济的乡、镇长参会。

6月18～28日，县联合社礼仪培训班在自治区接待服务技工学校举行，108人参训。

6月22日，县联合社企务公开领导小组成立，王钧任组长，来国珍为副组长，王万清、叶寿林、李生珍、熊文、田吉新、黄卫民、张秋芳为成员。

7月9日，县联合社在人民银行呼图壁县支行、县综治办联合举办的全县金融系统安全保卫知识大赛中获团体第三名。

7月13日，县联合社《合作金融工作通讯》创刊。至2001年11月20日共出刊26期。

7月16日，人民银行昌吉州中心支行批复，同意将园户村信用社园户村分社更名为园户村信用社良种场分社；同意将二十里店信用社长山子分社更名为二十里店信用社宁州户分社。

8月12日，县联合社清产核资领导小组成立，钱祖望任组长，王钧为副组长，王万清、柳茂军、宋巨森、姚继文、王传忠、陈家才、木合买提·哈南、王锋、张广懿为成员。

8月14日，全辖27个营业网点参加会计、出纳工作展评活动。至8月18日揭晓：县联合社营业部、市场分社分获微机网点一、二名，园户村信用社下三工、上二工、二十里店信用社宁州户分社分获手工网点一、二、三名，联社营业部、市场分社、联社园户村信用社分获团体一、二、三名，受到表彰和奖励。

8月28日，县联合社第三届职代会召开，正式代表28人参会。会议听取来国珍作的《1998年县联合社工作报告》，审议并通过《1999年经营责任制》《稽核处罚办法》《职工岗位考核办法》《微机管理办法》《三防一保奖罚办法》。王钧解答职工提案10多条，并与8个社主任签订《1999年经营责任状》。

是年，县联合社存款余额15849万元，贷款余额7323万元，比年初下降691万元，存贷比例46.2%，其中非正常贷款4392万元，逾期占36.02%，呆滞贷款23.11%，呆账贷款2.31%。全年累计发放贷款14898万元，其中农业贷款累计发放11876万元；利息收入984万元。全辖8个独立核算网点2个亏损，6个盈余，实现利润248.5万元。

2000年

2月6日，县联合社举办2000年迎春联欢会。

4月30日，县联合社举办庆“五一”健美操大赛，园户村信用社、县联合社营业部分获一、二名。

5月4日，县联合社举行拔河比赛，园户村、二十里店信用社分获一、二名；举行篮球比赛，二十里店、五工台信用社分获一、二名。

5月18日，县联合社制定《2000年残损人民币回收计划》。至年底，全辖回收残损人民币1838.6万元，完成计划的100%。

7月15日，县联合社举行会计、出纳、信贷工作展评，共25个单位参评，6个单位受到表彰和奖励。

7月21日，县联合社组织全辖警卫及押运人员在县靶场进行实弹演习，县人武部和县城镇派出所分别派员现场指导。

是年，县联合社存款24316万元，比上年增加8467万元，贷款余额9316万元，其中非正常贷款2862万元。

2001年

1月10日，县联合社党总支决定，监察稽核科更名为稽核保卫科，李财寿任副科长主持工作；免去王万清监察稽核科科长职务，任县联合社党总支纪检委员（科级）；免去李生珍综合业务科副科长职务，任县联合社党总支组织委员（科级）。

2月8日，县联合社表彰1999年度3个先进集体、18名先进个人，2000年度5个先进集体、37名先进个人。

2月19日，县联合社营业部被人民银行昌吉州中心支行评为“双文明”信用社。大丰信用社被评为信贷管理工作先进集体，二十里店信用社被评为会计、出纳工作先进集体，雀尔沟信用社被评为“四防一保”工作先进集体，刘晓进被评为优秀信用社主任，甘润枝、马燕被评为先进工作者。县联合社分别被评为昌吉州城乡信用社1999年度财务、统计工作第一名及2000年度财务、统计、信贷管理工作第一名、存款工作第二名，县联合社市场分社被评为“双文明”信用社，二十里店信用社被评为信贷管理工作先进集体，县联合社营业部分别被评为存款、会计、出纳工作先进集体，叶斌被评为优秀信用社主任，王钧被评为先进工作者。

3月26日，县联合社不良资产管理办公室成立，叶斌为办公室主任，免去其市场分社主任职务。

4月3日，《呼图壁县农村信用合作社志》编纂领导小组成立，王钧任组长，来国珍、熊文为副组长，叶寿林、王本钢、田吉新、宋巨森、柳茂军、何建斌、王程、木合买提·哈南、王艳、刘晓进为成员。领导小组下设办公室，熊文任办公室主任，田吉新为副主任，王本钢为成员。

4月16日，昌吉州农金体改办决定，拟任刘怀强为县联合社主任，叶斌、李澍为副主任，免去王钧县联合社主任、来国珍副主任职务。

是日，县联合社七届五次理事会选举刘怀强任理事长并被聘为县联合社主任，叶斌、李澍当选为副理事长并被聘为县联合社副主任。

4月23日，县联合社经营管理“三会”（理事会、主任办公会、社务会）制度建立，重大事项经营管理的决策由“三会”决定。

4月26日，县联合社案件防查“四防一保”（防金融诈骗、盗窃、抢劫、火灾，确保员工生命和集体资金、财产安全）工作领导小组成立，刘怀强任组长，李澍为副组长，叶寿林、李财寿、王万清为成员。县联合社资金管理领导小组成立，刘怀强任组长，叶斌为副组长，李澍、叶寿林、来国珍为成员。县联合社创建金融安全区工作领导小组成立，刘怀强任组长，叶斌、李澍为副组长，李财寿、叶寿林、柳茂军、宋巨森、李彦清、王程、刘晓进、木合买提·哈南为成员。县联合社优质文明服务督察小组成立，来国珍任组长，熊文、王万清为成员。

5月13日，县联合社办公大楼、营业部、园户村信用社营业部装修工程开始施工。

5月19日，县联合社新领导班子第一次全辖中层干部工作会召开，刘怀强作题为《抓机遇，促发展，稳健经营，创效益》的主旨讲话。

5月24日，县联合社决定，聘狄光军为县联合社资产保全管理部主任，免去园户村信用社副主任职务。

6月6日，雀尔沟信用社一〇六煤矿储蓄代办所成立。

6月9日，县联合社对经营管理规模不足保本基数的石梯子分社实行功效挂钩考核办法。

7月10日，县联合社“三个代表”重要思想学习教育活动领导小组成立，刘怀强任组长，叶斌、李澍为副组长；领导小组下设办公室，来国珍、熊文为办公室成员。

7月10日，银星信用社呼芳路分社迁至东风路46号，并更名为银星农村信用社曙光分社；园户村信用社景化分社迁至新威商城市场中心，机构名称不变；因人事变动，刘怀强任县联合社档案管理小组组长，叶斌为副组长，田吉新、叶寿林、张秋芳、祁小娟、熊文为成员。

7月18日，县联合社举办专（兼）职档案员培训班，全辖20多人参训。

8月10日，县联合社二届四次社代会召开，应到代表39人，实到38人，审议通过《历年职工股红和劳动分红分配方案》《信用社职工股权额设定标准方案》，两项决议提案自2001年8月11日起执行。

9月15日，县联合社旺季储蓄存款“百日”劳动竞赛活动动员大会召开。

9月28日，县联合社办公大楼及营业部装修工程告竣，耗资90多万元。

9月30日，县联合社档案管理工作通过州、县两级档案局复验合格。这是县联合社自1998年11月28日被自治区档案局授予“档案管理自治区一级单位”荣誉称号后的第一次复验。

10月18日，人民银行昌吉州中心支行批复，同意呼图壁县银星城市信用合作社改制更名为呼图壁县银星农村信用合作社；呼图壁县银星城市信用合作社东风路分社更名为呼图壁县银星农村信用合作社东风路分社；呼图壁县银星城市信用合作社呼芳路分社更名为呼图壁县银星农村信用合作社呼芳路分社。更名后的呼图壁县银星农村信用合作社归口呼图壁县农村信用合作社联合社统一管理，继续承接原银星城市信用合作社的所有债权和债务。

11月1日，园户村信用社上三工分社撤销，其业务并入上二工分社。

12月18日，大丰信用社高桥、十八户、祁家湖、大丰镇分社同时撤销。

12月20日，县联合社《双聘职工竞聘上岗考试办法》《联合社中层干部竞聘职位上岗考核任用规则》《职工内部退休条件及待遇享受标准》《基层信用社实施会计委派制办法》开始实施。

12月21日，银星信用社账务归并到县联合社，开始启用新的行政公章和业务公章。

12月31日，县联合社全辖统一进行2001年度会计年终决算。

是年，县联合社各项存款29340万元，各项贷款余额11623万元，比上年增加2307万元，其中非正常贷款占26%，其中“两呆”贷款占18%，全年累计发放各项贷款16602万元，累计收回14295万元，“两呆”贷款比上年下降6个百分点，营业收入1661万元，盈余27万元，全辖无亏损社。上缴国家利税51万元。

是年，县联合社向人民银行呼图壁县支行申请再贷款3000万元。是年8月29日，县部分农区遭受百年不遇的洪灾，经济损失2503.35万元。灾情发生后，县联合社共发放救灾贷款150万元。

是年，县联合社共起诉不良贷款357笔、880万元，进入执行阶段172笔、601万元，依法收回

79笔、本息129.9万元，其中收回本金80.7万元、利息43.5万元、诉讼费5.7万元，结案率30%。

是年，县联合社有党员36名，占职工总数的25%，年度党员民主评议参评率为100%，合格率100%。

是年，县联合社投资6万元在办公楼后修建花园、蘑菇亭、硬化地面、种花种草，整个庭院硬化率60%，绿化覆盖率40%。投资22.55万元重新维修生活服务楼，创办职工之家、党员活动室，备有娱乐厅、健身房、食堂、招待所等。同年11月，职工食堂开伙，城区网点及联合社机关就餐50多人。

2002年

1月5日，县联合社农户小额信用贷款试点工作领导小组成立，刘怀强任组长，叶斌为副组长，李澍、李财寿、姚继文、唐志艳、何建斌、王程、叶寿林为成员。

1月10日，县联合社抵债资产管理领导小组成立，刘怀强任组长，叶斌、李澍为副组长，李彦清、何伟、宋巨森、张建军为成员。

是日，县联合社中层干部职位竞聘演讲答辩会召开，文化考试合格的18名竞聘选手演讲和答辩，人民银行昌吉州中心支行信合科副科长张志新、人民银行呼图壁县支行行长李成军出席竞聘会。

1月23日，因人事变动，免去柳茂军园户村信用社主任、李澍银星信用社主任、刘晓进县联合社营业部主任、叶寿林县联合社综合业务科科长、宋巨森二十里店信用社副主任、王传忠园户村信用社副主任、李财寿县联合社稽核监察保卫科副科长、熊文县联合社行政办公室副主任职务。任命柳茂军为县联合社保卫科科长。

1月30日，县联合社2001年度工作总结暨表彰大会举行。会上，分别为竞聘合格的13位中层管理干部和8名委派会计颁发聘书。

1月31日，因人事变动，刘怀强任县联合社资金管理领导小组组长，叶斌为副组长，李澍、李财寿、叶寿林为成员。

2月2日，县联合社表彰2001年度先进集体12个、先进个人17名、优秀信用社主任、优秀信贷员各2名、综合治理先进个人1名、安全保卫工作先进个人9名、工会工作积极分子8名。

2月7日，人民银行昌吉州中心支行批复，同意撤销呼图壁县农村信用社呼芳路、十三户、高桥分社。

2月8日，县联合社举办迎新春联欢会。

2月25日，县联合社批准来国珍等8人自3月1日起正式内退。

3月11日，县联合社撤销幸福、园户村良种场、下三工、二十里店十四户分社。

3月14日，县联合社三届一次社代会召开，应到代表39人，实到39人。会议选举产生由7人组成的新一届理事会，刘怀强任理事长，叶斌、李澍任副理事长，李财寿、刘娟、姚继文、何建斌为理事。

是日，县联合社三届一次监事会召开。会议选举产生由5人组成的新一届监事会，柳茂军任监事长，王惠琴、张闫、王程、唐志艳为监事。

3月16日，县联合社三届一次职代会召开。会议选举李澍为工会主席，张闫、王智、王艳、刘娟为委员。

3月30日，县联合社刘怀强、叶斌、李澍一行带着全辖24个网点148名职工5000元捐款，探望身患重病工龄买断的哈萨克族职工热斯别克·吐尔汗。

4月4日，县联合社农户小额信用贷款试点工作领导小组成立，批准在二十里店、园户村、五工台、大丰四大农区信用社开展试点工作，并印发《县联合社2002年工效挂钩考核办法》。

4月26日，县联合社工会在县直机关工委、县总工会举办的第三届职工运动会中获男子组拔河比赛第二名，叶斌获乒乓球男单第六名，来国珍获女单第七名。

4月28日，县联合社工会选送的舞蹈《金融卫士》在县总工会和县机关工委举办的庆“五一”“五四”“咏廉”文艺汇演中获一等奖。

5月18日，县联合社进行为期一天的会计、出纳、信贷员业务等个人项目的考核。

5月20日，县联合社140多名干部职工为博乐信用社蒙古族职工德里格尔捐款1306元。

6月5日，县联合社不良贷款“百日清收”活动领导小组成立，刘怀强任组长，叶斌为副组长，李财寿、王惠琴、宋巨森、唐志艳为成员，下设办公室，李财寿为主任。

6月13日，人民银行呼图壁县支行批准，撤销园户村信用社景华、五工台信用社乱山子、大丰信用社大土古里分社。

6月18日，县联合社“四五”普法领导小组成立，刘怀强任组长，李澍为副组长，柳茂军、熊文、王舞龙为成员。

6月26日，县联合社工会组织部分中层干部、委派会计赴四川、海南等地学习考察。

6月30日，为纪念建党81周年，县联合社党总支组织全辖党员赴石河子市参观周恩来纪念馆。

7月21日，县联合社稽核科对全辖各营业网点已核销呆账贷款进行专项稽核。

7月29日，县联合社在4个营业网点安装电子联网报警系统。

8月14日，县联合社叶斌协同县法院执行法官赴大连依法收贷。

8月30日，县联合社贷款、财务审查委员会成立，刘怀强任贷款审查委员会主任委员，叶斌、李澍为副主任委员，李财寿、叶寿林为委员；刘怀强任财务审查委员会主任委员，叶斌、李澍为副主任委员，刘娟、张闫为委员。县联合社养老保险统筹管理办公室成立，刘怀强任主任，叶斌、李澍为副主任，张闫、刘娟、王舞龙为成员。

8月31日，县联合社旺季“三收”（收贷、收储、收息）工作动员大会召开。同日，抽调9名科室人员赴基层社协助“三收”工作。

9月4日，县联合社9名队员参加昌吉州首届“信合杯”职工篮球赛。

9月9日，县联合社工会向全辖职工发出“积极行动起来，投身旺季百日劳动竞赛”号召，并出台《旺季“百日”劳动竞赛奖励办法》。

9月21日，县联合社开通新疆农村信用社系统省辖电子汇兑业务。

10月1日，全辖140多名职工参加县人民政府在文化广场举行升旗仪式。

10月15日，区、州、县文明委检查团抵县联合社落实申报州级精神文明单位的各项工作。

10月16日，二十里店信用社在昌吉州农村信用社“百日清收”活动中被评为十佳信用社，甘润枝、曼拉提·苏里坦被评为先进个人。

10月25日，县联合社向县委、县人民政府呈送《关于在呼图壁县开展创建信用村、镇活动的报告》，并制定《“信用村”示范工作协议书》。

11月11日，县联合社与县工商银行举行“网上银行”业务开通签字仪式。

11月16日，县联合社领导班子民主生活会召开，班子成员与中层干部之间开展批评与自我批评。

12月2日，县联合社举办为期5天的学习十六大报告及新党章培训班，聘请县委党校高级讲师孙成明授课，全辖党员、入党积极分子及城区各网点70多名职工参训和考试，合格率100%。

12月11日，县联合社职工养老统筹移交自治区社保局。

12月14日，县联合社2002年度全辖会计决算会议召开，开始执行自治区新的《农村信用社决算办法》。

12月15日，县联合社三届二次社代会召开，刘怀强作《工作报告》，讨论通过《2002年度县联合社整章建制工作方案》和新制定的各项规章制度及管理办法等。

12月16日，县联合社考评委员会成立，刘怀强任主任委员，叶斌、李澍为副主任委员，张闫、柳茂军、叶寿林、王舞龙为委员。

12月22日，县人民政府主持召开全辖农区乡镇“创建金融安全区”活动和建立信用乡镇、村组工作会议，副县长高福新作《关于在全县深入开展信用村镇活动》的讲话。人民银行昌吉州中心支行农村信用合作监管科副科长张志新莅会并讲话，人民银行呼图壁县支行行长刘斌、县联合社主任刘怀强分别对创建工作提出要求。会上，2个试点村组的代表作创建工作经验介绍，各乡镇长作全力支持创建信用村镇的表态发言，各乡镇主管领导与县政府主管副县长签订《创建金融安全区活动建立信用村镇示范工作责任书》。参加会议的还有各乡镇村组的领导及信用社负责人、信贷员共100多人。

12月22日，县联合社州级文明单位通过昌吉州和呼图壁县文明委验收。

12月28日，经昌吉州精神文明建设委员会批准，县联合社被授予“州级精神文明单位”荣誉称号。

12月31日，县联合社统一进行2002年度会计年终决算工作。

是年，县联合社各项存款余额30961万元，低成本存款17314万元，占各项存款56%。各项收入1779万元，比上年减少52万元，各项支出1742万元，比上年减少96万元，收息率98%，全辖无亏损社。实现利润77万元，比上年增加50万元，上缴国家利税42万元。

是年，县联合社各项贷款余额12225万元，比上年增加602万元，同比增长5%，其中正常贷款余额9455万元，逾期贷款241万元，“两呆”贷款余额2530万元，不良贷款占22.66%，“两呆”贷款占20.66%。累计收回不良贷款1200笔、366万元，立案起诉236起，执行169笔、117万元，扣回房屋12套、机械4台，出售抵债资金房屋8套、54.9万元。发放小额信用贷款证487户，投放小额信用贷款146.1万元，至年底全部收回。为全辖4个试点信用村、组颁发“创建金融安全区信用村示范点”铜牌，并与当地政府联袂在村头竖立“创建金融安全区活动信用村示范点”路牌。

是年，全辖24个网点实现安全报警系统自动联网，居全县金融系统安全防护设施领先水平；安装柜台防弹玻璃营业网点10个，占42%；达到公安部二级防护标准营业网点2个、三级防护标准营业网点22个。

2003年

1月20日，县联合社2002年度工作总结暨表彰大会召开。县委副书记任会明、人民银行呼图壁县支行行长刘斌出席并讲话。刘怀强与各社（部）、科室负责人签订目标管理和安全保卫责任书。会上，表彰先进集体11个、先进个人43名、“百日劳动竞赛”鼓励奖6名。

1月27日，县联合社举办迎新春联欢晚会，各基层社代表队表演合唱、快板、相声、舞蹈、双簧、诗朗诵等文艺节目。

2月10日，县联合社机关党支部被县直机关工委评为2002年度先进基层党组织，柳茂军被评为优秀党务工作者，李澍、徐贵全被评为优秀共产党员。

3月29日，县联合社三届三次社代会召开，审议通过《2003年工效挂钩考核办法》《2002年股金分红方案》及各项内控制度。县联合社与各基层社、机关科室签订《“四防一保”责任书》，与客户经理和资产保全部签订《目标管理责任书》。人民银行呼图壁县支行副行长黄惠安参会并讲话。刘怀强作题为《扎实工作，努力创新，与时俱进，全面推进我县农村信用社各项工作健康快速发展》的讲话。

4月18～20日，县联合社在新疆财经学院举办信贷培训班，全辖各信用社主任、信贷员等45人参训，为期3天。

4月21日，《呼图壁县农村信用合作社志（1954～2002）》第一册内部印行，刘怀强主编。

5月21～23日，县联合社举办安全保卫培训班，聘请县公安局、消防中队、交警大队专业人员讲解消防安全管理、枪械分解组合、银行内保法规、社会治安综合治理、交通安全法规等，观看交通安全实况录像，并进行消防演练、实弹射击。

5月，县联合社篮球代表队在人民银行呼图壁县支行“金融杯”篮球赛中获第二名。

6月3～5日，县联合社组织全辖各社主任、信贷员赴4大农区社及牧区社就信贷、信用村创建、特色养殖业等专题调研。

6月26日，县联合社与县工商联合会共同召开促进非公有制经济发展座谈会，县领导、县联合社、私营企业及个体工商户代表参会。

6月30日，县联合社在县文化广场举办庆“七一”信合之夜——“为生命喝彩”大型文艺晚会。

7月1日，县联合社党总支40多名党员赴乌鲁木齐烈士陵园参观学习，缅怀先烈，重温入党誓词。

7月22日，县国税局委托农村信用社代开发票代缴税款签字仪式在县联合社举行。

8月1日，县联合社复转军人座谈会召开，县联合社领导为10名复转军人馈赠纪念品。

9月5日，昌吉州会计工作座谈会在县联合社举行，全州8个县（市）联合社主管会计工作的副主任、会计股长、审计股长参会。

10月1日，为庆祝国庆54周年，县联合社100多名职工参加县政府组织的“十一”升国旗活动。

11月19～26日，县联合社全员职工继续教育培训班在县职教中心举办。

11月25日，由县联合社赞助的“信合杯”青年歌手大赛在县影剧院开幕，县联合社选派王舞龙参赛。

12月9日，《新疆日报》头版头条刊登题为《呼图壁县农村信用社大力支持民营经济获双赢》的报道。12月12日，《昌吉日报》转载。

是年，县联合社各项存款45640万元，创历史新高，跃居全县各家金融机构之首。各项贷款余额24327万元，比上年增加12102万元，“两呆”（呆滞、呆账）贷款2278万元，占9.36%，比年初下降11%。低成本存款24140万元，占各项存款52.9%。

是年，县联合社累计发放各项贷款35681万元，比上年增加21134万元，增长145.28%；累计收回各项贷款23534万元，各项收入2366万元，比上年增加587万元；各项支出2253万元，比上年增加511万元，纯利润113万元，全辖无亏损社。综合费用率40.37%，固定资本比率42.06%，资本充足率6.58%，百元收息率8.05%，备付金比率37.2%，应付利息备付率5.12%，改制社减亏25.2万元，全辖实现利润总额137万元，比上年增加60万元，上缴国家利税109万元。评定信用户1258户、信用村15个。全年累计发放农户联保贷款8196万元，小额信用贷款758万元。另为部分信用程度高的村组居民发放住房整体搬迁、房屋改造贷款218万元。办理住房及商用房按揭贷款533万元，汽车、农机、工程机械消费贷款523万元，中间业务手续费收入共11.47万元。

是年，县联合社通过自治区司法厅法律服务所清收不良贷款本息48.5万元，落实债务197笔、126万元，查清万年违规、无下落人员149笔、165万元。全年共收回不良贷款645.8万元，其中现金收回73.8万元，抵债资产收回235万元。收回“两呆”（呆滞、呆账）贷款264万元，申请法院执行65笔，结案46笔，结案率71%，抵债资产变现25.5万元。

是年，全县私营企业共153家、个体工商户3700多户、非公有制经济从业人员1万多人。至年底，为非公有制企业及个体工商户共投放贷款10359万元。扶持和培育北疆粮油、恒辉淀粉、云龙油脂、银翔股份公司等24家能带动全县农业经济发展、促进农村剩余劳动力转移的中小型民营企业，为1265户工商个体户提供各种信贷服务。

2004年

1月29日，县联合社叶斌、李财寿、黄卫民、王程、徐贵全、吴永安、陈发智7人被授予2003年度优秀共产党员荣誉称号。

1月31日，县联合社2003年度工作总结暨表彰大会召开。

2月18日，县联合社被县委、县人民政府评为2003年度群众满意的“五好”（好班子、好队伍、好机制、好制度、好作风）部门，受到表彰和1000元奖励。

2月20日，县联合社刘怀强被县总工会评为2003年度全心全意依靠职工群众支持工会工作好领导，受到表彰奖励。

3月6日，县联合社举办会计档案管理培训班，全辖各信用社、分社及机关科室的专兼职档案员共61人参训，县档案局业务技术人员讲授文书档案及会计档案管理和操作等专业知识。

是日，县联合社在职工生活服务楼举行全辖女工联谊会，共庆“三八”妇女节。

3月9日，县联合社叶斌、李财寿、张桂林、黄卫民、付静被人民银行昌吉州中心支行评为2003年度昌吉州农村信用社先进工作者；陈发智、李彦清被评为2003年度昌吉州农村信用社清收不良资产先进个人。

3月18日，昌吉州人事局、昌吉州档案局授予县联合社昌吉州档案工作先进集体荣誉称号。

3月31日，县联合社三届四次社代会召开，人民银行呼图壁县支行行长刘斌、昌吉监管分局驻呼办事处主任张利出席并讲话。大会审议通过《2003年理事会工作报告》《2004年财务预算报告》《2004年信贷计划》《2003年股金分红方案》《2004年工效挂钩考核办法》。刘怀强与各社（部）主任、机关各科室签订《2004年目标管理责任书》。

4月12～18日，县联合社在乌鲁木齐工商银行培训中心举办综合业务培训班，全辖信贷主管、分社负责人、信贷员共48人参训。

4月22日，县联合社三届社代会第二次临时会议召开，会议增选张志豪、狄光军为联合社理事，并选举张志豪为联合社副理事长。昌吉监管分局驻呼办事处主任张利参会。

4月26日，因人事变动，副县长焦继明任呼图壁县创建农村金融安全区信用村镇工作领导小组组长，刘斌、刘怀强为副组长，刘晓成、文旭忠、吕冲、陈家彬、薛金玉、付学军、张建成、祁全服、刘廷军、杰恩斯汗·呼尔曼汗、阿达力·阿斯里汗、邢国庆、郝万智为成员。

4月26日，在县2003年度创建信用村工作中，1个先进集体、5名先进个人受到县联合社表彰和奖励，15个村（组）被命名为2003年度“信用村”荣誉称号。

4月30日，县政府在县联合社召开呼图壁县2004年创建农村金融安全区信用村镇工作会议，副县长焦继明及部分乡镇领导、人民银行呼图壁县支行行长刘斌、昌吉监管分局驻呼办事处主任张利应邀出席。

是日，昌吉监管分局批复，同意撤销园户村信用社和庄、上二工、五工台信用社五工台分社，原和庄和上二工分社的业务并园户村信用社昌华路分社，原五工台分社业务并五工台信用社中渠分社。

5月27日，县联合社公民道德教育领导小组成立，刘怀强任组长，张志豪为副组长，柳茂军、李财寿、王惠琴、刘娟、张闫、狄光军为成员。

5月27日，县联合社争创“落实党风廉政建设责任制先进单位”活动领导小组成立，刘怀强任组长，叶斌为副组长，李澍、柳茂军、叶寿林、王程、何建斌、唐志艳、陈发智为成员。

6月3日，县联合社反洗钱领导小组成立，李澍任组长，李财寿、刘娟、王惠琴、柳茂军为成员。

6月10日，县联合社风险管理小组成立，刘怀强任组长，王惠琴、李财寿、刘娟为成员，马燕为专职风险管理员。

6月10日，县联合社信贷资产清非攻坚指挥部成立，刘怀强任总指挥，张志豪、叶斌为副总指挥。

7月13～14日，昌吉州农村信用社2004年上半年工作总结会在县联合社召开，会期2天，全州各县（市）联合社主任、副主任、信贷主管、审计科长及州银监分局驻呼办事处负责人参会。

9月4日，县联合社营业部正式开通全疆综合门柜业务，实现疆内通存通兑。

9月8日，县联合社信贷资金管理防范处置支付风险工作领导协调小组成立，县委书记邱树华任组长，李玉金、刘斌、张利、刘怀强为副组长，刘建设、张军威、朱江、杨志军、王生翠、刘文斗、孙西江、关向东、门志强、苏志明、刘万柱为成员。

9月8日，县政府接收建设银行呼图壁县支行处置突发事件领导小组成立，李玉金任组长，刘斌、张利为副组长，王生翠、李新安、刘怀强、任国军为成员。

10月1日，县联合社职工统一着装参加县委、县人民政府组织的在县文化广场举行的升国旗仪式。

11月12日，昌吉监管分局党组书记、局长李文彪一行5人抵县联合社检查内控制度执行情况，为期2天。

是年，县联合社各项存款49374万元。

是年，县联合社各项贷款余额31881万元，比年初增加7554万元，增长31.1%，累计发放各项贷款40808万元，比上年增加5127万元，增长14.4%。发放支农贷款16985万元，受益农户5340多户。全县非公有制企业和个体工商户贷户1000多户，共贷款22193万元，共收回到期贷款13899万元，到期收回率62.6%。全年收回贷款利息1218万元，占收息额43.3%。股金2004.4万元，比年初增加642.29万元，增长47.2%。全辖实现营业收入3685万元，其中利息收入2810万元，营业支出3592万元，上缴税金141万元，利润总额123万元。全县7家法人社盈利面100%。据对全县19个信用村、1000多农户的抽样调查结果表明，2004年农牧民人均收入5510元，比2003年增加455元，其中信用户人均收入增加256元，增长9.7%。

是年，县联合社不良贷款9503万元，不良贷款占比由年初17.7%下降到12%。“两呆”贷款由年初12.14%下降到6.14%。全年收回不良贷款5398万元，其中逾期贷款4476万元，“两呆”贷款922万元。职工打包拍卖收回165.3万元，依法执行收回253万元，政府协调发放形成的不良贷款收回32.65万元，委托司法部门收回14万元，收回抵债资产291.7万元，抵债资产处理变现25.4万元，交司法部门收贷123笔、500多万元，已结案27件收回250万元，交法院专案组收贷157笔、510万元，已收回12笔、71万元。同时政府协调收贷560万元。至此，县联合社“清非”（清理非正常贷款）工作由过去全州第七名提升为第三名。

2005年

1月15日，县联合社中层干部竞聘述职报告会举行，全辖18名中层干部述职，45名职工代表参会。

1月15日，县联合社159名干部职工通过县红十字会向印度洋地震海啸灾区捐款9650元。

1月28日，2004年度合作金融工作9个先进集体、44名先进个人受到县联合社表彰和奖励。

2月16日，县联合社原计划信贷科改为业务发展部、审计监督科改为稽核监察部、财务信息科改为会计统计部、安全保卫科改为安全保卫部、资产保全部不变，均设经理岗位；行政办公室不变，设主任岗位。

3月26日，县联合社七届二次理事会选举谢会同为副理事长并聘任为联合社副主任。

4月12日，县联合社自行开发的HTB-XINFA2005贷款管理程序，经5个月试行和验证，完全符合农村信用社信贷管理过程中的各项要求，并向昌吉监管分局上报，在全辖信用社推广使用。

4月13日，经昌吉监管分局批准，县联合社李澍交流至玛纳斯县联合社任副主任，谢会同交流至呼图壁县联合社任副主任。

4月22～27日，县联合社委托石河子大学举办信贷业务培训班，全辖各社主任、信贷主管、信贷员52人参训。

4月29日，县联合社工会四届一次会议召开，选举产生工会委员6人，谢会同当选主席。

5月16～26日，县联合社委托石河子大学经济管理学院举办2期会计业务培训班，全辖委派会计、坐柜会计、分社会计、出纳等84人参训。

5月，县联合社为大丰镇红柳塘村70多户遭水灾的灾民发放救灾贷款27万元。

6月2～3日，县联合社举办安全保卫培训班，昌吉州公安局治安科、县政法委、县公安局治安大队、消防科、交警大队等有关人员授课。

6月3日，县联合社调整反洗钱工作领导小组成员，刘怀强任组长、谢会同为副组长，刘娟、王智等为成员。

6月15日，县联合社保持先进性教育活动第一阶段动员大会召开。

6月28日，县联合社全体党员和部分职工80多人在县文化广场参加"信合杯党心凝聚，共祝和谐社会"大型文艺汇演。

7月1日，县联合社93名党员及职工在县文化广场参加县直机关工委"颂歌献给党"大合唱比赛，并获第一名。

7月26～29日，昌吉州会计业务培训班在县联合社举办，全州会计、科长、稽核监察部工作人员及昌吉监管分局部分领导共75人参训。

9月1日，陕西省联社宝鸡市办事处主任赵军利一行4人抵县联合社就农村信用社当前改革、新业务发展及员工工资等情况进行调研。

9月10日，县联合社"三收"旺季工作会召开，抽调机关14名工作人员赴基层一线支援"三收"工作。

12月20日，县联合社开展送温暖活动，为城市解困工程捐款8810元，为15户特困户送去过冬棉衣、食品等物资，价值1.8万元。

是年，县联合社各项存款62441万元。各项收入4814万元，各项支出4054万元，7个独立核算的信用社，实现盈余1000万元。股金3021.53万元，超额完成951万元，完成任务的146%。

是年，县联合社各项贷款余额39990万元，比上年增加8109万元，增长25.4%；累计收回各项贷款53575万元。不良贷款余额4800万元，占各项贷款余额12%，全辖不良贷款比年初下降4703万元，实现不良贷款绝对额与比例"双降"的工作目标。

是年，全县在原有34个信用村的基础上新创建信用村7个，并在全辖开展"十佳信用村"和"十佳信用户"评选活动。

2006年

1月1日，昌吉监管分局局长李文彪一行3人抵县联合社检查指导工作，并慰问一线年终决算的职工。

1月11日，县联社央行票据置换办公室成立，谢会同任主任，刘娟为副主任，李财寿、李彦清、张闫、马燕为成员。

1月17日，新疆监管局批复，同意筹建呼图壁县农村信用合作联社。

1月19日，县联社老干部及复转军人座谈会举行，8名退休职工、10名内部退养职工、15名复转军人及全辖中层干部和联社领导80多人参会。

1月24日，县联社2005年总结暨表彰大会召开，全辖各社主任、副主任、委派会计、信贷主管、分社负责人及机关工作人员共120多人参会，县人民政府副县长焦继明、昌吉监管分局驻呼办事处主任张利、人民银行呼图壁县支行副行长黄惠安莅会并讲话。

3月3日，县联合社被自治区爱国卫生运动委员会命名为2005年度卫生红旗单位。

3月21日，呼图壁县发展非公有制经济座谈会在县联合社召开，副县长李玉金主持，全县37家非公有制企业代表及部分个体工商户和基层社主任参会，昌吉监管分局监管三科科长吴溪军、昌吉监管分局驻呼办事处主任张利、科员田林应邀出席。

是日，县联合社中小企业金融服务中心挂牌成立，副县长李玉金和昌吉监管分局监管三科科长吴溪军为其揭牌，全县37家中小企业代表及基层社主任参加仪式。

4月7日，县联合社三届六次社代会和四届一次职代会召开。大会审议通过刘怀强作的《2005年理事会工作报告》《员工考核管理办法》《县联合社三年发展规划纲要》及谢会同所作的《2005年工会工作报告》等。

4月8～30日，县联合社举办为期23天、6期职业道德、法律法规、小额支付系统、OA办公系统及八荣八耻等讲座及培训，县委党校及职工学校讲师授课，74人受训。

4月26日，县联合社芳草湖分社挂牌成立。

5月15～16日，县联合社举办贷款五级分类培训班，工商银行呼图壁县支行信贷工作人员授课，全辖各社主任、副主任、信贷主管、委派会计、分社负责人及县联合社各部（室）负责人参训。

5月30～6月5日，县联合社组织48名职工参加县直机关工委举办的“信合杯”第三届职工运动会，取得男子拔河冠军、女子拔河亚军和男子篮球比赛第四名。

6月16日，县联合社《信合简报》创刊。

6月18日，县联合社刘怀强以会议代表身份，赴乌鲁木齐参加自治区农村信用社联合社创立大会暨第一届社员代表大会。

7月7日，全辖169名在岗职工在县一中阶梯教室持证上岗考试。考试分信贷、会计、安全保卫和行政后勤四类。

8月6～8日，自治区联社党委副书记、纪检书记田海舟率考察组抵县联合社考察领导班子成员近3年任职情况。

8月23日，新疆监管局批复，同意县联合社延长呼图壁县农村信用合作联社筹建期的申请，并在发文之日起三个月内完成筹建工作。

9月3日，县联合社旺季工作动员大会召开，刘怀强作动员讲话，各社（部）主任、副主任、委派会计、信贷主管、分社负责人及机关工作人员共100多人参会。

9月27日，县联合社167名职工为城市解困工程捐款8630元。

10月20日，县联合社女工委在县妇联组织的以救助贫困户单亲家庭的孩子为主旨的“阳光关爱一帮一”活动中，为呼图壁镇双龙社区哈萨克族单亲母亲江埃努尔捐款300元。

10月22日，县联合社通过自治区联社贷款五级分类验收。

10月28日，自治区联社主任阿不都、副主任谭建新一行抵县联合社调研。

11月9日，昌吉监管分局副局长甘俊世一行5人抵县联合社检查督导商业贿赂专项治理工作，刘怀强作汇报。

11月14日，自治区人民政府主席助理、自治区联社党委书记王会民、新疆监管局副局长毛晓飞、自治区联社副主任热甫卡提·努热合曼一行10人抵县联合社进行调研。副县长李玉金、县涉农部门领导及县联合社领导班子成员参加座谈。呼图壁县被列为北疆地区首个创建信用县（市）的试点县。

11月15日，为响应全民健身运动，全辖171名职工为县联合社捐款5.13万元修建篮球场。

11月24日，县联合社158名在岗职工为县民政局组织的“送温暖献爱心”活动捐款8100元。

11月30日，昌吉监管分局批准，县联合社（统一法人）符合开业条件，同意上报新疆监管局审批。

12月7日，县联合社（统一法人社）第一届第一次社代会召开，应到代表70人，实到60人。大会选举产生第一届理事会、第一届监事会，刘怀强当选理事长，柳茂军当选监事长。

12月22日，新疆监管局批复，同意呼图壁县农村信用合作联社开业，并核准《呼图壁县农村信用合作联社章程》；该联社为合作制农村信用合作联社，实行一级法人、统一核算、分级管理、授权经营的管理体制，注册资本金为人民币2862万元；住所为呼图壁县东风大街61号；核准刘怀强的理事长任职资格，叶斌、谢会同、张志豪、王惠琴的副主任任职资格。同意刘怀强、叶斌、谢会同、匡玉林、罗文辉、王多明、贺云龙、何建斌、刘娟、李贵泉、柯永福11人为第一届理事会理事。

12月27日，县联社四届三次职代会召开。会议选举产生第五届工会委员会，张闫当选工会主席。

12月31日，全辖各社进行会计年终决算。

是年，县联社各项存款余额77913万元，其中对公存款余额16119万元，储蓄存款余额61794万元；各项贷款余额54896万元，比年初增加14906万元，各项贷款累计发放73642万元，其中农业贷款累计发放24071万元；存贷比例70.46%，应付利息备付率为2.78%，年末计提的各类风险资产减值准备余额2074万元。营业费用率为42.2%，各项收入5514万元，其中利息收入4640万元；各项支出5323万元，其中营业费用2327万元。账面利润755万元，应缴所得税564万元，纯利润191万元。累计取得支农再贷款1000万元，全部还清。

是年，县联社实施贷款五级分类的网点22个，贷款5859笔、54896万元，其中正常贷款3175笔、46833万元，关注类贷款887笔、4047万元，次级类贷款136笔、2006万元，可疑类贷款1287笔、1455万元，损失类贷款374笔、527万元。按四类分级：正常类贷款50179万元，占91.41%。不良贷款余额4717万元，占8.6%；按五级分类：正常贷款50906万元，占92.73%。不良贷款3990万元，占7.27%；四级分类比五级分类，正常贷款占比降低1.33个百分点，不良贷款提高1.33个百分点。“两呆”贷款累计收回1502万元（票据置换1000万元），按贷款五级分类，不良贷款余额为3990万元，占7.27%。

是年，县联社创建信用村7个。至年底，全县信用村共有41个，信用户2667户。

2007年

1月16～20日，自治区联社审计组对县联社2006年决算真实性、高管人员任期经济责任进行为期4天的审计。

2月3日，县联社2006年度工作总结暨表彰大会召开，全辖各社主任、副主任、委派会计、信贷主管、分社负责人及机关工作人员和各类先进个人共100多人参会，县人民政府常务副县长李玉金、昌吉监管分局呼图壁县办事处主任张利、人民银行呼图壁县支行副行长黄惠安、县妇联领导及新一届理事会成员李贵全、柯永福出席会议。会议表彰先进党支部1个、优秀共产党员10个、先进集体15个、先进个人43个。

2月3日，县联社举办迎新春“情系信合”联欢会，全辖各社代表队表演舞蹈、小品、独唱、诗朗诵等19个节目。

2月15日，根据昌吉监管分局批复，全县有21个农村信用合作社更名。

3月7日，县联社庆“三八”茶话会召开，联社领导班子成员、女职工及退休女职工、各社部主任、副主任及机关全体工作人员100多人参会，并为女职工赠送节日礼品。

3月15日，县联社组织80多人参加县工商局举办的“消费者权益日”反假活动，联社出动宣传车1辆，宣传板报4块，散发宣传单3000多份。

3月17日，自治区联社副主任谭建新一行抵县联社调研春耕生产、农户小额及农户联保贷款发放情况，并就信用工程建设情况与县委、县人民政府及县联社班子成员座谈。

3月19日，县委与自治区联社党委联合行文印发《关于在呼图壁县全面推行信用工程的通知》。

3月20日，全辖174名在岗职工第三期劳动合同签订工作完成。

3月23日，自治区联社副主任谭建新抵县联社调研。

3月28日，县联社22个网点统一法人换证（营业执照、金融许可证、组织机构代码证）工作结束。

是日，自治区联社副主任热甫卡提·努热合曼抵县联社调研春耕生产贷款发放情况。

是日，自治区联社筹建乌昌合作银行调研组抵县联社调研。

3月29日，县联社举办“1104工程”(非现场监管信息技术平台)培训班，全辖信贷主管、委派会计及各部室工作人员共36人参加为期1天培训。

4月3日，县联社（统一法人）正式挂牌开业，全辖15个分社名称全部更名为信用社。

4月4日，县联社一届二次社代会召开，应到代表70人，实到66人。会议审议通过《呼图壁县农村信用合作联社2007年经营责任工效挂钩考核办法》《关于换发股金证及2006年度股金红利分配方案的报告》。

4月8日，县联社刘怀强随县长李翠玲率领的西洽会代表团参加在西安举办的第一届西洽会，并到延安等地学习考察。

4月5～29日，县联社在县职工学校举办信贷业务培训班，全辖各社主任、信贷主管、信贷员等52人参加信贷培训和计算机上岗证考试。

4月24～25日，县联社分别在大丰镇和芳草湖农场参加昌吉监管分局呼图壁办事处组织的“送金融下乡”活动。出动宣传车1辆，宣传板2块，散发金融知识书1000多册、宣传单3000多份。

5月9～12日，县联社举办非信贷资产分类及会计业务培训班。

5月18日，县联社举办安全保卫、法律法规培训班，学习《中华人民共和国合同法》《中华人民共和国担保法》，城镇派出所所长汤磊讲解《交通安全法》《治安处罚条例》《金融内保条例》等，全辖78人参训。

5月19日，县联社组织全辖各社主任、副主任、安全员及经警、驾驶员等86人参加消防演练及工会会员8公里徒步、拔河、跳绳等比赛。

5月21～24日，县联社组队参加县文体局主办的“天山雪维维杯”篮球比赛，获第二名。

5月22日，县联社党总支组织70多名干部职工在县财政局会议室参加预防职务犯罪“警示教育现身说法”会。

5月29日，县联社举办预防职务犯罪培训班，全辖各社主任、副主任、委派会计、信贷主管、信贷员等80多人参训，昌吉州检察院预防职务犯罪处处长周宝辉授课。

5月30日，县联社党总支组织全辖172名职工为农民工子女捐款4375元、书包112个、铅笔盒7个、鞋2双、衣服95件，并捐助4名特困学生。

6月3～25日，自治区联社“排雷”检查组一行10人抵县联社22个网点检查案件专项治理工作，为期23天。

6月9日，县联社举办服务及礼仪培训班，聘请时代光华管理培训学院专家徐敬泽讲授个人礼仪、职业道德、团队精神、客户服务与服务技能等知识，全辖155名职工参训。

6月20日，县联社组织全辖中层干部及机关工作人员68人赴昌吉州监狱接受警示教育。

6月21日，县联社纠正行业不正之风座谈会举行，县监察局、纠风办及各乡镇分管经济工作的领导出席，为9名义务监督员颁发聘书。

6月27日，县联社举办票据影像系统及账户核查培训班，全辖委派会计、分社会计及柜员共42人参训。

6月29日，为庆祝建党86周年华诞，县联社党总支组织党员赴乌鲁木齐烈士陵园、八路军办事处参观学习，缅怀革命先烈。

6月30日，县联社在银星信用社门口设点开展反假币宣传活动，为顾客讲解反假币等有关知识，发放宣传单2000多份。

是月，为纪念取消乡级法人社、县联社统一法人社成立而制作玉鼎一尊，刘怀强题词“信合宝鼎，盛世乾坤”。

7月1日，县联社城区网点全部实行晨会制，全体职工朗诵晨训词，总评前日工作，部署当日工作，并出台《呼图壁县农村信用合作联社柜面服务规范化实施细则》。

8月6日，县联社组织全辖150多名在职职工为昌吉州洪灾较重的木垒、奇台、吉木萨尔三县捐款4500元。

8月8日，县联社实施公务用车制度改革后，首批购买4辆雪弗兰景程轿车，单价14.48万元。

8月18日，县联社工会组织全辖100多名在岗职工业务技能大比武，设农贷计息、点钞和翻打传票3个项目。

8月22日，县联社工会组织全辖在岗职工开展“我是信合守护神”主题演讲比赛。

9月6日，县联社刘怀强当选为呼图壁县第十五届人大代表。

9月28日，昌吉监管分局批准，二十里店镇头工信用社迁至种牛场场部。

10月12日，根据自治区联社《关于全面推动创建农村信用工程的指导意见》，呼图壁县作为全区两个县（另为新和县）之一的典型经验在全疆推广。

10月20日，县联社在全辖范围内开展加强内控提升执行力活动。

10月20～21日，自治区联社党委副书记田海舟率自治区联社人力资源部陈伟林、刘金燕为成员的考察组抵县联社考察领导班子。

11月15日，县委、县人民政府印发《呼图壁县农村“信用工程”创建工作考核办法》，决定自2008年1月起在全县各乡镇实施自治区联社制定的“信用工程”实施方案。

11月16日，新疆监管局第二期党员、处级领导干部培训班、新农村建设调研座谈会在县联社举行，到会42人，副县长焦继明及县农业局等相关局长和县联社班子成员出席座谈会，并参观五工台、大丰信用社。

11月19日，县联社刘怀强在《中国县域经济报》发表《大额超比例贷款如何防范控制风险》，全文1000多字。

11月20日，自治区联社主任阿不都抵县联社就旺季工作与班子成员和中层干部座谈。

11月22日，县联社178名职工为城市解困工程捐款8650元。

11月25日，县联社174名职工在县政府送温暖献爱心活动中捐款5530元，为25岁身患尿毒症的若羌县联社员工杨继孟捐款8930元。

12月22日，县联社、阜康市联社与兵团第六师芳草湖农场社团贷款签约仪式在县联社举行。

是年，县联社各项存款72060万元，其中对公存款17583万元，储蓄存款54477万元。各项存款居全县金融机构之首。

是年，县联社各项贷款64430万元，比年初增加9534万元，增长17.36%，存贷比例89.41%。全年累计发放各项贷款83978万元，其中农业贷款累计发放27135万元，贷款余额和增量市场份额均居全县金融机构之首。不良贷款5205万元，占8.08%。央行票据置换金额1000万元，置换现金收回50万元，完成现金兑付任务的166.7%。

是年，县联社实现各项收入6627万元，同比增加1113万元，增长20.2%，其中贷款利息收入6120万元，同比增收1480万元，增长31.9%；各项支出6066万元；各类风险资产减值准备3458万元，应付利息备付率4.58%，营业费用率38.85%，比上年同期下降4.36%，人均费用率12.79%，账面利润1770万元，应缴所得税1209万元，净利润561万元，同比增加370万元，增长193.7%。

是年，县联社股金3479万元，资本充足率9.09%，比上年同期增长1.34%。

是年，呼图壁县被自治区联社列为北疆地区首个创建“信用县”的试点县，县人民政府成立信用工程创建工作领导小组。县联社结合送金融知识下乡活动，在全县范围内开展“诚实守信”教育活动。截至12月底，评出信用镇2个、信用村19个、信用户6798户。

是年，县联社首次在兵团农场设立营业网点。自2006年4月26日开业至2007年底，各项存款1800万元，各项贷款2661万元，利息收入110万元，中间业务收入5万元。

2008年

1月4日，自治区联社党委副书记、纪检书记田海舟一行3人抵县联社分别给“四老”（老党员、干部、模范、职工）、困难户送去慰问金和节日祝福。

1月5日，县联社2008年度中层岗位竞聘理论知识考试举行，全辖51名竞聘人员参加闭卷考试，昌吉监管分局驻呼办事处、人民银行呼图壁县支行等领导监考。

1月8日，县联社举办中层干部竞聘演讲答辩会，通过笔试的51名选手参加答辩演讲。

1月10日，中共呼图壁县农村信用合作联社委员会成立，同时成立中共呼图壁县农村信用合作联社纪律检查委员会，刘怀强任县联社党委书记，朱智岗、叶斌、陈志高为党委委员，王惠琴为县联社党委委员、纪检书记。至6月11日，狄光军、马燕任县联社纪检委委员。

2月20日，石河子联社副主任孙建军一行11人抵县联社调研信用工程创建活动，谢会同、张志豪、王惠琴及各部室负责人参加座谈。

2月22日，县长曾春雷、副县长焦继明及农业局、畜牧局等6家领导及人民银行呼图壁县支行副行长黄惠安调研县联社2008年信贷投放工作。

2月27日，昌吉监管分局批复，县联社头工信用社更名为呼图壁县农村信用合作联社东泉信用社。

3月5日，昌吉监管分局批复，县联社大桥信用社迁至园户村路四街10区4院1-1-1，同时易名为景化信用社；丰贸信用社迁至大丰镇商贸城东侧，红山信用社迁至干河子林场路口。

3月6日，昌吉州妇联决定，授予县联社“三八”红旗集体荣誉称号。

3月7日，县联社女工委参赛的健美操“奥运之光”，在县妇联“庆三八健美操”大赛中获一等奖。

3月11日，县联社153名在岗职工为伊宁市联社身患绝症的张萍捐款8190元。

3月14日，县联社一届三次社代会召开，应到代表71人，实到59人，会议审议通过《2007年度理事会工作报告》《2007年度股金分红方案》《2007年度信息披露报告》《2007年度监事会工作报告》。同时，根据新农信党组干〔2008〕38号文件精神，免去谢会同县联社理事职务，免去谢会同、张志豪县联社副主任职务，选举朱智岗为县联社主任、王惠琴为监事长、陈志高为副主任。

3月23日，县联社启动银联卡——玉卡试发行工作，至4月28日正式对外发卡。

3月26日，自治区联社塔城地区检查组对县联社2007年度会计年终决算真实性、信贷大检查整改情况、联社高管人员履职及新疆监管局对2006年度会计年终决算真实性审计整改等情况全面大检查。

3月28日，县联社石门子信用社并入雀尔沟信用社。

4月14日，县联社党建工作领导小组成立，刘怀强任组长，朱智岗、王惠琴、叶斌、陈志高为副组长，柳茂军、陈军、陈发智、王程、唐志艳、甘润枝、向国忠为成员。

5月5～16日，县联社举办2期会计业务核算操作规程及档案管理培训班，各基层社委派会计、会计、柜员、综合员及联社审计部、风险资产部、财务信息部等85人参训，自治区联社审计部、财务部领导及县档案局专业人员授课。

5月10日，县联社开展“迎奥运，徒步行”活动。

5月12日，14时28分，四川汶川发生里氏8.0级特大地震。14日，县联社168名干部职工为灾区捐款11110元。19日为全国哀悼日，下午2时28分县联社全体员工举行默哀仪式，为地震遇难同胞默哀3分钟。

5月13日，昌吉州预防职务犯罪工作领导小组授予县联社为自治州预防职务犯罪工作先进集体荣誉称号。

5月22日，农村信用社北疆片区会计主管委派制动员暨现场交流会在县联社召开，来自北疆片区的联社主任、会计部经理101人参会。会议期间，与会人员到县联社营业部和五工台信用社现场观摩，并游览县世纪园。

5月23日，县联社党委组织全辖62名党员缴纳“特殊党费”11200元支援汶川地震灾区。

5月24日，县联社举办2008年度点钞、农贷计息、计算机汉字录入和计算机数字录入4个项目业务技能比赛，大丰信用社、联社营业部、二十里店信用社分获团体一、二、三等奖；冯琬婷、马建、叶会莉分获农贷计息一、二、三名；夏琦、冯志娟、张桂林分获计算机汉字录入一、二、三名。

5月25日，县联社举办“迎奥运，促和谐”书画笔会，新疆书法家协会主席于小山及马亚飞、席时珞、阿龙4人现场挥毫泼墨书法作画，县委副书记李玉金等领导莅会。

5月30日，县联社工会组织全辖177名会员为汶川地震灾区捐款11550元。

5月30日，县联社举办2008年度会计业务展评，全辖21个网点的社主任、委派会计及网点会计参赛，百汇、园林路、宁州户、大泉、西树窝子信用社分获一、二、三、四、五名。

6月10日，县联社央行票据置换工作通过人民银行总行考核验收，成为全疆首批通过考核验收的信用社之一。是日，央行专项票据1000万元兑付到账。

6月11~13日，县联社举办2008年度信贷管理培训班，全辖各社主任、信贷主管、信贷员共53人参训。

6月27日，县联社召开委派会计竞聘演讲答辩会，全辖通过笔试的26名选手参加演讲答辩。

7月3日，县联社刘怀强在《中国县域经济报》发表《拓展兵团业务助推团场发展——对新疆呼图壁农信社拓展兵团金融业务的调查》，全文约2000字。

7月17日，县联社刘怀强在《中国县域经济报》发表《农信社贷款利率定价实践效果分析》，全文1000多字。

7月22日，昌吉监管分局批复，县联社石门子信用社迁至兵团第六师一〇五团团部，并易名为呼图壁县农村信用合作联社枣园信用社。

8月8日，县联社反洗钱、大额交易、可疑交易工作领导小组成立，朱智岗为组长，叶斌、陈志高为副组长，刘娟、黄卫民、马燕、何玉刚、叶寿林为成员。

8月19日，县联社枣园信用社开业剪彩仪式在兵团第六师一〇五团枣园镇举行。

9月12日，县人民政府2008年农村信用工程创建工作会在县联社召开，县长李翠玲、副县长吴峻、组织部长吴新民及各乡镇领导和信贷协管员参会。会上，10多名2007年度信用社优秀协管员受到表彰和奖励。

9月16日，县联社“三收”旺季工作动员大会召开，刘怀强、朱智岗、王惠琴、叶斌、陈志高参会并讲话。

9月17日，县联社刘怀强赴自治区联社参加阿不都、谭建新主持召开的研究棉花企业清收不良贷款事宜会议。

9月27日，兵团第六师一〇五团信用工程创建大会召开，县联社刘怀强、朱智岗出席并讲话。

10月12日，县联社深入学习实践科学发展观活动工作领导小组成立，刘怀强任组长，朱智岗、王惠琴、叶斌、陈志高为副组长，下辖6个党支部也成立领导小组。

10月15日，县联社186名在岗职工为城市解困工程捐款9500元、送温暖献爱心活动捐款9700元，两项捐款共372人次、19200元。

10月28日，自治区人民政府副主席钱智一行在呼图壁县调研进一步加快农村改革与发展情况，与县委书记邱树华、县长曾春雷、各乡（镇）党委书记和县农口主要领导座谈。

11月8~9日，县联社87人与玛纳斯县联社40人联合举办营销管理培训班，自治区联社审计部总经理李勋授课。

11月29日，县联社153名职工在县二中举行上岗考试，共设6个考场，分信贷管理、财务会计、审计、风险资产管理四类，自治区联社人力资源部副总经理杨照文等抵联社考场巡视督查。

12月20日，县联社五届二次职代会召开，出席代表46人，审议通过《树立科学发展观，围绕中心，促进工会又好又快发展》的工作报告。

12月20日，县联社举行业务发展部客户经理竞聘演讲答辩会，全辖23名通过笔试合格的竞聘者登台演讲。

12月20日，县联社一届六次理事会形成增资扩股1450万元的决议，其中增加资格股800万元、投资股650万元。此项决议11名理事全票通过。

12月31日，县联社刘怀强、朱智岗、叶斌、陈志高、王惠琴及各部门主任、经理等赴全辖各网点慰问一线员工，并送去慰问金。

12月，新疆金融投资公司和新疆凯迪投资公司对全疆82家县市联社进行股本金注资，其中昌吉辖区联社股本金注资4200万元，呼图壁县联社注资400万元。注资后的资本总额由4520万元增加到4920万元。

是年，全辖各项存款111797万元，完成自治区联社下达存款任务的320.45%。其中对公存款44177万元，储蓄存款67620万元，各项存款占全县7家金融机构存款余额的35.67%，居全县金融机构之首。累计发放各项贷款99775万元，比上年同期增加15797万元，增长18.81%，其中累计发放农业贷款54615万元，占54.74%，比上年同期增加27480万元；各项贷款60336万元，比上年减少4093万元，存贷比例54%，贷款余额和增量市场份额均居全县金融机构之首，贷款余额占全县7家金融机构贷款余额的36.18%。县联社不良贷款余额按四级分类2927万元，占4.85%，比年初下降2276万元，占比比年初下降3.23个百分点；不良贷款按五级分类2299万元，占3.81%，比年初下降2393万元，占比比年初下降3.47个百分点。按照五级分类口径，12月末信贷资产应提拨备1202万元，实际拨备余额3082万元；非信贷资产应提拨备1267万元，实际拨备余额1806万元，各项拨备足额100%提取，其中提取信贷资产拨备1564万元，提取非信贷资产拨备793万元，各类风险资产减值准备余额为4888万元。

是年，县联社实现总收入9981万元，比上年增加3217万元，增长47.56%，其中贷款利息收入9174万元，比上年增加3053万元，增长49.88%；总支出7966万元，比上年增加2972万元，增长59.51%；实现经营利润5633万元，完成自治区联社下达任务的151.83%，除所得税外，上缴税金308.4万元，所得税计提增加专项准备1184万元。利润总额2016万元，比上年增加247万元，增长13.96%，净利润829万元。所有者权益8821万元，实收资本（股本金）4920万元，比上年增加1442万元，增长41.46%，资本充足率为9.73%，比上年增长0.64%。玉卡发行6815张，卡存款余额8387万元，完成自治区联社下达任务的136.3%。实现中间业务收入112万元，比上年增加21万元，增长23.1%，完成自治区联社下达任务的101.82%。全县农户14765户，评定信用户8035户，占农户总数的54.42%；全县共有行政村51个，评定信用村24个，占全县行政村的47%；全县6个乡镇中，评定信用镇3个，占乡镇总数的50%；其中AAA级信用镇1个，AA级信用镇2个。

2009年

1月1日，县联社党委决定成立业务发展部，将科技信息部与财务信息部合并，易名为财务信息部；党务办公室和综合办公室合并；将宣传、人事劳资、社会保障等工作分离，成立人力资源部。

是日，县联社聘任张闫为县联社人力资源部经理，李财寿为业务发展部总经理，何玉刚为信贷管理部经理，柳茂军为综合办公室主任，何建斌为审计部经理，祁小娟为审计部副经理，蒋斌为业务发展部副总经理（享受经理待遇），潘存娟为财务信息部经理，黄卫民为财务信息部副经理（享受经理待遇），孙玉斌为风险资产管理部经理助理。

是日，县联社聘刘娟为县联社营业部主任，马燕为昌华路信用社主任，王程为园户村信用社主任，唐志艳为五工台信用社主任，姚继文为大丰信用社主任，祁鹏为二十里店信用社主任，李斌为百汇信用社主任（享受副主任待遇），陈军为园林路信用社主任，王舞龙为丰贸信用社副主任（享受副主任待遇），刘金泉为中渠信用社主任（享受信用社副主任待遇），吴翔为东滩信用社主任（享受信用社副主任待遇），李玉清为小土古里信用社主任（享受信用社副主任待遇），周洋为西树窝子信用社副主任。

1月5日，县联社“双先”考评领导小组成立，刘怀强任组长，朱智岗、王惠琴、叶斌、陈志高为副组长，柳茂军、张闫、潘存娟、李财寿、何玉刚、狄光军、何建斌、王智为成员。

1月8日，昌华路信用社、百汇信用社升格为一级信用社，升格后与原管辖社园户村信用社和园林路信用社脱离，由县联社直接管理。

是日，县联社代理农业保险工作领导小组成立，刘怀强任组长，朱智岗、叶斌、陈志高为副组长，潘存娟、李财寿、何玉刚、王程、祁鹏、唐志艳、姚继文、徐贵全、马利军为成员。

1月14日，县联社政银企座谈会召开，县人民政府、县银监办事处等有关部门负责人及全县60多家中小企业代表出席会议。

1月15日，县联社案件专项治理工作领导小组成立，刘怀强任组长，王惠琴为副组长，朱智岗、叶斌、陈志高等22人为成员。

是日，县联社纠正行业不正之风工作领导小组成立，刘怀强任组长，陈志高为副组长，朱智岗、王惠琴、叶斌等22人为成员。

是日，县联社老干部座谈会召开，20多名退休老干部、中高层领导全部参会。

1月19日，县联社2008年度工作总结暨表彰大会和2009年迎春文艺晚会在县五洋酒店召开，县人民政府、人民银行呼图壁县支行行长、昌吉监管分局领导及全辖员工和各企业代表近200人参会。会上，有6个先进集体、44名先进个人和优秀共产党员受到表彰和奖励。

1月21日，刘怀强、朱智岗、陈志高、叶斌、张闫等代表县联社慰问退休干部和内退职工，给他们送去慰问金和节日礼品。

1月22日，县联社经营责任绩效考核领导小组成立，刘怀强任组长，朱智岗、叶斌、陈志高为副组长，何玉刚、何建斌、柳茂军、张闫、李财寿、王智、潘存娟、狄光军为成员。

是日，《呼图壁县农村信用合作联社志》编纂工作领导小组成立，刘怀强任组长，陈志高为副组长，柳茂军、张闫、何玉刚、何建斌、李财寿、王智、潘存娟、狄光军为成员。

是日，天山农业有限公司5000万元社团贷款组团签字仪式在县联社举行，刘怀强、上海智本企业投资管理有限公司董事长李刚、天山农业发展有限公司董事长李贤、各社团理事长及联社业务发展部全体工作人员参加签字仪式。

1月23日，县联社印发《呼图壁县农村信用合作联社“优质文明信用户”贷款管理办法（暂行）》。

2月6日，县联社印发《呼图壁县农村信用合作联社个人汽车（农机）消费贷款管理办法》。

2月14日，县联社陈志高率19名职工赴浙江温岭合作银行调研。

2月17日，伊宁市联社一行5人代表自治区联社抵县联社对2008年度会计出纳业务、财务收支、决算日终的资产状况、利润情况、年度会计决算报表质量及2007年决算真实性审计整改情况的后续等工作进行专项审计。

2月18日，县联社银行卡宣传和服务领导小组成立，朱智岗任组长，叶斌、陈志高为副组长，刘娟、邓辉、陈军、李斌、姚继文、唐志艳、王程、祁鹏、徐贵全、马利军为成员。

2月21日，县联社贯彻落实新疆农村信用社2009年度工作会议精神大会在县五洋酒店召开。会上，刘怀强、朱智岗、叶斌分别传达自治区联社党委书记王会民、自治区联社主任阿不都、自治区联社副书记田海舟在新疆农村信用社2009年工作会议上的讲话精神，并传达《关于开展综合调研工作的通知》《关于新疆农村信用社2008年度主要经营指标的排名通报》《关于印发贯彻适度宽松货币政策支持自治区经济平稳较快发展的指导意见的通知》。

3月5日，经自治区联社综合考评，县联社被列为2008年度全疆19家A类社之一。

3月6日，县联社营业部和东泉信用社分别被昌吉州工会授予“五一巾帼”建功先进集体、工人先锋号荣誉称号。

3月13日，县联社反洗钱、大额交易、可疑交易工作领导小组成立，朱智岗任组长，叶斌、陈志高为副组长，潘存娟、黄卫民、何建斌、何玉刚为成员，各营业网点会计为反洗钱专管员。

3月14日，县联社五届三次职代会召开，出席代表48人。会议听取张闫作的《2008年工会工作报告》、何建斌作的《2008年度工会经费审查报告》。刘怀强、朱智岗与各部室签订2009年度目标管理、案件专项治理、纠正行业不正之风、综合治理等责任书。大会审议通过《2009年绩效考核办法》《2009年培训实施方案》《内退暂行管理办法》。工会与联社签订《集体合同书》《女职工权益保护专项集体合同》《工资集体协议合同》。会议对获得2008年度州总工会“工人先锋号”和“五一巾帼奖”的东泉信用社、联社营业部和联社2008年度“拓展单位存款账户”“玉卡百日营销”“百日创佳绩”劳动竞赛中的24个先进集体、3名先进个人进行表彰。

3月24日，县联社基层工会组织建设年活动领导小组成立，刘怀强任组长，朱智岗、张闫为副组长，何建斌、王智、蒋斌、何玉刚、狄光军、柳茂军、潘存娟为成员。

是日，县联社一届四次社代会召开，应到代表86人，实到69人。副县长焦继明、人民银行呼图壁县支行行长张庆、昌吉监管分局驻呼办事处主任张利分别讲话。会议审议通过刘怀强作的《2008年度理事会工作报告》《2009年存贷款超比例85%经营的报告》；朱智岗作的《2008年度财务信息披露报告》《呼图壁县农村信用合作联社经营管理工作三年规划》；王惠琴作的《2008年度监事会工作报告》；叶斌作的《2008年度股金分红方案》；潘存娟作的《2008年度财务收支执行报告》。大会增补理事1名、监事2名。

4月13日，县联社代理本级财政业务领导小组成立，朱智岗任组长，叶斌、陈志高为副组长，潘存娟、黄卫民、何玉刚、蒋斌为成员。

4月14日，昌吉监管分局一季度金融监管会在县联社召开，全州7县市联社和五家渠国民村镇银行负责人等参会，昌吉监管分局纪检书记童欣出席并讲话。

4月16日，县联社第十八个综合治理宣传月及平安建设领导小组成立，陈志高任组长，何建斌、王智、蒋斌、何玉刚、狄光军、柳茂军、潘存娟、张闫、祁鹏、王程、陈发智、唐志艳、姚继文、徐贵全、刘娟、陈军、李斌、马利军、张治为成员。

4月27日，自治区联社党委决定，免去王惠琴呼图壁县联社监事长、党委委员、纪检书记职务，任吐鲁番市联社党委委员，推荐为主任。

4月28日，县联社组织全辖各社部主任、安全员、联社主任近百人到五工台镇，在专业人员现场指导下进行消防安全演练。

5月6日，经自治区联社选派、天津滨海银行决定，县联社刘怀强任天津滨海银行总行零售银行部总经理助理，挂职锻炼3个月。

是日，县联社工会代表队31人在县一中参加呼图壁县2009年度全民健身活动启动仪式暨职工运动会。

是日，新疆红十字慈济医院院长郭晓鸣、自治区人民医院临床营养治疗管理师、高级营养讲师顾萍抵县联社举行“送健康”专题讲座。

5月14日，县联社清理联保贷款互助金工作领导小组成立，朱智岗任组长，叶斌、陈志高为副组长，柳茂军、何建斌、潘存娟、黄卫民、何玉刚、王程、祁鹏、唐志艳、姚继文、徐贵全、马利军、张治为成员。

5月16日，县联社举办为期一天的信贷管理培训班，全辖信贷员、柜员及机关人员共144人参训，新疆财经大学教授费玉娥授课。

5月21日，县联社“党员先锋工程”活动领导小组成立，刘怀强任组长，朱智岗、叶斌、陈志高为副组长。

5月23日，县联社组织2009年度业务技能比赛，全辖22个网点及机关90名选手参赛。

5月26日，县联社组织的兵团“信用工程”总结暨表彰大会在兵团第六师一〇五团召开。

5月27日，县联社陈志高赴芳草湖农场参加信用工程动员大会。会上，陈志高代表县联社讲话，并与6个分场47个连队的协管员签订协议、颁发聘书。

6月1日，县联社“小金库”专项治理工作领导小组成立，朱智岗任组长，叶斌、陈志高为副组长。

6月3日，县联社信用评级启动会暨签约仪式召开。人民银行乌鲁木齐中心支行征信处处长邓小刚、人民银行昌吉州中心支行副行长张洁、人民银行呼图壁县支行副行长王立平、自治区联社信贷部经理郭凌鹏、联合信用管理公司新疆分公司总经理袁斌，县联社朱智岗、陈志高、何玉刚及56家企业的高级管理人员参加启动仪式。

6月10日，县联社举办个人所得税专题知识讲座，县地税局税政法制科科长秦建华主讲，全辖100多名员工参训。

6月18日，经自治区联社批准，撤销大泉信用社，其业务并入五工台信用社；撤销宁州户信用社，其业务并入小土古里信用社；撤销红山信用社，业务并入大丰信用社。

6月19日，县联社举办审计工作专题讲座，自治区联社审计部经理周红革主讲。

是日，县联社举行“迎七一·因为有你而骄傲”主题演讲比赛。

7月3~8日，县联社组织18名退休职工赴阿克苏、库尔勒等地进行为期5天的学习考察。

7月4日，为庆祝中国共产党88诞辰，县联社党委组织全辖党员和入党积极分子74人在雀尔沟、白杨沟等地举行徒步、有奖知识问答、重温入党誓词等活动。

7月8日，“7·5”事件后，县联社党委成立“护社队”，朱智岗任队长，陈志高、叶斌为副队长，狄光军、柳茂军、何玉刚、等47人为成员。

7月11日，朱智岗一行4人携带价值5000多元慰问品代表县联社194名员工前往乌伊公路八十八哨卡、洪沟哨卡慰问维稳武警官兵和公安干警。

7月14日，县联社开展“同舟共济，血浓于水”爱心捐助活动，全辖185人为“7·5”事件无辜受伤的群众、公安干警和武警官兵捐款21000元。

7月21日，县联社刘怀强、朱智岗一行9人赴二十里店镇二十里店村四组慰问维吾尔族贫困户玉素甫·司马义，送去慰问金2000元及大米、面粉等。

7月24日，经昌吉监管分局批准，县联社销毁印章57枚，其中各基层信用社财务专用章22枚，各基层信用社转讫用章24枚，贷款合同专用章6枚，其他用章5枚。

8月6日，自治区联社党委授予县联社刘娟、陈发智2008年度“共产党员先锋岗”荣誉称号。

8月12日，县联社发起募捐倡议书，动员全辖职工为联社干部、尿毒症患者王舞龙捐款，玛纳斯县联社李欢、胡浩及乌鲁木齐浙商梁式海、木垒县联社李凤梅、苏阳胶合板厂的部分工人也加入捐款行列。截至8月19日，捐款人数达194人，捐资8.27万元。

8月13日，县联社报表考核、评比领导小组成立，朱智岗任组长，叶斌、陈志高为副组长，张闫、柳茂军、何玉刚、蒋斌、何建斌、王智、潘存娟、狄光军为成员。

是日，县联社保密工作委员会成立，陈志高任主任委员，柳茂军、张闫等30人为委员。

8月27日，县联社刘怀强率30多名职工赴兵团第六师芳草湖警示教育基地，开展以预防职务犯罪为主题的反腐倡廉警示观摩教育活动。

9月9日，县联社信息科技风险防控工作领导小组成立，朱智岗任组长，叶斌为副组长，潘存娟、黄卫民、马文江为成员。

9月10日，县联社案件风险排查“回头看”活动领导小组成立，刘怀强任组长，朱智岗为副组长，何建斌、柳茂军、狄光军、潘存娟、何玉刚、张闫、王智、蒋斌为成员。

是日，县联社职工为被台风“莫拉克”袭击的台湾受灾同胞捐款5545元。

9月24日，县联社“护航2009”反恐融资专项行动领导小组成立，陈志高任组长，狄光军、罗光萍、张秋芳、刘静、张桂林、范绍娟、宋巨程、王生刚、张新成、夏琦、孔艺洁、王生香为成员。

9月25日，县联社不良资产清收激励费用考核领导小组成立，刘怀强任组长，朱智岗为副组长，叶斌、陈志高、王智、潘存娟、何建斌为成员。领导小组下设办公室，叶斌兼主任。

10月2日，县联社党总支成立，柳茂军任书记，何建斌为组织委员，何玉刚为宣传委员。

10月7日，县联社2009年秋银企书画笔会展在联社举行，昌吉监管分局纪检书记童欣、人民银行呼图壁县支行行长张庆、县文体局局长荣世瑞、昌吉州雪莲书画院院长刘光明及13名知名企业老总出席会展。新疆书协副主席张沧、新疆国画院执行院长闵荫南、新疆书法家协会名誉主席、中国书协会员翁伯祥、新疆书协顾问、新疆师范大学美术学院教授邹光霖、中国教育书法家协会理事、原新疆教育电视台党委书记王善国等现场泼墨演艺。该次会展由昌吉州雪莲书画院协办。

10月22日，自治区联社副主任谭建新一行3人在县联社刘怀强、朱智岗、叶斌陪同下赴芳草湖农场、兵团第六师一〇五团、自治区畜牧厅呼图壁种牛场等基层社调研。

10月26日，县联社组织干部职工在鸿新百汇商场门口参加由人民银行呼图壁县支行组织的全县金融系统“珍爱信用记录，从关注信用报告开始”为主题的征信宣传活动。

10月30日，县联社187名职工为城乡解困工程捐款9650元。

11月18日，县联社呼图壁种牛场东泉信用社召开信用工程创建动员大会，种牛场场长马光辉、书记王胜利及场部各单位负责人、各农队队长、书记等90多人参会。

11月21日，县联社举行2009年度点钞、珠算、计算机、计息等业务技能考核，全辖110人应考。

11月25日，县联社举办2009年会计业务操作规程（第二册）培训班，80多人参训。

11月26日，经昌吉监管分局批准，县联社东滩信用社由呼图壁县二十里店镇东滩村搬至呼图壁县石梯子乡，并易名为呼图壁县农村信用合作联社石梯子信用社。

是日，枣园信用社由兵团第六师一〇五团枣园镇枣园路搬至枣园镇新城路南侧新落成的办公楼。县联社银星信用社搬回装修一新的原址，即原城市信用社旧址（今曙光商场对面一楼）。

12月8日，县联社枣园信用社新办公楼开业典礼。

12月13日，县联社邀请北京时代光华管理培训学院高级培训师徐敬泽在县一中阶梯教室为全辖职工进行“全员主动营销，职业化心态建设及管理技能和服务礼仪”培训。

12月31日，县联社被自治区联社工会授予“新疆维吾尔自治区农村信用社模范职工之家”荣誉称号。

是年，县联社资产总额162992万元，比上年增加34542.7万元，其中各项贷款89655万元，比年初增加29319万元，增长48.6%；负债总额150350.5万元，比年初增加30772万元，增长25.68%，人均贷款725万元，比年初增加414万元，增长57.1%；各项存款143656万元，完成任务的1592.95%，人均存款748.2万元，比年初增加172.2万元，增长23%，其中对公存款69873万元，储蓄存款73783万元，存款市场占有率35.63%，新增存款占有率34.07%；应付利息备付率4.17%，比上年减少1.17个百分点，提取拨备1835.7万元，拨备充足率比上年增加32.22个百分点。

是年，县联社实现各项收入9488.53万元，同比减少493.15万元；实现中间业务收入149.28万元，同比增加37万元；各项支出8077.72万元，同比增加111.54万元，增长1.4%，收支轧抵实现利润4234.74万元，同比增加140.82万元。

是年，县联社累计投放各项贷款139270万元，同比增加39495万元，增长39.58%，其中投放农业贷款118548万元，同比增加63933万元，占85%，增长117%；投放小额信用贷款16582.92万元，同比增加1251.7万元，占11%，增长8.16%；投放农户联保贷款36581.12万元，投放农户抵质押贷款6377.6万元，占4.58%，增长34%；投放涉农中小企业贷款68728万元，占49.3%，增长82%；投放个体工商贷款4852万元，占3.5%；投放消费类贷款2574万元，同比增加77万元，占1.8%，增长3%。

是年，县联社资本充足率、拨备覆盖率分别为12.90%和141.05%，分别比年初上升3.17个和7.02个百分点。不良贷款实现双降，其中按四级分类不良贷款2528万元，占2.82%；比年初下降424万元，占比比年初下降2.07个百分点；按五级分类不良贷款3071万元，比上年增加772万元，占3.43%，比年初下降0.38个百分点。

是年，县联社玉卡发卡量13479张，比年初增加6664张，卡存款余额19709.18万元，比年初增加11321.82万元，卡均存款9705元，受理网点覆盖面100%。

2010年

1月6日，县联社中层干部竞聘演讲答辩会举行，全辖52名选手竞聘，联社高管、委派会计、职工代表及机关全体工作人员参会。

1月12日，银星信用社各项存款突破2亿元大关，余额2.1亿元，是县联社第一个超过2亿元的信用社。

1月18日，县联社聘任柳茂军为综合办公室主任，张闫为人力资源部经理，李财寿为业务发展部经理，何建斌为审计部经理，何玉刚为信贷管理部经理，潘存娟为财务信息部经理，狄光军为监察保卫部经理，王智为风险资产管理部经理，蒋斌为业务发展部副经理，祁小娟为业务发展部副经理，来红梅为信贷管理部副经理，冯琬婷为审计部副经理，姚雅洁为财务信息部副经理。

是日，聘任刘娟为县联社营业部主任，唐志艳为五工台信用社主任，姚继文为大丰信用社主任，祁鹏为二十里店信用社主任，徐贵全为雀尔沟信用社主任，马燕为昌华路信用社主任，陈军为园林路信用社主任，陈发智为银星信用社主任，李斌为百汇信用社主任，蔡春元为芳草湖信用社主任，王程为园户村信用社主任，闫怀梅为景化信用社副主任（主持工作），张治为枣园信用社主任，马利军为丰贸信用社主任，孙玉斌为中渠信用社主任，张永谦为小土古里信用社副主任（主持工作），刘尚磊为东泉信用社副主任（主持工作），周洋为西树窝子信用社主任，刘中涛为石梯子信用社副主任。

是日，县联社纠正行业不正之风领导小组成立，刘怀强任组长，朱智岗、叶斌、陈志高为副组长，领导小组下设办公室，狄光军为主任。县联社反洗钱、大额交易、可疑交易工作领导小组成立，朱智岗任组长，陈志高、叶斌为副组长，潘存娟、狄光军、何建斌、何玉刚为成员。县联社“四防一保”、综合治理、消防安全领导小组成立，刘怀强任组长，陈志高为副组长，狄光军、柳茂军、王智、何建斌、张闫、潘存娟、祁鹏、陈发智、陈军、蒋斌、何玉刚、蔡春元、王程、姚继文、唐志艳、徐贵全、刘中涛为成员。

1月18～25日，自治区联社“2009年会计年终决算真实性审计和县（市）联社高管人员任期经济责任审计”检查组抵县联社检查工作。

1月21～22日，自治区联社党委副书记、纪检书记田海舟等一行5人抵县联社考察领导班子换届工作。

2月1日，县联社工会被昌吉州总工会、州经贸委、州工商局、州劳动和社会保障局、州工商联授予2009年度昌吉州“模范劳动关系和谐企业”荣誉称号。

2月3日，县联社2009年度工作总结暨表彰大会和2010年迎春联欢会在县五洋假日酒店召开，县人民政府、人民银行呼图壁县支行、昌吉监管分局有关领导及全辖员工和各企业代表共200多人参会。会上，表彰先进集体6个、先进个人及优秀党员35名。

2月5日，县联社2010年政银企座谈会召开，县财政局、经贸及涉农各局、国税局、地税局等20个委办局、各乡镇及福华玻纤、天山农业、鑫联煤化工等30多家企业参会。

2月8日，县联社信合杯“青春呼图壁，欢乐春节”迎新春青年文化周活动启动。

2月23日，任命何建斌为县联社党委机关第一党支部书记，刘静为组织委员，齐新春为宣传委员；祁小娟为县联社党委机关第二党支部书记，杨国锋为组织委员，向国忠为宣传委员；马利军为县联社党委大丰信用社党支部书记，王生香为组织委员，何新龙为宣传委员；刘尚磊为县联社党委二十里店信用社党支部书记，白勇为组织委员，张永谦为宣传委员；马建为县联社党委枣园信用社党支部书记，潘存新为组织委员，魏巍为宣传委员。增补马燕为园户村信用社党支部组织委员，刘德庭为宣传委员；增补刘娟为银星信用社党支部组织委员，李斌为宣传委员；增补孙玉斌为五工台信用社党支部组织委员，陈海鸿为宣传委员。

2月24日，自治区联社同意县联社办理签发银行承兑汇票业务。

2月25日，《呼图壁县农村信用合作联社创建农村信用共同体实施办法》和《呼图壁县农村信用合作联社种养业农民专业合作社贷款管理办法》出台。

3月2～5日，县联社朱智岗、叶斌、陈志高率信贷部人员分组对全县7个农牧乡镇的639户养殖户和养殖专业合作社开展畜牧调研。

3月4日，县联社作为全县4家纳税大户之一，受到县委、县人民政府奖励人民币10万元。

3月10日，自治区财政厅、审计厅、昌吉州财政局等单位组成的新农保督导调研组抵呼图壁县督导调研新农保参保和发放情况，并赴县联社五工台中渠信用社现场检查新农保业务开办和代理情况。

是日，呼图壁县“三社”（信用社、供销社、农民专业合作社）手拉手工程启动，即种养业农民专业合作社贷款。

3月16～18日，昌吉监管分局为期3天的农村中小金融机构监管新政策第一期研读班在呼图壁举行，昌吉州各县（市）联社、米东区联社、五家渠国民村镇银行的高管人员及部分中层管理人员共80多人参加，昌吉监管分局局长王新伟、纪委书记童欣在研读班上讲话。

4月1日，自治区联社党委决定，刘娟任中共呼图壁县农村信用合作联社委员会委员、纪律检查委员会书记。

4月15日，聘任蒋斌为县联社业务发展部经理，免去其业务发展部副经理职务；祁小娟为县联社营业部主任，免去其业务发展部副经理职务。

4月16日，县联社二届一次社代会召开，75名代表和20名特邀代表参会。会议选举产生新一届理事会理事11人，刘怀强当选理事长；产生新一届监事会监事7人，刘娟当选监事长。根据自治区联社党委推荐，聘任朱智岗为县联社主任，陈志高、叶斌为副主任。

4月17日，县联社贯彻落实“三个办法一个指引”（《固定资产贷款管理暂行办法》《流动资金贷款管理暂行办法》《个人贷款管理暂行办法》《项目融资业务指引》）领导小组成立，刘怀强任组长，朱智岗、刘娟、陈志高、叶斌为副组长，蒋斌、何玉刚、柳茂军等16人为成员。

5月10日，县联社《信合简报》扩版，并易名为《呼图壁合作金融报》。扩版后的报纸为月刊，4开4版，套色印刷，至2012年底共出65期。总编刘怀强，副总编朱智岗，责任编辑张闫。

5月11日，县委、县人民政府2008、2009年度农村信用工程创建工作总结暨表彰大会在县联社召开。

5月24日，县联社达标示范单位工作领导小组成立，刘怀强任组长，朱智岗、陈志高为副组长，狄光军、李斌等20人为成员。

5月26日，县联社举办“三个办法一个指引”知识竞赛，全辖8个代表队参赛，银星、景化、昌华路信用社代表队分获第一名；芳草湖、枣园信用社代表队分获第二名；县联社营业部、百汇、园林路信用社代表队分获第三名。

5月27日，县联社纠风工作座谈会召开。会上，向9名外聘义务纠风员通报纠风工作的有关制度和办法。

是日，县联社“双拥”工作座谈会召开，刘怀强与县消防中队和城镇派出所领导签订《警民共建协议书》。

5月31日，新疆监管局局长高骏一行抵县联社调研。

6月1日，县联社印发《呼图壁县农村信用合作联社“54321”工程清收不良贷款实施细则》《2010年县联社“不良贷款打包拍卖”清收管理办法》。

是日，《呼图壁县农村信用合作联社志（2003～2008）》第二册简志内部印行，刘怀强主编。

6月12日，县联社风险管理机制建设办公室成立，刘怀强任主任，朱智岗为副主任，刘娟、陈志高、叶斌、潘存娟、何玉刚、何建斌、王智、蒋斌为成员。

6月23日，县联社决定，免去祁小娟机关第二党支部书记职务，向国忠任联社机关第二党支部书记。

6月24日，县联社代理新农保业务营销领导小组成立，朱智岗任组长，陈志高、叶斌为副组长，蒋斌、何玉刚、潘存娟、祁小娟、来红梅为成员。

6月26日，为庆祝新疆农村信用社玉卡发行三周年及呼图壁县农村信用社玉卡发行3.6万张，县联社在县鸿新百汇休闲广场举行有奖知识问答、抽奖营销宣传活动。

7月1日，县联社举办首届职工文化节——“庆七一共塑信合文化”绘画、书法、摄影、手工制作作品展。

7月4日，县联社维护稳定工作领导小组成立，刘怀强任组长，朱智岗、刘娟、陈志高、叶斌为副组长，狄光军、柳茂军、张闫、等为成员。

7月6日，县联社自动柜员机项目试点运行工作领导小组成立，刘怀强任组长，朱智岗、刘娟、叶斌、陈志高为副组长，业务发展部、财务信息部、监察保卫部、综合办公室、玉卡部、网点负责人为成员。

7月7日，县联社召开第十二个党风廉政教育月活动动员大会，刘怀强作总体动员和具体工作部署。

7月13日，县联社聘任陈发智为银星信用社主任，刘尚磊为东泉信用社主任，张永谦为小土古里信用社主任，闫怀梅为景化信用社主任，刘中涛为石梯子信用社主任。

7月28日，“八一”建军节前夕，朱智岗、刘娟、叶斌一行代表县联社给县消防中队官兵送去慰问品。

8月3日，县联社统计自查工作领导小组成立，朱智岗任组长，叶斌为副组长，潘存娟、姚雅洁、叶寿林、来红梅为成员。

8月7日，呼图壁县2010年第二次“政银企”座谈会召开，县委常委、常务副县长焦继明，县财政、工商、税务等部门领导，县联社刘怀强、朱智岗、刘娟、叶斌及联社信贷支持的70多家企业代表参会。会上，给2010年度48家信用企业授牌，其中AAA级4家，AA级13家，A级24家，B级7家。

8月12日，县联社转发《“三个办法一个指引”要义新编三字经》。

8月15日，县联社以西树窝子、丰贸、小土古里信用社等3个农区社为创新审计试点单位，进行为期7天的整体移位审计，将风险关口前移。

9月1日，县联社首台自动取款机在银星信用社投入运行。

9月8日，县联社2009年度信用工程总结暨表彰大会在兵团第六师一〇五团活动中心召开。

9月20日，县联社库存1984～2004年报表857卷（册），1984～1997年账簿166卷（册），1986～1994年凭证3568卷（册）达到销毁程度，经联社档案鉴定领导小组鉴定并报县档案局审核予以销毁。

9月22日，县联社农副产品封闭运行贷款管理领导小组成立，刘怀强任组长，朱智岗、陈志高、叶斌为副组长，蒋斌、陈军、王程、姚继文、张永谦、马利军、唐志艳、祁鹏、杨国锋、张治为成员。

9月25日，县联社旺季“三收”（收贷、收息、收储）棉花封闭运行管理工作会召开。

9月29日，县联社2009年度信用工程总结暨表彰大会在兵团第六师芳草湖农场召开。

是日，县联社将《呼图壁县农村信用合作联社五年发展规划》上报自治区联社。

10月1日，县联社“推进涉农资金开立账户”工作领导小组成立，刘怀强任组长，朱智岗、刘娟、陈志高、叶斌为副组长，潘存娟、蒋斌、叶寿林、陈军、祁小娟、陈发智、王程、姚继文、唐志艳、祁鹏、徐贵全、刘中涛为成员。

10月9日，昌吉监管分局纪检书记童欣一行5人抵县联社调研。

10月19日，新疆监管局副局长毛晓飞等一行6人抵县联社调研。

11月3日，县联社体制改革领导小组成立，刘怀强任组长，朱智岗、陈志高为副组长，刘娟、叶斌、柳茂军、张闫、潘存娟、蒋斌、何建斌、姚雅洁、冯琬婷、狄光军、叶寿林、马文江为成员。

11月4日，县联社印发《呼图壁县农村信用合作联社机动车辆管理办法》《呼图壁县农村信用合作联社机动车辆管理实施细则》。

11月18日，县联社《规范化管理，程序化操作，强化执行力行政规则》考核领导小组成立，刘怀强任组长，朱智岗、刘娟、陈志高、叶斌为副组长，张闫、柳茂军、狄光军、冯琬婷为成员。

11月26日，县联社2010年公众教育日活动领导小组成立，朱智岗任组长，陈志高为副组长，柳茂军、张闫、潘存娟、何建斌、蒋斌、狄光军、叶寿林、冯琬婷、马文江为成员。

12月1日，县联社银星信用社被新疆银行业协会授予新疆银行业文明规范服务金牌服务单位荣誉称号。

12月3日，县联社工会被昌吉州总工会授予规范化管理工会委员会荣誉称号。

12月11日，县联社被县域经济最具影响力银行推选委员会、经济日报报业集团中国县域经济报社授予“2010年度县域经济最具潜力十佳银行”荣誉称号。

12月17日，县联社2010年度会计决算工作会召开。

是年，县联社资产总额达246940.77万元，比同期增加87231.02万元，增长54.62%。

是年，县联社营销玉卡20597张，卡存款余额45008.35万元，比同期增加25299.17万元，增长128.36%，玉卡累计发卡40905张；实现各项收入12664.27万元，比同期增加3175.74万元，增长33.47%；实现中间业务收入246.96万元，比同期增加98万元。

是年，县联社营业支出6986.95万元，比同期下降76.94万元，降幅为1.09%；利润5620万元，比同期增加3266.65万元，净利润4155.41万元，同比增加2744.60万元，增长194.54%，上缴所得税1464.16万元，其他税金共计213.1万元。

是年，县联社各项存款221226万元，各项贷款126259万元，总收入12664万元，实现考核利润7800万元，信贷资产、非信贷资产拨备覆盖率均在220%以上，实现三年翻一番目标。

2011年

1月10日，县联社业务合同管理领导小组成立，刘怀强任组长，朱智岗为副组长，刘娟、陈志高、叶斌、柳茂军、刘江（律师）为成员。

1月15日，县联社2010年度工作总结暨表彰大会在县五洋假日酒店召开，全辖240多名干部职工参会。会上，刘怀强作年度工作总结，表彰先进党支部1个、先进集体13个、先进个人42个。县委常委、常务副县长焦继明、县人大副主任袁先臣、县政协副主席王生翠出席会议。

1月27日，县联社2010年度绩效考核评分为111.03分，为全疆84家县（市）联社100分以上的28家联社第七名。

1月28日，根据《呼图壁县农村信用合作联社“优质文明信用户”贷款管理办法（暂行）》规定，各信用社初审后上报“优质文明信用户”287户，经县联社审核，2011年度呼图壁地区优质文明信用户为231户，授信期1年。

2月16日，聘任姚继文为县联社大丰镇辖区各信用社及雀尔沟信用社风险经理，唐志艳为五工台镇辖区各信用社风险经理，祁鹏为二十里店镇辖区各信用社及东泉信用社风险经理，王程为园户村信用社及石梯子信用社风险经理，蔡春元为芳草湖信用社及枣园信用社风险经理。

2月21日，自治区联社主任阿不都率全疆83家县（市）联社理事长及自治区联社各部室总经理、副总经理130多人抵县联社观摩小宿舍、小食堂、小浴室、小菜园、小阅览室等“五小”基础设施建设。

2月22日，县联社聘任何建斌为首席风险官。

2月23日，县联社传达自治区联社年初工作会议精神大会召开，全辖240多名干部职工参会。

2月24日，县联社决定，免去刘尚磊二十里店信用社党支部书记职务；任命杨国锋为二十里店信用社党支部书记。

3月2日，县联社银星信用社被新疆银行业协会评为“新疆银行业协会2009～2010年度文明规范服务金牌服务单位”。

3月7日，县联社举办“爱在信合，奉献在岗位”演讲比赛，全辖30名员工参赛，评出一等奖1名、二等奖2名、三等奖3名、最佳风采奖2名，8名获奖选手均获奖励和荣誉证书。

3月10日，县联社被昌吉监管分局评为2010年度昌吉银行业金融机构案件防控与治理工作先进单位。

是日，呼图壁县2011年第一次政银企座谈会在县联社召开，县委常委、常务副县长焦继明，县财政局、发改委、经贸委、招商局、农业局、工商、国税、地税等各大局及县域80多家重点企业主要负责人参会。

3月11日，县联社印发《呼图壁县农村信用合作联社“优质文明信用户”贷款管理办法（修订）》。

3月14日，呼图壁县农村信用合作联社举办2010版银行票据凭证培训班。

3月23日，县联社案防动员大会召开，全辖中层干部、委派会计和机关全体工作人员240多人参会。

3月25日，县联社二届三次社代会召开，应到代表75人，实到59人，特邀代表17人，实到12人。会议听取刘怀强作的《2010年理事会工作报告》、刘娟作的《2010年监事会工作报告》，并批准《县联社章程的说明》《县联社股权改造及股份制改造方案的报告》《2010年度信息披露报告》《2010年度股金红利分配方案》《2010年度财务收支执行报告》《县联社五年发展规划的报告》《县联社2011年经营目标计划的报告》《县联社2011~2013年监管指标达标规划的报告》和《2010年度业务经营报告》等7个报告。

4月7日，县联社党委决定：免去陈军园林路信用社主任、闫怀梅景化信用社副主任职务，任命陈军为景化信用社主任、闫怀梅为园林路信用社主任。

4月11日，聘任杨国锋为东泉信用社主任。

4月15日，县联社举办“财税库银横向联网电子缴费”业务培训班。

4月19日，县联社“三项整治”及对账管理工作动员大会召开，全辖中层干部、委派会计、信贷员和机关全体工作人员100多人参会。

4月20日，县联社网点标准化建设年活动启动。

4月22日，昌吉监管分局检查组抵县联社检查“三个办法一个指引”落实与执行情况。

4月25日，县联社决定，免去何建斌机关第一党支部书记职务，任命夏琦为支部书记。何建斌为机关第二党支部组织委员。

5月4日，自治区联社田海舟一行5人抵县联社督导检查“三项整治”活动开展情况。

5月10日，县联社工会在县总工会开展的职工运动会中，荣获广播操比赛第三名。

5月12日，新疆监管局副局长刘兰计，在昌吉监管分局局长王新伟、纪检书记童欣陪同下抵县联社调研“三项整治”的落实和贷款新规执行情况。

5月16日，县联社2011年第一季度经营分析例会召开，刘怀强、朱智岗、陈志高，全辖各社（部）主任、委派会计、信贷员和机关全体人员100多人参会。

5月18~20日，县联社财务信息部举办《中小金融机构案件风险防控实务》会计业务培训班。

5月20日，县联社张璐、张述坤、付静在昌吉银行业协会举办的贷款新规知识竞赛中，荣获团体二等奖。

5月23日，县联社金融统计标准化工作推进领导小组成立，朱智岗任组长，叶斌为副组长，柳茂军、潘存娟、叶寿林、蒋斌、何建斌、姚雅洁为成员。

是日，县联社2011年第一季度案件警示分析例会召开，刘怀强、刘娟、陈志高、全辖各社（部）主任、委派会计、信贷员及机关全体人员100多人参会。

5月27日，县联社陈志高一行3人与西河社区主任王永萍给联社城市解困帮扶对象徐彦龙家送去面粉、大米、清油各10公斤。

5月31日，县联社红十字会成立，陈志高任会长，柳茂军为秘书长，张闫、狄光军、齐新春为理事。

6月1日，昌吉监管分局副局长甘俊士、纪委书记童欣率分局中心学习组一行抵呼图壁县参观种牛场现代化奶牛养殖场、西域春乳业现代化生产线、二十里店镇苗木花卉合作社基地、呼图壁县世纪园、博物馆、五工台镇50万吨果蔬保鲜基地及大丰信用社“五小”建设。

6月10日，县联社金融业机构信息管理领导小组成立，刘怀强任组长，叶斌为副组长，潘存娟、姚雅洁、马文江、白文涛为成员。

6月17日，自治区联社主任阿不都在自治区联社信贷管理部总经理袁忠及信用工程推进办公室副主任任胜陪同下抵县联社调研。

6月21～23日，县联社举办案件防控实务会计业务培训班。

6月23日，县联社印发《呼图壁县农村信用合作联社高层管理职责分工及程序化办公规则》。

6月26日，县联社夏琦、马燕被自治区联社评为2010年度优秀共产党员，李斌被自治区联社评为2010年度先进个人。

6月28日，县联社"庆祝建党90周年红歌比赛"在三楼会议室举行。

7月17日，县联社2011年员工业务技能考核举行，全辖19个营业网点及机关科室35岁以下员工共120人参加珠算加减乘除运算、计算机汉字录入、计算机传票录入、单指单张点钞、机器点钞五个项目考核。

7月26日，县联社五届四次职代会召开。

7月27日，县联社上半年工作总结会召开，各基层社主任、委派会计、信贷员及机关全体工作人员100多人参会。

7月29日，县联社二届四次社代会召开，应到代表75人，实到53人，特邀代表18人。会议听取和审议《2011年上半年理事会工作报告》《2011年上半年监事会工作报告》《县联社股权改造方案》《县联社章程（修订案）说明》，听取《2011年上半年业务经营报告》。会议批准以上4个报告及方案并形成决议。

8月9日，县联社2011年第二季度案件警示分析例会召开，全辖各社（部）主任、委派会计、信贷员及机关全体人员100多人参会。

8月26日，县联社社务会决定，补充《员工学历、职称、从业资格等教育奖励办法》。

9月3日，县联社工会被自治区总工会授予"模范职工之家"荣誉称号，县联社枣园信用社被授予"模范职工小家"荣誉称号。

9月5日，县联社形成《关于呼图壁县农村信用合作联社第五届职工代表大会第四次会议通过工会各类委员会委员的决议》，2011年7月26日，县联社五届四次职代会，对联社工会工作委员会各类委员会委员进行重新选举。会议应到职工代表43人，实到26人，占代表的60.47%，会议选举张闫当选工会主席，何建斌、潘存娟、狄光军、齐新春为委员；潘存娟当选女工委员会主任，唐志艳、闫怀梅为委员；冯琬婷当选经费审查委员会主任，田培艳、张秋芳为委员；狄光军当选劳动法律监督检查委员会主任，齐新春、范婷婷为委员。

9月19日，县联社召开县妇女小额创业贷款工作推进会，各放贷基层信用社主任及联社信贷部、业务发展部人员参会。

9月22日，县联社在县检察院以西购置土地1处30亩（投资控制在2100万元以内），用于新建办公大楼附带职工集资住宅楼，包括绿化用地和附属设施。

10月26日，县联社在昌吉州钱币学会第三届理事会上当选为会员单位，刘怀强当选该学会第三届理事会副会长、朱智岗当选为理事。

11月11日，县联社核心业务系统切换运行实施领导小组成立，刘怀强任组长，朱智岗、叶斌为副组长，各部（室）经理、各营业网点主任及委派会计为成员。

11月16日，县联社新一代核心业务系统正式上线。

11月25日，县联社综合治理、维稳工作领导小组成立，刘怀强任组长，朱智岗、刘娟、陈志高、叶斌为副组长，成员共28名。

12月1日，昌吉市联社理事长刘福生、监事长魏玉平一行抵县联社现场考核党风廉政建设及案件防控工作。

12月24日，县联社年终答谢文艺晚会在五洋酒店举行，县委、人大、政协、县有关部委办及地税、国税、法院等部门领导参加，刘怀强致答谢辞，朱智岗作2011年经营成果汇报。

12月29日，新疆呼图壁农村商业银行股份有限公司筹建工作小组成立，刘怀强任组长，朱智岗为副组长，刘娟、陈志高、叶斌为成员。筹建工作小组下设办公室，朱智岗兼主任，王舞龙为联络员，并相应成立综合组、制度建设组、清产核资组、科技建设组和股权工作组等5个组，负责筹建阶段的各项具体工作。

12月31日，县联社党委决定：免去狄光军安全保卫部经理、张闫人力资源部经理、何玉刚信贷管理部经理、王智审计监察部经理、潘存娟计划财务部经理、蒋斌业务发展部总经理、姚雅洁计划财务部副经理、冯琬婷审计监察部副经理、王敏业务发展部副总经理、马文江信用卡部副总经理、王玉梅资产风险管理部副经理、徐贵全雀尔沟信用社主任、姚继文大丰信用社主任、唐志艳五工台信用社主任、周洋西树窝子信用社主任、王程园户村信用社主任、祁鹏二十里店信用社主任、陈发智银星信用社主任、马燕昌华路信用社主任、陈军景化信用社主任职务。

是年，县联社各项存款286124万元，各项贷款176076万元，存贷比例61.53%，不良贷款（五级分类）1988.9万元，不良贷款率1.13%，本年计提各类拨备1251万元，贷款损失准备充足率566.52%，贷款拨备覆盖率300%，各项收入19790万元，各项支出10666万元，实现利润总额9123万元，比去年同期增加3503万元，净利润6937万元，比去年同期增加2782万元。

是年，县联社计提法定盈余公积金694万元；计提任意盈余公积金为693万元；计提应付股利5550万元。

2012年

1月4日，聘任张闫为县联社人力资源部总经理、何玉刚为信贷管理部总经理、蒋斌为信贷管理部副总经理（享受总经理待遇）、王智为审计监察部总经理、陈军为业务发展部总经理、姚雅洁为计划财务部总经理、冯琬婷为会计统计部总经理、马文江为信用卡中心总经理、唐志艳为综合办公室副主任（享受主任待遇）、姚继文为资产风险管理部总经理、徐贵全为安全保卫部总经理、王玉梅为审计监察部副总经理、陈发智为大丰信用社主任、祁鹏为园户村信用社主任、王程为二十里店信用社主任、周洋为雀尔沟信用社主任、马燕为银星信用社主任、潘存娟为昌华路信用社主任、王敏为景化信用社主任。

是日，县联社决定，计划财务部分设为计划财务部和会计统计部。

是日，县联社决定，百汇信用社开办个体工商户贷款、景化信用社开办农户贷款业务。

是日，县联社决定，机关中层管理岗由原来的经理制改为总经理制，除综合办公室外，原机关中层管理岗位人员改称为总经理和副总经理，原高级科员和高级副科员改称为业务经理和业务副经理。

1月14日，县联社重大突发事件处置领导小组成立，刘怀强任组长，朱智岗、刘娟、陈志高、叶斌为副组长，成员30名。领导小组在安全保卫部设办公室。

1月16日，县联社创建平安单位领导小组成立，刘怀强任组长，陈志高为副组长，成员28名。

1月17日，县联社第二届社员代表大会社员代表资格审查委员会成立，刘怀强任主任委员，朱智岗、刘娟、陈志高、叶斌为委员。审查委员会下设办公室，何建斌、王舞龙为工作人员。

是日，县联社离退休老干部座谈会召开，刘怀强、朱智岗、刘娟、叶斌、陈志高及机关中层干部出席，并向老干部们赠送慰问金。

是日，县联社陈志高、徐贵全、狄光军一行给县消防中队官兵送去慰问品。

1月18日，县联社2011年度工作总结暨表彰大会在县财政局召开。会上，14个先进集体及29名先进个人受到表彰。中国银行业监督管理委员会昌吉监管分局局长王新伟、人民银行昌吉州中心支行副行长张洁、县委常委、常务副县长焦继明、县人大副主任李江豫、县政协党组书记王红、人民银行呼图壁县支行行长王国良出席会议。

1月20日，县联社2011年度绩效考核为全疆84家县市联社同类成绩前13家之一。

2月1日，以县联社为牵头社的新疆鑫联煤化工有限公司社团贷款6000万元签约仪式举行，县委常委、常务副县长焦继明讲话。玛纳斯、温宿、沙雅、乌什、木垒5家县联社代表参加签约仪式。

2月2日，县联社党委决定，会计统计部更名为会计部。

2月3日，县联社决定，免去王程园户村信用社党支部书记、唐志艳五工台信用社党支部书记、陈发智银星信用社党支部书记职务，任命潘存娟为园户村信用社党支部书记、桂玉海为五工台信用社党支部书记、马燕为银星信用社党支部书记。

2月9日，县联社打造“五个银行”（安全、活力、可持续发展、公司治理良好、履行社会责任的银行）、创建“六个示范区”（学习好监管政策、践行监管政策、金融安全、金融创新、金融服务、民族团结和谐的示范区）启动仪式，在县联社举行。

2月20日，自治区联社、兵团第六师批复，一〇五团符合AA级信用团场标准，同意一〇五团为“AA级信用团场”并予授牌。

2月28日，县联社聘任蔡春元兼任兵团客户部总经理、陈晓军为芳草湖信用社副主任兼兵团客户部副总经理、刘金泉为业务发展部副总经理、夏琦为会计部副总经理、桂玉海为五工台信用社副主任、白勇为西树窝子信用社副主任。

3月1日，自治区联社农贷部总经理潘隽及信用工程办主任任胜一行抵县联社调研。

3月5日，县联社被县委、县政府评为妇女小额担保贷款工作先进集体。

3月8日，县联社召开纪念“三八”国际妇女节茶话会。自治区联社经营管理审计检查组一行、县联社领导班子成员、中层管理干部、机关工作人员与全辖100多名女职工共度节日。会上，11名爱学习、爱工作、爱美丽、爱健康、爱家庭的“五爱”女工受到表彰和奖励。

是日，县联社被昌吉州妇联授予“三八”红旗集体荣誉称号。

3月10日，县联社不规范经营问题专项治理活动领导小组成立，刘怀强任组长，朱智岗、刘娟、陈志高、叶斌为副组长，各部门及各信用社负责人为成员。

3月12日，县联社决定，各信用社设立3人领导小组：联社营业部为祁小娟、孔艺洁、吴晶，百汇信用社为李斌、王星星、李淑荣，银星信用社为马燕、贾金琴、安学斌，园林路信用社为闫怀梅、张桂林、庞瑞卿，昌华路信用社为潘存娟、孟风汐、刘晓娟，景化信用社为王敏、肖芳、赵建林，园户村信用社为祁鹏、谢聪英、王晓东，二十里店信用社为王程、冯志娟、周新袁，东泉信用社为杨国锋、王生香、刘德庭，小土古里信用社为张永谦、姚文艳、马春林，五工台信用社为桂玉海、赵新萍、杨斌，中渠信用社为孙玉斌、张新成、刘晓军，西树窝子信用社为白勇、路秀婷、贺寺军，大丰信用社为陈发智、张瑞贤、唐志博，丰贸信用社为马利军、王生刚、陈海鸿，雀尔沟信用社为周洋、贾挺、高哈尔·阿娜尔汗，石梯子信用社为刘中涛、方宏、阿兰·哈勒班，芳草湖信用社为蔡春元、陈晓军、刘静，枣园信用社为张治、李洋、魏东。并规定各社（部）的重大事项均由3人领导小组研究决定，并做好会议记录备查。

3月13日，财政部、农业部畜牧局、中国农科院、农民日报社领导一行9人在自治区新农村建设促进会及县农业局领导的陪同下，抵县联社调研。

是日，县联社决定，免去马建枣园信用社党支部书记，任命陈晓军为枣园信用社党支部书记。

3月16日，县联社一〇五团信用团场授牌及信用工程建设推进会在兵团第六师一〇五团举行。第六师副师长李金平、自治区联社副主任李文祖、人民银行昌吉州中心支行行长杨为新、昌吉监管分局局长王新伟、自治区联社信用工程办总经理潘隽、自治区联社信用工程办主任任胜、自治区联社兵团业务部副总经理宁学金及呼图壁县、乌鲁木齐市、乌鲁木齐县、乌苏市、沙湾县、昌吉市、玛纳斯县、阜康市、吉木萨尔县、奇台县、北屯联社及石河子农村合作银行的主要领导200多人出席会议。

3月20日，县联社决定，将资产风险管理部分设为资产管理部和风险管理部。

3月21日，县联社存量个人人民币银行存款账户相关身份信息真实性核实工作领导小组成立，朱智岗任组长，陈志高、叶斌为副组长，首席风险官及各社（部）主任、总经理为成员。

3月26日，县联社反洗钱、大额交易、可疑交易工作领导小组成立，朱智岗任组长，陈志高、叶斌为副组长，首席风险官及各社（部）主任、总经理为成员。

是日，人民银行呼图壁县支行行长王国良及县联社朱智岗赴雀尔沟信用社调研。

3月31日，县联社刘娟、陈志高、柳茂军和社区工作人员一起走访慰问吐尔迪·亚库甫，并与他签订《帮扶解困协议书》。

4月1日，县联社开展预防职务犯罪案件警示教育活动，刘娟、陈志高率全辖中层干部、客户经理、信贷员及委派会计赴芳草湖监狱接受现场案件警示教育。

4月2日，县联社二届五次理事会举行。会议审议通过筹建新疆呼图壁农村商业银行股份有限公司11项议案。

4月5日，县联社在银星信用社门前开展“支持小微企业，助推跨越发展”宣传活动。

4月10日，县联社信贷管理系统和客户信息管理系统上线工作启动。

4月16日，县联社二届二次社代会临时会议召开，会议审议通过筹建新疆呼图壁农村商业银行股份有限公司的10项议案。是日，新疆新蓝天律师事务所出具法律意见书。

4月16日～5月17日，县联社聘请立信会计师事务所与广东中联羊城资产评估有限公司对县联社截至2012年3月31日的资产、负债及所有者权益进行全面清产核资和整体资产评估。

4月18日，县联社“阳光信贷”职业道德教育与“合规文化建设年”主题动员大会召开，县联社高管、全体中层干部、客户经理、信贷员、委派会计和机关全体员工参会。

4月21日，县联社工会举办以“发展低碳金融，建设和谐家园”亲近自然、强身健体、促进和谐、共建信合美好家园为主题的全辖员工健身徒步活动。

4月26日，县联社信贷资产管理委员会成立，刘怀强任主任委员，朱智岗、刘娟、陈志高、叶斌为副主任委员，首席风险官及各社（部）主任、总经理为成员。

4月27日，县联社非信贷资产风险分类工作领导小组成立，刘怀强任组长，朱智岗、刘娟、陈志高、叶斌为副组长，风险管理部、审计监察部、计划财务部、资产管理部、会计部、银行卡信息管理部总经理、办公室及各营业网点主任为成员。

5月9日，县联社“两居”工程贷款领导小组成立，刘怀强任组长，朱智岗为副组长，刘娟、陈志高、叶斌、首席风险官、计划财务部、会计部、信贷管理部、资产部、业务发展部总经理、办公室及各信用社主任为成员。县联社贷款利率定价管理委员会成立，刘怀强任主任委员，朱智岗、刘娟、陈志高、叶斌为副主任委员，首席风险官、计划财务部、会计部、信贷管理部、审计部、资产部、业务发展部总经理为成员。

5月11日，县联社贷款风险分类认定工作领导小组成立，刘怀强任组长，朱智岗、刘娟、陈志高、叶斌为副组长，首席风险官、计划财务部、信贷管理部、业务发展部、资产管理部、审计监察部、会计部总经理及各信用社主任为成员。

5月11日，县联社在二十里店镇政府首次召开“阳光信贷”整肃行风行纪职业道德教育座谈会，二十里店镇有关领导、人大代表、政协委员、各村队干部代表等50多人参会。

5月15日，自治区联社全面风险管理建设项目组吴永江一行3人抵县联社调研，县联社经营班子、首席风险官及信贷管理部、计财部、会计部、审计部等部门总经理参加调研。

5月21日~6月21日，县联社组建农村商业银行的前期准备工作通过新疆监管局验收。

5月30日，呼图壁县发改委批复，同意县联社新建综合办公楼及住宅楼项目建设。地点在县园林路西侧、县检察院东侧（园林路与S201交汇处），总建筑面积41166.70平方米，其中综合办公楼21951.26平方米，住宅楼19215.44平方米。容积率1.95，建筑密度0.22，停车位地上50个，地下84个。楼体为框架结构，主办公楼12层，局部14层，配楼5层，地下2层。住宅楼17层，地下1层。项目投资概算12800万元，自筹资金。由上海经纬建筑规划设计研究院设计修建。

6月3日，刘怀强率兵团业务部一行前往兵团第六师一〇五团，就支持团场中小企业及在团场推行农工专业合作社模式贷款与团领导座谈并实地调研。

6月6日，经新疆农金体改办研究并经县联社二届二次社代会（临时）审议通过，新疆呼图壁农村商业银行股份有限公司筹建工作小组成立，组长刘怀强，副组长朱智岗，成员刘娟、陈志高、叶斌。筹建小组下设办公室，朱智岗兼主任。办公室内设综合组、制度建设组、科技建设组、清产核资组和股权工作组。

6月10日，陈志高率安全保卫部人员与县安全月活动宣传组在鸿新百汇商场门前开展以“科学发展，安全发展”为主题的安全生产月宣传活动，并发放各类安全生产经营宣传单300多份。

6月25日，县联社在昌吉银行业打造“五个银行”、创建“六个示范区”论文征集活动中，被昌吉州银行业协会评为先进单位。

是日，聘任蒋斌为县联社信贷管理部总经理。

6月27日，昌吉监管分局局长王新伟、副处级调研员狄光友、银监三科杨峰一行抵县联社调研。

7月4日，呼图壁县发改委批复，同意县联社新建大丰信用社办公楼项目建设。地点在大丰镇新丰街南侧，建筑面积942.67平方米，框架结构3层，计划投资161.5万元，自筹资金。

7月5日，根据新疆监管局出具《关于新疆呼图壁农村商业银行股份有限公司（暂定名）筹建阶段工作验收检查的意见》，呼图壁农商行筹建小组出具整改报告。

是日，新疆监管局组织15人抵县联社对筹建农商行资料进行审核。

7月10日，县联社五届五次职代会召开。会议审议通过《成立职工住房建设委员会》《职工购买园林路住房的条件》。

7月12日，县联社刘怀强参加自治区联社副主任谭建新一行在石河子农村合作银行召开的“阳光信贷”整肃行风行纪职业道德教育活动座谈会。

是日，县联社职工住房建设委员会成立，张闫任主任委员，何建斌为副主任委员，柳茂军、王程、闫怀梅、叶寿林、方宏为成员。

7月16日，昌吉监管分局批复，同意县联社变更注册资本金，由原7187万元变更为15732.63万元。

7月23日，县联社推动金融服务“三项工程”活动领导小组成立，刘怀强任组长，朱智岗为副组长，刘娟、陈志高、叶斌及各社（部）总经理为成员。

7月25日，县联社全面风险管理机制建设领导小组成立，刘怀强任组长，朱智岗、刘娟为副组长，陈志高、叶斌及各社（部）总经理为成员。

7月26日～8月26日，新疆呼图壁农村商业银行股份有限公司筹建工作小组公告县联社老股金处置方案。

7月27日，县联社举办“鸣廉政警钟，扬清风正气”党员培训班，县委党校副校长郑睿授课，全辖90多名党员参训。

8月1日，县联社“信合业余文艺表演队”成立。

8月13日，县联社“阳光信贷”整肃行风行纪职业道德教育活动通过自治区联社验收。

8月16日，县联社信贷风险排查动员大会召开。

是日，县联社IC卡业务培训班举行，信用卡科技管理部、审计部、全辖营业网点主任、委派会计、柜员等120多人参训。

是日，新疆呼图壁农村商业银行股份有限公司筹建工作小组与该公司发起人签订征集发起人协议书。

8月23日，县联社风险管理自律监管工作领导小组成立，朱智岗任组长，何建斌为主查，叶寿林、路秀婷为专职监管员，吴翔、周立伟为兼职监管员。

9月5日，县联社推动“三大工程”工作领导小组成立，刘怀强任组长，朱智岗为副组长，刘娟、陈志高、叶斌及各社（部）总经理为成员。

9月15日，县联社刘怀强赴国家银监会报送新疆呼图壁农村商业银行股份有限公司筹建资料，并获国家银监会审核通过。

9月18日，自治区联社纪检委决定，柳茂军、何建斌任县联社纪检委委员，免去马燕、狄光军县联社纪检委委员职务。

9月21日，县联社首张“福农卡”在东泉信用社试发成功。该次试发卡客户为AAA级信用户，授信金额10万元，贷款余额5万元，贷款期限12个月。

9月30日，县联社存款首次突破35亿元大关。

10月12日，县联社举行综合办公楼工程奠基仪式，县委副书记张明清，常务副县长何明，县人大副主任李江豫，县政协副主席吾麻尔及县发改委、县建设局、县国土资源局、县规划局等领导出席。

10月20日，自治区联社信贷部总经理袁忠一行抵县联社调研。

10月25日，县联社资金营运管理领导小组成立，刘怀强任组长，朱智岗为副组长，陈志高、叶斌、蒋斌、姚雅洁、冯琬婷为成员。

10月31日，县联社在昌吉地区农村信用社第二届业务技术比赛中获团体第二名，奖金8000

元；刘静（1983年11月生）获点钞项目第二名，奖金4000元；曹明获点钞项目第三名，奖金3000元。

11月16日，县联社决定，信用卡科技管理部更名为电子银行部。

11月30日，县联社中渠信用社王惠敏在自治区农村信用社第二届业务技术比赛中获信贷项目第二名，受到自治区联社表彰和奖励。

12月1日，县联社决定，将每年的12月1日确定为职工文化艺术节。

是日，县联社第一届职工文化艺术节文艺作品展在三楼会议室举办。作品为绘画、书法、摄影、手工制作四类，共展出作品近百幅，并评出一、二、三等奖及优秀奖。

12月12日，县联社推进新资本管理办法实施工作领导小组成立，刘怀强任组长，朱智岗、刘娟、陈志高、叶斌为副组长，何建斌、冯琬婷、姚雅洁、蒋斌、王玉梅、张闫、马文江为成员。

12月24日，县联社新年答谢文艺晚会在五洋酒店举行，全辖干部职工250多人参加。县委、人民银行呼图壁县支行、昌吉监管分局驻呼图壁办事处等领导出席。刘怀强致答谢辞，朱智岗汇报县联社经营成果。

12月28日，县联社"信合爱心基金"正式启动，当年救助重大疾病员工3名，资助金额6000元。

是年，县联社各项存款35.68亿元，比同期增加7.07亿元，增长24.71%。其中对公存款12.37亿元，占34.65%，比年初增加1.39亿元，增长12.75%；储蓄存款23.31亿元，占65.35%，比年初增加5.67亿元，增长32.17%。各项存款占全县7家金融机构的55%，比上年提高2个百分点，居全县金融机构之首。

是年，县联社资产总额41.50亿元，同比增加8.19亿元，增长24.58%，全年累计发放各项贷款30.96亿元，同比增加7.22亿元，增长30.41%。其中投放农业贷款29.57亿元，同比增加5.71亿元，占95.51%，增长293.97%；投放农户联保贷款17.71亿元，同比增加6.75亿元，占60%，增长61.57%；"两居"（安居富民，定居兴牧）贷款投放0.50亿元，涉及农牧民1411户，投放涉农中小企业贷款8.31亿元，同比增加0.97亿元，占26.84%，增长13.35%，涉农贷款增长、农业贷款占比、农业贷款增长均实现"三个高于"（涉农贷款增速高于贷款平均增速，增量和占比均高于上年）的目标。年末各项贷款余额和增量市场份额均居全县金融机构之首，达到国家银监会提出的"两个不低于"（涉农贷款的增量不低于上年，涉农贷款的增速不低于全部贷款的增速）工作目标。

是年，县联社所有者权益3.59亿元，同比增加0.51亿元，增长16.55%。全年实现各项收入2.75亿元，比同期增加0.72亿元，增长39.15%；实现利润0.97亿元，比上年同期增加0.06亿元；纯利润0.86亿元，比上年同期增加0.16亿元；上缴所得税0.01亿元，其他税金共0.06亿元。

是年，县联社评定信用户20489户，占55.06%，评定信用村43个，占84.3%，创建信用镇5个，占71.4%。第六师一〇五团被自治区信用工程办命名为北疆片区首个"信用团场"，石梯子作为全疆第一个民族乡被县信用工程建设领导小组评为"信用乡"，该乡率先在全疆实现农牧民人均收入过万元大关。

是年，县联社累计发玉卡85226张，福农卡1917张。安装存取款一体机4台，取款机17台，POS机120台。上半年开通网上银行，年末已开办企业网上银行业务14家。

是年，朱智岗被自治区妇联评为支持妇女创业工作先进个人。

第一章　区域环境

呼图壁县位于天山北麓中段，准噶尔盆地南缘，地处北纬43°16′~45°20′、东经86°05′~87°07′之间，东与昌吉市接壤，西与玛纳斯毗邻，南以天山分水线为界与巴音郭楞蒙古自治州和静县相望，北至古尔班通古特沙漠中心与塔城地区和布克塞尔蒙古自治县相连。南北长227千米，东西最大宽度48千米，总面积9721.6平方千米。

呼图壁县东距新疆维吾尔自治区首府乌鲁木齐市76千米，距昌吉回族自治州首府昌吉市41千米，为玛纳斯县近邻之门户，乃古丝绸之路新北道上的重要驿站之一，自古为兵家必争之地，素有“西出隘口，东进咽喉”之称。20世纪80年代改革开放以来，充分利用地缘优势、自然优势、人文优势，呼图壁县经济步入快车道。至2012年，呼图壁县实现地区生产总值（含兵团）106.87亿元，比上年增长16.7%。完成第一产业增加值40.52亿元，增长7.1%；第二产业增加值38.33亿元，增长32.2%，其中工业完成增加值21.93亿元，增长42.1%，建筑业完成增加值16.4亿元，增长20.9%；第三产业完成增加值28.02亿元，增长13.5%。全县完成地方财政收入6.86亿元，比上年增长23.2%，是1985年全县财政收入708.1万元的96.88倍。

2012年年底，呼图壁县总人口21.73万人，其中少数民族人口5.21万人，占总人口的24.02%。在岗职工年均工资42583元，比上年增加6846元；农牧民年均纯收入13178元，比上年增加1682元，是1985年全县人均收入513.36元的25.67倍。呼图壁县先后荣获全国文明县城、国家卫生县城、全国科技进步先进县、全国棉花生产百强县、全国牛奶生产强县、全国奶业加工创业基地、自治区旅游强县、自治区招商引资工作先进县等荣誉称号。呼图壁古为繁华重邑，商贾云集，今为“亚欧桥头堡”重镇。古今的繁荣与昌盛，给呼图壁县农村信用社的生存与发展插上腾飞的翅膀，提供得天独厚的地缘优势和经济基础。

第一节　位置 面积

一、位置

呼图壁县位于天山北麓中段，准噶尔盆地南缘，地处北纬43°16′~45°20′、东经86°05′~87°07′26″之间。县人民政府驻地呼图壁镇，东距新疆维吾尔自治区首府乌鲁木齐市76千米，距昌吉回族自治州首府昌吉市41千米，东与昌吉市接壤，西与玛纳斯毗邻，南以天山分水线为界与巴音郭楞蒙古自治州和静县相望，北至古尔班通古特沙漠中心与塔城地区和布克塞尔蒙古自治县相连。南北长227千米，东西最大宽度48千米，形如巨蚕。呼图壁，乃古丝绸之路新北道上的重要驿站之一，自古为兵家必争之地，素有“西出隘口，东进咽喉”“欧亚大陆桥头堡”之称。北疆铁路、乌（乌鲁木齐）伊（伊宁）公路、国防公路、乌（乌鲁木齐）奎（奎屯）高速公路通过县境，是乌鲁木齐通往伊犁、博乐、塔城、克拉玛依和阿拉山口等地进入亚欧腹地的必经之地。

二、面积

全县总面积9721.6平方千米，合95.25万公顷，其中耕地14.80万公顷，占土地总面积的15.49%；园地0.11万公顷，占0.11%；林地11.67万公顷，占12.26%；草地38.20万公顷，占40.13%；城镇村及工矿用地1.35万公顷，占1.41%；交通运输用地1.01万公顷，占1.06%；水域及水利设施用地2.06万公顷，占2.17%；其他用地26.05万公顷，占27.37%。

第二节 行政区划

1950年3月1日，建立景化县人民政府（1954年2月1日改景化县为呼图壁县），废除保甲制，建立5个区、20个乡（其中含3个街组）、58个行政村。即：第一区（原永靖镇，也称城关区），辖3个街组，城中为一街，城东为二街，城西为三街；第二区（也称和庄区），辖和庄、十四户、白圪垯3个乡；第三区（也称五工台区），辖大土古里、五工台、西树窝子3个乡；第四区（也称三庄区），辖渭户、正繁户、白蒿滩、丹坂和大东沟5个乡；第五区（也称南山区），辖一、二、三、四、五、六乡。

1953年11月20日，全县设立7个区，24个乡（其中含3个街组）。第一区（城关区），辖3个街组；第二区（和庄区），辖和庄、东滩、白圪垯、马场湖、下广东5个乡；第三区（五工台区），辖五工台、西树窝子、大土古里3个乡；第四区（三庄区），辖东河坝、中渠、蘑菇湖3个乡；第五区（大东沟区），辖大东沟、丹坂、夹滩3个乡；第六区（雀尔沟区），辖一、二、三、四乡；第七区（石梯子区），辖一、二、三乡。其后，曾于1955年10月将四、五两区合并过，但不久又分开。

1958年底～1959年初，撤销区乡建制，实行政社合一的组织形式。全县设4个人民公社、23个生产大队、159个生产队。即：卫星公社（原三区，含五工台、大丰及雀尔沟管理区）、跃进公社（原二区一部分和石梯子管理区）、红星公社（原一区和二区的一部分）、红旗公社（原四、五区）。在设红旗公社前的1957年秋，建立卫星一场，以后又在1959年秋建立卫星二、三场。1961年3月15日，撤销红旗公社及卫星一、二、三场，组建成芳草湖总场，下属8个分场，划归自治区农垦厅管理经营。

1962年，全县设6个人民公社，即跃进公社、卫星公社（1966年改称红旗公社，1978年改称五工台公社）、红星公社（1978年更名园户村公社）、大丰公社、雀尔沟公社（1966年改称东方红公社，1978年恢复雀尔沟公社）、石梯子公社（1968年改称向阳公社，1978年恢复石梯子公社）。

1984年11月20日，实行政社分设，建立乡、镇人民政府。呼图壁县依据民族分布、区域特点及经济发展条件，报请上级批准，设立3个镇（呼图壁镇、大丰镇和雀尔沟镇）、4个乡（园户村、二十里店、五工台及石梯子哈萨克民族乡）。全县共有43个行政村、171个村民小组、6个居民委员会，另有干河子林场、南山牧场和县良种繁育场3个经营实体。

1985年，全县设3个镇、4个乡、3个场、43个村、184个村民小组、6个居民委员会。县境内还有新疆生产建设兵团第六师4个团场、畜牧厅种牛场、新疆军区洪湖农场等24个驻县单位。

1997年，全县辖4个镇、3个乡、4个场、40个行政村、202个村民小组、8个居民委员会。县境内还有新疆生产建设兵团第六师4个团场、畜牧厅种牛场、东泉干部学校、六五四广播电台等24个驻县单位。

2005年，呼图壁县下辖6镇1乡，16个社区居民委员会，54个村民委员会。境内还有新疆生产建设兵团第六师芳草湖农场、一一一团场、一〇六团场及呼图壁种牛场。

2005年呼图壁县行政区划一览表

表1-1

乡镇名称	社区、村（场）名称
呼图壁镇	熙景居委会 水晶居委会 游园居委会 双龙居委会 双元居委会 双桥居委会 幸福居委会 西北居委会 美华居委会 华安居委会 西河居委会 清泉居委会
大丰镇	联丰村 红山村 大土古里村 小河村 三畦村 头畦东村 头畦西村 高桥村 树窝子村 十八户村 祁家湖村 七〇五村 林丰村 黑家塘村 红柳塘村 大丰镇社区居委会
五工台镇	五工台村 中渠村 龙王庙村 十九户村 乱山子村 大泉村 小泉村 西树窝子村 十户村 林场 良种场 牧场 河西社区居委会
园户村镇	园户村村 下三工村 三工湖村 十三户村 广林村 马场湖村 大草滩村 和庄村 上二工村 上三工村 北园社区居委会
二十里店镇	二十里店村 十四户村 宁州户村 东滩村 小土古里村 四工村 林场 良种场 社区居委会
雀尔沟镇	雀尔沟村 西沟村 霍斯铁热克村 克孜勒塔斯村 独山子村
石梯子哈萨克族乡	阿魏滩村 东沟村 霍斯托别村 白杨河村

2012年，呼图壁县下辖6镇1乡，16个社区居民委员会，49个村民委员会。境内还有新疆生产建设兵团第六师芳草湖农场、一一一团（2005年11月划归一〇五中心团场管辖）、一〇六团及自治区畜牧厅呼图壁种牛场等。

2012年呼图壁县行政区划一览表

表1-2

乡镇名称	社区、村（场）名称
呼图壁镇	熙景社区 水晶社区 游园社区 双龙社区 双元社区 双桥社区 幸福社区 西北社区 美华社区 华安社区 西河社区 清泉社区
大丰镇	联丰村 红山村 大土古里村 高桥村 树窝子村 十八户村 祁家湖村 红柳塘村 大丰社区
五工台镇	五工台村 中渠村 龙王庙村 十九户村 乱山子村 大泉村 小泉村 西树窝子村 十户村 林场村 幸福村 百泉村 河西社区
园户村镇	园户村村 下三工村 三工湖村 十三户村 广林村 马场湖村 大草滩村 和庄村 上二工村 上三工村 北园社区

续表1-2

乡镇名称	社区、村(场)名称
二十里店镇	二十里店村 十四户村 宁州户村 东滩村 小土古里村 四工村 上头工村(原林场村) 下头工村(原良种场村) 二十里店社区
雀尔沟镇	雀尔沟村 西沟村 霍斯铁热克村 克孜勒斯塔村 独山子村 南山牧村
石梯子哈萨克族乡	阿魏滩村 东沟村 霍斯托别村 白杨河村 西力克特村

第三节　自然环境

一、地形地貌

呼图壁县地势南高北低，自东南向西北倾斜。地貌分山区、平原、沙漠三大部分。南部天山山区，层峦叠嶂，沟壑纵横，树木丛生，水草丰富，是天然的优质牧场；中部为冲积平原，由冲积扇、溢出带和冲积平原地貌形态组成，是呼图壁县主要农作物种植区；北部沙漠属古尔班通古特大沙漠的一部分，沙漠地表多为垄状和蜂窝状的固定半固定沙丘，沙丘高度5~15米，沙丘间地势平坦，植被稀疏，多为梭梭、红柳等小灌木及旱生和超旱生草本植物。

杉林叠翠

牧羊吮绿

呼图壁县域地貌分类面积表

表1-3

编号		海拔(米)	类型	面积(万公顷)	占总面积(%)	备注
I		700～5290	山区	29.69	31.6	
	I_1	3900以上	冰川、永久积雪	0.76		
	I_2	3500~3900	冰沼带	0.95		

续表1-3

编号	海拔（米）	类 型	面积（万公顷）	占总面积（%）	备 注
I_3	2800~3500	高山草甸草原	3.04		
I_4	1500~2800	森林及森林草原	11.5		天然林2.18万公顷
I_5	700~1500	低山、干旱或半干旱草原	13.44		
II	360~700	平原	40.59	43.2	
II_1	550~700	冲积扇上部	3.1		
II_2	450~550	冲积扇下部及泉溢带	10.58		
II_3	360~450	冲积平原	26.91		
III	360~460	沙漠	23.66	25.2	

二、气候

呼图壁县位于欧亚大陆中心带，处于中纬度西风带控制之下，属中温带大陆性气候。县境内海拔高度相差较大，南北地区的气候有明显差异，县境内的低山、平原和沙漠地区属中温带，南部中山和高山地区属寒温带。中温带，即海拔1500米以下的低山、平原和沙漠地区，有明显的四季之分。由于南北高差和下垫面的不同，气象要素有明显的差异，温度由北向南逐渐降低。据县志（内容下限至1985年），呼图壁县年均气温2.9℃~6.8℃，年最高温度36.0℃~43.1℃，无霜期129~176天，日照时数2900小时，生理辐射59千卡/平方厘米，年降水量110~400毫米，蒸发量2300毫米，年均风速3.1米/秒，有干旱、干热风、冻害、霜冻、大风和冰雹等灾害。寒温带，即海拔高于1500米的中、高山地区。寒温带四季不明显，几乎无夏季，年均气温2.9℃~5.2℃，年最高气温17.7℃~36℃，无霜期少于120天，降水量500毫米左右。海拔1500米左右的地区可种植春麦、马铃薯、大豆、燕麦、贝母、大蒜等，并可发展牧业。海拔1700~3900米地带只能发展林、牧业，海拔3900米以上地区，终年积雪，气候寒冷，不能发展林业和牧业。

据呼图壁县气象局观测记录，1981~2010年，呼图壁县城及周围年均气温7.3℃，降水量194毫米，气压957.8HPA，日照2908.3小时。

2012年，呼图壁县平均气温8.1℃，与历年平均值相比偏高0.8℃。年总降水量179.8毫米，与历年平均值相比偏少14.1毫米。全年日照时数3102小时。年蒸发量2035.4毫米。年最高气温为37.9℃，出现在6月28日，年最低气温-29.6℃，出现在12月22日。终霜日期为3月30日，初霜日期为10月15日，年内无霜期日数为198天，年内最大积雪深度38厘米，出现在12月4日。最长连续降水日数5天，降水量5毫米，出现在1月17日至21日，最长连续无降水日数22天，出现在2月24日至3月16日。日最大降水量12.9毫米，出现在7月13日。

第四节　自然资源

一、水资源

呼图壁县境内共有冰川239条，面积72平方千米，冰川储水量23.53亿立方米，年消融量0.524亿立方米，河流多发源于冰川。呼图壁县境内共有两大水系，即呼图壁河水系和军塘湖河水系，可利用水能12万千瓦。全县人民主要依赖呼图壁河和军塘湖河进行工农业生产和维持生活。这两条河的年径流量约4.9亿立方米。2012年，呼图壁地表水年径流量5.4153亿立方米（呼图壁县水利局提供），其中呼图壁河年径流量5.11亿立方米，军塘湖河年径流量3053万立方米。全县建有大型水库3座，其中大海子水库设计库容4000万立方米，小海子水库和红山水库设计库容各2000万立方米。2012年辖区有机电井2053眼（不含兵团），地下水多年平均开采量为14208万立方米。各级渠道总长度（不含兵团）2884千米，其中防渗1790.6千米。有干渠6条，长度91.6千米；支渠52条，长度466千米；斗渠398条，长度676.5千米；农渠1472条，长度1649.9千米。

二、土地资源

呼图壁县土地总面积9721.6平方千米，合95.25万公顷，其中耕地面积14.80万公顷，占土地总面积的15.49%；林地面积11.67万公顷，占土地总面积的12.26%；草地面积38.20万公顷，占土地总面积的40.13%；其他农用地面积30.58万公顷，占土地总面积的32.12%。已耕种面积5.2万公顷，盛产棉花、玉米、番茄、西瓜、甜瓜、葡萄等多种特色农产品。

三、矿产资源

呼图壁县境内矿产资源有煤炭、天然气、石油、硫铁、沙金、水晶、石灰岩、陶土等，分布在县境内南部山区和北部沙漠地区。

境内矿藏有煤（总储量约13亿吨）、石油、沙金、白金、玉石、水晶石、石灰石、铁、铝等10多种。

四、森林资源

呼图壁县森林资源由南部山区天然林、中部平原人工林、北部沙漠灌木林三部分组成。南部山区自然分布以天山云杉为主的针叶林，另有少量的落叶松、密叶杨、桦树、天山桦楸，灌木有山柳、忍冬、水荀、锦鸡儿、野蔷薇等。南部山区林业地总面积202088公顷，其中林地面积48165公顷，森林储积量650万立方米。中部平原人工林业地面积31427公顷，其中林地面积5539公顷。北部沙漠主要分布梭梭、红柳、沙拐枣、枇杷柴等灌木林，有少量的胡杨，总面积为95376公顷。

五、野生动植物资源

呼图壁县境内主要植物有云杉、西伯利亚落叶松、桦树、密叶杨、山杨、胡杨、准噶尔柳、天山桦楸、白梭梭、柽柳、沙枣、柳树、白蜡、榆树、黄花苜蓿、蛛芽蓼、狐茅、野葱、水芹菜、乌头、狼毒、大戟、荨麻、薄荷、雀麦、骆驼刺等。此外还生长着雪莲、贝母、麻黄、元胡、冬花、甘草、锁阳、枸杞、苦豆子、肉苁蓉、大黄、党参、阿魏等90多种中药材。主要动物有马鹿、野山羊、北山羊、棕熊、鹅喉羚、野猪、狍子、雪豹、草兔、旱獭、云雀、燕子、绿头鸭、灰雁、高山雪鸡、隼、苍鹰、麻雀、乌鸦等。

六、传统特产

西瓜是呼图壁县的传统特产，栽培历史悠久，品种繁多，自古驰名。元代旅行家邱处机，在《长春真人西游记》一书中记载："至回纥昌八剌城（今昌吉至玛纳斯一带），洎其夫人，……且献西瓜，其重及秤。甘瓜如枕许，其香味盖中国未有也。”20世纪40~50年代的优良品质，有下芨芨梁子的“白皮小子红沙瓤”和大土古里的“大黑皮”，大个重20多千克；60年代芳草湖的“大花皮”闻名全疆；70年代的“早花”“红优二号”具有籽少汁多，含糖量高，易储藏等优点，畅销乌鲁木齐，远销内地和香港。

呼图壁的大白桃和李光桃，肉质甘美。20世纪40~50年代，呼图壁桃子在乌鲁木齐、昌吉一带享有盛誉。1958年秋，中华人民共和国副主席朱德到县视察时，品尝大白桃后，啧啧赞美，当即询问生产情况，并指示要扩大生产，争取进入北京市场。20世纪80~90年代，呼图壁县的番茄，21世纪以来呼图壁县的大枣，驰名遐迩。

第五节　旅游资源

呼图壁县历史源远流长，自然地理景观绚烂多彩，旅游资源丰富，具有国内及世界罕见的康家石门子生殖崇拜岩画、百里丹霞康家石门子景区、石屋山庄、红山旅游度假村、南山森林公园、涝坝湾、温泉群等，组成一条别有绰约风姿、饶有文化品位的旅游链。

截至2012年年底，已建成或基本建成的旅游景点有：呼图壁世纪园（2007年12月4日经全国旅游景区质量等级评定委员会评定为AAA国家级旅游景区；2010年申报创建国家AAAA级景区，2011年经国家旅游局批准），新疆民俗食帛园（2009年创建为国家AA级旅游景区），二十里店镇林中休闲园、二十里店农家乐春来度假村、雀尔沟镇白杨河度假山庄（自治区三星级农家乐度假村），东泉生态旅游度假村（自治州三星级），五工台殿之缘度假山庄（自治州二星级），呼图壁公园（国家AA级景区）。

一、康家石门子生殖崇拜岩画

3000多年前的康家石门子生殖崇拜岩雕刻画，位于呼图壁县城西南天山深处的雀尔沟乡康老二沟。岩画长约14米，高约9米，在120平方米的画面上刻画大小二三百人全裸或半裸的男女繁衍子孙的全过程。从性爱、交媾到生殖后代，都刻画得淋漓尽致，是一幅难得的远古艺术珍品。岩画渲染男性的剽悍、强壮而旺盛的生殖能力，对研究原始社会生殖崇拜文化有着重要的价值。康家石门子岩画于1990年被自治区人民政府列为重点文物保护单位。2007年1月20日，呼图壁县人民政府与新疆鑫丰达投资公司签订《新疆呼图壁康家石门子天山岩画旅游景区开发合作协议》，由中国著名城市形象设计师居易教授执笔完成景区规划，并通过自治区、昌吉州专家组评审。项目计划总投资3000万元。史学界称康家石门子岩画是“新疆古代文明的里程碑”。

康家石门子生殖崇拜岩画

二、百里丹霞康家石门子景区

百里丹霞康家石门子景区

位于呼图壁县城南80千米、康家石门子岩画以东广大地区。该景区主要由康家石门子岩画、天山侏罗纪百里丹霞和赤壁天湖三大核心景区组成，是国家AAA景区。

它所在的喀拉扎组山是中国最长的侏罗纪山脉，形成于7000万年前的喜马拉雅造山运动，由西南东绵延百余里，被人称为天山地理风光走廊，又谓百里丹霞画廊。

而位于呼图壁县康家石门子景区的侏罗纪山系，是新疆侏罗纪地质地貌的标志地。这里有天山山脉侏罗纪时代最壮观、神奇的赤壁丹霞“百里画廊”。山体雄浑巍峨，呈赭红色，橙、黄、青、绿相杂其间，峭壁悬崖，层层叠叠，酷似摩天大厦，更多的山体像奇形怪状的巨型雕塑，以不同的姿态展示着各自的风韵。景区内最著名者当属康家石门子生殖崇拜岩画。

三、石屋山庄

石屋山庄

石屋山庄位于呼图壁县城东南约70千米处的夹勒巴克草原夏牧场西侧，即在石梯子乡东沟村一处峡谷的森林中，1964年为了战备在此处营建7幢石房，建成后长期搁置未用。1993年5月，呼图壁县人民政府投资将石头房子改为一处旅游景点，在大小房间内一共安排100个床位，建起旅馆部，房间内装饰一新，房外修通了通往林区的公路，并正式将7幢石头客房命名为“石屋山庄”。山庄海拔1700多米，山高林密，绿草如毯，山花漫野，流水潺潺，自然景观旖旎多姿，是理想的避暑和旅游胜地，每年接待中外游客数千人。

四、呼图壁县世纪园景区

世纪园景区一角

位于呼图壁县境内，是国家AAAA级景区。

世纪园沿三工渠呈带状分布。全长1300米，宽170米，占地约18公顷（270亩），其中绿地13.2万平方米，硬化地面2.8万平方米，水面1.5万平方米。建园旨在营造环境，促进发展，惠及百姓。因取世纪万象更新之意，故名世纪园。园内有翠湖、博物馆、健身广场、科普画廊、文化广场等30多处景观，是集文化、健身、休闲、生态为一身的城中园林。

国家AAAA级旅游景区呼图壁世纪园建设一览表

表1-4

工程期别	建筑总面积（平方米）	景点建设项目
第一期	80700	含“天人合一”圆形雕塑、科普画廊、圆形过水舞台、莲花台（穿光切影）、弧形广场、祥龙唤雨、子母亭（凭栏望月）、城市展厅、三重门、观景阁（登山问水）、鱼翔天际（喷泉、雾泉、涌泉、跑泉）、童叟同乐园、钟亭（闻声固步）、听泉亭、哲理园、十二生肖等建筑造型。三工渠贯穿其中
第二期	15000	含七星广场（大型石雕折扇）、时惜园（日晷雕塑），包括圭表、刻漏、沙漏、影钟、滴漏、水运浑天仪等6种计时工具以及百福路、八卦广场、步行街等建筑造型
第三期	82325	含翠湖（人工湖）、桃花岛、连理亭、仿古曲廊、博物馆、游乐亭、陶然亭、稚趣亭、现代廊（时光隧道）、月桥、虹桥、童嬉龙潭、网球场、万寿路、百草园、世纪园主门等建筑造型
总计	178025	含各种景观灯、草坪灯、地灯和浮雕壁画、龙雕华表等

五、南山森林公园

呼图壁南山森林公园是呼图壁河流域南山林区森林文化的体现，由自治区林业厅呼图壁南山林场主办，在所辖面积151.4万亩的范围内，蕴藏着丰富的森林旅游资源。它向人们展示着向往和憧憬，展示着洞察力和生命力。天山如画，森林柔情，意境斑斓，神韵百出。对这片旷大的旅游处女地，新疆旅游部门予以极大的重视，已经通过自治区批准为省（区）级森林公园，于1998年投资开发。

苇子沟景区一角

（一）小西沟木屋山庄

屹立在南山深处，这里青山、溪流、塔松交相辉映，木屋古朴典雅，环境优美怡然，淙淙溪流掩映于绿树丛中更显清丽。客房、舞厅、餐厅、商店、卫生间等设施配套齐全，每天食宿接待能力为150人，另有四套灶具可同时供四个自助餐旅游团有偿使用。

（二）苇子沟瀑布

位于呼图壁县城西南约75千米处的天山深处。蒹葭繁茂，劲松葱郁，芳草清芬，瀑布飞流直下，轰然跌宕，给人以身心愉悦，超然洒脱之意境。

（三）日出岭

位于呼图壁县城正南约70千米处天山深处。耸立于群山万壑之中，四周青山环抱，百卉争妍。“会当凌绝顶，一览众山小”。登临其上，山、树、水、草、人、鸟浑然一体，蔚为壮观，令人心旷神驰，浮想联翩，萌生雄浑腾越之感。

（四）呼图壁河大峡谷

位于呼图壁县城东南约55千米的天山深处。两岸石壁耸立，径指云天，壁间青松挺劲，山花点缀，幽深静穆，妙趣横生，饶有诗情画意。

六、红莲山旅游度假村

新疆呼图壁永兴工贸旅游总公司主办的红莲山旅游度假村（国家A级景区）位于大丰镇南15千米处，扼军塘湖河出山口的红山下，海拔940米，是天山山脉低山带脉络中一座奇特的山峰。山体属侏罗系呈赭红色，形似盛开的红莲，故又名红莲山。山下的红山水库碧波荡漾，与山体交相辉映，更显示出大自然造物的神奇魅力。清光绪二十年（1844），在此修建庙宇，是人们祈拜游乐的圣地，也是新疆重要的名胜之一。20世纪90年代末期经过开发后，面貌焕然一新。红莲山旅游度假村是一个综合性的旅游服务企业，设有豪华客房100间，设备齐全，大型宴会厅、豪华贵宾餐厅、卡拉OK厅、新疆地方风味小吃一应俱全，是旅游度假的一方胜地，也是商务洽谈的理想场所。

七、古城遗址

（一）马桥子城

位于距呼图壁县城西北约90千米处的一〇六团境内，建于清同治四年（1865），由民团首领高四、徐学功率众修筑。故城一大一小，大城南北长350米，东西宽170米，城墙高3米，厚2.7米，在土夯墙上面有土块砌的女儿墙，高0.7米，有南、北二城门。城中有南北走向6米宽的街道一条，东西走向的小巷数条，如今城内房屋已全毁，只有房屋坍塌的痕迹尚存，城墙完好。大城西北方向不远处即是小城，南北长195米，东西宽170米，城墙高4米，厚2米，四周有护城河，两城遥相呼应，它是清代呼图壁地区民众抗击割据势力和外来侵略势力的历史见证。

马桥故城遗址

（二）阿魏滩故城

民间称“元城子”，位于阿魏滩西3.5千米处，濒临呼图壁河，占地约18500平方米，城墙全部坍塌，据考证，建于宋元时期。

（三）头道沟故城

位于一〇五团场西北9千米处，濒临头道沟，占地3600平方米，东、西、北三面城墙较完整，南面的城墙毁于洪水，墙高4米，墙外有护城河遗迹，建于清同治年间。

（四）古塔巴城

俗称唐朝城。据自治区考古研究所研究员王炳华考证，此城建于西辽时期。城址在园户村乡政府以北，大营房以南。残存遗迹南北长800米，东西宽约450米，城角有两座土墩台，高约10米。该城规模之大，居县城域古城遗迹之首。20世纪50年代初，尚有部分残墙，城西北角的土墩台也还存在，1965~1966年，在平整土地、大搞农田基本建设中被全部推平。

（五）景化城

建于清乾隆二十九年（1764），由塔尔巴哈台参将吴士胜、主事伏魔保督修。城墙周长1750米、高5.33米，有4个城门，吴士胜、伏魔保奉旨定名景化城，今呼图壁镇就是在景化城旧址的基础上发展扩建起来的。原东熙景门在今东风路和呼芳路交叉处，西宝城门在今新华书店门前的人民银行道处，南阜薰门在今医药公司和南门商场之间的马路中心，北溥信门在今安佳医院东门南约100米处。现今景化城遗存下来的只有一段城墙（在今县城东北角）。

五工台镇烽火台

八、烽火台

当年的丝绸之路至今在呼图壁境内还有残存的痕迹。在这条古道沿线，烽火台连续不断，站站相望，1000多年后的今天，它们只剩下土堆残垣。

烽火台是古代军事通信设施，可以传边警、通消息。平时，军事机构在山区高腰处或平原开阔处筑土台、备狼粪柴草，士兵登台值班瞭望。当发现紧急情况时，白天即燃柴草、狼粪，不发明火，只冒浓烟，这叫作“燧”。夜间燃明火，叫作“烽”。狼粪燃烧时浓烟直冲天空，为白烟，易于传递消息。因此，烽火又称“烽燧”。

今呼图壁县境内有5个烽火台遗址，当地人称土墩子，也有叫唐墩的。干河子林场西、县城北22.5千米处（今一一一团）和大营房处的3个烽火台已毁。三十里墩（乌伊公路63千米处北侧）和五工台两处的烽火台尚存。现存烽火台遗址长、宽约为4米左右，高约5米。

卧龙山滑雪场

九、卧龙山滑雪场

卧龙山旅游度假村山庄位于呼图壁县城南25千米处的石梯子哈萨克族乡境内。占地200公顷，是天然的滑雪胜地。该度假山庄建有全疆最大的滑雪场地，另拥有特色民族风情园、越野车障碍赛车场、农家乐、赛马场等娱乐设施，是集农业观光、民俗风情、休闲娱乐、夏季旅游、冬季滑雪滑冰、现代化健身场所为一体的综合旅游休闲地。

十、呼图壁县公园

呼图壁县公园荷花池

位于呼图壁县城东风大街西端，是国家AA级景区。

呼图壁公园是镶嵌在县城内一颗璀璨的明珠，占地面积23.33公顷。1994年开始筹建，2000年10月1日正式向游人开放，2004年被评定为国家A级旅游景区。园内的人工湖、芙蓉池、长廊亭榭、游泳池等，均蕴含着江南水乡的特色，欧式三角顶休闲屋、蒙古包等则点缀出异国和塞外的民族风情。园内树木花草种类繁多，植被覆盖率达92%。

公园已开发的项目有游船、游泳、垂钓、动物观赏、骑车游园（三人坐、两人坐）。这里春花灿灿，夏木荫荫，秋风爽爽、冬雪莹莹，是各族人民休闲娱乐、观光赏景、聚会联欢的理想胜地。年均接待游客已超过10万人次，而且每年以30%的速度递增。近年来，园林管理处加大公园两个文明建设力度，公园先后被誉为县级卫生红旗单位和花园式单位，称为展示呼图壁独特风貌的一个重要窗口。

十一、新疆民俗食帛园

位于呼图壁县城内，是国家AA级景区。

新疆民俗食帛园距312国道呼图壁县城西郊2千米处，是一个以体现新疆13个少数民族特色饮食文化和新疆独特民族建筑园景区为主题的大型旅游度假场所。“食”:展示民族特色饮食。“帛”：展示新疆丰富的民族服饰文化和习俗。“园”：展示新疆独特民族建筑园景风格。

新疆民俗食帛园锦华府

十二、呼图壁县博物馆

呼图壁县博物馆坐落于县城中心的世纪园翠湖边，2007年9月落成。建筑设计为圆形，分上下两层，面积约1600平方米。博物馆古朴庄重、风格独特、设备先进；展览大厅、文物库房、接待室、临时展厅一应俱全。游客们可以通过博物馆了解呼图壁县的历史及其改革开放以来飞速发展所取得的辉煌成就。

呼图壁县博物馆

十三、红莲山景区

位于呼图壁县城南30千米，是国家AA级景区。

红莲山风景区在呼图壁县红山水库北侧，水库集流面积759平方千米，四面环山，山势险峻，山色为红色。据《呼图壁乡土志》记载，在水库的东北处有座红山庙（红山无量菩萨庙，又叫红莲山大庙）。清末，每年农历六月十九日庙会，附近几县商贾及民众云集于此，热闹非凡，民国22年（1933）焚毁。红山水库既有南方山水的妩媚秀丽，又有北方山水的雄伟壮观，她以秀丽幽静的景观、夏季凉爽的气候，成为一处独具特色的旅游胜地。红莲山主峰海拔954米，赭红色砂岩在造山运动中形成大象峰、卧虎岭、神龟山等“十大景观”，流传悠久的古代浪漫爱情故事《红莲姑娘》就源于呼图壁红莲山。主要景点有

红莲山远景

观音阁、菩提塔、大象峰、卧虎岭、神龟山、犀牛峰、圣水泉等。

十四、大海子景区

位于呼图壁县城北30千米处，呼芳公路西侧，是国家AA级景区。

大海子风景区是一处美如诗画的优美景区。夏秋两季，这里有丰腴的水草、茂密的芦苇、撩人的鸟语、盛开的荷花。来此玩赏，可以湖中采莲，品尝肥美的鱼虾；置身堤上，凉风习习，清爽宜人，放眼千亩稻田，聆听此起彼伏的美蛙鸣唱，犹如置身南国水乡。

大海子水鸟如鹭

十五、新建林中休闲园

农家乐新建林中休闲园位于县城东5千米二十里店镇境内，为自治区三星级休闲场所。该园占地10公顷，是集田园风光和苗木花卉观光为一体的休闲度假村，可一次容纳70人就餐，饭菜具有农家风味及民族特色。

十六、春来度假村

农家乐春来度假村位于县城东5千米二十里店镇良种场，为自治区三星级度假村。度假村交通便利，2005年正式投入运营，累计投资达300万元，是集农家田园风光、林木观赏、农家采摘、养殖、休闲垂钓、民族风情为一体的休闲度假场所，可同时接待150人左右。

十七、狼塔之路景区

呼图壁林场为起点，经希勒木呼高山牧场、科克莫伊纳克达坂、白杨沟达坂、台普希马克河谷、库拉阿特腾达坂、奥尔塔兰特河谷、蒙格特开曾达坂、喀拉尕依特达坂、哈尔嘎腾郭勒沟、哈尔嘎腾达坂、古仁郭勒沟、布登达坂，至218国道506路碑为终点，全程约170千米。沿途重峦叠嶂，群峰参差，如狼厮守；又似古塔座座，高高矗立，故名“狼塔”。

狼塔之路

景区内有高山、牧场、古道、雪峰、冰川、幽谷、渊薮、瀑布，或群峰林立，万仞穿空；或冰川隧道，神秘莫测；或深壑如窅，深不可究；或怪石嶙峋，扣人心扉；或牛羊成群，漫漫如云；

或木屋点点，如诗如画。时而悬崖峻峭挺拔，时而草原平缓开阔，时而瀑布飞挂，时而湍流急下……沿途集山雄、峰险、水秀、溪深、石奇、谷奥、林幽、花异、禽珍、俗殊种种特点为一体，然以一“神”字概括最为精当。狼塔之路堪称天然氧吧、原始大观园，是避暑、休闲、探险、启智、炼毅、陶情的好去处。

十八、呼图壁县如意生态公园

位于县城东风大街与呼图壁河相交处。因“呼图壁”在准噶尔蒙古语中为吉祥如意之意，故名为“如意生态园”。

该园沿河而建，南自德隆水泥厂，北迄芨芨坝，长约7.7千米，占地8.8平方千米（含2.2平方千米红柳生态保护区），投资5.1亿元。总体规划为“一谷三带六园”，即呼图壁河生态河谷；农业观光旅游带、健康运动休闲带、滨水乐活新城发展带；红柳林生态观光园、如意广场度假园、健康休闲运动公园、仙女湖休闲养生园、谷岸花海科普展示园、生态湿地公园。园内主要有如意广场、仙女湖、索桥及生态河谷、生态湿地、谷岸花海、原始红柳林等人文与自然景观，空间广阔，惬意爽然。

如意生态公园一角

十九、呼图壁石门水电站景区

位于呼图壁县城南78千米的天山深处，距昌吉市公路里程116千米、乌鲁木齐市公路里程154千米。该站为呼图壁河中游河段规划的第三级电站，是以灌溉、发电、防洪为综合效益的水利枢纽。水库上游集水面积1954平方千米，多年平均流量15.2立方米/秒，总库容7975万立方米，水库正常蓄水位1240米，装机容量95兆瓦（2×47.5兆瓦），最大坝高106米。石门水电站工程静态投资11.47亿元，总投资12.82亿元。工程建设总工期41个月。

水电站水面渺若烟云，波光粼粼，渔舟点点；四周高山迤逦，古木参天，雄隼盘旋。神山圣水、奇峰怪石、珍禽异兽、琼花瑶草、民风殊俗，无神不具，无奇不藏，无异不有，无所不备，非妙笔所能言尽。若到此一游，临境亲览，才能领略“神奥”真味。

石门奇观

二十、天山第一漂

位于天山风光生态旅游区繁华地段呼图壁境内，南起阿苇滩渠首，北至独山子，河道全长约5千米。其水源于天山冰雪融化、冰川聚集水流而成。水质清澈，水流湍急，具有河道曲折而落差小，可塑性强而刺激性烈等特点。两岸山清水秀，古木参天，毡房点点，牛羊片片，禾苗葳蕤，芳草如茵，吉他悦耳，阿肯醉人。既可品味“大浪淘尽千古风流人物”的刺激，又可尽享当地民族元素及西域风情的神秘、缤纷、愉悦的格调。天山第一漂，是集“亲水、乐水、文化、运动、休闲、观光、避暑”为一体的“游客之家”。

天山第一漂

二十一、其他景点

2005年制定的《呼图壁县旅游发展规划》设定的目标：把呼图壁所辖地域建成乌鲁木齐市的后花园、丝绸之路上的一颗新星和“乌—昌—石—克城市经济圈”中的休闲乐园，使之成为森林生态休闲旅游基地，远古文化体验与运动休闲旅游中心和适宜人居的文化家园。

第六节　经济环境

一、经济现状

（一）生产总值

2012年，呼图壁县实现地区生产总值（含兵团）106.87亿元，比上年增长16.7%。完成第一产业增加值40.52亿元，增长7.1%；第二产业增加值38.33亿元，增长32.2%，其中工业完成增加值21.93亿元，增长42.1%，建筑业完成增加值16.4亿元，增长20.9%；第三产业完成增加值28.02亿元，增长13.5%。

（二）财政收入

全县完成地方财政收入6.86亿元，增长23.2%，是1985年全县财政收入708.1万元的96.88倍。一般预算收入完成5.34亿元，增长35.1%。全年地方财政支出14.73亿元，增长10.2%，一般预算支出13.05亿元，增长12.1%。全年完成全社会固定资产投资68.63亿元，增长29.6%。

（三）农林牧渔业

2012年，呼图壁县完成农林牧渔业总产值47.7亿元，实现增加值27.65亿元，比上年增长7%，其中农、林、牧、渔及农林牧渔服务业增加值分别增长4.4%、6.5%、8.4%、6.2%和5.6%。截至

2012年年末，全县牲畜存栏59.85万头（只），比年初增加1.67万头（只）。全年累计出栏122.83万头（只），比上年增长6.2%，家禽出栏3032万只，增长19.6%。肉类产量达到9.2万吨，奶类产量22.06万吨，禽蛋产量3355吨，分别比上年增长12.7%、6.8%和76.1%。全县完成合格造林面积3.7万亩（0.25万公顷）。全年鱼类产量达4500吨，比上年增长5.9%。农机装备实力稳步增强，农业机械总动力31.84万千瓦，农业机械化综合水平84.1%。年末耕地面积120.3万亩（8.02万公顷），其中有效灌溉面积112.93万亩（7.53万公顷）。

（四）工业

2012年，呼图壁县完成工业总产值56.41亿元，实现工业增加值13.23亿元，比上年增长49.9%。其中规模以上工业完成增加值10.18亿元，增长87.5%；规模以下工业3.05亿元，下降9%。销售收入2000万元以上的47家规模以上企业全年营业收入38.35亿元，比上年增长20.2%，实现盈亏相抵后利润总额4.4亿元，增长189.9%。主要工业产品产量：原煤326.97万吨，焦炭73.75万吨，乳制品9.22万吨，小麦粉6.29万吨，配混合饲料4.29万吨，番茄酱罐头2.47万吨，食用植物油27868吨，白酒2326千升，棉纱8365吨，皮鞋靴9万双，人造板8.14万立方米，纸制品7563吨，塑料薄膜3847吨，砖（折标准砖）28538万块，服装37.38万件。

（五）建筑业

全县资质等级3级以上的建筑施工企业完成建筑业总产值5.51亿元，比上年增长25.8%，竣工产值5.37亿元，增长46.4%。实现利润总额824.2万元，比上年下降54.8%，上缴税金4497.5万元，比上年增长2倍。

（六）交通运输和邮电通讯

96.5公里主要农村公路建成通车，29公里通村油路全面建设开工。据统计，2012年，实现交通运输业增加值3.3亿元，比上年增长11.8%。2012年，实现邮电业务收入1.39亿元，比上年增长16%，年末固定电话用户2.87万户，比年初减少0.41万户，移动电话用户16.46万户，比年初增加0.26万户，互联网拨号上网12450户，比上年增加4025户。

（七）消费市场

消费热点倾向于汽车、摩托车、住宅、通信、游乐、电子等产品。2012年，实现社会消费品零售总额18.26亿元，同比增长17%。批发和零售贸易业增长较快，其中批发业增长17.9%，零售业增长16.4%；住宿和餐饮业呈现“一缓、一快”，住宿业增长11.9%，比上年下降21个百分点，餐饮业增长19.2%，比上年提高1.7个百分点。

（八）房地产

2012年，完成房地产开发施工面积19.36万平方米，实现开发投资2.63亿元，比上年增长53.7%。年底宅房竣工面积2.33万平方米，全年商品房销售面积4.56万平方米，比上年下降26.3%。

（九）对外经济和旅游业

招商引资实现新突破，全年引进招商项目54项，签约合同总金额145.45亿元，到位资金91.19亿元，比上年增长37.7%。争取国家、区、州投资项目101项，各类资金5.88亿元，比上年增长13%。境内有举世闻名的3000年前康家石门子生殖崇拜岩画等省级重点文物保护单位和百里丹霞画廊、石门子水库、石屋山庄、马桥故城、卧龙山滑雪场、呼图壁县世纪园、如意生态园、唐代烽火台（俗称“唐墩子”）、红莲山风景区、大海子风景区等20余处自然和人文风景名胜。历代名贤志士寄情于这片奇山异水，留下诸多遗迹，如清同治三年（1864），新疆抗击阿古柏侵略的著名民族英雄徐学功、高克武（高四）背井离乡，率民团千余众在古尔班通古特沙漠边缘马桥子（今兵团第六师芳草湖农场一〇六团）筑城自卫，配合清军抵御外侮、收复失地、重建家园长达13年之久。如今，马桥子故城已成为一处爱国主义教育基地、旅游胜迹。再如，清洪亮吉、宋伯鲁、赵钧彤、方士淦、林则徐、祁韵士、耶律楚材等都有诗文传于世，招来中外游客络绎不绝。另外，西北五省区最大的苗木花卉中心、呼图壁西甜瓜、番茄、大白桃、李光桃、大枣、西域春牛奶等名优特产和各类民族风情园等，尤其近十余年诗词书画奇石等特色旅游呈现活跃态势。全年共接待中外旅客132万人次、旅游收入达7.31亿元，分别比上年增长19%和23%。

2012年呼图壁县在昌吉回族自治州各县、市地区生产总值排序表

表1-5　　　　单位：万元

地区	地区生产总值		地区生产总值增长速度(%)		第一产业增加值		第二产业增加值		第三产业增加值		人均生产总值(元)	
	绝对数	位次	绝对数	位次	绝对数	位次	绝对数	位次	绝对数	位次	绝对数	位次
昌吉州	8185631		14.60		2167200		3887740		2130691		51211	
昌吉市	2603609	1	16.49	4	331988	4	1302901	1	968720	1	54017	2
阜康市	1188902	3	12.55	6	218894	5	729718	2	240290	4	71729	1
呼图壁县	1068681	4	16.69	3	405211	2	383287	4	280183	3	48466	4
玛纳斯县	1338184	2	12.48	7	572757	1	484378	3	281049	2	52355	3
奇台县	852361	5	18.85	2	365624	3	286540	5	200197	5	39934	5
吉木萨尔县	481299	6	23.19	1	149957	6	214212	6	117130	6	37224	6
木垒县	209652	7	14.04	5	102929	7	34427	7	72296	47	23556	7

说明：由于地区生产总值是分级测算，全州地区生产总值一般情况下不等于各县市地区生产总值合计

二、人民生活

2012年，呼图壁县定居牧民150户。全年发放就业专项资金1554万元，实现就业和再就业8670人，转移农村富余劳动力2.6万人次，外出务工9606人。2012年年末从业人员达7.14万人，其中女性3.33万人，分别比上年增加871人和445人。城镇单位从业人员（不含私营、个体、乡镇企业）11159人，其中企业单位5248人，事业单位4054人，机关单位1734人，民间等其他单位从业人员123人。年末城镇登记失业人数514人，失业率为3.4%。

2012年，全县城镇单位（不含私营、个体）在岗职工年人均工薪收入为42583元，比2011年增加6846元，增长19.2%；城镇居民家庭人均可支配收入16467元，比上年增加1937元，增长13.3%。城镇居民家庭人均消费支出为11528元，增加1408元，增长13.9%。农牧民人均年纯收入13178元（是1985年全县人均收入513.36元的25.67倍），比2011年增加1682元，增长14.6%，消费支出为7034元，增加758元，增长12%。截至2012年12月底，全县城乡居民存款余额（不含驻县兵团）为38.28亿元，比2011年年末增长24.2%，按户籍人口计算，居民人均储蓄存款余额为27073元，增长23.4%。

2012年，呼图壁县全年实施传统救济5677人次，救济款为149.7万元，医疗救助5048人，救

助金额168万元。城乡居民享受低保4166人，累计发放低保金1383.7万元。全县城镇职工医疗、养老、失业、工伤、生育保险人数分别达21004人、19919人、12716人、28796人和19801人，分别比上年新增1117人、6871人、618人、1817人和1316人。农村居民参加养老保险40128人，参加新型农牧区合作医疗68905人，参加城镇居民医疗保险24357人，分别比2011年新增1737人和118人。

第七节　金融环境

民国24年（1935），迪化商业银行和绥来分行在呼图壁县已有金融业务。民国30年（1941），新疆省商业银行呼图壁县办事处建立。民国38年（1949），纸币贬值，人民群众深受其害，金融机构信誉扫地。

新中国建立后，景化县建立以中国人民银行景化县支行为主体的国家金融机构，推行全国统一的货币制度，贯彻执行金融政策。1950年12月，对县城12个单位实行货币管理，建立中央金库，同时银行派出干部深入县城市场和农村牧区组织存款，发放贷款，扶持农牧民发展生产。在公安部门的配合下，严厉打击金银贩子和破坏分子，稳定金融市场。

1954年以后，呼图壁县农村牧区先后设立金融机构，为国民经济发展积蓄资金，然后通过再分配形式，把资金贷给各工商企业、农村社队和人民群众，运用利率、结算等经济杠杆手段，促进国民经济发展。从1950年建立人民银行景化县支行到1985年年底，全县各金融机构共为国家筹集资金32060.3万元。1985年，全县存款余额达3661.4万元，是1950年的642.35倍。1985年底，金融机构发放各项贷款余额4318.9万元，是1950年的1542.46倍；储蓄余额2788.4万元，是1953年的248.96倍。

单位：亿元

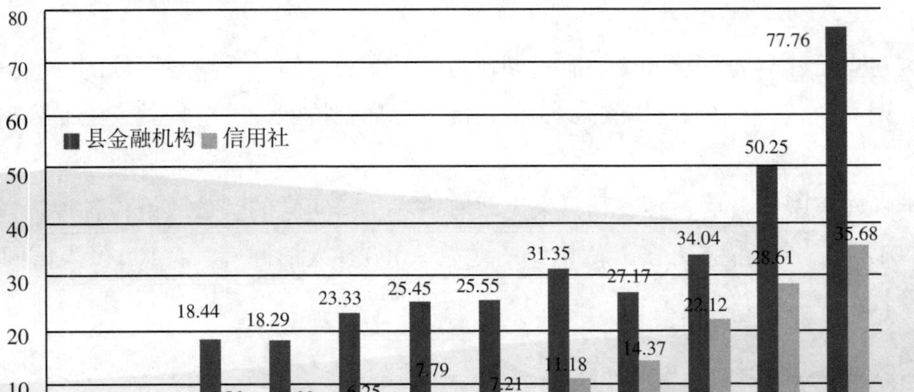

图1-1　2001～2012年呼图壁县联社存款占各金融机构存款比例示意图

截至2012年年底，全县7家金融机构各项存款余额为77.76亿元，比年初增加12.88亿元，增长19.9%；各项贷款余额51.62亿元，比年初增加14.07亿元，增长37.5%；各项存、贷款余额分别是1985年的212.38倍和119.52倍。而呼图壁县联社2010年各项存款余额由221200万元增至2012年356800万元，首次突破35亿元大关，是2005年存款余额62508万元的5.71倍，占全县7家金融机构各项存款总数的55%，比2011年提高2个百分点，2012年各项贷款累计发放突破30亿元大关，达到30.96亿元，同比增加7.22亿元，增长30.41%，占全县7家金融机构各项贷款总数的60%。年末各项存、贷款余额和增量市场份额均居全县7家金融机构之首。

第八节　社会环境

一、人口、民族与宗教

据公安部门统计，2012年年末户籍总户数为（含兵团）77742户，比年初增加280户，户籍总人口为21.73万人，比年初减少787人，下降0.36%，其中汉族16.51万人，比年初减少1449人，少数民族5.21万人，增加662人。地方人口为14.19万人，比年初增加1028人，增长0.73%，其中汉族9.11万人，少数民族5.08万人，分别比年初增加375人和653人。

到2012年，呼图壁境内居住着汉、哈萨克、回、维吾尔、蒙古、东乡、满、壮、撒拉、锡伯、塔塔尔、藏、白、彝、苗、朝鲜、土家、侗、黎、瑶、纳西、乌孜别克、柯尔克孜、俄罗斯、土等31个民族。其中汉族165199人，占全县总人口的76.04%；少数民族52068人，占23.66%（其中哈萨克族26091人，占总人口的12.01%；回族17136人，占7.89%；维吾尔族6290人，占2.90%；蒙古、东乡等27个民族共2551人，占1.17%）。

呼图壁县先后有佛教、道教、伊斯兰教、天主教、基督教等多种宗教传人，其中佛教的传人最早，距今已有一千余年的历史，基督教传入较晚，仅有七十多年。在这些宗教中，信仰伊斯兰教的民族最多。

新中国建立后，县委、县人民政府贯彻执行党的宗教政策，尊重各民族的宗教信仰。但在“文化大革命”期间，在极“左”思潮的影响下，部分寺庙被拆除，一些宗教人士受到迫害，宗教活动一度中止。

中共十一届三中全会后，县委和县人民政府进一步落实党的宗教政策，各种宗教相继恢复正常活动。到2012年，全县有5万多人信仰伊斯兰教，300多人信仰佛教，100多人信仰天主教，80多人信仰基督教。

二、农牧业基础设施

呼图壁县是自治区确立的农业大县、畜牧业强县、“乌昌一小时经济圈”“天山北坡经济带排头兵、领头雁”、资源富县、交通枢纽。在地方党政领导的科学决策下，农牧业基础设施、生产条件和综合服务体系进一步完善。2012年，新修防渗渠40.14公里，打造“千元田”72.6万亩，“万元棚”686座，高标准节水灌溉面积7.1万亩，新扩建标准化养殖小区6个。优质奶牛存栏6.25万头。

2012年底，农机推广服务机构达到37家，农民专业合作组织达到266个。农机装备实力稳步增强，农业机械总动力31.84万千瓦，农业机械化综合水平84.1%。年末耕地面积120.3万亩，其中有效灌溉面积112.93万亩。

三、教育卫生

2012年，呼图壁县第一小学教学楼、第五中学食堂楼、第三幼儿园、大泉双语幼儿园、中等职业技术学校实训基地工程建成投入使用。全县共有各类学校20所，其中高级中学2所、初级中学4所、小学13所、中等职业学校1所；幼儿园19所。教学年各类学校在校学生21429人，2012年小学招生1962人，高中毕业生923人；在园幼儿3926人，2012年入园1518人，离园1392人。各类学校教职工总数为1956人，其中专任教师1744人。幼儿园教职工240人，其中专任教师123人。全县学龄儿童入学率为100%，初中适龄少年入学率101.05%，初中升学率为79.08%。

2012年，呼图壁县中医院大楼完成主体建设。年末，全县共有医疗卫生机构119个，其中县、乡镇级卫生机构15所，拥有床位数919张，卫生技术人员815人，其中执业医师266人，执业助理医师51人。全年各医疗卫生机构诊疗60.04万人次，入院2.49万人，出院2.48万人。妇幼保健综合服务水平稳步提高，全县产妇住院分娩比例达到99.5%，5岁以下儿童死亡率12.06‰，婴儿死亡率9.93‰。

四、文化体育

2012年，呼图壁县深入实施“文化惠民”工程，县博物馆、图书馆、文化馆和各乡镇文化站全部免费向社会开放，全年开展文化体育等活动258场次。成功举办新疆首届乡村艺术节暨呼图壁首届新疆曲子文化节，邀请昌吉州部分县市和乌鲁木齐、塔城及甘肃省平凉、敦煌的曲子戏代表队在呼图壁县观摩演出。广播电视事业快速发展，广播电视基本实现全覆盖，全县电视人口覆盖率98.9%，“村村通”直播到户工程实现全覆盖。有广播站6座，广播人口覆盖率100%。县科技文化中心、新文化广场开工建设，数字化影剧院完成主体工程。

五、环境保护

2012年，呼图壁县继续加大环保监管和投入力度，全县空气质量不断改善。全年财政对环境保护投入3958万元，环境污染治理投资1899万元，城镇绿化投资5570万元。全年工业二氧化硫排放量4314吨，比上年减排3091吨，工业废水排放量达标率80%，废气治理率92.5%，工业烟尘排放量达标率91%。大中型建设项目环境影响评价执行率和“三同时”合格率为100%，小型建设项目环境评价执行率100%。年末城区绿化覆盖面积达到485公顷，人均公园绿地面积10.54平方米。全年实现区域集中供热面积268万平方米，城镇生活污水处理率达到92.5%，生活垃圾处理率达到100%。

第二章 机 构

1954年3月25日，呼图壁县渭户乡农村信用合作社作为全县第一个农村信用合作社建立后，随着行政区域的变更及金融体制改革的不断深化，呼图壁县农村信用合作社经历一条曲折发展之路。

1954～1957年人民银行呼图壁县支行领导时期。1957年年底，全县有信用社19个、干部36人。1958～1962年人民公社化后，信用社改为信用部属人民公社领导，是人民公社的组成部分。1963～1965年，各公社信用部恢复信用社名称受农业银行呼图壁县支行领导。1966～1968年各公社信用社复归人民银行呼图壁县支行领导。1969～1973年，各公社信用社移交贫下中农管理委员会管理。1974～1978年信用社仍归人民银行呼图壁县支行领导。中共十一届三中全会后，1979～1996年农业银行呼图壁县支行代管时期。至1996年年底，全县有独立核算的信用社9个、营业机构32个、员工135人。1996～2006年呼图壁县联合社与农业银行呼图壁县支行脱钩，人民银行呼图壁县支行托管时期。2006年年底有县级联社1个、法人社7个、分社15个、员工184人。

截至2012年年底，县联社及乡镇信用社实行统一法人、统一核算、分级管理、授权经营的管理体制，取消乡镇信用社独立法人资格。县联社划归自治区联社领导。是年年底，县联社有内设机构13个、基层机构20个（其中城区7个，农牧区13个），分布于全县6镇1乡及兵团第六师芳草湖农场、一〇五团场（枣园镇）、畜牧厅呼图壁种牛场等。全辖有员工264人，其中在岗204人，劳务派遣41人，退休19人。

第一节 社员代表大会

1951年，人民银行总行颁发《农村信用合作社章程准则（草案）》，规定本社最高权力机关为社员大会或社员代表大会，社员代表由社员直接选举，选举办法结合当地实际情况，代表名额由社员人数多少决定。社员大会或社员代表大会的职权：（1）通过和修改社章，增加社股金额，决定有关本社的解散或与其他社合并等问题。（2）选举和罢免理事主任及理事、监事主任和监事，并审查和通过有关本社的理、监事处分问题。（3）审查和通过本社业务方针、计划、预算及理事会的工作报告和决算。（4）通过盈余分配或弥补亏损的议案。（5）通过社员的开除或奖励事项。（6）其他重要问题的讨论和决议。

一、乡镇农村信用合作社社员代表大会

1954年3月至2005年3月，各乡镇农村信用合作社社员代表大会共召开七届。

第一届社代会于1954年3月25～28日在呼图壁县涓户乡农村信用合作社举行，应邀和列席代表300多人，张文治作《成立农村信用合作社重大意义的报告》，王曰秀、张银德等作为社员代表发言。大会制定信用社章程，并依章选举理事、监事。

第二届各乡镇农村信用合作社社代会于1984年11月6～8日在各乡政府举行，分别选举产生民主管理委员会，选举民主管委会主任、副主任。

第三届各乡镇农村信用合作社社代会于1988年4月在各乡政府举行，审议通过《理事会工作报告》《股金红利分配》等。

第四届社代会于1991年6月18～20日在各乡镇农村信用合作社举行，会议审议通过《理事会工作报告》《股金红利分配》等。

第五届社代会于1998年9月1～2日在各乡镇农村信用合作社举行。会议审议通过《理事会工作报告》《社章修订稿》等，并选举新的理事、监事。

第六届社代会于2002年5月24～26日在各乡镇农村信用合作社举行，会议审议通过《理事会工作报告》《社章修订稿（草案）》《2001年度社员股金红利分配方案》等，并选举新的理事、监事。

第七届社代会于2005年3月20～25日在各乡镇农村信用合作社举行，会议审议通过《理事会工作报告》《2004年度社员股金红利分配方案》等，并选举新的理事、监事。

二、呼图壁县农村信用合作社联合社社员代表大会

（一）县联合社第一届社员代表大会

1988年5月至1993年10月，第一届社代会共召开三次会议。

第一次社代会于1988年5月8日在农业银行呼图壁县支行举行，出席代表25人，会议听取和审议农业银行呼图壁县支行行长乔生福作的《工作报告》。选举产生理事会。乔生福、王建甫、孙吉贤、叶生虎、石金山、余富贵、田吉新为理事。

第二次社代会于1991年8月在农业银行呼图壁县支行举行，出席代表26人，会议听取和审议农业银行呼图壁县支行行长兼县联合社主任乔生福作的《理事会工作报告》。选举产生新的理事会。狄光友、王建甫、孙吉贤、叶生虎、石金山、余富贵、田吉新为理事。

第三次社代会于1993年10月在农业银行呼图壁县支行举行，出席代表30人，会议听取和审议农业银行呼图壁县支行行长兼县联合社主任狄光友作的《理事会工作报告》。选举产生新的理事会。王炳剑、孙吉贤、刘新、叶生虎、石金山、余富贵、田吉新为理事。

（二）县联合社第二届社员代表大会

1997年8月至2001年12月，第二届社代会共召开五次会议

第一次社代会于1997年8月20日在县联合社举行，出席代表35人，会议审议通过《理事会工作报告》。选举产生新理事会、监事会。王钧、叶斌、李澍、柳茂军、李彦清、田吉新、叶寿林为理事。来国珍、王万清、石金山、王传忠、李生珍为监事。

第二次社代会于1998年12月16日在县联合社举行，出席代表51人，会议审议通过《社员入股

金额》等。

第三次社代会于2001年4月16日在县联合社举行，出席代表40人，会议选举产生新一届理事会、监事会。刘怀强、叶斌、姚继文、唐志艳、何建斌、王程、木合买提·哈南为理事。李澍、王惠琴、李财寿、刘娟、柳茂军为监事。

第四次社代会于2001年8月10日在县联合社举行，应到代表39人，实到38人。会议审议通过《历年职工股分红和劳动分红分配方案》《信用社职工股权额设定标准方案》等。

第五次社代会于2001年12月18日在县联合社举行，出席代表40人，会议审议通过《双聘职工竞聘上岗考核办法》《联合社中层干部竞聘职位上岗考核任用规则》《职工内部退休条件及待遇享受标准》《基层信用社实施会计委派制办法》等。

（三）县联合社第三届社员代表大会

2002年3月至2006年4月，第三届社代会共召开六次会议。

第一次社代会于2002年3月14日在县联合社举行，出席代表39人，会议听取和审议县联合社主任刘怀强作的《理事会工作报告》。选举产生新的理事会、监事会。刘怀强、叶斌、李澍、李财寿、刘娟、姚继文、何建斌为理事。柳茂军、王惠琴、张闫、王程、唐志艳为监事。

第二次社代会于2002年12月15日在县联合社举行，出席代表39人，会议审议通过《2002年理事会工作报告》《2002年度县联合社整章建制工作方案》《新制定的各项规章制度》等。

第三次社代会于2003年3月29日在县联合社举行，出席代表41人，刘怀强作《扎实工作、努力创新、与时俱进、全面推进我县农村信用社各项工作的健康、快速发展》的报告，会议审议通过《2003年工效挂钩考核办法》《2002年股金分红方案》《各项内控制度》等。

第四次社代会于2004年3月31日在县联合社举行，出席代表43人，会议审议通过《2003年理事会工作报告》《2004年财务预算报告》《2004年信贷计划》《2003年股金分红方案》《2004年工效挂钩考核办法》等。

第五次社代会于2005年3月26日在县联合社举行，应到代表48人，实到46人，会议增选谢会同为理事。会议审议通过《理事会工作报告》《2005年度财务预算报告》《2005年度计划信贷工作报告》《审计监察工作报告》《呼图壁县农村信用联社二〇〇五年目标责任工效挂钩考核办法》《呼图壁县农村信用社劳动用工办法》等。

第六次社代会于2006年4月7日在县联合社举行，应到代表45人，实到43人，刘怀强作《求真务实、勇于创新、谱写历史新篇章》工作报告。会议审议通过《理事会工作报告》《2006年度财务预算报告》《2006年度信贷业务发展规划》《呼图壁县农村信用社三年发展规划纲要》《呼图壁县农村信用联社二〇〇六年目标责任工效挂钩考核办法》《呼图壁县农村信用联社二〇〇五年度股金分红方案》《呼图壁县农村信用合作联社员工考核管理办法》等。

县联合社三届社代会还召开三次临时会议：

第一次临时会于2002年4月29日在县联合社举行，应到代表40人，实到37人。会议审议通过《职工医药费管理办法》《员工劳动管理制度》《2001年度劳动分红及股金分红方案》等。

第二次临时会于2004年4月22日在县联合社举行，出席代表43人，会议增选张志豪、狄光军为理事会理事。

第三次临时会于2005年5月25日在县联合社举行，应到代表48人，实到42人，会议增选王惠琴为理事会理事。

三、呼图壁县农村信用合作联社社员代表大会

（一）县联社第一届社员代表大会

2006年12月至2009年3月，第一届社代会共召开四次会议。

第一次社代会于2006年12月7日在县联社举行，应到代表70人，实到60人，刘怀强作《呼图壁县农村信用合作联社筹建工作报告》。会议审议通过《呼图壁县农村信用合作联社章程（草案）》《呼图壁县农村信用合作联社社员代表大会议事规则（草案）》等。选举产生新一届理事会、监事会。刘怀强、叶斌、谢会同、柯永福、王多明、李贵泉、刘娟、何建斌、匡玉林、贺云龙、罗文辉为理事，柳茂军、马燕、李子良、狄光军、甘润枝为监事。

第二次社代会于2007年4月4日在县联社举行，应到代表70人，实到66人，会议审议通过《呼图壁县农村信用合作联社二〇〇七年经营责任工效挂钩考核办法》《关于换发股金证及2006年股金红利分配方案的报告》等。

第三次社代会于2008年3月14日在县联社举行，应到代表71人，实到59人，刘怀强作《以科学发展观为统领、夯实基础、又好又快地促进农村信用社的改革与发展》工作报告。会议审议通过《2007年度理事会工作报告》《2007年度监事会工作报告》《2007年度财务信息披露报告》《2007年度股金分红方案》、免去张志豪、谢会同理事职务等。增选朱智岗为理事，徐新金、王惠琴、张辉为监事。

第四次社代会于2009年3月27日在县联社举行，应到代表86人，实到76人，刘怀强作《以科学发展观统领全局、夯实基础、促进农村信用社又好又快发展》工作报告。会议审议通过《2008年度理事会工作报告》《2008年度监事会工作报告》《2008年度财务信息披露报告》《2008年度股金红利分配方案》《呼图壁县农村信用合作联社经营管理工作三年规划》《放宽存贷比例的请示》等。

（二）县联社第二届社员代表大会

2010年4月至2012年12月，第二届社代会共召开五次会议。

第一次社代会于2010年4月16日在县联社举行，应到代表96人，实到85人，刘怀强作《恪尽职守、同心描绘农村信用社更加美好的明天》工作报告。会议审议通过《2009年度理事会工作报告》《2009年度监事会工作报告》《2009年度业务经营报告》《2009年度财务信息披露报告》《2009年度财务收支执行报告》《2009年度股金分红方案》等。选举产生新一届理事会、监事会。刘怀强、朱智岗、叶斌、梁成、马光辉、潘存娟、贺云龙、陈义涛、王多明为理事，刘娟、张闫、何建斌、叶寿林、李军、马占玺、刘要田为监事。

第二次社代会于2010年12月3日在县联社举行，应到代表94人，实到75人。会议审议通过《呼图壁县农村信用合作联社2010年1～11月理事会工作报告》《呼图壁县农村信用合作联社2010年1～11月监事会工作报告》《呼图壁县农村信用合作联社2010年1～11月业务经营报告》《呼图壁县农村信用合作联社股权改造方案的报告》《呼图壁县农村信用合作联社关联交易情况报告》等。

第三次社代会于2011年3月25日在县联社举行，应到代表92人，实到71人。会议审议通过《2010年理事会工作报告》《2010年监事会工作报告》《2010年业务经营报告》《修订呼图壁县农村信用合作联社章程的说明》《呼图壁县农村信用合作联社股权改造及股份制改革方案的报告》《2010年度信息披露报告》《2010年度股金红利分配方案》《2010年度财务收支执行报告》《呼图壁县农村信用合作联社五年发展规划的报告》《2011年经营目标计划的报告》《呼图壁县农村信用合作联社

2011～2013年监管指标达标规划的报告》等。

第四次社代会于2011年7月29日在县联社举行，应到代表93人，实到53人。会议审议通过《2011年上半年理事会工作报告》《2011年上半年监事会工作报告》《2011年上半年业务经营报告》《修订呼图壁县农村信用合作联社章程的说明》《呼图壁县农村信用合作联社股权改造方案》等。

第五次社代会于2012年3月7日在县联社举行，应到代表91人，实到60人。会议审议通过《2011年理事会工作报告》《2011年监事会工作报告》《2011年业务经营报告》《呼图壁县农村信用合作联社2011年度股金红利分配方案》等。

第二节　理事会

理事会是社员代表大会选举产生、行使民主管理的常设执行机构。基层信用社的理事会，因不同时期的形势需要和基层社社员代表大会的召开次数而变更。联社的理事会，自1966年后，随着县级社员代表大会的召开，变更多次。

理事会由5~11名理事组成，由社员代表大会选举和更换。理事每届任期三年，可连选连任。理事会会议由理事长召集和主持，每半年召开一次，必要时可随时召开。

联社理事会行使下列职权：

（一）召集社员代表大会，并向大会报告工作；

（二）执行社员代表大会决议；

（三）审定联社的经营方针、年度业务经营计划；

（四）批准联社内部管理制度；

（五）批准联社的人员管理制度和奖惩制度；

（六）聘任和解聘联社主任、副主任；

（七）审议联社年度财务预、决算方案和利润分配方案；

（八）批准联社内部机构设置及调整方案；

（九）提出联社的分立、合并、解散、清算等重大事项的计划和方案。

（十）联社章程规定和社员代表大会授予的其他职权。

理事会决议须经半数以上理事表决通过，理事会理事长、副理事长的选举和更换，须经全体理事2/3以上多数通过。

理事会设理事长1人，主持理事会工作；副理事长1~2人，协助理事长工作。理事长、副理事长由理事会选举产生，可连选连任。

一、乡镇农村信用合作社理事会

1954～2005年，各乡镇农村信用合作社共有七届理事会。

第一届理事会于1954年3月25～28日在渭户乡农村信用合作社举行，会议部署对春耕困难社员提供小农具和口粮贷款的相关事宜，并聘任王所财兼渭户乡农村信用合作社主任和会计。

第二届理事会于1966年6～8月在各乡镇农村信用合作社相继举行，并聘任各乡镇农村信用合作社主任或负责人。杨金林为二十里店乡农村信用合作社主任，杨福为园户村乡农村信用合作社主任，张春山为五工台乡农村信用合作社主任，王振荣为大丰乡农村信用合作社主任，吐孜啊·洪木那甫为雀尔沟乡农村信用合作社负责人，结克山巴依·吾力买赛克为石梯子乡农村信用合作社负责人。

第三届理事会于1978年~1980年12月在各乡镇农村信用合作社相继举行，并聘任各乡镇农村信用合作社主任或负责人。叶生虎为二十里店乡农村信用合作社副主任，张春山为园户村乡农村信用合作社主任，佘富贵为五工台乡农村信用合作社副主任，王振荣为大丰乡农村信用合作社主任，吐孜啊·洪木那甫为雀尔沟乡农村信用合作社负责人，余文德为石梯子乡农村信用合作社负责人。

第四届理事会于1988年5月9~20日在各乡镇农村信用合作社举行，会议选举叶生虎为二十里店乡农村信用合作社理事长，石金山为园户村乡农村信用合作社理事长，佘富贵为五工台乡农村信用合作社理事长，田吉新为大丰镇农村信用合作社理事长。并聘任叶生虎为二十里店乡农村信用合作社主任，石金山为园户村乡农村信用合作社主任，佘富贵为五工台乡农村信用合作社主任，田吉新为大丰镇农村信用合作社主任，托克西·举尔提拜为雀尔沟镇农村信用合作社副主任，余文德为石梯子乡农村信用合作社负责人。

第五届理事会于1998年9月1~2日在各乡镇农村信用合作社举行，应到理事5人，出席5人。会议选举李澍为二十里店乡农村信用合作社理事长，宋巨森为副理事长，柳茂军为园户村乡农村信用合作社理事长，李彦清为五工台乡农村信用合作社理事长，姚继文为副理事长，王传忠为大丰镇农村信用合作社理事长，甘润枝为副理事长。并聘任李澍为二十里店乡农村信用合作社主任，宋巨森为副主任，柳茂军为园户村乡农村信用合作社主任，李彦清为五工台乡农村信用合作社主任，姚继文为副主任，王传忠、甘润枝为大丰镇农村信用合作社副主任，木合买提·哈南为雀尔沟镇农村信用合作社副主任。

第六届理事会于2002年5月24~26日在各乡镇农村信用合作社举行，应到理事5人，出席5人。会议选举姚继文为二十里店乡农村信用合作社理事长，唐志艳为园户村乡农村信用合作社理事长，何建斌为五工台乡农村信用合作社理事长，王程为大丰镇农村信用合作社理事长。并聘任姚继文为二十里店乡农村信用合作社副主任，唐志艳为园户村乡农村信用合作社副主任，何建斌为五工台乡农村信用合作社副主任，王传忠为大丰镇农村信用合作社副主任，木合买提·哈南为雀尔沟镇农村信用合作社主任。

第七届理事会于2005年3月20~25日在各乡镇农村信用合作社举行，应到理事5人，出席5人。会议选举何建斌为二十里店乡农村信用合作社理事长，姚继文为园户村乡农村信用合作社理事长，王程为五工台乡农村信用合作社理事长，唐志艳为大丰镇农村信用合作社理事长。并聘任何建斌为二十里店乡农村信用合作社主任，姚继文为园户村乡农村信用合作社主任，王程为五工台乡农村信用合作社主任，唐志艳为大丰镇农村信用合作社主任，木合买提·哈南为雀尔沟镇农村信用合作社主任。

二、呼图壁县农村信用合作社联合社理事会

1988~2005年，呼图壁县农村信用合作社联合社共有七届理事会。

第一届理事会于1988年5月8日在农业银行呼图壁县支行举行，出席理事7人，有乔生福、王建甫、孙吉贤、叶生虎、石金山、佘富贵、田吉新。选举乔生福为理事长，并聘任乔生福为县联合

社主任，王建甫为县联合社副主任。

第二届理事会于1991年8月在农业银行呼图壁县支行举行，出席理事7人，有狄光友、孙吉贤、王建甫、叶生虎、石金山、佘富贵、田吉新。选举狄光友为理事长，并聘任狄光友为县联合社主任，增补孙吉贤为县联合社第一副主任，王建甫为副主任。

第三届理事会于1993年10月在农业银行呼图壁县支行举行，出席理事7人，有王炳剑、孙吉贤、刘新、叶生虎、石金山、佘富贵、田吉新。会议选举王炳剑为理事长，并聘任王炳剑为县联合社主任，孙吉贤、刘新为县联合社副主任。

第四届理事会于1997年8月20日在县联合社举行，出席理事6人，有王钧、李澍、柳茂军、李彦清、田吉新、叶寿林。选举王钧为理事长，并聘任王钧为县联合社主任，来国珍为县联合社副主任。

第五届理事会于2001年4月16日在县联合社举行，出席理事7人，有刘怀强、叶斌、姚继文、唐志艳、何建斌、王程、木合买提·哈南。选举刘怀强为理事长，叶斌、李澍为副理事长。并聘任刘怀强为县联合社主任，叶斌、李澍为联合社副主任。

第六届理事会于2002年3月14日在县联合社举行，出席理事7人，有刘怀强、叶斌、李澍、李财寿、刘娟、姚继文、何建斌，选举刘怀强为理事长，叶斌、李澍为副理事长。聘任刘怀强为县联合社主任，叶斌、李澍为联合社副主任。会议审查通过《内退职工股金转入一般社员股》《内退职工要求增加误餐费》《计划信贷科股金分红方案》《不良贷款清收办法》《李澍、柳茂军、李彦清、宋巨森、王传忠、刘晓进六位同志离任审计报告》等议案。

第七届理事会于2004年4月至2005年5月共召开三次会议。

第一次会议于2004年4月22日在县联合社举行，出席理事9人，有刘怀强、叶斌、李澍、张志豪、狄光军、李财寿、刘娟、姚继文、何建斌。选举张志豪为副理事长。并聘任张志豪为联合社副主任。

第二次会议于2005年3月26日在县联合社举行，出席理事9人，有刘怀强、叶斌、谢会同、张志豪、狄光军、李财寿、刘娟、姚继文、何建斌。选举谢会同为副理事长。并聘任谢会同为联合社副主任。

第三次会议于2005年5月25日在县联合社举行，出席理事9人，有刘怀强、叶斌、谢会同、张志豪、狄光军、李财寿、刘娟、姚继文、何建斌。拟聘王惠琴为联合社副主任。

三、呼图壁县农村信用合作联社理事会

2006~2012年，呼图壁县农村信用合作联社共有两届理事会。

（一）县联社第一届理事会

2006年12月至2010年1月，第一届理事会共召开四次会议。

第一次会议于2006年12月7日在县联社举行，出席理事11人，有刘怀强、叶斌、谢会同、柯永福、王多明、李贵泉、刘娟、何建斌、匡玉林、贺云龙、罗文辉。选举刘怀强为理事长，并聘任叶斌、谢会同、张志豪、王惠琴为呼图壁县农村信用合作联社副主任，刘娟为会计统计部经理，马燕为稽核监察部副主任，李财寿为业务发展部经理。

第二次会议于2008年3月14日在县联社举行，出席理事11人，有刘怀强、朱智岗、叶斌、刘娟、匡玉林、罗文辉、王多明、贺云龙、李贵泉、马光辉、柯永福。选举刘怀强为理事长，免去谢

会同、张志豪副主任职务，并聘任朱智岗为呼图壁县农村信用合作联社主任，陈志高为副主任。审议通过《2007年信息披露报告》《2007年股金红利分配方案》等议案。

第三次会议于2009年3月24日在县联社举行，出席理事11人，有刘怀强、朱智岗、叶斌、刘娟、匡玉林、罗文辉、王多明、贺云龙、李贵泉、马光辉、柯永福。主任朱智岗向理事会报告2008年经营情况。审议通过《2008年股金分红方案》《关于成立薪酬委员会的通知》《东滩信用社搬迁的报告》《西树窝子信用社搬迁的报告》《固定资产处置的报告》《对不合规股金清退分红的方案》《2009年存贷比例控制在85%以内经营的报告》《2009年内部退养暂行办法》等议案。

第四次会议于2010年1月22日在县联社举行，出席理事11人，有刘怀强、朱智岗、叶斌、刘娟、匡玉林、罗文辉、王多明、贺云龙、李贵泉、马光辉、柯永福。会议审议通过《呼图壁联社理事会2009年工作总结及2010年工作思路》《呼图壁联社经营班子2009年工作报告》《呼图壁联社2009年信息披露的提案》《呼图壁联社2010年信贷、财务计划及"双降"工作计划》《呼图壁联社2009年股金分红方案》《呼图壁联社2010～2011年风险容忍度和管控目标》《呼图壁联社2010年监管指标达标规划的计划和措施》《呼图壁联社2010年资本补充计划》《呼图壁联社信贷风险、案件风险、房地产业信贷风险等六大风险化解方案及措施》《购置固定资产》《呼图壁联社2010年变更计划》《处置固定资产》《呼图壁联社贷款审批授权》《装修园林路信用社办公楼》《装修联社营业部》等议案。

（二）县联社第二届理事会

2010年4月至2012年12月，第二届理事会共召开七次会议。

第一次会议于2010年4月16日在县联社举行，出席理事9人，有刘怀强、朱智岗、叶斌、梁成、马光辉、潘存娟、贺云龙、陈义涛、王多明。会议选举刘怀强为理事长，并聘任朱智岗为联社主任，陈志高、叶斌为联社副主任。

第二次会议于2010年10月28日在县联社举行，出席理事9人，有刘怀强、朱智岗、叶斌、梁成、马光辉、潘存娟、贺云龙、陈义涛、王多明。主任朱智岗向理事会报告2010年1～9月经营情况。会议审议《景化信用社搬迁》《修改呼图壁县农村信用合作联社章程》《2010年绩效考核办法》《关于股权改造方案》《关于购建联社办公楼》《县委（2009）3号县常委会关于〈呼图壁县农村信用合作联社不良资产处置的意见〉置换土地1000亩，支付土地补偿款230万元》《增加募集股金6000万元》《关于对畜牧业专项贷款审批授权》《关于增资扩股969.61万元》《呼图壁县农村信用合作联社五年发展规划》《关于购置业务用车》《关于购置自动柜员机》《关于装修营业用房》《购置交流干部（职工）宿舍》《对资本及资本充足率管理情况》等议案。

第三次会议于2011年3月22日在县联社举行，出席理事8人。理事长刘怀强作2010年理事会工作报告，朱智岗向理事会报告2010年经营情况。会议审议通过《呼图壁县农村信用合作联社五年规划发展纲要》《修订信用社章程》《理事会对信贷业务审批授权》《理事会对财务费用审批授权》《理事会聘任财务信息部经理》《理事会聘任审计监察部经理》《联社2010年股金分红方案》《联社2011年经营目标计划》《落实2011～2013年监管指标规划的计划和措施》《2011年农村信用社推进股权改造及股份制改革计划步骤和措施》《呼图壁联社2010年信息披露》《百汇信用社扩建》《购置档案密集架》《购置电子设备》《联社2011年案件防控工作计划安排》《确定召开社员代表大会2011年第二次会议时间》等议案。

第四次会议于2011年8月4日在县联社举行，出席理事9人。理事长刘怀强作2011年上半年理事会工作报告，主任朱智岗向理事会报告2011年上半年业务经营报告。会议审议通过《关于呼图壁县农村信用合作联社股权改造方案》《关于建立新疆农村信用合作社企业年金》《关于修订呼图壁县农村信用合作联社章程的说明》《关于上海同业煤化集团有限公司入股800万元》《关于呼图壁县芳草湖瑞鑫门窗有限公司入股800万元》《关于新疆鑫联煤化工有限公司入股800万元》《关于乌鲁木齐市金圆顺景石油化工有限公司入股800万元》《关于乌鲁木齐绿源天惠生态园林科技开发有限责任公司入股800万元》《2011年下半年购置固定资产及低值易耗品请示》《处置固定资产》等议案。

第五次会议于2012年1月17日在县联社举行，出席理事11人。会议审议通过《关于联社机关中层管理岗位职务改制的决定》《关于计划财务分设为计划财务部和会计统计部的决定》《关于呼图壁县农村信用合作联社固定资产低值易耗品盘亏账务处理的申请》《关于免去潘存娟同志计划财务部经理职务》《关于免去王智同志审计监察部经理职务》《关于聘任姚雅洁为计划财务部总经理职务》《关于聘任王智同志为审计监察部总经理职务》《关于聘任冯琬婷同志为会计统计部总经理职务》《关于增加无形资产》《关于呼图壁县农村信用合作联社资产清理的申请》《关于成立呼图壁县农村信用合作联社第二届社员代表大会社员代表资格审查委员会》《关于增补呼图壁县农村信用合作联社第二届社员代表大会社员代表》等议案。

第六次会议于2012年3月28日在县联社举行，出席理事11人。会议审议《关于呼图壁县农村信用合作联社变更注册资本金》《关于呼图壁县农村信用合作联社在人民银行呼图壁县支行办公楼一楼设立离行式自助设备》《关于呼图壁县农村信用合作联社在五工台镇大泉村设立离行式自助设备》《关于核销损失类其他应收款288笔》《关于核销损失类其他应收款垫付棉花款》等议案。

第七次会议于2012年12月15日在县联社举行，出席理事9人。会议审议《关于解除周洋、刘德庭、贺寺军劳动合同》等议案。

县联社二届理事会还召开三次临时会议：

第一次临时会于2011年11月4日在县联社举行，出席理事9人。会议审议通过《新疆维吾尔自治区农村信用社企业年金方案》等议案。

第二次临时会于2012年2月20日在县联社举行，出席理事11人。会议审议通过《关于呼图壁县农村信用合作联社石梯子信用社新建办公楼面积及投资金额》《关于呼图壁县农村信用合作联社小土古里信用社新建办公楼面积及投资金额》《关于呼图壁县农村信用合作联社大丰信用社新建办公楼面积及投资金额》《关于呼图壁县农村信用合作联社园林路信用社新建办公楼面积及投资金额》等议案。

第三次临时会于2012年4月16日在县联社举行，出席理事10人。会议审议通过《关于联社更新业务用车》《关于联社购置园林路信用社办公楼》《关于联社新建小土古里信用社办公用房》《关于联社装修ATM自助设备用房》等议案。

第三节　监事会

监事会是由社员代表大会选举产生，行使民主管理的监督机构。基层社监事会同基层社理事会的情况一样。联社监事会一般由3~9名监事组成，每届任期与理事会相同，行使职权至社员代表大会选出新的一届监事为止。联社监事由社员代表、职工代表组成。由社员大会选举和罢免。理事、主任、副主任和财务负责人不得兼任监事。

监事会会议由监事长召集和主持，每半年召开一次，必要时可随时召开。

监事会设监事长1人，主持监事会工作，由监事会选举和更换，可连选连任。

联社监事会行使下列职权：

（一）向联社社员代表大会报告工作；

（二）派代表列席理事会会议；

（三）监督联社执行国家法律、法规、政策；

（四）监督联社履行对农村信用社的管理、协调、指导和服务职责；

（五）对理事会决议和主任的决定提出质询，并要求复议；

（六）监督联社的经营管理和财务管理；

（七）联社章程规定和社员代表大会授予的其他职权。

监事会决议须经半数以上监事表决通过，重大事项须经全体监事2/3以上多数通过。

一、乡镇农村信用合作社监事会

1954～2002年农牧区各乡镇农村信用合作社共有六届监事会。

第一届监事会于1954年3月28日在渭户乡农村信用合作社举行，选举产生监事主任。

第二届监事会于1966年6月在各乡农村信用合作社相继举行，选举人民公社领导干部为监事主任。

第三届监事会于1978年至1980年12月在各乡农村信用合作社相继举行，出席监事3～5人，选举人民公社副乡长为监事主任。

第四届监事会于1991年6~7月在各乡镇农村信用合作社举行，出席监事5人，选举张生泉为二十里店乡农村信用合作社监事长，左其文为园户村乡农村信用合作社监事长，张新才为五工台乡农村信用合作社监事长。

第五届监事会于1998年9月1～2日在各乡镇农村信用合作社举行，出席监事5人，会议选举董绍明为二十里店乡农村信用合作社监事长，刘英明为五工台乡农村信用合作社监事长，张建成为大丰镇农村信用合作社监事长，李彦贤为副监事长，祁全福为园户村乡农村信用合作社监事长。

第六届监事会于2002年5月25日在各乡镇农村信用合作社举行，出席监事5人，会议选举何希彬为二十里店乡农村信用合作社监事长，张建彬为五工台乡农村信用合作社监事长，董洪勇为大丰镇农村信用合作社监事长。

二、呼图壁县农村信用合作社联合社监事会

1988～2005年，呼图壁县农村信用合作社联合社共有三届监事会。

第一届监事会于1997年8月20日在县联合社举行，出席监事5人，有来国珍、王万清、石金山、王传忠、李生珍。选举王万清为监事长。

第二届监事会于2001年4月16日在县联合社举行，出席监事5人，有李澍、王惠琴、李财寿、刘娟、柳茂军。选举柳茂军为监事长。

第三届监事会于2002年3月14日在县联合社举行，出席监事5人，有柳茂军、王惠琴、张闫、王程、唐志艳。选举柳茂军为监事长。

三、呼图壁县农村信用合作联社监事会

2006～2012年，呼图壁县农村信用合作联社共有三届监事会。

第一届监事会于2006年12月7日在县联社举行，出席监事5人，有柳茂军、马燕、李子良、狄光军、甘润枝。选举柳茂军为监事长。

第二届监事会于2008年3月14日在县联社举行，出席监事7人，有王惠琴、柳茂军、马燕、甘润枝、徐新金、张辉、李子良。选举王惠琴为监事长。

第三届监事会于2010年4月16日在县联社举行，出席监事7人，有刘娟、张闫、何建斌、叶寿林、李军、马占玺、刘要田。选举刘娟为监事长。

第四节 经营管理层

2000年，农村信用社进行内部管理体制改革，实行“三权”（理事会的决策权、监事会的监督权和经营班子的管理权）分设，形成的经营管理机构。2001年，呼图壁县农村信用合作社联合社经营管理层以刘怀强为主任，叶斌、李澍为副主任，宋巨森、李彦清、刘晓进、柳茂军、木合买提·哈南、姚继文、甘润枝、王艳、王程、何建斌为成员。

2002年至2004年3月，县联合社经营管理层以刘怀强为主任，叶斌、李澍为副主任，王程、何建斌、唐志艳、狄光军、甘润枝、王智、王艳、姚继文、木合买提·哈南为成员。

2004年4月至2005年3月，县联合社经营管理层以刘怀强为主任，叶斌、李澍为副主任，狄光军、王智、何建斌、唐志艳、王程、陈军、木合买提·哈南、甘润枝为成员。

2005年3月至2007年3月，县联合社经营管理层以刘怀强为主任，叶斌、张志豪、谢会同、王惠琴为副主任，王程、唐志艳、何建斌、姚继文、木合买提·哈南、陈军、狄光军为成员。

2007年4月至2008年3月，县联社经营管理层以刘怀强为主任，叶斌、张志豪、谢会同、王惠琴为副主任，王程、唐志艳、何建斌、姚继文、徐贵全、陈军、陈发智、杨斌、祁鹏、吴翔、李玉清、刘金泉、周洋、贺寺军等27人为成员。

2008年4月至2010年1月，县联社经营管理层以朱智岗为主任，叶斌、陈志高为副主任，祁鹏、吴翔、杨斌、李玉清、姚继文、王程、刘金泉、周洋、贺寺军、唐志艳、王舞龙、王国军、徐贵全、马利军、张治、陈军、李斌、蔡春元、马燕、刘娟、何玉刚、潘存娟、杨国锋、李财寿、蒋斌为成员。

2010年2月至2012年1月，县联社经营管理层以朱智岗为主任，陈志高、叶斌为副主任，祁鹏、王程、唐志艳、周洋、姚继文、徐贵全、刘中涛、张治、陈军、陈发智、李斌、蔡春元、马燕、潘存娟、蒋斌、刘金泉、闫怀梅、张永谦、孙玉斌、冯琬婷、王敏、马建、李洋、白勇、何建斌为成员。

2012年2~12月，县联社经营管理层以朱智岗为主任，陈志高、叶斌为副主任，姚继文、唐志艳、王程、陈发智、刘中涛、祁小娟、何玉刚、潘存娟、蒋斌、陈军、李斌、蔡春元、马燕、祁鹏、杨国锋、周洋、马利军、徐贵全、闫怀梅、张永谦、孙玉斌、姚雅洁、冯琬婷、马建、李洋、白勇、桂玉海、何建斌为成员。

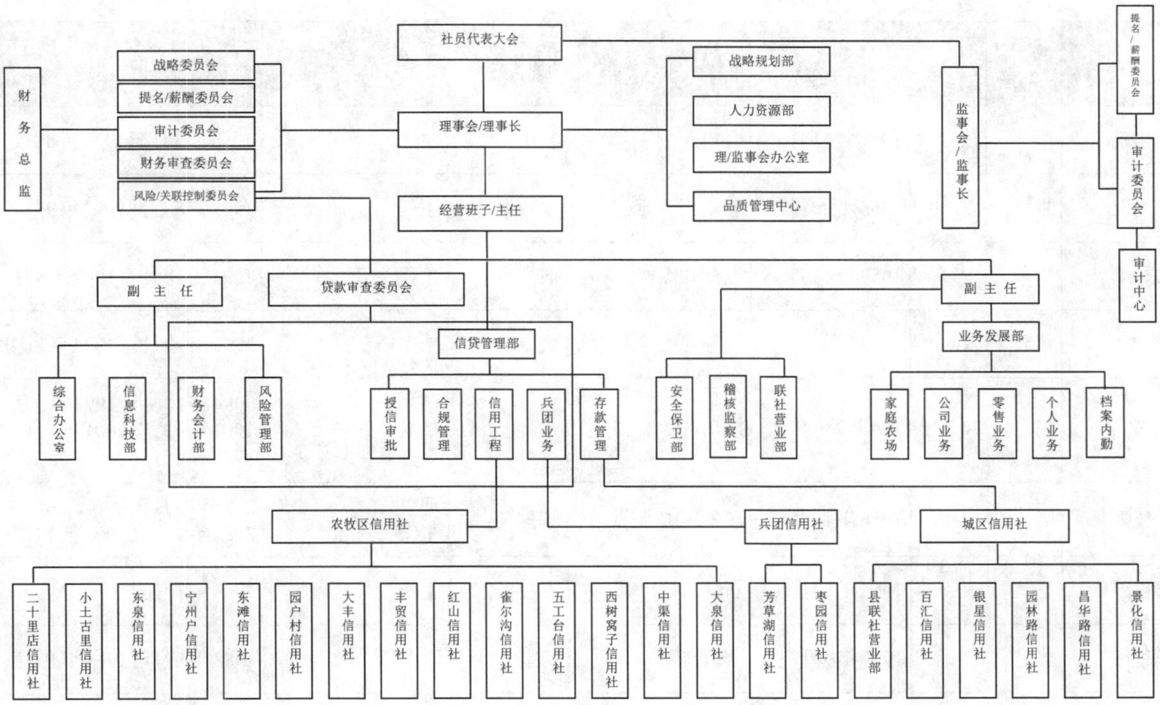

图2-1 2008年呼图壁县联社组织机构图

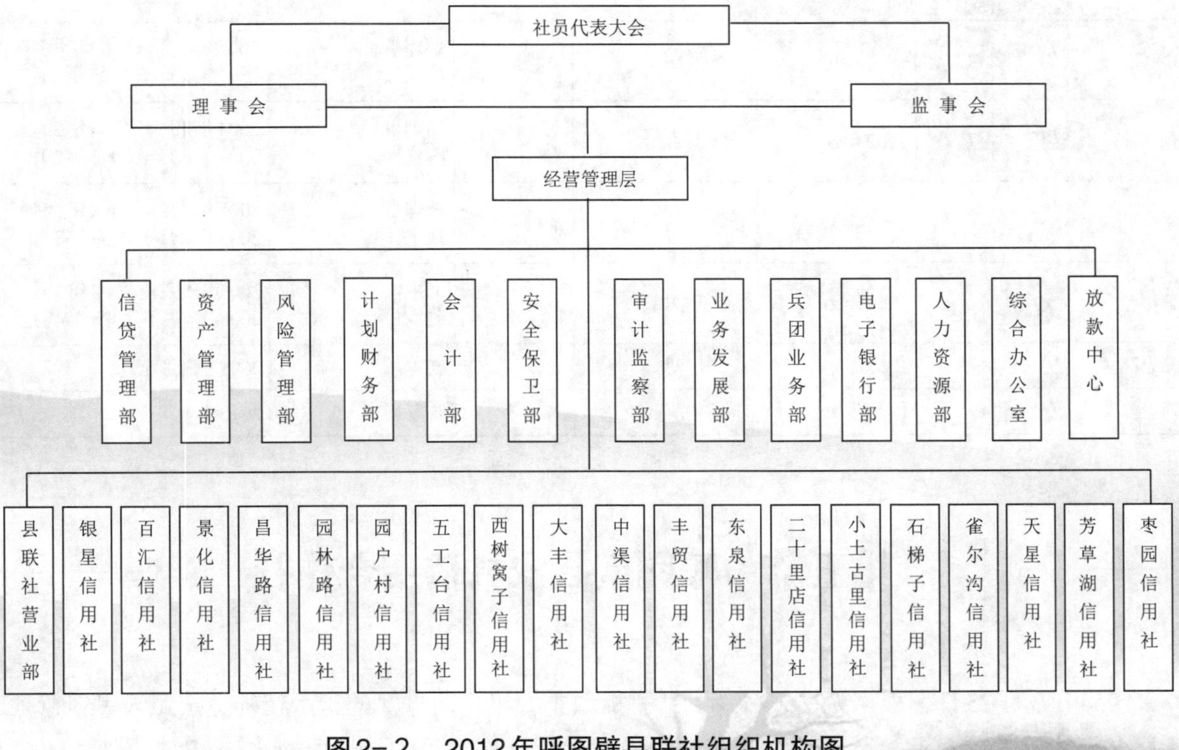

图2-2 2012年呼图壁县联社组织机构图

1988~2012年呼图壁县联合社（联社）历任正、副主任（理事长、副理事长）、监事长名表

表2-1

姓 名	性别	族别	出生年月	籍 贯	文化程度	职 务	任职时间
乔生福	男	汉	1941年11月	甘肃武威	初中	主任	1988年5月至1991年8月
狄光友	男	汉	1955年2月	新疆玛纳斯	研究生	主任	1991年8月至1993年9月
王炳剑	男	汉	1959年11月	新疆呼图壁	研究生	主任	1993年10月至1997年9月
刘 新	男	汉	1960年4月	新疆呼图壁	大专	副主任	1993年10月至1994年11月
王 钧	男	汉	1961年5月	新疆呼图壁	本科	副主任 理事长 主任	1994年10月至1997年9月 1997年9月至2001年4月 1997年9月至2001年4月
刘怀强	男	汉	1956年11月	新疆玛纳斯	本科	理事长 主任	2001年4月至 2001年4月至2008年3月
朱智岗	男	汉	1965年8月	新疆木垒	本科	主任	2008年3月至
王建甫	男	汉	1937年9月	河南南阳	初中	副主任	1988年5月至1993年10月
孙吉贤	男	汉	1939年8	新疆芳草湖	初中	第一副主任 副主任	1990年8月至1994年11月 1994年11月至1995年7月
来国珍	女	藏	1951年10	新疆呼图壁	中专	副主任	1995年7月至2001年4月
叶 斌	男	汉	1964年4	新疆呼图壁	本科	副理事长 副主任	2001年4月至2008年3月 2001年4月至
李 澍	男	汉	1964年9	江苏淮阴	本科	副理事长 副主任	2001年4月至2005年3月 2001年4月至2005年3月
张志豪	男	汉	1962年6	新疆昌吉	本科	副理事长 副主任	2004年4月至2008年2月 2004年4月至2008年2月
谢会同	男	汉	1964年12	新疆玛纳斯	本科	副理事长 副主任	2005年3月至2008年3月 2005年3月至2008年3月
王惠琴	女	汉	1969年2	新疆呼图壁	本科	副主任 监事长	2005年5月至2008年3月 2008年4月至2009年4月
陈志高	男	汉	1965年4	江苏建湖	大专	副主任	2008年3月至
刘 娟	女	汉	1973年7	新疆呼图壁	本科	监事长	2010年4月至

第五节 呼图壁县农村信用合作社

1954年3月25日，根据人民银行总行“积极慎重，稳步前进”的指示精神，按照人民银行呼图壁县支行的要求，在滑户乡试建全县第一个农村信用合作社，入社社员566人621股，股金863万元（旧人民币）。滑户乡陈光初级社副主任王所财兼滑户乡农村信用合作社主任和会计（当时信用社只有1人，既是主任又是会计，故称“一人社”）。年底，全县建成信用社7个。至1956年底，全县农村信用合作社发展到13个，其中园户村乡2个，即和庄、十三户农村信用合作社；二十里店乡2个，即小土古里、十四户农村信用合作社；五工台乡2个，即大泉、西树窝子农村信用合作社；大丰镇1个，即大丰农村信用合作社；雀尔沟镇4个，即一、二、三、四大队农村信用合作社；石梯子乡2个，即一、二大队农村信用合作社。共有社员6117人，股金1.44万元。

1957年，全县共有19个农村信用合作社，其中农区13个，牧区6个。农区由原来的7个增加到13个，即二十里店乡增设3个（东滩、头工、宁州户农村信用合作社），园户村乡1个（下三工农村信用合作社），五工台乡2个（五工台、红胜即乱山子农村信用合作社）。年底，全县农村信用合作社共有干部36人。

1958年，人民公社成立后，农村信用合作社下放给人民公社，改称信用部，并冠以公社名称。以生产大队为单位设立信用分部，全县共设21个，即十三户、下三工、上二工、和庄、东滩、宁州户、小土古里、头工、十四户、西树窝子、大泉、五工台、大丰、渭户、东湖、大东沟、西沟、雀尔沟和石梯子一、二、三、四大队农村信用分部。

1963年，改信用部为农村信用合作社。1965～1966年，全县21个农村信用合作社以人民公社为单位合并为6个大社，即跃进（二十里店）、红旗（五工台）、红星（园户村）、大丰、东方红（雀尔沟）、向阳（石梯子）农村信用合作社。

1969年，信用社移交贫下中农管理委员会领导。

1970～1972年，根据方便群众，便于监督的原则，又将全县6个大社划为24个小社，其中跃进（二十里店）5个，即红旗（东滩）、红星（宁州户）、红卫（小土古里）、红胜（头工）、红光（十四户）农村信用合作社；红星（园户村）4个，即向阳（上二工）、胜利（下三工）、先锋（十三户）、东方红（和庄）农村信用合作社；红旗（五工台）4个，即共青团（五工台）、永红（西树窝子）、红湖（大泉）、红胜（乱山子）农村信用合作社；大丰3个，即永丰（十八户）、解放（高桥）、五星（大土古里）农村信用合作社；东方红（雀尔沟）5个，即井冈山（一大队）、韶山（二大队）、红山（三大队）、庐山（四大队）、金山（五大队）农村信用合作社；向阳（石梯子）3个，即向东（阿苇滩）、永红（一大队）、先进（二大队）农村信用合作社。

1973年5月，取消贫下中农管理信用社，各生产大队的信用分社全部撤并到人民公社的信用社，由人民公社和人民银行呼图壁县支行营业所双重领导。

1979年，在农区恢复大社，牧区仍为小社，全县共有12个独立核算的农村信用合作社。

1980年1月1日，农业银行呼图壁县支行第三次成立后，人民公社信用社全部划归农业银行呼图壁县支行领导。

1985年，全县有26个农村信用合作社，其中独立核算的信用社12个，即二十里店乡、园户村乡、五工台乡、大丰镇、雀尔沟镇一、二、三、四、五大队、石梯子乡一、二大队、阿苇滩信用社。是年，全县信用社有社员7100户，占全县农户总数的58.32%，股金达8.12万元。有员工50人，其中固定职工38人，合同制职工11人，代办员1人。

1988年，全县有28个农村信用合作社，其中独立核算的信用社9个，即二十里店、园户村、五工台、大丰、雀尔沟、向东（阿苇滩）、石梯子一、二大队信用社、县联合社营业部。非独立核算的信用分社19个，即小土古里、十四户、头工、东滩、宁州户、和庄、十三户、下三工、上二工、园户村饭店、大泉、西树窝子、五工台、乱山子、雀尔沟一、二、三、四、五大队信用分社。

第六节　呼图壁县农村信用合作社联合社（联社）

一、机构沿革

呼图壁县农村信用合作社联合社于1988年5月8日成立，办事机构设在农业银行呼图壁县支行信用合作股，受农业银行呼图壁县支行领导。联合社主任由农业银行呼图壁县支行行长乔生福兼任，副主任由农业银行呼图壁县支行信合股股长王建甫兼任，并负责全面工作。下设联合社营业部对外营业、服务，并对乡镇9个独立核算的农村信用合作社、19个非独立核算的信用分社进行管理。

1991年8月，县联合社主任由农业银行呼图壁县支行行长狄光友兼任，孙吉贤为第一副主任，王建甫为副主任。

1993年10月，县联合社主任由农业银行呼图壁县支行行长王炳剑兼任，孙吉贤任副主任。

1994年5月3日，县联合社经批复成立9个信用分社。是年10月，由王钧任联合社副主任，并负责全面工作。

1995年4月19日，县联合社经批复成立石梯子乡信用社及8个信用分社，联合社及营业部搬迁至东风大街61号，呼图壁县园户村信用社搬迁至五金公司西市商场。是年7月，由来国珍任联合社副主任。

1996年10月15日，东风路市场储蓄所变更为园户村信用社市场分社。

1996年11月19日，县联合社与农业银行呼图壁县支行正式脱钩，行政、业务直属人民银行呼图壁县支行农信办领导。经昌吉州农金体改办批准，免去王炳剑县联合社主任职务，王钧任联合社主任，来国珍任副主任。内设一室两股，即办公室、综合业务股、监察稽核股。有独立核算信用社9个、营业机构32个、员工135人。

1997年8月20日，县联合社召开理事会、监事会，选举王钧为理事长，王万清为监事长。成立经济民警小队，负责金库和运钞车的安全保卫工作。

1998年6月12日，县联合社综合业务股更名为综合业务科、监察稽核股更名为监察稽核科。

2000年1月，县联合社增设资产保全部。

2001年4月16日，县联合社新一届理事会、监事会成立。选举刘怀强为理事长，叶斌、李澍为副理事长，王万清为监事长。刘怀强兼联合社主任，叶斌、李澍兼联合社副主任。

2002年1月，县联合社增设财务信息科，监察稽核科更名为稽核监察科。内设一室一部三科，即办公室、资产保全部、综合业务科、稽核监察科、财务信息科。有24个营业机构，其中独立核算机构16个。是年3月14日，监事会选举柳茂军为监事长。

2004年4月22日，县联合社理事会选举张志豪为副理事长，并兼任县联合社副主任。

2005年3月26日，县联合社理事会选举谢会同为副理事长，并兼任县联合社副主任。

2006年12月22日，县联合社统一法人，实行统一核算、分级管理、授权经营。县联合社更名为呼图壁县农村信用合作联社，刘怀强为法定代表人，直属自治区联社领导。乡镇农村信用合作社随之更名为呼图壁县农村信用合作联社某某信用社。如原呼图壁县二十里店农村信用合作社更名为呼图壁县农村信用合作联社二十里店信用社。通过一级法人改革，激活经营发展潜力，增强发展后劲和抗风险能力，进一步完善“三会一层”管理体制，按照“三会分设、三权分立、有效制约、协调发展”的原则，建立决策、执行、监督的法人治理体系。召开社员代表大会，选举产生新一届理事会、监事会，刘怀强为县联社理事长兼主任，叶斌、谢会同、张志豪为副理事长兼副主任，王惠琴为副主任，柳茂军为监事长，组成联社经营管理层。并进行业务管理分工，主任刘怀强主持全面并分管人事工作；副主任叶斌分管业务拓展、信贷及党务工作；副主任谢会同分管会计、财务、行政后勤及工会工作；副主任张志豪分管资产保全及安全保卫工作；副主任王惠琴分管稽核监察及科技信息工作。内设六部一室，即行政办公室、会计统计部、业务发展部、资产保全部、保卫部、科技信息部、稽核监察部。乡镇信用社不再是独立法人，隶属于县联社统一领导。有22个基层营业网点，员工184人。

2008年1月，县联社党委成立，由自治区联社党委领导，经自治区党委决定任刘怀强为县联社党委书记，推荐朱智岗为党委委员兼主任，王惠琴、叶斌、陈志高为党委委员兼副主任。县联社召开理事会、监事会选举刘怀强为理事长，王惠琴为监事长。理事会聘任朱智岗为县联社主任，叶斌、陈志高为副主任。

2009年1月，县联社增设人力资源部、信贷管理部，科技信息部与财务信息部合并为财务信息部。完善管理体制，规范业务操作规程，发挥决策、执行、监督的职能作用，并对领导班子进行明确分工。理事长主持县联社全盘及职工思想教育、人事、宣传工作。主任朱智岗分管县联社业务经营及财审委员会2000元至20000元大额费用审批工作。监事长王惠琴分管审计监察、工青妇工作。副主任叶斌分管财务会计、风险资产管理及2000元以下费用审批工作。副主任陈志高分管业务发展部、综合办公室、监察保卫部工作。

2010年4月16日，县联社根据自治区联社的推荐，召开社员代表大会、理事会、监事会。选举刘怀强为理事长，刘娟为监事长。增设信用卡中心。监察保卫部更名为安全保卫部。

2011年5月，县联社从风险防控原则出发，加强信贷资金支付管理，设立放款中心，负责人桂玉海。放款中心的职能是负责审核各项贷款放款的前提条件、贷款资金用途是否与合同用途相符，用途交易背景及相关凭证、资料是否真实，符合合同约定条件，进一步强化贷款风险防控能力。是年8月2日，财务信息部更名为计划财务部，信用卡中心更名为信用卡业务管理部。

2012年年底，县联社有内设机构13个、基层机构20个，员工264人，其中在岗204人，劳务派遣41人，退休19人。

二、内设机构

（一）信贷管理部

其前身为综合业务股，成立于1997年1月23日，有员工3人，其中股长、副股长、科员各1人。1998年6月12日，更名为综合业务科，有员工5人，其中科长、副科长各1人，科员3人。2002年，有员工2人，其中科长、科员各1人。2005年，综合业务科更名为业务发展部。2009年更名为信贷管理部，有员工5人，其中经理1人，科员4人。2012年，有员工6人，其中总经理1人，科员5人。历任科长、经理、总经理为叶寿林、李财寿、何玉刚、蒋斌。

（二）资产管理部

其前身为资产风险管理部，成立于2000年1月，有员工4人，其中经理1人，科员3人。2012年3月20日，资产风险管理部分设为资产管理部和风险管理部。2002~2012年，有员工均为5人，其中经理1人，科员4人。历任经理为宋巨森、李彦清、王智、杨国锋、何建斌、姚继文。

（三）风险管理部

其前身为资产风险管理部，成立于2000年1月，有员工4人，其中经理1人，科员3人。2012年3月20日，资产风险管理部分设为资产管理部和风险管理部。是年，风险管理部有员工4人，其中总经理1人，科员3人。何建斌为总经理。

（四）计划财务部

其前身为财务信息科，成立于2002年1月，2009年1月1日，科技信息部与财务信息部合并为财务信息部，2012年1月4日，由财务信息部分设为计划财务部和会计统计部。有员工4人，其中总经理1人，科员3人。姚雅洁为总经理。

（五）会计部

其前身为财务信息科，成立于2002年1月，有员工6人，其中科长、副科长各1人，科员4人。2009年1月1日，科技信息部与财务信息部合并为财务信息部。2012年1月4日，由财务信息部分设为计划财务部和会计统计部。2012年2月2日，会计统计更名为会计部，有员工4人，其中经理1人，科员3人，历任科长、经理为刘娟、黄卫民、潘存娟、冯琬婷。

（六）安全保卫部

成立于1996年11月19日，时称监察稽核股，有员工2人，其中股长和股员各1人。1997年8月31日，成立信用社经济民警小队，由4人组成，余文德为队长兼调款员。1998年6月12日，更名为监察稽核科。有员工4人，其中科长1人，科员3人。2001年1月10日，监察稽核科更名为稽核保卫科，有员工7人，其中科长1人，科员6人。2002年1月23日，设立安全保卫科。2010年4月16日，改为安全保卫部。2012年，有员工5人，其中总经理1人，科员4人。历任队长、科长、经理为余文德、王钧、来国珍、李财寿、王万清、刘炳江、柳茂军、魏东、陈江、狄光军、徐贵全等。

（七）审计监察部

成立于1996年11月19日，时称监察稽核股，有员工2人，其中股长和股员各1人。1998年6月12日，更名为监察稽核科。有员工4人，其中科长1人，科员3人。2001年1月10日，监察稽核科更名为稽核保卫科，有员工7人，其中科长1人，科员6人。2002年更名为稽核监察科。2003年1月，稽核监察科更名为审计监察科。2004年更名为审计监察部。2005年2月16日，审计监察部更名为稽核监察部，有员工4人，其中科长1人，科员3人。2008年，改为审计监察部，有员工4人，其中经理1人，科员3人。2012年，有员工11人，其中副总经理1人，科员10人。历任股长、科长、经理、副经理、副总经理为王万清、李财寿、王惠琴、马燕、潘存娟、祁小娟、冯琬婷、王智、何建斌、王玉梅。

（八）业务发展部

成立于2009年1月，有员工13人，其中经理、副经理各1人，科员11人。2012年，有员工14人，其中经理、副经理各1人，科员12人。历任经理为李财寿、蒋斌、陈军。

（九）兵团业务部

成立于2012年1月，有员工4人，其中总经理、副总经理各1人，客户经理1人，驻场员1人。

总经理为蔡春元，副总经理为陈晓军。

（十）电子银行部

成立于2006年12月，时称科技信息部，有员工2人，其中副经理（主持工作）1人，科员1人。2008年3月，更名为信用卡科技管理部，有员工3人，其中经理1人，科员2人。2012年11月16日，更名为电子银行部，有员工4人，其中经理1人，科员3人。历任副经理、经理为黄卫民、马文江。

（十一）人力资源部

成立于2009年1月，有员工3人，其中总经理1人，科员2人，直至2012年。总经理为张闫。

（十二）综合办公室

成立于1996年5月29日。有员工2人，其中收发、司机各1人。1998年，有员工5人，其中副主任、秘书、收发各1人，司机2人。2002年，有员工6人，其中主任、秘书、收发各1人，司机3人。2008年，有员工8人，其中主任、副主任、主任助理、秘书各1人，司机4人。2012年，有员工9人，其中主任、副主任各1人、秘书2人、收发1人，司机4人。历任主任为来国珍、张闫、柳茂军。

（十三）放款中心

成立于2011年5月，有员工2人，其中负责人、科员各1人。2012年，有员工2人，其中负责人、科员各1人。2011~2012年，负责人为桂玉海、付静。

三、下属机构

县联合社（联社）时期，下属机构只有一个，即县联合社（联社）营业部，位于呼图壁县城东风大街61号，成立于1988年6月。1988年，有员工3人，其中兼职主任1人，员工2人。1994年，有员工4人，其中主任1人，员工3人。1998年，有员工5人，其中主任1人，员工4人。2007年，有员工8人，其中主任1人，员工7人。2012年，有员工8人，其中主任1人，员工7人。历任主任、副主任为王建甫、来国珍、石金山、刘晓进、王智、陈军、刘娟、祁小娟。

县联社营业部员工合影

第七节 基层信用社

一、二十里店信用社

位于呼图壁县二十里店镇政府东侧100米处。成立于1966年9月，时称跃进信用社，1980年改称二十里店信用社。1985年，有员工12人。1995年，有员工22人。2005年，有员工19人。2012年，有员工9人。历任主任、副主任为杨金林、叶生虎、叶寿林、李澍、宋巨森、姚继文、何建斌、祁鹏、王程。

二、小土古里信用社

位于呼图壁县二十里店镇小土古里村。成立于1955年，有员工1人。2006年前，为二十里店信用社小土古里分社；2006年后，为县联社小土古里信用社。1985年，有员工2人。1995年，有员工4人，其中分社负责人1人，员工3人。2005年，有员工5人，其中分社负责人1人，员工4人。2012年，有员工6人，其中主任1人，员工5人。1959~2012年，历任负责人、主任为杨金林、叶生虎、叶寿林、周新袁、贺寺军、李玉清、孙玉斌、张永谦。

小土古里信用社员工合影

三、东泉信用社

位于呼图壁种牛场场部。其前身为头工信用社，成立于1957年，有员工1人。2007年9月28日由头工林场搬至种牛场，并更名为东泉信用社。1989年，有员工2人，其中负责人、员工各1人。1997年，有员工3人，其中负责人1人，员工2人。2006年，有员工4人，其中主任1人，员工3人。2012年,有员工8人，其中主任1人，员工7人。历任负责人、主任为闫长凤、聂生财、李生珍、陈发斌、祁鹏、杨斌、杨国锋。

四、园户村信用社

位于呼图壁县城西市南路路口。成立于1966年9月，有员工5人，其中主任1人，员工4人。1980年，有员工8人，其中副主任1人，员工7人。1998年，有员工20人（含7个分社)，其中主任1人，员工19人。2002年，有员工13人，其中副主任1人，员工12人。2008年，有员工17人，其中主任1人，员工16人。2012年，有员工10人，其中主任1人，员工9人。历任负责

园户村信用社员工合影

人、副主任、主任为杨福、张春山、石金山、来国珍、王万清、柳茂军、唐志艳、姚继文、王程、祁鹏。

五、昌华路信用社

位于呼图壁县城昌华路32号。其前身为园户村信用社饭店分社，成立于1987年。1999年1月1日，搬至昌华路信用社家属楼下营业大厅内，更名为园户村信用社昌华路信用分社。1987年，有员工2人，其中负责人、员工各1人。1999年，有员工5人，其中负责人1人，员工4人。2006年，有员工7人，其中主任1人，员工6人。2012年，有员工7人，其中主任1人，员工6人。历任负责人、主任为李北昌、张立、赵永林、唐志艳、祁鹏、马燕、潘存娟。

六、景化信用社

位于呼图壁县S201省道财政局一楼。其前身为银星信用社东风路分社，成立于1993年。2005年7月19日搬至原农业银行大桥分理处，更名为银星信用社大桥分社。2008年3月5日搬至县粮食局对面联通公司楼下，更名为呼图壁县农村信用合作联社景化信用社。2010年1月搬至县财政局新楼下。1993年，有员工3人，其中负责人1人，员工2人。2005年，有员工5人，其中负责人1人，员工4人。2008年，有员工4人，其中主任1人，员工3人。2010年，有员工5人，其中主任1人，员工4人。2012年，有员工6人，其中主任1人，员工5人。历任负责人、主任为赵建林、齐验兵、马利军、蔡春元、闫怀梅、王敏。

七、五工台信用社

位于呼图壁县五工台镇82公里处，成立于1966年9月。1966年，有员工4人，其中负责人1人，员工3人。1980年，有员工7人，其中负责人1人，员工6人。1990年，有员工16人（含5个分社），其中副主任1人，员工15人。2002年，有员工8人，其中副主任1人，员工7人。2012年，有员工9人，其中主任1人，员工8人。历任负责人、副主任、主任为张春山、余富贵、李彦清、姚继文、何建斌、王程、唐志艳、桂玉海。

五工台信用社员工合影

八、中渠信用社

位于呼图壁县五工台镇中渠村。其前身为红胜（乱山子）信用社，成立于1970年。1994年5月3日更名为中渠信用社。1970年，有员工1人。1990年，有员工4人，其中负责人1人，员工3人。2002年，有员工5人，其中负责人1人，员工4人。2006年，有员工5人，其中主任1人，员工4人。2012年，有员工6人，其中主任1人，员工5人。历任负责人、主任为何建国、刘新、何伟、柳茂军、李彦清、马世清、何建斌、刘金泉、李玉清、孙玉斌。

九、西树窝子信用社

位于呼图壁县五工台镇西树窝子村二组，成立于1955年年底。1955年，有员工1人。1985年，有员工2人，其中负责人、员工各1人。2000年，有员工3人，其中负责人1人，员工2人。2005年，有员工5人，其中负责人1人，员工4人。2012年，有员工6人，其中主任1人，员工5人。历任负责人、主任为寇秀英、来国荣、张福寿、来国珍、李澍、白新元、徐贵全、吴翔、周洋、白勇。

十、大丰信用社

位于呼图壁县大丰镇新丰街，成立于1955年底。1955年底，有员工1人。1962年，有员工2人，其中副主任、员工各1人。1972年，有员工3人，其中副主任1人，员工2人。1978年，有员工4人，其中副主任1人，员工3人。1986年，有员工6人，其中主任1人，员工5人。1997年，有员工24人（含7个分社），其中主任、副主任各1人，员工22人。2002年，有员工13人，其中主任、副主任各1人，员工11人。2012年，有员工10人，其中主任1人，员工9人。历任负责人、主任、副主任为闫克武、王振荣、田吉新、王传忠、甘润枝、王程、唐志艳、姚继文、陈发智。

大丰信用社

十一、丰贸信用社

位于呼图壁县大丰镇农贸市场旁。其前身为市场分社，成立于1993年，2007年更名为丰贸信用社。1993年，有员工2人，其中负责人、员工各1人。1997年，有员工3人，其中负责人1人，员工2人。2008年，有员工5人，其中主任1人，员工4人。2012年，有员工7人，其中主任1人，员工6人。历任负责人、主任为刘玉海、陈晓军、刘金泉、王舞龙、王国军、马利军。

十二、雀尔沟信用社

位于呼图壁县雀尔沟镇。其前身为雀尔沟镇一、二、三、四大队信用社，成立于1955年年底。1988年5月17日，合并为雀尔沟信用社。1955年，有员工4人，即一、二、三、四大队信用社各1人。1988年，有员工4人，其中主任1人，员工3人。1997年，有员工9人，其中副主任1人，员工8人。2002年，有员工5人，其中主任1人，员工4人。2012年，有员工6人，其中主任1人，员工5人。历任主任、副主

雀尔沟信用社员工合影

任为帕塔克·库力汗、吐孜阿洪·木那甫、哈布哈尼·吐尔甫别克、托克西·举尔提拜、木合买提·哈南、徐贵全、周洋、马建。

十三、银星信用社

位于呼图壁县城东风大街41号。其前身为银星城市信用社，成立于1992年7月2日。2001年12月21日，归并县联社，并开始启用新的行政公章和业务公章。1992年，有员工6人，其中主任1人，员工5人。1995年，有员工28人（含银星信用社银星公司、东风路及呼芳路分社），其中主任、副主任各1人，员工26人。2002年，有员工20人（含东风路、呼芳路分社），其中主任1人，员工19人。2012年，有员工8人，其中主任1人，员工7人。历任主任、副主任为何伟、潘存新、李澍、狄光军、邓辉、陈发智、马燕。

十四、石梯子信用社

位于呼图壁县石梯子乡政府办公楼一楼。其前身为石梯子乡一、二大队信用社，成立于1955年年底。1966年，合并为向阳（石梯子）信用社。1972年，向阳（石梯子）信用社分为2个信用社，即永红（一大队）、先进（二大队）信用社。1995年4月，合并阿苇滩、石梯子一、二大队信用社为石梯子信用社。2004年底撤销石梯子信用社。2009年11月26日，东滩信用社由二十里店镇东滩村搬至石梯子更名为石梯子信用社。1955年，有员工2人，即石梯子乡一、二大队信用社各1人（称一人社）。1966年，有员工2人，其中负责人、员工各1人。1995年，有员工3人，其中负责人1人，员工2人。2009年，有员工5人，其中副主任1人，员工4人。2012年，有员工6人，其中主任1人，员工5人。历任负责人、主任、副主任为热斯别克·吐尔热汗、结克山巴依·吾力买赛克、余文德、陈家才、刘中涛。

石梯子信用社员工合影

十五、芳草湖信用社

位于呼图壁县芳草湖农场转盘路7号，成立于2006年4月26日。2006年，有员工6人，其中副主任1人，员工5人。2012年，有员工12人，其中主任、副主任各1人，员工10人。历任主任、副主任为何玉刚、马利军、蔡春元。

芳草湖信用社员工合影

十六、枣园信用社

位于新疆兵团第六师一〇五团部枣园路。其前身为县联社石门子信用社，于2008年7月22日由雀尔沟石门子搬至一〇五团团部更名为枣园信用社。2008年，有员工4人，其中副主任1人，员工3人。2012年，有员工7人，其中主任1人，员工6人。历任主任为张治、李斌。

枣园信用社员工合影

十七、天星信用社

位于呼图壁县芳草湖天星东路明惠购物中心一楼。成立于2012年10月24日，有员工4人，其中主任1人，员工3人，李洋为主任。

十八、园林路信用社

位于呼图壁县城东风大街145号。其前身为县建行营业部，成立于2004年9月13日。2004年建行撤并到县联社。2004年，有员工10人，其中负责人1人，员工9人。2010年，有员工7人，其中主任1人，员工6人。2012年，有员工8人，其中主任1人，员工7人。历任负责人、主任为陈军、王敏、蒋斌、闫怀梅。

园林路信用社员工合影

十九、百汇信用社

位于呼图壁县城东风大街54号鸿新百汇一楼。其前身为县联社市场营业部，成立于1988年6月，1994年搬至现址。1988年，有员工3人，其中兼职主任1人，员工2人。1994年，有员工4人，其中主任1人，员工3人。1998年，有员工5人，其中主任1人，员工4人。2002年，有员工6人，其中副主任1人，员工5人。2012年，有员工11人，其中主任1人，员工10人。历任主任、副主任为王建甫、来国珍、石金山、叶斌、王艳、蒋斌、李斌、张治。

第八节 临时机构

2000年，县联合社实行“三权分设”，形成的经营管理机构。经营管理层对理事会负责，在理事会的授权范围内管理经营业务，实行理事会领导下的主任负责制。按理事会授权，经营管理层根据业务管理需要，成立贷款审查委员会、财务审查委员会、风险管理委员会、审计委员会、集中采购委员会、资金运作委员会、薪酬委员会和不良贷款清收领导小组。

一、贷款审查委员会

2002年8月30日成立，刘怀强任主任委员，叶斌、李澍为副主任委员，李财寿、叶寿林为委员。

2005年3月1日，刘怀强任主任委员，叶斌为副主任委员，李财寿、李彦清、刘娟、叶寿林、卢建全为委员。

2007年9月6日，刘怀强任主任委员，叶斌为副主任委员，李财寿、王智、祁小娟、叶寿林、卢建全为委员。

2008年5月27日，刘怀强任主任委员，朱智岗为副主任委员，叶斌、陈志高、刘娟、叶寿林、王敏为委员。

2009年5月19日，刘怀强任主任委员，朱智岗为副主任委员，叶斌、陈志高、叶寿林、潘存娟、王智、何玉刚为委员。

2010年11月17日，朱智岗任主任委员，陈志高为副主任委员，叶斌、潘存娟、何建斌、蒋斌、叶寿林为委员。

2012年2月3日，朱智岗任主任委员，叶斌为副主任委员，陈志高、何建斌、姚雅洁、蒋斌、陈军为委员。

二、财务审查委员会

2002年8月30日成立，刘怀强任主任委员，叶斌、李澍为副主任委员，刘娟、张闫为委员。

2005年4月1日，刘怀强任主任委员，叶斌、谢会同、刘娟、张闫为委员。

2008年5月27日，刘怀强任主任委员，朱智岗为副主任委员，叶斌、陈志高、张闫、刘娟、马燕为委员。

2009年5月19日，朱智岗任主任委员，刘怀强为副主任委员，叶斌、陈志高、柳茂军、潘存娟、何建斌为委员。

2010年11月17日，朱智岗任主任委员，刘怀强为副主任委员，叶斌、陈志高、柳茂军、潘存娟、何建斌为委员。

2012年2月3日，朱智岗任主任委员，刘怀强为副主任委员，叶斌、陈志高、何建斌、姚雅洁、冯琬婷、王玉梅、柳茂军为委员。

三、风险管理委员会

2001年4月成立，刘怀强任主任委员，李澍为副主任委员，叶寿林、李财寿、王万清为委员。

2004年6月10日，刘怀强任主任委员，李澍为副主任委员，王惠琴、李财寿、刘娟为委员。

2005年10月21日，刘怀强任主任委员，叶斌为副主任委员，王惠琴、刘娟、李彦清、李财寿、叶寿林为委员。

2006年6月2日，刘怀强任主任委员，叶斌、张志豪为副主任委员，李财寿、李彦清、刘娟、马燕为委员。

2008年6月18日，朱智岗任主任委员，叶斌、陈志高为副主任委员，王智、马燕、何玉刚、刘娟为委员。

2009年5月19日，刘怀强任主任委员，朱智岗为副主任委员，叶斌、陈志高、王智、何建斌、何玉刚、潘存娟、狄光军为委员。

2010年11月17日，刘怀强任主任委员，朱智岗为副主任委员，叶斌、陈志高、王智、何建斌、叶寿林、张闫、狄光军为委员。

2012年2月3日，刘怀强任主任委员，朱智岗为副主任委员，叶斌、陈志高、何建斌、叶寿林、马文江、姚雅洁、王玉梅为委员。

四、审计委员会

2006年12月成立，刘怀强任主任委员，王惠琴为副主任委员，刘娟、黄卫民、马燕为委员。

2007年4月13日，王惠琴任主任委员，何建斌、何玉刚、王智、刘娟为委员。

2009年10月5日，刘怀强任主任委员，柯永福、罗文辉、何建斌、狄光军为委员。

2012年2月7日，刘怀强任主任委员，朱智岗、刘娟为副主任委员，陈志高、叶斌、何建斌、唐志艳、王玉梅为委员。

五、集中采购委员会

2006年1月成立，刘怀强任主任委员，谢会同、王惠琴为副主任委员，张闫、黄卫民为委员。

2007年4月13日，刘怀强任主任委员，叶斌、谢会同、张志豪、王惠琴为副主任委员，刘娟、柳茂军为委员。

2008年3月，朱智岗任主任委员，叶斌、陈志高为副主任委员，刘娟、柳茂军等4人为委员。

2009年5月19日，朱智岗任主任委员，叶斌、陈志高、张闫、潘存娟为委员。

2010年11月17日，朱智岗任主任委员，刘娟为副主任委员，叶斌、陈志高、张闫、潘存娟、冯琬婷为委员。

2012年2月3日，朱智岗任主任委员，陈志高、叶斌为副主任委员，何建斌、柳茂军、姚雅洁、马文江为委员。

六、资金运作委员会

2001年4月成立，刘怀强任主任委员，叶斌为副主任委员，李澍、叶寿林、来国珍为委员。

2002年1月，刘怀强任主任委员，叶斌为副主任委员，李澍、李财寿、叶寿林为委员。

2005年3月，刘怀强任主任委员，叶斌为副主任委员，李财寿、刘娟、王惠琴为委员。

2010年11月17日，刘怀强任主任委员，朱智岗为副主任委员，陈志高、叶斌、刘娟、潘存娟、何玉刚、祁小娟为委员。

2012年2月3日，刘怀强任主任委员，朱智岗为副主任委员，陈志高、叶斌、蒋斌、姚雅洁、冯琬婷为委员。

七、薪酬委员会

2009年3月3日成立，刘怀强任主任委员，朱智岗、叶斌为副主任委员，王惠琴、张闫、何建斌、潘存娟为委员。

2009年10月5日，刘怀强任主任委员，朱智岗、叶斌、陈志高、李贵泉、贺云龙、潘存娟、张闫、柳茂军为委员。

2012年4月17日，刘怀强任主任委员，朱智岗、刘娟、陈志高、叶斌为副主任委员，张闫、柳茂军、姚雅洁、冯琬婷、蒋斌、陈军、何建斌、姚继文、王玉梅、马文江为委员。

八、不良贷款清收领导小组

2002年1月成立，刘怀强任组长，叶斌为副组长，李财寿、宋巨森、李彦清、张建军为成员。

2003年5月29日，刘怀强任组长，叶斌、李财寿为副组长，李彦清、张建军等10人为成员。

2004年6月10日，刘怀强任组长，张志豪、叶斌为副组长，李彦清、李财寿等5人为成员。

2006年11月15日，刘怀强任组长，张志豪、叶斌为副组长，李彦清、李财寿、张建军、马燕为成员。

2008年3月，朱智岗任组长，叶斌、陈志高、刘娟、何建斌等8人为成员。

2009年1月，刘怀强任组长，朱智岗为副组长，叶斌、陈志高、何建斌、王智、潘存娟等8人为成员。

2010年6月，刘怀强任组长，刘娟为副组长，叶斌、陈志高、柳茂军、何建斌、何玉刚、王智、潘存娟等9人为成员。

2012年4月27日，刘怀强任组长，朱智岗、刘娟、陈志高、叶斌为副组长，何建斌、柳茂军、蒋斌、陈军、马文江等30人为成员。

第九节 城市信用社

位于呼图壁县城东风大街41号，原人民商场西侧，曙光商场对面。1992年7月2日，呼图壁县银星城市信用社（今呼图壁县农村信用合作联社银星农村信用社）成立。有员工6人，何伟任主任。

1993年6月，由呼图壁军医学校军需服务部搬至呼图壁县石油公司楼下。1995年8月，由石油公司楼下搬至东风大街41号，同时成立东风路、呼芳路2个分社。赵建林、王娟分别为东风路、呼芳路分社负责人。业务归人民银行呼图壁县支行管理。

2001年10月18日，呼图壁县银星城市信用社归并县联社统一管理，同时更名为呼图壁县农村信用合作社联合社银星农村信用合作社（简称银星信用社）。2002年，有员工20人，李澍为主任。

2002年2月7日，撤销呼图壁县农村信用合作联社银星农村信用社呼芳路分社，业务并入银星信用社，有员工20人，狄光军为主任。

2007年2月15日，呼图壁县农村信用合作联社银星农村信用合作社更名为呼图壁县农村信用合作联社银星信用社。

2008年，有员工16人，邓辉为主任。

2009年，有员工8人，陈发智为主任。

2012年，有员工8人，马燕为主任。

第三章 体制改革

1954年3月25日，呼图壁县第一个信用社渭户乡农村信用合作社成立迄今已近60年。60年来，呼图壁县农村信用合作社的体制改革大致经历五个阶段三个历史时期。第一阶段，1954~1957年人民银行呼图壁县支行领导阶段；第二阶段，1958~1978年严重受挫阶段；第三阶段，1979~1996年农业银行呼图壁县支行代管阶段；第四阶段，1996~2006年与农业银行脱钩，人民银行呼图壁县支行托管阶段；第五阶段，2006年后划归自治区联社领导，管理体制步入新常态阶段。三个历史时期，即乡镇信用社、县联合社、县联社体制改革时期。农村信用社的性质从合作制改为官办，又从官办恢复至合作制。其间，农村信用社数度下放至人民公社交由“贫管会”（贫下中农管理委员会）管理，又数度由农业银行、人民银行呼图壁县支行托管或监管。

1996年11月19日，县联合社与农业银行呼图壁县支行脱离行政隶属关系，逐步恢复其独立经营、自负盈亏的合作制的农村金融组织性质，但一个由二级法人管理的农村信用合作金融组织性质始终未能改变。2006年12月22日，呼图壁县农村信用合作联社成立，县联社及乡镇信用社实行“统一法人，统一核算，分级管理，授权经营”的管理体制，取消乡镇信用社的独立法人资格，县联社划归自治区联社领导。至此，县农村信用社的体制改革才取得实质性成效。至2012年，县联社法人管理体制进一步完善，内控制度进一步健全，风险抵御能力大幅提高，在自治区联社领导下，县联社经营管理合规合法，信合事业进入健康快速发展轨道。

第一节 乡镇信用社体制改革

呼图壁县乡镇信用社体制改革大致分为三个阶段。

第一阶段，1954~1957年人民银行呼图壁县支行领导时期。1951年5月，全国农村金融工作会议召开后，本着“重点试办、创造经验、推动全面”的工作方针，呼图壁县农村信用合作社便应运而生。1954年3月25日，呼图壁县第一个农村信用合作社渭户乡（今兵团第六师芳草湖农场六分场）农村信用合作社成立。至1955年底，全县共建信用社13个，入社社员6117人，股金1.44万元。此时正值新中国成立初期，生产力低下，百废待兴。信用社由人民银行呼图壁县支行领导，资本由农民入股，干部由社员选举，通过信贷业务为农民的生产生活服务，虽然规模较小，管理水平不高，但在恢复农业生产、帮助农民解决生产生活上的困难、打击农村高利贷盘剥、发展县域农村经济方面发挥积极作用。农村信用社的性质为合作制的集体所有制金融组织，是全县实行资金互助、扶持农业生产的一支重要金融力量。

1956~1957年，全县进行撤区并乡。随着行政区域的变更，1957年全县有信用社19个（农区13个，牧区6个）。在隶属关系上，行政归乡镇党委、人民政府领导，业务归人民银行呼图壁县支行领导。1954年至1957年4月受农业银行呼图壁县支行指导。

第二阶段，1958~1978年严重受挫时期。1958~1962年人民公社化后，信用社改为信用部，并冠以公社名称，属人民公社领导，是人民公社的组成部分。1958年，以人民公社生产大队为单位设立信用分部，全县共设21个，股金3.79万元。

1963~1965年，各公社信用部恢复信用社名称受农业银行呼图壁县支行领导。1965年10月农业银行呼图壁县支行撤并后，至1968年，各公社信用社又划归人民银行呼图壁县支行领导。

1969~1973年，为响应毛泽东主席的号召，各公社信用社移交贫下中农管理委员会领导。人权、财权和资金调动权概属贫管会领导，信用社领导层形同虚设，没有自主权。1969年，根据人民银行总行关于信用社体制改革的精神，信用社的干部职工由脱产改为不脱产，走亦工亦农道路，美其名曰既红又专的“红专道路”。1973年5月，收回贫下中农对信用社的管理权，各生产大队的信用分社全部撤并到人民公社的信用社，由人民公社和银行营业所双重领导。

1977年年底，国务院提出“农村信用社是集体所有制的金融组织，又是国家银行在农村的金融机构”。1978年5月，中国人民银行就信用社的管理体制又一次做出决定，将信用社的机构设置、人事管理、业务经营、财务制度等全部纳入人民银行管理。在公社将下放的营业所与信用社合并成一个机构，挂两块牌子，用两个印章，同时办理人民银行与信用社业务，实行统一的金融政策、计划管理和规章制度。信用社职工纳入县劳资计划管理。

第三阶段，1979~2006年先后由农业银行呼图壁县支行、人民银行呼图壁县支行、昌吉监管分局领导时期。中共十一届三中全会后，1979~1996年，农业银行第三次成立后，呼图壁县农村信用合作社和各乡镇（人民公社）信用社全部划归农业银行呼图壁县支行领导。

1980年1月1日，恢复农业银行呼图壁县支行，此时农业银行呼图壁县支行设信用合作股作为农业银行管理信用社的专门部门。1984年8月，国务院105号文件批转《中国农业银行〈关于改革农村信用社管理体制的报告〉》，提出要把农村信用社办成真正的合作金融组织，恢复其合作性质，即恢复信用社组织上的群众性、管理上的民主性和经营上的灵活性。初步理顺农业银行与信用社之间的关系，农业银行对信用社按照政策上领导、业务上指导、具体工作上放权的原则进行管理。

1988年5月8日，呼图壁县农村信用合作社联合社成立，由农业银行呼图壁县支行行长乔生福兼任县联合社主任，县联合社成为农业银行呼图壁县支行的“基层机构”被纳入“官办”轨道。至1996年，全辖有独立核算社9个，营业机构32个，职工135人。

1996年8月26日，国务院印发《关于金融体制改革的决定》。要求改革农村信用社的管理体制，建立和完善农村合作金融体系，按照合作制规范农村信用社，同时决定人民银行领导和管理农村信用社，农业银行不再监管。

1997~2003年，县联合社及乡镇信用社划归人民银行（农金办）领导。2003年，全辖有独立核算社8个，营业机构24个，职工162人。

2003年6月27日，国务院下发《关于深化农村信用社改革试点方案的通知》，要求加快信用社管理体制和产权制度改革。县联合社和各乡镇信用社同为独立法人机构，即二级法人社，实行“自主经营，独立核算，自负盈亏”的管理体制。此管理体制延续至2004年。

2004~2005年，县联合社和各乡镇信用社划归昌吉监管分局领导。

第二节　呼图壁县联合社体制改革

呼图壁县联合社体制改革经历两个阶段。

第一阶段，1988~1996年农业银行呼图壁县支行领导时期。1988年5月8日，呼图壁县联合社成立。县联合社是各个基层信用社组织起来的联合组织，隶属农业银行呼图壁县支行领导，行长乔生福兼任县联合社主任。县联合社既是为基层信用社服务的经济联合实体，又是农业银行呼图壁县支行的基层单位。既对基层信用社进行管理和提供服务，又兼办一般金融业务。县联合社下设营业部，办理存款、贷款和结算等业务。县联合社在农业银行的领导下开展对信用社的服务、指导和协调工作，并实施监督职能。县联合社虽有独立的企业法人，但却要接受农业银行呼图壁县支行的全面领导，因而县联合社的理事会、监事会名存实亡，未能发挥应有的作用。县联合社和基层信用社均为独立的法人社，但在两级法人同时运行阶段，但基层信用社与县联合社没有行政隶属关系，只在业务经营方面接受县联合社的管理和指导。尽管如此，呼图壁县联合社的成立仍然标志着农村信用社的体制改革进入一个新的发展阶段。

1990年，根据中国人民银行印发的《农村信用社管理暂行规定》及中国农业银行印发的《〈农村信用社暂行规定〉实施细则》，农业银行呼图壁县支行对县联合社的领导主要是政策领导和业务指导，信用社有了一定的经营管理权和自主权。县联合社的日常事务和内部业务由县联合社自助管理和自主经营。

1994~1996年，在贯彻国务院《关于金融体制改革的决定》后，呼图壁县联合社对基层信用社的管理增加新内容，除了履行服务、协调职能外，还根据农业银行呼图壁县支行的工作安排从事调剂资金余缺和组织清算业务。

第二阶段，1996年11月与农业银行脱钩，人民银行呼图壁县支行托管时期。1996年11月19日，县联合社与农业银行呼图壁县支行正式脱离行政隶属关系，信用社实现自主经营，独立核算的管理体制。1997年1月1日，县联合社的行业管理，由昌吉州农金体改办负责。1997年9月，人民银行昌吉州中心支行设立合作金融机构管理科，县联合社的行业管理交由人民银行昌吉州中心支行管理。

1998年，中国人民银行总行下发《1998年农村合作金融工作安排意见》（银发〔1998〕33号）。明确1998年农村合作金融工作的指导思想是：坚持农村信用合作金融改革方向，以提高农村信用社的经营管理水平。通过深化改革，加强管理，改进服务，使农村信用社的经营状况得到明显好转，金融风险得到有效控制和化解，支农服务水平得到更大提高。

至2004年，人民银行对农村信用社管理主要是以合规监管为主。为使信用社做到依章经营，补充制定一系列规章制度、方案和意见。把加强内控管理，整顿金融秩序、防范和打击多种违规活动放在工作首位，制定防范措施。

在农业银行管理期间，农业银行和信用社是两个所有制性质完全不同的金融组织，同时独立的经济实体，都要通过自营存贷业务，严格经营管理，真实业务核算，提高经济效益，取得正当利润，在农村经济发展中做出各自的贡献。但在实际工作中出现“抢饭吃”的现象，往往是“大哥”吃饱后才轮到“二哥”，信用社的业务发展受到限制，经济效益相对滞后。

农村信用社从与农业银行脱钩至监管改革期间，人民银行履行监督、管理、指导、协调、服务职能，确保农村信用社改革与发展得以顺利进行，为农村信用社统一法人改革与业务发展奠定良好的基础。

第三节　呼图壁县联社体制改革

2003年4月29日，中国银行业监督委员会正式挂牌。银监会成立后，信用社与其他银行共同接受银监会监督管理，人民银行不再履行监管职能。2003年6月27日，国务院发出《关于深化农村信用社改革试点方案的通知》。2003年10月，自治区人民政府农村信用社改革办公室印发《新疆农村信用社县（市）联社统一法人代表改革试点实施意见》。2004年年初，中国银行业监督委员会昌吉银行业监管分局成立，人民银行昌吉州中心支行不再履行对信用社管理职能，呼图壁县联合社的行政和业务接受昌吉监管分局管理。

2004年6月，县联合社开始推行以县为单位统一法人改革。经过一年多的增资扩股，主要指标符合统一法人规定。2006年10月24日，县联合社向新疆监管局呈报《关于呼图壁县农村信用合作联社（统一法人社）开业的请示》（呼信发〔2006〕130号）。2006年12月22日，经中国银行业监督管理委员会新疆监管局新银监复〔2006〕302号《关于呼图壁县农村信用合作联社开业的批复》批准，呼图壁县农村信用合作联社揭牌开业，其原基层农村信用社的法人资格相应取消，成为县联社下属基层社。县联社开始实行“统一法人，统一核算，分级管理，授权经营”的管理体制。2006年，有县级联社1个、法人社7个、分社15个，员工184人，其中内退8人，在岗176人。

2006年7月26日，新疆维吾尔自治区农村信用社联合社成立。自此，在自治区联社的直接领导和银监会新疆监管局昌吉分局的监管指导下，县联社从发展中规范步入规范中发展的新常态。

至2012年年底，县联社有机构33个，其中内设机构13个、下属机构1个、基层信用社19个，正式员工204人，劳务派遣41人。县联社在统一法人体制管理下，经营管理合规合法，各项事业健康快速发展。是年，各项存款35.68亿元，同比增加7.07亿元，增长24.73%；各项贷款23.68亿元，同比增加6.07亿元，增长34.48%；资产总额41.50亿元，同比增加8.19亿元，增长24.58%。存、贷款及资产总额均居全县金融机构之首。

第四章　职工队伍

1954年3月25日，作为全县第一个信用社渭户乡信用社成立时，有员工1人即渭户乡青年大队长王所财兼信用社主任和会计，时称“一人社”。至1955年底，全县信用社发展到13个，有员工13人。1957年，全县共建成19个信用社（农区13个，牧区6个），有员工36人。1980年，全辖27个信用社有员工38人。1985年，全县有12个独立核算信用社，14个非独立核算的信用分社，有员工50人（固定职工38人，合同制职工11人，代办员1人）。1985～2000年，从社会和大中专院校毕业生中招收70人。2001～2012年，从大专以上院校毕业生中招收128人。截至2012年年底，全辖共有营业机构20个，其中城区7个，农牧区13个，共有员工262人（正式职工204人，劳务派遣41人，内部退养5人，退休12人）。

20世纪50、60年代，县信用社作为人民银行呼图壁县支行（后农业银行呼图壁县支行）管理的一个部门，先后开展向董存瑞、黄继光等英雄人物学习，积极投入社会主义劳动竞赛、业务大比武、学雷锋树新风等活动。70～80年代，把学习《为人民服务》《纪念白求恩》《愚公移山》“老三篇”作为座右铭，对职工进行爱党、爱国、爱社和全心全意为人民服务教育。90年代，开展“三优一学”（优良秩序、优质服务、优美环境、学雷锋）、“一帮一，一对红”劳动和业务技能竞赛。2000～2012年，进一步深入开展职业道德教育和业务技术比赛，广大干部职工业务能力和服务水平空前提高，技术能手和业务骨干层出不穷，全社呈现一派学业务比技术、学英模比贡献的欣欣向荣景象。

第一节　职工来源及构成

一、来源

从20世纪50年代到80年代初，信用社职工任用一直受当地党政和银行双重领导，党政部门侧重组织领导，银行侧重业务领导。信用社员工招收、录用、辞退等方面的工作，由乡政府、人民公社和银行管理，职工来源大多由村干部兼任或村上有文化的担任。至1980年，全县信用社脱产员工38人，27个信用社平均每社1.4人（1985年前员工为固定工，以后为合同制职工）。

1980～1982年，老职工子女顶班共招收9人。

1985年2月9日，农业银行昌吉州中心支行通知县信用社就职工缺额和自然减员进行补充，招收对象为社会人员和老职工子女，推荐比例为1∶3，新招职工为合同制职工。1985～1989年招收28人，1990～2000年招收42人，2001～2010年招收68人，2011～2012年招收60人。

截至2012年年底，全辖共有在岗职工245人，其中正式职工204人，劳务派遣员工41人。

二、构成

（一）性别

女职工，1980年4人，占职工总人数的10.5%；1994年23人，占32.4%；2008年72人，占37.1%；2012年110人，占44.9%。

（二）年龄

1980年，25岁以下7人，占职工总人数的18.4%；26～49岁29人，占76.3%；50岁以上2人，占5.3%。1994年，25岁以下13人，占职工总人数的18.3%；26～49岁51人，占71.8%；50岁以上7人，占9.8%。2008年，25岁以下14人，占职工总人数的6.9%；26～49岁182人，占89.2%；50岁以上8人，占3.9%。2012年，25岁以下41人，占职工总人数的15.5%；26～49岁194人，占73.5%；50岁以上29人，占11%。

（三）民族

1980年13人，占职工总人数的34.2%；1994年13人，占18.3%；2008年17人，占8.3%；2012年26人，占9.8%。

（四）文化程度

1980年，高中生2人，占职工总人数的5.3%；初中以下36人，占94.7%。1994年，中专生11人，占职工总人数的15.5%；高中以下60人，占84.5%。2008年，本科生47人，占职工总人数的23%；大专生117人，占57.4%；中专以下40人，占19.6%。

2012年，研究生1人，占职工总人数的0.4%；本科生88人，占33.3%；大专以下175人，占66.3%。

1997~2012年呼图壁县联合社（联社）部分年份职工构成情况统计表

表4-1　　单位：人

年份	性别		族别					年龄			文化程度					
	男	女	汉族	回族	藏族	哈萨克族	维吾尔族	25岁以下	26岁至49岁	50岁以上	研究生	本科	大专	中专	高中	初中
1997	43	25	60	2	1	5	—	—	—	—	—	—	—	—	—	—
1999	91	50	129	3	3	5	1	63	76	2	—	—	24	46	52	19
2000	89	51	128	3	4	5	—	45	92	3	—	1	36	45	44	14
2002	97	63	147	3	4	6	—	37	117	6	—	2	55	51	30	22
2003	96	57	141	2	4	6	—	22	125	6	—	16	52	14	24	47
2004	110	62	156	4	5	7	—	9	159	4	—	20	66	42	27	17
2005	112	62	157	5	5	7	—	9	161	4	—	19	67	40	30	18
2008	132	72	187	7	4	6	—	14	182	8	—	47	117	18	15	7
2009	121	74	176	8	4	7	—	9	178	8	—	51	108	22	8	6

续表4-1

年份	性别		族别					年龄			文化程度					
	男	女	汉族	回族	藏族	哈萨克族	维吾尔族	25岁以下	26岁至49岁	50岁以上	研究生	本科	大专	中专	高中	初中
2010	127	80	185	11	4	7	—	18	182	7	—	61	113	22	6	5
2011	139	92	212	9	3	7	—	34	185	12	2	70	126	22	6	5
2012	151	113	238	10	3	12	1	41	194	29	1	88	134	18	6	17

三、人员编制

1954～1985年，信用合作社归属农业银行领导（在农业银行成立前和人民银行合并期间，信用合作社人事编制归属人民银行管理）。1985年，全县有12个独立核算信用社，下辖14个非独立核算的信用分社，信用社共有职工50人，其中固定职工38人，合同制职工11人，代办员1人。

1991～1995年，县联合社共向农业银行昌吉州中心支行申请增加52人招工指标。至1995年全辖职工总数达到88人，5年共增加编制62人。

1998年6月3日，县联合社向农业银行昌吉州中心支行申请增加16人招工指标。2005年5月16日，向昌吉监管分局申请增加6人招工指标。是年，全辖在编职工174人。

2006～2008年，县联社共向自治区联社申请招收29人指标。

2009年，县联社向自治区联社申请招聘15人招工指标。

2010年2月22日，县联社向自治区联社申请招聘9人招工指标。

2011年1月11日，县联社向自治区联社申请招聘6人招工指标。

2012年3月15日，县联社向自治区联社申请招聘16人招工指标。截至2012年年底，全辖在编员工204人。

第二节 职工培训

一、岗位培训

1993年1月4日，农业银行呼图壁县支行举办信贷岗位培训班，县联合社姚继文等4人参训。

1997年5～9月，县联合社先后6次举办会计、出纳、储蓄、信贷、微机等5个专业技术比赛，有8人获胜，其中会计3人、出纳2人、储蓄、信贷、微机各1人。

1999年5～7月，县联合社举办一期法制、法规培训班和两期安全保卫知识竞赛、业务技术考核。

2001年，县联合社举办三次职工技能考核比赛活动，即业务技术上岗考核、安全保卫知识竞赛和百日劳动竞赛。

2002年2月，县联合社举办2期为期4天信贷员、会计培训班。

2003年4月15日，县联合社在新疆财经大学举办56人为期3天信贷管理培训班。

2004年4月，县联合社在工商银行新疆金融培训中心，举办48人为期7天的综合业务培训班，考试全部通过。

2006年5月15～16日，县联合社举办贷款五级分类培训班，工商银行呼图壁县支行信贷工作人员授课，全辖各社主任、副主任、信贷主管、委派会计、分社负责人及县联合社各部（室）负责人参训。

2007年3月29日，县联社举办“1104工程”（非现场监管信息技术平台）培训班，全辖信贷主管、委派会计及各部室工作人员共36人参加为期1天培训。

2008年5月5～16日，县联社举办2期会计业务核算操作规程及档案管理培训班，各基层社委派会计、会计、柜员及联社审计部、风险资产部、财务信息部等85人参训，自治区联社审计部、财务部领导及县档案局专业人员授课。

2009年7月8日，县联社举办小额支付系统培训班。

2010年3月14日，县联社举办2010版银行票据凭证培训班。

2011年4月15日，县联社在三楼会议室举办“财税库银横向联网电子缴费”业务培训班。

2012年1月12日，县联社举办65人为期5天的新信贷系统、客户信息管理系统培训班。7～11月，县联社先后举办2期143人参加的会计结算、现金及重要空白凭证管理、对账、一般业务等专业知识培训考核。

二、文明服务培训

1997年5月12日，县联合社举办文明优质服务演讲活动，共31人参加演讲。

1999年7～8月，县联合社举办100人分2期3天礼仪强化培训班。

2005年4～6月，县联合社委托石河子大学举办138人为期18天的会计、信贷业务培训班，培训科目为业务拓展、贷款五级分类、财务报表分析、市场营销、有效沟通、潜能开发等。7月7日，昌吉监管分局在米泉市举办全州农村信用社65人为期5天的稽核人员培训班，县联合社王惠琴等7人参训。8月17日，昌吉监管分局在呼图壁县举办全州农村信用社68人为期5天的会计人员培训班，县联合社谢会同等17人参训。

2012年8月24日，新疆监管局在昌吉州举办商业银行（信用社）43人为期5天的大堂经理培训班，县联社李新花、闫琴参训。

三、技能培训

1994年5月29日至6月16日，县联合社举办3期综合业务培训班，共84人参训。

1997年5月1日，县联合社举办2期微机及综合业务培训班，共80人分两批10天的培训。

1999年1月21日，县联合社举办为期2天的信贷法规知识培训班，86人参训。8月4日，县联社举办62人分4期2天的微机培训班。

2002年2～5月，县联合社举办2期102人参加的会计、出纳、信贷3个专业考核，合格率87%。

2004年3～6月，县联合社举办95人分2期10天会计管理培训班，并进行会计、出纳、信贷专业考核，合格率54%。

2005年10月17日，县联合社举办全辖职工珠算平翻打、点钞、农贷计息、计算机汉字录入等5项业务技能比赛，团体前三名为联社营业部、五工台、大丰信用社，单项珠算平翻打、点钞、农贷计息、计算机汉字录入前三名依次为第一名王敏、孟春玲、邓玉、吴翔、夏琦，第二名闫怀梅、罗光萍、张新成、张世军、付静，第三名刘玉萍、孟春玲、张桂林、王生刚。

2009年，县联社共举办信贷、税务、审计、会计、安全消防演练、团队精神、心理健康、员工礼仪与营销、健康与饮食等各类培训班12期，培训员工774人次。是年9月，县联社189人参加持证上岗考试，合格率99.5%。

2009年8～12月呼图壁县联社业务技能考核人员统计表

表4-2 单位：人

项目	考核人数	达标人数	未达标人数	达标率
点钞	65	12	53	18.46%
珠算平打	118	50	68	42.37%
珠算翻打	118	22	96	18.64%
计算机汉字录入	118	78	40	66.1%
农贷计息	24	21	3	87.5%

2009年8～12月呼图壁县联社各社业务技能考核名次表

表4-3 单位：人

序号	名称	达标率	名次	序号	名称	达标率	名次
1	昌华路信用社	68.42%	1	11	芳草湖信用社	37.03%	10
2	五工台信用社	62.96%	2	12	景化信用社	35.0%	11
3	百汇信用社	57.89%	3	13	银星信用社	34.78%	12
4	园户村信用社	56.52%	4	14	园林路信用社	34.78%	12
5	联社机关	52.08%	5	15	丰贸信用社	31.25%	13
6	二十里店信用社	51.85%	6	16	大丰信用社	28.57%	14
7	东泉信用社	50.0%	7	17	小土古里信用社	16.66%	15
8	枣园信用社	46.66%	8	18	东滩信用社	12.5%	16
9	中渠信用社	43.47%	9	19	西树窝子信用社	12.5%	16
10	联社营业部	43.47%	9	20	雀尔沟信用社	10.52%	17

2010年7～12月，县联社举办2期245人次电脑综合门柜业务、计算机汉字录入、计算机传票录入、点钞、珠算平打等5个项目考核，达标率22.13%，其中65人参加电脑综合门柜业务考核34人达标，57人参加计算机汉字录入考核22人达标，57人参加计算机传票录入考核5人达标，7人参加单指单张点钞考核2人达标，65人机器点钞考核19人达标，122人参加珠算平打考核64人达标。此次考核中夏琦达到一级标准奖励1000元，未达标95人每项罚200元，共处罚2.62万元。

2011年3月14日，县联社下发《呼图壁县农村信用合作联社业务技能达标考核实施方案》《呼图壁县农村信用合作联社业务技能竞赛实施细则》。7～12月，县联社先后举办2期245人次珠算平打、计算机汉字录入、计算机传票录入、单指单张点钞、机器点钞等5个项目考核，达标率94.17%，此次考核有2人未达标每人罚300元。

2012年12月，县联社举办2期225人次综合门柜业务、单指单张点钞、机器点钞、财新系统、信贷管理系统、业务理论综合知识等6个项目考核。82人点钞考核，达标率84.15%，86人理论知识考核，达标率100%，3人财新系统考核，达标率100%，35人信贷管理系统考核，达标率88.57%。

四、技能比赛

1992年，根据县妇联文件关于“巾帼建功”活动的安排意见，农业银行呼图壁县支行在女工中开展“两学四比一响应”（学文化、学业务技术、比工作质量、比服务态度、比团结协作、比劳动纪律，响应晚婚晚育）竞赛活动。至年底，经过半年多的“巾帼建功”竞赛，全行40（含信用社）多名女工合格率达100%。

1997年6月21日，县联合社举行全辖业务大比武，王艳、王惠琴、刘娟分获会计专业第一、二、三名，冯琬婷、王玉梅分获出纳专业第一、二名，闫怀梅、叶会莉、张秋芳分获储蓄、信贷、微机专业第一名。

1998年7月9日，县联合社在人民银行呼图壁县支行、县综合治理办公室联合举办的金融系统安全保卫知识大赛中获团体第三名。

1999年8月7日，县联合社举行会计、出纳、信贷专业技能考核，92人参加，营业部取得第一名，市场分社、大丰信用社为第二名，园户村信用社为第三名，石梯子、五工台、二十里店、雀尔沟信用社为四、五、六、七名。会计专业单项考核达县级标准9人给予每人200元奖励，未达标者每人处罚150元。

2005年9月9日，县联合社举办全辖职工业务技能比赛，营业部获团体第一名，五工台信用社第二名，大丰信用社第三名；个人单项有：珠算平打前三名是王敏、闫怀梅、刘玉萍；点钞前三名是邓玉、张新成、孟春玲；农贷计息前三名是吴翔、张世军、张桂林；汉字录入前三名是夏琦、付静、王生刚。

2008年，在“百日创佳绩”劳动竞赛活动中，有6个先进集体和3名吸储能手受到表彰和奖励，其中芳草湖、二十里店、大丰信用社分获旬均存款增长第一、二、三名，分别奖励5000元、3000元、1000元；银星、园林路、二十里店信用社分获年末存款净增额第一、二、三名，分别奖励30000元、20000元、10000元；刘中涛、张闫、刘娟分获县联社机关收储能手第一、二、三名，分别奖励1000元、800元、500元。

2008年呼图壁县联社“百日创佳绩”劳动竞赛表

表4-4　　　　单位：万元

单位	2007年末各项存款余额	2008年各项存款保证计划				2008年各项存款力争计划				2008年末各项存款余额	完成奋斗目标情况	旬均存款增幅%
		各项存款净增	其中		年末考核余额	各项存款净增	其中		年末考核余额			
			储蓄存款	对公存款			储蓄存款	对公存款				
二十里店信用社	10696	1800	1300	500	12496	2340	1870	470	13036	17557	4521	174.18
五工台信用社	8535	1800	1300	500	10335	2340	1870	470	10875	11720	845	164.84
大丰信用社	8831	1800	1300	500	10631	2340	1870	470	11171	12054	883	165.59
芳草湖信用社	1799	2000	1400	600	3799	3000	2200	800	4799	7138	2339	178.14
雀尔沟信用社	2097	400	300	100	2497	540	400	140	2637	2445	-192	115.65

续表4-4

单位	2007年末各项存款余额	2008年各项存款保证计划				2008年各项存款力争计划				2008年末各项存款余额	完成奋斗目标情况	旬均存款增幅%
		各项存款净增	其中		年末考核余额	各项存款净增	其中		年末考核余额			
			储蓄存款	对公存款			储蓄存款	对公存款				
银星信用社	9829	1600	1100	500	11429	2260	1360	900	12089	17668	5579	162.38
营业部	9023	1200	800	400	10223	1710	930	780	10733	10907	174	116.3
园户村信用社	8960	1600	1100	500	10560	2260	1590	670	11220	12989	1769	125.03
园林路信用社	12290	1600	1000	600	13890	2150	1400	750	14440	19318	4878	138.43
合 计	72060	13800	9600	4200	85860	18940	13490	5450	91000	111796	20796	

2012年10月21日，县联社在昌吉市联社举办的昌吉地区农信社第二届业务技术比赛中获团体第二名奖励8000元；刘静获点钞项目第二名奖励4000元，曹明获综合门柜系统项目第三名奖励3000元，王惠敏获信贷管理系统项目第五名奖励1000元。11月6日，县联社决定，对昌吉地区第二届业务技术比赛前10名授予县级业务能手称号，并颁发荣誉证书和奖金，对点钞项目第二名刘静奖励2000元，综合门柜项目第三名曹明奖励1000元，信贷系统项目第五名、自治区联社第二届业务技术比赛信贷系统项目第二名王惠敏奖励3000元，综合门柜项目第七名张璐、昌吉地区信贷系统项目第八名闫家奇各奖励500元。

五、学历教育

1985～1996年，县联合社职工王钧、狄光军、刘晓进、陈发斌等4人在自治区银行学校脱产进修金融专业，学制2.5年，取得中专毕业证。

1992～1995年，县联合社职工叶寿林在乌鲁木齐市职业大学脱产进修信用合作专业，学制2.5年，取得大专毕业证。

1993～1995年，县联合社职工柳茂军、周新袁在湖南农村金融学院脱产进修信用合作专业，学制2年，取得大专毕业证。

1994～1996年，县联合社职工叶斌、姚继文在新疆财经大学脱产进修信用合作专业，学制2.5年，取得大专毕业证。

1999～2002年，县联合社职工叶斌、陈志高先后在中国人民大学新疆乌鲁木齐市函授站、新疆财经大学，分别函授会计学、金融专业，学制3年，取得专升本毕业证。

2000～2005年，县联合社职工刘怀强、朱智岗、刘娟先后在新疆财经大学、乌鲁木齐市委党校、浙江大学，分别函授金融、经营管理、计算机等专业，学制3年，取得专升本毕业证。

2010～2012年，县联社职工孟春玲、闫怀忠、刘晓军、张新成先后在中央广播电视大学，分别函授会计学、工商企业管理等专业，学制3年，取得大专毕业证。

1980～2012年呼图壁县联合社(联社)职工大专以上学历教育情况表

表4-5

序号	姓名	性别	族别	籍贯	大专毕业学校		本科毕业学校	毕业时间
					脱产	函授	函授	
1	刘怀强	男	汉	新疆玛纳斯			新疆财经大学	2004年7月
2	朱智岗	男	汉	新疆木垒			乌鲁木齐市党委学校	2003年9月
3	刘 娟	女	汉	新疆呼图壁			浙江大学	2005年6月
4	陈志高	男	汉	江苏建湖			新疆财经大学	2001年7月
5	叶 斌	男	汉	新疆呼图壁			中国人民大学乌鲁木齐函授站	2002年6月
6	柳茂军	男	汉	新疆呼图壁			中央党校	1997年6月
7	张 闫	女	汉	新疆呼图壁			新疆财经大学	2004年7月
8	张秋芳	女	汉	新疆呼图壁		中央广播电视大学		2004年5月
9	叶寿林	男	汉	新疆呼图壁	乌鲁木齐市职业大学			1995年6月
10	柳茂军	男	汉	新疆呼图壁	湖南农村金融职业大学			1995年6月
11	叶 斌	男	汉	新疆呼图壁	新疆财经大学			1996年6月
12	姚继文	男	汉	甘肃定西	新疆财经大学			1996年6月
13	周新袁	男	汉	新疆呼图壁	湖南农村金融职业大学			1997年6月
14	叶寿林	男	汉	新疆呼图壁			中央党校	2002年9月
15	黎保新	男	汉	四川遂宁		中央广播电视大学		1980年9月
16	邓 辉	男	汉	广东梅县		新疆财经大学		2002年7月
17	刘 忠	男	汉	新疆呼图壁		昌吉教育学院		2002年7月
18	何玉健	男	汉	新疆呼图壁		中央广播电视大学		2008年7月
19	付 静	女	汉	新疆昌吉			中央广播电视大学	2004年5月
20	叶会莉	女	汉	新疆呼图壁		中央广播电视大学		2002年9月
21	夏 琦	女	汉	江苏泗洪			中央广播电视大学	2004年5月
22	马生华	女	回	新疆呼图壁		中央广播电视大学		2004年6月
23	姚雅洁	女	汉	新疆木垒			新疆农业大学	2002年7月
24	马文江	男	汉	甘肃酒泉			浙江大学	2009年7月
25	潘存娟	女	汉	新疆呼图壁			中央广播电视大学	2004年5月
26	冉秀萍	女	汉	新疆乌鲁木齐			新疆财经大学	2004年7月
27	王 艳	女	汉	新疆呼图壁		西安陆军学院		2000年7月
28	贾南翔	男	汉	山东菏泽			中央广播电视大学	2003年5月
29	田培艳	女	汉	新疆呼图壁		中央广播电视大学		2005年9月
30	王新合	男	回	河南南阳		乌鲁木齐市教育学院		1999年1月
31	王国军	男	汉	新疆呼图壁		中央广播电视大学		2005年4月

续表4-5

序号	姓名	性别	族别	籍贯	大专毕业学校		本科毕业学校	毕业时间
					脱 产	函 授	函 授	
32	吴 翔	男	汉	新疆呼图壁		自治区党校		2000年8月
33	李玉清	男	汉	新疆呼图壁		湖南农村金融学院		2004年6月
34	刘金泉	男	汉	甘肃武威		中央广播电视大学		2006年5月
35	王 斌	男	汉	上海市		东北财经学院		2002年7月
36	蒋 斌	男	汉	江苏徐州		新疆财经大学		1995年7月
37	王晓东	男	汉	新疆呼图壁		中央广播电视大学		2005年4月
38	张 武	男	汉	新疆奇台		新疆农业技术学校		2004年7月
39	向国忠	男	汉	四川遂宁		中央广播电视大学		2003年9月
40	张世军	男	汉	新疆呼图壁		中央广播电视大学		2001年7月
41	陈晓军	男	汉	安徽临泉		中央广播电视大学		2005年4月
42	桂玉海	男	汉	新疆呼图壁		中央广播电视大学		2004年9月
43	齐验兵	男	汉	河北吴桥		中央广播电视大学		2003年5月
44	王传忠	男	汉	新疆呼图壁		湖南农村金融职业大学		2002年7月
45	祁小娟	女	藏	新疆呼图壁			中央广播电视大学	2003年5月
46	张建军	男	汉	新疆呼图壁		自治区党校		2002年7月
47	王 敏	女	回	新疆米泉			新疆财经大学	2004年7月
48	甘润枝	女	汉	新疆呼图壁			新疆财经大学	2004年7月
49	刘晓琴	女	汉	新疆呼图壁		中央党校		2002年7月
50	冯琬婷	女	汉	山东乳山		新疆大学		2007年7月
51	王玉梅	女	汉	新疆呼图壁	乌鲁木齐市职业大学			1995年7月
52	何建斌	男	汉	新疆呼图壁		自治区党校		2000年8月
53	孟春玲	女	汉	新疆呼图壁			中央广播电视大学	2010年7月
54	狄光军	男	汉	新疆呼图壁			新疆财经大学	2004年7月
55	贾庆军	男	汉	新疆呼图壁		中央广播电视大学		1992年9月
56	张广强	男	汉	山东蓬莱		中央广播电视大学		2002年9月
57	王星星	女	汉	新疆呼图壁		中央广播电视大学		2005年4月
58	刘晓娟	女	汉	新疆呼图壁		山东大学		2002年7月
59	刘忠玲	女	汉	新疆呼图壁		中央广播电视大学		2004年6月
60	孟风汐	女	汉	新疆呼图壁		中央广播电视大学		2007年7月
61	邓 玉	女	汉	广东梅县			中央广播电视大学	2007年1月
62	赵新萍	女	汉	新疆呼图壁		中央广播电视大学		1995年7月
63	马 燕	女	汉	新疆呼图壁		中央广播电视大学		2002年9月
64	王多存	女	汉	新疆呼图壁			中央广播电视大学	2003年5月
65	孔艺洁	女	汉	新疆呼图壁		中央广播电视大学		2007年7月
66	刘玉华	女	汉	新疆呼图壁		中央广播电视大学		2002年9月

续表4-5

序号	姓名	性别	族别	籍贯	大专毕业学校		本科毕业学校	毕业时间
					脱产	函授	函授	
67	王 芳	女	汉	新疆呼图壁		中央广播电视大学		2002年9月
68	路秀婷	女	汉	新疆呼图壁			中央广播电视大学	2005年9月
69	来冬梅	女	藏	新疆呼图壁		自治区党校		2001年6月
70	张桂林	女	汉	新疆呼图壁			中央广播电视大学	2007年7月
71	陈发智	男	汉	新疆呼图壁		中央广播电视大学		2004年6月
72	陶 丽	女	藏	新疆呼图壁		中央广播电视大学		2003年5月
73	刘玉萍	女	汉	新疆呼图壁		中央广播电视大学		2002年9月
74	张 栋	男	汉	新疆呼图壁		中央广播电视大学		2003年9月
75	闫怀忠	男	汉	江苏宿迁		中央广播电视大学		2010年9月
76	范军华	女	汉	新疆木垒		新疆财经大学		1996年7月
77	陈 军	男	汉	广东化州			中央广播电视大学	2003年5月
78	张 妍	女	汉	新疆呼图壁		中央广播电视大学		2008年7月
79	肖 芳	女	汉	甘肃金塔			新疆财经大学	2008年1月
80	杨志忠	男	汉	新疆呼图壁		湖南农村金融职业大学		2002年6月
81	王 程	男	汉	新疆呼图壁		新疆大学		2001年7月
82	李辉清	男	汉	新疆呼图壁		中央广播电视大学		2007年1月
83	白新元	男	回	新疆呼图壁		新疆财经大学		2001年7月
84	赵建林	男	汉	新疆呼图壁		新疆兵团广播电视大学		2004年7月
85	姚继文	男	汉	甘肃定西			新疆财经大学	2004年7月
86	何建江	男	汉	新疆呼图壁		中央广播电视大学		2007年1月
87	何新龙	男	汉	新疆呼图壁		中央广播电视大学		2003年7月
88	刘 静	女	汉	安徽太和			中央广播电视大学	2006年5月
89	马春林	男	汉	新疆呼图壁		中央广播电视大学		2008年7月
90	马利军	男	汉	新疆呼图壁		自治区党校		2003年7月
91	马鸿斌	男	汉	新疆呼图壁		中央广播电视大学		2008年7月
92	祁 鹏	男	汉	新疆呼图壁		中央广播电视大学		1999年7月
93	白 勇	男	回	新疆呼图壁		中央广播电视大学		2008年7月
94	周新袁	男	汉	新疆呼图壁			新疆财经大学	2004年7月
95	钱 涛	男	汉	浙江余姚			中央广播电视大学	2007年7月
96	刘晓军	男	汉	新疆呼图壁		中央广播电视大学		2010年5月
97	宋巨程	男	汉	新疆呼图壁		中央广播电视大学		2001年7月
98	张永谦	男	汉	河南新密		中央广播电视大学		2004年9月
99	魏 东	男	汉	新疆呼图壁		新疆兵团广播电视大学		2004年7月
100	熊 文	男	汉	江苏泗洪			中央广播电视大学	2004年9月

续表4-5

序号	姓名	性别	族别	籍贯	大专毕业学校		本科毕业学校	毕业时间
					脱产	函授	函授	
101	武永安	男	汉	新疆呼图壁		中央广播电视大学		2003年5月
102	张新成	男	汉	四川成都			中央广播电视大学	2011年7月
103	房勇	男	汉	四川广安			中央广播电视大学	2007年7月
104	蔡春元	男	汉	甘肃武威		中央广播电视大学		2004年11月
105	张治	男	汉	新疆昌吉			中央广播电视大学	2007年7月
106	王生刚	男	汉	新疆呼图壁		中央广播电视大学		2003年5月
107	庞瑞卿	男	汉	新疆呼图壁		中央广播电视大学		2009年1月
108	马建	男	汉	新疆呼图壁		中央广播电视大学		2008年7月
109	陈江	男	汉	新疆昌吉		中央广播电视大学		2008年7月
110	达列力·热斯别克	男	哈萨克	新疆呼图壁		新疆财经大学		2005年7月
111	阿兰·哈勒班	男	哈萨克	新疆呼图壁		新疆财经大学		2005年7月
112	姚文艳	女	汉	新疆呼图壁			中央广播电视大学	2011年5月
113	刘中涛	男	汉	新疆呼图壁		中央广播电视大学		2003年9月
114	唐志艳	女	汉	新疆呼图壁		中央广播电视大学		2001年9月
115	贾金琴	女	汉	甘肃武威			中央广播电视大学	2004年5月
116	孙玉斌	男	汉	新疆呼图壁		中央广播电视大学		2005年4月
117	刘军	男	汉	新疆呼图壁		中央广播电视大学		2007年7月
118	宋巨森	男	汉	新疆呼图壁		新疆财经大学		2001年7月
119	木合买提·哈南	男	哈萨克	新疆呼图壁			新疆兵团广播电视大学	2005年9月

第三节 职工管理

一、工资待遇

1954年，呼图壁县第一个信用社成立时，信用社无正式工作人员，由乡镇干部兼信用社主任，实行半脱产制，无正式级别，只是每月给生活补助费（非工资），月生活补助费大约在20~25元。1955年按照新疆第一次工资制度改革执行，新的工资制贯彻按劳付酬原则，实行登记工资制度，即按不同职务、不同工种和不同的技术等级确定不同的工资级别，再按不同的工资级别确定不同的工资分，信用社职工的工资分一般每天5~8分，月工资分一般在150~240分之间。工资的分值是不定的，工资量按当月实物的市场牌价计算。这次工资改革后除正常工资外还实行地区工资制度，地区津贴为15%左右。

1956年，新疆进行第二次工资改革，从1957年7月起取消工资分制度，实行货币工资制度，从1956年4月起实行级别工资制，即按不同职务、不同工种和不同的技术等级确定不同的工资级别，再按不同的工资级别标准发给货币工资。信用社职工的工资一般为26~28级，月薪28~38元。地区津贴继续保留，同时增加生活补贴。通过这次工资改革，信用社职工人均年增工资50多元。1960年后，新疆物价水平下降，取消干部地区津贴。

1966~1976年，“文化大革命”期间，信用社职工实行“亦工亦农”制度，工资待遇实行务工补贴制度，信用社职工补贴每人每天0.20~0.25元。

1980年1月，农业银行呼图壁县支行接管信用社后，信用社职工工资实行国家行政级别工资，与农业银行呼图壁县支行职工一样，享受同等的工资标准。1985年1月，自治区第三次工资改革后，取消级别工资制度，实行结构工资制度，信用社职工工资和农业银行工资一样，信用社职工的工资均由三部分组成，即基础工资、职务工资和工龄工资。1983年后，招收的新员工不实行结构工资，而是实行基本工资加浮动工资制度。基本工资是固定的，浮动工资按完成的业务量计酬。1985年后，国家不再统一安排企业职工工资的改革和调整，企业工资实行工资总额同经济效益按比例浮动的办法，信用社工资制度改革按农业银行呼图壁县支行规定执行。

1988年，县联合社成立后，执行中国农业银行的规定，职工工资由基本工资、津贴、补贴和奖金等部分组成。1994~1998年，根据国家工资制度改革政策，县联合社实行员工等级工资制。由职务工资、岗位津贴、基本工资、浮动工资、地区津贴等部分组成；知识分子补贴继续保留。

1999年，县联合社开展“三定”（定岗、定编、定员）工作，改革分配制度。实行多劳多得、少劳少得、不劳不得的工资制度，对员工的管理实行末位淘汰制。

2004年4月6日，执行新农金办《农村信用社员工工资改革指导意见》，再次实行结构工资制。员工的工资有基本工资、岗位工资、津贴和效益工资四个部分组成。

2007年，县联社按自治区联社《农村信用合作社人事劳资管理办法》，信用社员工工资贯彻“以收定支、保障生活，以岗定薪、绩效挂钩”的原则，实行结构工资制。

2010~2012年，县联社贯彻执行自治区联社发出的《关于印发〈新疆维吾尔自治区农村信用合作社薪酬制度改革实施方案〉的通知》，员工的薪酬有固定薪酬和浮动薪酬两部分。固定薪酬按职级档次分配，是一项基本保障收入；浮动薪酬按绩效大小分配，建立科学的严格的绩效考核机制，考核结果是浮动薪酬分配的依据。该次薪酬制度改革还设置专业岗位职务序列，县联社成立薪酬管理委员会，并建立专业岗位任职资格管理制度和薪酬分配制度。这次薪酬制度改革还建立高管人员风险保障金机制，针对银行业风险释放滞后的特点，县联社副主任以上高管人员当年的绩效奖金30%作为延期支付的风险保障金，对其任职期间释放的风险，按其责任大小扣减一定比例的风险保障金。高管人员的风险保障金逐年计入个人台账，满三年后予以支付。离开原任职单位或退休的高管人员，满两年后支付保障金余额。

二、职工调配、聘用

1988年5月，农业银行昌吉州中心支行决定聘农业银行呼图壁县支行行长乔生福为县联社主任，聘王建甫为副主任。农业银行呼图壁县支行聘宋斌、来国珍、王万清为县联合社工作人员。

1989年8月，县联合社调杨秀英、张立到信用社工作，调整孙玉霞到二十里店信用社工作、何伟军到县联合社工作。

1990年8月31日，农业银行昌吉州中心支行聘孙吉贤为县联合社第一副主任。

1991年9月4日，调玛纳斯县联合社王艳琴到呼图壁县联合社工作。9月10日，县联合社任命王惠琴等6人为柜组组长。12月19日，农业银行昌吉州中心支行党组决定狄光友任县联合社主任（兼）。

1992年4月8日，农业银行呼图壁县支行同意调李彦清到乱山子分社工作。

1993年，农业银行呼图壁县支行调王智、马燕、王国富到信用社工作，调整哈布哈尼·吐尔甫别克等3人到雀尔沟信用社工作。是年10月7日，农业银行昌吉州中心支行决定提任刘新为县联合社副主任。

1994年11月1日，农业银行昌吉州中心支行决定聘农业银行行长王炳剑兼任县联合社主任，聘孙吉贤、王钧为县联合社副主任。农业银行呼图壁县支行调整王万清、叶韦、王艳、王国富到联合社工作。

1995年，农业银行昌吉州中心支行决定提任来国珍为县联合社副主任，免去孙吉贤县联合社副主任职务。是年1～5月，农业银行呼图壁县支行同意聘叶寿林等23人为信用社主任、坐班主任。10月18日，调黄卫民到县联合社工作。

1996年，县联合社对柳茂军等7人进行岗位调整或任免。

1997年1月14日，县联合社对刘晓进等11人进行岗位调整及任免。

1998年，县联合社对熊文、王智、张秋芳等14人工作岗位进行调整，同意重新与向国忠签订劳动合同。是年9月，人民银行昌吉州中心支行审核通过县联合社柳茂军等9人任职资格，其中李彦清、甘润枝、王传忠3人为临时任职资格，聘为基层信用社临时负责人。

1999年2～7月，县联合社对李澍等6人进行岗位调整及任免。

2001年，县联合社对叶斌等58人进行岗位调整及任免。是年1～6月，人民银行呼图壁县支行审查通过狄光军等25人任职资格。

2002年，县联合社对柳茂军等55人进行岗位调整及任免。聘李欢等3人为临时工，委派冉秀萍等8人为基层信用社会计。是年1月11日，人民银行呼图壁县支行审查通过县联合社王程等6人任职资格。

2003年，县联合社对李彦清等43人进行岗位调整及任免，其中聘李彦清为资产保全部经理，免去熊文办公室主任助理职务。

2004年1～4月，县联合社对杨志忠等32人进行岗位调整及任免，其中聘杨志忠为园户村信用社副主任，齐新春等14人为兼职档案员，免去马燕、孔艺洁2人委派会计职务。6月21日，县联合社聘马燕为一岗审计员、祁小娟为二岗审计员。

2005年3～11月，县联合社理事会决定聘谢会同为县联合社副理事长、副主任，王惠琴为县联合社副主任。聘李文栓等19人（原建行职工）到信用社工作。聘甘润枝等7人为基层信用社信贷主管，免去姚继文等17人基层信用社正副主任职务，聘唐志艳等16人为基层信用社正、副主任。调整宋巨森等21人工作岗位，聘何玉刚等22人为基层信用社安全督察员。

2006年，县联社对潘存娟等42人工作岗位进行调整，免去孟春玲等5人委派会计，聘张桂林等5人为基层信用社委派会计，免去王惠琴、黄卫民2人稽核监察部、会计部经理职务，聘马燕为稽核监察部副主任、陈军为园林路分社副主任、蒋斌为市场分社副主任、何玉刚为芳草湖信用社副主任。聘叶寿林、张秋芳、祁小娟为副经理科员，聘徐贵全为特派员到雀尔沟信用社工作（兼信贷主管），聘甘润枝等6人为信贷主管，免去张广强经警小队长职务，任命张志豪兼任经警小队指导员、柳茂军兼任经警小队长，提任刘中涛为县联社办公室行政助理。

2007年，县联社对达列力·热斯别克等33人工作岗位调整，免去阿兰·哈勒班雀尔沟信用社委派会计，聘宋巨程为雀尔沟信用社委派会计，祁小娟为财务信息部副经理、潘存娟为审计部副经理，免去狄光军等10人县联社中层正、副职职务，聘马燕为审计部经理、狄光军为监察保卫部经理、王智为资产部经理、何玉刚为信贷部副经理。是年7月30日，昌吉监管分局审查通过陈军、蒋斌等2人任职资格。

2008年，县联社对赵建林等57人工作岗位调整，聘张闫等30人为县联社正、副中层职务，孟春玲等28人为基层信用社委派会计及信贷主管，何玉健等22人为信用社安全督察员，调整柳茂军为县联社督查室主任，狄光军、刘中涛为成员，任命狄光军兼经警小队长，柳茂军兼经警小队指导员。授权何玉刚为信贷部代理经理，王传忠、叶寿林2人为信贷部代理副经理。是年9月，昌吉监管分局审核通过吴翔等14人任职资格。

2009年，县联社对叶会莉等45人工作岗位调整，免去何建斌等24人县联社中层正、副职职务，聘张闫等30人为联社中层正、副职，张秋芳等6人为基层信用社委派会计，毛晓妍等31人为基层信用社兼职档案员，王星星等22人为基层信用社安全监督员，何玉健等9人为业务发展部客户经理。是年6月2日，昌吉监管分局审查通过王舞龙、马燕、周洋、张治等4人任职资格。

2010年，县联社对孟春玲等71人工作岗位调整，免去刘娟等40人县联社中层正、副职职务，聘柳茂军等53人为联社中层正副职，范绍娟等17人为基层信用社委派会计。

2011年，县联社对范绍娟等47人工作岗位调整，免去陈军等4人县联社中层正、副职职务，聘杨国锋等13人为县联社中层正、副职，免去范绍娟等19人为基层信用社委派会计，聘邓玉等19人为基层信用社委派会计。

2012年，县联社聘何建斌等3人协助县联社高管工作，调整张妍等179人工作岗位，免去狄光军等21人县联社中层正、副职职务，聘张闫等44人为县联社中层正、副职，免去邓玉等18人基层信用社委派会计，聘孔艺洁等25人为信用社委派会计，叶寿林等7人为业务经理，刘静等5人为基层信用社主任助理，王玉梅等20人为基层信用社兼职纪检监察员。是年7～11月，昌吉监管分局审查通过桂玉海、白勇、王敏、李洋等4人任职资格。

三、绩效考核

1991年，县联合社决定对雀尔沟各分社实行承包经营。

1992年1月27日，县联合社决定对1991年度职工奖金按成本的12%提取，盈余社发四个半月奖金，另加一个月劳动分红，减亏社发3个月奖金。9月12日，农业银行呼图壁县支行下发《关于对信用社职工实行任务奖惩的通知》，明确完成任务奖罚标准，即存款超1万奖20元，差1万罚20元，贷款超收1万奖30元，差1万罚30元。

1994年3月，县联合社决定对基层信用社实行承包经营。9月2日，县联合社决定将职工工资的40%作为目标责任津贴，实行绩效挂钩。

1996年，县联合社从德、能、勤、绩四方面进行考核，实行社主任负责制，一级考核一级。是年4月，县联合社决定实行工资与效益挂钩，40岁以下人员均参加上岗考核。

1997年2月3日，县联合社决定职工每人每月扣发工资500元作为工效挂钩考核。

2002～2008年，县联合社（联社）实行工效挂钩考核，每月扣发主任、职工一定比例工资作为效益风险抵押金，年底考核兑现。

2009～2010年，县联社印发《呼图壁县农村信用合作联社经营责任绩效考核办法》，将员工工资分为基本工资和绩效工资两部分，基本工资不参与考核，绩效工资与经营挂钩，按月考核、按季兑现、每月预发。

2011年12月27日，根据《呼图壁县农村信用合作联社2011年绩效薪酬考核办法》规定，年薪按90%分摊至每月，按月计发，剩余10%年底综合考核一次性发放。

2011年呼图壁县联社各岗位员工薪酬测算表

表4-6　　单位:万元、人

序号	岗位	人数	年固定薪酬	人均年固定薪酬	年绩效工资	人均年绩效	人均年薪总计	备注
1	理事长、主任	2	13.3	6.65	68	34	40.65	
2	监事长、副主任	3	15.8	5.27	81.6	27.2	32.47	
3	工会主席	1	4.6	4.6	14	14	18.6	
4	首席风险官	1	4.1	4.1	13	13	17.1	
5	党总支书记	1	4.6	4.6	13	13	17.6	
6	审计部经理	1	3.9	3.9	12	12	15.9	
7	经营类部门经理	3	12.1	4.03	34.5	11.5	15.53	信贷、业务部
8	非经营类部门经理、审计部副经理	3	12.3	4.1	33	11	15.1	会计、资产、安全保卫部
9	经营类部门副经理	2	7.3	3.65	22	11	14.65	信贷、业务部
10	非经营类部门副经理	3	10.5	3.5	31.5	10.5	14	信用卡、会计、资产部
11	大网点主任	10	41	4.1	110	11	15.1	
12	小网点主任	9	33	3.67	90	10	13.67	
13	A级客户经理	11	35.6	3.24	88	8	11.24	
14	B级客户经理	1	3.4	3.4	7.5	7.5	10.9	
15	C级客户经理	22	69.3	3.15	154	7	10.15	
16	D级客户经理	3	9.3	3.1	19.5	6.5	9.6	
17	大网点委派会计	10	35.1	3.51	70	7	10.51	
18	小网点委派会计	9	31.2	3.47	58.5	6.5	9.97	
19	高级副科员	10	29.25	2.93	70	7	9.93	
20	科员	23	75.62	3.29	149.5	6.5	9.97	
21	柜员	57	166.95	2.93	342	6	8.93	
22	大堂经理	4	13.22	3.31	22	5.5	8.81	
23	驾驶员、保卫人员	10	33.05	3.31	50	5	8.31	
24	内退人员	5	10.93	2.19	0	0	2.19	
	合计	204	675.42	3.31	1553.6			

2012年7月4日，县联社印发《呼图壁县农村信用合作联社薪酬考核办法》《呼图壁县农村信用合作联社机关部室绩效考核办法》《呼图壁县农村信用合作联社业务发展部及资产管理部绩效考核办法》《呼图壁县农村信用合作联社2012年营业网点绩效考核办法》《呼图壁县农村信用合作联社中层管理人员风险保障金管理办法》。

2012年呼图壁县联社绩效奖金分配系数表

表4-7

序号	岗 位	2012年点数	2012年人数	各岗位点数	备 注
1	理事长	3.8	1	3.8	
2	主任	3.8	1	3.8	
3	监事长、副主任	3.4	3	10.2	
4	工会主席、首席风险官、党总支书记	1.5	3	4.5	
5	中层正职	1.2	25	30	
6	中层副职	1.1	8	8.8	马建、付静、狄光军、白勇、桂玉海、陈晓军
7	科员、委派会计、信贷员	0.9	97	87.3	信贷部、业务发展部、审计部业务经理每月增加500元，会计、计财、办公室业务经理、信用社主任助理每月增加300元。
8	柜员	0.75	64	48	
9	安保、驾驶员	0.65	8	5.2	
10	驻场监管员	0.55	3	1.65	
11	一年以下劳务派遣柜员	0.375	13	4.875	
	合计		226	208.125	

四、专业技术职务评聘

1988年9月6日，农业银行昌吉州中心支行专业技术职务评审委员会审议通过31人专业技术职务职称评审，其中县联合社叶生虎、王振荣、张春山、李北昌、刘生健、刘炳江、吐孜阿洪·木那甫等7人为助理经济师。9月7日，农业银行呼图壁县支行专业技术职务评审委员会审议通过张志友等20人为经济员和会计员职称。9月12日，农业银行呼图壁县支行专业技术职务评审委员会审议通过陈发斌等3人为经济员职称。

1989年3月18日，农业银行昌吉州中心支行专业技术职务评审委员会审议通过22人专业技术职务职称评审，其中县联合社托克西·举尔提拜、帕塔克·库力汗、哈布哈尼·吐尔甫别克3人为助理经济师。是日，农业银行昌吉州中心支行专业技术职务评审委员会审议通过各县联合社聘用银行干部22人专业技术职务职称，其中县联合社宋斌为助理经济师职称。

1991年9月10日，农业银行呼图壁县支行专业技术职务评审委员会审议通过叶寿林等14人为经济员、会计员。12月12日，农业银行昌吉州中心支行专业技术职务评审委员会审议通过王钧、王万清、木合买提·哈南、孟生昌等4人为助理经济师，李生珍为助理会计师。

1993年，农业银行昌吉州中心支行专业技术职务评审委员会审议通过县联合社田吉新等19人为助理经济师。是年6月，农业银行呼图壁县支行专业技术职务评审委员会审议通过王惠琴等25人为会计员、经济员职称。

2002年10月21日，县联合社专业技术职务评审委员会审议通过李财寿、李彦清2人为助理经济师。

2003～2012年，县联合社（联社）田培艳参加全国职称统考，取得会计师职称，夏琦、冯琬婷取得经济师职称。

五、退休退职

1956年，信用社职工开始享受退休政策。但因信用社成立不久，职工普遍达不到退休年龄，尚无退休员工。

1976年4月5日，人民银行新疆分行印发《关于信用社工作人员退休、退职、抚恤等费用的答复》，进一步明确信用社职工退休、退职的条件和待遇。信用社职工正常退休的条件是：男职工年满60周岁，连续工龄满10年；女工人年满50周岁，连续工龄满10年；女干部年满55周岁，连续工龄满10年。信用社职工因身体原因，完全丧失工作能力，而又不具备退休条件，可以退职休养。

1991年，根据农业银行新疆分行的规定，县联合社进一步规范职工退休退职制度。符合退休条件的职工，按时办理退休手续，并按规定给予相应的待遇。职工提出辞职或退职的，由本人写出辞职报告，经联合社管理委员会讨论通过后，报农业银行昌吉州中心支行审批。被批准辞职的员工，可一次性领取辞职金，辞职金发放标准是：批准辞职的当月，全额发给月工资，另按本人工作年限，每满一年发给一个月标准工资，最多不超过12个月。

1994年11月，县联合社根据农业银行新疆分行的规定进行工资改革。退休人员也适当地增加工资。退休人员工龄27年以下每月增发85元，工龄28年至37年，每月增发100元，工龄38年以上，每月增发120元。

1996年2月，呼图壁县联合社根据农业银行新疆分行《关于农村信用社工作人员政策晋升工资档次的实施办法》，对退休、退职人员也增加生活费。退休人员每人每月增加20元，内退休养人员每人每月增加15元。

2007年至2012年，县联社对退休退职人员的管理执行自治区联社的规定。男职员年满60周岁，女职员年满55周岁办理退休手续。不符合退休条件，经自治区劳动保障厅指定的医疗鉴定部门鉴定，丧失工作能力的，办理病退手续。员工因机构调整、岗位定员限制或上岗考试达不到要求，身体有病不能继续上岗工作，但又达不到退休条件的，按照本人自愿申请，组织研究批准，双方签订协议，进行司法公证，年满45周岁至59周岁或参加工作时间25年以上，原则上可以内部退养。员工退休或内部退养和因病退休均须报自治区联社审核，自治区劳动和社会保障厅审批。

2008~2012年，县联社按每人每年500元的标准提取退休人员活动经费，用于退休人员订阅报刊、参加学习等活动支出。退休、退职人员有专门管理部门，退休退职党员自退之日起概纳入县联社党组织管理，定期参加党组织活动。确保退休退职人员按时领取退休金；每年组织体检一次，体检费由县联社承担；坚持退休退职人员住院探视、生日祝寿和节日慰问制度；适时组织退休人员区内外观光旅游；生活困难者给予生活补助。

第四节 福利待遇

一、福利经费

1954年3月25日，涓户乡农村信用合作社成立至1955年6月，呼图壁县各信用社执行人民银行规定，从工资总额中提取8%的福利费，用于帮助和救济生活困难的职工。

1955年7月，实行货币工资后，信用社职工与乡政府工作人员一样，享受同等的福利政策待遇，福利费改按工资总额的2.5%提取，补助的对象为不能维持当地最低生活水平的,本人或供养直系亲属因病、因伤而造成生活困难的,遭受意外灾害造成生活困难的职工,均可给予补助，生活困难补助费用主要来自按工资总额2.5%提取的福利费,不足部分还可以从工会会费中拿出20%福利费。

1962年10月,国务院给新疆划拨了职工困难补助专项经费。自治区劳动局、财政局印发《关于做好当前职工生活困难补助工作的几项规定》,要求各单位对生活困难的职工给予适当补助。凡职工家庭人均收入不足20元的都可以补助。补助经费从福利费、奖金总额的30%和工会会费的40%支出。至1986年，呼图壁县各信用社的福利费提取比例一直执行自治区的统一规定，按职工工资总额的2.5%提取。

1986年后，呼图壁县各信用社实行独立经营、自负盈亏的经营政策，根据经营效益的好转，福利费的提取也逐年增加。1986年至1992年按工资总额的11%提取。

1997年，根据《呼图壁县信用合作联社职工福利费管理办法》，福利费按职工工资总额的14%计提，主要用于职工的医药、福利等。

2000年以后，县联合社为职工发放西装、衬衣、领带、丝巾、头饰。所需经费按职工工资总额的14%提取。

2006~2012年，在自治区联社领导下，县联社福利经费提取不超过职工工资总额的14%。

二、休假制度

1956年，信用社职工开始实行休假制度。

1958年，执行国务院《关于工人、职员回家探亲的假期和工资待遇的暂行规定》，凡连续工作满一年的正式职工，同父母、配偶都不住在一起，又能利用公休假日回家团聚，原则上每年休假1次，假期2~3个星期，休假期间按本人的标准工资发放，并可报销往返车船费。

1964年，开始实行专门探望父母假，有配偶同住但与父母分居两地的职工，连续工作满10年，可以公费探望父母一次，在家居住15天。

1981年开始，与配偶分居两地的职工每年探亲一次，每次30天；未婚职工探望父母每年一次，每次20天；与配偶住在一起，但与父母分居两地的职工，每4年探望父母一次，每次30天。凡按规定探亲休假的职工，工资照发，往返路费报销。

1985年，人民银行新疆分行规定，副处级以上、中级职称以上、45周岁以下，受到人民银行新疆分行以上表彰的职工，享受休假疗养政策，疗养时间2~3个月，疗养期间按出差对待。1987年起，实行正常休假制度，工作年满10年的正式职工每年休假10~25天，休假期间工资照发。

1991年9月9日，县联合社决定执行国务院规定，职工工龄满1年不满5年的，年休假5天，工龄满5年不满20年年休假10天，20年以上年休假14天，休假期间工资照发。从8月15日起执行。国家法定休假日、休息日不计入年休假假期。年休假可一次使用也可分段使用，跨年作废。

2006~2012年，在自治区联社领导下，县联社对职工假期管理更加规范。根据《新疆维吾尔自治区农村信用联合社人力资源管理办法》，职工可以享受公休假。公休假包括：双休日、法定节假日、工伤假；职工请假包括：事假、病假、婚假、丧假、产假、护理假、探亲假、带薪年休假；节假日：国家、新疆维吾尔自治区规定的节假日：包括元旦、春节、清明、五一、端午、中秋、国庆、肉孜节、古尔邦节等法定节假日；婚假：经履行有关法律手续后结婚的职工，按规定享受休假。休假一般为3天，晚婚者（汉族职工男性25周岁，女性23周岁，少数民族职工男性23周岁，女性21周岁）除国家规定的婚假外，另增加婚假20天，对方工作在外地，职工需要到对方所在地结婚的，可给予往返路程假，超过假期规定的按事假处理；丧假：指职工直系亲属死亡后，按规定给予职工处理丧事的假期，直系亲属死亡，可请丧假3天，前往外地办丧事时，可给予往返路程假，超过假期规定时间按事假处理；产假：指女职工在分娩期间按规定享受的假期。计划内生育，汉族女职工为20~23周岁，民族职工18~21周岁，产假90天，其中产前假15天。晚育：汉族女职工为23周岁，少数民族女职工为21周岁后生育第一个孩子的，增加产假30天，产假合计为120天。计划内生育的难产或双产增加产假15天，产假期满后，因身体原因需要继续休养的，经医院证明，可按病假处理，晚婚晚育计划内生育第一个孩子，给男职工15天的护理假。婚假、产假、护理假工资奖金照发。女职工不满4个月流产的，给予休假15天，怀孕满4个月以上7个月以内的给予休假42天，育龄女职工或男职工采取长效节育措施的，经医院证明，按有关规定给予计划生育假。探亲假：指同父母、配偶分居两地的职工，按国家规定去外地探望父母或配偶的假期。职工探望配偶，每年给予一方探亲假一次，假期为30天（不含路途），原则上一次用完，但最多两次用完，只报销往返1次路费。职工因工作不能请探亲假的，可以动员配偶来单位探望本人，对配偶往返路费，单位予以报销。未婚职工探望父母，原则上每年给予探亲假1次，假期为20天（不含路途）。因工作需要，本单位当年不能准假的，可2年探望一次，假期为45天（不含路途）。往返路费由单位予以报销。已婚职工探望父母，每三年给予探亲假一次，假期为20天（不含路途）。工作1年以上的职工从第二年起，经领导批准可探亲。往返路费由单位予以报销。职工探亲时，可根据实际需要给予路程假。探亲假及相应的路程假包括双休日及法定节假日在内。

员工按上述规定享受的婚假、丧假、护理假、探亲假、年休假和公休假，基本工资照常发放，误餐补贴按实际出勤天数发放。绩效工资按不同比例发放，护理假、婚假、丧假和探亲假扣发15%的绩效工资，年休假和公休假不扣发绩效工资。

三、福利住房

1954~1994年，呼图壁县各信用社职工均按国家政策规定享受福利住房待遇。由国家拨款或本单位集资修建职工住宅，按职工职务、工龄统一分配。单身职工分配职工公寓，凡是本单位职工都有房住。1994年住房制度改革后，将职工原福利分房折旧后作价卖给原住职工，夫妻二人均为职工的，只享受一处住房。在购房时按夫妻二人工龄相加享受优惠政策。

1995年后，职工不再享受福利分房政策待遇。为解决职工购房困难，实行住房基金政策。职工缴纳一部分住房基金，本单位按职工缴纳数额缴纳一部分住房基金。职工缴多少，单位补多少，职工退休后不再缴纳，并可将本人和单位缴纳的住房基金一并领取。

四、社会保险

1996年，县联合社按照国家和地方政府的有关规定，组织职工参加基本养老保险、基本医疗保险、工伤保险、失业保险、生育保险。县联合社按员工工资总额的一定比例缴纳，在职职工按个人工资的一定比例缴纳。退休职工不再缴纳。

1999年，县联合社为职工缴纳住房公积金，职工按个人工资的一定比例缴纳，职工缴多少，联社缴多少。退休职工不再缴纳，并可一次性领取全部住房公积金。

2011年，企业年金开始缴纳，县联社按职工工资总额的一定比例缴纳，职工按个人工资的一定比例缴纳。退休职工可一次性领取全部企业年金。

五、取暖补助

1954~1955年，呼图壁县各信用社职工冬季取暖补助实行供给制办法，即单位按供给标准统一配送实物。呼图壁县规定取暖期为5个月，每个职工每天供煤3.5千克。1955年实行货币工资后,取暖补助不再配送实物,而是按工资比例发给货币。信用社每个职工一个冬季取暖补助为45元。

1956年，自治区人委对冬季取暖补助范围作出调整。设在乡村的行政、事业和企业单位职工暂不发给取暖补助，理由是为了不脱离当地农牧民生活水平。1963年开始，为鼓励职工安心基层工作，对设在乡村的基层单位职工恢复冬季取暖补助，但发放标准只有县城职工的50%，边远乡村最高发放70%。有暖气设备的住房不发取暖补助，按每平方米0.12元收费，1964年，县信用社职工取暖补助费调整为每个职工每冬40元,1966年调整为35元。有取暖设备的住房收取燃料费每平方米0.05元。

1978~1985年，自治区进行取暖补助制度改革，有暖气设备的住房不发取暖补助，也不收取取暖费。在城镇工作或在乡村工作的职工发放统一标准的取暖费。同时将原来按统一标准发放改为按职工发放，一户有几个职工发放几份取暖费。

1988~2012年，信用社职工工资增长较快，住房条件改善、取暖补助制度进行改革。冬季取暖补助一律按职工的职务所规定的住房面积给予补助。县联社根据呼图壁县政府的规定，按规定住房面积给予补助。至2012年，仍按此规定执行。

六、交通补助

1978年，新疆开始实行职工上下班交通费补助制度。呼图壁县各信用社执行自治区财政厅和劳动局《关于职工上下班交通费补贴的规定》，从6月1日起，给职工报销部分交通费。

1988年，县联合社成立后至2007年，维持执行交通费补助制度。根据上下班路程远近和职务高低实行不同的补助标准。

2008~2012年，县联社先后制定《呼图壁县农村信用合作联社费用管理办法》《呼图壁县农村信用合作联社费用补充管理办法》《呼图壁县联社交通工具耗用费管理办法》等，作出具体规定，燃油补助：1.城区网点，存款余额在3亿元以上信用社主任燃料费12000元/人·年（合每月1000元）；存款余额3亿元以下信用社主任燃料费10800元/人·年（合每月900元）；信贷员4000元/人·

年。2.农区网点，距联社10公里以内的信用社主任燃料费13200元/人·年（合每月1100元）；距联社10~20公里的信用社主任15600元/人·年（合每月1300元）；距联社20~40公里的信用社主任18000元/人·年（合每月1500元）；信贷员4000元/人·年。3.兵团网点，芳草湖信用社（包括兵团客户部）和天星信用社主任（副主任）、负责人21600元/人·年（合每月1800元），委派会计和柜员2400元/人·年（合每月200元）；枣园信用社主任21600元/人·年（合每月1800元），委派会计和柜员3600元/人·年（合每月300元）。4.牧区信用社，石梯子信用社主任20400元/人·年（合每月1700元），委派会计和柜员2400元/人·年（合每月200元）；雀尔沟信用社主任24000元/人·年（合每月2000元）；委派会计和柜员3600元/人·年（合每月300元）。5.职能部门：（1）各部（室）正、副总经理12000元/人·年（合每月1000元）；（2）风险管理和资产管理部客户经理6000元/人·年（合每月500元），各核定3人；（3）业务发展部客户经理6000元/人·年（合每月500元），不含驻场人员；（4）行政办公室、审计部科员6000元/人·年（合每月500元）各核定1人；（5）信贷管理部和电子银行部6000元/人·年（合每月500元），各核定2人。

伙食补贴：兵团及雀尔沟信用社职工按300元/人·月的标准给予伙食补贴，农区、离城区较远信用社职工按200元/人·月的标准给予伙食补贴。机关职能部门及城区网点员工均可在联社小食堂就餐，无伙食补贴。

七、教育奖励

2011年3月14日，根据《呼图壁县农村信用合作联社员工学历、职称、从业资格等教育奖励办法》，县联社对在编员工取得大专学历的奖励50%学费，取得本科学历的奖励70%学费，取得研究生及以上学历的奖励90%学费，取得初级专业资格的奖励70%学费，取得中级专业资格的奖励90%学费，取得高级专业资格的奖励100%学费，取得注册会计师等资格的奖励100%学费，取得银行从业资格证的奖励80%学费。凡报销学费人员，毕业后在县联社工作不满五年不得调出。8月18日，县联社决定，从2011年9月起在大学就读及当年考取的职工子女进行一次性奖励，即考取一本专业5000元，二本专业4000元，三本专业3000元，专科2000元。

2012年2月9日，县联社印发《呼图壁县农村信用合作联社职工福利费管理办法》。至2012年年底，职工福利管理进一步规范、多样和丰富。

八、福利设施

1954~1987年，呼图壁县各信用社基本上无福利设施建设。只有简陋的办公设备及简易的阅览室、篮球场等，也是先后与人民银行、农业银行等单位共同使用。

1988年5月8日，县联合社成立后，福利设施建设有所加强，有职工之家、娱乐室等设施。

2006年以后，在自治区联社领导下，县联社将福利设施建设当作关注民生、保障民生和改善民生的大事来抓，成立领导小组，制定建设方案，投入专项资金，在大丰、五工台、园户村、二十里店、雀尔沟、石梯子等信用社建成小食堂、小宿舍、小阅览室、小浴室、小菜园等“五小”福利工程。

2011年2月21日，自治区联社主任阿不都率全疆83家县（市）联社理事长及自治区联社各部（室）总经理、副总经理130多人抵县联社观摩“五小”基础设施建设，并将县联社“五小”建设经验全疆推广。

第五章 人民币管理

1952年1月31日，全县收兑银元票工作全部结束。而后，银元票在全县停止使用，境内流通的货币统一为人民币。至2012年，中国人民银行共发行五套人民币，其中第一套人民币票面单位10000元、1000元、100元相当于后来发行的人民币1元、1角、1分。为统一货币票面单位，于1955年5月10日，第一套人民币停止流通。呼图壁县各信用社根据人民银行的规定，开展第一套人民币收兑工作。第二套人民币中3元、5元、10元券是苏联代印。1964年4月，根据人民银行的规定，呼图壁县各信用社开始收兑苏联代印的人民币，5月底基本完成兑换。

20世纪80年代以来，县联社把货币管理工作列入经营管理工作的重中之重，深入开展残损人民币收兑、识别与防范假币活动及反假币、反洗钱斗争，为县域改革开放、经济发展、社会稳定做出贡献。2000年以来，人民币制度突显优越，县域经济发展，市场繁荣，物价稳定，人民生活水平日益提高。

第一节 人民币兑换与收回“三票”

一、新旧人民币兑换

1950年10月1日，中国人民银行景化县（1954年2月1日改景化县为呼图壁县）支行成立后，奉命发行第一套人民币，面额为100元、200元、500元、1000元、5000元、10000元和50000元。1955年3月1日，中国人民银行呼图壁县支行奉命发行印有汉、藏、蒙、维吾尔4种文字的第二套人民币，面额为1元、2元、3元、5元、10元（主币）及5角、2角、1角、5分、2分、1分（辅币），共11种。1957年12月1日，中国人民银行发行10元券。为实现币制统一，1955年2月15日，遵照国务院命令，从3月1日起，以第二套人民币1元折合第一套人民币10000元的比率兑换第二套人民币。呼图壁县各信用社印制通告广泛宣传，凡机关团体、企业、个人的一切货币收支交换的计价、契约、合同、单据、凭证、账证，账簿的记载，均以新币为计算单位，所有在新币发行之前的一切债权和债务（包括国家公债在内），一律按规定比例（1比1万）折合新币计算和清算。票面1万元、5万元的旧币，4月1日停止在市场流通，5月1日起停止收兑；票面5000元以下的旧币，6月11日起停止收兑。以上各种票面的旧币，县内到5月底都基本收回。

1964年4月1日，呼图壁县各信用社遵照中国人民银行指示，开始等值兑换苏联代印的3元、5

元和10元面值的人民币，至5月底基本完成兑换。而后，苏印人民币禁止流通，个别未按时兑换者只收不付。

1999年1月1日起，第二套人民币停止流通（纸分币和硬币维持流通）。2000年7月1日起，第三套人民币停止流通。2007年4月1日起，第二套人民币纸分币和硬币停止流通。第二套、第三套人民币停止流通后，呼图壁县信用社根据人民银行的规定，均采取只收不付的办法回收。是年年底，都基本收回。

二、残损人民币收兑

2000年前，先由人民银行兑换，而后人民银行呼图壁县支行指定各家金融机构设立代办点代理兑换，县联合社每年兑换残损人民币约5万元。

2000年5月18日，县联合社制定《2000年残损人民币回收计划》。至年底，全辖回收残损人民币1838.6万元，完成计划的100%。

2011年初，由于残损人民币收兑工作量大，人民银行呼图壁县支行即向各家金融机构下达兑换任务。县联社当年完成5500多万元，完成任务的100%。

2011年9月26日，县联社印发《呼图壁县农村信用合作联社人民币收付业务考核管理实施细则（暂行）》《不宜流通人民币挑剔标准》《“五好”钱捆质量标准》等，并转发《中国人民银行残缺污损人民币兑换办法》。

2012年3月28日，县联合社出台《呼图壁县农村信用合作联社残损人民币回笼工作考核办法》。至2012年年底，县联社上缴各类票面的残损人民币为10252.55万元，完成任务8510万元的120.48%。

2000年呼图壁县联合社各网点残损人民币任务完成表

表5-1　　单位：万元、%

名称	100元	50元	10元	5元	2元	1元	5角	2角	1角	计划任务	实际完成	完成比例
营业部	109	77.8	84.1	10.9	1.1	2.8	0.8	0.03	0.06	286.59	287.5	100.32
市场分社	104.1	74.3	80.3	10.4	1	2.7	0.7	0.03	0.06	273.59	273.6	100.00
二十里店信用社	105.6	75.5	81.5	10.6	1.1	2.8	0.8	0.03	0.06	277.99	276.9	99.61
园户村信用社	153.1	109.3	118	15.3	1.5	3.9	1.1	0.04	0.09	402.33	400.3	99.50
五工台信用社	107.1	76.5	82.6	10.7	1.1	2.8	0.8	0.03	0.06	281.69	280	99.40
大丰信用社	87.1	62.3	67.3	8.7	0.9	2.2	0.6	0.02	0.05	229.17	228.7	99.79
石梯子信用社	14	10	10.8	1.4	0.1	0.3	0.1	0.01	0.01	36.72	34.5	93.95
雀尔沟信用社	20	14.3	15.4	2	0.2	0.5	0.1	0.01	0.01	52.52	49	95.11
合计	700	500	540	70	7	18	5	0.2	0.4	1840.6	1830.5	98.46

2012年呼图壁县联社各网点残损人民币任务完成表

表5-2　　　　单位：万元、%

名称	分配完成情况	50元	20元	10元	5元	1元	5角	1角	合计
联社营业部	任务分配	243.31	114.19	68.13	22.09	7.23	3.22	1.39	459.56
	完成情况	258.88	154.3	97.99	73.93	11.69	3.61	1.4	601.8
	完成北例	106.40	135.13	143.83	334.68	161.69	112.11	100.72	130.95
百汇信用社	任务分配	286.45	135.6	80.21	26.2	8.54	3.85	1.68	542.53
	完成情况	364.06	239.35	124.33	55.25	10.29	6.05	1.87	801.2
	完成比例	127.09	176.51	155.01	210.88	120.49	157.14	111.31	147.68
园林路信用社	任务分配	202.03	96.59	56.57	18.63	6.05	2.75	1.22	383.84
	完成情况	305.1	141.67	68.57	31.91	15.69	4.43	1.65	569.02
	完成比例	151.02	146.67	121.21	171.28	259.34	161.09	135.25	148.24
昌华路信用社	任务分配	212.9	99.92	59.6	19.34	6.33	2.82	1.22	402.13
	完成情况	230.48	125.81	66.04	31.8	9.9	4.07	1.43	469.53
	完成比例	108.26	125.91	110.81	164.43	156.40	144.33	117.21	116.76
银星信用社	任务分配	232.87	111.11	65.2	21.44	6.97	3.17	1.4	442.16
	完成情况	248.74	127.48	73.32	30.65	7.85	4.5	2.28	494.82
	完成比例	106.81	114.73	112.45	142.96	112.63	141.96	162.86	111.91
景化信用社	任务分配	182.49	85.64	51.1	16.58	5.43	2.41	1.04	344.69
	完成情况	284.74	123.2	69.55	38.56	11.33	3.13	1.84	532.35
	完成比例	156.03	143.86	136.11	232.57	208.66	129.88	176.92	154.44
芳草湖信用社	任务分配	380.44	182.69	106.52	35.2	11.42	5.24	2.32	723.83
	完成情况	382	184.2	106.8	69.85	17.86	8.42	2.62	771.75
	完成比例	100.41	100.83	100.26	198.44	156.39	160.69	112.93	106.62
枣园信用社	任务分配	212.9	99.92	59.6	19.34	6.33	2.82	1.22	402.13
	完成情况	228.9	111.8	60.3	26.55	9.51	2.98	1.23	441.27
	完成比例	107.52	111.89	101.17	137.28	150.24	105.67	100.82	109.73
二十里店信用社	任务分配	266.91	124.65	74.74	24.14	7.91	3.5	1.51	503.36
	完成情况	274.44	128.33	72.08	27.86	7.94	3.52	1.59	515.76
	完成比例	102.82	102.95	96.44	115.41	100.38	100.57	105.30	102.46
东泉信用社	任务分配	243.31	114.19	68.13	22.09	7.23	3.22	1.39	459.56
	完成情况	253.37	115.9	57.83	26.46	7.32	3.64	1.42	465.94
	完成比例	104.13	101.50	84.88	119.78	101.24	113.04	102.16	101.39
小土古里信用社	任务分配	199.73	92.54	55.92	17.96	5.91	2.59	1.1	375.75
	完成情况	200	105.2	36.6	23.55	6.62	2.95	1.1	376.02
	完成比例	100.14	113.68	65.45	131.12	112.01	113.90	100.00	100.07
园户村信用社	任务分配	280.08	132.03	78.42	25.53	8.34	3.73	1.62	529.75

续表5-2

名称	分配完成情况	50元	20元	10元	5元	1元	5角	1角	合计
	完成情况	284.5	165.88	115.81	65.91	21.22	5.75	1.81	660.88
	完成比例	101.58	125.64	147.68	258.17	254.44	154.16	111.73	124.75
五工台信用社	任务分配	249.67	117.75	69.91	22.76	7.43	3.33	1.45	472.3
	完成情况	252.28	174.87	86.13	55.4	8.16	3.85	1.59	582.28
	完成比例	101.05	148.51	123.20	243.41	109.83	115.62	109.66	123.29
中渠信用社	任务分配	175.68	81.83	49.19	15.86	5.21	2.3	0.98	331.05
	完成情况	189.59	69.67	50.95	20.31	6.16	3.29	0.97	340.94
	完成比例	107.92	85.14	103.58	128.06	118.23	143.04	98.98	102.99
西树窝子信用社	任务分配	158.44	74.93	44.36	14.48	4.72	2.13	0.93	299.99
	完成情况	260.85	136.2	82.7	28.45	7.73	4.77	1.25	521.95
	完成比例	164.64	181.77	186.43	196.48	163.77	223.94	134.41	173.99
大丰信用社	任务分配	249.24	117.51	69.78	22.72	7.42	3.32	1.44	471.43
	完成情况	250.1	121.08	71.94	26.03	7.58	3.36	1.44	481.53
	完成比例	100.35	103.04	103.10	114.57	102.16	101.20	100.00	102.14
丰贸信用社	任务分配	212.9	99.92	59.6	19.34	6.33	2.82	1.22	402.13
	完成情况	214.38	125.01	81.03	35.45	6.54	2.9	1.24	466.55
	完成比例	100.70	125.11	135.96	183.30	103.32	102.84	101.64	116.02
雀尔沟信用社	任务分配	206.53	96.35	57.82	18.67	6.12	2.71	1.16	389.36
	完成情况	305.67	137.81	59.73	25.78	13.55	4.09	1.35	547.98
	完成比例	148.00	143.03	103.30	138.08	221.41	150.92	116.38	140.74
石梯子信用社	任务分配	182.49	85.64	51.1	16.58	5.43	2.41	1.04	344.69
	完成情况	183.95	85.94	53.95	30.7	5.49	2.86	1.06	363.95
	完成比例	100.80	100.35	105.58	185.16	101.10	118.67	101.92	105.59
芳草湖天星信用社	任务分配	121.63	57	34.1	11.05	3.65	1.66	0.67	229.76
	完成情况	128	64.2	31.5	14.8	5.01	3.05	0.47	247.03
	完成比例	105.24	112.63	92.38	133.94	137.26	183.73	70.15	107.52
合计	任务分配	4500	2120	1260	410	134	60	26	8510
	完成情况	5100.03	2637.9	1467.15	739.2	197.44	81.22	29.61	10252.55
	完成比例	113.33	124.43	116.44	180.29	147.34	135.37	113.88	120.48

2012年呼图壁县联社残损人民币回笼完成表

表5-3　　单位：万元

券别	任务数	任务张数	完成金额	上缴张数	超任务数	超额比例(%)
20元	100	50000	180	50000	80	180.00
10元	100	100000	130	400000	30	130.00
5元	168	336000	183	486000	15	109.00
1元	60	600000	72	720000	12	120.00
5角	10	200000	11.75	217500	1.75	118.00
1角	5.76	576000	5.94	59400	0.18	103.00
合计	443.76	1862000	582.69	1932900	138.93	131.00

三、收回“三票”

“三票”，即20世纪50年代初国内印钞条件不足，又缺乏高档专用印钞纸，因此面额3元、5元、10元的人民币由国内设计，委托苏联代印的1953年版的票券，称为苏印“三种票”，简称“三票”。遵照国务院关于收回“三票”的精神，从1964年4月15日起，中国人民银行呼图壁县支行奉命回收兑换1955年发行的苏联代印的1953年版面额为3元、5元、10元的3种人民币（主币），并停止在市场上使用，同时国家自印的主币流通市场。是年年底，收回“三票”工作结束。

第二节　反假币与反洗钱

一、识别与防范假币

1999年，根据人民银行总行《农村信用合作社出纳制度》，县联社对发现假币一律没收，在假币正、背面加盖“假币”戳记和经办员名章，同时开收据，登记假币登记簿；已没收假币连同一联假币没收收据一并入库保管；如发现可疑币（券），信用社难以辨别真伪时，应向持币人说明情况，开具临时收据，将可疑币（券）及时报送上级管理部门或中国人民银行当地分支行进一步鉴别；入库保管的已没收假币（券），应按照中国人民银行当地分支行规定上交；凡发现挖补、拼凑、揭去一面以及有意损坏、涂抹等被破坏的人民币，经查实按规定进行兑换。

2000年5月1日，根据人民银行总行《关于假币收缴凭证和假币印章样式的通知》，县联合社正式启用《假币收缴凭证》和“假币”印章。

2002年11月1日，县联合社转发人民银行乌鲁木齐中心支行《新疆维吾尔自治区金融机构办理人民币存取款业务收缴假币实施管理暂行办法》。

2003年7月1日，根据人民银行昌吉州中心支行《关于印发收缴、鉴定假币专用凭证印章样式及使用说明的通知》，县联合社启用新版本《货币真伪鉴定书》《假人民币没收收据》、假币鉴定专用章和收缴假币专用封装袋以及《反假货币工作人员资格证书》。

2004年12月1日，县联合社印发《呼图壁县农村信用合作社会计综合门柜业务操作规程》。

2012年4月20日，县联社在鸿新百汇商场门前开展反洗钱、反假币相关知识宣传活动，就有关金融知识、理财法规、破币如何兑换、如何识别假币等问题做了解答，共发放宣传单2000多份，受教育者3000多人次。

二、反假币

20世纪80年代，发现假币即没收，并向主管银行报告。20世纪90年代后，根据出纳制度和发生假币情况，县联合社全面部署和加强反假工作。1996年6月30日，在县联合社三楼会议室由县政府出面召开以“合作金融宣传月”内容为主题的反假座谈会，参会的有县、乡（镇）及村组领导、各机关团体和企业负责人共40多人。会议由县政府领导主持，县联合社主任王钧作《关于呼图壁县农村合作金融事业及反假工作回顾与展望的报告》，县政府领导对反假工作做具体部署。

1997年6月，县联合社订制6000张以歌颂农村信用社资金实力、办公条件、服务对象、机构设置、反假工作等为内容的宣传单和15条横幅布标，悬挂于街道与村口。1997年6月22日，县联合社组成以彩车为首的摩托车队，职工佩戴彩带，在全县人员比较集中的地段大力宣传信用社的创业、改革、发展与当前的历史地位，同时还设立3个以散发传单、兑换破币、识别假币、服务咨询为一体的服务点，受益者2000多人次。

1999年，县联合社利用正月十五灯展、电视录像、广播、横幅标语等，开展农村信用社反假币活动。是年3月中旬，在县城繁华地段和农村集市设置8个宣传点，出动宣传车10多辆、散发宣传单5000多份，出动宣传人员100多人次，开展服务咨询、兑换残缺人民币、反假币等宣传活动。

2001年初，县联合社利用电视广告、宣传车、挂布标、发宣传单、永久性广告牌等形式，在县城繁华地段和农村集市设置宣传点，开展储蓄、反假币和兑换残缺人民币等服务咨询活动。

2004年11月5日，县联合社各营业网点临柜人员参加人民银行呼图壁县支行组织的反假币上岗资格培训、考试并取得反假币上岗资格证书；按规定都能坚持双人临柜，业务人员发现客户的现金如有假币的当场鉴定，换人核对，确认为假币的当场予以收缴，在假币上加盖人民银行统一下发的假币章，并向持有人出具中国人民银行统一印制的假币收缴凭证，并告知持有人如对被收缴的货币真伪有异议，可向当地中国人民银行分支机构或中国人民银行授权的当地鉴定机构申请鉴定。

2006年，县联社实行统一法人后，对2005年8月以来新发行的第五套人民币反假工作进一步提出措施，下发《呼图壁县农村信用联社反假币工作管理办法》《反假币奖励办法》，要求各社（部）加强反假工作领导，培训信用社业务人员，提高识别假币能力。临柜人员发现假币，当场盖章没收。至2012年，全辖各网点共查处假人民币事件1000多起，发现假币3000多张，金额达1.5万元。

三、反洗钱

20世纪90年代，根据发生洗钱情况，县联合社即部署反洗钱工作。

2004年6月3日，县联合社反洗钱工作领导小组成立，李澍任组长，李财寿、刘娟、王惠琴、柳茂军为成员。并要求各社指定专人负责反洗钱工作的检查和落实，县联合社领导小组将不定期对各社反洗钱工作执行情况进行督察。

2005年6月3日，为进一步推动反洗钱工作、完善反洗钱内控制度、防范和遏制洗钱犯罪活动，加大反洗钱工作的监督和检查力度，呼信发〔2005〕第63号文件决定调整县联社反洗钱工作领导小组成员，刘怀强任组长，谢会同任副组长，各社（部）经理、主任、会计、委派会计、负责人为成员。要求反洗钱工作组成员在日常工作中切实抓好检查和落实，尤其要认真落实大额和可疑资金交易报告工作制度，并做好自查工作，县联合社领导小组将不定期对各社（部）反洗钱工作执行情况进行督导检查。

2005年8月25日，为提高县联合社乃至全社会对反洗钱工作的认识水平，全面推进反洗钱工作，根据《中国人民银行办公厅关于印发<反洗钱宣传活动方案>》的通知（银办发〔2005〕104号）、人民银行昌吉州中心支行《关于组织开展昌吉辖区金融机构反洗钱宣传活动的通知》（昌银发〔2005〕250号）精神，县联合社结合实际，制定《呼图壁县农村信用合作社联合社反洗钱宣传活动实施方案》。活动分为三个阶段：第一阶段8月25日至9月15日为“舆论先导期”：（一）散发海报、折页，（二）上街宣传，（三）丰富多彩，灵活宣传；第二阶段9月16日至10月15日为“强化提高期”：（一）知识测试，（二）规章宣传，知识培训，（三）反洗钱知识培训和考核；第三阶段10月16日至10月31日为“总结整理期”。该次宣传活动，至2005年10月31日结束。

2008年8月8日，为规范反洗钱和大额及可疑支付监督报告行为，切实做好大额交易和可疑交易报告工作，县联社成立反洗钱、大额交易、可疑交易工作领导小组，朱智岗任组长，叶斌、陈志高任副组长，刘娟、黄卫民、马燕、何玉刚、叶寿林为成员，各营业网点会计为反洗钱专管员，负责本网点大额和可疑交易记录，分析和报告反洗钱工作。

2010年1月18日，县联社调整反洗钱、大额交易、可疑交易工作领导小组成员，朱智岗任组长，叶斌、陈志高为副组长，潘存娟、狄光军、何建斌、何玉刚为成员，另指定各营业网点会计为反洗钱专管员，负责本网点大额和可疑交易记录，分析和报告反洗钱工作。

2011年1月17日，因人事变动，县联社调整反洗钱、大额交易、可疑交易工作领导小组成员，朱智岗任组长，陈志高、叶斌为副组长，潘存娟、狄光军、冯琬婷、何玉刚为成员，各营业网点委派会计为反洗钱专管员，负责本网点大额和可疑交易记录，分析和报告反洗钱工作。

2012年1月22日，县联社制定《呼图壁县农村信用合作联社2012年反洗钱工作方案》。2月20日，又出台《呼图壁县农村信用合作联社反洗钱内控制度》。

2012年3月26日，县联社调整反洗钱、大额交易、可疑交易工作领导小组成员，朱智岗任组长，陈志高、叶斌为副组长，首席风险官、各社（部）主任、总经理为成员。领导小组下设办公室，办公室设在联社会计部，办公室主任、副主任分别由会计部总经理、安全保卫部总经理担任；会计部、信用卡科技管理部人员及社（部）委派会计为成员。指定会计部王芳、各网点委派会计为反洗钱专管员，负责大额和可疑交易记录、分析和报告反洗钱工作。

2012年4月1日至11月30日，为促进反洗钱工作规范化、制度化，保证宣传活动落到实处，县联社开展反洗钱宣传活动。刘怀强与各社（部）负责人签订《2012年反洗钱工作目标责任书》共20份。其间，集中宣传时间为2个月，上半年集中宣传月为4月份，下半年为10月份。活动在县联社反洗钱领导小组统一安排下进行。宣传内容为反洗钱基本知识、金融机构及公民应尽的反洗钱义务、洗钱犯罪的社会危害性、我国反洗钱工作的成果及反洗钱相关法律法规。宣传方式采取学习法规、培训考试、召开座谈会、悬挂横幅、设立咨询台、发放宣传单、集中宣传、督导检查、信息反馈、报告总结等。截至11月底，全辖20个营业网点共发放反洗钱法规宣传折页及宣传单12000多份，悬挂横幅40多条，各类学习会、座谈会、集中和分散宣传达100多场次。针对部分少数民族需要，县联社还订购1000多册哈文版和维文版宣传册，解答疑问，普及反洗钱知识。至2012年年底，全辖各网点共上报反洗钱900多笔，金额12000多万元。

2005年呼图壁县联合社反洗钱工作领导小组成员名表

表5-4

姓 名	性 别	反洗钱小组职务	行 政 职 务
刘怀强	男	组长	联社主任
谢会同	男	副组长	联社副主任
刘 娟	女	成员	会计统计部经理
王 智	男	成员	营业部主任
闫怀梅	女	成员	委派会计
蒋 斌	男	成员	市场分社主任
刘 静	女	成员	市场分社会计
陈 军	男	成员	园林路分社主任
马生华	女	成员	园林路分社会计
何建斌	男	成员	二十里店信用社主任
孟春玲	女	成员	二十里店信用社会计
徐 刚	男	成员	东滩分社负责人
闫怀忠	男	成员	东滩分社会计
孙玉斌	男	成员	小土古里分社负责人
房 勇	男	成员	小土古里分社会计
向国忠	男	成员	宁州户分社负责人
张 锋	男	成员	宁州户分社会计
杨 斌	男	成员	头工分社负责人
叶会莉	女	成员	头工分社会计
姚继文	男	成员	园户村信用社主任
潘存娟	女	成员	园户村信用社委派会计
祁 鹏	男	成员	昌华路分社负责人
张瑞贤	女	成员	昌华路分社会计
周新袁	男	成员	园户村分社负责人
姚文艳	女	成员	园户村分社会计
唐志艳	女	成员	大丰信用社主任
冉秀萍	女	成员	大丰信用社委派会计
桂玉海	男	成员	红山分社负责人
钱 涛	男	成员	红山分社会计

续表5-4

姓 名	性 别	反洗钱小组职务	行 政 职 务
刘金泉	男	成员	大丰市场分社负责人
贾金琴	女	成员	大丰市场分社会计
王 程	男	成员	五工台信用社主任
罗光萍	女	成员	五工台信用社委派会计
李玉清	男	成员	中渠分社负责人
陈海鸿	男	成员	中渠分社会计
徐贵全	男	成员	西树窝子分社负责人
来冬梅	女	成员	西树窝子分社会计
王国军	男	成员	大泉分社负责人
马 建	男	成员	大泉分社会计
狄光军	男	成员	银星信用社主任
刘晓琴	女	成员	银星信用社委派会计
马利军	男	成员	东风路分社负责人
时维燕	女	成员	东风路分社会计
木合买提·哈南	男	成员	雀尔沟信用社主任
阿兰·哈勒班	男	成员	雀尔沟信用社委派会计

第六章 股 金

股金是信用社的主要资金来源之一，是农村信用合作社建立和发展的基础资本。1954年3月25日，按照中国人民银行总行《农村信用合作社章程准则（草案）》要求，成立全县第一个农村信用合作社，根据自愿两利原则，筹集广大社员积极入社，年末入社社员566户621股，金额863元。至1956年入社人员达6117人，股金1.44万元。

1958～1973年，在人民公社和贫下中农领导期间，广大人民投身到大生产中，入社积极性不高。从中共十一届三中全会后，1985年随着土地联产承包责任制全面实施，人民生活水平日益改善，广大社员入社积极性逐渐提高，信用社资本实力日益增强。年底，县农村信用社有入社社员7100户，股金8.12万元，占全县农户的58.3%。

1988年5月，县联合社成立，在农业银行呼图壁县支行领导下，结合信用社实际，坚持把信用社办成一个真正的合作金融组织改革方向不变，出台贷款数量、期限、利率等优惠政策，鼓励农户、专业户及经济组织等入股信用社。年底，社员入社股金87.67万元。

1999年，县联合社按照“入股自愿、风险共担、利益共享”原则，提高社员入股金额，并对股金管理、分红进行规范。至2004年，通过对股金股权进一步规范，设置为自然人股和法人股，并分设资格股和投资股。年末，县联合社股金2004.4万元，其中法人股515.63万元，自然人股金1488.77万元。

2006年，在自治区联社领导下，县联社成立，统一法人，统一规范股金管理、股权设置，加大增资扩股宣传，充实资本实力。年底，县联社股金3068.25万元。

2012年，面临日益激烈的竞争局势，县联社通过内抓规范管理，外抓宣传动员，吸纳社会各界积极入股，汇集各界资金力量，促使股金业务日新月异增长，为促进商业银行改制打下基础。年末，实收资本（股本）15732.63万元，其中法人股5404.14万元，占34.35%；自然人股金10328.49万元，占65.65%。

第一节 入股与退股

一、入股

1954年3月25日，在人民银行的指导下，在渭户乡（现芳草湖六场）成立全县第一个农村信用合作社。按章程规定在信用社入股，方可取得信用社社员资格，享受信用社的优惠服务。入股人均为自然人，主要是农村贫下中农。当时规定，社员入股每人至少一股，每股金额为小米20～30

斤，不论金额多少，每人均只有一次表决权。年末，入社社员566人，入股621股，股金863万元（旧人民币）。

1955年，新版人民币发行使用，社员入股每人至少一股，每股1元，县农村信用社社员股金1.11万元。

1956年，县农村信用社入社社员6117人，股金1.44万元。

1958年，县农村信用社社员股金达3.79万元。

1985年，县农村信用社入社社员7100户，股金8.12万元，占全县农户的58.3%。

1987年，县农村信用社入社股金57.67万元。

1988年，县联合社成立，遵循把信用社办成一个真正的合作金融组织的改革方向，广泛吸收农户、专业户、集体和合作经济组织入股，并在贷款数量、期限、利率等给予优惠。为广泛扩股，继续实行盈余社股金分红的办法，亏损社对股金采取保息办法。是年年末，县联合社入社股金87.67万元。

1990年，县联合社入社股金108.36万元。

1991年，县联合社股金达120.69万元。

1992年，县联合社有股金275万元。

1994年，各基层信用社向县联合社入股271.61万元。

1994年呼图壁县基层信用社向县联合社入股一览表

表6-1　　　　单位：万元

名　称	各项存款	已入股金额			按各项存款1%入股		合计
		小　计	1994年前入股	1994年后入股（房产）	应入股金额	补入股金额	
市场营业部	—	43.61	—	43.61	—	—	43.61
幸福分社	—	4.88	—	4.88	—	—	4.88
二十里店社	2989	26.12	13	13.12	30	17	43.12
园户村社	4248	51	12	39	43	31	82
五工台社	3154	23	10	13	32	23	46
大丰社	2862	20	7	13	29	22	42
石梯子社	324	—	—	—	5	5	5
雀尔沟社	364	—	—	—	5	5	5
合　计	13941	168.61	42	126.61	144	103	271.61

说明：已入房产股不计入本次应入股金内

1999年，县联合社决定，适当提高社员入股金额，实行“入股自愿、风险共担、利益共享”政策。

2001年7月3日，县联合社印发《关于历年职工股红和劳动分红分配方案及信用社职工股权额设定标准方案》。是年8月8日，县联合社理事会通过职工股权标准，即县联合社正、副主任股权额为1.5万元，管理部门及基层社（部）主任1万元，职工5000元（最低不少于3000元）。社员股金254.4万元。

2002年，县联合社股金1057.7万元，其中7个基层信用社向县联合社入股515.63万元，社员股金293.97万元，职工入股248.1万元。

2003年，县联合社股金1362.11万元。

2004年4月21日，县联合社依据《中国银行业监督管理委员会关于规范向农村合作金融机构入股的若干意见》要求，规范股金管理，必须坚持“入股自愿、风险自担、服务优惠、利益共享”原则，并用自有资金入股，不得以贷款、实物、换股形式等入股，任何单位和个人均不得强制入股。按要求设置自然人股和法人股，并分别设定资格股和投资股。资格股是取得社员资格必须缴纳的基础股金。投资股是由社员在基础股金外投资形成的股金。年末，县联合社股金2004.4万元，其中法人股515.63万元，自然人股金1488.77万元。

2005年，县联合社股金3021.53万元，其中法人股金515.63万元，自然人股金1773.3万元，职工股金732.6万元。

2006年，县联社统一股金标准，即自然人资格股入股起点为100股（1元/股），法人股起点1万股（1元/股）。法人股股金额的60%计为投资股，40%计为资格股。自然人股股金额的70%计为资格，30%计为投资股。年末，实收资本（股本金）3068.25万元。

2007年年末，县联社实收资本（股本）3479万元，其中资格股2411万元，占69.3%，投资股1068万元，占30.7%。

2008年，县联社进一步规范股金管理，采取多种形式加大宣传，增加资本实力。年末，实收资本（股本）4920万元。

2009年，县联社继续规范股金管理，优化股权结构，做好股金分红，促进经济实力和抵御风险能力稳步增强。年末，实收资本（股本）达7187.42万元，其中法人股1415万元，占19.69%，自然人股5772.42万元，占80.31%。

2010年，县联社依据中国银监会《关于加快推进农村合作金融机构股权改造的指导意见》精神，加快推进股份制改造，优化股权结构，提升法人股比例，健全流转机制，加大自然人股和法人股的宣传，深受社会各界支持。年末，实收资本（股本）达11495万元。

2011年2月22日，县联社进一步优化股权，把股权向法人股集中，适度提高单个股东持股比例，形成以法人股为主体，逐步调整股东结构。按标准要求法人股金要补足100万元，自然人要补足20万元，做好宣传、动员、解释工作。年末，实收资本（股本）15732.63万元。

2012年年末，县联社县依据关于组建农村商业银行的政策和规定，不办理新增股金手续，重点对不合规股金进行清理、规范。年末，实收资本（股本）15732.63万元，其中法人股5404.14万元，占34.35%；自然人股金10328.49万元，占65.65%。职工持股175人，股金2355.59万元，占股金总额的14.97%。

2012年呼图壁县联社股金统计表

表6-2 单位：万元

机构总数	股本结构						
	实收资本总额	其中					
		法人股	自然人股	职工股			
				小计	在岗人员持股	内退人员持股	退休人员持股
19	15732.63	5404.14	10328.49	2356	2263	75	18

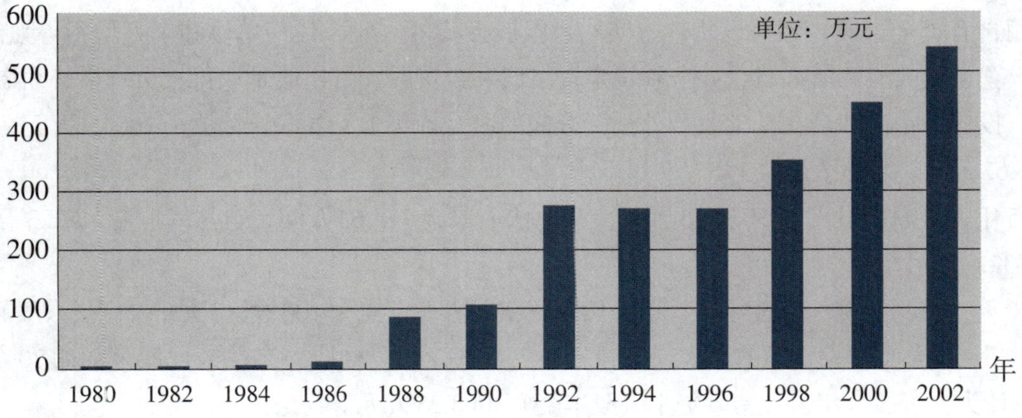

图6-1　1980～2002年呼图壁县联合社社员股金示意图

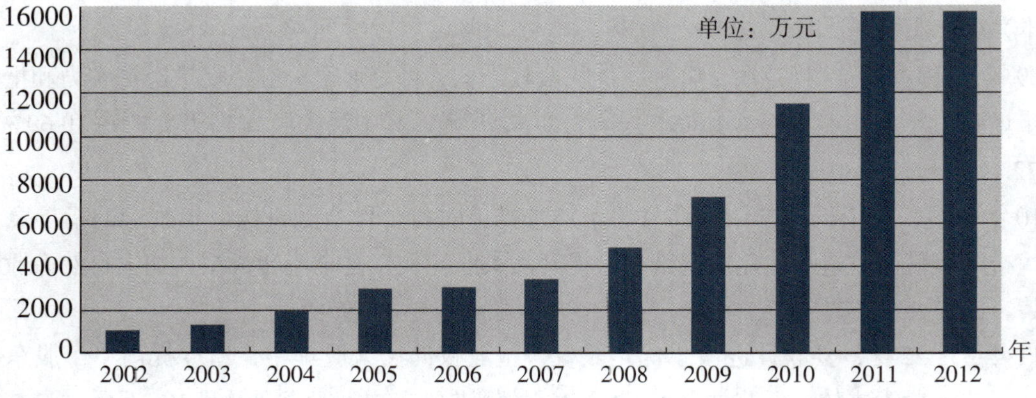

图6-2　2002～2012年呼图壁县联合社（联社）股金余额示意图

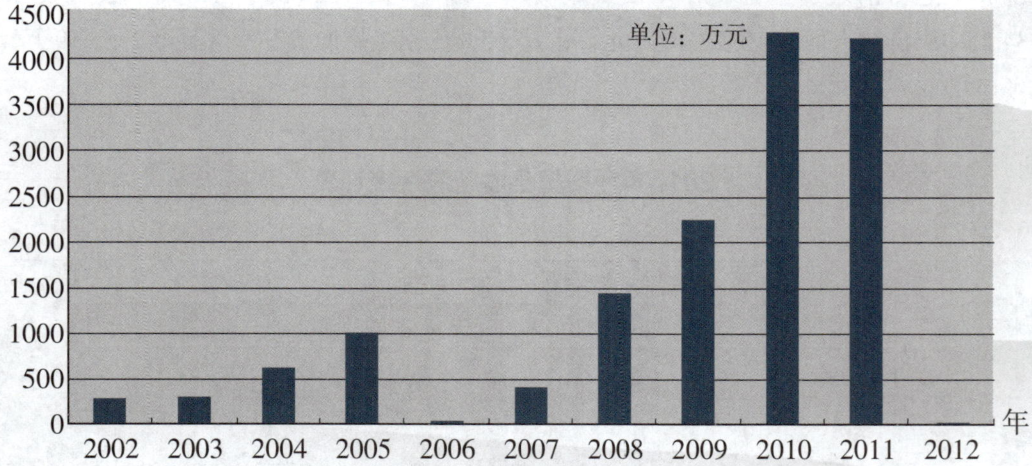

图6-3　2002～2012年呼图壁县联合社（联社）股金变化示意图

二、增资扩股

增资扩股是指农村信用社向社会募集股份、新股东投资入股或原股东增加投资扩大股权，从而增加信用社的资本金。做好增资扩股工作与呼图壁县联社的切身利益紧密相关，对保证农村信用社快速、稳定地发展具有重要意义。增资扩股是农村信用社明确产权关系，完善法人治理，强化约束机制的一项基础性工作。明确产权关系，完善法人治理是把农村信用社办成“自主经营，自我约束，自我发展，自担风险”的金融市场主体的前提。增资扩股有利于提高信用社资本充足率，增强资本实力和抗御风险能力，充分整合信贷资源，不断扩大信用社经营规模，更好地发挥作为农村金融主力军的作用，提高经营效益和支农服务水平。

20世纪50年代至80年代，呼图壁县农村信用合作社的社员都是自然人入股，并且是在建社之初入的股，在这期间，农村信用社没有再向社会公开募集股金，开办增资扩股业务。

1991年，县联合社在体制改革、清股付息的同时，积极吸收新社员，开展扩股增资工作。年末，股金达120.69万元。

1993年，县联合社把入股对象由农牧民扩展到个体工商户等其他自然人。适当提高入股金额，入股数量不限。每股股金为1元，自然人入股起点为10元，多入不限。随着社会经济的发展和改革开放的深化，广大人民群众的经济状况有了一定改善，新社员入股金额一般在数十元，多者数百元。此后，扩股增资吸收新社员，成为信用社一项常态化工作。

1997年，县联合社与农业银行呼图壁县支行脱钩后，资金实力薄弱，为改变这一现状，经报批进行增资扩股，入股对象以农牧民为主，城乡居民为辅，每股1元，期限定为二年或三年，对原有股金进行规范。

1998年，县联合社按照自愿入股的原则，为入股社员服务，规范运作，通过清理、核对历年股金和分红，吸收新社员，增加股金，年末增资扩股79万元。

2001年，县联合社按照“入股自愿、风险共担、利益共享”原则，进一步规范股金和分红，推动增资扩股工作。

2002年，县联合社依照章程改善资产结构，利用增资扩股规范股权结构。各乡镇信用社向县联合社入股515.63万元，增加职工入股248.1万元。

2004年，县联合社通过股权的重新设置，设资格股和投资股，并利用板报、横幅、标语等形式，加大增资扩股宣传力度，促使股金保持增长态势。年末，股金比上年增加642万元。

2005年，县联合社努力调整股金占比结构，制定增资扩股计划，加大募集股金力度，利用股金分红做好增资扩股宣传。年末，股金比上年增加1017万元。

2006年，县联社成立，重新统一规范股金标准，自然人资格股起点为1000股，每股金额为1元，法人股起点为10000股，每股金额为1元。按标准对资格股不足的必须补足，全面开展增资扩股宣传、动员工作，通过入股改革政策和优惠措施广泛宣传。年末，股金达到3068万元。

2007年，县联社依据新疆银监局要求，进一步规范股金结构，继续强化增资扩股工作，向社会各界进行宣传，充实实收资本。年末，实收资本（股本）3479万元，其中资格股2411万元，投资股1068万元，增加股金411万元。

2008年，县联社理事会同意报批增资扩股1450万元，其中增加资格股800万元，投资股650万元。经过全体员工的努力。年末，完成增资扩股1441万元，完成计划99%。

2009年3月17日，县联社为壮大经营实力和抵御风险能力，提高资本充足率，制定《呼图壁县农村信用合作联社募集股金说明书》，继续向社会各界增资扩股1600万元，同时增加职工股金额度，高管人员入股20万至30万元，中层干部入股10万至15万元，一般员工入股5万至10万元。在有力措施和有效宣传的双重推动下，保持股金的快速增长。年末，完成增资扩股2267万元。

2010年，县联社依据中国银监会《关于加快推进农村合作金融机构股权改造的指导意见》精神，加快股份制改造，优化股权结构，稳步提升法人股比例。重点做好法人股增资扩股工作。年末，完成增资扩股4308万元。

2011年，县联社成立刘怀强任组长的增资扩股领导小组，制定《呼图壁县农村信用合作联社股本金管理暂行办法》，规范股金管理，重点做好法人股增资扩股工作，经报批向法人企业募集股金6000万元，经广泛宣传、调查核实，有5个新增法人企业符合入股条件。年末，完成增资扩股4238万元。

2012年，县联社经批准进行股份制改造，暂停增资扩股工作。

三、退股

1954~1961年，建社初期股金管理，坚持“入社自愿、退社自由”原则，入股社员一般不退股，有迁出本地可申请退股。

1962年11月，根据人民银行总行《关于农村信用合作社若干问题的规定（试行草案）》，信用社股金积累及其他财产属于信用社社员集体所有，按照合作制原则规范股金，实行“自主经营、自负盈亏、自担风险”。

1988年，根据农业银行新疆分行《农村信用社财务管理制度（实行）》，县联合社按社员个人股和集体单位股份户管理。死亡绝户、无法确定继承人的股金转入“信贷基金”，暂时无法落实的股金设专户管理。社员退股，本人及继承人申请、报信用社理事会审批后办理退股手续，凡在年终决算前退股的不予分红。

1993年以前，县联合社股金管理执行“入股自愿，退股自由”和“保息分红”规定，实行专户管理。

1994年，根据国家税务总局《农村信用合作社财务管理实施办法》，县联合社改收付记账法为借贷记账法，将股金、信贷基金、固定资产基金转入实收资本，作为信用社集体资本金。

1997年，根据人民银行总行《农村信用社管理规定》，按照“平等自愿、利益共享、风险共担”原则，社员持有股金，经信用社办理登记手续后可转让；股权可以依法继承。社员退股向信用社提出书面申请，经理事会批准后可办理退股手续，决算前退股不分红。

2000年，根据国家税务总局、人民银行总行《农村信用合作社财务管理实施细则》，县联合社股金管理，按个人资本金、法人资本金和信用社集体资本金建账管理，按投资比例分享收益和承担风险。

2004年，县联合社将股金分为自然人股和法人股。根据权利与义务差异，分别设定资格股和投资股。资格股满3年经县联合社理事会审批可转让可退股。投资股可转让、分割、继承和馈赠，但不得退股。

2006年5月25日，县联合社印发《关于信用社入股社员申请退股操作程序》，规范退股操作程序，办理退股，由经营社受理并撰写调查报告，一并上报县联合社理事会审批。规定资格股在当年亏损、当年资本充足率未达规定要求或退股后不达规定要求的不办理退股，办理退股应在年底决算后，否则不支付当年股金红利。

2009年3月24日，县联社印发《关于对不合规股金清退及分红方案》，按照要求对不合规定的股金，做好宣传、解释工作，动员进行分红清退。年末，清理退股54.07万元。

2010年，县联社依据中国银监会《关于加快推进农村合作金融机构股权改造的指导意见》精神，继续加大不合格股金的清理和退股工作。年末，清理退股272.84万元。

2011年，县联社依据《关于呼图壁县农村信用社股权改造方案》，法人股不足100万元要补足；自然人股不足20万元要补足，否则要求转让。资格股全部清退，不愿意增补或转让、退股的，年末按比例分红后仍达不到入股起点作挂账处理，挂账后不计息和分红。

2012年，县联社依据关于组建农村商业银行的政策和规定，制定《关于呼图壁县农村信用合作联社老股金处置方案》，对改制不愿入股的、要求退股或不符合改制发起人条件的，于公告期内，持有效证件及股金证办理退股手续。公告期内未办理退股或转让，公告仍无法确认身份的股金，全部作为其他应付款项核算，不再具有股金属性，不再享受股金分红。

第二节 转让、分割、继承与馈赠

县信用社成立至2003年，未办理股金转让、分割、继承与馈赠业务。

2004年7月，县联合社依据中国银监会《关于规范向农村信用社合作金融机构入股的若干意见》。按股金来源和归属设置自然人股和法人股两种股权，并应对自然人股和法人股分别设定资格股和投资股。资格股可以退股，投资股不得退股，只能转让、分割、继承和馈赠，自然人股可以转让给自然人或者法人，企业法人股只转让给企业法人，原则上不可以转让给自然人。股东所持的资格股可以转为投资股。是年，县联合社未发生股金转让、分割、继承和馈赠业务。

2006年5月25日，县联合社印发《关于信用社入股社员申请退股操作程序》，规范转让、分割、继承与馈赠操作程序，办理转让、分割、继承与馈赠，由经营社受理核实并撰写调查报告，一并上报县联合社理事会审批，规定应在年底决算后办理。

2009年3月24日，县联社印发《关于对不合规股金清退及分红方案》，按照要求对不合规定的股金，进行清退、转让。

2010年，县联社依据中国银监会《关于加快推进农村合作金融机构股权改造的指导意见》精神，取消资格股，全部转为投资股，并继续加大不合格股金的清退和转让工作。年末，退股、转让272.84万元。

2011年，县联社依据《关于呼图壁县农村信用社股权改造方案》，法人股不足100万元要补足；自然人股不足20万元要补足，否则要求清退、转让。愿退股的，收回股金证办理退股手续。愿转让的，由受理社进行调查核实，撰写调查报告并签订统一制作《股金转让协议书》与相关资料一并上报县联社。县联社对股权转让行为中的股权受让方资格、股权转让后股权结构、股权转让手续和协议的合法性进行审查，并按规定将大额股权转让上报新疆银监局备案。对不合规股金不愿意增补、转让和退股的，年末按比例分红后仍达不到入股起点作挂账处理，挂账后不计息和分红。

2012年，县联社依据关于组建农村商业银行的政策和规定，制定《关于呼图壁县农村信用合作联社老股金处置方案》，对符合标准条件的股金，暂停办理退股、转让、分割、继承与馈赠手续。

第三节　股权设置

一、股权结构

股权设置是农村信用社的基础建设，是构建社员成分合理结构的核心内容，是巩固和扩大信用社实收资本的重要途径。呼图壁县农村信用社的股权设置，总体趋势是随着经济发展、政策变化而不断调整、充实、完善起来的。60年的发展变化，形成以社员股、集体股和职工股为主要内容的股权结构。

1988年，县联合社成立，形成社员股、集体股、法人股和职工股的股权结构。

2004年4月21日，县联合社按要求设置自然人股和法人股，并分别设定资格股和投资股。资格股是取得社员资格必须缴纳的基础股金。投资股是由社员在基础股金外投资形成的股金。

2006年，自治区联社成立，县联社依据《中国银行业监督管理委员会关于农村信用社以县（市）为单位统一法人工作的指导意见》，进行股金规范，统一入股标准，股金结构又统一为自然人股和法人股，自然人股包括社员股和职工股。

2010年12月3日，县联社依据《关于加快农村合作金融机构股权改造的指导意见》，制定《呼图壁县农村信用合作联社股权改造实施方案》，全面取消资格股，资格股转为投资股。单个自然人投资入股比例不得超过股本总额的2%，职工自然人合计投资入股比例不得超过股本总额的20%，股权结构未发生变化。

二、自然人股

1954年，呼图壁县各乡信用社的股权比较单一，只设自然人股即社员股，绝大多数是贫下中农股，按章程规定在信用社入股，方可取得信用社社员资格，享受信用社的优惠服务。入股人均为自然人，主要是农村贫下中农。当时规定，社员入股每人至少一股，每股金额为小米20～30斤，需缴纳入社费。不论金额多少，每人均只有一次表决权。各乡信用社成立之初，均把入股股金作为信用社第一资金来源，年末，社员入社566人，入股金额863万元（旧人民币）。

1955年，新版人民币发行使用，社员入股每人至少一股，每股1元，年末，社员入社股金1.11万元。

1978年，中共十一届三中全会后，随着经济的不断发展，人民生活水平的不断提高，在信用社入股的积极性有所提高，年末，社员入社股金达4.1万元。

1987年，农村的土地联产承包责任制已初见成效，农民的生活水平发生日新月异的变化，促使信用社的股金出现逐年增长态势。年末，社员入社股金达57.67万元。

1988年，县联合社成立，遵循把信用社办成一个真正的合作金融组织的改革方向，广泛吸收专业户和合作经济组织入股，并把入股年龄也由16岁提高到年满18岁，并向广大农牧民倾斜，开始吸收职工入股。年末，股金达87.67万元。

2004年4月21日，县联合社进行股金规范管理，按要求设置自然人股和法人股，职工股和社员股统称为自然人股。年末，股金达2004.4万元，其中自然人股金1488.77万元。

2006年，县联社进行股金规范，统一入股标准，股金结构又统一为自然人股和法人股，并设置自然人资格股入股起点为100股，每股为1元。为增强资金实力，规定自然人入股资格股不低于1000股，投资股入多少由客户自己决定，并要求原有股金不足的必须按标准补足。

2008年，县联社在规范股金管理的同时，积极宣传吸收新股金，不断增强经营实力。年末，实收资本4920万元，其中自然人股3619万元，占74%。

2009年，县联社实收资本（股本）达7187.42万元，其中自然人股5772.42万元，占80.31%。

2010年，县联社为推进股份制改造，优化股权结构，提升法人股比例，加大自然人股和法人股的宣传，倍受关注和支持。

2011年2月22日，县联社进一步优化股权，调整自然人股金起点为20万元，不足的要按要求补足20万元，做好宣传、动员、解释工作。年末，实收资本（股本）15732.63万元，其中自然人股金10328.49万元，占65.65%。

2012年，县联社依据关于组建农村商业银行的政策和规定，主要对不符合规定要求的自然人进行清理。年末，实收资本（股本）15732.63万元，其中自然人股金10328.49万元，占65.65%，内含职工股2355.59万元。

三、法人股

1984年以后，随着经济成分的变化，呼图壁县信用社提出增设集体经济股，但由于特殊的经济和社会环境，并没有实行。

1988年，县联合社成立，为把信用社办成真正的合作金融组织，吸纳社会各界参与信用社经营发展，广泛吸收集体、企业和合作经济组织入股，并在贷款额度、期限、利率等给予优惠，但收效甚微。

1994年，县联合社依照章程，向各基层法人信用社吸收法人股金271.61万元。

2002年，县联合社按照“入股自愿、风险共担、利益共享”原则，适当提高基层法人信用社入股金额。年末，7个基层法人信用社向县联合社入股515.63万元。

2004年4月21日，县联合社按规定规范股金管理，坚持“入股自愿、风险自担、服务优惠、利益共享”原则，并按要求设置自然人股和法人股。年末，县联合社股金2004.4万元，其中法人股515.63万元。

2006年，县联社统一股金标准，法人股起点1万股（1元/股）。法人股金额的60%计为投资股，40%计为资格股。

2008年，县联社坚持增资扩股工作常抓不懈，保持经济实力稳步增长。年末，实收资本4920万元，法人股1301万元，占26%。

2009年，县联社加大法人股增资扩股工作，积极宣传、协调、动员、落实，使法人股逐年提升。年末，实收资本（股本）达7187.42万元，其中法人股1415万元，占19.69%，比上年增加114万元。

2010年，县联社进一步优化股金结构，制定措施、分配任务、落实责任，提升法人股占比，全力做好法人股资格调查、审查工作，做到单户企业法人及关联企业持股金额合计不超过股本总额的10%。

2011年，县联社依据《关于2011年股权改造工作安排通知》，落实法人股不足起点100万元的，要求及时补足，同时做好新法人股资格调查、审核及报批工作，保证法人股占比提升，经审验有5个新增企业法人符合入股条件。年末，实收资本（股本）15732.63万元，其中法人股5404.14万元，占34.35%。

2012年，县联社依据关于组建农村商业银行的政策和规定，停办法人股新增手续，主要对不符合规定要求股金进行清理、规范。年末，实收资本（股本）15732.63万元，其中法人股金5404.14万元，占34.35%。

2012年呼图壁县联社法人股明细表

表6-3　　单位：万元

户　名	余额	地　址
新疆金融投资公司	800	新疆乌鲁木齐市金银大道
呼图壁县芳草湖瑞鑫门窗有限公司	800	呼图壁县芳草湖农场东工业区内
新疆鑫联煤化工有限公司	800	呼图壁县大丰镇天山工业园区
上海同业煤化集团有限公司	800	呼图壁县农业银行三楼
新疆绿源天惠市政景观工程有限公司	800	新疆乌鲁木齐市高新区苏州东路568号
乌鲁木齐市金圆顺景石油化工有限公司	600	乌鲁木齐市米东区碱沟西路南侧
新疆众鑫油脂有限公司	300	呼图壁县五工台镇88公里处
呼图壁县北疆粮油工贸有限责任公司	100	呼图壁县东风大街北侧呼芳路1公里处
新疆生产建设兵团第六师一〇五团	100	新疆生产建设兵团第六师一〇五团
新疆鸿新建设集团有限公司	100	呼图壁县东风路142号
昌吉市虹桥商贸有限责任公司	100	昌吉市建国西路66号
新疆生产建设兵团第六师芳草湖农场	104.14	新疆兵团第六师芳草湖农场
合计	5404.14	

第四节　股金分红

农村信用社的股金分红既体现社员权利，又关系社员经济利益。股金是信用社合作制的产物，也是社员参与信用社经营的原始投资。股金分红就是这种投资的一种回报方式。

1954年，呼图壁县农村信用社成立初期，实行股金分红制，盈利的信用社给持股人一定的分红，亏损的信用社不分红。

1957年，按照农业银行总行〔1957〕31号文件精神，信用社年终决算后，有盈余的信用社股金分红不超过净利润的40%，作为对社员入股的报酬，后又加以修改，规定信用社年终决算有盈余时，股金分红按以下标准分配：公积金占60%以上，作为积累，以备扩充业务与弥补经营亏损；公益金占25%以下，用于办理社员文化教育、医疗卫生等福利设施；奖励金占15%以下，作为奖励对本社有功社员及工作人员。

1958年，信用社的股金、积累（包括亏损）、财产转为人民公社银行的基金、财产。由于执行“一大二公”，认为股金分红属于资金分红的性质，违反按劳分配原则，违背信用社的社会主义性质，从当年开始，社员股金不再分红。

1961年9月26日，人民银行新疆分行转发人民银行总行《关于农村信用社的若干问题》规定，农村信用社的股金分红在有盈余的情况下，大部分提取公职金，其余按适当比例实行股金分红，提取福利费和奖金。

1980年9月2日，农业银行新疆分行《关于设在人民公社金融基层机构若干问题的规定》规定：社员股金从1978年起一律按定期一年计息。1981年4月18日，自治区农业银行转发农业银行总行《关于改革农村信用社体制，搞好农村信用社工作的意见》规定，农村信用社的股金分红按一年储蓄利率计息，但可从盈利中划出一部分比例作分红，搞试点。

1984年，农业银行呼图壁县支行决定，社员股金分红不超过10%，盈余多的信用社按10%～15%分红。

1987年，农业银行呼图壁县支行决定，股金分红最高不超过纯利润的10%（集体或个人分红所得不超过入股金额的15%）。

1993年，县联合社股息与分红不超过股金的15%。即一年期股息加红利为10%，二年期为11%，三年期为12%。以盈利为前提最高不超过15%，红息合一，按同期储蓄利率，即一年期月息为6.3‰，二年期月息为6.6‰，超过部分为分红，在股金到期支取时，股息从利息科目支付，分红从盈利中支出。

1994年，县联合社经批准，对扩充股金500万元，实行到期按一年储蓄存款利率计息，每万元另分红126元。

1997年，县联合社依据国务院〔1997〕20号文件规定取消保息分红政策，实行按股分红。

2001年，县联合社印发《关于规范1999、2000年度股金分红方案》，保留1998年年末职工股金，其余部分如数退还职工；收回已分配股金分红、劳动分红等待重新分配。是年，县联社印发《关于历年职工股金分红和劳动分红分配方案及信用社职工股权额设定标准方案》，对1998～2000年盈余社职工进行分配，历年亏损社不分配。

2002年，县联合社印发《2001年税后利润劳动分红及股金分红方案》，按税后利润50%~70%分红和利润返还，其中股金分红不超过利润的50%，在岗职工每百元股金劳动分红31元，不在岗不分红。股金红利分配情况，营业部、市场分社提取劳动分红4.14万元；二十里店、大丰、园户村、雀尔沟、五工台信用社股金参与县联合社分配；银星信用社（亏损）不分配。

2003年，银星、雀尔沟信用社为四类社按8%分红；园户村信用社为三类社按10%分红；大丰、二十里店信用社为二类社按20%分红；营业部、市场分社、五工台信用社为一类社按25%分红；劳动分红人均800元。

2004年，县联合社7个独立核算法人社股金分红情况，即营业部、市场分社、园林路分社每百元股红利0.84元；二十里店信用社0.19元，园户村信用社0.03元，五工台信用社0.08元，大丰信用社0.48元，银星信用社1.95元，雀尔沟信用社0元。

2005年，县联合社除银星信用社按定期两年储蓄存款利率提取应付利润外，其他信用社按入股时间，即一年以内按3.6%分配，一年以上4.8%，二年以上6%，三年以上7.2%，职工股按10%。资格股不超过8%，投资股不超过10%。

2006年，县联合社股金分红118.52万元。

2007年4月4日，县联社印发《关于换发股金证及2006年度股金红利分配方案》，2006年股金按4%分红，当年退股不分红，新增股金按实际天数计算。是年，县联社对2006年股金进行二次分红，即职工股按5%，其余社员股按4%。

2008年，县联社印发《关于2007年股金红利分配方案》，资格股不超过8%，分红额190.43万元；投资股不超过10%，分红额86.06万元。

2009年，县联社对不合规股金（不合规股金为10万元）分红，即1996年以前，每年按5.6%分红；1997~2001年，每年按3.58%分红；2002年后，按当年分红文件执行。

2009年，县联社印发《关于2008年股金红利分配方案》，资格股按10%分红，分红额271.19万元；投资股按13%，分红额165.41万元。

2010年，县联社印发《关于呼图壁县农村信用合作联社2009年股金红利分配方案》，资格股按10%分红，投资股按13%，分红额764.7万元。

2011年，县联社印发《关于2010年度股金红利分配方案》，投资股按16.9%分红，资格股13%，分红额1453.73万元；新增股金不足1年按实际天数计算分红，当年退股不分红。

2012年，县联社印发《关于2012年度股金分红有关问题规定》，股金分红比例为15%。

第五节　股金管理

信用社股金管理是信用社经营管理的重要内容之一，既是对信用社资金财产的管理，也是对社员（股东）权利、义务和利益的管理。

一、管理内容

呼图壁县农村信用社重视对股本金资金、账务的核算与管理，做到债权落实、核算准确、账务清楚。根据业务发展需要，建立定期补充资本金的管理机制，制定增资扩股的规划，确保资本充足率达到规定要求。信用社对社员（股东）的股金证按重要空白凭证进行管理，要求内容要素记载签发准确，对股金证的发放、核对、收回全过程管理有序并建立登记簿，确保股金证能够作为社员（股东）所有权凭证和参与利益分配的依据。根据股本金章程规定社员（股东）享有以下权利：

1.参加或委派代理人参加社员（股东）代表大会，行使表决权。

2.选举理事、监事和被选举为理事和监事。

3.对农村信用合作联社的经营行为进行监督，提出建议和质询。

4.享有农村信用合作联社金融服务的优先权和优惠权。

5.享有股金分红和参与其他形式利益分配。

6.按照国家有关法律、法规和行政规章的规定转让股金和优先认购股金；

7.农村信用合作联社终止或清算后依法参加剩余财产分配；

8.国家有关法律、法规和行政规章以及农村信用合作联社章程规定的其他权利。

社员（股东）承担以下义务：

1.承认并遵守农村信用联社章程；

2.按其所认购的数额向农村信用合作联社缴纳股金；

3.以其所持股金数额为限对农村信用合作联社承担风险和民事责任；

4.维护农村信用合作联社的利益和荣誉，支持农村信用合作联社依法开展各项业务；

5.服从和履行社员（股东）代表大会的决议；

6.国家有关法律、法规和行政规章以及农村信用合作联社章程规定的其他业务。

县联社股金按照“统一核算、双重管理”的原则进行管理 股金在县联社清算中心统一核算，按营业网点设立账户,并有股东股金明细账；营业网点设立股金明细账,对扩股、分红、转让、继承等事项详细记载

二、管理形式

县联社采取股份合作制产权形式管理，按照自然人股和法人股分别设定资格股和投资股两种股权。资格股是为取得社员资格必须缴纳的基础股金。投资股是社员在资格股基础上投资形成的股金。

（一）资格股是社员获得农村信用社优先、优惠服务的前提。资格股入股起点可根据实际情况确定额度。资格股可转让、分割、继承与馈赠，也可清退，实行一人一票。

存在下列情况之一的不得办理退股:1.当年亏损;2.资本充足率未达到规定要求或退股后达不到规定要求。社员持有的资格股同时满足以下条件，可以办理退股:1.社员提出退股申请;2.不存在上述所列情况;3.持满三年并转让所持全部资格股;4.经理事会同意。资格股退股原则上应在当年年底财务决算后办理，在年底财务决算前办理退股的，不支付当年股金红利。

2007年年末，县联社有资格股金2411万元，占69.3%。

2008年年末，县联社有资格股金2944.62万元，占59.85%。

2009年年末，县联社有资格股金2365万元，占32.9%。

2010年年末，县联社按要求，优化股权结构，有效规范股权管理，全面取消资格股，资格股转为投资股，资格股金余额为零。

（二）投资股是由社员中具有一定条件和实力的股民在资格股金以外投资形成的股份，额度由投资人自行确定。社员持有的投资股可凭投资份额取得投资分红，并承担风险。投资人根据投资股权多少确定投票权，以强化对农村信用社的约束、监督机制。

投资股是由社员（股东）中有实力的各类经济组织、个人投资者在基础股金外向信用社投资而形成的股份。投资股是为满足企业法人和个人投资的投资需求而设置。对已认购资格股且符合一定条件的社员（股东）才允许认缴投资股。从2004年开始，县联合社根据自治区联社和新疆银监局相关文件精神，大力宣传和新增投资股。

2007年，县联社有投资股金1068万元，占30.7%。

2008年，县联社有投资股金1975.38万元，占40.15%。

2009年，县联社有投资股金4822万元，占67.1%。

2010年，县联社股金全部由资格股转为投资股，提前完成自治区联社下达的“五年内全部清退资格股”的任务，年末股金11495万元，全部为投资股。

2012年年末，县联社股金余额15732.63万元，全部为投资股。

第七章 存 款

1955~1980年，国民经济处于困难时期，信用社的业务也处于低潮阶段。1976年“文化大革命”结束后，1981年实行联产承包责任制，提高农民种地的积极性，信用社为发展农村金融事业发挥积极作用。1986年实行包产到户，刺激农村经济的快速发展，信用社业务得到快速发展，开办活期储蓄、整存整取、定活两便储蓄等业务。随着农村经济体制改革不断深化，信用社无论在机构上还是在业务种类和服务方式上都有很大发展，适应经济社会发展的需要。1996年县联合社与农业银行呼图壁县支行脱钩后，实施全面完善管理体系，迅速拓展新业务及服务渠道，至2002年年末，各项存款3亿元，创历史新高。从2006年自治区联社成立，县联社管理体制归属理顺，业务规模迅速扩大，支持县域“三农”经济发展实力进一步增强。截至2012年年底，县联社各项存款35.68亿元，居全县各金融机构之首。

第一节 储蓄存款

储蓄存款是城乡居民将自己闲置资金或待用的货币存入金融机构的信用活动，是信用社一项传统、主要的负债业务，是信用社的重要资金来源之一。储蓄存款的组织和管理，坚持“存款自愿、取款自由、存款有息、为储户保密”原则。呼图壁县信用社成立以来，随着经济社会的变化，储蓄种类不断发生变化。

一、储蓄存款种类

（一）活期储蓄存款

1950年8月，开办活期存折储蓄存款业务，开户时银行开给存折，以银元票1元为起点，多存不限，6个月结算一次利息。存折内存款余额不得少于银元票50元，存入未满一个月全部支清者，除不计利息外，还需交纳手续费15元。

1954年，呼图壁县农村信用合作社成立，开办活期存折储蓄存款业务。初次开户以银元票1元为起点，存期不受限制，一元起存，随时存取，灵活方便。

1961年，活期存折储蓄的开户金额和保留额城市定为5元，农村为3元，信用社为1元。

1966年3月1日，活期存折储蓄的开户金额和保留金额不分地区一律规定为1元，多存不限。存折记名，可以挂失，由信用社发给存折，凭折办理存取款。每年结算利息一次（每年6月30日为结息日），并入本金起息，结息均以结息日活期利率计付。未到结息清户者，利息算到清户前一天。同时也办理活期存单储蓄，以存单为存款凭证，一次存入，随时可以支取，支取时利随本清。活期存折储蓄是信用社和储户最主要的储蓄种类之一，几十年来基本没有变化。

（二）定期储蓄存款

1954年，信用社成立就开办定期储蓄存款业务。定期储蓄存款是活期储蓄存款的对称。是储户在存款时约定存期，定期支取的一种储蓄。适合城乡居民生活积累较多，积少成多的大宗用款存储。方便为一定用途和有计划存取需要的客户。信用社主要办理整存整取定期储蓄、零存整取定期储蓄业务。

1. 整存整取定期储蓄。1954年，开户存款起点为5元，期限从一个月到一年分为12个档次。利率按存期长短而定，存期越长利率越高。办理定期储蓄存款时一次存入，签发存单，到期时凭存单一次支取本息。在存期内如遇利率调整，则实行分段计息。

1972年，定期储蓄的起点调整为10元，多存不限，存单记名，可以挂失。1979年4月存期调整为半年、一年、三年、五年。1982年增加八年期档次。1989年6月1日起开办整存整取定期三个月储蓄存款。9月1日增办九个月的定期储蓄存款。

1992年，整存整取定期储蓄调整为50元起存，存期分三个月、六个月、九个月、一年、二年、三年、五年和八年8个档次。存单为记名式，可办理挂失。储户提前支取，存期不满三个月的按活期利率计息。

1993年3月1日，《储蓄管理条例》实施，取消八年存期档次。新存入的各种定期储蓄存款，均按存单开户日利率计付利息，提取支取或部分支取和逾期部分均按支取日活期储蓄存款利率计付利息。条例实施前存入的各种定期储蓄存款，在原定存期内如遇利率上调，仍实行分段计息。其储蓄存款逾期部分的计息以《条例》生效日为界，以前的部分仍按原办法计息，以后的部分均按存款支取日的活期存款利率计付利息。

整存整取定期储蓄存款存期固定，是信用社最稳定的资金来源。因其利率高于其他储蓄种类，在储蓄存款中占比最大。随着国民经济情况的变化和实际需要，定期储蓄存款的利率水平和利率档次也在不断调整。1999年6月，整存整取定期储蓄存期调整为三个月、六个月、一年、二年、三年、五年共6个档次。

2. 零存整取定期储蓄。1954年开办时，存期分为六个月、九个月和一年3个档次，零存整取定期储蓄规定每月固定存款额1元起存，多存不限。中途如有漏存月份，应在次月补存。到期支取时，按实际存期、金额计付利息。未补存者，到期支取按实存金额和存期计算利息。

零存整取定期储蓄的存期和利率历经多次调整，到1980年起存金额改为5元，存期调整为一年、三年、五年三种，存折为记名式，可办理挂失。

（三）定活两便储蓄

1986年7月1日，信用社开办定活两便储蓄存款，其存单暂以活期储蓄存单加盖“定活两便”章后使用。以10元起存，多存不限，不定存期。开户时一次存入，一次支取本息。存单一律记名，可以挂失，也可以留印鉴。利率随存期长短而变动。存期不满半年，按活期利率计息；存期半年以上不满一年，按半年定期利率打九折计息；存期一年以上一律按一年定期打九折计息。如遇利率调整按新旧利率分段计息。

1987年3月27日，启用定活两便新存单，为定额存单，面额为50元、100元、500元，此存单不记名，不挂失，计息办法与定活两便储蓄相同。

1989年，增设三个月和九个月定期利率档次，也相应增加定活两便储蓄计息档次，存满计息档次的仍按规定利率打九折计息。

1993年3月1日,按《储蓄管理条例》改为存期不满三个月的，按活期利率计息；存期三个月以上不满半年的，按支取日三个月定期利率打六折计息；存期半年以上不满一年的，按定期半年利率打六折计息；存期一年以上，无论存期多长，一律按支取日定期一年利率打六折计息。

（四）保值储蓄

1988年9月10日开办，县联合社依据规定对城乡居民个人三年期以上定期储蓄存款实行保值贴补。存款到期后，信用社除一次性支付本息外，还按存款存入日公布的保值贴补率给予保值贴补。保值贴补率由人民银行总行在执行季度前15天公布下达全国统一执行。保值储蓄存款如要提前支取则不享受保值贴补。只按原规定利率计息。保值储蓄存款到期不取不办理转存手续，其超过存期的时间，按规定计息不给予保值贴补。

1990年以后，保值贴补率改为按月公布。是年6月份以后保值贴补率连续18个月为零。

1991年12月，保值储蓄业务停止办理。

1993年7月，随着社会物价水平的上涨，再次开办保值储蓄业务。

1998年6月，保值储蓄业务停止办理。

（五）教育储蓄存款

2003年4月1日，根据《储蓄管理条例》和人民银行总行《中国人民银行教育储蓄管理办法》精神，鼓励城乡居民为其子女接受小学四年级以上的非义务教育的学生（指九年义务教育之外的全日制高中、大专、大学本科、硕士和博士研究生）积蓄资金，开办教育储蓄存款业务。教育储蓄为零存整取定期储蓄存款，存期有一年期、三年期和六年期三种，最低起存金额为50元，每月固定存额，每月存入一次。中途如有漏存，应在次月补齐，未补存者视同违约，对违约后存入部分，支取时按活期利率计息。储户申请办理，需提供储户和教育部门出具的证明材料。每一账户本金合计最高限度为2万元。教育储蓄各档次利率按开户日同档次整存整取存款利率计付利息，在存期内有利率调整，按存折开户日挂牌公告的相应储蓄存款利率计付利息，不分段计息，不付利息税。是年末，教育储蓄存款0.48万元。

2007年，吸收教育储蓄存款0.88万元，支取1.06万元，余额0.3万元。

2008年，吸收教育储蓄存款0.24万元，余额0.54万元。

2009年，吸收教育储蓄存款0.18万元，支取0.72万元，教育储蓄存款余额为零至今。

（六）通知存款

通知存款分为个人通知存款和单位通知存款。通知存款是存款人在存入款项时不约定存期，支取时需提前通知营业机构，约定支取存款日期和金额方能支取存款并享受通知存款利率。起存金额为5万元，最低支取金额为5万元，是一次性存入，支取可分为一次或多次。不论实际存期多长，按存款人提前通知的期限长短划分为1天通知存款和7天通知存款两个品种。个人通知存款通知可通过柜面、电话、传真等方式进行申请。

二、储蓄存款业务

1954年，县信用社存款规模较小，资金实力单薄，为组织吸收存款，信用社干部身背挎包，步行走家串户宣传。年末，社员活期储蓄存款0.16万元。

1955年，县信用社着手建立储蓄网点，扩大吸储服务范围，园户村乡、二十里店乡、大丰乡、五工台乡等信用社相继建立，配合新人民币使用，宣传、组织、吸收社员活期储蓄存款0.56万元。

1956年1月23日，中共中央政治局制定《1956年到1967年全国农业发展纲要（草案）》，要求做到乡乡有信用合作社，大力开展农村信贷业务和农村储蓄业务。县信用社社员活期储蓄存款达6.14万元，比1954年增长38倍。

1957年9月21日，邓子恢副总理在农村工作会议上指出，农村信用合作社的任务是：彻底消灭农村高利贷，巩固农村金融，发放贷款，解决农民生产和生活的需求，吸收存款，支持农业合作社。是年，农民销售农副产品收入大部分转为集体分配收入，储源起伏多变。到人民公社时，公社内部存在着平均主义，信用社与农户建立的存贷挂钩关系中断，农村牧区生产水平不高，副业很少，收入不多，集体组织尚无积累，大部分农民无积蓄，存款能力很低，农村储蓄增长缓慢。

1973年年末，由于“文化大革命”影响，储蓄业务下滑，县信用社依据全国银行工作会议纪要精神，推动全县信用社开展储蓄工作，6个独立核算信用社及16个分社存款共计102.5万元，是1956年的12.2倍，其中储蓄存款22.4万元，占21.85%。

1978年5月，人民银行对信用社的机构设置、领导关系、人事管理、业务经营等方面做具体规定：农村基层金融机构的设置原则按人民公社所在地设信用社或营业所，根据需要在生产大队设信用站，在一个公社既有银行营业所又有信用社，实行统一领导，挂两块牌子，使用两个印章，办理银行和信用社业务，使信用社的“三性”消失，信用社业务受到影响，造成思想上的混乱，但信用社实行独立核算，开始重视储蓄存款工作，对社员的股金按定期存款利率付给股息，相对稳定储蓄业务的开展。县信用社各项存款81.9万元，占全县存款总额的6.2%。

1980年，在中共十一届三中全会精神指引下，认真贯彻国民经济“调整、改革、整顿、提高”的方针，恢复核算10项制度等。县信用社通过开展形式多样的储蓄宣传活动，广泛宣传储蓄政策，开展优质服务，帮助社员发展家庭副业生产，增加社员收入，广开储源，储蓄存款有所增加，各项存款578.4万元，储蓄存款389.5万元，其中活期储蓄存款243.6万元，定期储蓄存款145.9万元。

1982年，县信用社利用多种形式，广泛宣传储蓄利国利民的伟大意义，信用社干部走村串户，定点服务，开创“以贷养储、培植储源”路子，实行宣传、存取款、送利息“三上门”（早、中、晚上门服务）、“四到头”（走家串户到田间地头、打麦场头、社员来往村头、冬季服务到社员炕头），使储蓄存款不断上升，各项存款642万元，占全县存款总额的30%。储蓄存款435.3万元，其中活期储蓄存款289.61万元，定期储蓄存款145.69万元。

1983年年末，县信用社恢复“三性”，利用增设营业网点，建立健全规章制度，培训职工，提高服务水平。开展“以存定贷”，通过发放贷款，大力支持农村瓜果、蔬菜、特色养殖的各类专业户，农民收入增加，促进信用社储蓄业务快速发展，各项存款757.5万元。储蓄存款546万元，其中活期储蓄存款387.54万元，定期储蓄存款158.46万元。

1984年，县信用社实行业务承包（包存款、包贷款、包收回、包利润、包效益）和超利润分成的管理，职工实行岗位责任制百分考核办法。改革后县信用社业务经营有了一定的自主权，银行对信用社在计划管理上改指令性计划为指导性计划，不再下达转存款任务，年末各项存款801.4万元，储蓄存款598.5万元，其中活期储蓄存款410.85万元，定期储蓄存款187.65万元。

1985年，人民银行总行连续两次提高储蓄存款利率，为集聚资金，适应国民经济发展需要，更多利用闲散资金和沉淀资金支援经济建设发挥利率的调节作用。信用社在加强储蓄宣传、巩固和发展的基础上，发展一批代办员、协储员，充实储蓄业务队伍，全辖12个独立核算信用社14个分社，各项存款846万元，其中储蓄存款767.6万元，占90.73%。

1986年，县信用社内抓“四有教育和三优一学”（优良秩序、优质服务、优美环境、学雷锋）教育活动，外抓宣传动员，保证储蓄存款稳步上升。年末各项存款1155万元，其中储蓄存款1039万元，占89.96%。

1987年，县信用社各项存款875.66万元。

1988年，县联合社成立，由于国家实行放开物价、市场调节的政策，物价普遍上涨，出现支取存款抢购风，储蓄工作面临挑战。县联合社实行任务到点、考核到人，动员职工和家属，全员行动，组织揽储，扭转局面、稳住存款。年末各项存款1394.3万元，其中储蓄存款1155.67万元。

1989年8月17日，县联合社贯彻执行农业银行新疆分行《农村信用社存贷结合农牧生产费用专项储蓄存款办法》，利用人民银行总行再次调高存款利率，把吸储资金与信贷投向有机结合，使储蓄存款保持良好的增长势头。年末，各项存款2019.2万元，其中储蓄存款1876.8万元。

1990年2月21日，县联合社转发农业银行新疆分行《关于自治区农村信用社1989年储蓄工作情况统计表的通报》，分析县域储蓄存款结构，开展“储蓄宣传、优质服务”争创“十佳”储蓄员活动，扩大宣传，促进储蓄业务发展。年末各项存款2617.3万元，其中储蓄存款2500万元。

1992年，县联合社各项存款3011万元，其中储蓄存款2479.56万元。

1993年3月1日，新储蓄条例颁布，县联合社积极开展宣传，利用散发传单、张贴标语、村队社区广播等宣传活动，促进储蓄业务稳步增长。年末各项存款4209.3万元，其中储蓄存款3687.49万元，比上年增长1207.93万元。

1995年，随着体制改革的深入，金融机构吸储竞争也日趋激烈。县联合社利用点多面广的优势，推出全员揽储的奖惩措施，调动职工揽储、吸储的积极性。信用社员工找熟人、托关系、走田间、入厂区、不分上下班，不顾远近，农户在哪里卖产品，哪里就有信用社揽储员。年末各项存款11192万元，其中储蓄存款达10665万元，突破亿元大关。

1996年，县联合社与农业银行呼图壁县支行正式脱钩，进一步完善制度，制定收贷揽储考核办法，调动全员揽储的积极性，同时加强优质文明服务，利用网点多、人员熟、关系亲等优势，延长营业时间，取消休息日等，提升市场竞争力。年末各项存款12763万元，其中储蓄存款12094万元。

1999年8月，全国人大修改个人所得税法，恢复征收利息税，人民银行总行出台《储蓄存款利息个人所得税征收管理办法》，许多储户将原先定期储蓄存款转为活期存款以便于日常交易或及时购买其他种类的金融产品。县联合社干部职工利用下村入户，上门走访，电话联系，送储蓄宣传品、纪念品等多种形式，招引储户，有效地稳住存款下滑。年末各项存款15849万元，其中储蓄存款14074.51万元。

2000年4月1日，县联合社依据人民银行规定，对个人存款账户一律使用实名制，有效维护储户权益。利用对社员存款按交易量实行利润返还（返还利润2000年1月1日至2000年3月31日返还1999年度未分配利润，2001年1月1日至3月31日返还2000年度未分配利润）和“三收”旺季加大收贷揽储宣传工作，县联合社采取领导包社包片，机关干部下派基层加强基层旺季服务，外勤职工在各个棉花收购点蹲守，早出晚归，跟踪揽储，跑前忙后为农户扛棉包、代结算，直到最后一个农户结算完，才摸黑回单位交账，内勤职工毫无怨言等到全部人员回来。在上全员艰苦努力下突破2

亿元大关，年末各项存款24316万元，其中储蓄存款22197万元。

2001年2月8日，县联合社被人民银行昌吉州中心支行评为2000年度存款工作第二名。7月2日，县联合社转发人民银行昌吉州中心支行《关于整顿规范农村信用社业务代办站和储蓄代办点工作的实施意见》。是年末，各项存款29340万元，其中储蓄存款24952万元。

2002年年末，县联合社全面实行目标管理责任制，以目标管理促效益，落实任务，责任到人，大力挖掘低成本存款。全体职工发扬吃苦耐劳、努力拼搏精神，克服种种困难，有力地促进存款增长，各项存款30961万元，其中储蓄存款26532万元，占比85.69%。

2003年3月26日，县联合社印发《关于开办教育储蓄存款业务的通知》，从2003年4月1日起开办教育储蓄业务。是年年末，各项存款45640万元，其中储蓄存款40657万元。

2004年，县联合社始终树立"存款立社，效益兴社"的工作理念，组织资金工作做到早发动、早部署、早落实，存款任务分解到社，量化到人，全社上下齐动员，你追我赶抓存款。年末各项存款49374万元，其中储蓄存款40266万元。

2005年5月，县联合社开办通存通兑业务，方便储户办理存取款业务，推出"文明、方便、周到、快捷"的服务品牌，树立良好的社会形象，赢得广大客户的信赖，使存款组织工作有了新的突破。年末，各项存款62441万元，其中储蓄存款51224万元。

2006年，在自治区联社领导下，县联合社顺利完成法人统一，以存款是"立社之本、强社之基、兴社之路"为经营理念，积极开展"首季开门红劳动竞赛"活动，大家出主意，想办法，千方百计组织存款。改进服务方式，增强"上门服务"意识，全方位提供金融服务，吸引广大客户到农村信用社存款。年末各项存款77913万元，其中储蓄存款61794万元。

2007年，县联社认真落实自治区联社各项工作部署，围绕"加强内部管理，注重协调发展，强化检查监督，提升经营效益"的基本思路，确立"全员揽存，巩固农村，渗透城镇，辐射周边，激励促进，扩大总额"的筹资工作整体思路，大力组织资金。通过"迎新春，开门红"和"比服务、赛质量"劳动竞赛活动作为组织资金工作的突破口，改善服务条件和服务态度，落实考核机制，提高员工组织资金积极性。年末，各项存款72060万元，其中储蓄存款54477万元。

2008年8月1日，县联社开办玉卡业务，利用玉卡营销始终把"存款是生存之本，存款是效益之源"指导思想贯穿在全年工作中，建立存款激励机制，实行存款与绩效工资挂钩，出台存款专项考核办法，按照工效业绩，按月考核兑现，极大地调动全体员工组织存款的积极性。年末各项存款111797万元，其中储蓄存款67620万元。

2009年1月12日，县联社下发《关于开展"首季存款开门红"竞赛活动的通知》，开展竞赛活动，把任务落实到网点，分解到每位员工。12月22日，再下发《关于追加存款任务的紧急通知》。调动基层信用社完成存款任务的积极性，形成"比、学、赶、超"的工作氛围。年末，县联社各项存款143656万元，其中储蓄存款73783万元，占51.36%。

2009年呼图壁县联社追加存款任务分配表

表7-1　　　　　　　　　　　　　　　　　　　　　　　　单位：万元

单位名称	保证任务数	力争任务数	追加任务数
联社营业部	2150	2400	1000

续表7-1

单位名称	保证任务数	力争任务数	追加任务数
百汇信用社	1500	1600	700
园林路信用社	2200	2650	2000
银星信用社	2350	2600	1100
景化信用社	1000	1300	850
二十里店信用社	1250	1720	200
东泉信用社	1100	1500	300
小土古里信用社	680	910	150
园户村信用社	1500	2000	400
昌华路信用社	1400	1800	700
五工台信用社	1040	1260	300
中渠信用社	540	740	150
西树窝子信用社	260	340	50
大丰信用社	1440	1780	400
丰贸信用社	460	620	200
雀尔沟信用社	260	500	100
芳草湖信用社	2170	2930	800
枣园信用社	1100	1350	400
石梯子信用社	—	—	100
小计	22400	28000	9900

2010年1月，县联社确立“全员揽储，巩固农村，渗透城镇，辐射兵团，激励促进，扩大总额”的筹资工作整体思路，下大力气组织资金，把“追加任务、比服务、赛质量”劳动竞赛活动作为突破口，坚持“服务第一，客户至上”原则，强化营业环境、服务礼仪、柜面服务、服务监督等方面考核，用制度规范人、约束人，提高窗口服务质量。各项存款超20亿元，其中银星信用社各项存款2亿元，创历史新高。年末，各项存款221226万元，比年初增长77570万元。

2010年呼图壁县联社追加存款任务完成表

表7-2

单位：万元、%

单位	10月末余额	追加任务	计划保证余额	各项存款余额	完成追加任务	完成追加任务比例	奖励比例	奖励金额	12月绩效	处罚绩效
联社营业部	16555	1780	24253	23174	701	39.38	—	—	1.93	0.59
百汇信用社	14034	1420	13795	14730	2355	165.84	65.84	1.35	—	0
园林路信用社	29363	5340	30730	36040	1050	199.44	99.44	2.03	—	0
银星信用社	21533	2490	22978	26699	6211	249.44	149.44	3.06	—	0
景化信用社	8743	1070	8717	10057	2410	225.23	125.23	2.56	—	0
昌华路信用社	10775	1250	14291	12842	-200	-16	—	0	1.15	0.57

续表7-2

单 位	10月末余额	追加任务	计划保证余额	各项存款余额	完成追加任务	完成追加任务比例	奖励比例	奖励金额	12月绩效	处罚绩效
二十里店信用社	9363	1780	10580	9633	833	46.80	—	0	2.23	0.59
东泉信用社	7299	1510	10333	10334	1511	100.07	0.07	0	—	0
小土古里信用社	7287	1420	6418	5019	32	1.48	—	0	1.69	0.83
园户村信用社	8698	1070	11165	11342	1247	116.54	16.54	0.34	—	0
石梯子信用社	1241	0	1255	1740	—	—	—	0	—	0
五工台信用社	9100	1600	9974	9174	800	50	—	0	1.92	0.48
中渠信用社	4765	270	5721	4326	-1125	-416.67	—	0	1.51	0.75
西树窝子信用社	2260	450	3107	2744	87	19.33	—	0	1.05	0.42
大丰信用社	10351	800	11139	11259	920	115	15	0.31	—	0
丰贸信用社	5975	890	5892	5152	150	16.86	—	0	1.48	0.61
雀尔沟信用社	2061	0	3513	3585	—	—	—	0	—	0
芳草湖信用社	12540	2050	12742	12255	1563	76.24	—	0	2.58	0.31
枣园信用社	12103	2220	9741	10121	2600	117.12	17.12	0.35	—	0
业务发展部	—	1000	1000	1000	1000	100	—	—	—	0
合 计	194046	28410	217344	221226	31291	110.14	—	10	—	5.15

2011年，县联社利用农村信用社点多面广，网络通畅等优势，积极争取代收代付结算业务，多渠道增加存款，7月18日，下发《关于调整2011年存款计划的紧急通知》，及时调整存款任务，超额完成予以重奖，调动员工揽储积极性。年末，县联社各项存款286124万元，其中储蓄存款176436万元，占各项存款的61.7%，完成全年任务的105%。

2012年1月19日，县联社积极探索对公存款新路子，发挥整体功能，积极与财政、社保、农合、招商局等部门协调、沟通，争取将财政、事业单位资金账户开立在农村信用社，利用开展首季储蓄存款“开门红”劳动竞赛活动。3月末，全辖储蓄存款185125万元，比年初增加8690万元，完成计划任务的70.57%。19个信用社10个完成任务，9个未完成任务；对超额完成任务前三名，即石梯子、景化、中渠信用社为第一、二、三名，分获8000元、5000元、3000元奖励。对未完成任务后三名，即枣园、雀尔沟、园户村信用社主任分别处罚1480元、1441元、1423元。对县联社机关人员超额完成任务杨霞、张闫、蒋斌表彰奖励。11月7日，县联社转发自治区联社《关于调增2012年存款计划的紧急通知》，调增追加存款任务7300万元，加大揽储力度，保证储蓄存款稳步增长。年末，各项存款356884万元，其中储蓄存款233208万元，增长56772万元。

1954～2012年呼图壁县信用社历年储蓄存款统计表

表7-3　　单位：万元

年份	各项存款	储蓄存款	其中	
			活期储蓄存款	定期储蓄存款
1954	0.16	0.16	0.16	—

续表7-3

年份	各项存款	储蓄存款	其中	
			活期储蓄存款	定期储蓄存款
1955	0.56	0.56	0.56	—
1956	8.38	6.14	6.14	—
1973	102.5	22.4	22.4	—
1978	81.9	10.44	10.44	—
1979	189.9	103.5	68.6	34.9
1980	578.4	389.5	243.6	145.9
1981	599.8	398.1	273.2	124.9
1982	642	435.3	289.61	145.69
1983	757.5	546	387.54	158.46
1984	801.4	598.5	410.85	187.65
1985	846	767.6	548.83	218.77
1986	1155	1039	352.62	686.38
1987	875.66	804.5	171.65	632.85
1988	1394.3	1155.67	396.22	759.45
1989	2019.2	1876.8	697.38	1179.42
1990	2617.3	2500	952.13	1547.87
1991	3046.5	2868.7	1079.15	1789.55
1992	3011	2479.56	845.29	1634.27
1993	4209.3	3687.49	1310.58	2376.91
1994	7986.46	7284.54	3095.19	4189.35
1995	11192	10665	3722.19	6942.81
1996	12763	12094	4695.85	7398.15
1997	17647	16655.8	5069.36	11586.44
1998	17039	15379.3	4395.06	10984.24
1999	15849	14074.51	4648.2	9426.31
2000	24316	22197	7304	14893
2001	29340	24952	7986	16966
2002	30961	26532	10321	16211
2003	45640	40657	19596	21061
2004	49374	40266	16865	23401
2005	62441	51224	25215	26009
2006	77913	61794	33452	28342
2007	72060	54477	28546	25931
2008	111797	67620	32887	34733
2009	143656	73783	35296	38487

续表7-3

年份	各项存款	储蓄存款	其中	
			活期储蓄存款	定期储蓄存款
2010	221226	92448	43298	49150
2011	286124	176436	104109	72327
2012	356884	233208	129886	103322

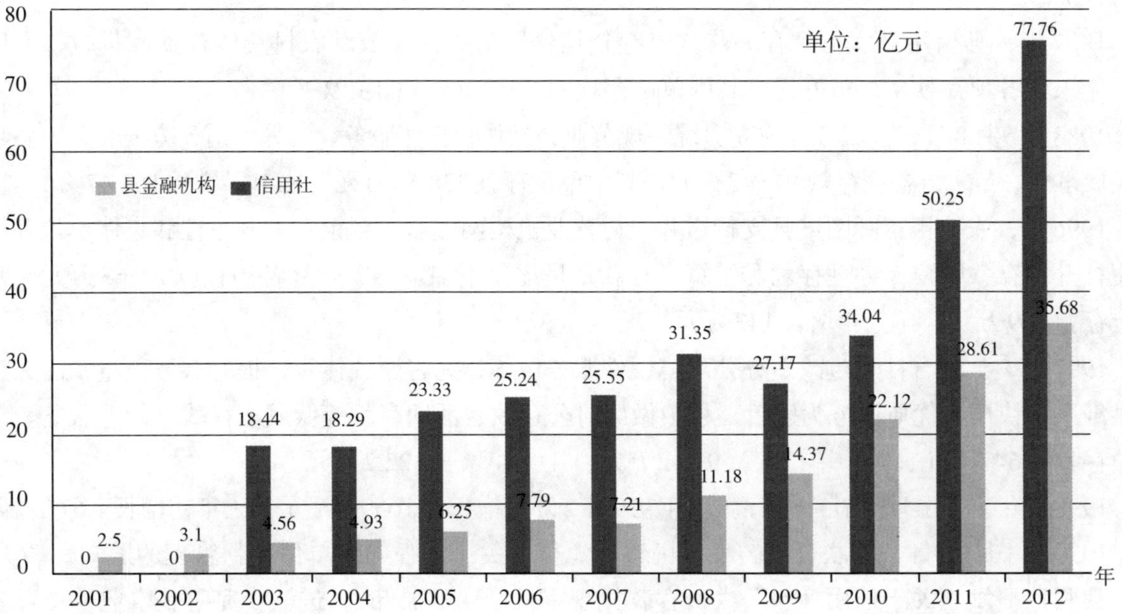

图7-1 2001~2012年呼图壁县联合社（联社）存款占各金融机构存款比例示意图

第二节 单位存款

一、活期存款

县信用社对单位活期存款实行账户管理，在信用社开立活期账户单位都遵守人民银行颁发的《银行账户管理办法》。单位活期存款按结息日挂牌公布的活期存款利率计息，遇利率调整不分段计息。

1954~1979年，农业银行呼图壁县支行营业所、信用社合署办公，大部分企事业单位对公存款都在农业银行开户，只有少部分边远地区学校、供销社、村、队集体在信用社开立活期存款账户，且存款量很少，但占比较高。

1973年，县信用社各项存款102.5万元，其中集体存款80.1万元，占78.15%。

1978年，县信用社各项存款81.9万元，其中集体存款71.46万元，占87.25%。

1979年，县信用社各项存款189.9万元，其中集体存款86.4万元，占45.5%。

1980年，随着县域集体经济的不断发展，信用社的业务持续发展，在组织存款上推行“以存定贷、以贷养储、培植储源”经验，加大宣传、动员、服务力度，受到农民、单位、集体等的认同和支持。年末，各项存款578.4万元，其中单位存款188.9万元，占32.66%。

1981年，县信用社各项存款599.8万元，其中单位存款201.7万元，占33.63%。

1982年，县信用社在吸收存款工作中，坚持宣传、服务不断线。年末，各项存款642万元，单位存款206.7万元，占32.2%。

1985年，县信用社加大对联产承包家庭和村队集体扶持力度，鼓励农民进行种植、养殖等多种经营，支持村队发展集体经济。年末，县信用社各项存款余额846万元，其中单位存款78.4万元，占9.27%。

1987年，县信用社实行“存一贷二、存贷挂钩”的办法，鼓励农村集体存款、贷款，发展生产。年末，各项存款875.66万元，其中单位存款71.16万元，占8.13%。

1988年5月8日，县联合社成立，统一规范业务操作，拓宽服务、结算渠道，方便客户，各项业务发展迅猛。年末，各项存款1394.3万元，其中单位存款238.63万元，比上年增长167.47万元。

1996年，农业银行呼图壁县支行撤并农村营业机构网点后，乡镇企事业单位和集体单位开始在信用社开立存款账户，办理存款和结算，存款量呈逐年增加。县联合社各项存款12763万元，其中单位存款669万元，比上年增长142万元。

1997年，县联合社通过改造办公环境硬件服务设施，完善服务体系，提升服务质量，已为客户提供舒适、快捷、优质服务为宗旨，积极做好对公存款、活期存款等低成本存款宣传、服务。年末各项存款17647万元，其中单位存款991.2万元，比上年增长322.2万元。

1998年年末，县联合社单位存款由年初991.2万元增长到1659.7万元，比年初增长1.67倍。

1999年1月20日，县联合社转发人民银行总行《关于加强异地单位存款管理的通知》。7月29日，县联社下发《关于信用社对公大额存款提现审批制度的通知》，进一步完善企事业单位存款结算手续。年末，县联合社单位存款1774.49万元，比上年增长114.79万元。

2000年，县联合社各项存款24316万元，其中单位存款2119万元，比上年增长344.51万元，占8.71%。

2001年，县联合社各项存款29340万元，其中单位存款4388万元，比上年增长2269万元。

2002年年末，县联合社各项存款30961万元，其中单位存款4429万元，比上年增长41万元。

2006年，县联社成立，全县信用社统一法人，统一核算，加强组织存款的宣传，提升服务质量。年末，各项存款77913万元，其中单位存款16119万元，比上年增长4902万元。

2007年12月末，县联社存款72061万元，其中单位存款17583万元，比上年增长1464万元。

2008年，县联社利用玉卡业务开通，广泛宣传，积极动员，全员营销组织存款，挖掘财政、社保、合作医疗等单位储源，争抢市场份额，各项业务发展日新月异。年末各项存款111797万元，其中单位存款44177万元，比上年增长26594万元。

2009年年底，县联社各项存款143656万元，其中单位存款69873万元，比上年增长25696万元。

2010年年底，县联社各项存款221226万元，其中单位存款128778万元，比上年增长58905万元。

2011年12月底，县联社各项存款286124万元，其中单位存款109688万元，比上年减少19090万元。

2012年12月底，县联社各项存款356884万元，其中单位存款123676万元，比上年增长13988万元。

二、定期存款

单位定期存款是指企事业单位、机关团体等单位将短期闲置资金存入信用社，并事先与信用社约定存期、利率，到期支取本息的一种存款方式。

1997年11月15日开始，存期分为三个月、六个月、一年三个档次，起存金额1万元，多存不限。经营社对单位定期存款实行账户管理（大额可转让定期存款除外）。存款时单位须提交开户申请书、营业执照正本等资料，并预留印鉴。由接受存款的信用社给存款单位开出"单位定期存款开户证实书"（简称"证实书"）。证实书仅对存款单位开户证实，不作质押的权利凭证。存款单位支取定期存款只能以转账方式将存款转入其基本存款账户，不得将定期存款用于结算或从定期存款账户中提取现金，支取时，须出具证实书并提供预留印鉴，经营社审核无误后为其办理支取手续，同时收回证实书。单位定期存款可以全部或部分提前支取，但只能提前支取一次。全部提前支取，按支取日挂牌公告的活期存款利率计息；部分提前支取的按支取日挂牌公告的活期存款利率计息，其余部分如不低于起存金额由经营社按原存期开具新的证实书，按原存款开户日挂牌公告的同档次定期存款利率计息。不足起存金额则予以清户。单位定期存款到期不取，逾期部分按支取日挂牌公告的活期存款利率计息。存款单位迁移时，其定期存款如未到期转移，办理提前支取手续，按支取日挂牌公告的活期利率一次性结清。

1998～2000年，由于受单位客户资金不够宽裕、信用社支付结算能力有限等因素制约，县联合社未能吸收到单位定期存款。

2001年，县联合社着力优化存款结构，全力组织吸收低成本存款，积极争取县委、县政府的支持，协调企事业单位及县政府各局到信用社开立账户，各企事业单位相继在信用社开立账户。

1954～2012年呼图壁县信用社单位存款统计表

表7-4　　单位：万元

年份	各项存款	单位存款	其中	
			单位活期存款	单位定期存款
1954	0.16	—	—	—
1955	0.56	—	—	—
1956	8.38	2.24	2.24	—
1973	102.5	80.1	80.1	—
1978	81.9	71.46	71.46	—
1979	189.9	86.4	86.4	—
1980	578.4	188.9	188.9	—
1981	599.8	201.7	201.7	—
1982	642	206.7	206.7	—
1983	757.5	211.5	211.5	—
1984	801.4	202.9	202.9	—
1985	846	78.4	78.4	—
1986	1155	116	116	—

续表7-4

年份	各项存款	单位存款	其　中	
			单位活期存款	单位定期存款
1987	875.66	71.16	71.16	—
1988	1394.3	238.63	238.63	—
1989	2019.2	142.4	142.4	—
1990	2617.3	117.3	117.3	—
1991	3046.5	177.8	177.8	—
1992	3011	531.44	531.44	—
1993	4209.3	521.81	521.81	—
1994	7986.46	701.92	701.92	—
1995	11192	527	527	—
1996	12763	669	669	—
1997	17647	991.2	991.2	—
1998	17039	1659.7	1659.7	—
1999	15849	1774.49	1774.49	—
2000	24316	2119	2119	—
2001	29340	4388	3813	575
2002	30961	4429	3959	470
2003	45640	4983	4973	10
2004	49374	9108	9088	20
2005	62441	11217	10967	250
2006	77913	16119	15719	400
2007	72060	17583	16228	1355
2008	111797	44177	43744	433
2009	143656	69873	66513	3360
2010	221226	128778	125346	3432
2011	286124	109688	102237	7451
2012	356884	123676	116956	6720

三、财政存款

信用社“财政性存款”“待结算财政款项”“地方财政库款”“财政预算外存款”等统称为财政存款。财政存款是政府财政部门存款，以及地、市政府有关部门下拨给各县、乡镇、部门的经费，如属于国家编制的干部和职员的工资、办公经费等。待结算财政存款是过渡性科目,信用社代收的税金、管理费、罚款等在没有上缴以前,作为待结算存款。按照行社存款业务分工和相关政策规定，信用社不是国家专业银行，不能办理财政性存款和国有企事业单位存款。

在2001年以前，县联合社没有开办财政存款。个别没有银行基层机构只有信用社机构的乡镇，信用社办理相关待结算财政款项，如国家编制的干部工资、办公经费、代收、代付款项等。

2002年，县联合社积极协调、沟通，得到县委、县政府的大力支持，企事业单位及县政府各局陆续在信用社开立存款账户，开始办理财政性存款。年末各项财政存款100.1万元。

2008年4月，自治区财政厅印发《关于支持我区农村信用社改革发展逐步推进财政涉农资金在农信社开户管理的通知》，从根本上改善农村信用社过去在国家行政事业单位、机关团体、企业单位存款开户问题上受歧视、排斥的尴尬境遇，此后，县联社可为涉农部门资金、部分财政性资金、部分行政事业单位、机关团体、企业单位办理存款开户，可代理部分本级财政相关业务。年末，各项财政存款8538.99万元。

2012年，随着县联社支农作用与地位的不断提升，对公单位存款限制性规定的逐步松动，县联社逐步开办县乡级政府财政部门的待结算财政款项、财政预算外存款等财政性存款，且财政性存款在信用社单位存款中已占很重要比重。年末，各项财政存款达30050.74万元。

2002～2012年呼图壁县联合社（联社）财政存款表

表7-5　　单位：万元

年份	财政存款	年份	财政存款
2002	100.1	2008	8538.99
2003	523.43	2009	12809.36
2004	3312.17	2010	24413.1
2005	2474.72	2011	25891.4
2006	2242.03	2012	30050.74
2007	4275.49		

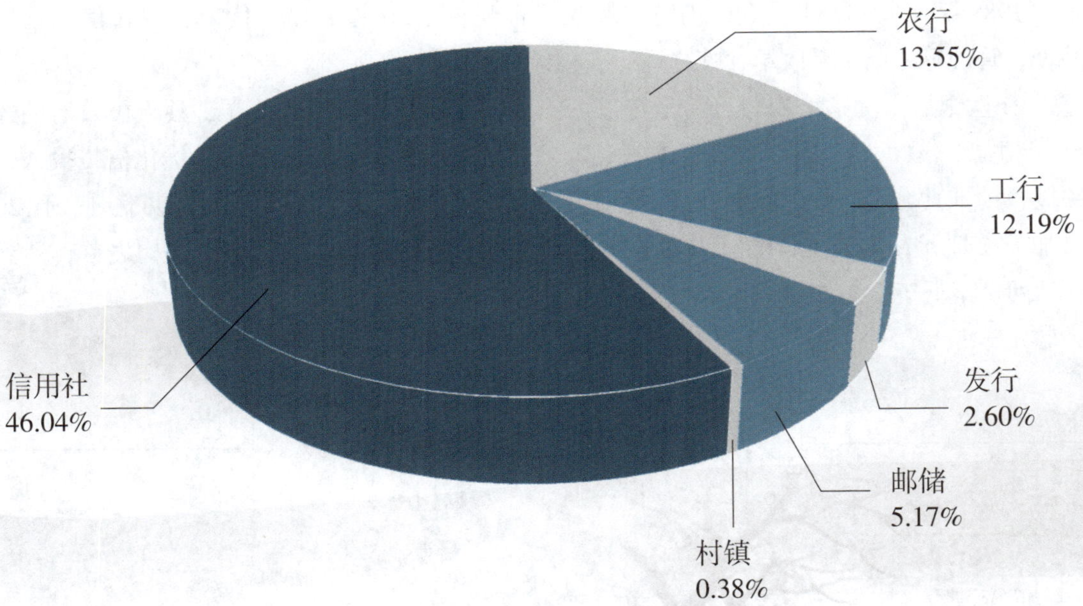

图7-2　2012年县域各家金融机构存款占比图

第八章 贷 款

1954年3月，渭户乡信用社建立后，信用社隶属于人民银行呼图壁县支行管理,贷款结构单一，项目简单，主要办理农民个人生活贷款，帮助农民群众解决治病和发展家庭养殖业等小额贷款；后来逐步发放贷款帮助互助组、初级社、高级社、人民公社解决生产资料不足和发展生产需求。1954~1957年，共发放农牧业贷款71.9万元，支持公私合营牧场6429元。

1958年，人民公社化后，信用社隶属于人民公社管理。为支持合作化运动，至1960年6月，发放贫农合作基金贷款22.8万元。

20世纪60~70年代，信用社先后属农业银行呼图壁县支行、人民银行呼图壁县支行和贫下中农管理。1961年，国家豁免贫农合作基金贷款5.65万元。1965年，信用社豁免1961年以前旧贷款20.4万元，其中社队贷款18.63万元，社员贷款1.77万元。1970年银行、信用社豁免旧贷款3.53万元。以上3次豁免旧贷款共29.58万元。

20世纪60~70年代末，银行开办无息贷款和设备贷款业务。80年代初，实行家庭联产承包责任制后，农业生产迅速发展。1980年1月信用社复归农业银行管理。1983年，当年银行发放贷款222万元。1983年以后，随着农村经济体制改革逐步深化，贷款用途主要是支持农村发展农业经济及乡镇企业。1988年5月县联社成立，仍属农业银行管理。至20世纪90年代末，农村信用社贷款种类、品种、管理等方面不断改革，使之适应农村经济发展需要。

进入21世纪后，为适应农村经济形势发展需要，县联社积极配合县委、县人民政府的经济发展战略，确立以服务“三农”（农民、农村、农业）为宗旨，调整贷款结构，优化信贷投入，拓展服务领域，助推县域经济快速稳健发展。至2012年，全年累计发放各项贷款30.96亿元，比2011年同比增加7.22亿元，增长30.41%。贷款余额及增量、市场份额均居全县金融机构之首，达到银监会提出“两个不低于”工作目标，成为支持县域经济发展的领头雁和排头兵。

第一节 贷款管理

一、信贷政策

1954年，县信用社成立初期，贷款投向向初、高级农业合作社倾斜，支持农业合作社运动。1958年人民公社化后，信用社贷款按公社管理要求，主要用于大炼钢铁人员所用的生产工具、手套、帽子等购置。

1961年，县信用社贯彻执行国家“自力更生为主，国家支援为辅”的贷款方针及“有借有还、到期归还”的贷款原则，银行农贷资金与信用社资金统筹安排。信用社贷款重点是优先解决社员生产生活和生产队生产费用等。对生产队贷款，贯彻勤俭办社方针，按比例发放。国家对农业无偿投资改为由财政委托银行发放长期无息贷款，信用社农业贷款一律改为短期农业贷款。

1962年，县信用社按照人民银行总行下达的信贷计划指标，实行存贷结合、多存多贷。贷款主要解决社员、农民个人生产生活上临时性资金困难、打击高利贷，不发放商业经营或其他投资贷款。

1964年，信用社停办代理财政发放长期低息贷款，除发放生产队生产费用贷款和社员生产生活贷款外，又恢复办理集体生产设备贷款。

1966~1976年，“文化大革命”时期，正常的社会秩序被打乱，禁止社员从事家庭副业和自留地经营，严重损害社员的经济生活，信用社存款余额大幅度下降，资金运转困难。在这种情况下，发放贷款基本原则是首先保证解决贫下中农的生活困难贷款，生产集体贷款有钱则贷、无钱不贷。农贷资金的使用原则是统筹安排，重点照顾，兼顾一般。

1981年，在国家规定的贷款方向和政策原则下，信用社对贷款范围、对象、用途、期限等自行决定，主要发放社员生产生活、社队生产费用、社队企业流动资金、集体工商业、个体经营户等贷款，资金富裕的信用社可跨区发放贷款。

1982年，县信用社不再发放跨区贷款，对以前发放的跨区贷款进行清理。

1983年，农村经济体制改革推行后，为适应农村联产承包责任制发展的形势，县信用社根据农业银行的要求，农村的“承包户”“专业户”成为贷款的主要对象。信用社执行党的农村政策，支持承包户、专业户发展生产，使农民尽快富裕起来，成为贷款的主要方向。根据农业银行总行《关于信用社对双包户专业户（重点户）贷款的暂行规定》，县信用社从贷款支持社队集体转为支持双包户、专业户（重点户）为主。全县信用社建立“三户”经济档案和重点户联系制度，贷款合同与承包合同、农副产品购销合同相结合，采取一次核定、逐笔审查、分期发放，保证“三户”生产贷款需要。

1984年年初，国务院批准中国农业银行《关于改革农村信用合作社管理体制的报告》。3月10日，农业银行新疆分行印发《新疆农村信用社管理体制改革实施方案》。根据上述文件精神，县信用社在实施管理体制改革中，对贷款对象和贷款原则也作相应调整。在同等条件下，对入股社员的贷款优先，利率优惠；其余资金有权按国家信贷政策灵活运用，多存多贷；发放贷款的对象以承包户、专业户为主，以扶持农业生产的发展为主；在保证发展资金需要的前提下，有权经营农村工商信贷业务。贷款项目的选择，只要符合国家政策规定，信用社根据农村经济发展的需要，有权自行掌握。从1987年10月开始，县信用社根据人民银行、农业银行联合印发的《关于农村信用社信贷资金管理的暂行规定》要求，对信贷资金实行比例管理，将各项贷款余额控制在各项存款余额与自有资金总和的75%以内；将乡镇企业设备贷款增加额控制在乡镇企业贷款总额的30%以内。同时，按国家的金融法规和方针政策，实行自主经营，独立核算，自负盈亏，自担风险；坚持信贷资金以存定贷，多存多贷，自求平衡的管理政策。

1986年，县信用社以促进农村产业结构调整、搞活流通、活跃市场、发展乡镇企业经济效益为重点，对乡镇企业流动资金贷款，实行逐笔核贷、逐笔审批发放。对个体工商户贷款掌控在1000~3000元，农民贷款每户500~1000元，最高不超过1万元。

1988年5月，县农村信用合作社联合社成立后，各乡镇农村信用社仍为独立法人，同属农业银行管辖。6月23日，农业银行昌吉州中心支行印发《关于农业银行与信用社贷款业务划分的通知》，规定农户（牧户）贷款由信用社发放；乡办、村办集体企业和个体企业贷款，农业银行和信用社都可发放；粮食系统及供销系统贷款由农业银行发放，信用社不能发放。

1989年，根据农业银行总行“控制总量、调整结构、保证重点、压缩一般、适时调节”的金融方针政策，县联合社采取“信贷从紧”措施，信贷重点支持农业生产所需的化肥、农药、地膜、籽种等生产资料购置。

1990年，县联合社支农贷款占各项贷款80%以上。

1992~1993年，县联合社信贷支持以“高产、高效、优质”为目标，以“科技兴农、抗旱兴农、社会化服务兴农”为重点。贷款从单纯支持农业初级产品转向种养一条龙、农工商一体化。从分散使用、粗放管理转向适当集中、集约化管理，贷款重点投向农副产品加工等支柱产业。

1995年，县联合社取消信贷限额管理，实行资产负债比例管理，资金向农业倾斜，农业贷款增长幅度高于其他贷款。优先保证粮、棉、油生产小额贷款。

1998年，根据人民银行总行“多存多贷、少存少贷、瞻前顾后、合理调剂”的原则，县联合社以服务“三农”为宗旨，贷款实行农户优先、社员优先、农业优先。在农村商品流通、农副产品加工、农村发展社会化服务中，重点支持产品有销路、还贷有保证的骨干企业。

1999年，根据人民银行总行《关于做好当前农村信贷工作的指导意见》，县联合社贷款投向主要以粮棉生产和多种经营及乡（镇、村）企业为主。

2000年，根据朱镕基总理“关于农村信用社是农村金融的主力军、是联系农民的金融纽带”指示精神，县联合社信贷以提高农业效益和增加农民收入为核心，以农业和农村经济结构调整为目标，满足“三农”资金需求。以“增加贷款总量、调整信贷结构、加快资金周转、帮助农民增收”为总体思路，加大对种养、加工等行业的信贷投入。

2001年，根据人民银行总行《关于增加农村信用社支农再贷款的通知》《中国人民银行对农村信用合作社贷款管理办法》，县联合社以支农为重点，以小额农贷为主，在优先保证粮、棉、油等生产贷款需求的同时，加大对果、菜、畜类等产业的信贷支持。是年，县联合社印发《农村信用社农户联保贷款实施细则》，并在五工台镇小泉村试点。2002年春，县联合社农户联保贷款在全县推广。

2003年，根据人民银行昌吉州中心支行《关于创建“农村信用工程”的若干意见》，县联合社在全县开展“农村信用工程”创建活动。

2006年，自治区农村信用合作社联合社成立，县联合社进行统一法人的管理体制改革，呼图壁县农村信用合作社联合社改为呼图壁县农村信用合作联社，乡镇农村信用社划归县联社管辖，不再具有独立法人资格，贷款业务由县联社统一管理。县联社脱离与昌吉监管分局的行政隶属关系，划归自治区联社管辖，贷款业务在自治区联社的领导下开展。2007年2月8日，根据自治区联社《农村信用社信贷管理基本制度》，县联社结合本县实际情况，进一步细化贷款业务的管理原则和管理制度。

2009年，县联社在信用工程创建的基础上，推出“优质文明信用户”评定活动。凡符合“优质文明信用户”条件的最高核定贷款额度为20万元,利率实施优惠。是年，县联社印发《呼图壁县农村信用合作联社设施农业贷款实施细则》。

2010年，根据自治区联社《个人生产经营贷款、房地产开发贷款、个人住房商用房按揭贷款管理办法》《固定资产贷款、流动资金贷款、社团贷款、个人汽车消费贷款实施细则》，县联社在全县推广畜牧业贷款、个人综合消费和借新还旧贷款。

2011~2012年，县联社以“阳光信贷”为载体，推出妇女创业贷款，为妇女创业能手、重点户、示范户解决贷款难问题。

二、贷款制度

20世纪50~70年代，贷款实行计划指标管理，贷款坚持四原则，即自力更生为主，国家支援为辅；分业管理，专款专用；确有物资，物资适用，群众欢迎；有借有还，到期归还。信用社主要以讲服务与支持，以取得社会效益为前提，很少考虑自身经济效益，贷款管理强调按期归还，但没有相应的考核机制，缺乏风险责任意识。

1978年中共十一届三中全会后，信用社根据“区别对待、择优扶持”的原则，建立贷款项目管理和信用等级管理制度；对有代表性的乡镇企业和承包户、专业户建立联系点；建立“两清”制度，帮助乡镇企业开展清物资、清理资金工作，建立信贷管理档案制度。

1988年，县联合社成立后，逐步建立风险防范机制，推行“三查”制度及岗位分离制度和审贷分离制度，实现纵向与横向岗位制约相结合的管理办法；实行贷款效益率、安全率与职工利益挂钩的考核办法，增强信用社主任和信贷人员风险意识，自觉约束信贷行为；全面推行信贷担保抵押制度，强化风险防范机制。

1994年，县联合社实行贷款责任制，信贷人员必须廉洁奉公、遵纪守法、不以权谋私。对违反信贷原则，造成资金使用不当或沉淀，必须查明原因，由信贷员或审批人负责。

1996年11月，县联合社与农业银行呼图壁县支行脱钩后，依据《中华人民共和国人民银行法》《中华人民共和国商业银行法》《银行管理条例》《中华人民共和国经济合同法》《中华人民共和国担保法》《贷款通则》《借款合同条例》以及人民银行总行《关于进一步加强贷款管理有关问题的通知》等规定，县联合社逐步建立和完善各项贷款管理制度。

1997年9月1日，县联合社贯彻执行人民银行总行《中国人民银行对农村信用社贷款管理暂行规定》和贷款证制度，实行总量控制，限额管理，划分权限，余额监控原则。

1998年，根据《贷款通则》《农村信用社信贷资产风险管理示范办法》，县联合社制定《呼图壁县农村信用社贷款管理办法》，将信贷岗位划分为“调查岗、审查岗、决策岗”，规定各岗位职责和所承担的责任。

2000年，县联合社重申贷款“三查”制度，贷前调查：重点对贷款对象、贷款条件、贷款原则进行调查；贷时审查：主要审查贷前调查的情况是否真实、有无变化、贷款手续及相关资料是否完整齐全、是否符合法律条文和制度规定；贷后检查：主要检查贷款用途是否合规、有无转移、挪用，所支持项目经营情况和经济效益等，发现问题及时纠正或收回贷款。

2001年5月1日，根据人民银行总行《农村信用合作社农户联保贷款管理指导意见》，县联合社制定《农户联保贷款管理实施细则》。采取“一人贷款、多户联保、有存有贷、按期偿还、一人拖欠、全组清偿”的办法。

2002年8月，县联合社贷款审查审批委员会成立，制定《贷款分级审批制度》，规定10万元以下（含）由贷款审批委员会审批，10万元以上，审批委员会审批后，报理事会审批。杜绝跨区、冒名、违规转贷等行为贷款。

2004年2月6日，为进一步加强信贷管理，化解信贷风险，杜绝违规贷款发放，县联合社聘任信贷主管8人，并制定《信贷主管岗位责任制》。县联合社从有什么贷款品种就发放什么贷款，转变为客户需要什么贷款就开发什么贷款品种，贷款管理从粗放型向规范型转变。在信贷投放中，控制大额贷款，禁止贷款“垒大户”，由信贷主管直接向联社信贷科负责，实行责任追究制。

2006年，自治区联社成立，出台《新疆维吾尔自治区农村信用合作社信贷管理基本制度》，县联社根据自治区联社《信贷管理基本制度》制定《呼图壁县农村信用合作联社信贷业务操作规程实施细则》，对贷款合同的签订进一步规范。同时县联社风险管理委员会成立，对县联社重大决策进行风险评估，对信贷资产、风险投资等敏感度较高的项目进行实时监控。是年，县联社印发《贷款五级分类实施办法》，对不良贷款按“一贷、一档、一人”建立不良贷款管理档案。

2007年，县联社实行贷款管理“五严禁”（严禁违规越权放贷、严禁化整为零发放冒名贷款、严禁发放跨区贷款、严禁逆程序发放贷款、严禁发放违反国家产业政策贷款）；“四坚持”（坚持压缩大额贷款分散小额贷款、坚持分期还款按月收息、坚持贷款办理借款人到柜台、坚持存单质押实地核对）。并制定《呼图壁县农村信用合作联社贷款逾期前后主任管理与逾期后问责处罚办法》，明确贷款管理各环节主要责任人和经办人责任，全面落实贷款责任追究制度。

2008年7月24日，县联社印发《呼图壁县农村信用合作联社贷后管理实施细则》。实行贷款第一责任人制度，本着“谁发放，谁签字，谁负责”的原则，实行贷款责任跟踪、追究、考核制度。

2009年，县联社实行贷款风险度管理。按照风险度划分贷款实际价值和风险度，控制单户贷款额度、存贷比例。执行贷款审批权限，不超权放贷款。4月17日，县联社转发并执行银监会《固定资产贷款管理暂行办法》《流动资金贷款管理暂行办法》《个人贷款管理暂行办法》和《项目融资业务指引》“三个办法一个指引”。“三法一指引”的出台对贷款合同作了新的规定和要求，要求贷款人实行贷款全流程管理，强调贷款用途必须合法，同时赋予贷款人依据约定履行监督、检查的权力。8月31日，县联社印发《呼图壁县农村信用合作联社清收不良贷款实施细则》，对不良贷款清收作了详细规定。是年，县联社完善修改《棉花收购加工企业贷款封闭运行管理办法》《油脂企业收购贷款封闭运行管理办法》。

2010年，县联社为提高信贷质量，一是规范决策行为，实行严格管理、严格监督与奖惩，对违反规定办理贷款形成的风险，按照有关责任追究办法严肃处理。二是加强信贷队伍建设，加大对信贷人员业务技能培训和思想教育工作，提高信贷人员综合素质。三是完善激励机制，解决风险、责任、劳动强度与收入不相匹配的问题。四是严格按照县联社授权、授信规定，进一步明确基层信用社信贷业务操作规程，对违规发放贷款、超规模发放贷款行为进行严格问责。按照“按季分类、实时调整”原则开展风险分类工作，按季对信贷资产进行集中认定、分类结果动态调整，根据信贷资产风险变化进行适时监控和调整，充分发挥风险分类的作用，运用风险分类方式、方法加强信贷管理，树立风险为本的经营理念和审慎经营意识。是年，县联社制定《呼图壁县农村信用合作联社种养业农民专业合作社贷款管理办法》《呼图壁县农村信用合作联社创建农村信用共同体实施办法》《林果业贷款管理实施细则》《抗震安居贷款管理实施细则》《妇女创业贷款管理办法》《党员创业贷款管理办法》《个人综合消费贷款管理办法》《企业应收账款抵（质）押贷款管理办法》《银行承兑汇票业务管理办法》《票据贴现业务管理办法》。

2011年，县联社为规避信贷风险，提高信贷质量，制定《呼图壁县农村信用合作联社贷款支付管理办法》《呼图壁县农村信用合作联社最高限额抵押贷款管理办法》《呼图壁县农村信用合作联社中小企业流动资金贷款封闭运行管理办法》《呼图壁县农村信用合作联社“优质文明信用户”贷款管理办法》《呼图壁县农村信用合作联社个人定期存单质押贷款实施细则》《呼图壁县农村信用合作联社流动资金贷款实施细则》和《呼图壁县农村信用合作联社个人贷款实施细则》。

2012年4月，县联社信贷资产管理委员会成立。5月9日，县联社贷款利率定价管理委员会成立。5月29日，县联社印发《呼图壁县农村信用合作联社放款中心管理办法》。是年，县联社贯彻执行自治区联社制定的各项信贷管理制度。成立贷款审批委员会和基层信用社贷审小组，规范贷款审批程序，实行贷款审批、发放、监督相分离程序。严格落实贷款“三查”制度，加强贷前、贷中、贷后管理，并认真落实贷款责任追究制度，强化信贷员岗位责任。

三、贷款条件

贷款条件是指贷款人应具备的条件有政策规定的条件、贷款人偿还贷款的能力等。贷款者是否具有还贷的能力，这是信用社是否贷款的前提条件。1954~1955年，县信用社根据党的农村政策，发放贷款的主要对象是贫下中农和佃农。贷款期限一般为3个月，要求贷款人到期还贷。但这部分贷款者一般生活比较困难，有的不能按期还贷,信用社的亏损由人民银行或国家财政补贴。1957年根据人民银行的要求，县信用社首先保证贫下中农的口粮和治病贷款，即使是没有还贷能力的贫下中农，也要给予贷款，帮助解决生活、生产困难。1954~1957年，对贷款人偿还能力的要求并不是很严，主要是执行党和国家的农村政策，帮助贫困农民解决生活、生产方面的实际困难。县信用社职工积极响应党的号召，经常深入农村，走乡串户，了解农民的实际困难和资金需求，将贷款及时发到农民手中。在春耕季节，推着架子车，赶着毛驴车，拉着铁镐、砍土曼等生产工具，到农村发放实物贷款；在秋季，带上镰刀等工具，到田间地头发放贷款，及时帮助贫下中农解决困难。

人民公社化后，信用社为公社机构的组成部门，失去经营自主权，给谁贷款、贷款多少，都由公社金融管理委员会决定，对贷款条件的要求，在管理体制上自行消失。

“文化大革命”时期，县信用社在贫下中农管理委员会的领导下工作，在经营上没有自主权，发放贷款的条件主要是执行党在农村的阶级路线。中共十一届三中全会以后，随着金融管理体制改革的不断深入，信用社在组织上的群众性、管理上的民主性和经营上的灵活性开始恢复。从1981年开始，县信用社具有充分的经营自主权。在贷款安全的条件下，凡是符合国家政策规定，符合贷款方向，有利于经济调整，能按期归还贷款的社队基本核算单位、社队集体企业、社员个人、集镇个体工商业户都发放贷款。贷给谁，贷多少，由信用社自行决定。

1986年，县信用社对贷款条件的规定进一步明确、具体，有较强的可操作性。承包单位贷款，要验证经营承包合同；经济联合组织贷款要有联合协议书；工商、运输、建筑单位贷款要有工商行政管理部门发给的营业执照和建筑许可证，同时具有法人资格；大额贷款要有符合规定比例的自有资金，有相应价值的适用适销物资和财产做贷款保证，或有相应经济实力的单位担保。凡在信用社贷款的单位和个人都要在该信用社开立存款账户，按时报送生产经营计划和财务收支情况，接受信用社的监督和检查。

1991年5月，根据农业银行新疆分行印发的《新疆农村信用社贷款管理规范化实施细则》要求，县联合社对发放贷款的条件作详细规定。要求贷款者必须在信用社辖区范围内，借款人必须是经济实体，具备法人资格或自然人资格；生产经营项目必须符合社会需要，符合国家经济政策，必须合法、可行及有效，并符合产业政策和当地经济发展规划；参加财产保险；借款有计划，用途合理，自有资金符合规定比例，清偿债务能力充足，在信用社开立基本账户（除农户外），愿意接受信用社的监督。属于申请固定资产贷款的借款户，还需具备：贷款项目有上级主管部门批准的计划及开工通知；项目开工前期准备工作；在信用社开户并存入规定比例的货币资金；项目竣工投产所需流动资金落实。

1992年，县联合社根据7月4日农业银行新疆分行转发农业银行总行《关于农村信用社对三、四类企业贷款实行财产抵押的通知》，为保证信贷资金安全，要求给三、四类乡镇企业贷款时，一律实行财产抵押。过去凡没有实行抵押的，必须重新签订抵押合同。

2006年，呼图壁县农村信用社统一法人改革完成后，隶属自治区联社领导。2007年2月8日，自治区联社印发《新疆维吾尔自治区农村信用合作社信贷管理基本制度》，根据基本制度要求，县联社在发放贷款时要求企业贷款者应当具备下列基本条件：

1.从事的经营活动合规、符合国家产业政策和社会发展规划要求；

2.有稳定的经济收入和良好的信用记录，能按期偿还贷款本息，原应付利息和到期信用已清偿或落实经营社认可的还款计划；

3.在信用社已开立基本存款账户或一般存款账户，自愿接受信用社信贷监督和结算监督；

4.有限责任公司和股份有限公司对外股本权益性投资符合国家有关规定比例，实行公司制的企业法人申请信用必须符合公司章程，或具有董事会授权或决议；

5.除自然人和不需要经工商行政管理机关核准登记的事业法人外，须有人民银行核准发放的有效贷款卡，以及技术监督部门颁发的组织机构代码；

6.除自然人和不需要经工商行政管理机关核准登记的事业法人外，必须经过工商行政管理机关办理《营业执照》年检手续，特殊行业须持有有权机关颁发的营业许可证；

7.不符合信用方式的，必须提供符合规定条件的担保；

8.除国务院规定外，有限责任公司和股份有限公司股本权益性投资累计额不超过资产总额的50%；

9.资产负债率符合贷款人的要求；

10.申请票据贴现，必须持有合法有效的票据。

农户贷款客户应具备以下条件：

1.居住在信用社的营业区域之内；

2.具有完全民事行为能力，资信良好；

3.从事土地耕作或者其他符合国家产业政策的生产经营活动，并有合法、可靠的经济来源；

4.具备清偿贷款本息的能力；

5.遵纪守法，诚实正直。

对兵团农牧团场职工发放贷款，除具备地方农户规定的条件外，还需具备以下条件：

1.借款申请人必须同所在团场签订合法、有效的土地、林木、养殖群、园林、农机具等承包或租赁合同，并取得有效的合法证明，同时出具已缴纳承包、租赁期内合同约定应交承包、租赁费的合法凭据；

2.具有一定种植、养殖经验和经营管理能力，并有一定的经济实力和按期偿还贷款本息的能力；

3.在贷款信用社开立活期或定期存款账户；

4.办理与农业、畜牧、农机等经营范围相关的保险；

5.团场负责人签署审核意见，出具监督、约束借款人按期偿还贷款本息的承诺。

2009~2012年，县联社对贷款的条件要求进一步全面、具体。自然人一般农户申请信贷业务应具备的基本条件：

1.年满18周岁，原则上不超过60岁，具有完全民事行为能力和有效的身份证件；

2.居住在经营社的服务区域之内，且有固定住所；

3.在居住地从事土地耕作或者其他符合国家产业政策的生产经营活动，并有合法、可靠的经济来源，具备清偿贷款本息的能力；

4.遵纪守法，诚实正直，资信良好，无不良信用记录。

自然人其他申请信贷业务应具备的基本条件：

1.从事的经营活动合规、符合国家产业政策和社会发展规划要求；

2.有合法的经济收入和良好的信用记录，具有按期偿还贷款本息的能力；

3.在信用社已开立基本存款账户或结算账户，自愿接受信用社的信贷监督与检查；

4.持有《营业执照》的，必须经过工商行政机关办理《营业执照》年检手续，特殊行业须持有有权机关颁发的营业许可证；

5.不符合信用贷款条件的，应提供符合规定的担保。

企（事）业法人、其他经济组织申请信贷业务应具备的基本条件：

1.符合国家产业政策、信贷政策、环保政策和发展规划的要求，所从事的生产经营活动合规、合法；

2.持有工商行政管理机关或主管机关颁发并经年检合格的企业法人营业执照或事业法人证书，特殊行业还须持有有权机关核发的从业许可证，并在税务机关办理税务登记证；

3.持有人民银行核准发放并经年检合格的贷款卡以及质量监督部门颁发并经年检合格的组织机构代码证；

4.在信用社开立基本存款账户或一般存款账户；

5.有符合规定比例的资本金和资产负债率；

6.有限责任公司和股份有限公司对外股本权益性投资符合国家有关规定比例，实行公司制的企业法人申请贷款必须符合公司章程，且具有董事会（股东会、股东大会）授权或决议；

7.有良好的信用记录，具有按期还本付息的能力，原结欠贷款本息已清偿或落实贷款人认可的还款计划；

8.对不符合信用贷款条件的，应按规定提供担保；申请票据贴现必须持有真实、合法、有效的有关商品交易、劳务供应合同，以及能够证明票据项下的交易确已履行的凭证。

四、贷款分类方式

1953~1957年，信用社贷款分类简单，主要是农户贷款。1958~1983年，信用社贷款大致分为农户贷款、集体贷款、社队企业贷款。1984年后，贷款分类越来越细，农户贷款按承包户农、林、牧、渔、工业手工业、商业服务业、生产服务业、承包户其他行业、承包户生活贷款分类；社队企业贷款按所属行业分为社队企业工业贷款、商业服务业贷款、社队其他企事业贷款、社队企事业生产设备贷款等。1987年，承包户生活贷款改为农户生活贷款，社队企业名称改为乡镇企业。1988年，乡镇企业类贷款根据贷款具体行业分为轻纺工业、食品工业、矿业、建材工业、冶金机械化工业、交通运输建筑业、商业服务业、其他企事业贷款，并根据资金用途分为流动资金贷款和固定资产贷款。

1991年5月10日，农业银行新疆分行印发《新疆农村信用社信贷管理规范化实施细则》，根据细则规定，县联合社贷款方式分为抵押贷款、担保贷款和信用贷款三种。抵押贷款是指借款人以抵押物作为还款保证的贷款，抵押物必须符合相应的设定条件，信用社对借款抵押物拥有处置权，并优先受偿。担保贷款是指贷款人采取第三方担保作为还款保证的贷款。贷款担保人要符合法定条件，借款人不履行债务时，信用社有权要求担保人代为履行或承担连带责任。信用贷款是指借款人以信用程度作为还款保证的贷款，对信用程度高、经济效益好、借款期限短、贷款额度小等风险性小的借款人办理信用贷款。以上三种贷款方式，一个借款人可以单独适用，也可以合并适用。

1992年，乡镇企业类贷款根据行业分为乡镇工业、商业服务业、其他企事业贷款三大类。1994年，贷款分为农业贷款、乡镇企业贷款和其他贷款三大类。这三大类又分别细分为短期类、中长期类、抵押类、逾期类、催收类。1997年，取消催收类统计口径，增加呆滞类和呆账类。1998年，贷款分为农户贷款、农业经济组织贷款、农村工商业贷款和其他贷款四大类。这四大类又分别细分为短期、中长期、抵押、质押、逾期、呆滞、呆账类别。2001年，又增加农户小额信用贷款、农户联保贷款、助学贷款三个信贷产品。

2010年7月，县联社信贷业务按会计核算的归属分为表内和表外信贷业务。表内信贷业务包括贷款、商业汇票贴现等；表外信贷业务包括承兑、保证、信用证等。信贷业务按性质和用途分为固定资产贷款（基本建设贷款、技术改造贷款、房地产开发贷款）、流动资金贷款（农业、工商业、服务业、建筑业等）、循环额度贷款、个人消费贷款、个人生产经营贷款、保证、承兑等信贷品种。信贷业务按对象分为公司类信贷业务和个人贷款业务。贷款按期限分为短期贷款、中期贷款和长期贷款。

至2012年，县联社的贷款分类方式逐渐多样化，主要有以下几种：

（1）按贷款期限分为短期贷款、中期贷款和长期贷款；

（2）按贷款对象分为自然人贷款和企事业贷款；

（3）按组织形式分为普通贷款和社团贷款；

（4）按贷款方式分为信用贷款和担保贷款，担保贷款又可具体分为保证担保贷款、抵押担保贷款、质押担保贷款；

（5）按资金来源分为自营贷款和委托贷款；

（6）按贷款用途分为固定资产贷款、流动资金贷款、个人消费贷款、个人生产经营贷款等。

此外，县联社还经营一些特色信贷产品，主要有：封闭运行贷款、农民专业合作社贷款、妇女创业贷款、农户小额信用贷款、农户联保贷款等。

五、评级授信

（一）农户评级授信

2002年，县联合社开展农户评级授信，信用村（组）、乡（镇）创建试点工作，是信用工程建设的基础工作。

起初，由各信用社成立农户信用等级评定小组，负责辖区内农户信用等级的评定。农户的信用等级评定分为优秀、良好、一般、较差四个等级，分别以A、B、C、D表示。（1）“优秀级”的标准：生产经营效益高，家庭人均收入3000元以上，与信用社有存款业务往来，无不良贷款，信用贷款限额为8000元以下；（2）“良好级”的标准：生产经营效益较好，家庭人均收入2000~3000

元，有逾期贷款，但无两呆贷款，信用贷款限额为5000元以下；（3）“一般级”的标准：生产经营效益一般，家庭人均收入1000~2000元，虽有逾期或呆滞贷款，经过催收，采取措施可以偿还，信用贷款限额为3000元以下；（4）“较差级”的标准：农户生产经营差，有呆滞、呆账贷款，信用程度差，对“较差级”农户不发放《信用贷款证》，不发放小额信用贷款。

2010年1月，县联社对农户的信贷额度做调整，实行信用等级制，确定A（一般）、AA（较好）、AAA（优秀）级别：A级授信额度为3万元；AA级授信额度为4万元；AAA级授信额度为5万元。已评定信用户申请贷款，先发放小额信用贷款，不足部分参加农户联保小组，以联保方式按规定发放。实行信用等级有升有降的动态管理。7月22日，根据自治区联社《新疆维吾尔自治区农村信用合作社农户信用评级及授信管理办法》，县联社制定《农户授信管理实施细则》，对农户授信工作的管理做出具体规定。农户（农工）授信管理对象应具备的基本条件为：

1.年满18周岁，具有完全民事行为能力，有效的身份证明；

2.居住在经营社服务区域之内一年以上；

3.家庭成员中须具有劳动生产或经营管理能力的劳动力；

4.从事土地耕作或者其他符合国家产业政策的生产经营活动，并有合法、可靠的经济收入来源。

农户授信由联社统一管理，信贷部、经营社具体组织实施。县联社对信贷部、经营社授信情况不定期进行监督检查。信贷部、经营社分别成立授信评定小组，负责对辖内农户进行授信初评。各级评定小组成员不少于3人。经营社授信评定小组成员包括经营社主任、经办客户经理、村党支部书记或村委会主任（连长或指导员）、协管员组成，由经营社主任担任组长；信贷部授信评定小组负责对经营社评定授信结果进行审批，成员包括信贷部经理、信用工程人员组成，由信贷部总经理担任组长。

农户以家庭为单位取得授信，客户经理根据申请人的申请确定家庭成员其中一人受理授信。严禁同一家庭的夫妻双方均取得授信额度。对同一农户，联社系统内只能由一个信贷部、经营社对其进行授信评定，原则上其授信工作由户籍所在地或长期居住地的经营社负责。信贷部核定农户贷款最高综合授信限额为50万元（含）以下。经营社对农户授信额度进行动态管理，原则上三年进行一次。期间发生影响客户信用的重大事项，及时按规定流程对其授信额度进行调整。

2011~2012年，县联社根据辖区业务发展的需要和内设机构的设置及职责分配，对信用业务授信审批权限做相应的调整。各信用社、信贷部按要求分别成立授信评定小组。由信用社授信评定小组开展城镇个人、农户授信的初评，信贷部授信评定小组对信用社初评结果进行审议、审批，超过权限的上报联社信贷管理部按信贷审批权限规定审批。

（二）企业评级授信

2007年2月8日，根据自治区联社《新疆维吾尔自治区农村信用合作社企业法人客户信用等级评定办法》，县联社开始对企业贷款实行评级授信管理。客户信用等级评定是信用社为确保信贷业务的安全性、流动性和效益性，运用规范、统一的评价办法，对客户在一定经营期间内的经营状况和资信状况进行定量、定性分析，并据此就其偿债能力和还款意愿做出的真实、客观、公正的综合评价和信用等级确定。企业法人客户信用等级评定坚持“统一标准、严格程序、分级管理、动态调整”的原则。企业客户信用等级分为AAA级、AA级、A级、B级、C级五个等级。AAA级和AA级企业客户为优良客户，A级和B级企业客户为一般客户，C级企业客户为限制或淘汰客户。大中型企业、省直及以上企业客户和AA级（含）以上企业法人客户的信用等级审定，向自治区联社报备咨询。县联社负责辖内客户信用等级评定工作的具体实施。信用等级评定工作程序包括：评级准备、实地调研、级别初评、级别审查与审定、跟踪监测、监督检查等阶段。企业客户信用等级评定每年进行一次，于一季度完成，评定的企业客户信用等级有效期为一年。

2006年5月25日，县联合社印发《企业法人客户授信管理办法》，规定对单一法人客户统一确定最高综合授信额度，实施集中统一控制客户信用风险的信贷管理制度。最高综合授信额度是指信用社在对单一法人客户的风险和财务状况进行定量与定性分析的基础上确定的、能够和愿意承担的风险总量。对单一法人客户提供的贷款、承兑、贴现、信用证等表内外用信余额之和不得超过最高综合授信额度。实施统一授信制度，必须做到“先授信、后用信”，遵循“主体统一、区别对待、动态调整、权限管理”的原则。在国家工商行政管理机关核准登记，在县联社开立基本账户或一般存款账户，并与县联社有信用业务关系，或申请建立信用关系的法人客户实施统一授信管理。没有独立法人资格的分公司和法人内设部门不授信。统一授信管理分为内部统一授信和公开统一授信两种。法人客户的授信一般实行内部统一授信。但符合国家产业政策、发展前景良好，建立现代企业制度，信用等级在A级（含）以上，资产负债率在75%以下，能够提供有效担保，近两年没有出现经营亏损和不良信用记录的企业法人客户实行公开统一授信管理。

内部统一授信的程序：

1.授信调查。客户服务中心、信用社对客户的经营状况、管理水平、资信状况和发展前景进行调查评估，拟定最高综合授信额度方案，交联社信贷管理部审查。

2.授信审查。县联社信贷管理部对调查评估报告的完整性、时效性和合理性进行审查，提出最高综合授信额度核定意见，提交贷款审查委员会审议。

3.授信审议与批准。贷款审查委员会对送审的材料进行审议，形成审议意见后报联社有权审批人审批。

第二节　自然人贷款

一、农牧民生产、生活贷款

1954年3月25日，呼图壁县第一个信用社在渭户乡成立后，一个多月的时间里，就给农牧民发放生产贷款830万元（旧人民币），生活贷款550万元（旧人民币），副业生产贷款80万元（旧人民币）。这些贷款，使社员和群众买回大量农具和种子以及耕畜饲料，也替一些缺乏口粮及因疾病和婚丧发生困难农民解决问题。

1955年，县信用社共发放农牧业贷款2.3万元。

1956年，呼图壁县已组建信用社13个，共发放贷款8.06万元，解决1160户农牧民生产生活困难。至1957年，第一个五年计划期间，农牧业贷款总额达71.9万元。支持农业方面，购耕牛365头、耕马56匹、双轮双铧犁148架、23号单铧犁184架及10行播种机26架、收割机35架、小农具1013件、修渠工具30件、饲草9000斤、饲料4300斤、籽种36092斤，解决农业周转金31户。支持牧业方面，购绵羊475只、饲草23850斤、饲料71022斤及盐565斤，打土圈25个，购小农具39

件，籽种4666斤，支持公私合营牧场6429元。

1960年，信用社支持合作化运动（1955~1960年），6年间发放贫农合作基金贷款22.8万元。

1961年，连续三年经济困难（1959~1961年），加上“大跃进”造成农村经济困难，部分农户贷款难以收回，农户贷款发放量相应减少。是年，国家豁免贫农合作基金贷款955户、5.65万元，其中农区838户、4.2万元，牧区117户、1.45万元。

1963年，信用社发放灾区口粮贷款4843元，解决遭受自然灾害严重、交不起公粮、吃回销粮资金困难8个生产队社员342户，购回销口粮37950斤，9个生产队获无偿贷款1.8万元。

1965年，国家批准信用社豁免1961年以前旧贷款20.4万元，其中社队18.63万元，社员1.77万元。

1966年后，因“文化大革命”“农业学大寨”运动，农业生产高度集体化，社员发展私有经济一律被取消，家庭副业受严格限制，信用社发放农户个人贷款在较长时期内处于低谷。1966~1976年“文化大革命”期间，信用社各种规章制度被废弃，资金周转不灵，贷款业务发展缓慢，所发放的贷款，除解决个别社员治病、丧葬等方面资金困难外，80%以上用于支持社队集体在农业生产上的化肥、农药、农具、种子等方面的资金需求，对社员个人家庭副业生产贷款基本停止。

1978年，中共十一届三中全会后，农村工作重点转移，信用社按照“支持商品生产，活跃农村经济”的方针，将农业贷款的重点转移到支持社队和社员发展商品生产上，把扶贫致富作为调整农业贷款结构的一项重要内容。至1980年，农村推行家庭联产承包经营责任制，提倡发展多种经营，搞活农村经济，农贷工作从支持集体农业向支持农户个体经营转变。大量涌现的土地承包户、种养专业户、重点户成为信用社支持的主体对象。是年，县信用社发放农业贷款125万元，其中大丰信用社发放农业贷款达到40.6万元，占32.48%，其他乡镇共84.4万元，占67.52%。

1982年，农村全面实行“双包”责任制，县信用社在信贷工作中积极支持各种农业生产，特别是对包干到户的承包户，生产资金有困难的农户给予支持。做到“三个优先，二个从严，一个不贷”，即优先支持商品经济发展，优先支持信用好的队和户，优先支持存贷挂钩的户；对不讲信用的从严，对不按计划种植和不按经济规律办事的从严；对搞投机倒把、封建迷信等不正当活动的不贷。是年，共发放农业贷款137万元。

1983年，农村大包干责任制迅速发展。由于农业生产责任制的建立，生产单位化小，农民添置农具、耕畜、化肥和其他生产资料费用增加，信用社贷款投放成倍增长。1984年比上年222万元年增长1.84倍。1985年比1984年409万元增长1.22倍。

20世纪80年代末至90年代初，随着第二、第三产业的发展和土地承包责任制的完善，农村土地逐步向专业大户集中，形成适度规模经营并向集约化、产业化经营格局发展。信用社支农重点，也随之发生变化。在支持好一般农副业生产的同时，向适度规模经济、商品化程度高、经济效益好的专业化大户倾斜，对农户贷款的发放量以较大幅度增加。1986年，发放农户贷款460万元。

1990年，根据党中共“农业是基础，工业是主导的发展国民经济总方针”“向农业倾斜的政策”，县联合社把支持农牧业承包户贷款作为重点，增加放贷总量，对农牧业生产投入增加20%资金，全年投入农牧业贷款1215.3万元，占各项贷款总数的72.04%，有力地支持农牧业承包户的生产发展，取得第十三个丰收年。

1991年是“八五”计划的头一年，按照年初全疆支行长会议精神，认真贯彻落实中共中央、国务院《关于1991年农业和农村工作的通知》精神，县联合社紧密结合呼图壁县实际，在把握产业结构变化趋势的前提下，调整结构，突出支持农业生产，强化信贷服务。继续把稳定和完善以家庭联产承包为主的责任制，把支持承包户的生产经营作为信贷支持的主题，优先满足农户生产费用资金需要。同时积极稳妥地支持发展农业社会化服务体系，全辖累计发放大农业产前、产中、产后服务农业贷款1641.9万元，占贷款累计发放的66.32%，比上年增加426.6万元，增长35.1%。

1995年，县联合社按照全疆分支行行长会议部署，把信贷支农工作放在首位来抓，把改革作为动力和机遇，在思想上破除传统的计划经济观念和因循守旧思想，树立强烈的市场意识。紧紧围绕提高信贷资产质量，确保经济效益这个中心，进一步加大信贷支农力度，支持农业经济的发展。年末，累计发放贷款9717万元，其中农业贷款发放5935万元，累计收回5930万元。

1996年，县联合社坚持“以农为本，为农服务”的宗旨。年初，在信贷计划安排上把信贷支农放在突出的重要位置，目标明确，责任落实，做到计划优先安排，资金切实到位。全年累计发放农牧业生产贷款13369万元，占各项贷款累放的83%。乡镇企业、农村加工销售业贷款2813万元，占各项贷款累放的17%。在投量上做到贴近农民，分散贷款数额，严格控制大额贷款，农户贷款占全年贷款的80%以上。是年，县联合社在信贷资金投放管理上，严格按存贷比例考核，做到早计划，早落实，保证全县农牧业生产所需资金及时足额到位。仅一季度春耕生产投放贷款达7224万元。

1997年，全辖32个营业网点，本着以农为本，全力发展基础产业，扎根农业，全心全意为“三农”服务的思想。全年累计发放各项贷款17750万元，其中发放农业贷款14600万元，占各项贷款的82.25%，达到建社以来最高水平，为支持呼图壁县“三农”生产的发展起到举足轻重的作用，成为呼图壁农村经济发展的坚强后盾。

1998年，县联合社坚持“立足农村，依靠农户，服务农业”的思想，把重点放在农业产业化的“两高一优”农业，和“一黑一白”（黑打瓜子和棉花）经济发展战略上来，全年累计发放农业生产费用贷款12000万元，其中生产资料贷款7000万元，支持农业基础设施的改造，如打井、修防渗渠道、改善农村饮水条件及发展农业畜牧业工程贷款1000万元，有力地支持县域农村经济的发展。

1999年，为防范和化解金融风险，提高贷款质量，确保信贷资金良性循环，县联合社结合实际严格执行《农村信用社贷款管理办法》，使信贷工作做到有章可循，有法可依，使贷款发放及管理程序化、规范化、制度化。全年累计发放贷款14898万元，其中农业贷款累计发放11876万元，利息收入984万元。

2000年，县联合社按照上级有关精神，安排各社逐户建立农户经济档案，要求各社不得给未建立经济档案的农户发放贷款。严格执行“三查”制度，按照农户承包的土地面积和种植计划测算农户当年的总收入，并按照农户承包土地面积发放贷款，实行小额信贷支持，送贷到村，送贷到户，并按季节适时投放。全年累计发放各项贷款14839万元，其中支农贷款6895万元，保证全县农业生产资金需要。

2001年，由于受到风沙、冰雹、霜冻等自然灾害的影响，全县80%的农户春耕资金短缺，为解决资金供求矛盾，大力筹措资金，千方百计保证农业资金需求，县联合社先后向人民银行申请再贷款3000万元，并及时送资金到农户，送科技到农村，送信息到农户。8月29日，呼图壁县部分农区遭受百年不遇的洪灾，直接经济损失达2503.35万元，灾情发生后，县联合社及时组织人力，调查核实受灾群众的基本生产、生活情况，筹措资金，共计发放救灾贷款150万元，力争使灾民的生产生活及早恢复，使洪灾造成的经济损失降到最低程度。全年累计发放贷款16602万元，其中农业生产贷款投放11000万元，同比增长40%。

2002年，县联合社加强信贷管理，不断调整贷款结构。针对资金需求量增大的情况，县联社多方积极组织，取得人民银行呼图壁县支行再贷款8500万元，加大对农业信贷投入。截至12月，累计发放各项贷款14547万元，其中农业贷款9856万元，牧业贷款881万元，发放委托养牛、葡萄种植贷款1261万元。

2003年年初，由于持续低温、干旱，农民种植成本增大，在信贷资金需求剧增带来很大压力的情况下，县联合社及时做好资金需求计划与安排，累计向人民银行申请支农再贷款20000万元，仅春耕生产资金投放达15000万元，关键时刻帮助农民顺利渡过难关。积极改进贷款方式，在防范风险的同时，简化手续方便农户，继续推行农户联保贷款和“小额信用”贷款，把盘活旧贷与开展信用村、信用户创建活动相结合，截至12月底，全年累计发放农户联保贷款8196万元。

2004年，呼图壁县联合社牢固树立靠支农求发展、靠支农增效益、靠支农树形象、靠支农降风险的思想观念，使支农工作再上新台阶。全年共发放农业贷款16985万元，受益农户达5340余户。

2005年，县联合社狠抓不良贷款“清降”工作。截至12月末，累计收回不良贷款11971.4万元，比年初下降4703万元。是年5月，大丰镇红柳塘村发生水灾，灾情发生后，县联合社领导立即带领机关科室人员会同信贷人员奔赴重灾区，查看灾情，慰问灾民，送贷上门，发放救灾贷款，在短短的10天，共向70多户灾民发放救灾贷款27万元。

2006年，县联社统一法人管理体制改革完成，基层信用社的贷款业务由县联社统一安排，统一部署，贷款余额逐年上升。截至年底累计发放贷款73642万元，其中农业生产费用贷款19898万元，畜牧业贷款1010万元，完成农业贷款投放计划100%，农户贷款覆盖面100%。

2007年年末，县联社各项贷款64430万元，同比增加9534万元，增长17.36%。存贷比例为89.41%，全年累计发放贷款83978万元，其中农业贷款27135万元，贷款余额和增量、市场份额均居全县金融机构之首。

2008年，县联社不断加大对“三农”的支持力度，探索贷款新模式，有效解决广大农户贷款难问题，农户贷款覆盖率达100%。全年累计发放各项贷款99775万元，同比增加27480万元，增长18.81%。其中发放农业贷款54615万元，占54.74%，存贷比例54%，贷款余额和增量、市场份额均居全县金融机构首位，贷款余额占全县7家金融机构贷款余额的36.18%。

2009年，县联社以服务“三农”支持县域经济发展为己任，全力做好信贷投放工作，全年累计投放各项贷款139270万元，同比增加39495万元，增长39.58%，其中投放农业贷款118548万元，同比增加63933万元，增长117%。

2010年，县联社累计发放农户小额信用贷款和农户联保贷款68739万元，同比增加13895万元，小额农贷覆盖率稳步提升，净投放和累计投放再创新高。

2011年，县联社累计投放各项贷款237399万元，同比增加78509万元，增长49.41%，其中投放涉农贷款151452.38万元，同比增加43551.76万元。累计发放农户小额信用贷款和农户联保贷款126850.75万元。

2012年，县联社全年累计投放各项贷款309602万元，同比增加72203万元，增长30.41%，其中投放农户贷款295726万元，同比增加67508.34万元。

二、农户小额信用贷款

2002年1月18日，县联合社转发人民银行乌鲁木齐中心支行《新疆农村信用社农户小额信用贷款实施办法》，并印发《呼图壁县农村信用社农户小额信用贷款实施办法》《呼图壁县农户信用等级评定实施办法》《呼图壁县农村信用社贷款证管理办法》，成立信用社农户小额信用贷款信用等级评定小组。县联合社在二十里店、园户村、五工台、大丰4个农区乡镇进行农户小额信用贷款试点工作。

农户小额信用贷款是指信用社基于农户的信誉，在核定的额度和期限内向农户发放的不需抵押、担保的贷款。这种贷款实行“一次核定、随用随贷、周转使用、余额控制”的管理办法，根据生产经营周期确定贷款期限，一般不超过一年，利率按人民银行规定基准利率实行浮动，结息方式与其他贷款相同。贷款条件：（1）居住在信用社的营业区域之内的农户；（2）必须是信用社的入股社员；（3）具有完全民事行为能力，资信良好；（4）从事土地耕作、养殖或其他符合国家产业政策的生产经营活动，并有合法、可靠的经济来源；（5）具备清偿贷款本息的能力。贷款用途包括种植业、养殖业方面的生产费用；小型农机具贷款；围绕农业产前、产中、产后服务等贷款；购置生活用品、建房、治病、子女上学等消费类贷款，要有可靠的还款来源。对信用等级为“较差级”农户不发放小额信用贷款。

根据《农户小额贷款实行信用贷款证管理办法》，信用社发给信用农户信用贷款证。信用贷款证是信用社发给其社区内农户符合小额信用贷款条件的资格信用证明书，以农户为单位，一户一证，一证一号，并实行一年一检。农户不得将贷款证出租、出借或转让，否则取消其农户小额信用贷款资格。为有效防范信用贷款风险，对小额贷款的农户进行信用等级评定，按照信用等级发放不同额度的贷款。至2002年12月末，全县创建农村金融安全区信用村示范单位4个，信用示范村6个，信用示范乡镇2个，发放小额信用贷款证487户，共146.1万元。

2003年，县联合社全年累计发放农户小额信用贷款758万元。

2004年，县联合社共发放农户小额信用贷款510.25万元。

2005~2006年，县联合社共发放农户小额信用贷款1206.7万元。

2006年，县联社统一法人的体制改革完成，随着管理体制的逐步理顺和农户评级授信工作的有效开展，2006年至2012年，农户小额信用贷款余额逐年增加。

2007年，县联社被自治区联社列为北疆片区首个创建“信用县”的试点县，全年共发放农户小额信用贷款9852.25万元。

2008年，县联社累计发放农户小额信用贷款8666户、15331.54万元。

2009年，县联社共发放农户小额信用贷款7748户、16582.92万元，占农户贷款的33%。

2010年，县联社累计发放农户小额信用贷款14483.23万元，占农户贷款的10%。

2011年，县联社累计发放农户小额信用贷款17209.09万元，占农户贷款的7%。

2012年，县联社印发《农村信用社农户小额信用贷款协管员管理办法》。全年累计发放农户小额信用贷款7689户、16322万元，农户小额信用贷款占农户贷款的6%。

2002~2012年呼图壁县联合社（联社）农户小额信用贷款发放表

表8-1　　单位：万元、%

年份	农户贷款	农户小额信用贷款	占比情况
2002	7628	146.1	2
2003	15316	758	5
2004	14234	510.25	4

续表8-1

年份	农户贷款	农户小额信用贷款	占比情况
2005	16415	651.05	4
2006	16889	555.65	3
2007	20545	9852.25	48
2008	40806	15331.54	38
2009	50898	16582.92	33
2010	147169.29	14483.23	10
2011	238546.69	17209.09	7
2012	295726	16322	6
合计	864172.98	92402.08	—

三、农户联保贷款

2001年，根据人民银行总行《关于农村信用合作社农户联保贷款管理指导意见》，县联合社开办农户联保贷款业务。县联合社采用5～10户贷款方式进行联保，坚持“多户联保、按期存款、分期还款”的原则，发放农户联保贷款。农户联保贷款手续简化，极大地方便农户，特别是解决困难农户担保难的问题，同时降低农村信用社的贷款风险，充分体现农村信用社贴近农户，服务三农的宗旨。至年底，累计发放农户联保贷款465户、139.56万元，占农户贷款的2%。

2002年，为进一步加强农户联保贷款业务的管理，更好地为农业生产和农户服务，县联合社根据人民银行《农村信用合作社农户联保贷款管理指导意见》，制定《呼图壁县农村信用社农户联保贷款管理实施细则》，规定联保小组成员贷款条件，即具有完全民事行为能力，身体健康的自然人；单独立户，经济独立，具有本地户籍，常年在本地居住，具有固定住所；具有合法、稳定的收入；无不良信用、担保记录；遵纪守法，诚实正直；从事符合国家及地方政策规定的种植业、养殖业以及其他与农村、兵团团场经济发展有关的生产经营活动。对联保小组成员采用“一人贷款、多户联保、有存有贷、按期偿还、一人拖欠、全组清偿”的管理办法，并规定联保小组成员贷款额度不超过1万元。截至年底，农户自愿组建联保小组980个，累计发放农户联保贷款7560户、6605.36万元。

2003年，县联合社共发放农户联保贷款8196万元。

2004年，县联合社调整提高农户联保贷款的额度，规定最高限额为2万元。截至年底，累计发放农户联保贷款9169.58万元，占农户贷款的64%。

2005年，县联合社发放农户联保贷款13418.81万元，占农户贷款的82%。

2006年，县联社发放农户联保贷款达15352.07万元，占农户贷款的91%。

2007～2008年，县联社在大力投放农户联保贷款的同时，注重对以前年度所发放的农户联保贷款中形成的不良贷款进行清收处置，使农户联保贷款与农业生产周期合理匹配，实现当年发放、当年收回的良性循环。

2009～2012年，县联社扩大农户联保贷款的支持范围，将贷款用途从传统的种植业向畜牧养殖业转移，从而使农户联保贷款投放量进一步加大。从2009年起，县联社将农民专业合作社贷款与农户联保贷款有机结合起来，用途上涵盖种植、养殖以及农户消费性需求，期限依据贷款的实际用途、农户还款能力等因素灵活确定，有效解决农户资金短缺、消费贷款抵押不足的难题。2012年年末，县联社农户联保贷款共发放177150万元，占农户贷款的60%以上。

2001～2012年呼图壁县联合社（联社）农户联保贷款发放表

表8-2　　单位：万元、%

年份	农户贷款	农户联保贷款	占比情况
2001	8551	139.56	2
2002	7628	6605.36	87
2003	15316	8196	54
2004	14234	9169.58	64
2005	16415	13418.81	82
2006	16889	15352.07	91
2007	20545	10012.21	49
2008	40806	24817.63	61
2009	50898	36581.12	72
2010	147169.29	54255.16	37
2011	238546.69	109641.66	46
2012	295726.95	177150	60
合计	872724.93	465339.16	—

四、个人房产抵押贷款

2003年，县联合社在城区网点开办住房及商业用房、汽车、工程机械、大型农机具等按揭贷款。这些贷款新品种的开发扩大信用社的服务范围，增加社会经济效益。全年办理住房及商业用房按揭贷款533万元；汽车、农机、工程机械消费贷款523万元。

2006年3月1日，县联合社对住房抵押贷款条件做具体规定。即抵押住宅房屋地理位置优越，建造年限不超过10年，易于变现的房屋；贷款额度按评估价值的50%比例发放，最高不得超过8万元；抵押住房以楼房为主，不得抵押顶楼住宅和土木结构平房。是年，累计发放个人房产抵押贷款5331.95万元，其中农户抵押贷款2665.75万元，其他抵押贷款2666.2万元。

2007年，县联社不断加大支持力度构建和谐新农村，积极探索贷款新模式，为一时无法筹齐资金的农户开办"康乐居"新农村个人住房按揭贷款。是年，累计发放个人房产抵押贷款2940.33万元，其中农户抵押贷款1703.4万元，其他抵押贷款1236.93万元。

2008年，县联社大力拓展消费贷款市场，与五洋集团、四季花城、大成实业等企业签订住房按揭贷款协议，全年累计发放住房按揭贷款9845.65万元。

2009年，县联社与鸿都房地产、宏伟房地产、圣达房地产等有限公司签订住房按揭贷款协议，全年累计发放个人住房抵押贷款6377.6万元。

2010年，县联社全年累计发放个人住房抵押贷款7981.8万元，其中农户抵押贷款7391.8万元，其他抵押贷款590万元。

2011年，县联社加大消费贷款力度，与鸿都房地产、宏伟房地产、新疆庆源实业集团呼图壁分公司等有限公司签订住房按揭贷款协议，全年累计发放个人住房抵押贷款15411.46万元，其中农户抵押贷款10753.46万元，其他抵押贷款4658万元。

2012年，县联社全年累计发放个人住房抵押贷款13141万元，其中农户抵押贷款10709万元，其他抵押贷款2432万元。

2006～2012年呼图壁县联社个人房产抵押贷款统计表

表8-3 单位：万元

年份	个人房产抵押	农户抵押	其他抵押
2006	5331.95	2665.75	2666.2
2007	2940.33	1703.4	1236.93
2008	9845.65	6593.5	3252.15
2009	6377.6	6377.6	0
2010	7981.8	7391.8	590
2011	15411.46	10753.46	4658
2012	13141	10709	2432
合计	61029.79	46194.51	14835.28

五、再就业小额担保贷款

（一）下岗失业人员小额担保贷款

2010年，县联社开办下岗失业人员小额担保贷款，全年累计发放54笔、121万元。

2011年，县联社发放下岗失业人员小额担保贷款437笔、1446万元。

2012年，县联社发放下岗失业人员小额担保贷款455笔、1744万元。

（二）城乡妇女小额担保贷款

2011年，县联社发放城乡妇女小额担保贷款及农村青年创业小额贷款72笔、498万元。

2012年，县联社发放城乡妇女小额担保贷款及农村青年创业小额贷款102笔、722万元。

六、商户联保贷款

2003年，为解决个体工商户贷款难的问题，县联社制定《城镇个体工商户联保贷款实施办法》。

2004～2012年，县联社累计发放城镇个体工商户联保贷款一组4户、6万元。

七、公职人员消费贷款

2009年，县联社根据县域实际情况，为促进公职人员消费，结合《个人消费贷款管理办法》相关规定，加大个人综合消费贷款支持力度，开办新的业务品种即公职人员消费贷款。截至2012年，累计发放公职人员消费贷款104笔、892.5万元。

2009～2012年呼图壁县联社公职人员消费贷款统计表

表8-4　　　　单位：笔、万元

年份	笔数	金额
2009	12	117
2010	43	345.5
2011	28	262
2012	21	168
合计	104	892.5

八、助学贷款

2007年，为帮助考入大学贫困学生顺利入学完成学业，县联社根据（国办发）〔2004〕51号《国务院办公厅转发教育部、财政部、人民银行、银监会关于进一步完善国家助学贷款工作若干意见的通知》《中国人民银行助学贷款管理办法》《新疆维吾尔自治区农村信用合作社生源地国家助学贷款实施细则》，在全辖营业网点开办生源地助学贷款业务。贷款对象为家庭经济困难学生的家长或法定监护人。贷款最高限额为每人每学年6000元，贷款期限由信用社根据借款人的还款计划确定，在受益学生毕业1~2年后开始还贷，期限不超过受益学生毕业后6年。贷款利率按照人民银行规定的同期限贷款利率执行，不上浮。是年，县联社发放助学贷款3笔、共计1.52万元。

2008~2012年，县联社累计发放助学贷款6.56万元。帮助胡玛汉·木沙江、芦博、付惠琴等贫困学生顺利入学，完成学业。

第三节　法人贷款

一、乡镇企业贷款

乡镇企业贷款初称社队企业贷款。呼图壁县信用社从1973年开始发放社队企业贷款，凡经上级主管部门批准的社办、大队办、社社联办、社队联办的企业，实行独立经济核算，拥有一定数量的自有资金，亏损有弥补来源，在信用社开立账户，都可以申请贷款。贷款的种类有生产周转贷款和生产贷款两类。贷款期限一般为1~3年，最长不得超过5年。贷款的原则是支持社队企业的发展，帮助社队企业坚持社会主义方向，增加社队收入，壮大集体经济；有借有还，到期归还。1979年，中共十一届四中全会通过《关于加快农业若干问题的决定》指出："社队企业要有个大发展，逐步提高社队企业收入比重。"使社队企业的地位、作用得到充分肯定。呼图壁县委、县政府把发展社队企业作为振兴农村经济、建设新农村的一项重要工作。提出"一个主题两个翅膀（社队企业与多种经营）"的发展方针，健全、加强各级对社队企业的领导管理。1980年起，为支持社队企业进一步发展，信用社加强对社队企业信贷工作，贷款对象有工业、种植业扩大到商业及运输服务业。信用社积极支持公社和大队在巩固发展原有企业的同时兴办新企业，重点支持产品加工和城市配套服务、为人民生活服务等行业的发展，并在支持的同时帮助企业加强经营管理，开展增收节支，增强企业活力。同时支持农民自办或多户联办家庭工厂和劳务作业，推动农村各种加工业、交通运输、服务业的发展。1980~1983年，信用社支持企业贷款681万元。

1984年，经农村经济体制改革后，撤销人民公社、生产队建制，恢复乡、镇和行政村建制，社队企业贷款改称为乡镇企业贷款。呼图壁县的乡镇企业基础较差，起步比较晚，急需资金支持。信用社在调查研究的基础上，把有限的资金合理运用，积极支持乡镇企业的发展。

1987年7月10日，农业银行新疆分行发出《关于信用社发放乡镇企业设备贷款的指标及有关问题的通知》。根据通知要求，信用社在向乡镇企业发放贷款时，把资金效益放在首位，择优扶持，要求申请贷款的乡镇企业必须拥有规定比例的自有资金，借据要经县以上司法机关公证。凡符合条件的乡镇企业，积极筹措资金予以支持，不符合条件的乡镇企业不予贷款。信用社向乡镇企业发放贷款前，组织人员进行可行性调查，根据调查结果确定是否给予贷款。向乡镇企业发放的设备贷款的期限一般为1~3年，贷款总额在20万元（含）以上的，还要经农业银行呼图壁县支行批准，方可发放。至1990年，信用社对乡镇企业的轻纺、食品、矿业、建材、交通运输、建筑等企业按照国家对乡镇企业的产业政策、信贷政策以及资金实力给予全面积极的支持。1990年，呼图壁县信用社投入乡镇企业贷款354.6万元，占全年贷款总额的21.02%，其中设备贷款30万元，流动资金贷款324.6万元。

1991年，呼图壁县乡镇企业已初具规模，但由于在生产技术和管理方面存在不少问题，企业经济效益不佳，自我发展能力低下，流动资金严重不足，县联社根据上级发展乡镇企业的具体政策要求，继续贯彻执行“积极扶持、合理规划、正确引导、加强管理”的方针，贯彻“调整、整顿、改造、提高”的八字方针。结合呼图壁县乡镇企业的发展实际，提出保重点压一般的具体措施，把县针织厂、棉纺厂、淀粉厂、造纸厂、纸箱厂五大企业作为全县乡镇工业巩固发展的重点企业。发放企业流动资金贷款1322.6万元，发放固定资产贷款158.9万元，重点支持5个骨干企业购进原材料和经销商品。支持县针织厂新建3800平方米现代化厂房一栋，改变该厂进口设备生产环境，扩大生产规模，生产能力进一步增强。

1994年，县联合社转发农业银行呼图壁县支行《关于重新规定贷款审批权限的通知》对贷款审批做具体规定，同时根据农业银行昌吉州中心支行文件规定，从1995年1月1日起，凡办理国有、集体企业贷款时，必须先有企业承包人或法人代表私有财产（主要指存款）作抵押，抵押与贷款比例不得低于10%。贷款如不能按期归还时，首先处理私有抵押物偿还本息。造成信贷资金损失，要对责任人以渎职论处。

1996年，县联合社与农业银行呼图壁县支行脱离行政隶属关系后，仍然支持乡镇企业的发展，以服务“三农”为宗旨，在贷款投向上坚持支农方向不动摇，大力支持农牧业生产、加工、销售“一条龙”产业化龙头企业。全年发放乡镇企业、农村加工、销售业贷款2813万元，占各项贷款累放的17%。

1998年，由于乡镇企业的体制改革全面推开，原乡镇企业改制为股份制企业或股份制企业集团，县联合社不再设置乡镇企业贷款项目，凡乡镇企业贷款统分为企业贷款。

1999~2001年，企业贷款发放量和余额不断增长，至2001年年末，累计发放企业贷款10652万元。其中短期农业经济组织贷款5254万元，农村工商业贷款5398万元。

2002年，县联合社全年累计投放企业贷款2181万元，余额3267万元。

2003年，县联合社以信贷市场需求和信贷资金效益为着眼点，采用贷款常年放常年收的周转方式，在做好服务“三农”的同时，积极拓宽资金投放新领域，大力扶持中小私营企业和个体工商户。截至年末，为153家私营企业，3700余户个体工商户发放贷款10359万元。重点扶持和培育北疆粮油、恒辉淀粉、云龙油脂、银翔股份公司等24家能带动全县农业经济发展，促进农村剩余劳动力转移的中小型民营企业。是年12月9日，新疆日报头版头条刊登题为《呼图壁县农村信用社大力支持民营经济获双赢》的报道，12月12日昌吉日报又进行转载。

2004年，在县联合社的支持下，全县涌现出一大批种养殖户、个体工商户、个体私营户，催生一批典型个体、私营企业,带动地方经济的快速发展。截至年末，全县非公有制企业和个体工商户在信用社贷款1000余户，累计投放贷款22193万元，共收回到期贷款13899万元。由于这些贷款投放准确，生产的效益也相应提高，全年收回利息1218万元。

2005年，县联合社全年累计发放企业贷款17858万元，余额26327万元。

2006年，县联合社统一法人体制改革完成后，县联社大胆引进贷款营销机制，制定出《中小企业及其他经济组织联保贷款实施办法》《中小企业及其他经济组织信用贷款实施办法》《企业最高限额抵押贷款》《棉花企业贷款封闭运行操作管理办法》。是年，共发放企业贷款17485万元。

2007年，县联社从拓展和深化服务“三农”领域实际出发，对科技含量高、发展前景好、信用观念佳的中小企业增加授信额度，改善结算服务。多次召开银企座谈会，对65家中小企业进行评级授信。是年，共投放企业贷款52434万元。

2008年，县联社把资金在优先满足农业贷款的同时，加大扶持企业信贷主题客户，积极支持中小企业发展。将在信用社开列基本结算账户、县定“百强”企业、进行设备技术改造且市场前景广的优势骨干企业、作为增量贷款企业，资金和规模上适当给予倾斜，保证其所需资金按时到位；将经营素质好，产品市场前景广，附加值高而信贷资金投入少的中小型企业作为重点扶持对象，推进其上规模、出品牌、增效益。是年，累计发放中小型企业贷款72698万元。

2009年，县联社投放涉农中小企业贷款68728万元，占49.3%，增长82%。

2010年，县联社开展走千家商户,访百家企业的活动。在1个月时间内共走访834家企业及商户，收集到各类建议和意见240条，并及时进行分类，为制定相关的信贷政策及出台制度提供科学依据。是年，县联社与县招商局、经贸委、工商局建立信息沟通平台，和19家招商引资企业建立信贷关系，发放贷款14000万元，有力支持企业的发展；为46家企业提供信用等级服务，为企业建立信用平台，并在昌吉报、呼图壁电视台进行公示，取得很好的社会效益，提升信用社的客户整体形象。

2011年，县联社为46家企业进行信用等级评定，确定AAA级信用企业4家，AA级信用企业24家，并实行优惠利率支持，累计给企业减息100余万元，支持地方优质企业的发展，建立良好的银企合作关系。根据中小企业资金需求周期短、频率高、时间紧等特点，县联社改变业务流程、提高服务效率、简化办贷手续，极大方便中小企业。是年，县联社重点支持小甘沟、白杨沟、丰源煤矿等60万吨以上技改煤项目、鑫联煤化6000吨工业萘、鸿新石化集团15万吨焦油深加工项目、西域春千头牛养殖基地等项目。尤其是对兵团农六师重点招商企业，新疆动力源生物科技有限公司16万吨农产品合成酒精与饲料项目给予大力支持。为支持农业产业化发展，推出中小企业流动资金贷款、固定资产贷款、农副产品收购贷款、企业封闭运行贷款、最高额抵押流动资金贷款等办法，实现金融产品与中小企业实际融资需求的有效对接。是年，共投放农业生产化龙头企业贷款9760万元。至12月底，企业贷款余额75432万元，占42.84%。截至年底，县联社支持的企业新增产值过亿企业5家，重点工业企业86家，新增新疆名牌产品2个，自治区级企业技术中心1家，区级农业产业化龙头企业4家，州级25家，占全县农业化龙头企业总数的86%。

2012年，县联社调整信贷结构，加大对县城居民及个体工商户贷款支持力度，重点支持个体工商户种植、养殖、农副产品加工及餐饮等经营户资金需求，使他们在增产增收、促进县域经济发展方面起到领头羊作用。是年，县联社按照“优质、高产、高效、生态、安全”原则，支持农业产业化发展，坚持“五个优先”（对市场发育较为成熟的农产品基地，贷款优先；对种养加、产供销已基本成型的企业，贷款优先；对牵动性强、辐射面大、市场前景看好、经营效益高的龙头企业和企业集团，贷款优先；对名优特新产品、高精尖产品以及出口创汇农产品的开发、生产和基地建设、市场建设，贷款优先；对效益好的特色农业项目，贷款优先）、全面落实“三个一批”（一批规模型、特色型、科技型产业化龙头企业；一批以科研、示范、推广三结合的产业化基地，增强农产品的转化增值；一批以联合、合作、股份合作制和股份制等多种方式的龙头企业）原则，重点加大对龙头企业、涉农企业、产品深加工等中小企业信贷支持，根据企业资信情况，推行差别化利率。全年累计投放产业化龙头企业、中小企业流动资金、涉农企业贷款148308万元。

二、社团贷款

社团贷款是由两家或两家以上具有法人资格、经营贷款业务的农村商业银行、农村合作银行、县（市）联社采用同一贷款合同，共同向同一借款人发放的贷款。信用社办理社团贷款业务，遵循“自愿协商、权责明晰、讲求效益、利益共享、风险共担”的原则，按照社团贷款相关协议的约定享有权利、履行义务。社团贷款的组织协调，由成员社的上一级管理机构或牵头社负责。信用社社团贷款的贷款人由牵头社、代理社和一般成员社组成。信用社社团贷款业务用于满足企（事）业法人或其他经济组织的大额融资需求，贷款对象必须符合信用社相关信贷管理制度的规定。信用社社团贷款投向根据国家产业政策、地方发展规划，主要用于企业流动资金贷款。信用社社团贷款最长期限原则上不超过三年。社团贷款可以展期一次。如贷款期限不超过一年，展期期限不得超过原贷款期限；如贷款期限超过一年，展期期限不得超过原贷款期限的一半。社团贷款采取“总额认定、成员分担”的办法，各成员社对社团贷款的分担金额，按照“自愿认贷、协商确定”的原则确定。社团贷款成员社严格按照社团贷款协议规定，及时足额划拨贷款款项，按照社团贷款协议履行其职责和义务。社团贷款所发生的各类费用支出，由各成员社按承担贷款的比例分担，或由各成员社商定。各成员社应向牵头社支付前期社团筹组的费用，向代理社支付后期贷款管理的代理费用。协议签订后社团即告成立。签订协议的社均为社团的成员社。全体成员社参加讨论、议定有关社团贷款问题的会议为社团会议。社团成立后，牵头社应当尽快与贷款申请人在贷款条件清单的基础上，协商议定社团贷款合同的具体条款。社团贷款借款人应当提供有效担保。当借款人不能按期归还贷款本息时，社团贷款成员社有权按照法律规定，以抵押物、质物的折价、拍卖、变卖价款优先受偿，或由保证人按照社团贷款协议的规定履行债务或承担连带责任。社团的各成员社应共同与借款人、担保人签订社团贷款合同。社团贷款合同是借贷双方依法签订的单一贷款合同。社团贷款各有关当事人分别在贷款合同上签字、加盖单位印章后，社团贷款合同成立。社团贷款发放时，各成员社应按协议规定，将款项划至代理社指定的专用账户。代理社按合同约定，统一办理贷款资金划付借款人账户的相关业务。

借款人应直接向代理社归还贷款本息。代理社收到借款人归还的各期贷款本息后，应严格执行协议约定，在规定时限内，按照各成员社承担的贷款比例同时将资金划付各成员社账户。代理社不得擅自截留或挪用借款人归还的社团贷款资金。牵头社应在社团贷款合同生效后十日内，将合作协议和社团贷款合同同时报送自治区联社备案，并抄送当地银监局。

呼图壁县联社于2007年参与社团贷款业务活动，并制定规范的操作程序：

1.收到社团贷款组团邀请后，由联社主管信贷主任、信贷管理部负责人、客户服务中心负责人共同参与社团贷款评审。

2.收到牵头社提供的贷款项目评审报告后，客户服务中心出具贷款项目调查报告，联社信贷管理部门对社团贷款项目出具审查报告并严格按照中国银监会的规定提出贷款额度，提交联社贷款审查委员会审议。

3.贷款审查委员会审议通过后，按照风险提示内容，由联社法定代表人签订社团贷款合作协议。

4.按照约定同各成员社共同与借款人签订贷款合同，客户服务中心办理贷款发放手续，将款项按合同约定时间及时划至代理社指定账户。

5.联社财务信息部按协议约定定期支付社团贷款管理费。

6.客户服务务中心负责贷款贷后管理工作，由牵头社组织定期开展贷后检查，督促牵头社按约定划付贷款本息。发现贷款项目出现风险时，可随时要求牵头社组织检查，或者独立进行贷后检查。

7.联社资产风险管理部负责社团贷款风险管理，及时识别风险，提请采取有效的风险控制措施。

2007年，县联社共牵头组建社团5个，向5家涉农企业发放贷款5笔、8700万元。2008年，发放社团贷款7笔、6400万元。

2009年，为解决单户超比例和有效规避信贷风险，县联社吸引其他联社信贷资金8笔、24900万元，发放参团贷款16400万元，重点支持天山农业发展有限公司、云龙油脂、福华玻纤、鑫联煤化工、西域春乳业等一批重点优质企业的发展。全年共发放社团贷款15笔、41300万元。

2012年2月1日，鑫联煤化工有限公司6000万元贷款签字仪式

2010年，县联社牵头组织疆内13家联社为全县15家企业办理社团贷款50900万元，参加7家联社社团贷款20300万元。

2011年，县联社牵头组团发放社团贷款65000万元；参团14家，发放贷款10000万元。

2012年，县联社共牵头组团26个，发放贷款79800万元；参团31个，发放贷款33200万元。

三、事业单位贷款

2005年，县联合社支持县域事业单位的发展，至2006年，发放给呼河流域管理处贷款2笔、266万元。

2009年，县联社共发放事业单位贷款1100万元，其中发放给呼河流域管理处500万元，发放给县医院600万元，用于支付工程款。

2010~2011年，给县医院发放贷款4笔，共1500万元，用于修建外科住院楼，方便全县人民治病就医，支持县域医疗卫生事业的发展。

第四节 特色贷款

一、封闭运行贷款

2007年，为缓解当地中小企业贷款难问题，县联社出台《呼图壁县农村信用合作联社棉花收购加工企业贷款封闭运行管理办法》《呼图壁县农村信用合作联社油脂企业封闭运行贷款管理办法》。对扎花企业和油脂企业给予信贷支持，实行“库贷挂钩、封闭运行、款到出货”全封闭管理，信贷员24小时驻场监管。是年，信贷支持棉花企业6家，累计投放贷款25010万元。

2008年，县联社发放企业收购贷款13444万元，其中发放轧花企业贷款6270万元、油脂企业贷款7174万元。

2009年9月17日，县联社“棉花封闭运行”领导小组成立。22日，县联社印发《棉花收购贷款封闭运行管理实施细则》。截至10月末，信贷支持棉花收购企业8家，投放贷款24000万元，收回贷款1000万元，余额23000万元。截至年底，投放贷款31190万元，其中投放轧花企业贷款18000万元、油脂企业贷款13190万元。支持县域农产品收购加工企业的快速发展。同时也解决当地农民卖棉、卖油难的问题。

2010年10月9日，县联社领导在轧花厂调研

2010年，县联社印发《呼图壁县农村信用合作联社农副产品收购贷款封闭运行管理实施细则》。加大对农副产品收购贷款的管理，督促企业“快收、快轧、快售、快回笼”，加速资金周转，防范市场价格风险。收购期结束，对回笼货款及时收回。是年，发放贷款31260万元，其中发放轧花企业贷款26390万元、油脂企业贷款4870万元。

2011年，县联社发放轧花企业流动资金贷款23760万元，发放油脂企业流动资金贷款5090万元。

2012年，县联社发放轧花企业流动资金贷款24700万元，发放油脂企业流动资金贷款5980万元。

2008~2010年呼图壁县联社封闭运行贷款发放表

表8-5　　　　单位：万元

年　份	合计发放	其　中	
		棉花贷款	油脂贷款
2008	13444	6270	7174
2009	31190	18000	13190
2010	31260	26390	4870
2011	28850	23760	5090
2012	30680	24700	5980
合计	135424	99120	36304

二、农民专业合作社贷款

2007年7月1日，《中华人民共和国农民专业合作社法》实施以来，县联社密切配合县委、县人民政府转变农业生产经营方式，强化农民持续稳定增收的重要措施，把扶持农民专业合作社作为发展农村经济、增加农民收入的新亮点。实施“三社手拉手”工程建设，即农村信用社、供销合作社、农民专业合作社共同合作发展新模式，以强化机制，落实优惠政策，带动广大农牧民持续增收。至2009年，县联社联合县供销社重点培育和开发新生农民专业合作社，制定切实可行的贷款管理办法，对已具雏形且符合贷款管理条件的3家农民专业合作社安排专项贷款资金380万元，利率下浮10%。

截至2009年年末，呼图壁县农民专业合作社共有60个，参加的农户3020户，已经申报纳入“三社手拉手”合作社建设工程22家。农民专业合作社发展涵盖畜牧、棉花、番茄、粮食、蔬菜、林果、农产品加工等各个行业。农民专业合作社在解决农民小生产与大市场的矛盾、促进农业结构调整、推进农业产业化经营，提高农产品质量、搞活农产品流通、协调企业与农户间利益、增加农民收入等方面发挥积极作用。

2010年，县联社对全县6个农牧乡镇的养殖户、设施农业蔬菜大棚和各类农民专业合作社进行调研，摸清贷款需求情况，根据各类农民专业合作社性质和特点，制定《呼图壁县农村信用合作联社种养业农民专业合作社贷款管理办法》《呼图壁县农村信用合作联社创建农村信用共同体实施办法》，对符合条件的养殖户发放畜牧业贷款9112万元，比同期增加5445万元。支持建成千头牛场2个、30万只肉羊基地、20万口生猪基地、2000万羽家禽养殖基地、优质高产奶牛存栏达5万头、家禽出栏2003万羽。截至年底，为90家各类农民专业合作社及3000多户社员发放贷款15600万元，有力推动“三社手拉手”工程的开展，其中二十里店奶牛养殖技术协会和苗木种植协会分别创建为国家、自治区科普惠农兴村先进协会。

2011年，县联社不断加强农村信用社与农民专业合作社的互动合作机制。支持标准化养殖小区10个、优质高产奶牛5.5万头，农牧民人均收入比2010年增加1460元，达到11496元。根据《呼图壁县农村信用合作联社设施农业贷款管理实施细则》，发放设施农业贷款7364万元，比同期增加2444万元。全县特色农作物12000公顷，贷款投放2945万元。新增食用菌4万平方米，保鲜库容8万立方米。新增优质种苗花卉1300公顷。至年底，为106家各类农民专业合作社发放贷款18538万元。

2012年，县联社将农民专业合作社纳入“农村信用工程”建设范畴，建立信用评审机制，给农民专业合作社授信。重点支持“三社手拉手”示范性合作社48家，发展土地合作联营面积达3.33万公顷。对155家农民专业合作社进行信贷支持，贷款利率给予10%的优惠政策。是年，发放农民专业合作社贷款25760万元，有力支持农民专业合作社快速稳健发展。

三、妇女创业贷款

2010年，县联社为支持呼图壁县各族城乡妇女积极投身当地经济建设，推动妇女创业就业，加快城乡经济发展，对城镇下岗失业妇女、女大中专毕业生、回乡创业女农民工、各类先进妇女典型、参加过各类职业技能培训有创业愿望的城乡自主创业妇女、农村妇女致富创业带头人，给予8~10万元的信贷支持，帮助城乡妇女创业就业。是年，发放妇女创业贷款1762万元。

2011年12月，县联社扶持的民族刺绣农民专业合作社

2011年10月20日，根据新疆维吾尔自治区人力资源和社会保障厅、新疆维吾尔自治区妇女联合会《关于完善小额担保贷款贴息政策推动妇女创业就业工作的通知》《新疆维吾尔自治区农村信用合作社信贷管理基本制度》，县联社制定《呼图壁县农村信用合作联社扶持妇女自主创业小额担保贷款管理办法及实施细则》。12月22日，县联社妇女创业贷款工作领导小组成立，朱智岗任组长，陈志高为副组长，信贷管理部经理及各网点主任为成员。是年，县联社对从事二、三产业、特色种养殖、牛羊育肥、特色林果业、“妇字号”合作组织及民族刺绣行业141名妇女创业典型发放贷款810万元。截至年底，发放妇女创业贷款达9327.2万元，扶持妇女创业就业6000余人。县联社妇女创业贷款的发放，让全县广大妇女群众蕴藏的创业潜能得到释放，全县涌现出一批妇女创业典型。如科翔鸵鸟养殖合作社负责人铁步花用妇女创业贷款10万元，建立养殖场地，扩大养殖规模，实现年收入20余万元，带动56名妇女发展鸵鸟养殖，先后荣获昌吉回族自治州“创业之星”、秀山杯2010经济年度奖（中国50佳合作社）等荣誉称号；“楼兰秀”项目执行单位石梯子乡沙木哈尔民族刺绣农民专业合作社负责人木孜拉·努依坦，利用项目资金和妇女创业贷款15万元，引进新设备3台、增收新员工5名、协助开展刺绣培训班2期，参加人数75人次，成功申办“木沙哈尔”牌商标，走上民族刺绣规模化、品牌化发展道路。

2012年，县联社下发《妇女创业贷款管理办法及实施细则》，以信用、联保、担保、抵（质）押等多种贷款方式，大力推进城乡妇女创业就业。至年末，支持城乡各族妇女贷款8259户，累计发放贷款46300万元，占农户贷款的21.80%。是年，县联社被昌吉州妇联评为州级支持妇女创业工作先进单位，县联社主任朱智岗被自治区妇联评为支持妇女创业工作先进工作者。

2010~2012年呼图壁县联社支持妇女创业贷款发放表

表8-6 单位：万元

序号	信用社名称	2010年发放	2011年发放	2012年发放	累计发放
1	二十里店信用社	369.7	971.3	2705	4046

续表8-6

序号	信用社名称	2010年发放	2011年发放	2012年发放	累计发放
2	小土古里信用社	94.8	633	2825	3552.8
3	东泉信用社	—	358	1114	1472
4	石梯子信用社	208.7	1297.4	5119	6625.1
5	园户村信用社	—	810.5	6627	7437.5
6	五工台信用社	218.4	323	5946	6487.4
7	中渠信用社	269.6	591.5	4465	5326.1
8	西树窝子信用社	317	858.5	3020	4195.5
9	大丰信用社	256	1612	4205	6073
10	丰贸信用社	—	311	2545	2856
11	雀尔沟信用社	28.5	1255	4040	5323.5
12	业务发展部	—	306	222	528
13	景化信用社	—	—	3467	3467
	合计	1762.7	9327.2	46300	57389.9

四、支持优势产业发展贷款

2011年，呼图壁县苗木花卉产业快速发展，信用社在支持“三农”的同时大力支持苗木花卉产业。是年，二十里店苗木种植协会创建为国家、自治区科普惠农兴村先进协会。

2012年9月，县联社发放贷款3000万元支持县域苗木花卉产业发展。是年，全县苗木花卉面积达到6.2万亩。6月5日，呼图壁县被国家林业局命名为“新疆呼图壁国家级苗木交易市场”，成为全国第四、西北地区唯一的国家级苗木交易市场。9月26日，新疆呼图壁县国家级苗木交易市场揭碑暨新疆首届苗木花卉博览会在呼图壁县隆重举行。

第五节　兵团信贷

一、农工贷款

（一）农工联保贷款

2006年，按照“发展壮大兵团，致富职工群众”的总要求，结合自治区联社开拓兵团业务的战略规划，4月26日，县联社首个兵团营业网点——芳草湖信用社正式成立。是年，兵团农工联保贷款38笔、40.8万元 。

2007年，县联社芳草湖信用社发放农工联保贷款44笔、61.6万元。

2008年，县联社印发《呼图壁县农村信用合作联社国有农牧团场农工联保贷款管理实施办法》。是年，县联社发放农工联保贷款5461笔、9685.43万元，其中芳草湖4612笔、8150.97万元；一〇五团849笔、1534.46万元。

2009年，县联社发放农工联保贷款3552笔、7949.08万元，其中芳草湖3191笔、6988.08万元；一〇五团361笔、961万元。

2010年，县联社发放农工联保贷款2460笔、11025.9万元，其中芳草湖2405笔、10562.9万元；一〇五团55笔、463万元。

2011年，县联社发放农工联保贷款3197笔、27592.5万元，其中芳草湖3033笔、25835.5万元；一〇五团164笔、1757万元。

2012年，县联社发放农工联保贷款4276笔、46142万元，其中芳草湖3329笔、35551万元；一〇五团947笔、10591万元。

（二）农工小额信用贷款

2008年7月22日，县联社石门子信用社搬迁至兵团第六师一〇五团团部，更名为呼图壁县农村信用联社枣园信用社。8月19日，县联社枣园信用社开业剪彩仪式在第六师一〇五团枣园镇举行。是年，县联社枣园信用社发放农工小额信用贷款40笔、62.5万元。

2009~2012年，县联社枣园信用社发放农工小额信用贷款4003笔、16683.1万元，其中2009年发放855笔、1876.5万元，2010年863笔、2473.1万元，2011年947笔、4599.5万元，2012年1338笔、7734万元。

（三）抵质押贷款

2006~2008年，县联社芳草湖信用社发放兵团农工抵质押贷款146笔、4976万元。

2009年，县联社发放兵团农工抵质押贷款43笔、610.3万元，其中芳草湖36笔、545.8万元；一〇五团7笔、64.5万元。

2010年，县联社发放兵团农工抵质押贷款41笔、1060万元，其中芳草湖33笔、853万元；一〇五团8笔、207万元。

2011年，县联社发放兵团农工抵质押贷款31笔、2682万元，其中芳草湖28笔、2542万元；一〇五团3笔、140万元。

2012年，县联社芳草湖信用社发放兵团农工抵质押贷款36笔、2851万元。

（四）信用工程

2008年，县联社枣园信用社农工评级授信861户，授信金额1190万元。

2009年，县联社枣园信用社农工评级授信1435户，授信金额2730万元。

2010年，县联社枣园信用社农工评级授信882户，授信金额2501万元。

2011年，县联社枣园信用社农工评级授信947户，授信金额4600万元。

2012年，县联社农工评级授信4650户，授信金额29107万元。芳草湖农工评级授信3312户，其中AAA级信用户101户，AA级信用户1414户，A级信用户1797户，授信金额为21307万元；一〇五团1338户，授信金额7800万元。

二、企业贷款

（一）企业抵押贷款

2011年，县联社发放兵团企业抵押贷款7笔、12180万元。

2012年，县联社发放兵团企业抵押贷款3笔、13200万元。

（二）封闭运行贷款

2011年，县联社发放兵团企业封闭运行贷款7笔、12180万元。

2012年，县联社发放兵团企业封闭运行贷款3笔、13200万元。

三、住房消费贷款

2006年，县联社芳草湖信用社发放住房消费贷款2笔、10.2万元。

2007年，县联社芳草湖信用社发放住房消费贷款4笔、33万元。

2009年，县联社印发《呼图壁县农村信用合作联社国有农牧团场住房消费贷款操作规程》。是年，县联社发放兵团农工住房消费贷款160笔、843.3万元，其中芳草湖93笔、585.5万元；一〇五团67笔、257.8万元。

2010年，县联社发放兵团农工住房消费贷款160笔、820.4万元，其中芳草湖20笔、122.9万元；一〇五团140笔、697.5万元。

2011年，县联社发放兵团农工住房消费贷款241笔、1400.3万元，其中芳草湖50笔、494万元；一〇五团191笔、906.3万元。

2012年，县联社芳草湖信用社发放住房消费贷款292笔、3375.8万元。

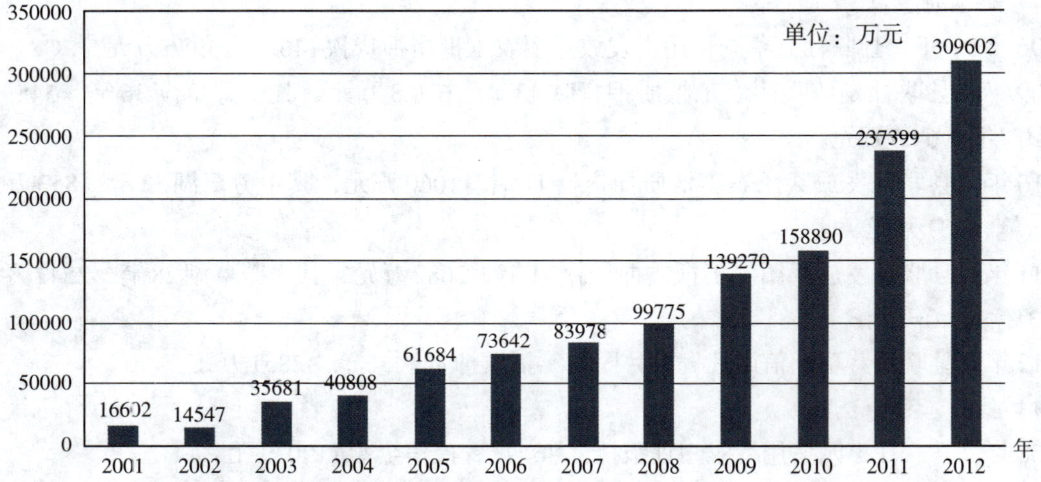

图8-1　2001~2012年呼图壁县联合社（联社）贷款累计发放示意图

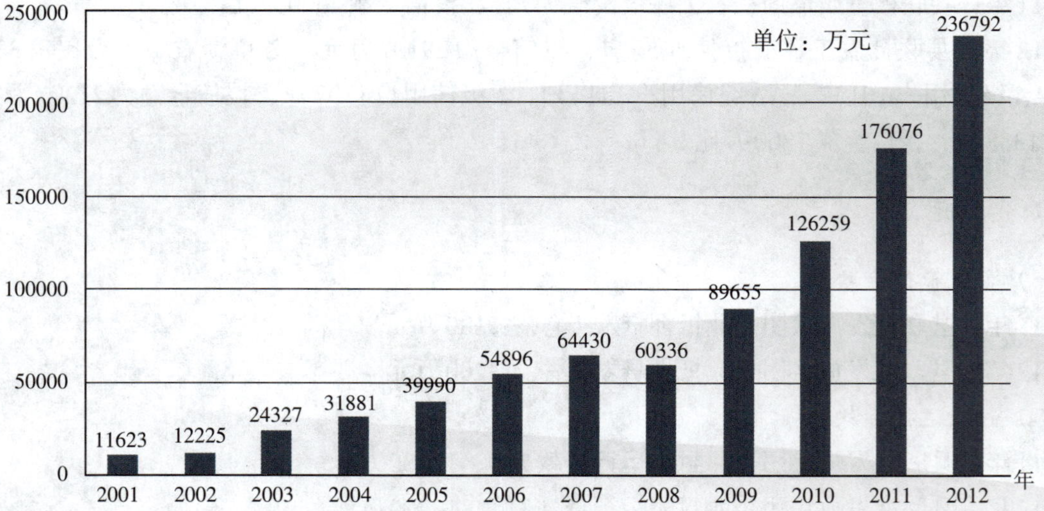

图8-2　2001~2012年呼图壁县联合社（联社）贷款余额示意图

1982~2012年呼图壁县联合社（联社）贷款发放及收回表

表8-7 单位：万元

年份	各项贷款累计发放	各项贷款累计收回	年末贷款余额
1982	137	135	23
1983	222	222	23
1984	409	295	137
1985	499	336	300
1986	460	462	298
1987	820	534	584
1988	1364	1162	786
1989	1050	840	996
1990	1687	1434	1249
1991	2476	2277	1448
1992	1916	1436	1928
1993	3530	3150	2308
1994	9207	8248	3267
1995	9717	7988	4996
1996	16182	14175	7003
1997	17750	5390	9363
1998	14912	16261	8014
1999	14898	15589	7323
2000	14839	12846	9316
2001	16602	14295	11623
2002	14547	13945	12225
2003	35681	23534	24327
2004	40808	33254	31881
2005	61684	53575	39990
2006	73642	58736	54896
2007	83978	74444	64430
2008	99775	103869	60336
2009	139270	109951	89655
2010	158890	122286	126259
2011	237399	187582	176076
2012	309602	248886	236792

第六节　阳光信贷

2012年4月，根据自治区联社《农村信用社开展“阳光信贷”整肃行风行纪职业道德教育活动方案》，县联社印发《呼图壁县农村信用合作联社2012年整肃行风行纪职业道德教育活动的方案》。成立“阳光信贷”整肃行风行纪职业道德教育活动领导小组，刘怀强任组长，朱智岗、刘娟、陈志高、叶斌为副组长，各部门和基层信用社负责人为成员。办公室设在县联社审计监察部，县联社纪委书记刘娟兼办公室主任。全面开展“阳光信贷”整肃行风行纪职业道德教育活动，以“内强素质、外树形象、强化管理、客户至上、热诚服务、无私奉献”为宗旨，加强从业人员廉政教育，狠刹“吃拿卡要”、以贷谋私不正之风。县联社实行贷款公示制度，设立举报电话、举报箱，业务发展部和14个基层放款信用社将发放的农户贷款张榜公示。公示严格执行“四公开一保密”（公开姓名、额度、利率、期限，保密客户其他信息）制度。阳光信贷本着“诚实守信、开诚布公、阳光透明”的原则办理各项贷款业务。在办贷过程中严禁接受客户的宴请、礼品、礼金或代金券，群众举报的违规违法问题一经核实，由县联社“阳光信贷”整肃行风行纪职业道德领导小组严肃处理，坚决把问题消灭在萌芽状态。在活动期间，县联社纪检委书记与中层干部廉洁自律谈话15人，中层领导与员工廉洁自律谈话并记录207次，共签订廉洁自律谈话记录表217份。签订员工行为准则承诺书217份，设立举报箱21个、举报电话1部。6月，县联社聘请行风（贷款）义务监督员54名。走访调查、发放民意测评表1053户。农户贷款公示17160笔、231172万元。在“阳光信贷”活动中，对2名信用社主任和2名信贷员在同一单位超过3年未轮岗的进行轮岗；开除党籍1人，取消预备党员资格1人。8月，县联社“阳光信贷”工程通过自治区联社验收。

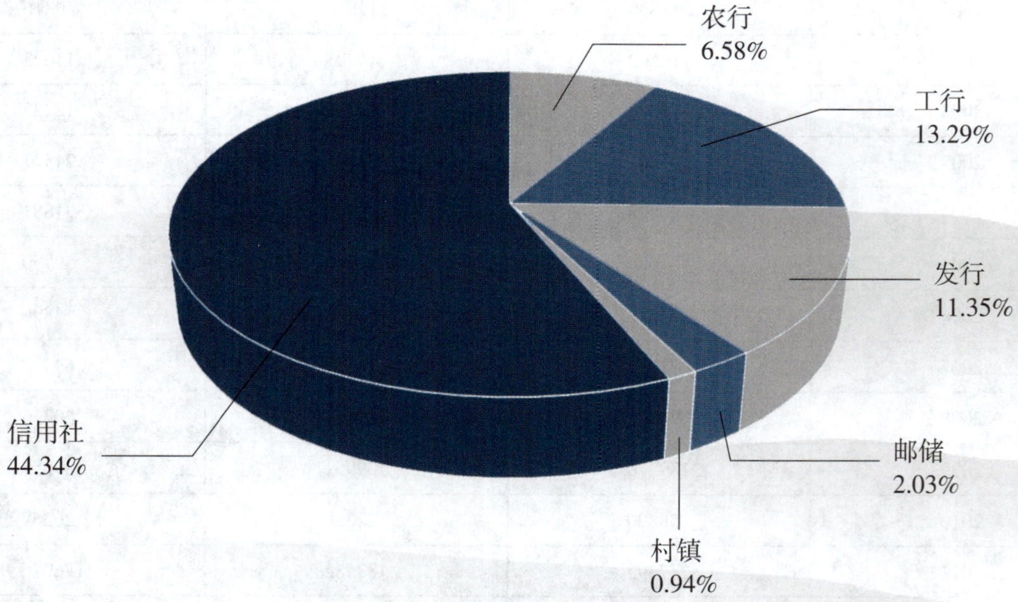

图8-3　2012年县域各家金融机构贷款占比图

第九章 利 率

20世纪50、60年代，呼图壁县农村信用社成立初期，存款利率执行人民银行统一规定的利率政策。70~80年代，存款利率调整较少。90年代以来，随着改革开放的不断深入和市场经济的长足发展，国家也随之多次调整存贷利率，仅2007、2008年，存款利率就分别调整6次和4次。1988~1998年，根据国民经济发展及物价上涨情况，信用社对储户存款还曾实行保值补贴。

县信用社成立60年来，贷款利率也曾发生多次变化。1954年，呼图壁县信用社成立，贷款利率在国家允许的范围内可以适当高于国家银行的贷款利率、低于社会借贷利率。1955年后，贷款利率一律按照人民银行的规定执行。1984年后，根据人民银行的规定，信用社贷款实行浮动利率。贷款利率在人民银行规定的基准利率的基础上，本着接近市场的原则，根据借款项目的社会效益、利润大小、偿还能力和信用等级上下浮动，浮动的幅度为10%~60%。1996年后，市场物价回落，浮动利率上限由现行60%降至40%。2000年后，依据人民银行规定，放开贷款利率上限及贷款利率浮动区间。2004年，执行人民银行规定，取消贷款利率浮动上限。从此，在贷款管理方面实行风险与收益对称管理，即根据借款人的情况实行利率差别化管理，对弱势群体实行优惠利率。2006年，县联社根据市场利率水平变化，依据人民银行有关规定，对不同贷款客户、贷款品种、贷款方式、贷款期限和风险种类实行差别化贷款利率。如对信用户、信用企业、入股社员贷款利率实行优惠政策，信用户在基准利率基础上上浮60%，入股社员上浮65%，AAA级企业上浮80%，AA级上浮85%，A级上浮90%。2011年，县联社对农户、农工、农场的贷款在同档次利率的基础上下浮10%。2012年，县联社执行国家关于房地产开发有关政策，个人按揭首套房贷利率上浮10%，按揭第二套房贷利率上浮30%，商铺按揭贷款利率上浮50%。对下岗失业人员担保贷款在基准利率上加2个百分点，优质信用户上浮40%，AAA级信用户上浮45%，AA级信用户上浮55%，A级信用户上浮60%，非信用户上浮65%，其他也做了相应调整。

第一节 存款利率

一、储蓄存款利率

1954年，呼图壁县信用社成立初期，执行国家的法定利率，存款利率比较高，1年期定期储蓄存款年利率14.4%，活期储蓄存款年利率5.4%。

1955年，国家经济好转，大幅度降低储蓄存款利率。10月1日，人民银行总行降低活期储蓄存款利率，年息由5.4%调至2.88%，定期1年以上储蓄年息由14.4%调至7.92%，3个月定期由9.6%调至5.04%，6个月定期由10.8%调至6.12%，取消9个月定期储蓄档次。

1959年1月1日，人民银行总行调整降低存款利率，活期储蓄存款利率由年息2.88%调至2.16%，定期1年由年息7.92%调至4.8%（1959年7月1日调至6.12%），定期半年由年息6.12%调至3.6%（1959年7月1日调整4.68%），取消3个月定期储蓄存款利率档次。

1965年6月1日，人民银行总行调整半年定期储蓄存款利率由年息4.68%调至3.24%，定期1年由6.12%调至3.96%，取消3个月、2年、3年定期储蓄存款档次。

1971年10月1日，人民银行总行再次降低存款利率，定期1年储蓄存款利率由3.96%调至3.24%。

1979年，中共十一届三中全会后，农村经济体制改革深入发展，部分农民家庭收入增加。为进一步鼓励农民积极参加储蓄，增加信贷资金，至1989年人民银行总行连续7次提高储蓄存款利率。1979年定期1年存款利率3.96%，1989年2月，增至11.34%。

1990年4月15日，人民银行总行调整存款利率，定期1年存款利率由年息9.45%调至10.08%，定期8年由17.64%调至16.2%，对3年以上定期储蓄存款实行保值。

1992年1月7日，根据昌农银计字〔1992〕第02号文件精神，县联社开办定活两便储蓄存款，从1992年1月1日起，存款期限达到定期利率档次，一律打六折计息。如遇利率调整，调高不分段，调低分段按同档次利率执行。

1995年4月20日，人民银行总行决定在5月内到期的3年、5年、8年定期储蓄存款分别按年利率12.24%、14.94%、17.64%计付利息外，再按贴补率12.27%计付贴补。

1996～2000年，虽然国民经济成功实现软着陆，但因受东南亚金融危机等因素的影响，市场物价持续走低，国民经济出现通货紧缩。从1996年5月到1999年6月的三年间，储蓄存款利率连续下调7次。到1999年6月10日调整后，活期利率调整到年息0.99%，一年定期储蓄利率下调到年息2.25%，达到全国及呼图壁县历史上储蓄存款利率的最低点。其间，根据1996年3月3日银传〔1996〕23号文决定，从1996年4月1日起不再办理新的保值储蓄业务。1996年5月2日，根据银发〔1996〕156号文通知，取消华侨人民币储蓄存款利率种类，华侨人民币储蓄存款按照相应期限档次人民币储蓄存款利率执行。1999年，根据国家税务总局〔1999〕197号《储蓄存款利息所得个人所得税征收管理办法》规定，从1999年10月8日起，征收利息税，税率为20%。

2002年2月21日，人民银行总行发布活期存款年利率为0.72%、3个月1.71%、半年1.89%、1年期1.98%、2年期2.25%、3年期2.52%、5年期2.79%，零存整取1年1.71%、3年1.89%、5年1.98%，协议存款1.44%、通知存款7天1.62%。

2004年10月29日，人民银行总行将定期半年年息1.89%调至2.07%，定期1年1.98%调至2.25%，定期2年2.25%调至2.7%，定期3年2.52%调至3.24%，定期5年2.79%调至3.6%，零存整取3年1.89%调至2.07%，零存整取5年1.98%调至2.25%。

2006~2012年，国家对信用社存、贷款利率调整较为频繁，2007年调整6次，2008年调整4次。存、贷款利率时高时低，利率调整对农村生产结构调整，对农村商品经济发展，对改变存款、贷款结构、转换信用社经营机制钧起到积极作用。

1954~2012年呼图壁县信用社部分年份储蓄存款利率表

表9-1　　　　单位:%

调整日期	活期	定期整存整取							零存整取		
		三个月	六个月	一年	二年	三年	五年	八年	一年	三年	五年
1954年9月1日	5.4	9.72	10.8	14.4	—	—	—	—	—	—	—
1955年1月1日	2.88	5.04	6.12	7.92	—	—	—	—	—	—	—
1959年1月1日	2.16	—	3.6	4.8	—	—	—	—	—	—	—
1959年7月1日	2.16	2.88	4.68	6.12	6.3	6.5	—	—	—	—	—
1965年6月1日	2.16	—	3.24	3.96	—	—	—	—	—	—	—
1971年10月1日	2.16	—	—	3.24	—	—	—	—	—	—	—
1979年4月1日	2.16	—	3.6	3.96	—	4.5	5.04	—	—	—	—
1980年4月1日	2.88	—	4.32	5.4	—	6.12	6.84	—	—	—	—
1982年4月1日	2.88	—	4.32	5.76	—	6.84	7.92	9	—	—	—
1985年4月1日	2.88	—	5.4	6.84	—	7.92	8.28	9	—	—	—
1985年8月1日	2.88	—	6.12	7.2	—	8.28	9.36	10.44	6.12	7.2	7.92
1988年9月1日	2.88	—	6.48	8.64	9.18	9.72	10.8	12.42	—	—	—
1989年2月1日	2.88	—	9	11.34	12.24	13.14	14.94	17.64	8.28	10.8	11.88
1989年6月1日	2.88	7.56	—	—	—	—	—	—	7.2	8.64	10.08
1990年4月15日	2.88	6.3	7.74	10.08	10.98	11.88	13.68	16.2	6.12	6.84	7.56
1990年8月21日	2.16	4.32	6.48	8.64	9.36	10.08	11.52	13.68	7.2	9.18	10.8
1991年4月21日	1.8	3.24	5.4	7.56	7.92	8.28	9	10.08	9	10.07	12.24
1993月5月15日	2.16	4.86	7.2	9.18	9.9	10.8	12.06	14.58	7.2	9.18	10.8
1993年7月11日	3.15	6.66	9	10.98	11.7	12.24	13.86	17.1	5.4	7.47	8.28
1996年5月1日	2.97	4.86	7.2	9.18	9.9	10.8	12.06	—	4.14	5.67	6.21
1996年8月23日	1.98	3.33	5.4	7.47	7.92	8.28	9	—	4.14	5.22	6.21
1997年10月23日	1.71	2.88	4.14	5.67	5.94	6.21	6.66	—	3.96	4.77	4.948
1998年3月25日	1.71	2.88	4.14	5.22	5.58	6.21	6.66	—	3.33	3.78	3.96
1998年7月1日	1.44	2.79	3.96	4.77	4.86	4.95	5.22	—	1.98	2.16	2.25
1998年12月7日	1.44	2.79	3.33	3.78	3.96	4.14	4.5	—	1.71	1.89	1.98
1999年6月10日	0.99	1.98	2.16	2.25	2.43	2.7	2.88	—	1.71	2.07	2.25
2002年2月21日	0.72	1.71	1.89	1.98	2.25	2.52	2.79	—	—	—	—
2004年10月29日	0.72	1.71	2.07	2.25	2.7	3.24	3.6	—	—	—	—
2006年8月19日	0.72	1.8	2.25	2.52	3.06	3.69	4.14	—	—	—	—
2007年3月18日	0.72	1.98	2.43	2.79	3.33	3.96	4.41	—	—	—	—
2007年5月19日	0.72	2.07	2.61	3.06	3.69	4.41	4.95	—	—	—	—
2007年7月21日	0.81	2.34	2.88	3.33	3.96	4.68	5.22	—	—	—	—
2007年8月22日	0.81	2.61	3.15	3.6	4.23	4.95	5.49	—	—	—	—
2007年9月15日	0.81	2.88	3.42	3.87	4.5	5.22	5.76	—	—	—	—

续表9-1

调整日期	活期	定期整存整取							零存整取		
		三个月	六个月	一年	二年	三年	五年	八年	一年	三年	五年
2007年12月21日	0.72	3.33	3.78	4.14	4.68	5.4	5.85	—	—	—	—
2008年10月9日	0.72	3.15	3.51	3.87	4.41	5.13	5.58	—	—	—	—
2008年10月30日	0.72	2.88	3.24	3.6	4.14	4.77	5.13	—	—	—	—
2008年11月27日	0.36	1.98	2.25	2.52	3.06	3.6	3.87	—	—	—	—
2008年12月23日	0.36	1.71	1.98	2.25	2.79	3.33	3.6	—	—	—	—
2010年10月20日	0.36	1.91	2.2	2.5	3.25	3.85	4.2	—	—	—	—
2010年12月26日	0.36	2.25	2.5	2.75	3.55	4.15	4.55	—	—	—	—
2011年2月9日	0.4	2.6	2.8	3	3.9	4.5	5	—	—	—	—
2011年4月6日	0.5	2.85	3.05	3.25	4.15	4.75	5.25	—	—	—	—
2011年7月7日	0.5	3.1	3.3	3.5	4.4	5	5.5	—	—	—	—
2012年6月8日	0.4	2.85	3.05	3.25	4.1	4.65	5.1	—	—	—	—
2012年7月6日	0.35	2.6	2.8	3	3.75	4.25	4.75	—	2.6	2.8	3

二、保值储蓄存款利率

1988年，国内经济出现通货膨胀，市场物价上涨幅度达到两位数，国家为稳定经济，从9月10日开始实行保值储蓄，呼图壁县信用社执行国家利率政策，开始办理保值储蓄业务。保值储蓄只对城乡居民个人三年以上定期储蓄存款实行保值补贴。保值补贴率以存款到期当月（季）国家公布的补贴率为准，计算方法是："实得利息额=储蓄存款额×存期×存款利率（1+保值补贴率）"。保值补贴率每个月根据当时的通货膨胀水平，由人民银行向社会公告。提前支取的不计付保值补贴，过期支取的逾期部分只按规定计付储蓄利息而不支付保值补贴。1988年和1989年的保值补贴率是按季公布，1990年以后保值补贴率是按月公布。1989年第三季度保值补贴率高达年利率13.64%。1991年12月1日，保值补贴业务停办。

1993年7月11日，保值储蓄恢复开办，但保值补贴率为零。1994年3月，年保值补贴率1.19%，后逐月调高。1996年6月开始保值补贴率为零。1997年5月保值补贴率调减至零。1998年，保值储蓄再次停办。

1988~1997年呼图壁县联合社部分年份保值储蓄补贴率表

表9-2

单位：%

序号＼年份	1988	1989	1990	1994	1995	1996	1997
1	—	12.71	0.89	0	9.84	11.34	2.87
2	—	12.71	1.46	0	10.38	10.83	2.09
3	—	12.71	0	1.19	11.87	11.29	0.94

续表9-2

序号＼年份	1988	1989	1990	1994	1995	1996	1997
4	—	12.59	1.42	1.5	11.47	9.00	0.17
5	—	12.59	1.38	2.70	12.27	7.61	0
6	—	12.59	0	3.38	12.92	7.23	0
7	—	13.64	0	4.58	13.01	6.24	0
8	—	13.64	0	4.27	12.99	4.75	0
9	—	13.64	0	4.96	12.64	3.61	0
10	7.28	8.36	0	5.62	12.07	3.62	0
11	7.28	8.36	0	6.57	12.87	4.04	0
12	7.28	8.36	0	8.79	13.24	3.72	0

三、单位存款利率

呼图壁县信用社在办理单位存款业务时，执行国家法定利率。从开办单位存款业务开始，至1981年，单位存款不分定期存款和活期存款，存款利息按月计算，利率一般在月息1.5‰到2.4‰之间上下浮动。

1982年1月1日，单位存款利率调整，单位存款活期利率为月息1.5‰，同时开办单位定期存款业务，利率为月息3‰~4.2‰。1982年后，单位存款利率的调整基本上与储蓄存款利率调整同步进行，但略低于储蓄存款。1985~1989年，单位存款利率逐年上调。1985年1年期月息3.6‰，1989年调至10.395‰。

1988年9月1日，单位存款利率再次提高，企、事业单位存款利率同个人储蓄存款利率拉平。单位活期存款利率由月息1.5‰调整为2.4‰；定期存款一年、二年、三年期的利率分别由月息4.2‰、4.8‰和5.4‰提高到7.2‰、7.5‰和8.1‰，并增设五年和八年期档次，利率分别为月利率9‰和10.35‰。如企、事业单位在定期存款到期前需要用款，可用存款作抵押向信用社办理贷款。单位定期存款不实行保值。

1989年，单位存款利率上调3次，6月1日增设三个月定期存款档次，利率与个人存款利率一致。

1990~1993年，单位存款利率随同城乡个人储蓄利率先后调整5次，至1996年，单位存款利率总体水平下浮，但下浮的幅度较小。1990年4月5日1年期月息8.4‰，1996年8月23日1年期月息6.225‰。

1997~1999年，单位存款利率逐年下调，且下调的幅度较大，1997年1年期月息4.725‰，1999年1年期月息1.875‰。

从1993年7月11日后，同档期的单位存款利率与储蓄存款利率保持一致。

根据《储蓄管理条例》规定：1995年5月15日以后，对单位定期存款不分段计息，按合同利率计付到期日。不分段计息原则的取消，简化计息手续，使银企都可能承担到利率变动的风险。

1982~2012年呼图壁县联合社（联社）部分年份单位存款利率表

表9-3　　　　　　　　　　　　　　　　　　　　　　　　　　　单位：%

调整时间	活期利率	定期利率							
		三个月	六个月	九个月	一年	二年	三年	五年	八年
1982年1月1日	1.5	—	—	—	3	3.6	4.2	—	—
1985年4月1日	1.5	—	—	—	3.6	4.2	4.8	—	—
1987年5月21日	1.5	—	—	—	4.2	4.8	5.4	—	—
1988年9月1日	2.4	—	5.4	6.3	7.2	7.5	8.1	9	10.35
1989年2月1日	2.4	—	7.5	8.46	9.45	10.2	10.95	12.45	14.7
1989年6月1日	2.4	6.3	7.5	8.46	9.45	10.2	10.95	12.45	14.7
1989年7月1日	2.64	6.93	8.25	9.3	10.395	11.22	10.95	12.45	14.7
1990年4月15日	2.4	5.25	6.45	7.5	8.4	9.15	9.9	11.4	13.5
1990年8月21日	1.8	3.6	5.4	6.3	7.2	7.8	8.4	9.6	11.4
1991年4月21日	1.5	2.7	4.5	5.4	6.3	6.6	6.9	7.5	8.4
1993年5月15日	1.8	4.05	6	—	7.56	8.25	9	10.05	12.15
1993年7月11日	2.625	5.55	7.5	—	9.15	9.75	10.2	11.55	14.25
1996年5月1日	2.475	4.05	6	—	7.65	8.25	9	10.05	—
1996年8月23日	1.65	2.775	4.5	—	6.225	6.6	6.9	7.5	—
1997年10月23日	1.425	2.4	3.45	—	4.725	4.95	5.175	5.55	—
1998年3月25日	1.425	2.4	3.45	—	4.35	4.65	5.175	5.55	—
1998年7月1日	1.2	2.325	3.3	—	3.975	4.05	4.125	4.35	—
1998年12月7日	1.2	2.325	2.775	—	3.15	3.3	3.45	3.75	—
1999年6月10日	0.825	1.65	1.8	—	1.875	2.025	2.25	2.4	—
2002年2月21日	0.6	1.425	1.575	—	1.65	1.875	2.1	2.325	—
2004年10月29日	0.6	1.425	1.725	—	1.875	2.25	2.70	3.00	—
2006年8月19日	0.6	1.5	1.875	—	2.10	2.55	3.075	3.45	—
2007年3月18日	0.6	1.65	2.025	—	2.325	2.775	3.30	3.675	—
2007年5月19日	0.6	1.725	2.175	—	2.55	3.075	3.675	4.125	—
2007年7月21日	0.675	1.95	2.40	—	2.775	3.30	3.90	4.35	—
2007年8月22日	0.675	2.175	2.625	—	3.00	3.525	4.125	4.575	—
2007年9月15日	0.675	2.40	2.85	—	3.225	3.75	4.35	4.80	—
2007年12月21日	0.6	2.775	3.15	—	3.45	3.9	4.5	4.875	—
2008年10月9日	0.6	2.625	2.925	—	3.225	3.675	4.275	4.65	—
2008年10月30日	0.6	2.40	2.70	—	3.00	3.45	3.975	4.275	—
2008年11月27日	0.3	1.65	1.875	—	2.10	2.55	3.00	3.225	—
2008年12月23日	0.3	1.425	1.65	—	1.875	2.325	2.775	3.00	—
2010年10月20日	0.3	1.59	1.833	—	2.083	2.708	3.208	3.5	—
2010年12月26日	0.3	1.875	2.083	—	2.292	2.958	3.458	3.792	—

续表9-3

调整时间	活期利率	定期利率							
		三个月	六个月	九个月	一年	二年	三年	五年	八年
2011年2月9日	0.333	2.167	2.333	—	2.50	3.25	3.75	4.167	—
2011年4月6日	0.417	2.375	2.542	—	2.708	3.458	3.958	4.375	—
2011年7月7日	0.417	2.583	2.75	—	2.917	3.667	4.167	4.583	—
2012年6月8日	0.33	2.375	2.542	—	2.71	3.42	3.875	4.25	—
2012年7月6日	0.292	2.167	2.33	—	2.50	3.125	3.542	3.958	—

第二节 贷款利率

一、贷款利率管理

信用社的贷款利率管理权在于中国人民银行。贷款利率的上浮或下浮均按人民银行的定价或规定原则执行。呼图壁县信用社成立初期，根据人民银行的规定，贷款利率高于国家银行执行的利率，低于社会借款的利率。从1956年起，执行人民银行规定的基准利率。从1965年6月1日起，对信用社社员贷款利率下调至月息7.2‰。1984年6月，国务院批转中国农业银行《关于改革信用合作社管理体制的报告》。从此，信用社的贷款实行浮动利率。此时，贷款利率种类有四种，即基准利率、浮动利率、优惠利率和加息罚息利率。

基准利率是法定利率，任何金融机构都必须执行。浮动利率是在基准利率的基础上上下浮动的利率，浮动幅度为20%。优惠利率是国家为支持某些行业或产业的发展，而实行的低于基准利率的优惠政策。加息罚息利率是对违约的贷款人所实行的高于基准利率的惩罚性措施。逾期贷款加收利息50%，挤占挪用贷款罚息100%。

1989年2月1日，县联合社转发执行农业银行总行《关于调整存贷款利率具体规定的通知》，乡镇企业设备贷款利率按期限分为三个档次，即1年以下月息为9.45‰，1年以上（含）至3年月息为10.05‰，3年以上（含）至5年月息为12.09‰。在基准利率基础上上浮50%为信用社贷款利率。

1990~1993年，国家整顿金融秩序期间，进一步严格贷款利率管理。人民银行于1993年5月15日和7月11日，先后两次调整信用社的存贷款利率。信用社贷款浮动利率的上限调整为60%。1995年至2002年，呼图壁信用社根据人民银行的规定，在贷款利率管理工作中，坚持依法合规的原则，坚持成本效益和风险控制相对称的原则，坚持市场化原则，实现资产增加，效益提高，风险降低，优质服务到位工作目标。

2004年10月29日，人民银行总行发出通知，取消商业银行贷款利率浮动上限但信用社的贷款利率浮动仍实行上限管理。浮动幅度在上限以内由信用社自行确定。呼图壁信用社根据贷款对象、贷款用途、贷款期限、贷款金额和贷款人的信用等级，实行差别化管理。对一般客户实行规范化的统一产品定价，对重要客户实行个性化的综合定价，对弱势群体实行优惠定价。贷款浮动定价由信用社贷款管理领导小组确定。

2006年，呼图壁信用社统一法人的管理体制建立后，贷款浮动定价统一由县联社管理。至2012年底，在自治区联社的领导下，严格执行法定利率，合理确定浮动利率，建立健全符合自身实际的贷款定价机制和利率风险管理制度，为抑制通货膨胀，为呼图壁县的农业发展、农村进步、农民富裕和信用社自身发展均取得新业绩。

二、贷款利率调整

1954年，信用社成立初期，贷款利率按低于农村私人借贷，略高于国家银行的原则，由信用社自行制定利率。从1955年10月1日起，信用社一律执行国家统一利率政策，存贷款利率都与国家银行完全一致。

1956年2月10日，人民银行总行为支持农业合作化，促进农业增产，消灭农村高利贷，降低贷款利率。信用社放款利率，包括对农业互助组、个体农民和农业合作社社员贷款利率，最高不超过月利率7.2‰，农业合作社贷款利率为月息4.8‰。

1957年11月26日，人民银行总行再次调整贷款利率。这次利率调整统一和简化利率种类，即农业、牧业、渔业、合作社的贷款利率为月利率4.8‰；社员个人、个体农民、城乡个体手工业者、私营工商业贷款利率为月息7.2‰。

1958年11月3日，人民银行总行发出《关于调整银行储蓄和农村贷款利率的通知》。12月22日又下发《关于降低储蓄存款利率和统一各项贷款利率的通知》，从1959年1月1日起，农村人民公社贷款，不分农业、工业或商业均按月利率6‰计息，信用社个人贷款按月利率6‰计息。

1961年5月，人民银行总行《关于降低农贷利率的通知》，将农业贷款利率降为月息4.8‰。

1971年8月11日，国务院批准财政部《关于调整银行利率的请示报告》，信用社从1971年10月1日起，贷款利率降低30%左右，社员存、贷款一律按银行利率执行，社员贷款月利率4.8‰降至3.6‰，社办企业贷款月利率6‰降至3.6‰，社队生产设备贷款月利率1.8‰不变，这次贷款利率调降至新中国成立以来最低水平。

1981年1月1日，人民银行调整信用社社员个人贷款利率，社队企业、社员个人贷款利率为月息4.2‰。

1984年1月1日，人民银行调整贷款利率，社队农业、企业、种养业、农副产品加工业、社员生活等贷款月利率为6‰，社员经营工、商、运输等家庭副业贷款月利率为7.2‰，社员建房和购买高档生活用品贷款月利率为9‰。

1985年4月1日，农业银行总行发出《关于调整农村部分存、贷款利率的通知》，信用社贷款基准利率按农业银行月利率6.6‰~9.6‰执行，即农业集体、合作经济和农户生产贷款月利率为6.6‰，乡镇企业生产设备贷款月利率为7.5‰~7.8‰，乡镇企业流动资金贷款利率为7.2‰，农户生活贷款月利率为6.6‰，个人购买高档消费品、建房等消费性贷款月利率为9.6‰，农村个体工商业贷款月利率为7.8‰，一般手工业月利率为8.7‰，商业和运输业月利率为9.6‰。

1989年起，信用社贷款利率可在基准利率基础上上浮，上浮幅度为10%~60%。是年2月1日，县联合社转发执行农业银行总行《关于调整存贷款利率具体规定的通知》，乡镇企业设备贷款（包括乡村工业设备贷款）利率按期限，分为三个档次，即1年以下月息为9.45‰，1年以上（含）至3年月息为10.05‰，3年以上（含）至5年月息为12.09‰。在基准利率基础上上浮50%为信用社贷款利率。

1993年5~7月，人民银行总行两次调高贷款利率，即乡镇企业流动资金贷款利率由月利率7.2‰调至7.8‰，乡镇企业设备贷款1年以下（含）月利率为7.65‰，1年以上至3年（含）月利率为9‰，3年以上至5年（含）月利率为10.05‰，5年以上月利率为10.20‰，从1993年5月15日起执行。是年7月11日，乡镇企业流动资金贷款利率由月利率7.8‰上调至9.15‰，1年以下月利率7.65‰上调至9.15‰，1年以上至3年月利率9‰上调至10.20‰，3年以上至5年月利率10.05‰上调至11.55‰。信用社贷款利率按人民银行基准利率上浮60%执行。

1994年1月1日，农业银行总行调整信用社贷款利率，规定：各项流动资金贷款利率一律按人民银行总行规定的基准利率，即月利率按9.15‰执行，上浮幅度为60%。

1996年5月1日至2002年2月21日，人民银行总行连续8次下调贷款利率，农村信用社贷款利率浮动幅度由60%降至40%。

2004年1月1日，县联合社转发执行人民银行昌吉州中心支行《关于扩大金融机构贷款利率浮动区间有关问题的通知》，制定《呼图壁县农村信用社贷款利率执行标准》。10月29日，人民银行总行调高贷款利率，即6个月至1年贷款月利率由4.425‰上调为4.65‰。县联合社调整贷款利率执行标准。11月25日，根据《人民银行利率管理办法》，县联社制定《个人住房和中长期贷款利率执行标准》，即个人住房贷款期限在1年以内（含）实行合同利率，遇法定利率调整，不分段计息；1年以上遇利率调整于次年1月1日起，按相应档次确定下一年利率水平。中长期贷款利率一年一定，按合同约定期限及相应档次利率计息，遇利率调整于次年1月1日确定下年利率水平。

2004年1月1日呼图壁县联合社贷款利率表

表9-4 单位：‰

利率 期限	基准利率	浮动区间利率	农户贷款利率	逾期罚息利率	中小企业贷款利率	逾期罚息利率	个体工商户贷款利率	逾期罚息利率
一、短期贷款								
6个月以内(含6个月)	4.20	3.78~8.4	7.14	10.71	7.56	11.34	8.4	12.6
6个月至1年(含1年)	4.425	3.98~8.85	7.53	11.295	7.98	11.97	8.85	13.276
二、中长期贷款								
1至3年(含3年)	4.575	4.12~9.15	7.83	11.745	8.25	12.375	9.15	12.725
3至5年(含5年)	4.65	4.19~9.3	8.1	12.15	8.37	12.555	9.3	13.95
5年以上	4.8	4.32~9.6	8.16	12.24	8.64	12.96	9.6	14.4

说明：1.借款人未按合同约定用途使用贷款（挤占挪用贷款）的罚息利率，在借款合同贷款利率上加收100%；

2.质押贷款本社存单、折、股金证按各档次基准利率执行；

3.中长期贷款利率比照执行（一年一定）

2004年10月29日呼图壁县联合社贷款利率表

表9-5　　单位：‰

种类	基准利率	浮动区间利率	农户贷款利率	逾期罚息利率	中小企业贷款利率	逾期罚息利率	个体工商户贷款利率	逾期罚息利率
一、短期贷款								
6个月以内(含6个月)	4.35	3.915~10.005	7.5	12	8.7	15	9.9	15
6个月至1年(含1年)	4.65	4.185~10.695	7.8	12	9.3	15	10.5	15
二、中长期贷款								
1至3年(含3年)	4.8	4.32~11.04	8.1	12	9.6	15	11.04	15
3至5年(含5年)	4.875	4.3875~11.2125	8.4	12	9.75	15	11.1	15
5年以上	5.1	4.59~11.73	8.7	12	10.2	15	11.73	15
三、个人住房公积金贷款								
5年以下(含5年)	3.15	—	—	—	—	—	—	—
5年以上	3.525	—	—	—	—	—	—	—
四、个人住房贷款								
5年以下(含5年)	4.125	—	—	—	—	—	—	—
5年以上	4.425	—	—	—	—	—	—	—
五、购商业门面房								
5年以下(含5年)	4.125	上浮10%左右	4.56	—	—	—	—	—
5年以上	4.125	上浮10%左右	4.89	—	—	—	—	—
六、个人(汽车、农机)消费贷款								
3年以下(含3年)	4.8	上浮30%左右	6.24	—	—	—	—	—

说明：1.借款人未按合同约定用途使用贷款(挤占挪用贷款)的罚息利率，在借款合同贷款利率上加收100%；

2.质押贷款本社存单、折、股金证按各档次基准利率上浮20%执行；

3.中长期贷款利率比照执行（一年一定）

2005年3月17日，根据人民银行总行《关于调整商业银行住房信贷政策和超额准备金存款利率的通知》，县联合社调整个人住房按揭贷款利率

2005年3月17日呼图壁县联合社个人住房按揭贷款利率表

表9-6　　单位：‰

种类	基准利率	上浮幅度	贷款利率	逾期罚息利率
一、个人住房公积金贷款				
5年以下(含5年)	3.03	—	—	—
5年以上	3.675	—	—	—
二、个人住房贷款				
6个月以内(含6个月)	4.35	—	—	—

续表9-6

种　　类	基准利率	上浮幅度	贷款利率	逾期罚息利率
6个月至1年(含1年)	4.65	—	—	—
1至3年(含3年)	4.8	—	—	—
3至5年(含5年)	4.875	—	—	—
5年以上	5.1	—	—	—
三、购商业门面房				
6个月以内(含6个月)	4.35	上浮10%	4.8	8.1
6个月至1年(含1个月)	4.65		5.1	8.1
1至3年(含3年)	4.8		5.28	8.1
3至5年(含5年)	4.875		5.4	8.1
5年以上	5.1		5.7	8.1

2006年2月1日，县联合社决定对信用户、信用企业、入股社员贷款利率实行优惠政策，信用户在基准利率基础上上浮60%，入股社员上浮65%。AAA级信用企业上浮80%，AA级企业上浮85%，A级企业上浮90%。4月28日、8月19日，人民银行两次调整贷款利率，县联合社贷款利率也做相应调整。

2007年3月18日，人民银行上调金融机构贷款基准利率，1年期贷款月利率由5.1‰调至5.325‰。5月19日，人民银行再上调金融机构贷款基准利率，1年期贷款月利率由5.325‰调至5.475‰，其他各档次利率相应调整。是年，人民银行总行6次上调贷款利率，县联社贷款利率均做相应调整。

2008年4月17日，冰雪降温天气对春耕备耕生产造成严重影响，全县农作物大面积受灾，县联社决定对受灾农户抗灾贷款实行利率优惠政策，即半年期按月利率9‰，1年期按月利率9.15‰执行。8月27日，自治区联社调整冬小麦和棉花生产贷款利率，即冬小麦生产贷款利率在上年执行利率基础上下浮10%；棉花生产贷款利率在上年执行利率基础上上浮10%。是年，人民银行5次下调贷款利率。即9月16日，人民银行总行下调金融机构贷款利率，1年期贷款月利率由6.225‰调至6‰，其他档次贷款利率相应调整；10月9日，人民银行总行下调贷款利率，1年期贷款月利率由6‰调至5.775‰，其他档次贷款利率相应调整；10月30日，人民银行总行第三次下调贷款利率，1年期贷款月利率由5.775‰调至5.55‰，其他档次贷款利率相应调整；11月27日，人民银行总行下调贷款利率，1年期由5.55‰调至4.65‰；12月23日，人民银行总行下调贷款利率，1年贷款月利率由4.65‰调至4.425‰，其他档次相应调整。人民银行总行调整信用社再贷款利率，1年期月利率由2.85‰调至2.4‰。

2009年2月10日，县联社决定对农户（农工）、优质文明信用户贷款实行利率优惠，即地方优质文明信用户贷款利率在人民银行基准利率基础上上浮30%，兵团优质文明信用户上浮20%，兵团社员和农工上浮25%，非兵团农工上浮30%。11月1日，县联社决定，家庭农场贷款实行利率优惠。11月10日，县联社决定，2009年度二次农业贷款投放实行利率优惠，执行日期从2009年11月11日至2010年1月31日。

2009年2月10日呼图壁县联社兵团农工贷款优惠利率表

表9-7　　　　单位：‰

种类	基准利率	国有农牧团场农工（芳草湖农场、种牛场）			地方农户
		优质文明户	社员	非社员	优质文明户
一、短期贷款					
6个月以内（含6个月）	4.05	4.86	5.07	5.265	5.265
6个月至1年（含1年）	4.425	5.31	5.55	5.7525	5.7525
二、中长期贷款					
1至3年（含3年）	4.5	5.4	5.61	5.85	5.85
3至5年（含5年）	4.8	5.76	6	6.24	6.24
5年以上	4.95	5.94	6.21	6.435	6.435

2009年11月1日呼图壁县联社家庭农场贷款优惠利率表

表9-8　　　　单位：‰

种类	基准利率	家庭农场贷款			地方农户	
		信用户贷款			非信用户贷款	
		AAA信用户	AA信用户	A信用户	社员	非社员
一、短期贷款						
6个月以内（含6个月）	4.05	6.09	6.48	6.87	7.29	7.68
6个月至1年（含1年）	4.425	6.63	7.08	7.53	7.95	8.22
二、中长期贷款						
1至3年（含3年）	4.5	6.75	7.2	7.65	8.1	8.55

说明：1. 中长期利率比照执行（一年一定）；

2. 贷款逾期罚息利率按合同载明利率上浮40%；

3. 凡借还旧贷款利率按现行同档次利率上浮4%；

4. 贷款人未按合同约定用途使用贷款(挤占挪用贷款)的罚息利率，按原借款合同载明的贷款利率水平上加收100%

2010年2月1日，根据自治区联社《关于做好2010年一季度工作的紧急通知》，县联社决定调整贷款利率，即优质文明信用户在基准利率基础上上浮30%，AAA级信用户上浮60%，AA级信用户上浮65%，A级信用户上浮70%；非信用户社员上浮80%，非社员上浮100%。10月20日，人民银行总行上调贷款利率，1年贷款月利率由4.425‰上调至4.63‰。是年，根据《中国人民银行关于上调金融机构存贷款基准利率的通知》，县联社决定上调贷款利率，6个月至1年信用户贷款月利率由5.76‰上调至6.03‰，其他档次相应调整。12月26日，人民银行总行上调金融机构贷款利率，1年期贷款月利率由4.63‰上调至4.84‰，其他档次贷款利率相应调整。同时人民银行调整农村信用社再贷款利率，即1年期月利率由2.4‰上调至2.79‰。

2011年1月1日，县联社决定对农业设施、企业和个体工商户设施贷款利率实行优惠，执行日期从2011年1月1日~1月31日。2月9日，人民银行总行《关于上调金融机构存贷款基准利率的通知》，即1年期贷款月利率由4.84‰调至5.05‰，其他档次贷款利率相应调整。4月6日，人民银行总行《关于上调金融机构人民币存贷款基准利率的通知》，1年期贷款月利率由5.05‰调至5.26‰，其他各档次贷款利率相应调整。7月7日，人民银行总行《关于上调金融机构存贷款基准利率的通知》，1年期贷款月利率由5.26‰调至5.47‰。8月4日，县联社决定，农副产品加工企业贷款实行优惠利率，执行日期从8月4日至12月31日。

2011年1月1~31日呼图壁县联社贷款优惠利率表

表9-9　　　　单位：‰

种类	基准利率参照数	农户贷款					国有农牧团场农工（芳草湖农场、一〇五团、种牛场）					家庭农场				
		信用户贷款			非信用户贷款		信用户贷款			非信用户贷款		信用户贷款			非信用户贷款	
一、短期贷款		AAA信用户	AA信用户	A信用户	社员	非社员	AAA信用户	AA信用户	A信用户	社员	非社员	AAA信用户	AA信用户	A信用户	社员	非社员
6个月以内（含6个月）	4.458	6.57	6.81	7.02	7.23	8.07	5.1	5.55	5.73	5.94	6.36	6.36	6.81	7.02	7.23	7.65
6个月至1年（含1年）	4.842	7.17	7.41	7.65	7.89	8.79	5.55	6.03	6.27	6.48	6.96	6.96	7.41	7.65	7.89	8.34
二、中长期贷款																
1至3年（含3年）	4.875	7.23	7.47	7.71	7.92	8.85	5.58	6.06	6.3	6.51	6.99	6.99	7.47	7.71	7.92	8.4

说明：1.中长期利率比照执行（一年一定）；

2.贷款逾期罚息利率按合同载明利率上浮40%执行；

3.贷款人未按合同约定用途使用贷款（挤占挪用贷款）的罚息利率，按原借款合同载明的贷款利率水平上加收100%

2011年1月1~31日呼图壁县联社企业及个体工商户贷款优惠利率表

表9-10　　　　单位：‰

种类	基准利率	中小企业贷款					农民专业合作社贷款	个体工商户贷款	
		信用企业				非信用企业		社员个体工商户	非社员个体工商户
一、短期贷款		AAA级企业	AA级企业	A级企业	B级信用企业				
6个月以内（含6个月）	4.458	7.02	7.23	7.44	7.65	8.07	6.36	7.23	8.07
6个月至1年（含1年）	4.842	7.65	7.89	8.10	8.34	8.79	6.96	7.89	8.79
二、中长期贷款									
1至3年（含3年）	4.875	7.71	7.92	8.16	8.40	8.85	6.99	7.92	8.85

说明：1.中长期利率比照执行（一年一定）；

2.逾期贷款计息按调整日期前后分段计算，即调整前执行调整前的罚息利率，调整后按调整后的罚息利率执行；

3.贷款逾期罚息利率按合同载明利率上浮40%执行；

4.贷款人未按合同约定用途使用贷款（挤占挪用贷款）的罚息利率，按原借款合同载明的贷款利率水平上加收100%

2011年8月4日至12月31日呼图壁县联社农副产品加工企业贷款优惠利率表

表9-11　　单位：‰

种　类	基准利率参照数	农副产品加工企业(番茄、棉花、油脂)				
		AAA级企业	AA级企业	A级企业	BBB级企业	BB级企业
一、短期贷款						
6个月以内(含6个月)	5.083	6.90	7.56	8.22	8.46	8.70
6个月至1年(含1年)	5.466	7.44	8.13	8.85	9.09	9.36
二、中长期贷款						
1至3年(含3年)	5.541	7.53	8.25	8.97	9.24	9.48
3至5年(含5年)	5.75	7.83	8.55	9.33	9.57	9.84

2012年6月8日，人民银行总行《关于下调金融机构存贷款基准利率和调整存贷款利率浮动区间的通知》，1年期贷款月利率由15.47‰调至5.26‰，其他档次贷款利率相应调整，县联社贷款利率相应下调。7月6日，人民银行总行《关于下调金融机构人民币存贷款基准利率和调整贷款利率浮动区间的通知》，1年期贷款月利率由5.26‰调至5‰，其他档次贷款利率相应调整。县联社调整贷款利率，即下岗失业人员担保贷款在基准利率上加2个百分点，优质文明信用户上浮40%，AAA级信用户上浮45%，AA级信用户上浮55%，A级信用户上浮60%，非信用户上浮65%，其他档次相应调整。8月28日，县联社调整棉花、油脂加工企业贷款利率。

2012年8月28日呼图壁县联社棉花、油脂收购企业贷款利率表

表9-12　　单位：‰

种　类	基准利率参照数	中小企业贷款(信用企业)			
		AAA级企业	AA级企业	A级企业	B级企业
基准利率上浮比例		40%	50%	55%	65%
一、短期贷款					
6个月以内(含6个月)	4.66667	6.53334	7.00001	7.23334	7.70001
6个月至1年(含1年)	5.00000	7.00000	7.50000	7.75000	8.25000
二、中长期贷款					
1至3年(含3年)	5.12500	7.17500	7.68750	7.94375	7.45625

1954～2012年呼图壁县联社部分年份贷款利率变动表

表9-13　　单位：‰

1954年贷款利率

时　间	项　目	利　率
9月30日	社员及农户生产生活贷款(1年以下)	10
	农业生产费用贷款(1年以下)	7.5
	个体工商户贷款(1年以下)	10

1961年贷款利率

时间	项目	利率
5月1日	社员及农户生产生活贷款(1年以下)	4.8
	农业生产费用贷款(1年以下)	6
	个体工商户贷款(1年以下)	4.8

1971年贷款利率

时间	项目	利率
10月1日	社员及农户生产生活贷款(1年以下)	3.6
	农业生产费用贷款(1年以下)	3.6
	个体工商户贷款(1年以下)	3.6

1985年贷款利率

时间	项目	利率
4月1日	社员及农户生产生活贷款(1年以下)	7.2
	农业生产费用贷款(1年以下)	7.2
	个体工商户贷款(1年以下)	7.2

1990年贷款利率

时间	项目	基准利率	上浮幅度	上限利率
2月1日	社员及农户生产生活贷款(1年以下)	10.05	40%	14.07
	农业生产费用贷款(1年以下)	10.05	40%	14.07
	个体工商户贷款(1年以下)	10.05	40%	14.07
3月21日	社员及农户生产生活贷款(1年以下)	8.4	30%	10.92
	农业生产费用贷款(1年以下)	8.4	30%	10.92
	个体工商户贷款(1年以下)	8.4	30%	10.92
8月21日	社员及农户生产生活贷款(1年以下)	7.8	40%	10.92
	农业生产费用贷款(1年以下)	7.8	40%	10.92
	个体工商户贷款(1年以下)	7.8	40%	10.92

2002年贷款利率

时间	项目	基准利率	上浮幅度	上限利率
2月21日	一、社员及农户生产生活贷款			
	6个月以内(含6个月)	4.2	50%	6.3
	6个月至1年(含1年)	4.425	50%	6.6375
	1至3年(含3年)	4.575	50%	6.8625
	3至5年(含5年)	4.65	50%	6.975
	二、企业生产费用贷款			
	6个月以内(含6个月)	4.2	50%	6.3
	6个月至1年(含1年)	4.425	50%	6.6375
	1至3年(含3年)	4.575	50%	6.8625

续表9-13

时间	项目	基准利率	上浮幅度	上限利率
	3至5年(含5年)	4.65	50%	6.975
	三、个体工商户贷款			
	6个月以内(含6个月)	4.2	50%	6.3
	6个月至1年(含1年)	4.425	50%	6.6375
	1至3年(含3年)	4.575	50%	6.8625
	3至5年(含5年)	4.65	50%	6.975

2006年贷款利率

时间	项目	利率
4月28日	一、社员及农户生产生活贷款	
	(一)信用户贷款	
	6个月以内(含6个月)	6.96
	6个月至1年(含1年)	7.44
	1至3年(含3年)	7.68
	3至5年(含5年)	7.8
	5年以上	8.16
	(二)非信用户贷款	
	6个月以内(含6个月)	7.5
	6个月至1年(含1年)	7.8
	1至3年(含3年)	8.1
	3至5年(含5年)	8.4
	5年以上	8.7
	二、企业生产费用贷款	
	(一)信用企业贷款	
	6个月以内(含6个月)	7.83
	6个月至1年(含1年)	8.37
	1至3年(含3年)	8.64
	3至5年(含5年)	8.76
	5年以上	9.18
	(二)非信用企业贷款	
	6个月以内(含6个月)	8.7
	6个月至1年(含1年)	9.3
	1至3年(含3年)	9.6
	3至5年(含5年)	9.75
	5年以上	10.2
	三、个体工商户贷款	
	6个月以内(含6个月)	9.9
	6个月至1年(含1年)	10.5
	1至3年(含3年)	11.04

续表9-13

时间	项目	利率
	3至5年(含5年)	11.1
	5年以上	11.73
	四、个人住房贷款	
	6个月以内(含6个月)	4.5
	6个月至1年(含1年)	4.8
	1至3年(含3年)	5.01
	3至5年(含5年)	5.1
	5年以上	5.34
	五、购商业门面房	
	6个月以内(含6个月)	5.85
	6个月至1年(含1年)	6.33
	1至3年(含3年)	6.54
	3至5年(含5年)	6.63
	5年以上	6.93
	六、个人(汽车、农机)消费贷款	
	1年以下(含1年)	7.2
	1年至3年(含3年)	7.53
8月19日	一、社员及农户生产生活贷款	
	(一)信用户贷款	
	6个月以内(含6个月)	7.44
	6个月至1年(含1年)	8.16
	1至3年(含3年)	8.4
	3至5年(含5年)	8.64
	5年以上	9.12
	(二)非信用户贷款	
	6个月以内(含6个月)	7.92
	6个月至1年(含1年)	8.67
	1至3年(含3年)	8.94
	3至5年(含5年)	9.18
	5年以上	9.69
	二、企业生产费用贷款	
	(一)信用企业贷款	
	6个月以内(含6个月)	8.37
	6个月至1年(含1年)	9.18
	1至3年(含3年)	9.45
	3至5年(含5年)	9.72
	5年以上	10.26
	(二)非信用企业贷款	

续表9-13

时间	项目	利率
	6个月以内(含6个月)	9.06
	6个月至1年(含1年)	9.9
	1至3年(含3年)	10.23
	3至5年(含5年)	10.53
	5年以上	11.1
	三、个体工商户贷款	
	6个月以内(含6个月)	9.75
	6个月至1年(含1年)	10.71
	1至3年(含3年)	11.04
	3至5年(含5年)	11.34
	5年以上	11.97
	四、个人住房贷款	
	6个月以内(含6个月)	4.185
	6个月至1年(含1年)	4.59
	1至3年(含3年)	4.725
	3至5年(含5年)	4.86
	5年以上	5.13
	五、购商业门面房	
	6个月以内(含6个月)	6.975
	6个月至1年(含1年)	7.65
	1至3年(含3年)	7.875
	3至5年(含5年)	8.1
	5年以上	8.55
	六、个人(汽车、农机)消费贷款	
	1年以下(含1年)	7.65
	1年至3年(含3年)	7.875

2012年贷款利率

时间	项目	基准利率	上浮幅度	上限利率
2月13日	一、社员及农户生产生活贷款			
	(一)信用户贷款			
	优质文明信用户			
	6个月以内(含6个月)	5.0830	40%	7.1162
	6个月至1年(含1年)	5.4670		7.6538
	1至3年(含3年)	5.5420		7.7588
	3至5年(含5年)	5.7500		8.0500
	5年以上	5.8750		8.2250
	AAA级信用户			

续表9-13

时间	项目	基准利率	上浮幅度	上限利率
	6个月以内(含6个月)	5.0830	50%	7.6245
	6个月至1年(含1年)	5.4670		8.2005
	1至3年(含3年)	5.5420		8.3130
	3至5年(含5年)	5.7500		8.6250
	5年以上	5.8750		8.8125
	AA级信用户			
	6个月以内(含6个月)	5.0830	55%	7.8787
	6个月至1年(含1年)	5.4670		8.4739
	1至3年(含3年)	5.5420		8.5901
	3至5年(含5年)	5.7500		8.9125
	5年以上	5.8750		9.1063
	A级信用户			
	6个月以内(含6个月)	5.0830	60%	8.1328
	6个月至1年(含1年)	5.4670		8.7472
	1至3年(含3年)	5.5420		8.8672
	3至5年(含5年)	5.7500		9.2000
	5年以上	5.8750		9.4000
	(二)非信用户贷款			
	6个月以内(含6个月)	5.0830	65%	8.3870
	6个月至1年(含1年)	5.4670		9.0206
	1至3年(含3年)	5.5420		9.1443
	3至5年(含5年)	5.7500		9.4875
	5年以上	5.8750		9.6938
	二、兵团农工生产生活贷款			
	(一)信用户贷款			
	优质文明信用户			
	6个月以内(含6个月)	5.0830	30%	6.6079
	6个月至1年(含1年)	5.4670		7.1071
	1至3年(含3年)	5.5420		7.2046
	3至5年(含5年)	5.7500		7.4750
	5年以上	5.8750		7.6375
	AAA级信用户			
	6个月以内(含6个月)	5.0830	35%	6.8621
	6个月至1年(含1年)	5.4670		7.3805
	1至3年(含3年)	5.5420		7.4817
	3至5年(含5年)	5.7500		7.7625

续表9-13

时间	项目	基准利率	上浮幅度	上限利率
	5年以上	5.8750		7.9313
	AA级信用户			
	6个月以内(含6个月)	5.0830	45%	7.3704
	6个月至1年(含1年)	5.4670		7.9272
	1至3年(含3年)	5.5420		8.0359
	3至5年(含5年)	5.7500		8.3375
	5年以上	5.8750		8.5188
	A级信用户			
	6个月以内(含6个月)	5.0830	50%	7.6245
	6个月至1年(含1年)	5.4670		8.2005
	1至3年(含3年)	5.5420		8.3130
	3至5年(含5年)	5.7500		8.6250
	5年以上	5.8750		8.8125
	(二)非信用户贷款			
	6个月以内(含6个月)	5.0830	55%	7.8787
	6个月至1年(含1年)	5.4670		8.4739
	1至3年(含3年)	5.5420		8.5901
	3至5年(含5年)	5.7500		8.9125
	5年以上	5.8750		9.1063
	三、家庭农场生产生活贷款			
	(一)信用户贷款			
	高端客户			
	6个月以内(含6个月)	5.0830	35%	6.8621
	6个月至1年(含1年)	5.4670		7.3805
	1至3年(含3年)	5.5420		7.4817
	3至5年(含5年)	5.7500		7.7625
	5年以上	5.8750		7.9313
	AAA级信用户			
	6个月以内(含6个月)	5.0830	40%	7.1162
	6个月至1年(含1年)	5.4670		7.6538
	1至3年(含3年)	5.5420		7.7588
	3至5年(含5年)	5.7500		8.0500
	5年以上	5.8750		8.2250
	AA级信用户			
	6个月以内(含6个月)	5.0830	55%	7.6245
	6个月至1年(含1年)	5.4670		8.2005

续表9-13

时间	项目	基准利率	上浮幅度	上限利率
	1至3年(含3年)	5.5420		8.3130
	3至5年(含5年)	5.7500		8.6250
	5年以上	5.8750		8.8125
	A级信用户			
	6个月以内(含6个月)	5.0830	60%	7.8787
	6个月至1年(含1年)	5.4670		8.4739
	1至3年(含3年)	5.5420		8.5901
	3至5年(含5年)	5.7500		8.9125
	5年以上	5.8750		9.1063
	(二)非信用户贷款			
	6个月以内(含6个月)	5.0830	65%	8.3870
	6个月至1年(含1年)	5.4670		9.0206
	1至3年(含3年)	5.5420		9.1443
	3至5年(含5年)	5.7500		9.4875
	5年以上	5.8750		9.6938
	四、企业生产费用贷款			
	(一)信用企业贷款			
	AAA级信用企业			
	6个月以内(含6个月)	5.0830	55%	7.8787
	6个月至1年(含1年)	5.4670		8.4739
	1至3年(含3年)	5.5420		8.5901
	3至5年(含5年)	5.7500		8.9125
	5年以上	5.8750		9.1063
	AA级信用企业贷款			
	6个月以内(含6个月)	5.0830	60%	8.1328
	6个月至1年(含1年)	5.4670		8.7472
	1至3年(含3年)	5.5420		8.8672
	3至5年(含5年)	5.7500		9.2000
	5年以上	5.8750		9.4000
	A级信用企业贷款			
	6个月以内(含6个月)	5.0830	65%	8.3870
	6个月至1年(含1年)	5.4670		9.0206
	1至3年(含3年)	5.5420		9.1443
	3至5年(含5年)	5.7500		9.4875
	5年以上	5.8750		9.6938
	B级信用企业贷款			

续表9-13

时间	项目	基准利率	上浮幅度	上限利率
	6个月以内(含6个月)	5.0830	70%	8.6411
	6个月至1年(含1年)	5.4670		9.2939
	1至3年(含3年)	5.5420		9.4214
	3至5年(含5年)	5.7500		9.7750
	5年以上	5.8750		9.9875
	(二)非信用企业贷款			
	6个月以内(含6个月)	5.0830	75%	8.8953
	6个月至1年(含1年)	5.4670		9.5673
	1至3年(含3年)	5.5420		9.6985
	3至5年(含5年)	5.7500		10.0625
	5年以上	5.8750		10.2813
	五、农民专业合作社贷款			
	6个月以内(含6个月)	5.0830	50%	7.6245
	6个月至1年(含1年)	5.4670		8.2005
	1至3年(含3年)	5.5420		8.3130
	3至5年(含5年)	5.7500		8.6250
	5年以上	5.8750		8.8125
	六、个体工商户贷款			
	6个月以内(含6个月)	5.0830	65%	8.3870
	6个月至1年(含1年)	5.4670		9.0206
	1至3年(含3年)	5.5420		9.1443
	3至5年(含5年)	5.7500		9.4875
	5年以上	5.8750		9.6938
	七、下岗失业人员担保贷款			
	6个月以内(含6个月)	5.0830	基准利率加2个百分点	6.7500
	6个月至1年(含1年)	5.4670		7.1400
	1至3年(含3年)	5.5420		7.2000
	3至5年(含5年)	5.7500		7.4100
	5年以上			7.5300
	八、个人住房贷款			
	6个月以内(含6个月)	5.0830	下浮10%	4.5747
	6个月至1年(含1年)	5.4670		4.9203
	1至3年(含3年)	5.5420		4.9878
	3至5年(含5年)	5.7500		5.1750
	5年以上	5.8750		5.2875
	九、个人住房二套			

续表9-13

时间	项目	基准利率	上浮幅度	上限利率
	6个月以内(含6个月)	5.0830	20%	6.0996
	6个月至1年(含1年)	5.4670		6.5604
	1至3年(含3年)	5.5420		6.6504
	3至5年(含5年)	5.7500		6.9000
	5年以上	5.8750		7.0500
	十、购商业门面房			
	6个月以内(含6个月)	5.0830	40%	7.1162
	6个月至1年(含1年)	5.4670		7.6538
	1至3年(含3年)	5.5420		7.7588
	3至5年(含5年)	5.7500		8.0500
	5年以上	5.8750		8.2250
	十一、个人(汽车、农机)消费贷款			
	1年以下(含1年)	5.4670	45%	7.9272
	1至3年(含3年)	5.5420		8.0359
6月8日	一、社员及农户生产生活贷款			
	(一)信用户贷款			
	优质文明信用户			
	6个月以内(含6个月)	4.875000	40%	6.825000
	6个月至1年(含1年)	5.258333		7.361666
	1至3年(含3年)	5.333333		7.466666
	3至5年(含5年)	5.541667		7.758334
	5年以上	5.666667		7.933334
	AAA级信用户			
	6个月以内(含6个月)	4.875000	45%	7.068750
	6个月至1年(含1年)	5.258333		7.624583
	1至3年(含3年)	5.333333		7.733333
	3至5年(含5年)	5.541667		8.035417
	5年以上	5.666667		8.216667
	AA级信用户			
	6个月以内(含6个月)	4.875000	55%	7.556250
	6个月至1年(含1年)	5.258333		8.150416
	1至3年(含3年)	5.333333		8.266666
	3至5年(含5年)	5.541667		8.589584
	5年以上	5.666667		8.783334
	A级信用户			
	6个月以内(含6个月)	4.875000	60%	7.800000

续表9-13

时间	项目	基准利率	上浮幅度	上限利率
	6个月至1年(含1年)	5.258333		8.413333
	1至3年(含3年)	5.333333		8.533333
	3至5年(含5年)	5.541667		8.866667
	5年以上	5.666667		9.066667
	(二)非信用户贷款			
	6个月以内(含6个月)	4.875000	65%	8.043750
	6个月至1年(含1年)	5.258333		8.676249
	1至3年(含3年)	5.333333		8.799999
	3至5年(含5年)	5.541667		9.143751
	5年以上	5.666667		9.350001
	二、兵团农工生产生活贷款			
	(一)信用户贷款			
	优质文明信用户			
	6个月以内(含6个月)	4.875000	40%	6.825000
	6个月至1年(含1年)	5.258333		7.361666
	1至3年(含3年)	5.333333		7.466666
	3至5年(含5年)	5.541667		7.758334
	5年以上	5.666667		7.933334
	AAA级信用户			
	6个月以内(含6个月)	4.875000	45%	7.068750
	6个月至1年(含1年)	5.258333		7.624583
	1至3年(含3年)	5.333333		7.733333
	3至5年(含5年)	5.541667		8.035417
	5年以上	5.666667		8.216667
	AA级信用户			
	6个月以内(含6个月)	4.875000	55%	7.556250
	6个月至1年(含1年)	5.258333		8.150416
	1至3年(含3年)	5.333333		8.266666
	3至5年(含5年)	5.541667		8.589584
	5年以上	5.666667		8.783334
	A级信用户			
	6个月以内(含6个月)	4.875000	60%	7.800000
	6个月至1年(含1年)	5.258333		8.413333
	1至3年(含3年)	5.333333		8.533333
	3至5年(含5年)	5.541667		8.866667
	5年以上	5.666667		9.066667

续表9-13

时间	项目	基准利率	上浮幅度	上限利率
	(二)非信用户贷款			
	6个月以内(含6个月)	4.875000	65%	8.043750
	6个月至1年(含1年)	5.258333		8.676249
	1至3年(含3年)	5.333333		8.799999
	3至5年(含5年)	5.541667		9.143751
	5年以上	5.666667		9.350001
	三、家庭农场生产生活贷款			
	(一)信用户贷款			
	高端客户			
	6个月以内(含6个月)	4.875000	40%	6.825000
	6个月至1年(含1年)	5.258333		7.361666
	1至3年(含3年)	5.333333		7.466666
	3至5年(含5年)	5.541667		7.758334
	5年以上	5.666667		7.933334
	AAA级信用户			
	6个月以内(含6个月)	4.875000	45%	7.068750
	6个月至1年(含1年)	5.258333		7.624583
	1至3年(含3年)	5.333333		7.733333
	3至5年(含5年)	5.541667		8.035417
	5年以上	5.666667		8.216667
	AA级信用户			
	6个月以内(含6个月)	4.875000	55%	7.556250
	6个月至1年(含1年)	5.258333		8.150416
	1至3年(含3年)	5.333333		8.266666
	3至5年(含5年)	5.541667		8.589584
	5年以上	5.666667		8.783334
	A级信用户			
	6个月以内(含6个月)	4.875000	60%	7.800000
	6个月至1年(含1年)	5.258333		8.413333
	1至3年(含3年)	5.333333		8.533333
	3至5年(含5年)	5.541667		8.866667
	5年以上	5.666667		9.066667
	(二)非信用户贷款			
	6个月以内(含6个月)	4.875000	65%	8.043750
	6个月至1年(含1年)	5.258333		8.676249
	1至3年(含3年)	5.333333		8.799999

续表9-13

时间	项目	基准利率	上浮幅度	上限利率
	3至5年(含5年)	5.541667		9.143751
	5年以上	5.666667		9.350001
	四、企业生产费用贷款			
	(一)信用企业贷款			
	AAA级信用企业			
	6个月以内(含6个月)	4.875000	55%	7.556250
	6个月至1年(含1年)	5.258333		8.150416
	1至3年(含3年)	5.333333		8.266666
	3至5年(含5年)	5.541667		8.589584
	5年以上	5.666667		8.783334
	AA级信用企业贷款			
	6个月以内(含6个月)	4.875000	60%	7.800000
	6个月至1年(含1年)	5.258333		8.413333
	1至3年(含3年)	5.333333		8.533333
	3至5年(含5年)	5.541667		8.866667
	5年以上	5.666667		9.066667
	A级信用企业贷款			
	6个月以内(含6个月)	4.875000	65%	8.043750
	6个月至1年(含1年)	5.258333		8.676249
	1至3年(含3年)	5.333333		8.799999
	3至5年(含5年)	5.541667		9.143751
	5年以上	5.666667		9.350001
	B级信用企业贷款			
	6个月以内(含6个月)	4.875000	70%	8.287500
	6个月至1年(含1年)	5.258333		8.939166
	1至3年(含3年)	5.333333		9.066666
	3至5年(含5年)	5.541667		9.420834
	5年以上	5.666667		9.633334
	(二)非信用企业贷款			
	6个月以内(含6个月)	4.875000	75%	8.531250
	6个月至1年(含1年)	5.258333		9.202083
	1至3年(含3年)	5.333333		9.333333
	3至5年(含5年)	5.541667		9.697917
	5年以上	5.666667		9.916667
	五、农民专业合作社贷款			

续表9-13

时间	项目	基准利率	上浮幅度	上限利率
	6个月以内(含6个月)	4.875000	45%	7.068750
	6个月至1年(含1年)	5.258333		7.624583
	1至3年(含3年)	5.333333		7.733333
	3至5年(含5年)	5.541667		8.035417
	5年以上	5.666667		8.216667
	六、个体工商户贷款			
	6个月以内(含6个月)	4.875000	65%	8.043750
	6个月至1年(含1年)	5.258333		8.676249
	1至3年(含3年)	5.333333		8.799999
	3至5年(含5年)	5.541667		9.143751
	5年以上	5.666667		9.350001
	七、下岗失业人员担保贷款			
	6个月以内(含6个月)	4.875000	基准利率加2个百分点	6.541667
	6个月至1年(含1年)	5.258333		6.925000
	1至3年(含3年)	5.333333		7.000000
	3至5年(含5年)	5.541667		7.208333
	5年以上	5.666667		7.333333
	八、个人住房贷款			
	6个月以内(含6个月)	4.875000	下浮10%	4.3875
	6个月至1年(含1年)	5.258333		4.7325
	1至3年(含3年)	5.333333		4.800000
	3至5年(含5年)	5.541667		4.987500
	5年以上	5.666667		5.100000
	九、个人住房二套			
	6个月以内(含6个月)	4.875000	20%	5.850000
	6个月至1年(含1年)	5.258333		6.310000
	1至3年(含3年)	5.333333		6.400000
	3至5年(含5年)	5.541667		6.650000
	5年以上	5.666667		6.800000
	十、购商业门面房			
	6个月以内(含6个月)	4.875000	40%	6.285000
	6个月至1年(含1年)	5.258333		7.361666
	1至3年(含3年)	5.333333		7.466666
	3至5年(含5年)	5.541667		7.758334
	5年以上	5.666667		7.933334
	十一、个人(汽车、农机)消费贷款			

续表9-13

时间	项目	基准利率	上浮幅度	上限利率
	1年以下(含1年)	5.258333	45%	7.624583
	1至3年(含3年)	5.333333		7733333
7月6日	一、社员及农户生产生活贷款			
	(一)信用户贷款			
	优质文明信用户			
	6个月以内(含6个月)	4.666667	40%	6.533334
	6个月至1年(含1年)	5.000000		7.000000
	1至3年(含3年)	5.125000		7.175000
	3至5年(含5年)	5.333333		7.466666
	5年以上	5.458333		7.641666
	AAA级信用户			
	6个月以内(含6个月)	4.666667	45%	6.766667
	6个月至1年(含1年)	5.000000		7.250000
	1至3年(含3年)	5.125000		7.431250
	3至5年(含5年)	5.333333		7.733333
	5年以上	5.458333		7.914583
	AA级信用户			
	6个月以内(含6个月)	4.666667	55%	7.233334
	6个月至1年(含1年)	5.000000		7.750000
	1至3年(含3年)	5.125000		7.943750
	3至5年(含5年)	5.333333		8.266666
	5年以上	5.458333		8.460416
	A级信用户			
	6个月以内(含6个月)	4.666667	60%	7.466667
	6个月至1年(含1年)	5.000000		8.000000
	1至3年(含3年)	5.125000		8.200000
	3至5年(含5年)	5.333333		8.533333
	5年以上	5.458333		8.733333
	(二)非信用户贷款			
	6个月以内(含6个月)	4.666667	65%	7.700001
	6个月至1年(含1年)	5.000000		8.250000
	1至3年(含3年)	5.125000		8.456250
	3至5年(含5年)	5.333333		8.799999
	5年以上	5.458333		9.006249
	二、兵团农工生产生活贷款			
	(一)信用户贷款			

续表9-13

时间	项目	基准利率	上浮幅度	上限利率
	优质文明信用户			
	6个月以内(含6个月)	4.666667	40%	6.533334
	6个月至1年(含1年)	5.000000		7.000000
	1至3年(含3年)	5.125000		7.175000
	3至5年(含5年)	5.333333		7.466666
	5年以上	5.458333		7.641666
	AAA级信用户			
	6个月以内(含6个月)	4.666667	45%	6.766667
	6个月至1年(含1年)	5.000000		7.250000
	1至3年(含3年)	5.125000		7.431250
	3至5年(含5年)	5.333333		7.733333
	5年以上	5.458333		7.914583
	AA级信用户			
	6个月以内(含6个月)	4.666667	55%	7.233334
	6个月至1年(含1年)	5.000000		7.750000
	1至3年(含3年)	5.125000		7.943750
	3至5年(含5年)	5.333333		8.266666
	5年以上	5.458333		8.460416
	A级信用户			
	6个月以内(含6个月)	4.666667	60%	7.466667
	6个月至1年(含1年)	5.000000		8.000000
	1至3年(含3年)	5.125000		8.200000
	3至5年(含5年)	5.333333		8.533333
	5年以上	5.458333		8.733333
	(二)非信用户贷款			
	6个月以内(含6个月)	4.666667	65%	7.700001
	6个月至1年(含1年)	5.000000		8.250000
	1至3年(含3年)	5.125000		8.456250
	3至5年(含5年)	5.333333		8.799999
	5年以上	5.458333		9.006249
	三、家庭农场生产生活贷款			
	(一)信用户贷款			
	高端客户			
	6个月以内(含6个月)	4.666667	40%	6.533334
	6个月至1年(含1年)	5.000000		7.000000
	1至3年(含3年)	5.125000		7.175000

续表9-13

时间	项目	基准利率	上浮幅度	上限利率
	3至5年(含5年)	5.333333		7.466666
	5年以上	5.458333		7.641666
	AAA级信用户			
	6个月以内(含6个月)	4.666667	45%	6.766667
	6个月至1年(含1年)	5.000000		7.250000
	1至3年(含3年)	5.125000		7.431250
	3至5年(含5年)	5.333333		7.733333
	5年以上	5.458333		7.914583
	AA级信用户			
	6个月以内(含6个月)	4.666667	55%	7.233334
	6个月至1年(含1年)	5.000000		7.750000
	1至3年(含3年)	5.125000		7.943750
	3至5年(含5年)	5.333333		8.266666
	5年以上	5.458333		8.460416
	A级信用户			
	6个月以内(含6个月)	4.666667	60%	7.466667
	6个月至1年(含1年)	5.000000		8.000000
	1至3年(含3年)	5.125000		8.200000
	3至5年(含5年)	5.333333		8.533333
	5年以上	5.458333		8.733333
	(二)非信用户贷款			
	6个月以内(含6个月)	4.666667	65%	7.700001
	6个月至1年(含1年)	5.000000		8.250000
	1至3年(含3年)	5.125000		8.456250
	3至5年(含5年)	5.333333		8.799999
	5年以上	5.458333		9.006249
	四、企业生产费用贷款			
	信用企业贷款			
	AAA级信用企业			
	6个月以内(含6个月)	4.666667	60%	7.466667
	6个月至1年(含1年)	5.000000		8.000000
	1至3年(含3年)	5.125000		8.200000
	3至5年(含5年)	5.333333		8.533333
	5年以上	5.458333		8.733333
	AA级信用企业贷款			
	6个月以内(含6个月)	4.666667	65%	7.700001

续表9-13

时间	项目	基准利率	上浮幅度	上限利率
	6个月至1年(含1年)	5.000000		8.250000
	1至3年(含3年)	5.125000		8.456250
	3至5年(含5年)	5.333333		8.799999
	5年以上	5.458333		9.006249
	A级信用企业贷款			
	6个月以内(含6个月)	4.666667	70%	7.933334
	6个月至1年(含1年)	5.000000		8.500000
	1至3年(含3年)	5.125000		8.712500
	3至5年(含5年)	5.333333		9.066666
	5年以上	5.458333		9.279166
	B级信用企业贷款			
	6个月以内(含6个月)	4.666667	75%	8.166667
	6个月至1年(含1年)	5.000000		8.750000
	1至3年(含3年)	5.125000		8.968750
	3至5年(含5年)	5.333333		9.333333
	5年以上	5.458333		9.552083
	五、农民专业合作社贷款			
	6个月以内(含6个月)	4.666667	45%	6.766667
	6个月至1年(含1年)	5.000000		7.250000
	1至3年(含3年)	5.125000		7.431250
	3至5年(含5年)	5.333333		7.733333
	5年以上	5.458333		7.914583
	六、个体工商户贷款			
	6个月以内(含6个月)	4.666667	65%	7.700001
	6个月至1年(含1年)	5.000000		8.250000
	1至3年(含3年)	5.125000		8.456250
	3至5年(含5年)	5.333333		8.799999
	5年以上	5.458333		9.006249
	七、下岗失业人员担保贷款			
	6个月以内(含6个月)	4.666667	基准利率加2个百分点	6.333333
	6个月至1年(含1年)	5.000000		6.666667
	1至3年(含3年)	5.125000		6.791667
	3至5年(含5年)	5.333333		7.000000
	5年以上	5.458333		7.125000
	八、个人住房贷款			
	6个月以内(含6个月)	4.666667	下浮10%	4.200000

续表9-13

时间	项目	基准利率	上浮幅度	上限利率
	6个月至1年(含1年)	5.000000		4.500000
	1至3年(含3年)	5.125000		4.612500
	3至5年(含5年)	5.333333		4.800000
	5年以上	5.458333		4.912500
	九、个人住房二套			
	6个月以内(含6个月)	4.666667		5.600000
	6个月至1年(含1年)	5.000000		6.000000
	1至3年(含3年)	5.125000	20%	6.150000
	3至5年(含5年)	5.333333		6.400000
	5年以上	5.458333		6.550000
	十、购商业门面房			
	6个月以内(含6个月)	4.666667		6.533334
	6个月至1年(含1年)	5.000000		7.000000
	1至3年(含3年)	5.125000	40%	7.175000
	3至5年(含5年)	5.333333		7.466666
	5年以上	5.458333		7.641666
	十一、个人(汽车、农机)消费贷款			
	1年以下(含1年)	5.000000	45%	7.250000
	1至3年(含3年)	5.125000		7.431250

三、贷款利率定价

贷款利率定价是指信用社根据基准利率、资金成本、供求关系、收益水平、目标利润、风险补偿以及借款人的信用等级、贷款方式、信贷投向和银企合作综合贡献度等因素，确定贷款利率的行为。

呼图壁县信用社自成立以来至1995年，从未自行确定过贷款利率，而是严格执行上级管理部门给定的贷款利率。

1996年，县联合社与农业银行呼图壁县支行脱离隶属关系后，县联合社根据国家有关货币政策、利率管理等规定，开始自主制定贷款利率。由于各方面信息不够充分、完整、准确，在当时条件下，县联合社只能在基准利率基础上，凭经验拟定一个浮动幅度，计算出执行利率水平，再同其他金融机构执行利率、民间借贷利息率进行比较，稍做调整后确定最终的执行利率。这种方法虽然简便，但不能体现出信用社的资金成本、目标利润等管理要求，使信用社的经营存在不确定因素。

2012年，为进一步加强人民币贷款利率管理，建立科学的利率定价机制，规范浮动利率行为，适应利率市场化发展，县联社根据自治区联社《新疆农村信用社关于实施贷款利率定价的指导意见》(新农信办〔2012〕193号)，制定《呼图壁县农村信用合作联社贷款利率定价实施细则》。

(一) 利率定价的基本原则

1.依法合规原则。贷款利率定价必须符合国家法律和中国人民银行有关贷款利率的管理规定，贷款利率必须在0.7~2.3规定的浮动区间内确定、执行。2.可持续发展原则。贷款利率定价必须充分考虑县联社筹资成本以及盈亏平衡点，确保可持续发展。3.让利“三农”原则。贷款利率定价过程中，应对农业贷款利率实行优惠政策，重点是涉农企业贷款利率，要低于一般企业贷款利率；农户小额信用贷款利率，要低于一般农户贷款利率，一年期农户贷款年执行利率不得超过10%。4.收益覆盖风险原则。贷款利率定价应当依据不同借款人的信用状况和贷款的风险程度，低风险、低利率，高风险、高利率，通过利率手段促进业务经营良性发展，确保收益覆盖风险，有效防范、化解各类信用风险。5.区别对待原则。贷款利率定价要按照客户的信用等级定价，对信用等级较高，以往贷款能按期还本付息的，实行优惠利率。对拖欠贷款本息的贷款户，按照有关规定实行罚息。在科学测算、确定一般农户、企业贷款利率基准水平的基础上，根据信用等级的不同，确定不同的利率浮动幅度。6.有利于竞争原则。贷款利率定价应充分考虑市场竞争因素，对于优质客户，可适当突破利率浮动的范围，发挥利率杠杆作用，增强对优质客户的吸引力和市场竞争力。

（二）定价机构职责及分工授权

县联社理事会为贷款利率定价的最高权力机构，负责审定由县联社贷款利率定价管理委员会制定的定价办法、相关政策、转授权方案和利率执行水平等。

贷款利率定价由县联社贷款利率定价管理委员会负责组织实施。对确定的贷款利率定价策略、措施、方案报请联社理事会审议。对审议通过后的贷款利率定价策略、措施、方案行文下发各贷款经营网点具体执行。

县联社贷款利率定价管理委员会：主任委员由联社主任担任，副主任委员由联社副主任担任，委员由首席风险官、审计监察部总经理、计划财务部总经理、信贷管理部总经理、会计部总经理、电子银行部总经理等人员担任。贷款利率定价管理委员会下设办公室，办公室设在计划财务部，办公室主任由计划财务部总经理担任，副主任由信贷管理部总经理担任。下设办公室，负责与人民银行和监管机构利率管理工作的联系、草拟联社贷款利率定价政策和模型、收集各基层信用社反馈的贷款利率定价信息并分析研究，拟订方案后提交联社理事会会议讨论决定后执行。基层信用社贷款审批小组具体贯彻执行管理政策，在权限范围内合理确定和执行贷款利率。

（三）贷款利率定价原理

贷款利率定价采取成本加成定价原理，由自治区联社计算各县市联社每个年度的贷款成本价格，定价原理原则不变，定价策略随市场和央行基准利率的变化而变动。贷款合同利率是由贷款成本加成价格加策略定价价格而确定。贷款资金成本率、贷款营运成本率、贷款风险成本率、目标利润率四项之和构成贷款成本加成价格。即：“贷款成本加成价格=贷款资金成本率+贷款营运成本率+贷款风险成本率+目标利润率”。

影响因素、因素权重、浮动系数的确定：

1.影响因素。因素确定为：客户信用等级、担保方式、资金用途、客户综合贡献率、管理成本、其他因素等(各县市联社每年可以结合自身业务发展现状、市场利率水平变化、贷款品种等具体情况，对影响因素进行灵活调整)；

2.因素权重。影响因素的总权重设置为100，按照贷款利率定价遵循风险与收益对等的原则，结合县联社的主要信贷风险，确定各因素的权重，对贷款安全性影响越大的因素所占权重越高；

3.浮动系数。系数设置以各联社的贷款成本加成价格为基准，结合当地市场利率水平、客户接受程度等确定各因素等级的系数高低，因素风险大小与系数成正比；

4.浮动点数。根据不同客户贷款的实际因素，查找对应的浮动系数及权重，根据浮动系数和权重，确定利率浮动点数。

贷款利率定价方法：科学细分客户市场，按贷款方式和客户综合回报率确定不同浮动幅度；开展信用评定和资信评级，提高贷款利率自主定价能力；加大利率管理和监督检查力度，规范贷款利率定价管理；推行贷款利率定价公开制度，增加贷款利率定价透明；加强组织领导，逐步建立贷款利率市场定价的长效机制。

根据县联社实际经营管理水平、资金市场供求状况、贷款利率定价机制运行情况，县联社确定以下影响因素、权重和浮动系数区间。

1.农户小额信用贷款

呼图壁县联社农户、农工小额信用贷款利率浮动系数与权重对照表

表9-14

指标	浮动系数X	浮动系数Y	浮动系数Z	权重
信用等级	AAA级	AA级	A级	60%
贷款期限	6月以内(含)	6个月至1年(含)	1至3年(含)	20%
存贷比例	25%(含)以上	10%~25%(含)	10%以下	20%

2.一般农户贷款

呼图壁县联社一般农户、农工贷款利率浮动系数与权重对照表

表9-15

指标	浮动系数X	浮动系数Y	浮动系数Z	浮动系数W	权重
信用等级	AAA级	AA级	A级	B级	25%
担保方式	质押	抵押	联保	保证	25%
贷款期限	6月以内(含)	6个月~1年(含)	1~3年(含)	3年以上	20%
贷款额度	100万以上(含)	50万~100万元(含)	20万~50万元(含)	20万元以下	10%
存贷比例	25%以上(含)	10%~25%(含)	5%~10%(含)	5%以下	20%

3.城镇自然人贷款

呼图壁县联社城镇自然人贷款利率浮动系数与权重对照表

表9-16

指标	浮动系数区间				权重
	浮动区间X	浮动区间Y	浮动区间Z	浮动区间W	
信用等级	AAA级	AA级	A级	B级及以下	20%
担保方式	质押(基金、工资账户、债券、票据、保单等质押；仓单质押；知识产权、收费权、应收账款质押)	抵押(房地产、土地使用权抵押；在建工程抵押；土地承包经营权、机器设备、交通运输工具、存货、林权等抵押)	联保	保证	30%

续表9-16

指标	浮动系数区间				权重
	浮动区间X	浮动区间Y	浮动区间Z	浮动区间W	
信贷投向	农林牧渔	加工、制造、商业、服务业	房地产、建筑业	其他	10%
贷款期限	一年(含)以内	1~3年(含)	3~5年(含)	5年以上	10%
贷款额度	500万元(含)以上	100万~500万元(含)	50万~100万元(含)	50万元以下	10%
存贷比例	50%以上(含)	30%~50%(含)	10%~30%(含)	10%以下	20%

4.企业法人类贷款

呼图壁县联社企业法人类贷款利率浮动系数与权重对照表

表9-17

指标	浮动系数区间				权重
	浮动区间X	浮动区间Y	浮动区间Z	浮动区间W	
信用等级	AA级及以上	A级	BBB级	BB级及以下	15%
担保方式	质押(基金、工资账户、债券、票据、保单等质押;仓单质押;知识产权、收费权、应收账款质押)	抵押(房地产、土地使用权抵押;在建工程抵押;土地承包经营权、机器设备、交通运输工具、存货、林权等抵押)	联保	保证	25%
信贷投向	农林牧渔	加工、制造、商业、服务业	房地产、建筑业	其他	10%
企业规模	微型	小型	中型	大型	10%
贷款期限	1年(含)以内	1~3年(含)	3~5年(含)	5年以上	10%
贷款额度	1000万元(含)以上	500万~1000万元(含)	100万~500万元(含)	100万元以下	10%
存贷比例	50%(含)以上	30%~50%(含)	10%~30%(含)	10%以下	20%

存贷款利率是促进社会经济发展的重要因素，对通货膨胀起着有效的抑制作用。中国人民银行在国家经济、社会发展的各个历史时期上下调整金融机构存贷款基准利率，有利于社会经济的稳定发展和国民经济的平稳运行。呼图壁县信用社从20世纪50年代初期成立直至改革开放和跨入新世纪的各个历史时期，执行央行确定的基准利率，根据有关规定，结合农村牧区的实际和经济发展现状，上下浮动利率，极大地推动辖区内国民经济的发展，促进农牧业生产的增产增收。2009年以后，国家利率政策放开，县联社根据有关政策和实际经营状况，对贷款利率进行适当的浮动，根据信用等级、行业产业政策、客户竞争状况、担保方式、存贷比例、贷款额度和贷款申请期限来确定并且严格执行贷款的有关利率规定。

第十章 信用工程

2002年，呼图壁县联合社开始创建信用工程。经过组建机构、宣传发动、实施方案、培育示范、认真评选，至2003年底，评定信用户1258户、信用村4个、信用示范村15个。2007年年初，呼图壁县被自治区联社列为北疆地区首个创建信用县的试点县。至2008年年底，全县被授信的农户8035户，占农户总数14765户的54.42%。截至2009年年底，全县共建立农户经济档案22124户，占农户总数的98%，评定信用户8877户，占农牧民总户数的44%。按照《新疆维吾尔自治区农村信用合作社农户信用评级及授信管理办法》，呼图壁县联社积极推进信用工程创建工作，至2012年年底，全县建立经济档案29800户，占农户总数的80.08%，评定信用户20489户，占农户总数37213户的55.06%。评定信用村43个，占84.3%，其中AAA级信用村26个，AA级信用村7个，A级信用村10个。评定信用乡镇4个，占66.7%。2011~2012年，连续两年被自治区农村信用工程建设工作领导小组评为自治区信用工程建设先进集体。2012年12月，被自治区联社授予“优秀信用社”荣誉称号。

第一节 组织领导

一、领导机构

为贯彻中央农村工作会议和人民银行西安分行关于推广农户小额信用贷款、建立信用村（组）、乡（镇）座谈会议精神，2002年县联合社开始信用工程创建工作，同时成立以副县长高福新为组长、县联合社理事长刘怀强与各乡（镇）主要领导为成员的创建信用村镇领导小组，负责全县创建信用工程的组织实施。

2007年4月，因人事变动成立以县委书记邱树华为组长、县长曾春雷为常务副组长、各乡（镇）领导、各有关单位负责人为成员的信用工程创建领导小组。6月，成立了以副县长李玉金为组长、县联社主任刘怀强为副组长，各有关单位负责人为成员的信用等级评定委员会。

2009年1~10月，刘怀强任县联社“信用工程”创建工作领导小组组长，朱智岗、陈志高、叶斌为副组长，何玉刚、柳茂军等10人为成员。

2010年1~6月，因人事变动，刘怀强任县联社信用工程创建工作领导小组组长，朱智岗、陈志高、叶斌为副组长，何玉刚、柳茂军等11人为成员。

2012年年初，为更好地贯彻落实《新疆维吾尔自治区农村信用社“信用工程建设年”活动实施方案》，县联社及时成立以刘怀强为组长、朱智岗为副组长的信用工程创建领导小组，并积极与县委沟通，及时调整县信用工程创建工作领导小组及评定委员会，结合“两委”换届，调整落实县、乡（镇）、村三级领导组织机构。

二、组织实施

2002年10月25日，县联合社向呼图壁县委、人民政府呈送《关于在呼图壁县开展创建信用村、镇活动的报告》，并制定《“信用村”示范工作协议书》。12月22日，县人民政府主持召开全辖农区乡镇“创建金融安全区”活动和建立信用乡镇、村组工作会议，副县长高福新作《关于在全县深入开展信用村镇活动》的讲话。人民银行昌吉州中心支行农村信用合作监管科副科长张志新莅会并讲话，人民银行呼图壁县支行行长刘斌、县联合社主任刘怀强分别对创建工作提出要求。刘怀强就实施创建信用村镇工作做具体安排和部署。会上，2个试点村组的代表作创建工作经验介绍，各乡镇长作全力支持创建信用村镇的表态发言，各乡镇主管领导与县政府主管副县长高福新签订《创建金融安全区活动建立信用村镇示范工作责任书》。参加会议的还有各乡镇村组的领导及信用社负责人、信贷员共100多人。

2003年，县政府下发《呼图壁县创建农村金融安全区建立信用村（镇）工作实施方案》，全力改善农村信用环境，支持农村经济发展，促进县域经济快速发展。县联合社印发《呼图壁县创建农村金融安全区信用村（镇）评定标准》和《呼图壁县创建农村金融安全区建立信用村（镇）工作实施方案》。2004年4月30日，县政府在联合社召开“呼图壁县2004年创建农村金融安全区信用村镇工作会议”，副县长焦继明及部分乡（镇）领导、人民银行呼图壁县支行行长刘斌、银监组组长张利应邀参会。

2006年11月14日，自治区人民政府主席助理王会民在昌吉州调研及现场办公，自治区农村信用社联合社与呼图壁县委达成共识，将呼图壁县列为北疆地区首个创建信用县（市）的试点县。12月，县联社下发《工商企业信用等级评定意见》，并组织实施。1.创建工作纳入基层组织建设“三级联创”考核。将措施、目标管理和信贷投放工作与各级工作目标管理挂钩，同组织、同部署、同实施、同考核。2.实行创建目标责任制。将创建工作纳入各级领导干部责任目标考核，层层签订目标责任书，一级抓一级，层层落实。3.实行奖惩制。对考核成绩优秀者，优先评优、晋级、晋升并予物质奖励；对认真履行信贷管理协管员职责和义务的村党支部书记，一次发放（按年）1000~1200元奖金，并继续聘任；对诚实守信的村民考评授予相应的信用等级，发“绿色贷款证”和信用等级证，同时给予相应的优惠贷款利率，简化手续，优先贷款。

2007年年初，自治区联社与县委联合下发《关于在呼图壁县全面推行信用工程的通知》《关于创建农村信用工程的实施意见》《新疆维吾尔自治区农村信用合作社农村小额信用贷款管理协议书》《新疆维吾尔自治区农村信用合作社农村小额信用贷款协管员管理办法》，确定在呼图壁县全面推进信用工程建设，开辟在北疆首个县全面推进信用工程创建的先河。3月29日，由县委、县政府共同签发《关于做好综合目标管理工作的实施意见》，将信用工程创建纳入党政综合目标管理考核。4月，县委、县政府下发《呼图壁县创建“农村信用工程”实施意见》。6月，下发《呼图壁县农村信用工程建设村组信贷管理实施细则》《呼图壁县农村信用工程创建工作考核办法》。10月12日，根据自治区联社《关于全面推动创建农村信用工程的指导意见》，呼图壁县作为全区两个县

（另为新和县）之一的典型经验在全疆推广。11月15日，县委、县人民政府印发《呼图壁县农村“信用工程”创建工作考核办法》，决定自2008年1月起在全县各乡镇实施自治区联社制定的“信用工程”实施方案。

2008年5月7日，县联社转发县政府《关于呼图壁县2008年农村信用工程创建实施方案的通知》和昌吉监管分局《加快推进农村信用工程建设的实施意见通知》。9月12日，县人民政府2008年农村信用工程创建工作会在县联社召开，县长李翠玲、副县长吴峻、组织部部长吴新民及各乡镇领导和信贷协管员参会。会上，10多名2007年度信用社优秀协管员受到表彰和奖励，同时给全县49个村信贷协管员颁发聘书。县联社根据呼图壁县委、县政府《关于在呼图壁县全面推行信用工程的通知》《加快推进农村信用工程建设的实施意见》，积极部署，组建信用工程领导小组，并以村为单位成立由信用社主任、信贷员、村党支部、村委会和社员代表组成信用等级评定小组，进村入户排查农户资信状况和资金需求情况，建立农户基本情况档案，并根据综合评定确定信用等级。

2009年，自治区人民政府办公厅下发《关于全面推进自治区农村信用工程建设的实施意见》，进一步推广县信用工程创建经验。

2010年4月16日，根据县人民政府下发《呼图壁县2010年农村信用工程创建实施方案》，县联社制定《呼图壁县农村信用合作联社2010年信用工程创建工作计划》，对AAA级以下的信用镇、信用村、信用户按创建要求对其进行升级。

2011年3月，根据新疆维吾尔自治区农村信用合作联社《关于对信贷协管员进行全面自查清理的紧急通知》的文件要求，县联社成立对信贷协管员进行全面自查清理领导小组，由领导班子带队对12个农区团场信用社的87名信贷协管员进行入户调查。4月，县联社制定《呼图壁县农村信用合作联社2011年信用工程创建计划》《呼图壁县农村信用合作联社信用工程创建工作评价考核实施细则》。

2012年初，为更好地开展和推进“信用工程建设年”活动，呼图壁县委、县人民政府联合下发《呼图壁县信用工程建设年活动实施方案》。9月，县委、县政府在县联社召开呼图壁县创建“信用县”现场推进会。

三、检查落实

2002年以来，为把信用工程创建工作落到实处，县联合社除制定相关的管理办法、措施之外，还规定每周一或周五召开中层以上领导参加信用工程推进工作例会，检查落实情况，及时通报各部门工作进展，并规定每年上半年及年底分别召开半年和全年信用工程专题总结会，总结经验，表彰先进，树立典型，激励后者。多年来形成一种制度，这种做法得到自治区联社领导的认可并在全疆推广。自治区联社十分重视呼图壁县的信用工程创建工作，不断有领导前来调研创建工作，检查创建方案落实情况，推动创建工作深入开展。2003年6月3~5日，县联社组织全辖各社主任、信贷员对四大农区社及牧区社进行信贷调研，重点对信用村创建，特色养殖业调研。

2007年3月17日，自治区联社副主任谭建新一行抵县联社调研春耕生产、农户小额及农户联保贷款发放情况，并就信用工程建设情况与县委、县人民政府及县联社班子成员座谈。

2008年2月20日，石河子联社副主任孙建军一行11人抵县联社调研信用工程创建活动，谢会同、张志豪、王惠琴及各部室负责人参加座谈。

2011年6月17日，自治区联社主任阿不都在区联社信贷管理部总经理袁忠及信用工程推进办公室副主任任胜陪同下抵县联社调研。

2012年3月1日，自治区联社农贷部总经理潘隽及信用工程办主任任胜一行抵县联社调研。

第二节　信用户建设

一、宣传发动

2002年10月25日，县联合社制定《“信用村”示范工作协议书》后，在各示范村要道口挂横标，立示范牌，与各示范村共同召开座谈会做好宣传示范工作。

2006年11月，自治区主席助理王会民在昌吉州调研及现场办公会上提出，经自治区农村信用社联合社与呼图壁县委达成共识，将呼图壁县列为北疆地区首个创建“农村信用工程建设示范县”的试点县之后，呼图壁县委、县人民政府立时召开创建动员会，与各乡（镇）签订创建协议书，通过建立行之有效的畅通机制，采取多种措施、形式和渠道的立体化运行方式，通过县电视台、广播、传单、宣传手册等深入宣传创建信用工程的重要性，增强做好创建工作的积极性和自觉性。

2007年4月24~25日，县联社分别在大丰和芳草湖农场组织开展“送金融下乡”及信用工程创建活动。出动宣传车1辆，宣传板2块，散发相关宣传手册1000多册、宣传单3000多份。6月30日，县联社在银星信用社门口设点开展反假币及信用工程创建宣传活动，为顾客讲解相关知识，发放宣传单2000多份。

2008年，县联社加大对城区网点内外部环境的整治力度，更换县城主要街道的宣传广告牌，制作信合标识邮政贺卡2500枚。取得呼图壁县电视台、兵团芳草湖农村《呼图壁新闻》和《芳草湖新闻》的独家冠名权，同时与《中国县域经济报》达成战略合作协议，加大对外宣传支持“三农”发展及信用村镇创建工作力度。县联社编辑的《信合快讯》《信合简报》《呼图壁合作金融报》每期都用大版面刊登信用工程创建工作的消息、通讯、照片等。是年，编辑《信合快讯》19期、《信合简报》3期，稿件分别被《中国县域经济报》、《新疆金融》、自治区联社采用3篇、1篇和11篇。

2009年10月26日，县联社与人民银行呼图壁县支行联袂开展“珍爱信用记录，从关注信用报告开始”为主题的征信宣传活动。

2011年1月，县联社通过2010年工作总结，表彰信用工程建设先进集体和个人，信用工程建设宣传活动让诚实守信的美德得到进一步弘扬。

2012年，县联社以“信用工程建设年”活动为契机，大力开展“珍爱信用记录，从关注信用报告开始”为主题征信活动。6月10日，县联社与县安全月活动宣传组一起在鸿新百汇商场门前开展“安全发展，信用发展”为主题的宣传活动，并发放相关知识宣传单300多份。6月14日，县联社与人民银行呼图壁县支行联合开展“信用记录关爱日”主题宣传活动。

二、信用户评定

2002年，县联合社开始创建信用工程后，对农户小额信用贷款实行分级管理，将小额贷款的农户评定为不同的信用等级，让其享受不同的贷款优惠政策。2002~2006年，农户信用等级划分为四个级别，即优秀、较好、一般和较差。优秀农户的评定标准是生产经营效益高，家庭人均收入3000元以上，与信用社有存款业务往来，无不良贷款。优秀农户信用贷款限额为8000元以下。较好农户的评定标准是生产经营效益较好，家庭人均收入2000~3000元，有逾期贷款，但无两呆贷款。较好农户信用贷款限额为5000元以下。一般农户的评定标准是生产经营效益一般，家庭人均收入1000~2000元，虽有逾期或呆滞贷款，经过催收或采取措施后可以偿还。一般农户信用贷款限额为3000元以下。较差农户为生产经营差，有“两呆”贷款，信用程度差。对这样的农户不发放《信用贷款证》，也不发放小额信用贷款。2002年，呼图壁县二十里店、园户村、五工台、大丰信用社选择15个行政村，开展农户信用等级评定工作，评出信用户208户，发放小额信用贷款146万。至2003年年底，县联合社评出信用户1258户。

2007年，县联社制定《呼图壁县农村信用合作联社农户信用评级及授信管理办法》，将农户的授信等级从四个级别调整为五个级别，即AAA级、AA级、A级、B级、C级，并规范评级标准和级别升降制度。被评定的信用户在全乡以村为单位在各信用户大门上粘贴信用等级牌。

AAA级：生产经营、劳务活动状况极佳，具有很可靠的收入来源，具有很强的偿债能力，信誉状况良好,发展前景很好。

AA级：生产经营、劳务活动状况稳定，具有较高可靠的收入来源，偿债能力强，信誉状况良好，发展前景较好。

A级：生产经营、劳务活动状况稳定，具有一定的收入来源，偿债能力及信誉状况一般，发展前景稳定。

B级：生产经营、劳务活动合规，具有一定的收入来源，但资金较为紧张，偿债能力较弱，信誉状况一般，有需要关注的问题，有一定风险。

C级：家庭生产管理、技术水平较低，收入状况存在严重问题，偿债能力很弱，信誉状况很差，没有发展前景，风险很大。

评级结果为A级及以上的农户为信用户，可以办理农村小额信用贷款及其他授信业务；评级结果为B级的农户为非信用户，可以办理除农村小额信用贷款以外的授信业务；评级结果为C级的农户为淘汰客户，不准发放贷款（已列入扶贫对象的农户除外），对仍有存量贷款的要逐步压缩。

农户信用评级指标体系分别由评级内容及权重、评级指标及标准值两部分构成，主要包含农户的个人品质、信用记录、家庭财产、家庭负债、收入水平、贷款偿还情况等内容。

对同一农户，信用社系统内只能由一个经营社对其进行信用评级，原则上其评级工作由户籍所在地或长期居住地的经营社负责，也可由联社指定一个经营社负责。经营社对评定的农户信用等级进行动态管理，至少两年考评一次，如果期间发生影响其信用的重大事项，经营社应及时按规定流程对其信用等级、授信额度进行调整。已评定等级的农户贷款本金或利息逾期90天以上或贷款已被划分为次级类以下不良贷款的（因自然灾害等客观因素造成的除外），贷款使用期间擅自改变贷款用途的，农户出现违规、违法经营行为受到相关主管部门查处、处罚的，其信用等级直接调至C级。

2007年年末，全县评定信用户6798户，占农户总数的42.11%。全年累计发放农业贷款27135万元，其中小额信用贷款10783万元，农户联保贷款14950万元。

2008年，全县六个农牧区乡镇信用工程创建已取得新进展，辖内共有农户14765户，已评定信用户8035户，其中新增信用户1237户。

2009年，呼图壁县有农户22487户，已建立农户经济档案22124户,占农户总数98%；评定信用户8877户，占农户数总的39.48%。是年，县联社制定《呼图壁县农村信用社优质文明信用户贷款管理办法》。凡达到“优质文明信用户”条件的最高核定贷款额度为20万元，并实行利率优惠。是年年底，全县已评定“优质文明信用户”182户，授信总额2730万元，优惠让利30多万元。

2010年，县联社对AAA、AA、A级信用户进行授信，授信金额按每年农户实际种植面积物化成本进行动态调整。授信额度从2007年AAA级5万元，AA级4万元，A级3万元，调整到AAA级10万元，AA级8万元，A级5万元。截至年底，呼图壁县有农户31149户，已建立农户经济档案21079户，占农户总数的67.67%，已评定信用户10884户，占农户总数的34.94%。

2011年，全县农户37211户，已建立经济档案35722户，占农户总数的96%，已评定信用户12029户，占农户总数的32.33%。县联社决定，信用户贷款额度提高至20万～50万元，信用户、优质文明信用户分4个档次实施优惠利率政策，下浮幅度10%～25%。

2012年年末，全县农户37213户，已建立经济档案29800户,占农户总数的80.08%；已评定信用户20489户，占农户总数的55.06%。

第三节　信用村、镇建设

一、信用村建设

2002年2月，根据人民银行昌吉州中心支行《关于创建农村信用工程的若干意见》，县联合社印发《呼图壁县农村信用联社等级评定实施办法》，在开展信用户建设的同时，开展信用村建设。各信用社选择符合条件的自然村，开展宣传发动，调查摸底和推荐评定工作。当时评定信用村的标准较低，条件比较简单。主要条件是：1.A、B级信用户达到30%以上，D级农户不超过20%。2.全村农户存款达到一定规模。3.无拖欠贷款农户占辖内贷款农户总数的80%以上，不良贷款率在20%以下。4.村党支部和村委会支持信用社工作，帮助信用社组织资金，清收旧贷。只要符合上述条件，即可推荐评定为信用村。

被评为“信用村”的村经济合作社可享受农村信用社提供的2万元以内信用贷款授信。“信用村”为一年一定，当年达不到评定条件者取消“信用村”荣誉称号及授信资格，荣誉牌由镇政府与县联合社共同授予，信用村达到50%以上的镇可评定为“信用镇”。信用镇荣誉牌由呼图壁县政府与县联合社共同授予。当年，评定出信用村4个，即园户村镇上三工村、五工台镇良种场、大丰镇联丰村、二十里店镇十四户村。

2003年，县联合社加大信用村建设力度。首先是大力培育信用户，扩大信用工程建设成果。这一年有15个村的信用户达到80%以上，因此，有15个村被评选为信用村。

2004年，评定信用村4个，即五工台镇十九户村、大丰镇树窝子村、十八户村、干河子林场。

至2007年，共评定信用村19个，占36.53%，其中AAA级信用村8个，AA级信用村9个，A级信用村2个。

2008年9月11日，县联社对2007年度评定的19个“信用村”和创建信用村的村委会和优秀协管员进行表彰和奖励。至2008年，全县共有行政村51个，已评定信用村24个，占全县行政村的47%，其中AAA级信用村15个，AA级信用村8个，A级信用村1个。

2009年，全县评定信用村28个，占全县行政村的55%，其中AAA级信用村18个，AA级信用村7个，A级信用村3个。

2010年，全县有行政村52个，已评定信用村34个，占65%，其中AAA级信用村18个，AA级信用村10个，A级信用村6个。

2010年5月11日，呼图壁县联社召开信用工程创建总结暨表彰大会

2011年4月，县联社印发《呼图壁县农村信用工程创建计划的通知》《呼图壁县农村信用合作联社信用工程创建工作评价考核实施细则》。年末，全县评定信用村37个，占71.15%，其中AAA级信用村20个，AA级信用村10个，A级信用村7个。12月，县政府下发《关于对各乡镇、各城区党（工）委进行年终综合目标管理考核的通知》，继续将信用工程创建纳入党政综合目标考核管理。

2012年，全县共评定信用村43个，占84.3%，其中AAA级信用村26个，AA级信用村7个，A级信用村10个。

二、信用乡（镇）建设

2002年，县联合社在启动信用户、信用村建设的同时，也启动信用乡（镇）建设，并制定信用乡（镇）评定条件。即乡（镇）内信用村占50%以上；不良贷款在25%以下；乡（镇）党委、政府支持信用社工作，帮助信用社组织资金、清收旧贷等；存款达到一定规模。信用社对“信用乡（镇）”实行优惠政策，在同等条件下，贷款优先，手续简便，额度放宽，服务优先。至2007年，评定信用镇2个，即大丰镇和五工台镇。大丰镇有信用村8个，占53.33%，五工台镇有信用村6个，占50%，大丰镇被评定为AAA级信用镇，五工台镇被评定为AA级信用镇。

2010年，二十里店镇被评定为AA级信用镇。二十里店镇评定信用村4个，占50%。

2011年，根据《关于在呼图壁县全面推行信用工程的通知》《关于信用工程的实施意见》，县联社制定《呼图壁县农村信用合作联社2011年信用工程创建计划》，全面推行信用工程建设。

2012年，县联社开展信用工程建设年活动，重新调整信用乡（镇）的评定标准。1.乡（镇）党委、政府重视信用工程创建工作，有计划、有措施，创建活动氛围浓厚，成效明显。2.乡（镇）党委、政府重视农村金融工作，积极帮助金融机构清收不良贷款；辖区基本无逃废金融债权现象；无非法集资，非法设立金融机构和非法办理金融业务的现象。3.信用村占到乡(镇)行政村总数的80%以上。4.不良贷款占2%以下。5.乡（镇）政府对外承诺能够承担责任，“诚信政府”建设成效显著，乡（镇）、村集体和公职人员无拖欠信用社贷款。

2012年，县园户村镇已评定信用村8个，占72.7%。1月10日，县政府命名园户村镇为A级信用乡镇。是年11月，县委组织召开呼图壁县创建“信用县”工作推进会，会上表彰奖励二十里店镇、五工台镇、大丰镇、园户村镇4个信用镇。

2012年，石梯子乡作为第一个民族乡被县信用工程建设领导小组评为“信用乡”，受到表彰和奖励。石梯子乡在全疆率先实现农牧民人均收入过万元大关。截至年末，创建信用乡镇5个，占乡镇总数的71.4%。2011~2012年，县联社连续两年被自治区农村信用工程建设工作领导小组评为自治区信用工程建设先进集体；2012年被自治区联社授予“优秀信用社”荣誉称号。

第四节 信贷协管员队伍建设

2003年，县联合社开始聘请农村信贷协管员。协管员的主要职责是协助信用社管理农村信贷工作。协管员制度是强化农户贷款管理网络化、科学化和规范化的有效措施，是密切乡（镇）党政与信用社联系沟通，构建新型农村金融合作关系的长效机制。为加强农村信贷的有效管理，聘请的协管员通常为村党支部书记或村主任。

协管员职责：1.认真参加信用社组织的信贷管理学习培训，积极向农民群众宣传信用社的服务宗旨、信贷政策、业务品种和职能作用，使农村信用社更加贴近农民，真正发挥连接农村信用社和农民的纽带作用；2.协助农村信用社动员本村组有贷款需求、符合贷款条件、个人信用及资产情况良好的农户在信用社办理贷款，解决农户种植、养殖资金不足问题，协助信用社提高农户贷款覆盖率，有效扩大信贷规模；3.广泛收集并及时向信用社反馈责任区内农户信贷资金使用和经营管理情况，确保信息真实可靠；4.动员广大农民自愿将闲散资金存入信用社，增加农村信用社的支农资金实力；5.协助农村信用社进行农户基本信息采集工作，进一步提高本村组农户经济档案建档率；6.协助信用社做好信用等级评定，加强信用等级管理，提高信用等级管理质量；7.协助信用社做好授信管理和农户贷款的发放工作；8.协助信用社开展调查研究，掌握农户家庭经营、经济状况，认真推荐贷款投向；9.监督和管理责任区内的农户贷款使用、农户生产经营及管理信息，并及时向信用社反映；10.协助信用社催收和清收贷款，确保新发放贷款按时归还本息，提高清收率；11.协助信用社清收不良贷款，努力降低责任区内不良贷款率，维护责任区内的信用声誉和信用等级，或进一步提高责任区的信用等级；12.对信用社的商业秘密保密；13.积极参加农村信用社召集的有关会议及业务培训；14.配合信用社做好其他工作。

为加强对协管员队伍的管理，呼图壁县组织部基层办、乡（镇）党委、政府与县联社联合成立农村小额信用贷款管理协管领导小组，乡党委书记任组长、乡（镇）长任副组长、村党支部书记和信用社主任为成员，负责对协管员的管理。

协管员实行一年一聘、一人一档管理。协管领导小组制定协管员管理制度，加强对协管员的教育、培训、管理和考核，规范协管员的协管行为，优化协管员队伍。协管员不拿凭证、不拿现金、不设账簿、不刻印章，只建立农户贷款管理监督台账和农户调查情况登记簿。协管员的报酬为每人每月给予人民币不低于100元的协管补助费，按年考核、按年发放。考核内容主要是所在辖区贷款质量、贷款规模、当年贷款清收率、不良贷款清收率等。凡所聘协管员经考核认定不能履行职责或履职欠佳的，相应扣发补助金，并给予解聘和收回聘书；凡所聘协管员经考核认定能尽职尽责、贷款本息无损失的，继续聘请；凡所聘协管员经考核优秀且能够协助收回不良贷款的，按相关规定给予奖励，并继续聘请。协管员必须是信用户，协管员在同等条件下可优先向信用社申请贷款。至

2010年，县联社共聘用协管员94名。

2011～2012年，县联社依照《关于创建农村信用工程的实施意见》的要求，根据《新疆维吾尔自治区农村信用合作社农户小额信用贷款管理办法》和《呼图壁县农村信用合作联社信用贷款协管员管理办法》，优化信贷管理队伍，提高信贷管理水平，强化农户贷款管理网络化、科学化和规范化，构建新型农村金融合作关系，全面落实加大支持农业、农民和农村经济的发展力度，促进新农村建设，全面推行协管员制度。至2012年年末，县联社共聘用协管员102名。

第五节　兵团信用工程建设

一、信用团场建设

根据自治区联社主任阿不都2008年6月16日在新疆农村信用社拓展兵团业务工作座谈会上的讲话精神，为更好地服务兵团，加大力度支持兵团各项事业发展，把兵团的“三农”工作做出成效，县联社与一〇五团党委全面合作开展共建“信用团场”活动，将兵团第六师一〇五团列为首个创建“信用团场”试点团场，在第六师芳草湖农场全面展开信用工程创建工作。

2008年9月27日，兵团第六师一〇五团信用工程创建动员大会

2009年，县联社以全疆信用工程工作会议精神为契机，启动第六师一〇五团首个信用团场创建工作，同时开展创建“信用连队”的试点工作。是年5月，一〇五团评定信用农工744户，信用连队10个，表彰奖励二连、九连两个信用连队，周利民、侯爱民等5名优秀信贷协管员。26日，芳草湖农场下发《关于加快推进芳草湖农场信用工程创建工作的通知》《关于芳草湖农场“信用工程”创建实施意见的通知》《关于成立芳草湖农场创建“信用分场”等级评定委员会的通知》《关于调整芳草湖农场“信用工程”创建领导小组的通知》，成立以农场场长李金平为组长、芳草湖信用社主任马利军为副组长，信用社及其他相关部门领导为成员的信用工程创建领导小组及信用等级评定委员会。是日，还成立芳草湖农场创建“信用分场”等级评定委员会，农场副场长王新生为组长、农场其他相关部门领导为成员，并确定2010年创建为A级信用团场的目标。

2010年，经评定、验收、审核，一〇五团评定信用农工1157户，占70.1%，信用连队10个，占100%。

2011年，第六师一〇五团已评定信用农工1614户，占98%，信用连队10个，占100%。12月26日，新疆生产建设兵团第六师发展改革委员会下发《关于同意一〇五团为信用团场的函》。

2012年2月20日，自治区联社党委和兵团第六师党委联合发文批复，同意第六师一〇五团为“AA级信用示范团场”。至此，兵团第六师一〇五团成功创建为全疆首个“信用团场”。3月16日，县联社给兵团第六师一〇五团信用团场授牌，信用工程建设推进会在兵团第六师一〇五团举行。兵团第六师副师长李金平、自治区联社副主任李文祖、人民银行昌吉州中心支行行长杨为新、昌吉监管分局局长王新伟、自治区联社信用工程办总经理潘隽、自治区联社信用工程办主任任胜、自治区联社兵团业务部副总经理宁学金及呼图壁县、乌鲁木齐市、乌鲁木齐县、乌苏市、沙湾县、昌吉市、玛纳斯县、阜康市、吉木萨尔县、奇台县、北屯联社及石河子农村合作银行的主要领导200多人出席会议。是日，《新疆经济报》第3版，刊登《热烈祝贺兵团第六师一〇五团被授予全疆信用工程建设示范团场贺词》。12月10日，芳草湖农场下发《关于芳草湖信用工程建设创建“信用团场”活动实施方案的通知》《关于调整芳草湖农场“信用工程”创建工作领导小组的通知》《关于调整芳草湖农场“信用工程”创建信用等级评审委员会的通知》。14日，兵团第六师芳草湖农场、呼图壁县联社共同签订《芳草湖农场创建“信用团场”协议》，县联社下发《关于聘任金先奎等同志为芳草湖农场信贷协管员的通知》，进一步推进兵团信用工程创建工作。

2009年5月27日，兵团第六师芳草湖农场举行信用工程创建动员大会

二、考评管理

2009年5月27日，县联社副主任陈志高参加芳草湖农场信用工程动员大会。会上，陈志高代表县联社讲话，并与6个分场47个连队的协管员签订协议、颁发聘书。11月18日，县联社在呼图壁种牛场东泉信用社召开信用工程创建动员大会，种牛场场长马光辉、书记王胜利及场部各单位负责人、各农队队长、书记等90多人参会。有关领导与各农队的协管员签订协议并颁发聘书。是年，芳草湖农场积极响应信用工程建设制定《芳草湖团场“信用工程”建设连队信贷管理实施细则》《团场“信用工程”创建工作考核办法》，对2009年度贷款协管员进行任务考核及工资补助兑现。

2010～2012年，县联社陆续制定《团场信用工程创建工作考核办法》《信用工程建设连队信贷管理实施细则》《农工小额信用贷款管理协议书》《小额信用贷款协管员管理办法》。依据创建“信用团场”目标，各连连长为第一责任人，成立相应组织机构，专人负责，落实目标任务。在信用工程建设方案实施期间，每年初由团信用工程建设领导小组组织有关人员到各连队进行验收，由县联社与团信用工程建设领导小组进行联合检查“信用工程”创建质量，并按《目标责任制》予以奖惩。

第十一章　资产风险管理

信贷资产风险管理是县联社经营管理的关键环节，事关县联社的兴衰存亡。20世纪50～80年代，由于计划经济及管理体制等原因，县联社资产风险管理基本是空白，处于无人过问状态。随着农业银行恢复和金融体制改革的逐步深入，信贷资产风险管理才被提到议事日程上。1996年，县联合社与农业银行呼图壁县支行脱钩后，在人民银行、监管局的领导、监督、指导下，县联合社开始采取各种有效措施，优化贷款增量，盘活贷款存量。2006～2012年，在自治区联社的领导下，县联社的信贷资产风险管理逐步实现正常化、制度化、规范化，信贷资产步入良性循环。截至2012年年末，不良贷款4199.36万元，不良贷款率1.77%，比1999年下降34.71倍。

第一节　资产风险防范

一、防范制度

1988年5月，县联合社成立，为加强信贷管理，把资产风险管理纳入业务经营管理。

1989年2月2日，县联合社为减少贷款风险，转发国家税务局《关于集体信用合作社建立呆账准备金的暂行规定》，落实呆账准备金制度。是年10月10日，印发《呼图壁县信用联社信贷资产监测考核办法细则》。是年11月9日，转发农业银行总行《关于农村信用合作社不办理担保的通知》，农村信用社不得以任何形式为任何企、事业单位和个人的经营活动进行经济担保。并对以前为企、事业单位和个人所做的经济担保立即清理，予以解除。

1990年8月16日，农业银行昌吉州中心支行下发《信用社非正常贷款月标计划》，县联合社依据要求非正常贷款下降20%，结合旺季收贷收储工作，制定清收措施。

1991年3月14日，县联合社转发农业银行总行《清收非正常贷款检查验收方案（征求意见稿）》，坚持信贷资产监测考核制度，打好清收非正常贷款攻坚战。

1992年8月19日，县联合社转发农业银行总行《关于农村信用社对三、四类企业贷款实行财产抵押的通知》，要求各社为减少信贷资金风险，所有企业贷款都实行担保抵押。

1993年4月13日，县联合社转发农业银行新疆分行《收回“两呆”贷款的奖励办法》，有效地盘活信贷资金，减少风险，缓解资金供求矛盾。

1994年，县联合社转发农业银行新疆分行《农村信用社信贷资产风险管理示范办法》。结合实际，运用经济、法律和行政手段，加强对资产风险进行度量、防范、监控和清收。

1995年10月27日，县联合社转发农业银行总行《关于农村信用社盘活信贷资产存量工作的意见》。制定“清非”工作计划，把任务分解落实到社、到人，“清非”工作与贷款规模分配及干部提拔挂钩，实行表彰和处罚相结合的办法。

1996年4月2日，县联合社转发农业银行新疆分行《关于切实提高信贷资产质量的意见》。是年12月20日，转发国家税务总局与国务院农金体改办《农村信用合作社贷款呆账核销暂行规定》。相应制定清理风险贷款、落实清收责任，并与风险贷款责任人签订责任状，限期收回贷款，否则扣发全部津贴和50%工资。

1998年6月，县联合社转发农业银行昌吉州中心支行《贷款风险分类指导原则》。

1999年3月15日，县联合社转发人民银行新疆分行《关于加强金融债权管理、建立防范和制裁逃废金融债务行为制度》。

2000年1月21日，县联合社转发《上海市高级人民法院关于规范存贷款行为司法建议的通知》。是年10月20日，转发人民银行昌吉州中心支行《新疆农村信用社案件防范查处实施办法》。

2001年5月29日，县联合社印发《关于历年违规贷款清收实施办法》。

2002年，县联合社印发《呼图壁县农村信用社不良贷款清收实施细则》《呼图壁县信用联社资产保全管理办法》。

2003年9月1日，县联合社转发人民银行昌吉州中心支行《昌吉州农村信用社抵债资产管理实施细则》。

2004年4月，县联合社印发《“两呆”贷款打包拍卖清收试行及补充办法》。

2005年6月10日，县联合社印发《关于对贷款责任人实施责任追究的办法》。

2006年6月10日，县联合社印发《贷款五级分类管理考核办法》。10月31日，转发自治区联社《新疆维吾尔自治区农村信用社联合社资产风险管理委员会工作规程》。

2007年2月8日，县联社转发自治区联社《新疆维吾尔自治区农村信用合作社抵债资产责任认定及处罚办法》《新疆维吾尔自治区农村信用合作社不良资产管理办法》《新疆维吾尔自治区农村信用合作社呆账贷款核销管理办法》。3~4月，印发《呼图壁县农村信用合作联社不良贷款清收考核奖励实施细则》《呼图壁县农村信用合作联社贷款逾期前后责任管理与逾期后问责处罚办法》《呼图壁县农村信用合作联社对外部监管和内部检查发现问题整改工作的规定》。

2008年3月26日，县联社转发自治区联社《新疆维吾尔自治区农村信用合作社呆账核销管理暂行办法》《新疆维吾尔自治区农村信用社不良资产监测和考核办法实施细则》。4~8月，印发《呼图壁县农村信用合作联社不良资产分账管理考核办法》《呼图壁县农村信用合作联社信贷管控等级考核办法》《呼图壁县农村信用合作联社新增不良贷款管理考核办法》。

2009年，县联社印发《呼图壁县农村信用合作联社2006年年底以前形成不良贷款损失责任追究处理办法》《呼图壁县农村信用合作联社2009年“不良贷款打包拍卖”管理办法》《呼图壁县农村信用合作联社2006年底以前形成不良贷款损失责任追究的补充办法》《呼图壁县农村信用合作联社“54321”工程清收不良贷款实施细则》《呼图壁县农村信用合作联社不良资产分账管理考核实施细则》。按“12345”顺序由一线柜员、机关部门工作人员、机关部门经理、网点主任、基层信贷员依次挑选不良贷款清收对象，把不良贷款分解到每位职工，并按每一万元不良贷款交200元保证金与任务挂钩，按完成比例退还，超额按3%予以奖励。

2010年3～6月，县联社印发《呼图壁县农村信用合作联社2010年度不良贷款管理考核奖励办法》《呼图壁县农村信用合作联社“54321”工程清收不良贷款实施细则》《呼图壁县农村信用合作联社2010年不良贷款“打包拍卖”清收管理办法》《呼图壁县农村信用合作联社贷款压力测试方案》《呼图壁县农村信用合作联社部门工作规范管理、程序化操作、强化执行力行政规则》。是年7月22日，县联社转发自治区联社《新疆维吾尔自治区农村信用合作社信贷管理数据统计工作考核暂行管理办法》《新疆维吾尔自治区农村信用合作社风险管理指导意见》《新疆维吾尔自治区农村信用合作社不良资产处置定价管理办法》《新疆维吾尔自治区农村信用合作社内部招标清收不良贷款管理办法》《新疆维吾尔自治区农村信用合作社风险经理委派制管理办法》《新疆维吾尔自治区农村信用合作社风险经理考核管理办法》《新疆维吾尔自治区农村信用合作社风险经理工作规程》《新疆维吾尔自治区农村信用合作社重大信贷风险报告制度》《新疆维吾尔自治区农村信用合作社不良资产债权转让管理办法》《新疆维吾尔自治区农村信用合作社不良贷款风险代理清收管理办法》《新疆维吾尔自治区农村信用合作社不良资产诉讼保全管理办法》《新疆维吾尔自治区农村信用合作社不良资产诉讼清收操作指引》《新疆维吾尔自治区农村信用合作社不良资产尽职处置管理办法》《新疆维吾尔自治区农村信用合作社内部非信贷资产风险分类管理办法》《新疆维吾尔自治区农村信用合作社2006年底以前形成不良贷款损失责任追究处理办法》《新疆维吾尔自治区农村信用合作社外出人员不良贷款清收处置指导意见》《新疆维吾尔自治区农村信用合作社资产风险管理委员会工作规程》《新疆维吾尔自治区农村信用合作社呆账贷款核销管理办法》《新疆维吾尔自治区农村信用合作社不良贷款清收管理办法》《新疆维吾尔自治区农村信用合作社不良资产分账管理实施办法》《新疆维吾尔自治区农村信用合作社领导班子和领导干部年度考核办法》《新疆维吾尔自治区农村信用合作社风险管理机制建设实施方案》。

2011年2～7月，县联社印发《呼图壁县农村信用合作联社风险经理工作规程》《呼图壁县农村信用合作联社风险经理考核办法》《呼图壁县农村信用合作联社风险经理委派实施细则》《呼图壁县农村信用合作联社风险经理委派实施方案》《呼图壁县农村信用合作联社2011年不良贷款管理考核办法》《呼图壁县农村信用合作联社表外不良资产清收奖励办法》。是年8月24日，县联社转发自治区联社《新疆农村信用社2011～2013年风险管理达标提升规划方案》。

2012年1～5月，县联社印发《呼图壁县农村信用合作联社风险管理工作制度》《呼图壁县农村信用合作联社全面风险管理机制建设实施方案》《呼图壁县农村信用合作联社流动性风险压力测试方案》《呼图壁县农村信用合作联社自律监管考核办法》《呼图壁县农村信用合作联社自律监管工作的指导原则》《融资性担保公司信用风险管理办法》《呼图壁县农村信用合作联社风险管理委员会议事规则》《呼图壁县农村信用合作联社2006年底以后形成不良类贷款损失责任追究处罚标准》《呼图壁县农村信用合作联社风险管理部监管实施细则》。是年6月25日，县联社印发《呼图壁县农村信用合作联社非应计贷款管理办法》。

二、防范措施

（一）机构

1991年8月21日，县联合社资产管理领导小组成立，沈卫平任组长，李玲珍、王效文、孙吉贤为副组长，王秀娟、何云、曹长雄、王钧、王万清为成员。

2001年，县联合社不良资产管理办公室成立，叶斌任主任。

2002年6月5日，县联合社不良贷款“百日清收”活动领导小组成立，刘怀强任组长，叶斌为副组长，李财寿、王惠琴、唐志艳等4人为成员。刘怀强任清理非正常贷款领导小组组长，叶斌为副组长，李财寿、宋巨森、张建军等4人为成员。

2003年5月29日，县联合社调整“百日清收”领导小组成员，刘怀强任组长，叶斌、李财寿为副组长，李彦清等10人为成员。

2004年6月12日，县联合社风险管理小组和信贷资产清非攻坚指挥部成立，刘怀强任总指挥，张志豪、叶斌为副总指挥，李彦清为清非办公室主任，李财寿为副主任。刘怀强任风险管理小组组长，王惠琴、李财寿、刘娟为成员，马燕为专职风险管理员。

2005年10月21日，县联合社大额贷款风险管理小组成立，刘怀强任组长，叶斌为副组长，王惠琴等5人为成员，其中李彦清、叶寿林2人负责超资本金比例大额贷款的监控、监测和分析，按月向县监管办报送风险程度预测分析报告。12月15日，县联合社信息系统风险管理审计领导小组成立，刘怀强任组长，王惠琴为副组长，刘娟等3人为成员。

2006年6月2日，县联合社风险管理委员会成立，刘怀强任主任委员，叶斌为副主任委员，李财寿、李彦清刘娟、马燕为成员。县联社调整信息系统风险管理审计领导小组成员，刘怀强任组长，王惠琴为副组长，黄卫民、马燕等4人为成员，办公室设在稽核监察部。是年11月15日，清收不良贷款攻坚战活动领导小组成立，刘怀强任组长，叶斌、张志豪为副组长，李财寿等4人为成员。

2008年6月18日，县联社调整风险管理委员会成员，朱智岗任主任委员，叶斌、陈志高为副主任委员，王智等4人为委员。

2009年9月25日，县联社不良资产清收激励费用考核领导小组成立，刘怀强任组长，朱智岗为副组长，叶斌、陈志高、何建斌、王智等5人为成员。

2010年6月12日，县联社风险管理机制建设办公室成立，刘怀强任主任，朱智岗为副主任，刘娟等8人为成员。县联社调整风险管理委员会成员，刘怀强任主任委员，朱智岗为副主任委员，陈志高等7人为委员。8月16日，县联社不良贷款绝对额下降劳动竞赛活动领导小组成立，刘怀强任组长，朱智岗为副组长，陈志高等20人为成员。

2011年3～4月，县联社调整不良贷款清收攻坚活动领导小组成员，刘怀强任组长，朱智岗为副组长，叶斌等18人为成员。聘任邓玉等26人为基层信用社风险预警提示联络员。

2012年2～8月，县联社调整风险管理委员会成员，刘怀强任主任委员，朱智岗为副主任委员，陈志高等9人为成员。调整贷款、非信贷资产分类工作领导小组成员，刘怀强任组长，朱智岗、刘娟、陈志高、叶斌为副组长，何建斌等7人为成员。县联社将资产风险管理部分设为资产管理部、风险管理部。县联社全面风险管理机制建设领导小组成立，刘怀强任组长，朱智岗、刘娟为副组长，陈志高及相关科室、基层信用社负责人为成员。县联社自律监管工作领导小组成立，朱智岗任组长，何建斌为主查，叶寿林、路秀婷为专职监管员，吴翔、周立伟为兼职监管员。

（二）化解处置

1996年5月23日，县联合社开展清理风险贷款、落实清收责任工作。

2001年5月29日，县联合社印发《贷款管理终身责任书》，原则是：计划发放、到期收回、谁发放、谁收回。

2002年4月12日，人民银行昌吉州中心支行与县联合社主任刘怀强签订《昌吉州农村信用社

2002年度防范化解经营风险目标责任书》。

2006年，县联社对违规贷款进行处理，依据《呼图壁县农村信用合作联社不良贷款清收实施细则》，对2002年度认定为违规贷款，限定期限3年清收，即第1年清收任务的30%，第2年30%，第3年20%，剩余部分限期2年收回，若不能按期收回，将从责任人每月工资中扣200～500元归还责任贷款。同时对5位离、内退人员责任贷款58.45万元进行落实。年末，不良贷款为4717万元，比上年末下降83万元，不良贷款占8.6%，比上年末下降3.4个百分点。

2007年4月12日，县联社制定《贷款逾期前后责任管理与逾期后问责处罚办法》，前后贷款到期前后的工作管理，落实各自管理责任，杜绝因人员变动造成管理脱节。

2009年3月26日，昌吉监管分局与县联社签订《昌吉银行业金融机构风险管理责任书》。7月27日，县联社对新增不良贷款进行责任追究。要求新增不良贷款不得超过当月各项贷款控制余额的0.3%，否则每增1笔5万元以下不良贷款，处罚责任人200元，5万～10万元处罚300元，10万～20万元处罚400元，20万～30万元处罚500元，30万元以上处罚1000元。是年，县联社召开风险管理委员会21次，研究审查抵债资产接受处置、不良贷款诉讼清收共717笔、1408万元。

2010年1月10日，自治区联社与县联社理事长刘怀强签订《大额不良贷款清收盘活目标责任书》。2月2日，县联社对农区信用社2010年以前已移交至资产风险部的表内不良贷款，从2010年2月1日起，划回原移交信用社管理，已诉讼或10万元以上农户（含）不良贷款不移交。是年，县联社共召开风险管理委员会27次，研究审查抵债资产接受处置、不良贷款诉讼清收共99笔、7319.13万元。

2011～2012年，县联社授权委派风险经理对公司贷款100万元、个人贷款20万元以上者进行贷前风险审查和贷后检查。

第二节　不良贷款

一、认定与处罚

2001年，县联合社对一季度存量贷款9654万元进行检查，发现职工违规贷款12笔、12.9万元并限期归还。

2003年12月25日，县联合社对园户村信用社9名职工违规转贷责任人处罚1600元。

2004年11月10日，县联合社对完成“双清”，即逾期、呆滞和呆账贷款清收任务的8个信用社分别奖励1000元、2000元；对未完成任务的6个信用社主任进行处罚，共罚6800元。

2005年1月1日，县联合社对违规贷款3名责任人进行责任追究，其中1人从2005年1月1日下岗，每月发生活费300元，责令限期收回责任贷款；1人延期上岗，并责令在1月15日前赔偿贷款本息；另1人每月发退休工资800元，余款暂存，待落实清收后再发。

2006年，县联社调整不良贷款形态74笔、232万元，其中逾期调呆滞58笔、222.18万元；呆滞调呆账16笔、9.82万元。县联社对6位退休及内退人员责任贷款9笔、29.23万元进行追究，限期年底前收回责任贷款。县联社同意不良贷款5笔、11.63万元，由可疑类贷款调入损失类。

2007年，县联社对2006年新调入呆滞贷款落实责任26人，书面承诺25份。对何希春贷款失去担保时效3名责任人处罚1700元。

2008年，县联社核销5万元以上损失类贷款45笔、574.29万元，有120名责任人受到处罚，共罚5.4万元。

2009年9～12月，县联社对核销5万元以上损失类贷款及抵债资产106名责任人进行处罚，共罚5.7万元。

2010年12月10日，县联社对核销损失类贷款14名责任人进行处罚，共罚9600元。

2011年3月15日，县联社对拟移交不良贷款18笔、668.03万元的135名责任人进行认定。6月23日，县联社对核销5万元以上损失类贷款及抵债资产34名责任人进行处罚，共罚2.03万元。

2012年5月，县联社对核销5万元以下损失类贷款2名责任人进行处罚，共罚200元。

二、盘活与清收

2001年6月22日，县联合社刘怀强亲自主抓，对不良贷款进行清理，制定清收不良贷款清收计划，落实清收责任人。刘怀强积极与律师和法院执行庭交涉，对园户村乡丰源种子技术推广站99万元和五工台淀粉厂174万元贷款进行依法清收，经过多次交涉、执行最终收回贷款，保证不良贷款的有效控制。

2002年9月末，县联合社针对历年村队集体拖欠信用社贷款难清收问题，专门向县委、县政府申请协调清收，通过行政手段进行办理贷款清收，取得很好效果。年末，不良贷款为2436万元，比年初减少366万元，其中收回“两呆”贷款47.4万元，占1.96%。

2003年5月29日，县联合社开展“百日清收”活动，自6月1日至9月30日依托新疆公正法律事务所进行依法清收，收回353户，收回金额286万元。年末，不良贷款共收回645.8万元，不良贷款由年初3164.2万元下降至2632.7万元，不良贷款率由年初20.06%下降至18.07%，下降2个百分点。

2004年9月，县联合社利用旺季工作开展“双清”攻坚活动，制定切实可行奖罚措施，坚持清收与盘活并举，推出打包拍卖新举措，收到实质性效果。通过打包拍卖收回57万元、依法收回25万元、政府协调收回32.56万元、收回遗留拆借资金120万元。年末，县联合社共收回不良贷款5398万元，完成计划任务的904.19%，其中收回逾期贷款4476万元，“两呆”贷款922万元。不良贷款占比由年初的17.7%下降至12%，“两呆”贷款占比由年初的12.14%下降至6.14%。在昌吉监管分局组织的“双清”攻坚战活动评比中，县联合社“两呆”贷款清收为全州第一名，不良贷款清收为全州第二名。

2004年呼图壁县联合社双清攻坚战第三季度完成任务统计表

表11-1　　单位：万元

单　位	7月任务	完成数	8月任务	完成数	9月任务	完成数	收回占比(%)
二十里店信用社	12	3.60	26	0	55	9.30	13.87
园户村信用社	20	3.40	40	9	130	18.30	16.16
五工台信用社	12	0.20	25	1.20	60	16.80	18.76

续表11-1

单 位	7月任务	完成数	8月任务	完成数	9月任务	完成数	收回占比(%)
大丰信用社	6	2	14	508.30	30	11.50	1043.6
雀尔沟信用社	8	5.30	5	5.40	6	4.20	78.42
银星信用社	10	20.30	20	194.40	105	630.50	626.07
市场信用社	6	8.30	11	0.40	25	5.80	34.52
联社营业部	20	12.80	30	116.70	100	85.40	143.27
合 计	94	55.90	171	835.40	511	781.80	215.61

2005年，县联合社多措并举，强化清收不良贷款力度，实行"捆绑式""谁发放、谁清收"的贷款终身责任管理，落实清收责任，签订限期清收责任状。年末，依法清收72.5万元，打包拍卖收回160.8万元，收回已核销贷款12万元，收回抵债资产10.7万元，抵债资产变现收回109万元等，共清收不良贷款511万元，同比多收回256万元。

2006年，县联社成立以刘怀强为组长的"清收不良贷款攻坚战活动"领导小组，制定清收方案，加大内退、退休及违规等责任贷款处理清收，同时协调政府清收乡镇村组、站所不良贷款。刘怀强多次请示昌吉监管分局、自治区联社，与律师、乌鲁木齐市法院沟通、交涉，对山城酒店实业有限公司的92.45万元不良贷款进行依法清收。年末，县联社累计收回不良贷款1502万元，完成计划任务的126%。

2007年，县联社不良贷款清收攻坚工作常抓不懈，制定清收不良贷款计划，落实不良贷款清收措施、责任，并对完成情况进行评比通报。年末，园林路、大丰信用社分别为第一、二名。

2007年呼图壁县联社不良贷款计划及清收统计表

表11-2　　　　单位：万元

单 位	年初不良贷款	占各项贷款比(%)	本年计划控制不良贷款余额	占各项贷款比(%)	年末不良贷款余额	占各项贷款比(%)	名次
二十里店信用社	496	6.37	561	5.39	641	87	7
园户村信用社	947	12.7	1000	10.26	856	117	5
五工台信用社	287	3.23	550	4.70	415	132	3
大丰信用社	187	2.64	440	4.65	133	331	2
雀尔沟信用社	358	40.54	358	29.75	299	120	4
银星信用社	456	6.90	520	5.84	1125	46	9
联社营业部	1074	16.78	1124	13.28	1361	82	8
百汇信用社	265	5.38	370	5.65	317	117	5
园林路信用社	650	14.69	300	4.89	58	517	1
芳草湖信用社	0	0	50	3.47	0	0	0
合 计	4720	8.59	5273	7.42	5205	101	

2009年9月14日，县联社召开2009年不良贷款清收攻坚动员大会，结合"54321"工程安排部署落实不良贷款清收工作，有167人参与不良贷款"54321"工程，认购表内不良贷款427.46万

元；有148人参与"打包拍卖"，认购不良贷款33.59万元。12月22日，县联社共收回不良贷款2235万元，完成计划任务的203.18%。

2010年3月10日，县联社被自治区联社评为全疆完成清收盘活大额不良贷款前3家之一，并返还责任风险金1万元。4月，县联社160人参与不良贷款"54321"工程，认购表内不良贷款385万元，118人完成任务，收回277.05万元，占71%；19人参与"打包拍卖"，认购表外不良贷款54.73万元，收回本金22.97万元，利息39.88万元。

2011年2月15日，县联社163人参与不良贷款"54321"工程，认购不良贷款444.5万元，收回417.4万元，占94.05%；22人参与"打包拍卖"，认购不良贷款72.69万元，收回81.5万元，占112.12%。

2012年，县联社签订不良贷款清收协议140份、187笔、286.33万元。截至12月31日，收回表内外不良贷款136笔、235.65万元；收回已核销呆账贷款13笔、13.75万元；收回央行票据置换贷款38笔、36.93万元。

2009年，县联社不良贷款清收攻坚动员大会

三、专项央行票据置换

（一）机构

2005年10月14日，县联合社改革试点专项央行票据置换领导小组成立，刘怀强任组长，叶斌、谢会同、张志豪、王惠琴为副组长，刘娟等5人为成员。

2006年1月，县联合社调整改革试点专项央行票据置换领导小组成员，刘怀强任组长，叶斌、谢会同、张志豪、王惠琴为副组长，刘娟及相关部门负责人为成员。并设央行票据置换办公室，谢会同任主任，刘娟为副主任，李财寿等4人为成员。

2007年7月，县联社央行票据兑付考核领导小组成立，刘怀强任组长，谢会同为副组长，刘娟等5人为成员，办公室设在会计统计部。

2008年，县联社调整央行票据置换领导小组，朱智岗任组长，叶斌、陈志高、刘娟等8人为成员。

（二）管理清收

2007年2月8日，县联社转发自治区联社《新疆维吾尔自治区农村信用合作社央行票据置换不良贷款管理办法》《农村信用社改革试点专项央行银行票据兑付考核指引》，依据规定，把不良贷款按"一逾两呆"口径考核，与2002年12月相比下降不少于50%，央行票据置换不良贷款处置率必须达到80%，已置换贷款现金收回率要达到2007年年末央行票据兑付指标的4%，确保央行资金按时到位。9月1日至12月10日，县联社开展央行票据置换"百日攻坚战"活动。截至年末，县联社顺利实现专项央行票据兑付工作。

2007年呼图壁县联社上半年央行票据置换现金收回统计表

表11-3　　　　单位：万元

单 位	置换金额	任务数	已收回数	差任务数
联社营业部	295.95	6.90	0.21	11.63
百汇信用社	83.01	2.50	0	3.32
二十里店信用社	43.00	1.30	0.89	0.83
大丰信用社	56.00	1.80	0	2.24
五工台信用社	245.00	8.30	4.63	5.17
雀尔沟信用社	26.00	8.00	0	1.04
银星信用社	41.48	1.20	0.06	1.60
园户村信用社	209.56	7.20	3.74	4.64
合 计	1000.00	37.2	9.53	30.47

2008年1～3月，县联社印发《呼图壁县农村信用合作联社专项央行票据兑付考核奖惩办法》《呼图壁县农村信用合作联社专项央行票据兑付后续监测考核办法》。7月31日，县联社申请专项央行票据置换不良贷款1000万元，于2008年6月10日成功兑付。

第三节　呆账贷款核销

1992年6月15日，农业银行呼图壁县支行同意县联社核销呆账贷款2.25万元，其中二十里店信用社0.41万元，园户村信用社0.37万元，五工台信用社0.60万元，大丰信用社0.72万元，雀尔沟信用社0.16万元。

1996年，县联合社核销呆账贷款195笔、53.54万元。

2001年10月24日，县联合社核销呆账贷款147笔、220.19万元，其中5万元以下141笔、93.71万元；5万元以上6笔、126.48万元。

2002年，县联合社核销呆账贷款151笔、118.18万元，其中5万元以下147笔、50.79万元；5万元以上4笔、67.39万元。

2003年12月27日，县联合社核销呆账贷款125笔、165.02万元，其中5万元以下119笔、38.68万元；5万元以上6笔、126.34万元。

2004年，昌吉监管分局同意县联合社核销呆账贷款229笔、471.29万元。

2007年，县联社核销损失类呆账贷款464笔、535.42万元，其中5万元以下446笔、259.33万元；5万元以上18笔、276.09万元。

2008年1月29日，县联社核销损失类贷款909笔、1234.7万元，其中5万元以下856笔、578.45万元；5万元以上53笔、656.25万元。

2010年12月20日，县联社核销损失类贷款11笔、29.71万元，其中5万元以下8笔、11.53万元；5万元以上3笔、18.18万元。

2011年7月4日，县联社核销损失类贷款28笔、265.32万元，其中5万元以下23笔、2.63万元；5万元以上5笔、262.69万元。

2012年1月10日，县联社核销损失类贷款31笔、161.53万元，其中5万元以下29笔、41.77万元；5万元以上2笔、119.76万元。

第四节　抵债资产

一、机构

2002年1月，县联合社抵债资产管理领导小组成立，刘怀强任组长，叶斌、李澍为副组长，李彦清、何伟、宋巨森、张建军等为成员。

2003年12月18日，县联合社抵债资产清理工作领导小组成立，刘怀强任组长，叶斌为副组长，李彦清等3人为成员。

2006年12月18日，县联合社调整抵债资产清理工作领导小组成员，刘怀强任组长，张志豪、叶斌为副组长，李彦清、李财寿、刘娟等4人为成员。办公室设在资产保全部。

二、管理与处置

1998年7月20日，县联合社转发人民银行昌吉州中心支行《关于农村信用合作社抵贷资产有关问题的通知》，对抵贷资产进行清理检查，并依法确认、管理和处置抵（质）押物有效性，防止集体资产流失，确保信贷资产的完整性。

2008年，县联社先后两次处置抵债资产51笔、976.63万元，其中二建钢窗厂拍卖底价为54.6万元，天源煤炭公司办公楼拍卖底价为71.43万元，陈志勇粮油加工厂拍卖底价为25.21万元，王振荣三套门面拍卖底价为31.28万元，王立兵土地拍卖底价为64.77万元，格丽园酒店拍卖底价为108.59万元，王振华房产土地拍卖底价为37.65万元，核销抵债资产44笔、583.1万元。是年，县联社风险管理委员会研究审查抵债资产接受及处置共61笔、497.75万元。

2009年10月30日，县联社风险管理委员会同意核销损失类抵债资产13笔、166.72万元。12月31日，县联社接受沙舟酒业抵债资产葡萄汁1635吨，价值485万元。

2010年，县联社处置抵债资产3笔、1560万元，其中王立兵41.45万元降至30万元处理；宋学明320.93万元降至280万元处理；新疆沙舟酒业有限公司1396.91万元降至1250万元处理。是年，县联社对核销损失类贷款及抵债资产28名责任人进行处罚，共罚1.18万元。

2012年，县联社对2011年核销损失类抵债资产责任人16人进行处理，共罚1.12万元。是年，县联社同意新疆庆发木业有限责任公司以固定资产（土地使用权、房产、机器设备）抵偿贷款969.22万元，抵债资产价值987.66万元。

第五节　非信贷资产

一、机构

2004年，县联合社非信贷资产自查工作小组成立，叶斌任组长，李澍为副组长，李财寿等5人为成员。

2007年4月21日，县联社非信贷资产风险分类工作领导小组成立，刘怀强任组长，叶斌、谢会同、张志豪、王惠琴为副组长，刘娟、王智等6人为成员，办公室设在信贷管理部。

2012年8月19日，县联社表外挂账利息清收工作领导小组成立，刘怀强任组长，叶斌为副组长，潘存娟、何建斌等9人为成员。

二、管理与处置

2000年12月4日，县联合社经县税务局同意核销固定财产账面差额314.56万元。

2001年12月26日，县联合社经县地税局同意对2000年年末表内应收未收利息66.98万元的20%进行冲减成本，即13.4万元予以冲减。是年5月27日，县联合社核销损失类非信贷资产40笔、390.35万元，有92名责任人受到处罚，共罚1.87万元。

2006年9月23日，县联合社对历年诉讼费、表外应收利息等70笔、351.96万元挂账处理。

2008年5月27日，县联社有57名核销损失类非信贷资产责任人受到处罚，共罚1.57万元。

2009年9月23日，县联社核销损失类非信贷资产62笔、32.1万元，其中2万元以下60笔、19.82万元，2万元以上2笔、12.28万元。

2011～2012年，县联社核销损失类非信贷资产9笔、246.63万元，其中5万元以下6笔、1.29万元；5万元以上3笔、245.34万元。有6名责任人受到处罚，共罚3600元。

第十二章 会计 出纳

1954年，信用社成立时只设会计兼出纳1名。至20世纪60年代，逐步增配出纳1名，实行钱账分管。20世纪70年代后期，业务量较大的信用社才配备会计、出纳、复核人员。20世纪80~90年代，随着信用社业务的迅速发展，逐步招收新员工充实力量，部分信用社开始单设储蓄和对公业务专柜。

2000年后，县联社实行委派会计制，指导和监督会计和出纳工作，从而提高工作质量和服务效率。

长期以来，信用社由于受管理体制、服务手段、思想观念等因素影响，业务种类单一，中间业务几乎为零。20世纪70~90年代初，县联合社业务规模较小、结算方式单一，信用社只能为所在公社、大队、生产队以及供销合作社代理生产资料结算业务。1996年，县联合社与农业银行脱钩后，中间业务走上有组织、有领导、有管理的轨道。2002年，县联合社成立中间业务拓展部，制定中间业务拓展管理办法，由专人负责计划、统计和考核。中间业务从简单的代售电话充值卡、代收电费、油款到代付棉花款、代发工资，提升到布放ATM、安装POS机等金融服务设施，现代金融支付手段使中间业务迅猛发展。截至2012年年末，县联社中间业务代收3285.49万元，代付311153.71万元，手续费收入540.63万元，在呼图壁县金融机构中名列前茅。

第一节 会 计

一、记账方法

1954年，会计核算采用“现金收付”记账法。1955年，学习借鉴苏联的会计制度，将“现金收付”记账法改为借贷记账法，1958年“大跃进”时期，信用社下放给公社信用部，并分别立账，单独经营，由农业社统一核算。即将原股金分别下放给各信用部；上年提取未发放给社员的股金红利，按各信用部股金多少随之下放；除公积金、公益金外，存款、贷款、契约和账簿等也下放各信用部。1959年6月，人民银行对信用社财务、账务进行清理，重新建立健全会计制度，核算工作拨乱反正。1966年7月1日起，改为“现金收付”记账法。此收付记账法与建社初期记账方法有所不同，区别在于收、付方所反映内容相反，同时取消现金科目。对于现金收付业务，收入记收，付出记付，有收没有付，有付没有收；对于转账业务，有收必有付，收付必相等，结账时，由现金库存平衡账务。1978年1月1日起，改“现金收付”记账法为“资金收付”记账法。这一记账方法在现金收付记账法的基础上增设库存现金科目，凡是业务发生必按“有收必有付，收付必相等”记账原理登记账簿。1982年，信用社单设储蓄所实行并账制，资金往来通过业务周转金科目核算，不允许在本信用社以外的金融机构单独开户。信用站一律实行交账制，必须坚持定期交账，钱账两清，交清再领。对信用站领取和交回备用金，信用社通过业务周转金科目核算。信用站领用凭证，必须坚持登记制度，严格管理。是年起，县联合社按信用社财务、会计核算办法规定办理年度决算。

1994年1月1日至2012年，按复式记账原理，采用借贷记账法。借贷记账法按照“有借必有贷，借贷必相等”记账原理处理账务。表外科目采用单式记账，增加记收入方、减少记付出方，余额在收入方，并要与有关实物、单证、账簿相符一致。

二、会计科目

1954~1955年，实行收付记账法，设15个会计科目：负债类设股金、定期存款、活期存款、向银行借款、受托款项、暂收款项、盈余7个科目；资产类设库存现金、放款、存入银行款、代理放款、暂付款项5个科目；损益类设业务收入、业务支出、费用开支3个科目。

1956年1月，改用借贷记账法，根据农业合作化和信用社业务发展的实际需要，会计科目增加到32个，并开始使用科目代号。资产、负债类各设14个科目，损益类设4个科目。

1966年，改借贷记账法为收付记账法，会计科目及代号基本不变，收方类科目13个，付方类科目13个，收付共同类科目1个。

1966年呼图壁县农村信用合作社会计科目表

表12-1

收方类科目		付方类科目		收付共同类科目	
代号1	农业集体存款	代号3	农业集体生产费用贷款	代号44	损益
代号2	其他存款	代号4	农业集体生产设备贷款		
代号11	定期储蓄存款	代号16	社员贷款		
代号12	活期储蓄存款	代号17	待处理旧农贷		
代号21	借银行款	代号22	存银行款		
代号27	银行委托业务资金	代号25	社站往来		
代号31	公积金	代号28	代理集体贷款		
代号32	股金	代号29	代理社员贷款		
代号34	暂收款项	代号33	房屋及器具		
代号36	拨入基金	代号35	暂付款项		
代号38	房屋及器具价款	代号37	累计亏损		
代号41	各项收入	代号42	各项支出		
代号61	代理耕牛折旧存款	代号43	各项费用		

1968年，增设“集产站资金往来”科目，用以核算棉花、络麻、油菜籽等经济作物季节性集产收购。

1970年，增设“1961年以前农贷”科目。

1973年，增设“社队企业存款”和“社队企业贷款”科目，原社队企业的存、贷款余额分别从“农业集体存款”和“农业集体贷款”科目划转到新科目。

1975年，增设“限额结算保证金”和“暂付待摊款项”科目。

1976年，增设“社队企业设备贷款”科目。

1977年，增设“汇出汇款”“汇入汇款”科目。

1978年，增设“代理银行商业贷款”“代理银行粮食贷款”“代理银行外贸贷款”“代理银行供销社贷款”4个科目。

1979年，“社队企业设备贷款”改为“社队企业生产设备贷款”，增设“应解汇款”科目。是年，信用社会计科目为40个，其中集体存贷款科目7个，个人存贷款科目3个，其他业务科目16个，内部资金科目10个，损益科目4个。

1981年，根据农村经济发展和会计核算需要，信用社会计科目从40个增加到62个，科目代号也做调整。

1984年，以农户为主体的多种形式的承包责任制已趋向完善，社队集体经营转变为承包户产前、产中、产后服务为主。信用社增设“承包及个体户存款”“承包户农业贷款”“承包户林业贷款”“承包户物业贷款”“承包户渔业贷款”“承包户工业手工业贷款”“承包户商业服务业贷款”“承包户生产服务业贷款”“承包户其他行业贷款”“承包户生活贷款”等10多个科目。

1985年，会计科目增加到82个，其中各项存款类15个，贷款及投资类25个，代理和信托业务类8个，行社往来类9个，基金及其他资产负债类21个，损益类4个。

1985年呼图壁县农村信用社会计科目表

表12-2

科目代号	科目名称	科目代号	科目名称
	一、各项存款	011	国家单位存款
001	活期储蓄存款		二、贷款及投资
0011	定活两便储蓄存款	020	承包户农业贷款
002	定期储蓄存款	021	承包户林业贷款
111	零存整取定期储蓄	022	承包户牧业贷款
112	整存零取定期储蓄	023	承包户渔业贷款
113	整存整取定额有奖储蓄	024	承包户工业手工业贷款
114	银行贴花有奖储蓄	025	承包户商业服务业贷款
004	个体户存款	026	承包户生产服务业贷款
0041	农村专业户存款	027	承包户其他行业贷款
005	集体农业存款	029	承包户生活贷款
006	社队企业存款	030	沼气贷款
007	社队事业及其他存款	033	集体农业贷款
009	农村集镇集体存款	034	集体林业贷款
010	农村集体定期存款	035	集体牧业贷款

续表12-2

科目代号	科目名称	科目代号	科目名称
036	集体渔业贷款	0641	社点往来
037	集体生产服务组织贷款	0642	社站往来
038	集体其他行业贷款		五、基金及其他资产负债
040	社队企业工业贷款	071	股金
041	社队企业商业服务业贷款	0711	拨入基金
042	社队其他企事业贷款	072	应付股金分红
043	社队企事业生产设备贷款	073	公积金
045	农村集镇工业贷款	074	专用基金
0451	农村集镇商业贷款	075	固定财产基金
046	个体工业贷款	076	固定财产占款
0461	个体商业贷款	077	暂收款项
049	投资	0771	应解汇款及临时存款
	三、代理和信托业务	0772	应付有奖储蓄奖金
051	银行委托放款资金	0774	代收国库券款项
0512	上交银行定期储蓄	078	暂付款项
052	银行委托放款	0781	暂付待摊款项
0521	银行委托个人放款	0782	解付限额结算
0522	代办银行定期储蓄	079	业务周转金
053	其他单位委托放款资金	080	待处理历年亏损
054	其他单位委托放款	081	限额结算保证金
055	其他代理和信托业务	0811	存出限额结算保证金
	四、行社往来	083	应收利息
061	转存银行款	084	应付利息
0611	存银行定期存款	089	库存现金
0612	缴存银行存款准备金		六、损益
062	借入银行款	095	各项业务收入
0631	行社汇划往账	096	各项业务支出
0632	行社汇划来账	097	各项费用
0634	社社资金调剂款	098	损益

1986年，修订信用社统一会计科目有83个。

1992年1月1日，根据《关于调整农村信用社部分会计科目的通知》，县联合社会计科目增加4个，取消11个，调整后会计科目为73个，更改科目代号3个，统一表外科目5个。

1994年1月1日，信用社实施新的财会制，会计表内科目共有四大类96个，即资产类43个、负债类30个、所有者权益类7个、损益类16个，二级科目5个，表外科目6个。

1995年7月1日，根据农业银行新疆分行《关于信用社会计科目变动和调整意见》，县联合社增设“资产负债共同类”及其科目13个，负债类科目2个；取消资产类科目1个、负债类科目1个、损益类科目1个，更改科目名称、核算内容不变的3个，更改科目代号及核算内容的2个。

1997年1月1日，根据国务院农金体改办《关于农村信用社部分会计科目调整意见》，县联合社增设资产类会计科目3个，负债类科目1个；更改科目名称3个。

1999年1月1日，根据人民银行新疆分行《关于农村信用社会计科目调整意见》，县联合社新增资产类科目5个，负债类科目3个，取消科目3个。

2000年11月21日，为适应信用社新财务管理实施办法的规定和统计指标设置的需要，根据人民银行乌鲁木齐中心支行《关于部分会计科目调整意见》，县联合社增设表内科目15个，表外科目1个，科目代号及名称不变，调整核算内容6个。

2004年1月9日，为进一步规范代理县级支库业务，根据人民银行总行《商业银行、信用社代理国库业务管理办法》及有关信用社代理县、乡（镇）国库业务的规定，县联合社增设“2016财政预算专项存款”科目和“111待转国库存款利息”表外科目。

2006年，使用的表内会计科目共有171个，其中一级科目149个、二级科目7个，表外科目15个。

2011年11月20日，新核心业务系统上线后，实施新会计准则，启用新会计科目，共有表内科目86个，表外科目11个。

1994年底前呼图壁县联合社会计科目表

表12-3

科目代号	科 目 名 称	余额方向	科目代号	科 目 名 称	余额方向
	一、各项存款		033	集体农业贷款	付方
001	活期储蓄存款	收方	034	集体林业贷款	付方
002	定期储蓄存款	收方	035	集体牧业贷款	付方
007	保值定期储蓄存款	收方	036	集体渔业贷款	付方
003	定活两便储蓄存款	收方	038	集体其它行业贷款	付方
004	承包户及个体户结算存款	收方	012	乡镇企业工业流动资金贷款	付方
005	集体农业存款	收方	018	乡镇商业服务业流动资金贷款	付方
006	乡镇企事业存款	收方	019	乡镇其它企事业流动资金贷款	付方
010	农村集体定期存款	收方	039	科技兴农贷款	付方
011	国家单位存款	收方	040	乡镇企业工业固定资产贷款	付方
	二、各项贷款		045	乡镇商业服务业固定资产贷款	付方
020	承包户农业贷款	付方	047	乡镇其他企事业固定资产贷款	付方
021	承包户林业贷款	付方	046	个体经济户贷款	付方
022	承包户牧业贷款	付方	044	其他工商企业贷款	付方
023	承包户渔业贷款	付方		三、其他业务	
024	承包户工业手工业贷款	付方	048	票据贴现	付方
025	承包户商业服务业贷款	付方	049	投资及租赁	付方
027	承包户其它行业贷款	付方	0491	向县联社入股股金	付方
029	农户生活贷款	付方	050	有价证券	付方

续表 12-3

科目代号	科 目 名 称	余额方向	科目代号	科 目 名 称	余额方向
	四、代理和信托业务		077	暂收款项	收方
051	银行委托放款资金	收方	078	暂付款项	付方
052	银行委托放款	付方	079	业务周转金	付方
053	其他单位委托放款资金	收方	080	待处理历年亏损	付方
054	其他单位委托放款	付方	081	结算保证金及汇出汇款	收方
055	其他代理和信托业务	收方或付方	082	应解汇款及临时存款	收方
	五、行社及同业往来		083	应收未收利息	付方
061	转存银行款	付方	084	应付未付利息	收方
062	借入银行款	收方	085	县联社统筹基金	收方
063	联社往来	收方或付方	086	贷款呆账资金	收方
0631	联社辖内往来	收方或付方	087	贷款呆账	付方
0632	上年联社辖内往来	收方或付方	088	待摊费用	付方
064	社内往来	收方或付方	089	库存现金	付方
065	同业往来	收方或付方		七、损益	
066	缴存存款准备金	付方	090	营业收入	收方
067	调剂资金	收方或付方	091	金融机构往来收入	收方
0671	向分行上交统筹款	付方	092	营业外收入	收方
068	人民银行特种存款	付方	094	各项利息支出	付方
069	联行往来	收方或付方	095	各项业务费用	付方
	六、基金及其他资产负债		096	税金及附加	付方
071	股金	收方	097	营业外支出	付方
0711	信用社入股股金	收方	098	损益	收方或付方
072	分红基金	收方		表外科目	
073	信贷基金	收方	101	空白重要凭证	收方
074	专用基金	收方	102	未发行有价单证	收方
0741	合同制职工养老金	收方	103	代保管及抵押有价物品	收方
075	固定财产基金	收方	104	贷款应收未收利息	收方
070	固定资产折旧	收方	105	已核销贷款呆账	收方
076	固定财产占款	付方	106	低值易耗品	收方

1994～2010年呼图壁县联合社（联社）会计科目表

表 12-4

科目代号	科 目 名 称	余额方向	科目代号	科 目 名 称	余额方向
	一、资产类		1115	专项央行票据	借方
1011	现金	借方	1116	央行专项扶持资金	借方

续表12-4

科目代号	科目名称	余额方向	科目代号	科目名称	余额方向
1012	业务周转金	借方	1123	存放其他同业款项	借方
1013	在途外币资金	借方	1124	存放联社款项	借方
1112	准备金存款	借方	1125	存放境外同业款项	借方
1113	存放中央银行特种存款	借方	1126	拨付营运资金	借方
1114	缴存中央银行财政性存款	借方	1127	存出保证金	借方
1211	调出调剂资金	借方	1274	呆滞其他贷款	借方
1212	拆放银行业	借方	1276	呆滞农户小额信用贷款	借方
1221	拆放金融性公司	借方	1277	呆滞农户联保贷款	借方
1231	短期农户贷款	借方	1278	呆滞助学贷款	借方
1232	短期农业经济组织贷款	借方	1281	呆账农户贷款	借方
1233	短期农村工商业贷款	借方	1282	呆账农业经济组织贷款	借方
1234	短期其他贷款	借方	1283	呆账农村工商业贷款	借方
1235	进出口押汇	借方	1284	呆账其他贷款	借方
1241	中长期农户贷款	借方	1286	呆账农户小额信用贷款	借方
1242	中长期农业经济组织贷款	借方	1287	呆账农户联保贷款	借方
1243	中长期农村工商业贷款	借方	1288	呆账助学贷款	借方
1244	中长期其他贷款	借方	1289	贴现	借方
1246	农户小额信用贷款	借方	1290	待处理抵债资产	借方
1247	农户联保贷款	借方	1291	呆账准备	贷方
1248	助学贷款	借方	1292	抵债资产待变现利息	贷方
1251	抵押农户贷款	借方	1293	买入外币票据	借方
1252	抵押农业经济组织贷款	借方	1295	买入返售债券	借方
1253	抵押农村工商业贷款	借方	1321	应收利息	借方
1254	抵押其他贷款	借方	1323	应收再贴现款项	借方
1255	质押农户贷款	借方	1324	应收转贴现款项	借方
1256	质押农业经济组织贷款	借方	1391	其他应收款	借方
1257	质押农村工商业贷款	借方	1392	委托及代理资产业务	借方
1258	质押其他贷款	借方	1411	短期投资	借方
1261	逾期农户贷款	借方	1421	长期投资	借方
1262	逾期农业经济组织贷款	借方	1422	入股联社资金	借方
1263	逾期农村工商业贷款	借方	1511	固定资产	借方
1264	逾期其他贷款	借方	1521	累计折旧	贷方
1266	逾期农户小额信用贷款	借方	1531	固定资产清理	借方
1267	逾期农户联保贷款	借方	1541	在建工程	借方
1268	逾期助学贷款	借方	1611	无形资产	借方

续表 12-4

科目代号	科目名称	余额方向	科目代号	科目名称	余额方向
1269	银行承兑汇票垫款	借方	1621	递延资产	借方
1270	信用卡透支	借方	1623	广告费结转	借方
1271	呆滞农户贷款	借方	1631	待处理财产损益	借方
1272	呆滞农业经济组织贷款	借方		二、负债类	
1273	呆滞农村工商业贷款	借方	2011	活期存款	贷方
2012	财政性存款	贷方	2675	待转资产价值	贷方
2013	待结算财政款项	贷方	2721	发行债券	贷方
2014	地方财政库款	贷方	2731	长期应付款	贷方
2015	财政预算外存款	贷方	2735	递延税款	贷方
2016	财政预算专项存款	贷方	2811	外汇买卖	贷方
2017	银行卡	贷方	2911	住房周转金	贷方
2051	定期存款	贷方		三、资产负债共同类	
2111	活期储蓄存款	贷方	4601	特约汇兑往账	借方或贷方
2151	定期储蓄存款	贷方	4602	特约汇兑来账	借方或贷方
2155	教育储蓄存款	贷方	4611	上年汇兑往账	借方或贷方
2311	借入银行款	贷方	4612	上年汇兑来账	借方或贷方
2312	借入中央银行款项	贷方	4615	汇兑汇差	借方或贷方
2313	借入支农再贷款	贷方	4621	省辖往账	借方或贷方
2314	央行拨付专项票据资金	贷方	4622	省辖来账	借方或贷方
2316	拨入营运资金	贷方	4625	上年省辖往账	借方或贷方
2321	同业存放款项	贷方	4626	上年省辖来账	借方或贷方
2323	信用社上存联社款项	贷方	4629	省辖汇兑汇差	借方或贷方
2412	调入调剂资金	贷方	4631	县辖往账	借方或贷方
2413	银行业拆入	贷方	4632	县辖来账	借方或贷方
2415	卖出回购债券款	贷方	4635	上年县辖往账	借方或贷方
2421	金融性公司拆入	贷方	4636	上年县辖来账	借方或贷方
2431	应解汇款	贷方	4639	县辖汇兑汇差	借方或贷方
2441	汇出汇款	贷方	4641	社(行)内往来	借方或贷方
2832	全国联行汇出汇款	贷方		四、所有者权益类	
2511	保证金	贷方	3011	实收资本(股本)	贷方
2611	应付利息	贷方	3021	资本公积	贷方
2621	其他应付款	贷方	3031	盈余公积	贷方
2622	委托及代理负债业务	贷方	3041	一般准备	贷方
2631	应付工资	贷方	3111	本年利润	借方或贷方
2641	应付福利费	贷方	3121	利润分配	借方或贷方

续表12-4

科目代号	科目名称	余额方向	科目代号	科目名称	余额方向
2642	管理部门统筹资金	贷方		五、或有资产负债类	
2651	应交税金	贷方	6011	应收承兑汇票	借方
2653	应缴代扣利息税	贷方	6012	承兑汇票	贷方
2661	应付利润	贷方		六、损益类	
2671	预提费用	贷方	5011	利息收入	贷方
5021	金融机构往来收入	贷方	101	重要空白凭证	收方
5111	手续费收入	贷方	102	有价单证	收方
5121	其他营业收入	贷方	103	未发行有价证券	收方
5141	投资收益	贷方	104	已兑付有价证券	收方
5151	营业外收入	贷方	105	代保管有价值品	收方
5211	利息支出	借方	106	抵押及质押有价物品	收方
5221	金融机构往来支出	借方	107	逾期贷款应收利息	收方
5311	手续费支出	借方	108	已核销呆账	收方
5321	营业费用	借方	109	低值易耗品	收方
5331	营业税金及附加	借方	110	已置换不良贷款	收方
5341	其他营业支出	借方	111	待转国库存款利息	收方
5361	营业外支出	借方	112	应收外汇托收款项	收方
5501	所得税	借方	113	代收外汇托收款项	收方
5601	以前年度损益调整	借方或贷方	114	国外开来信用证凭信	收方
			115	开出信用证	收方
	表外科目		120	地方已置换不良资产	收方

2011～2012年呼图壁县联社实施新会计准则后会计科目表

表12-5

科目代号	科目名称	余额方向	科目代号	科目名称	余额方向
	一、资产类		1306	贴现资产	借方
1001	现金	借方	1308	垫款	借方
1002	存放中央银行款项	借方	1309	贷款损失准备	贷方
1004	央行专项扶持资金	借方	1321	代理业务资产	借方
1011	存放同业款	借方	1441	抵债资产	借方
1012	存放系统内款项	借方	1442	抵债资产减值准备	借方
1013	拆放同业款项	借方	1501	持有至到期投资	借方
1132	应收利息	借方	1511	长期股权投资	借方
1133	应计利息	借方	1521	投资性房地产	借方
1221	其他应收款	借方	1522	投资性房地产累计折旧(摊销)	贷方

续表12-5

科目代号	科 目 名 称	余额方向	科目代号	科 目 名 称	余额方向
1231	坏账准备	贷方	1523	投资性房地产减值准备	贷方
1301	农户贷款	借方	1601	固定资产	借方
1302	农村经济组织贷款	借方	1602	累计折旧	贷方
1303	农村企业贷款	借方	1603	固定资产减值准备	贷方
1304	非农贷款	借方	1604	在建工程	借方
1606	固定资产清理	借方或贷方	4101	盈余公积	贷方
1701	无形资产	借方	4102	一般风险准备	贷方
1702	无形资产累计摊销	贷方	4103	本年利润	借方或贷方
1801	长期待摊费用	借方	4104	利润分配	借方或贷方
1901	待处理财产损益	借方		五、损益	
	二、负债类		6011	利息收入	贷方
2001	单位活期存款	贷方	6012	金融机构往来收入	贷方
2002	单位定期存款	贷方	6021	手续费及佣金收入	贷方
2003	个人活期存款	贷方	6051	其他业务收入	贷方
2004	个人定期存款	贷方	6111	投资收益	贷方
2005	银行卡存款	贷方	6301	营业外收入	贷方
2006	财政性存款	贷方	6403	营业税金及附加	借方
2007	待结算财政款项	贷方	6411	利息支出	借方
2011	应解汇款	贷方	6412	金融机构往来支出	借方
2012	汇出汇款	贷方	6421	手续费及佣金支出	借方
2014	保证金存款	贷方	6601	业务及管理费用	借方
2015	向中央银行借款	贷方	6602	其他业务支出	借方
2016	央行拨付专项票据资金	贷方	6701	资产减值损失	借方
2017	同业存放款项	贷方	6711	营业外支出	借方
2018	系统内存放款项	贷方	6801	所得税费用	借方
2211	应付职工薪酬	贷方	6901	以前年度损益调整	借方或贷方
2221	应交税费	贷方	6999	年终损益结转	借方或贷方
2231	应付利息	贷方			
2232	应付股利	贷方		表外科目	
2241	其他应付款	贷方	102	社团贷款	收方
2312	代理承销证券款	贷方	103	承兑汇票	收方
2313	代理兑付证券款	贷方	120	重要空白凭证	收方
2314	代理业务负债	贷方	121	有价单证	收方
	三、资产负债共同类		124	代保管有价值品	收方
3006	上年全国联行汇兑汇差	借方或贷方	125	抵押物品价值	收方
3013	省辖联行汇兑汇差	借方或贷方	126	质押物品价值	收方
3015	上年省辖联行系统来账	借方或贷方	130	表外应收利息	收方

续表12-5

科目代号	科目名称	余额方向	科目代号	科目名称	余额方向
3041	社(行)内部往来	借方或贷方	131	已核销资产	收方
3049	系统中转	借方或贷方	132	已置换资产	收方
	四、所有者权益		140	低值易耗品	收方
4001	实收资本(股本)	贷方	150	委托贷款应收利息	收方
4002	资本公积	贷方	998	核心账务	付方

三、印章和密押管理

1998年6月19日，县联合社转发人民银行昌吉州中心支行《昌吉州企、事业单位印章刻制及要求的通知》，规定各开户单位不准使用胶皮和原子印章作为预留银行印章的签章，必须使用铜质或天然牛角等专用材料刻制的印章作为预留银行印鉴和行使各种票据权利义务的签章，凡不符合要求的印章必须更换。更换印章必须在1998年7月1日前完成。

2001年12月1日，县联合社印发《关于银星农村信用社启用新行政公章和业务公章的通知》，原呼图壁县银星城市信用社使用的行政公章包括各网点的业务公章作废，同时启用呼图壁县银星农村信用合作社行政公章及业务公章。

2004年2月24日，县联合社转发人民银行总行《关于原子印章不能作为预留银行签章的批复》，单位和个人不能使用原子印章（万次印章）作为预留银行的签章。

2005年3月21日，县联合社将二十里店信用社等5个法人社原行政公章作废，同时启用新的公章。11月21日，根据农业银行新疆分行《关于统一刻制资金调拨印章的通知》，由新疆农村信用社结算服务中心统一刻制全疆农村信用社各联社资金调拨专用章。

2007年4月1日，根据《新疆维吾尔自治区农村信用合作社印章管理办法》及《新疆维吾尔自治区农村信用合作社电子验印操作规程（试行）》，县联社实行统一法人，一级核算，原7个法人社的印章作废，同时启用新印章。5月11日，县联社印发《呼图壁县农村信用合作联社密押机及密码修改管理暂行办法》。

2008年9月18日，县联社将全辖营业网点“假币”进行清理、规范，重新按人民银行下发的“假币”印章样式启用新的“假币”印章，并上报人民银行呼图壁县支行备案。12月，县联社开始执行自治区联社《新疆农村信用社会计专用印章管理办法》。

2009年3月31日，县联社转发自治区联社《新疆农村信用社会计专用印章管理办法》。是年，县联社印发《呼图壁县农村信用合作联社印章管理暂行办法》《关于加强会计专用印章管理的通知》，强调会计专用章的保管和使用，严格执行专人使用、专人保管、专人负责、章证分管的规定，各社（部）均不得擅自刻制各种会计及其他业务公用印章。

2010～2012年，县联社执行自治区联社印发的《新疆维吾尔自治区农村信用合作社会计专用印章管理办法》。

四、会计凭证

1996年9月1日，根据农业银行昌吉州中心支行《关于票据凭证启用时间问题的通知》，县联合社开始使用新版支票。

1999年11月11日，县联合社转发人民银行乌鲁木齐中心支行《新疆农村信用社空白凭证管理办法》。

2002年6月7日，根据人民银行总行《关于一般记账凭证、“白条”作为支付存款权利凭证等问题的批复》，县联合社对持有不具备规定的存单、存折拒绝付款。

2007～2009年，根据自治区联社《新疆维吾尔自治区农村信用合作社有价单证及重要空白凭证管理办法》，县联社印发《呼图壁县农村信用合作联社有价单证和重要空白凭证管理办法》《呼图壁县农村信用合作联社农副产品代结算收据管理办法》，县联社印制农副产品代结算收据40000份，用于农副产品收购，棉花收购结束终止使用，并将未使用收据登记造册全部交回联社。

2010年10月6日，根据自治区联社《新疆维吾尔自治区农村信用合作社有价单证及重要空白凭证管理办法》，县联社印发《关于加强重要空白凭证管理的通知》，要求各社严格执行重要空白凭证的领用、使用规定。11月18日，县联社转发自治区联社《中国人民银行关于启用2010版银行票据凭证的通知》，自2011年3月1日起一律使用新版票据。

2012年7月25日，县联社转发自治区联社《新疆维吾尔自治区农村信用合作社有价单证及重要空白凭证管理办法》《新疆维吾尔自治区农村信用合作社重要空白凭证集中印制管理办法》。

五、会计核算改革

1998年3月5日，根据人民银行总行《关于进一步强化农村信用社会计管理的若干规定》，县联合社全面实行会计工作内勤主任负责制。凡是独立核算的信用社（包括联社及营业部），均应配备专职内勤主任，不独立核算的分社和储蓄所就指定会计主管人员。内勤主任（会计主管）要在主任的统一领导下全面负责各项内部控制和管理工作，并实行岗位责任制。

2003年2月1日，县联合社印发《关于统一有关会计核算手续的通知》。

2004年8月，县联合社综合门柜业务网络系统正式开通。

2005年3月1日，经昌吉监管分局研究同意县联合社下属营业部、营业部市场分社、营业部园林路分社、二十里店信用社、园户村信用社、园户村信用社昌华路分社、大丰信用社、大丰信用社市场分社、五工台信用社、五工台信用社中渠分社、银星信用社、银星信用社东风路分社等12个营业网点办理储蓄通存通兑业务。5月，县联合社开始执行《新疆农村信用社计算机网络综合业务系统储蓄通存通兑业务管理规定》。

2006年1月3日，县联合社设立呼图壁县农村信用联社会计核算中心，由会计统计部统一管理。8月24日，县联合社印发《关于统一部分会计业务操作规程的通知》，对部分会计业务操作进行规范。12月18日，县联社转发自治区联社《关于新疆农村信用社以县（市）为单位统一法人账务核算处理意见的通知》，对以县联社统一核算后，县联社与基层社资金往来业务科目核算、清理、账务处理提出详细的意见。

2007年8月13日，县联社印发《关于对会计柜面常规性业务补充规定的通知》，对现金管理、存款实名制、账务核对、抵债资产管理、重要空白凭证管理、会计档案管理、会计人员交接等作详细规定。

2008年4月3日，经自治区联社批复，同意县联社开办统一品牌银行卡（借记卡）业务。7月1日实施《会计业务操作规程》。12月，实施《新疆农村信用社新会计准则实施规划方案》。

2010年6月21日，县联社印发《呼图壁县农村信用合作联社会计业务质量奖惩暂行办法》。是年，县联社印发《关于规范会计业务操作的通知》。

2011年1月1日，县联社新会计准则暨财务管理系统正式运行。4月15日，县联社印发《呼图壁县农村信用联社会计业务质量奖惩办法》，自2011年1月1日起执行。11月20日，县联社正式运用新核心业务系统对外营业。

2012年1月1日，县联社印发《呼图壁县农村信用合作联社会计质量奖惩办法》。7月25日，县联社转发自治区联社《新疆维吾尔自治区农村信用合作社会计检查暂行办法》《新疆维吾尔自治区农村信用合作社会计业务授权管理办法》《新疆维吾尔自治区农村信用合作社储蓄通存通兑管理办法》。

六、会计达标

1991年3月17日，为贯彻落实信用社会计达标制度，县联合社印发《呼图壁县信用社会计工作达标考核标准》，对会计机构与会计人员、会计基本规定、会计凭证、会计账簿、会计报表、会计档案、出纳业务与库款管理、印证管理、信贷管理、财务管理十个方面制定详细的考核标准。8月21日，农业银行呼图壁县支行调整会计达标升级领导小组，王炳剑任组长，王建甫、闫友仁、李玲珍为副组长，孙吉贤、唐玉华、陈平元等10人为成员。9月10日，县联合社任命6人为柜组组长，即二十里店信用社王惠琴、园户村信用社闫琴、五工台信用社马冰、大丰信用社赵永林、雀尔沟信用社杨秀英、联合社营业部李生珍，负责处理柜台具体业务。9月16日，县联合社会计达标领导小组成立，王建甫任组长，王万清、宋斌、来国珍、叶生虎为成员。12月14日，农业银行呼图壁县支行转发农业银行总行《关于农村信用社会计工作达标升级实施办法的通知》。

1995年10月4日，农业银行呼图壁县支行转发农业银行总行《农村信用社会计工作达标升级实施办法的通知》。12月27日，农业银行呼图壁县支行转发农业银行新疆分行《新疆农村信用合作社会计工作达标升级实施细则》。

1996年4月1日，县联合社会计达标升级考评领导小组成立，王钧任组长，来国珍为副组长，李生珍、柳茂军、张闫为成员。4月10日，县联合社印发《呼图壁县农村信用社会计工作达标升级规划及整改方案》。4月20日，县联合社将联社市场营业部作为会计达标升级工作示范点。

1998年5月23日，县联合社印发《关于继续做好会计达标升级工作的通知》。7月31日，经县联合社“会计达标升级领导小组”考核验收认定：园户村信用社考核总分602分，符合达标社标准，被确认为会计工作达标社；五工台信用社考核总分602分，符合达标社标准，被确认为会计工作达标社；二十里店信用社考核总分898分，符合会计工作三级社标准；大丰信用社考核总分857分，符合会计工作三级社标准；联社营业部考核总分920分，符合会计工作二级社标准。8月18日，县联合社转发人民银行新疆分行《关于新疆农村信用社会计达标升级奖惩办法的通知》。

七、会计、出纳工作展评

1999年8月14日，县联合社举行会计、出纳工作展评，共27个单位参评，其中微机网点11个、手工网点16个。微机网点第一名联合社市场营业部，第二名联合社营业部；手工网点第一名园户村信用社下三工分社，第二名园户村信用社上二工分社，第三名二十里店信用社宁州户分社。团体总分第一名联合社市场营业部，第二名联合社营业部，第三名园户村信用社，第四名二十里店信用社，第五名五工台信用社，第六名雀尔沟信用社，第七名石梯子信用社，第八名大丰信用社。对前三名分别给予300元、200元、100元奖励。

2000年7月15日，县联合社举行会计、出纳工作展评，共25个单位参评，对前三名通报表扬。

2000年呼图壁县联合社会计、出纳工作展评成绩表

表12-6

名 次	社名(微机)	得分	名次	社名(手工)	得分	名次	社名(团体)	得分
	大 社		第一名	大土古里分社	198	第一名	联合社营业部	190
第一名	联合社营业部	190	第二名	景化分社	194	第二名	大丰社	177
第二名	园户村社	185	第三名	红山村分社	174	第三名	园户村社	169
第三名	大丰社	165	第四名	市场分社	170	第四名	联合社市场分社	126
第四名	五工台社	158	第五名	大泉分社	126	第五名	五工台社	95
第五名	联合社市场分社	126	第六名	东滩分社	99	第六名	二十里店社	81
第六名	二十里店社	46	第七名	头工分社	83	第七名	石梯子社	59
	小 社		第八名	五工台分社	79			
第一名	园户村分社	249	第九名	宁州户分社	78			
第二名	和庄分社	225	第十名	上二工分社	74			
第三名	中渠分社	126	第十一名	石梯子分社	59			
第四名	小土古里分社	98	第十二名	西树窝子分社	46			
第五名	昌华路分社	88						

2011年5月27日，县联社印发《呼图壁县农村信用合作联社2011年凭证质量展评活动方案》，成立凭证质量展评活动评审工作领导小组，刘娟任组长，孟春玲为副组长，审计部人员及各社委派会计为成员。是日，县联社举行会计凭证质量展评活动，共18个网点参评，景化、昌华路、丰贸信用社分获大网点第一、二、三名，五工台、中渠、小土古里信用社分获小网点第一、二、三名。

八、委派会计

2001年12月18日，县联合社第二届社员代表大会第五次会议通过《呼图壁县农村信用联社基层信用社会计委派制实施办法》。

2002年1月24日，县联合社委派冉秀萍等8人为基层信用社会计。

2007年5月11日，县联社印发《呼图壁县农村信用合作联社会计委派工作制度》。8月15日，县联社下发《呼图壁县农村信用合作联社实施会计委派制管理办法》。

2008年6月5日，根据自治区联社《新疆维吾尔自治区农村信用社会计主管委派制推广实施方案》《新疆农村信用社会计主管委派管理办法》，县联社全面推行会计主管委派制，并制定《呼图壁县农村信用合作联社委派会计竞聘实施方案》。7月15日，县联社印发《呼图壁县农村信用合作联社委派会计管理与考核暂行办法》，并聘用11名委派会计。

2010年7月22日，县联社转发自治区联社《新疆维吾尔自治区农村信用合作社会计主管委派制管理办法》。是年年底，县联社对各社（部）委派会计进行考评。

2010年呼图壁县联社委派会计年度考核表

表12-7

姓 名	按季考核情况(50%)	目标责任书完成情况(30%)	内、外部检查情况(10%)	受派驻信用社评价(5%)	对受派社的培训和继续教育(5%)	综合考评得分
范绍娟	96.7	95.8	96.2	94.5	96.0	96.2
罗光萍	96.9	93.9	97.7	98.5	97.0	96.2
邓 玉	96.2	96.0	95.9	96.0	93.0	95.9
张桂林	96.5	95.5	96.9	98.0	93.0	96.1
肖 芳	97.5	96.0	98.6	98.0	96.0	97.1
孔艺洁	98.1	96.9	98.8	97.0	93.0	97.5
王星星	98.2	97.4	97.8	97.0	97.0	97.8
王生刚	94.7	94.4	95.6	75.0	89.0	93.4
李 洋	95.5	95.0	95.6	96.0	92.0	95.2
毛晓妍	98.0	97.5	97.1	97.0	98.0	97.7
张新成	94.5	94.4	95.2	94.0	90.0	94.3
宋巨程	97.4	96.1	97.3	97.0	94.0	96.8
姚文艳	98.2	98.3	98.6	96.0	95.0	98.0
张瑞贤	97.4	95.6	97.3	96.0	92.0	96.5
陈海鸿	96.4	95.7	94.7	95.0	92.0	95.7
贾金琴	98.5	97.0	98.3	97.0	97.0	97.9
王生香	93.7	93.7	92.5	81.0	87.0	92.6
方 宏	98.1	97.1	98.3	98.0	92.0	97.5
张 锋	96.9	95.4	96.0	95.0	93.0	96.1

2011年1月1日，县联社印发《呼图壁县农村信用合作联社2011年度委派会计竞聘实施方案》。是年1月7日，县联社进行委派会计竞聘演讲答辩，共23人参加，19人被聘用。3月29日，县联社印发《呼图壁县农村信用合作联社委派会计考核办法》。12月31日，县联社通报2011年委派会计年度考核情况。

2011年呼图壁县联社委派会计年度综合考核表

表12-8

姓名	月均业务量(∑城区占比、∑农区占比)	季度考核平均得分50%	目标责任书完成情况得分30%	内、外部检查平均得分10%	培训教育得分5%	民主测评得分5%	综合评价得分
	20%	80%					
邓 玉	21101	90.5	95	89.4	99	97.5	94.0
孟风汐	19578	90.8	98	90.8	98.8	96	94.9
孔艺洁	16380	88.3	96	81.1	98.8	98	92.7

续表12-8

姓名	月均业务量(∑城区占比、∑农区占比)	季度考核平均得分50%	目标责任书完成情况得分30%	内、外部检查平均得分10%	培训教育得分5%	民主测评得分5%	综合评价得分
	20%	80%					
张瑞贤	14408	91.3	95	87.8	99	98	93.9
张桂林	12978	94.5	96	92.8	99	97	93.9
王生香	11651	89.8	94	87.1	98.5	84	88.7
王星星	6219	95.0	98	93.4	99	99	85.4
方 宏	11295	87.0	95	82.4	99	98	92.1
赵新萍	10802	89.3	93	88.1	98.3	93	92.8
张 妍	10725	91.5	95	87.8	98	96	94.2
刘 静	10608	96.3	98	95.9	99.4	98	97.6
毛晓妍	10162	93.5	97	90.5	99	97	95.8
姚文艳	9444	89.0	98	85.3	98	95	93.7
王生刚	7358	89.5	95	88.5	98.8	78	90.8
路秀婷	6854	97.0	97	94.1	99	90	93.9
魏 东	6130	90.5	95	94.6	97.5	99	89.4
张 锋	5651	84.3	93	83.6	97.1	96	84.3
张新成	4684	88.8	95	91.3	98.3	98	84.9
贾金琴	4364	97.3	97	96.8	99	99	88.6

2012年2月9日，县联社制定《呼图壁县农村信用合作联社2012年度部分中层干部和委派会计竞聘实施方案》。是年，有19人被聘用。

第二节 出 纳

一、出纳管理

（一）现金收付

1997年9月4日，县联合社转发人民银行总行《关于加强金融机构个人存取款业务管理的通知》。

1998年3月9日，县联合社转发人民银行昌吉州中心支行《关于进一步加强存款和现金管理规范化工作的通知》。7月22日，县联合社转发人民银行呼图壁县支行《关于填报大额现金报备情况表的有关规定的通知》。

1999年7月29日，县联合社印发《关于信用社对公存款大额提现审批制度》。

2002年6月20日，县联合社转发人民银行乌鲁木齐中心支行《关于新疆维吾尔自治区大额现金支付管理实施细则的通知》。

2003年2月1日，县联合社印发《关于加强大额现金提现、审批、报备有关问题的通知》。

2005年6月1日，县联合社印发《关于进一步加强非基本账户提现的通知》，要求各社切实做好非基本账户提现的审核、监督工作。

2008年6月10日，县联社印发《关于对库存核查和授权审批权限规定的补充通知》。

2009～2010年，县联社印发《关于大额现金支取授权审批权限规定的通知》，对大额现金支取、电子汇兑往账、非基本账户提现实行提前预报、实时审批，授权权限进行规定。

2011年9月26日，根据人民银行昌吉州中心支行《昌吉银行业金融机构人民币收付业务考核管理实施细则》，县联社印发《呼图壁县农村信用合作联社人民币收付业务考核管理实施细则》。

2012年2月1日，根据《现金管理暂行条例》《新疆维吾尔自治区农村信用社出纳制度》，县联社对大额现金支取、非基本账户提现及电子汇兑往账业务实行提前报告、实时审批，对授权权限作详细规定。3月14日，县联社对《关于大额现金支取、非基本账户提现、电子汇兑往账业务授权审批权限规定的通知》进行修改补充。

（二）现金兑换与整点

2000年5月18日，县联合社转发人民银行呼图壁县支行《关于认真执行2000年残损人民币回收计划的通知》。

2000年呼图壁县联合社残损人民币回收任务表

表12-9　　单位：万元

名　称	100元	50元	10元	5元	2元	1元	5角	2角	1角	合计
营业部	109	77.8	84.1	10.9	1.1	2.8	0.8	0.03	0.06	286.59
市场分社	104.1	74.3	80.3	10.4	1	2.7	0.7	0.03	0.06	273.59
二十里店信用社	105.6	75.5	81.5	10.6	1.1	2.8	0.8	0.03	0.06	277.99
园户村信用社	153.1	109.3	118	15.3	1.5	3.9	1.1	0.04	0.09	402.33
五工台信用社	107.1	76.5	82.6	10.7	1.1	2.8	0.8	0.03	0.06	281.69
大丰信用社	87.1	62.3	67.3	8.7	0.9	2.2	0.6	0.02	0.05	229.17
石梯子信用社	14	10	10.8	1.4	0.1	0.3	0.1	0.01	0.01	36.72
雀尔沟信用社	20	14.3	15.4	2	0.2	0.5	0.1	0.01	0.01	52.52
合 计	700	500	540	70	7	18	5	0.2	0.4	1840.6

2002年3月20日，县联合社印发《关于2002年残损人民币回收计划的通知》。

2003年6月24日，县联合社印发《关于2003年残损人民币回收计划的通知》。

2006年8月1日，县联合社转发人民银行昌吉州中心支行《关于重申“五好钱捆”标准的通知》，要求在办理缴存现金业务时，所缴钱捆必须符合“五好钱捆”标准。

2012年，县联社上缴人民银行昌吉州中心支行20元（含）以下各券别582.69万元,超额完成138.93万元，超额比例131%。

（三）现金库存

县联社要求各营业网点按核定的业务库存限额保留库存现金，超过限额要及时交存。

1997年5月6日，县联合社印发《关于呼图壁县农信基层网点现金库存限额的通知》。

1997年呼图壁县联合社各社（部）库存限额表

表12-10 单位：万元

社名	分社名	金额	社名	分社名	金额
营业部		70		和庄分社	6
市场分社		60		上二工分社	6
幸福分社		8	五工台信用社		62
石梯子信用社		12	其中：	大社	20
雀尔沟信用社		15		西树窝子分社	6
二十里店信用社		60		大泉分社	6
其中：	大社	20		小泉分社	5
	宁州户分社	6		五工台分社	6
	小土古里分社	8		中渠分社	10
	头工分社	8		乱山子分社	5
	四工分社	5		独山子分社	4
	东滩分社	8	大丰信用社		54
	十四户分社	5	其中：	大社	20
园户村信用社		79		祁家湖分社	6
其中：	大社	20		十八户分社	4
	饭店分社	15		高桥分社	4
	园户村分社	15		大土古里分社	6
	下三工分社	6		镇分社	4
	十三户分社	6		市场分社	6
	良种场分社	5		红山村分社	4
全辖信用社合计	420				

1998年11月2日,县联合社印发《关于核定基层网点现金库存限额的通知》，按各社、部各项存款余额1%～2%的比例核定执行。

2002～2006年，县联合社印发《关于核定基层网点现金库存限额的通知》，对各营业网点的现金库存限额重新核定。

2007年5月11日，县联社印发《呼图壁县农村信用合作联社核定非基本账户提现金额审批权限和现金库存限额的通知》。

2008年2月27日,县联社印发《关于现金库存核定和库存核查要求的通知》，对各营业网点现金库存限额的核定、库存核查要求、奖励和惩罚作具体规定。

2009年1月1日,县联社印发《关于核定库存限额的通知》，对联社二级现金库和各营业网点的库存作核定。

2010年1月1日,为加强现金管理，防范风险，结合县联社工作实际，县联社印发《关于印发现金库存限额管理的通知》，对业务库和各营业网点的现金库存限额核定。

2011年3月29日，为加强现金管理，防范风险，结合各社（部）业务量和月均存款，县联社印发《库存现金管理办法》，对联社业务库和各营业网点库存制定限额管理。

2012年2月1日，根据《中华人民共和国人民银行法》《现金管理暂行条例》等有关规定，县联社对业务库和各营业网点库存作限额核定。

2012年呼图壁县联社各社（部）现金库存统计表

表12-11　　　　单位：万元

网点名称	存款月均余额	核定库存				旺季库存			
		库存	柜员	库管员	ATM	库存	柜员	库管员	ATM
业务库	—	4500	—	—	—	5000	—	—	—
联社营业部	24399	160	5×20	30	30	170	5×20	40	30
银星信用社	27684	160	5×20	30	30	170	5×20	40	30
园户村信用社	10390	130	4×20	30	20	130	4×20	30	20
百汇信用社	17056	170	5×20	30	2×20	180	5×20	40	2×20
昌华路信用社	12151	110	3×20	30	20	120	3×20	40	20
景化信用社	27663	50	2×15	20	—	70	2×20	30	—
二十里店信用社	8986	100	4×15	20	20	130	4×20	30	20
五工台信用社	7875	60	2×15	30	—	80	2×20	40	—
大丰信用社	10367	110	4×15	30	20	140	4×20	40	20
芳草湖信用社	13140	110	3×20	30	20	130	3×20	50	20
枣园信用社	7690	90	2×20	30	20	100	2×20	40	20
东泉信用社	12068	90	2×20	30	20	100	2×20	40	20
中渠信用社	5405	40	1×20	20	—	50	1×20	30	—
丰贸信用社	7156	60	2×20	20	—	70	2×20	30	—
雀尔沟信用社	2398	50	1×20	30	—	50	1×20	30	—
石梯子信用社	2004	40	1×20	20	—	50	1×20	30	—
西树窝子信用社	2971	40	1×20	20	—	50	1×20	30	—
小土古里信用社	4589	40	1×20	20	—	50	1×20	30	—
合计	203992	6230	—	—	280	6990	—	—	280

说明:1.旺季指每年1月1日至3月31日和9月1日至12月31日；2.旺季工作期间现金库存原则上在核定库存基础上上浮20%

二、出纳工作改革

2010年1月1日，县联社印发《呼图壁县农村信用合作联社柜员制管理办法》，本办法对实行柜员制应具备的条件、柜员设置及岗位职责、柜员的操作规程、柜员柜面业务处理权限、档案管理等方面均作具体规定，至2012年继续执行。

三、点钞方法与点钞机具应用

点钞技术是手、脑、眼三结合的操作技巧。县联社运用的点钞方法，有手工、机器点钞两类。日常临柜收款，手工、机器点钞方法并用。先手工点钞，辨别真伪再用机器复点。

1.手工点钞。有单指单张和多指多张点钞方法。2000年以来，单指单张点钞方法用于比赛，临柜操作多数运用多指多张点钞方法。

2.机器点钞。1997年，县联合社部分社开始使用点钞机，截至2012年，全辖临柜人员均使用点钞机办理业务。

第三节　转账结算

一、大、小额支付系统

2004年11月12日，县联合社以集中接入方式中的直联方式加入中国人民银行大额支付系统。

2005年5月24日，县联合社转发人民银行乌鲁木齐中心支行《大额支付系统业务处理办法》《大额支付系统业务处理手续》《大额支付系统运行管理办法》。6月27日，大额支付系统正式上线运行。7月4日，县联合社印发《关于大额款项汇划授权的通知》。

2006年7月3日，县联合社与自治区联社小额支付系统上线运行。11月17日，县联合社转发自治区联社《支付系统查询、查复处理办法的通知》。

2008年8月26日，枣园信用社开通大额支付业务。9月3日，中渠、大泉、西树窝子、丰贸信用社开通大额支付业务。

2009年7月10日，按照人民银行昌吉州中心支行“统筹部署、确保重点、先易后难、分步实施”的工作原则，在确保各项业务正常运行的基础上，分阶段，逐步取消昌吉辖区各县（市）同城票据交换业务，原同城票据交换业务一律通过小额支付系统办理。

2010年7月6日，县联社印发《呼图壁县农村信用合作联社推广小额同城票据业务实施方案》，规定可以实现截留的进账单等5万元（含）以下的贷记业务和50万元以上的支票业务自2010年7月1日起全部通过小额支付系统处理。7月22日，县联社转发自治区联社《新疆维吾尔自治区信用合作社大额支付系统业务管理办法》。

2012年7月25日，县联社转发自治区联社《新疆维吾尔自治区农村信用合作社大额支付系统业务处理细则》《新疆维吾尔自治区农村信用合作社小额支付系统业务处理规程》。

二、支票影像交换系统

2007年5月22日，县联社转发自治区联社《关于印发新疆农村信用社全国支票影像交换系统实施方案的通知》。7月30日，县联社支票影像系统上线运行。

2008年8月26日，枣园信用社开通支票影像业务。9月3日，中渠、大泉、西树窝子、丰贸信用社开通支票影像业务。11月，县联社转发自治区联社《新疆农村信用社支票影像交换系统业务处理流程》《新疆农村信用社支票影像交换系统业务处理办法》。

2010年4月19日，县联社转发自治区联社《中国人民银行办公厅关于调高小额支付系统贷记业务金额上限的通知》，自2010年5月4日起，小额支付系统普通贷记和定期贷记业务金额上限由2万元调整到5万元。7月6日，县联社印发《呼图壁县农村信用合作联社推广小额同城票据业务实施方案》，规定50万元（含）以下的支票于2010年8月9日起通过支票影像交换系统处理。

2012年7月25日，县联社转发自治区联社《新疆维吾尔自治区农村信用合作社支票影像交换系统业务处理流程》。

三、农信银系统

2010年6月25日，县联社转发自治区联社《农信银电子商业汇票业务处理系统纸质商业汇票登记查询管理暂行办法》《新疆维吾尔自治区农村信用合作社农信银支付清算系统个人账户通存通兑业务操作规程及会计核算暂行规定》《新疆维吾尔自治区农村信用合作社农信银支付清算系统个人账户通存通兑业务管理办法》。7月3日，县联社农信银系统通存通兑业务上线。7月22日，县联社转发自治区联社《新疆维吾尔自治区农村信用合作社农信银系统电子汇兑业务管理办法》。

2011年8月15日，县联社转发自治区联社《农信银支付清算系统业务管理评比奖励实施细则》。

2012年7月25日，县联社转发自治区联社《新疆维吾尔自治区农村信用合作社农信银系统个人账户通存通兑业务处理流程》《新疆维吾尔自治区农村信用合作社农信银系统电子汇兑业务处理规定》。

四、县辖转汇

1994年12月15日，农业银行呼图壁县支行转发农业银行总行《农村信用社县辖往来核算示范办法》，县联合社自1995年1月起在全辖各社开办县辖联行业务。

2001年12月20日，县联合社参加新疆农村信用社系统内电子汇兑联行业务。

2005年5月，县联合社转发自治区联社《新疆农村信用社实时电子汇兑管理暂行办法》。

2007年5月11日，县联社印发《呼图壁县农村信用合作联社电子汇兑管理办法》。

五、银行承兑汇票贴现及转贴现业务

2001年11月2日，县联合社转发人民银行总行《关于加强开办银行承兑汇票业务管理的通知》，对信用社开办银行承兑汇票业务的准入条件、申请、审批、银行汇票专用章的刻制和票据凭证的订购等作详细规定。

2004年12月27日，县联合社转发银监会《农村合作金融机构银行承兑汇票、债券返售（回购）业务会计核算手续》。

2007年2月8日，县联社转发自治区联社《新疆维吾尔自治区农村信用合作社银行承兑汇票业务管理办法》。

2009年4月7日，根据自治区联社《关于米东区等六家联社办理签发银行承兑汇票及银行承兑汇票贴现业务的批复》，同意县联社开办银行承兑汇票贴现业务。7月15日，县联社印发《呼图壁县农村信用合作联社票据贴现业务管理办法》《呼图壁县农村信用合作联社票据贴现业务操作规

程》。是年，县联社共办理4笔票据贴现业务，金额1974万元，创收25万元。

2010年1月8日，县联社印发《呼图壁县农村信用合作联社银行承兑汇票业务管理办法》《呼图壁县农村信用合作联社银行承兑汇票业务操作规程》。2月24日，根据自治区联社《关于呼图壁县联社办理签发银行承兑汇票业务的批复》，同意县联社办理签发银行承兑汇票业务。9月25日，根据自治区联社《新疆维吾尔自治区农村信用合作社银行承兑汇票贴现管理办法》《新疆维吾尔自治区农村信用合作社银行承兑汇票业务管理办法》，县联社印发《呼图壁县农村信用合作联社银行承兑汇票转贴现业务管理办法》《呼图壁县农村信用合作联社银行承兑汇票转贴现业务实施细则》。是年，县联社共签发银行承兑汇票19笔，金额1380万元。

六、特约联行

1997年3月19日，县联合社转发人民银行新疆分行《关于农村信用社从六月一日起开办特约联行业务的通知》，从1997年6月1日起，在全疆农村信用社开办特约联行业务，即县联合社在信用社系统内50万元（不含）以下汇划款项，通过特约联行办理。

1998年4月13日，县联合社转发人民银行新疆分行《关于批准40家农村信用社开办特约联行银行汇票业务的通知》，批准县联合社从1998年5月1日起开办特约联行业务。

2002年10月1日，县联合社停止办理特约联行业务。

第四节　中间业务

一、机构

2002年4月，县联合社成立中间业务拓展部，聘任刘晓进为负责人。

2003年3月，县联合社将中间业务拓展部并入信贷管理部，李财寿兼任中间业务拓展负责人。

2008年1月，县联社聘任何玉刚为信贷管理部经理兼中间业务拓展负责人。

2011年2月，县联社将中间业务划归业务发展部管理，蒋斌为中间业务拓展负责人。

二、代收代付业务

（一）代收业务

2002年，县联合社开展中间业务，制定中间业务拓展管理办法，下达中间业务收入任务。办理业务有结算业务、代售手机充值卡、代收电费、代收燃油款等。截至2002年年末，县联合社实现中间业务收入2.32万元。

2003~2010年，县联合社（联社）中间业务快速发展，在原有代收业务的基础上增加代收税款、代收代付养老保险金等业务。截至2010年年末，县联合社（联社）实现中间业务收入246.96万元。

2011～2012年，县联社为更好地提供便民服务，增设ATM、POS机等服务设施，使中间业务收入快速增长。2011年，县联社实现中间业务收入345.08万元，2012年中间业务收入达到540.63万元。

2006~2011年呼图壁县联社代收电费统计表

表12-12 单位：笔、万元

年份	代收笔数	代收金额
2006	800	48
2007	1592	86
2008	2200	94
2009	4500	126
2010	7800	157
2011	15192	171.6
合计	32084	682.6

2003~2004年呼图壁县联合社代售电话充值卡统计表

表12-13 单位：张、万元

年份	销售数量	销售金额
2003	30000	60
2004	25000	50
合计	55000	110

2010~2012年呼图壁县联社代收养老保险金统计表

表12-14 单位：笔、万元

年份	代 收	
	笔数	金额
2010	12781	517
2011	16411	800.14
2012	28920	1175.75
合计	58112	2492.89

2010~2012年呼图壁县联社ATM、POS机手续费收入统计表

表12-15 单位：万元

年份	ATM收入	POS机收入
2010	1.39	-
2011	20.59	4.41
2012	24.93	48.17
合计	46.91	52.58

（二）代付业务

2002～2012年，县联合社（联社）代付业务主要通过代理棉花加工企业结算棉花款、代付养老保险金、代发职工工资等业务，增加中间业务收入。截至2012年年底，县联社代付311153.71万元，其中代理结算棉花款308925万元，代付养老保险金2228.71万元（免手续费）。

2002~2012年呼图壁县联合社（联社）代付棉花款统计表

表12-16　　单位：万元

年　份	代付金额	手 续 费
2002	15630	4.69
2003	17820	7.13
2004	20068	10.03
2005	18762	7.50
2006	20690	6.21
2007	23678	8.29
2008	19645	5.89
2009	21084	6.33
2010	19807	5.94
2011	22937	5.73
2012	108804	21.76
合计	308925	89.5

2010~2012年呼图壁县联社代付养老保险金统计表

表12-17　　单位：万元

年份	代　付	
	人数	金额
2010	9047	700
2011	23163	688.61
2012	78221	840.10
合计	110431	2228.71

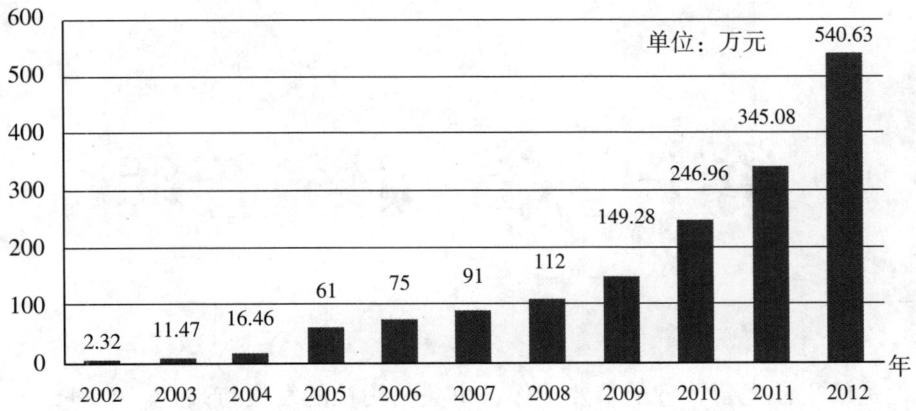

图12-1 2002~2012年呼图壁县联合社（联社）中间业务收入示意图

说明：自2011年11月15日新核心系统上线以后，致使老系统中的许多数据无法查实，以前年度核实留存的纸质报表中的中间业务收入是汇总数据，无法提取相对应的中间业务收入的明细金额

第十三章　财务管理

财务管理是信用社经营管理的重要工作，事关信用社的发展与兴衰。20世纪50年代至90年代，由于计划经济及管理体制等原因，信用社财务管理工作历经人民银行呼图壁县支行、农业银行呼图壁县支行、人民公社、贫下中农管理的全过程。1996年，县联合社与农业银行呼图壁县支行脱钩后，在人民银行、昌吉监管分局的领导、监督、指导下，县联合社加大财务管理力度，制定出台《呼图壁县农村信用合作联社其他应收款项及其他应付款项管理办法》《呼图壁县农村信用合作联社加班费管理使用的暂行办法》《呼图壁县农村信用合作联社账务统一核算实施办法》等，并成立理财小组、财务费用审查审批委员会，对年度的财会、费用审批、工效挂钩等工作均作出详细规定。同时大力开展增收节支活动，大力清收贷款利息，大力压缩一切不必要开支，避免各种不合理开支，保证财务管理良性运行。2006～2012年，在自治区联社的领导下，县联社严格执行自治区联社统一下发的有关财务管理制度和法规，努力提高财务管理水平。截至2012年年末，县联社总收入27538万元，实现利润9762万元，超额完成自治区联社下达利润指标，财务管理受到上级监管部门好评。

第一节　管理制度

呼图壁县信用社成立初期，人员编制少，信贷规模小，经营成本管理受人民银行呼图壁县支行节制，年度费用支出均按人民银行呼图壁县支行下达的计划执行。1958年人民公社化后，信用社改称信用部，成为公社的组成部分，原来的民主监督机构自行消失，财务管理混乱，成本费用忽略不计。1963年，中国人民银行《关于农村信用合作社若干问题的规定》颁布后，对信用社进行整顿，从此，信用社每年均要做信贷计划和费用支出计划，并上报人民银行呼图壁县支行审批后方可实施。1969年，信用社的人权，财权和资金权均由贫下中农管理委员会管理，原有的财务管理制度被废止，主要为阶级斗争服务，可以不计成本。1980年，信用社划归农业银行管理后，信用社变成农业银行的附属机构，组织、业务和财务管理均与农业银行一致，执行严格的指令性计划，不讲经济责任，不计经营成本，信用社与农业银行一起吃“大锅饭”。1984年3月10日，农业银行新疆分行印发《新疆维吾尔自治区农村信用合作社管理体制改革实施方案》，要求信用社在农业银行的领导下，成为独立经营、独立核算、自负盈亏，恢复“三性”（组织上的群众性、管理上的民主性、经营上的灵活性）的合作金融组织；与农业银行合署办公的信用社逐步分开，独立经营，逐步健全财务、会计制度，实行责权利相结合的经营责任制。从此，经营成本控制成为信用社经营管理的重要一环。

1988年，县联合社成立后，在追求经营效益最大化的同时，将成本控制纳入财务预算与决算，并制定《财务管理制度》。

1994年2月4日，县联合社转发并执行农业银行新疆分行《农村信用社财务管理实施办法》《农村信用社利息收支管理办法》。8月13日，县联合社转发并执行农业银行总行《关于农村信用社实行新财会制度考核示范办法》。

1996年，信用社与农业银行脱离隶属关系后，县联合社在昌吉农信办的领导下严格财务制度，并贯彻执行国家税务总局《关于加强城乡信用社财务管理若干问题的相关规定》，对成本费用实行全程控制，各项业务费用支出严格按照会计制度列入对应账户进行核算，禁止虚列、多列；支付金融企业利息，一律列入转账结算核算；禁止支付现金或另立账户；营业外支出按发生原因如实纳入对应账户核算；对所有费用支出，财务部门按财务制度严格把关，财务管理委员会按照审批权限，严格审查和审批。

1998年4月17日，县联合社印发《信贷、费用管理及稽核处罚管理办法》。10月28日，县联合社转发人民银行昌吉州中心支行《关于当前农村信用社财务管理的有关规定》。

2000年11月2日，县联合社贯彻执行国家税务总局《关于农村信用合作社财务管理实施办法》。

2003年1月7日，县联合社印发《关于重新核定部分费用标准》。

2004年10月27日，县联合社执行昌吉监管分局《昌吉州农村信用社采购管理暂行办法》。

2006年，县联社成立后，全县信用社实行一级法人，统一核算，根据自治区联社印发《财务管理制度》和《财务费用管理指导意见》要求，坚持“厉行节约，勤俭办社”原则，实施统一核算，授权经营，总额控制，专项考核的管理模式。

2007年4月26日，县联社印发《呼图壁县农村信用合作联社其他应收款项及其他应付款项管理办法》《呼图壁县农村信用合作联社加班费管理使用的暂行办法》《呼图壁县农村信用合作联社账务统一核算实施办法》。

2008～2011年，县联社印发《呼图壁县农村信用合作联社费用补充管理办法》《呼图壁县农村信用合作联社财务审查委员会工作规则》《呼图壁县农村信用合作联社财务信息部自律监管工作实施细则》。对财务费用支出实施“总额控制、分类管理、统一核算、厉行节约、财务公开、民主理财”的管理模式。对成本管理纳入年度财务预算，年初下达费用年度总额计划，实行费用支出总额控制，财务会计等职能部门根据职能和权限对费用支出实施分类管理，各司其职。各项开支和各基层单位的同项开支均实行统一标准，杜绝费用开支的随意性。对每项开支都审核用途，合理使用，厉行节约，杜绝铺张浪费。成本费用管理实行理事长负责制，财务审查委员会审查制。财务部门具体负责年度费用预算编制，开支核算和考核分析工作。基层信用社只保留利息收入和利息支出两个科目，其余损益性科目均由县联社统一核算管理。

2012年2月28日，县联社印发《呼图壁县农村信用合作联社财务费用审查审批流程及权限规定》。是年，县联社贯彻执行自治区联社《自治区国家税务局关于自治区农村信用社联合社2011年服务性支出税前扣除的通知》《新疆维吾尔自治区农村信用合作社财务管理办法》《新疆维吾尔自治区农村信用合作社财务暂收暂付类款项管理办法》《新疆维吾尔自治区农村信用合作社以前年度损益调整事项管理办法》《新疆维吾尔自治区农村信用合作社租赁费管理办法》《新疆维吾尔自治区农村信用合作社长期待摊费用管理办法》《新疆维吾尔自治区农村信用合作社业务招待费管理办法》

《新疆维吾尔自治区农村信用合作社邮电费管理办法》《新疆维吾尔自治区农村信用合作社修理费管理办法》《新疆维吾尔自治区农村信用合作社手续费支出管理办法》《新疆维吾尔自治区农村信用合作社交通工具耗用费管理办法》《新疆维吾尔自治区农村信用合作社广告宣传费管理办法》《新疆维吾尔自治区农村信用合作社财务费用管理办法》《新疆维吾尔自治区农村信用合作社电子设备运转费管理办法》《新疆维吾尔自治区农村信用合作社差旅费管理办法》。

第二节　统计工作

一、统计制度

1991年7月12日，县联合社印发《呼图壁县信用社统计报表考核办法》。

1996年2月2日，县联合社印发《关于上报1996年会计报表及项目电报的通知》。

1998年2月14日，县联合社印发《呼图壁县农村信用社统计管理办法》。7月30日，县联社执行人民银行昌吉州中心支行《关于下发全国农村信用社统计软件的通知》。

1999年3月24日，县联合社执行人民银行新疆分行《关于进一步规范1999年农村信用社金融统计工作的通知》。

2004年10月27日，县联合社执行昌吉监管分局《关于做好农村信用社统计工作的通知》。

2007年3月20日，县联社执行自治区联社《新疆维吾尔自治区农村信用社合作社会计报表考核评比办法》。8月13日，县联社印发《呼图壁县农村信用合作联社报表考核评比办法》。

2008年2月26日，县联社印发《关于会计统计报表、非现场监管报表、纳税申报表报送、评比、考核相关要求》。

2009年8月13日，县联社印发《呼图壁县农村信用合作联社报表考核、评比办法》。

2012年2月24日，县联社转发人民银行昌吉州中心支行《关于重新修订昌吉州金融统计考核评比办法》。11月14日，县联社执行自治区联社《新疆维吾尔自治区农村信用合作社统计管理办法》

二、统计管理

1996年12月27日，根据新农银发〔1996〕259号文件精神，县联合社金融统计报表由农业银行呼图壁县支行代理上报农业银行昌吉州中心支行。

1998年呼图壁县联合社决算报表统计工作评比表

表13-1　　单位：分

单　位	财务收支表	决算说明书	固定资产表	应收应付表	利润分配表	成本表	业务状况表	平均得分
营业部	89	92	99	98	96	94	100	95.43
市场分社	95	96	94	100	100	98	90	96.14
二十里店信用社	98	96	96	100	98	96	99	97.57

续表13-1

单 位	财务收支表	决算说明书	固定资产表	应收应付表	利润分配表	成本表	业务状况表	平均得分
园户村信用社	100	99	100	100	100	99	100	99.71
五工台信用社	96	73	100	100	100	97	90	93.71
大丰信用社	96	95	92	90	97	94	100	94.86
石梯子信用社	98	94	84	90	93	92	99	92.86
雀尔沟信用社	98	93	97	88	98	93	98	95

2000年3月3日，在县联合社1999年度会计、统计报表评比中五工台、二十里店、营业部、市场分社、园户村及雀尔沟、石梯子信用社分获一、二、三、四、五、六、七名。第一、二名分获奖金200元、100元。

2006年2月9日，县联合社印发《会计统计报表报送、评比、考核规定》。是年，县联合社奖励统计工作评比前3名，即大丰、银星、五工台信用社分获奖金300、200、100元。

2006年呼图壁县联社会计统计报表报送评比考核表

表13-2　　单位：分

单 位	上半年报表	下半年报表	年终决算报表	票据置换报表	平均得分
联社营业部	84	84.5	85	85	84.5
大丰信用社	92	96	88	90	91.5
五工台信用社	90	84	90	88	88
二十里店信用社	90	74	90	88	85.5
园户村信用社	82	62	75	75	73.5
银星信用社	88	94	85	90	89.25
雀尔沟信用社	72	80	85	85	80.5

2010年8月3日，县联社统计自查工作领导小组成立，朱智岗任组长，叶斌为副组长，潘存娟、姚雅洁、叶寿林、来红梅为成员。

2010年呼图壁县联社报表统计工作考核表

表13-3　　单位：分

单 位	平均得分	单 位	平均得分
营业部	97.6	东泉信用社	97.3
园林路信用社	97.7	小土古里信用社	98.2
百汇信用社	98.2	石梯子信用社	99.3
银星信用社	99.1	五工台信用社	99.1
园户村信用社	98.4	中渠信用社	97
昌华路信用社	99.1	西树窝子信用社	98.4
景化信用社	98.6	大丰信用社	98.4

续表13-3

单　位	平均得分	单　位	平均得分
枣园信用社	95.2	丰贸信用社	97.5
芳草湖信用社	97.5	雀尔沟信用社	97
二十里店信用社	98.2		

2011年5月23日，县联社金融统计标准化工作推进领导小组成立，朱智岗任组长，叶斌为副组长，柳茂军、潘存娟、姚雅洁、蒋斌、何建斌、叶寿林为成员。

2012年2月27日，县联社在2011年昌吉辖区金融统计工作评比中获三等奖。

第三节　管理内容

一、现金管理

1954年3月25日，呼图壁县渭户乡信用社在全县成立后，执行国务院《关于实行国家机关现金管理的决定》《机关、国有企业、合作社现金管理实施细则（草案）》《现金管理检查报告制度》，对企业、机关、部队及合作社等单位实行现金管理。监督各单位收入的所有现金及票据，除准予保留限额外，其余存入人民银行。各企业、机关、部队及合作社之间的相互往来，一律使用转账支票，由银行办理转账；对外往来，由银行汇拨，均不得使用现金。

1958年，“大跃进”及人民公社化运动后，现金管理较前略有松弛。

1960年9月22日，中共中央批转人民银行总行《关于严格实行现金管理制度的报告》后，县信用社和银行建立健全现金管理上的各项制度，并再次重申现金管理“十条规定”，对各单位的现金库存限额进行重新核定，企业销售收入现金，必须及时送存银行，不得自行保留和坐支现金。

1962年3月，县信用社和银行根据中共中央国务院《关于切实加强银行工作的集中统一，严格控制货币发行的决定》，重申和强调要严格执行现金管理和结算纪律，要求所有机关、团体、部队、学校、企事业单位都必须严格执行现金管理制度。

1966~1976年，“文化大革命”期间，在“左”的思想影响下，现金管理制度濒于废除，对生产和流通造成不利影响。

1977年11月，“文化大革命”结束后，国务院重新颁布《关于实行现金管理的决定》，继而人民银行发布《现金管理实施办法》，提出无银行机构的地方可授权信用社办理。

1979年10月，人民银行对现金管理规定作相应修改，现金管理权限及范围适当放宽，企事业单位之间购销往来允许携带一定数量的现金，农民及单位之间交易往来使用现金额度也较宽松。

1985年后，县信用社和银行对工厂、学校、机关、集体、商店及个体户不实行现金管理。

1988年10月1日，县联合社严格遵照执行国务院颁布《现金管理暂行条例》。

1992年，县联合社实行单位现金独立结算制度。

1998年，县联合社开展“三铁”（铁账、铁款、铁制度）信誉和“三严四自”（严格管理、严格要求、严格监督，自主、自省、自警、自励）活动。县联合社印发《呼图壁县农村信用联合社费用管理办法》，实行财务审批一支笔，严把现金管理关。

2000年5月1日，县联合社贯彻执行《中华人民共和国人民币管理条例》。

2003年4月9日，县联合社贯彻执行人民银行总行《关于中国人民银行假币收缴、鉴定管理办法》。

2006年12月22日，县联社实行统一法人、统一核算、分级管理、授权经营的管理体制后，遵照人民银行颁布的相关法规和自治区联社现金管理要求，进一步完善现金管理规章制度。

2011年3月29日，县联社下发《库存现金管理办法》。是年年底，县联社19个营业网点核定库存现金限额5165万元。

2011年呼图壁县联社现金库存（含破币）限额核定表

表13-4

单　位	月均存款（万元）	柜员（个）	核定库存				旺季核定库存			
			库存余额（万元）	柜员现金（万元）	综合现金（万元）	ATM（万元）	库存余额（万元）	柜员现金(万元)	综合现金(万元)	ATM（万元）
银星信用社	21779	5	230	25	50	80	285	35	65	80
百汇信用社	12288	5	170	30	50	0	270	50	70	0
大丰信用社	8439	4	125	25	50	0	175	35	70	0
园户村信用社	7852	4	205	25	50	80	250	35	65	80
芳草湖信用社	7692	4	125	25	50	0	220	50	70	0
园林路信用社	23754	3	110	30	50	0	145	40	65	0
联社营业部	17628	3	190	30	50	80	225	40	65	80
昌华路信用社	10171	3	100	25	50	0	145	40	65	0
东泉信用社	7662	3	100	25	50	0	145	40	65	0
景化信用社	7043	3	90	25	40	0	130	35	60	0
二十里店信用社	6844	3	100	25	50	0	140	40	60	0
枣园信用社	5917	3	180	25	50	80	225	40	65	80
五工台信用社	6699	2	90	30	60	0	120	40	80	0
丰贸信用社	4613	2	60	20	40	0	95	35	60	0
小土古里信用社	4057	2	60	20	40	0	95	35	60	0
中渠信用社	3900	2	60	20	40	0	95	35	60	0
西树窝子信用社	2266	2	50	20	30	0	80	30	50	0
雀尔沟信用社	2164	2	70	30	40	0	95	35	60	0
石梯子信用社	978	2	50	20	30	0	80	30	50	0
联社二级库	—	—	3000	—	—	—	4500	—	—	—
合计	—	57	5165	—	—	—	7515	—	—	—

2012年1月31日，县联社下发《关于现金库存限额管理的通知》，要求联社业务库和各营业网点库存制定具体管理办法。2月，县联社聘任22人为基层信用社现金管理员。3月12日，县联社决定，各信用社设立3人现金管理领导小组。是月，全辖共成立3人现金管理领导小组19个。7月底，县联社重新修订《库存现金管理办法》。是年年底，全辖20个网点（含联社业务库）核定库存现金7120万元。

2012年呼图壁县联社现金库存（含破币）限额核定表

表13-5 单位：万元

网点名称	存款月均余额	日常核定库存		旺季核定库存		备注
		库存	其中ATM	库存	其中ATM	
业务库	—	4500	—	5400		—
联社营业部	33360	170	1×50	200	1×50	—
银星信用社	35926	220	2×50	260	2×50	—
园林路信用社	23802	200	2×50	230	2×50	—
园户村信用社	12099	150	1×50	180	1×50	—
百汇信用社	22521	240	2×50+1×20	280	2×50+1×20	一台存款机
昌华路信用社	18005	200	2×50+1×20	230	2×50+1×20	一台存款机 一台离行式
景化信用社	37386	70	—	90	—	—
二十里店信用社	11535	150	1×50	180	1×50	—
五工台信用社	10527	140	1×50+1×20	170	1×50+1×20	一台离行式
大丰信用社	13631	150	1×50	180	1×50	—
芳草湖信用社	16547	190	1×50+1×20	230	1×50+1×20	一台存款机
枣园信用社	11004	130	1×50	160	1×50	—
东泉信用社	14024	130	1×50	160	1×50	—
中渠信用社	6555	60	—	80	—	—
丰贸信用社	8054	80	—	110	—	—
雀尔沟信用社	3400	70	—	90	—	—
石梯子信用社	3331	60	—	80	—	—
西树窝子信用社	3490	60	—	80	—	—
小土古里信用社	5569	60	—	80	—	—
芳草湖天星信用社	702	90	1×50	110	1×50	—
合计	—	7120	930	8580	930	—

说明：1.旺季指每年1月1日至3月31日和9月1日至12月31日；2.旺季工作期间现金库存原则上在核定库存基础上浮20%

二、成本管理

1994年1月19日，县联合社执行农业银行呼图壁县支行《关于严格控制费用开支的通知》。

1995年3月10日，县联合社执行农业银行呼图壁县支行《关于对城乡储蓄协储代办报酬计付标准的规定》。4月8日，县联合社执行农业银行呼图壁县支行《关于严格控制各项费用，努力降低存款成本的通知》。

1996年9月5日，根据昌州农银〔1996〕信字第73号文件精神，核定县联合社五项财务指标，即贷款利息收回率：表内100%、表外80%，综合费用率22%，应付利息备付率12%，计划利润额100万元，亏损额0万元。

2002年10月呼图壁县联合社财务专项检查表

表13-6 单位：万元

单位	总收入	业务招待费控制额	年初各项存款	电话费控制额	截至10月末实际支出				
					招待费	钞币运送费	超支	邮递费	超支
联社市场分社	73	0.365	3601	0.3851	0.4217	0.0951	—	0.2064	—
二十里店信用社	128	0.64	3386	0.4636	0.7229	1.4521	—	0.5816	0.118
园户村信用社	113	0.565	4689	0.5619	1.0618	1.8531	0.3531	0.5509	—
五工台信用社	99	0.495	3734	0.4984	0.7325	1.6361	0.1361	0.3041	—
大丰信用社	106	0.53	2969	0.3794	0.1521	1.4885	—	0.3783	—
雀尔沟信用社	25	0.125	928	0.1178	0.1500	1.6149	0.1149	0.2652	0.1474
银星信用社	72	0.36	4816	0.6141	1.7227	2.0266	0.5266	0.6119	—
合 计	616	3.08	24123	3.0203	4.9637	10.1664	1.1307	2.8984	0.2654

三、固定资产账务管理

1995年11月7日，县联合社执行农业银行新疆分行《关于加强农村信用社固定资产购置管理的通知》。

1997年7月9日，根据国税发〔1997〕112号文件精神，县联合社与农业银行脱钩导致资产增减变化处理意见，信用社占用有关部门资产，凡产权属信用社所有的，一律作盘盈处理，计入当期损益；有关部门占用信用社的资产，经信用社同意并上报县联社批准，其产权已不属于信用社，一律作盘亏处理，计入当期损益。当期计入损益有困难可在5年内分期摊销；信用社与农业银行资产产权界定不清的，尽快按国家有关政策规定协商处理，以便明确产权归属；对一时难以分清的，可暂作待界定资产处理；其他原因造成资产增减变化的，按财会制度有关规定处理。

1998年11月4日，县联合社执行人民银行新疆分行《新疆农村信用社固定资产管理办法》。

2002年6月3日，县联合社执行人民银行昌吉州中心支行《新疆农村信用社固定资产管理办法》。

四、提留核算

1998年1月9日，县联合社执行财政部《关于修改金融机构应收利息核算年限及呆账准备金提取办法》。

1999年3月9日，根据乌中支合〔1999〕6号文件精神，农村信用社按比例提取管理费，即县联合社留用80%，地人民银行昌吉州中心支行农金科留用10%，上缴乌鲁木齐中心支行合作金融机构监管处10%。

2009年，根据财税〔2009〕27号文件精神，县联社按职工工资总额的5%提取补充医疗保险金，暂挂至“应付职工薪酬——补充医疗保险费”账户下核算，提取部分不得发放给职工或挪作他用。

2010年度，县联社提取贷款专项准备465万元，年末贷款拨备覆盖率220.13%，非信贷资产拨备覆盖率212.16%，贷款损失准备充足率441.6%，资产损失准备充足率406.52%。提取应付利息726万元，应付利息备付率达3.46%。

2011年，县联社提取贷款专项准备1251万元，年末贷款拨备覆盖率300%，贷款损失准备充足率566.52%。

2012年，县联社提取贷款损失准备4049万元，存放同业坏账470万元。各项资产减值准备余额11577万元，其中贷款损失准备10303万元（个别计提贷款减值准备1600万元，组合计提贷款减值准备8703万元），坏账准备974万元，固定资产减值准备300万元。贷款拨备覆盖率为245.34%，拨备率4.35%，贷款损失准备充足率669.64%，非信贷资产拨备覆盖率3586.07%，资产损失准备充足率720.80%。

第四节　收支盈亏

一、收支状况

1998年，县联合社总收入1344万元，其中应收利息1256万元，实际收入940万元，利息收回率74.3%。非利息收回404万元，占总收入的30.06%。总支出1188万元，其中利息支出703万元，占总支出的59.18%；费用支出485万元，占总支出的40.82%。

2010年，县联社各项收入12664万元，其中利息收入11454万元，占总收入的90.45%；金融机构往来收入836万元，占总收入的6.6%；其他收入374万元，占总收入的2.95%。总支出7044万元，其中利息支出1315万元，占总支出的18.67%；手续费支出101万元，占总支出的1.43%；营业费用4664万元，占总支出的66.21%；其他营业支出716万元，占总支出的10.16%；营业税金及附加190万元，占总支出的2.7%；营业外支出18万元，占总支出的0.26%；以前年度损益调整40万元，占总支出的0.57%。

2011年，县联社各项收入19790万元，其中利息收入16893万元，占总收入的85%；金融机构往来收入2006万元，占总收入的10%；其他收入891万元，占总收入的5%。总支出10666万元，其中利息支出2652万元，占总支出的25%；手续费支出105万元，占总支出的1%；营业费用6011万元，占总支出的56%；资本减值支出1251万元，占总支出的12%；金融机构往来支出186万元，占总支出的2%；营业税金及附加430万元，占总支出的4%；营业外支出31万元，占总支出的0.3%。

2012年，县联社各项收入27538万元，其中利息收入22573万元，占总收入的81.97%；金融机构往来收入3379万元，占总收入的12.27%；中间业务收入540万元，占总收入的1.96%；营业外收入667万元，占总收入的2.42%。总支出17776万元，其中利息支出3805万元，占总支出的21.41%；金融机构往来支出900万元，占总支出的5.06%；业务及管理费7743万元，占总支出的43.56%；资产减值损失4519万元，占总支出的25.42%；营业税金及附加639万元，占总支出的3.59%。营业外支出153万元，占总支出的0.86%。

二、盈亏处理

1996年3月18日，根据昌州国税字〔1996〕81号文件批复，准许县联合社用1995年利润在所得税前弥补1994年亏损，弥补期限最长不得超过5年。

1998年，县联合社实现利润156万元。

2001年，县联合社实现利润27.5万元。

2002年1月28日，根据呼国税发〔2002〕号、4号文件精神，同意县联合社用1999～2000年利润22.99万元弥补历年亏损，即用2000年利润14.8万元弥补（原石梯子信用社）历年亏损；用1999年利润8.19万元弥补（雀尔沟信用社）历年亏损。

2005年12月23日，县联合社领取财政拨付保值贴补10万元用于弥补1994～1997年保值储蓄存款利息支出亏损。

2006年，县联社实现利润755万元。

2010年，县联社利润总额5620万元，税后净利润4155万元，超自治区联社下达利润指标2530万元。共提拨备465万元、所得税1464万元。税后净利润4155万元分配为：法定盈余公积金、任意盈余公积金、一般准备金各415万元，股金红利2910万元。

2011年，县联社实现利润总额9123万元，共提拨备1251万元、所得税2186万元。税后净利润6937万元分配为：法定盈余公积694万元，任意盈余公积金693万元，股金红利5550万元。

2012年，县联社利润总额9762万元。税后净利润分配，按10%提取法定盈余公积961万元，按10%提取任意盈余公积961万元，按30%提取一般风险准备2883万元，按50%提取股金分红4957万元。

第五节　清产核资

一、统一法人的清产核资

2006年，自治区联社统一法人，要求全区各家信用社做好清产核资、资金核实工作。呼图壁县联社根据自治区联社安排，进行清产核资工作，成立以理事长为组长的清产核资工作领导小组，加强对这次清产核资的领导。在查清各项资产损失中，重点查清不良贷款、表内应收利息、应收账款的损失情况，同时查清应付未付利息备付金与实际需要支付之间的差额和固定资产的盘盈盘亏情况。

通过对全县信用社的资金核实，资产总额89414万元，负债总额81499万元，净资产7915万元，资产负债率91.15%。全辖各信用社共入股47万元。各项存款77913万元，其中对公存款16119万元，占20.68%；储蓄存款余额61794万元，占79.31%。各项贷款54896万元，存贷比例70.46%，应付利息备付率2.78%，计提各类风险资产减值准备2074万元，账面利润755万元，应缴所得税564万元，净利润191万元。

二、筹建农商行的清产核资

2012年4月，县联社开始筹建农村商业银行工作。4月16日，聘请中介机构对资产、负债及所有者权益，进行全面清产核资和整体资产评估。清产核资以2012年3月31日为基准日，清产核资的范围是县联社表内外全部资产、负责和所有者权益。5月17日，清产核资工作结束。

通过全面清查资产总额339334.77万元，负债总额309116.09万元，净资产30218.69万元，其中股本金15732.63万元，盈余公积3620.81万元，一般准备4681.73万元，未分配利润6183.52万元。

对各类贷款进行清查，贷款总额237484.82万元，正常类贷款212757.61万元，占贷款余额的89.59%；关注类贷款19085.25万元，占贷款余额的8.03%；次级类贷款4452.09万元，占贷款余额的1.88%；可疑类贷款1143.23万元，占贷款余额的0.48%；损失类贷款46.64万元，占贷款余额的0.02%。不良贷款5641.96万元，不良贷款率2.38%。核心资本净额39282.54万元，资本净额41522.39万元，加权风险资产总额274744.21万元，核心资本充足率14.30%，资本充足率15.11%。应提取贷款损失专项准备2112.98万元，非信贷资产减值准备223.65万元。实际计提资产减值准备8686.59万元，其中贷款损失专项准备8462.94万元，拨备覆盖率150%，贷款损失准备充足率400.52%，拨贷比3.56%。非信贷资产减值准备223.65万元，非信贷资产减值准备充足率达100%。一般准备12560.40万元，风险资产总额289435.90万元，一般准备余额占风险资产总额4.34%。产权有瑕疵房产2处，评估值87.59万元，占总评估值的4.18%。

第十四章　稽核审计

20世纪50~70年代，人民银行呼图壁县支行、农业银行呼图壁县支行以财务检查代替稽核、审计，“文化大革命”期间，信用社为人民公社、贫下中农管理。1978年中共十一届三中全会后，1980~1995年，规模日益壮大的信用社没有专（兼）职稽核员，业务一直居于人民银行呼图壁县支行、农业银行呼图壁县支行信合股管理，实行“一块牌子两套人马”，起初稽核审计工作指定一人负责，必要时抽调人员协同解决，每每是“下去一把抓，回来各分家”。1996年5月29日设立呼图壁县农村信用合作联社办公室，负责全辖的人事、保卫、行政、纪检、监察、督查、稽核、审计等工作。1996年11月，信用社与农业银行脱离行政隶属关系后，稽核、审计工作由县联合社独立履职、自行管理，先后成立监察稽核股、监察稽核科、稽核保卫科、稽核监察部、审计监察部。至2012年年底，县联社审计监察部共有工作人员11人，王玉梅为副总经理主持工作。根据国家金融方针、政策、法规、政令和信用社的规章制度，对全辖的会计、出纳、信贷、结算制度的执行和业务办理等进行稽核，对有价证券、印章、密押及重要空白凭证保管、领用、使用、销号、交接等稽核监督，为农村信合事业的健康发展保驾护航。

第一节　组织管理

一、稽核机构

20世纪50~80年代，人民银行呼图壁县支行、农业银行呼图壁县支行采用财务检查、信贷检查进行资产风险管理，未专设稽核审计机构。1966~1976年，“文化大革命”期间信用社为人民公社、贫下中农管理，各项业务发展缓慢，只采用常规业务检查。

1982年，农业银行呼图壁县支行开始对各项业务进行稽核审计，未设稽核审计机构，会计、信贷采用单线辅导检查，履行稽核监督职能。

1985年8月15日，经农业银行昌吉州中心支行决定，专设稽核员，调任刘鸣为农业银行呼图壁县支行信用合作社稽核员，对信用合作社业务进行稽核监督。

1988年5月8日，县联合社成立，稽核审计工作继续在农业银行呼图壁县支行领导下进行工作。

1989年10月12日，经农业银行昌吉州中心支行决定，聘任王万清为呼图壁县农村信用合作社联合社副股级稽核员，负责对县联合社及各乡镇农村信用合作社各项业务进行全面稽核。

1996年5月29日，设立呼图壁县农村信用合作社联合社办公室，办公室主任由联合社副主任来国珍兼任，负责全辖的人事、保卫、行政、纪检、监察、督查、稽核、审计及行政等具体工作。是年11月19日，设立监察稽核股，股长1人，股员1人，具体负责稽核审计工作，从此有专门的稽核审计机构。

1997年1月14日，县联合社副主任来国珍分管监察稽核股，负责全辖监察、稽核、审计工作，并聘任王万清任联合社稽核股股长，股员1人，各社配备兼职稽核人员。

1998年6月12日，县联合社将“监察稽核股”更名为“监察稽核科”，科长王万清，科员1人。

2001年1月10日，县联合社将“监察稽核科”更名为“稽核保卫科”，聘任李财寿为稽核保卫科副科长主持工作，科员2人。

2002年，县联合社将“稽核保卫科”更名为“稽核监察科”，聘任李财寿为稽核监察科副科长主持工作，科员2人。

2003年1月7日，县联合社将“稽核监察科”更名为“审计监察科”，聘任王惠琴为审计监察科科长，科员2人。

2004年，县联合社副主任张志豪分管稽核监察工作，并将“审计监察科”更名为“审计监察部”，聘任王惠琴为审计监察部主任，科员2人。

2005年2月16日，县联合社将“审计监察部”更名为“稽核监察部”，聘任王惠琴为稽核监察部主任，科员4人。

2006年1月5日，县联合社聘任马燕为稽核监察部副主任负责稽核审计工作，科员4人。是年12月22日，县联社成立，县联社副主任王惠琴分管稽核审计、监察工作，部门主任改称为部门经理。

2007年4月5日，县联社聘任潘存娟为审计部副经理。4月13日，县联社成立呼图壁县农村信用合作联社内部审计工作委员会，王惠琴任主任委员，审计部经理为副主任委员。

2008年2月14日，县联社主任办公会议决定，“稽核监察部”更名为“审计监察部”，并聘任马燕为审计监察部经理，科员4人，承担全县21个信用社（部）、联社核算中心、资产风险部的审计工作任务，并协助会计信息部做好全辖银行业非现场监管风险监测报表。

2009年1月4日，县联社监事长王惠琴分管审计监察工作，并聘任何建斌为审计监察部经理，祁小娟为副经理，负责对全辖各项业务进行现场、非现场和专项稽核审计工作。

2010年1月10日，县联社聘任冯琬婷为审计监察部副经理。9月6日，调整王智为审计监察部经理，冯琬婷为副经理代理日常工作。是年，审计监察部共9人，其中经理、副经理各1人，审计员2人和事后监督5人，承担全辖19个营业网点、8个管理部门的各项业务、各项操作环节的稽核审计和自律监管再监督工作。

2011年，审计监察部共10人，其中经理（自治区联社长期借调）、副经理各1人，审计员3人，事后监督5人，承担全辖19个营业网点、8个管理部门的审计和部门自律监管再监督任务。

2012年，审计监察部共11人，王玉梅为审计监察部副总经理主持工作。

1997~2012年呼图壁县联合社（联社）审计监察部
（监察稽核科、股）历任正副经理（科、股长）名表

表14-1

姓名	性别	族别	籍贯	文化程度	职务	任职时间	备注
王万清	男	汉族	新疆呼图壁	初中	股长	1997年1月14日~1998年6月11日	
王万清	男	汉族	新疆呼图壁	初中	科长	1998年6月12日~2001年1月10日	
李财寿	男	汉族	新疆木垒	大专	副科长	2001年1月11日~2003年1月7日	主持工作
王惠琴	女	汉族	新疆呼图壁	大专	科长	2003年1月7日~2005年2月16日	
王惠琴	女	汉族	新疆呼图壁	大专	主任	2005年2月16日~2006年1月5日	
马燕	女	汉族	新疆呼图壁	大专	副主任	2006年1月5日~2007年4月5日	主持工作
潘存娟	女	汉族	新疆呼图壁	本科	副经理	2007年4月5日~2009年1月4日	
马燕	女	汉族	新疆呼图壁	大专	经理	2008年2月14日~2009年1月4日	
何建斌	男	汉族	新疆呼图壁	大专	经理	2009年1月4日~2010年1月10日	
祁小娟	女	藏族	新疆呼图壁	本科	副经理	2009年1月4日~2010年1月10日	
冯琬婷	女	汉族	新疆昌吉	大专	副经理	2010年1月10日~2010年9月6日	
王智	男	汉族	新疆呼图壁	大专	经理	2010年9月6日~2012年1月4日	
冯琬婷	女	汉族	新疆昌吉	大专	副经理	2010年9月6日~2012年1月4日	代理日常工作
王玉梅	女	汉族	新疆呼图壁	大专	副总经理	2012年1月4日~2012年6月25日	
王玉梅	女	汉族	新疆呼图壁	大专	副总经理	2012年6月25日~	主持工作

二、稽核培训

1986年8月1~31日，农业银行呼图壁县支行派宋斌、王万清参加农业银行新疆分行干部学校为期1个月的稽核审计工作培训班。培训内容是《稽核审计工作的基础理论》《稽核审计工作的意义》《稽核审计工作的主要内容及方案》等。2人结业时考核均为合格。

1991年5月，县联合社用7天举办19人参加的会计、稽核员培训班，由县联合社有经验的老稽核人员授课，采用以师带徒、以老带新，通过讲解、讨论和课堂实习相结合方式进行。重点培训规章制度、政策原则和规范化操作等内容，通过培训达到思想、理解、操作“三个统一”。

1997年5月12日，县联合社举办综合业务培训2期，信贷、会计等人员参加。培训内容《法律法规各项规章制度》《会计规范化操作》《财务管理》等。

1998年8月，县联合社举办会计出纳基本制度、规范化操作、信贷管理、优质服务等培训，60人参训。

1999年，县联合社为强化稽核监督职能，完善内部管理制度，举办稽核、会计、出纳、信贷等岗位培训班3期，75人参训。

2003年4月18~20日，县联合社组织稽核人员、网点主任、信贷员等45人，到新疆财经学院进行信贷培训，主要内容有银行法、担保法、贷款通则、中间业务、信贷管理、企业报表分析、金融营销等，并培训考试，为业务发展打下坚实基础。

2004年3～4月，县联合社举办稽核、信贷、会计等人员参加综合业务培训班，聘请县国、地税局人员进行税法等相关知识的讲解，主要内容有《中华人民共和国税法》《商业银行管理》《信贷业务》《企业文化》等。

2005年6月13~17日，县联合社派王惠琴、马燕、祁小娟、冯琬婷、冉秀萍、刘晓琴、潘存娟7人参加昌吉监管分局在米泉市举办的为期5天全州稽核人员培训班。培训内容为《中华人民共和国银行业监督管理办法》《加强农村信用社稽核工作指导意见》《农村信用社高级管理人员离任审计程序和非监管体系的运用》等。培训期间，理论联系实际，每人制定一套完整的《农村信用社实施现场检查工作的检查方案》，并参加对米泉市农村信用社辖属古牧地信用社内控制度工作、铁厂沟信用社会计工作、宏远信用社信贷工作的现场稽核检查，针对查处的问题撰写《稽核检查报告》，由授课教师点评。结业考试，7人平均成绩96.4分，王惠琴以99分取得全州8县（市）个人成绩最高分。

2008年5月5～16日，县联社举办2期会计业务操作规范及档案管理培训班，审计部、风险资产部、财务信息部人员及会计、柜员等共85人参训，特邀自治区联社审计部及档案局专业人员进行授课。是年11月8～9日，县联社与玛纳斯县联社共同举办营销管理培训班，有县联社领导、部门经理、基层社主任委派会计、信贷主管及稽核人员等共87人和玛纳斯县联社40名干部职工参训，特邀自治区联社审计部总经理李勋授课。

2009年6月19日，聘请自治区联社审计部经理周红革抵县联社作题为《审计工作的程序、方法和技巧》专题知识讲座。

2010年11月16日，县联社举办自律监管及审计业务培训班，审计人员、委派会计、信贷员等20人参训，培训自律监管、审计业务、财务会计、信贷等相关知识。

2012年11月10~16日，县联社派王玉梅赴南京审计学院参训。培训内容为《审计稽核的程序、方法和技巧》《内部审计前沿理论》《经济金融形势分析》《财务造假及甄别》《贷款及资产业务审计以及风险的导向审计》等。

三、稽核制度

1985年，农业银行呼图壁县支行下发《稽核审计工作的暂行规定》，依据规定专设稽核员，负责对农村信用合作社的信贷、财务、会计等进行检查监督，强化内部管理。

1988年，县联合社印发《农村信用社稽核工作暂行规定》，明确信用社稽核工作的任务、方法和要求，对稽核工作进行规范。

1990年10月27日，县联合社印发《信用社稽核工作罚款规定》。11月15日，县联合社印发《呼图壁县信用联社稽核工作罚款规定》。要求各社须配备专职稽核员，负责对所辖各项业务的稽核工作，必须每月把所辖的会计凭证全面稽核一次，并写出稽核报告上报，稽核的凭证必须注明日期，加盖稽核章和稽核员名章。

1992年5月23日，县联合社为使会计、出纳、信贷、财务等各项制度顺利、准确执行，制定《呼图壁县信用社联合社关于违章必纠处罚规定》，要求在业务稽核中，不论是否造成经济和信誉损失，只要违反本规定有关条款，都要罚款处理，并由稽核部门执行，执行中如遇抗拒者，稽核员应报告管理部门加倍罚款。

1995年1月7日，县联合社制定《信用社违章罚款细则》，明确对稽核发现的违规违纪行为进行经济处罚，此规定罚款不代替其他规定的赔款。

1998年4月17日，根据《新疆农村信用社稽核处罚实施细则的通知》，结合人民银行新疆分行《关于加强我区农村信用社稽核工作的意见》精神，县联合社修订下发《呼图壁县信用社稽核违章处罚办法》，对稽核检查工作发现问题的处罚进行细化，明确贷款、出纳、会计、经营管理、安全保卫等业务操作的各个环节，出现违规均进行处罚，规定罚款额度。对问题严重的责任人将解聘，并对直接领导进行处罚。

2000年，县联合社制定下发《稽核人员岗位责任制》，对稽核人员提出新要求，明确责任。对会计、出纳和财务收支进行序时稽核，每季对贷款、现金、有价单证等稽核检查一次，要求真实反映问题，并对稽核工作定期或不定期做书面报告。

2001年4月1日，县联合社为做好稽核工作，规范稽核行为，完善监督机制，及时纠改问题，使稽核人员独立行使稽核监督权，制定《呼图壁县农村信用社稽核工作处罚实施细则》。加大对贷款、会计、出纳、经营、重要空白凭证、微机管理等操作违规行为的处罚力度。

2004年6月28日，县联合社制定《案件信息统计制度》，11月24日，县联合社制定《呼图壁县农村信用合作联社执行内控制度责任追究处罚规定》。明确各单位（部门）的负责人是各项制度执行的第一责任人，主管负责人是第二责任人。具体对办公室收发文、党务管理、制度规范、公章管理等违章行为，对会计报表、财务统计、信贷管理、审计监察、安全保卫、资产保全、微机管理等违章行为主管直接责任人、管理部门主要负责人进行处罚。同时对因工作协调不力，责任不明，处理不当的县联合社分管领导，承担事故责任的40%。

2006年1月1日，县联合社制定《呼图壁县农村信用合作联社稽核工作管理办法》，确定稽核工作实行理事长负责制，稽核直接向理事会负责和报告工作，业务上接受上级联社稽核部门指导。同时规范稽核工作职责、稽核部门职责，明确稽核人员应具备的基本条件，稽核工作的权限、方式、程序和内容。

2007年4月28日，县联社成立后制定《呼图壁县农村信用合作联社对外部监管和内部检查发现问题整改工作的规定》。强调对内外部检查形成的检查报告要建立整改工作责任制，各级信用社领导对整改工作负总责，负责研究和制定整改措施，确保按期完成整改工作；各部门负责人是整改工作的直接责任人，具体落实整改情况，并明确具体承办人，专职抓好整改工作。8月14日，县联社制定《呼图壁县农村信用合作联社案件举报工作制度》和《呼图壁县农村信用合作联社案件举报奖励制度》。明确监察保卫部负责案件举报接待，2日内移交审计部门进行核实，出具处理意见上报县联社。案件举报按照“谁受理、谁负责”原则进行调查处理。县联社设置举报电话、电子邮箱等，并对案件举报实行奖励。9月6日，县联社制定《呼图壁县农村信用合作联社重大事项报告制度实施细则》，落实重大事项必须报告，规范操作各个环节的责任。

2008年11月19日，县联社制定《关于案件专项治理“回头看”深度排查活动实施方案》。为确保工作顺利开展，成立以刘怀强为组长的领导小组，明确各部门的工作任务和责任，是年12月20日活动工作完成，上报工作总结。

2009年7月8日，县联社制定《呼图壁县农村信用合作联社2009~2011年案件防控治理工作规划》，明确案件防控治理工作三年目标，2009年是规范阶段，2010年是强化阶段，2011年是提升阶段。8月28日，县联社制定《呼图壁县农村信用合作联社2006年底以前形成不良贷款损失责任追究的补充办法》，对2006年底以前形成的5万元以下不良贷款损失责任人，按性质划分为违法、违规和非违法违规三种形式的不同责任追究。

2010年4月1日，县联社为提高风险防范能力，制定《呼图壁县农村信用合作联社事后监督中心工作管理实施方案》，切实规范前台综合业务及资金清算业务的事后监督工作。9月16日，县联社制定《呼图壁县农村信用合作联社内控和案防制度执行年活动实施方案》，把问题整改作为内控和案件制度执行年活动的最终目标，强化制度执行意识，营造自觉执行制度，抵制违规行为的良好氛围。

2011年3月31日，县联社制定《呼图壁县农村信用合作联社2011年案件风险防控培训实施方案》。4月25日，县联社制定《呼图壁县农村信用合作联社审计委员会议事规则》。5月31日，县联社制定《呼图壁县农村信用合作联社案件防控与治理奖惩办法》。6月27日，县联社制定《呼图壁县农村信用合作联社合规文化建设年活动的实施方案》。

2012年3月9日，县联社依据《新疆维吾尔自治区农村信用合作社业务部门自律监管的指导意见》精神，为更好发挥各业务部门自律监管职能，提升审计的自律监管再监督职能，制定《呼图壁县农村信用合作联社自律监管工作的指导原则》《呼图壁县农村信用合作联社自律监管考核办法》和《审计监察部自律监管再监督工作计划》。9月10日，县联社制定《呼图壁县农村信用合作联社案件处置工作制度》，明确风险管理部负责有关案件信息采集、处理、指导、督促处置工作，人力资源部负责对发案责任人实施问责，审计部门负责案件处置工作的督导和后续整改情况。按照分工协作、各有侧重的原则，形成部门间的协调机制。

1990~2012年呼图壁县联合社（联社）部分年份稽核审计制度目录表

表14-2

序号	发文日期	文件标题	发文字号	页码
1	1990年10月27日	信用社稽核工作罚款规定	信联字第23号	2
2	1992年5月23日	呼图壁县信用社关于违章必纠处罚规定	呼农信〔1992〕信联字第19号	4
3	1995年1月7日	信用社违章罚款细则	呼农信〔1995〕信联字第04号	2
4	1998年4月17日	呼图壁县信用社稽核违章处罚办法	呼农信〔1998〕信字第11号	11
5	2001年4月1日	呼图壁县农村信用社稽核工作处罚实施细则	呼信联字〔2001〕第09号	12
6	2004年6月28日	案件信息统计制度	呼信发〔2004〕审字第05号	2
7	2004年11月24日	呼图壁县农村信用联社执行内控制度责任追究的处罚规定	呼信发〔2004〕第95号	7
8	2006年1月1日	呼图壁县农村信用合作联社稽核工作管理办法	呼信发〔2006〕第01号	4
9	2007年4月28日	呼图壁县农村信用合作联社对外部监管和内部检查发现问题整改工作的规定	呼农信〔2007〕71号	6
10	2007年8月14日	呼图壁县农村信用合作联社案件举报工作制度	呼农信〔2007〕136号	2
11	2007年8月14日	呼图壁县农村信用合作联社案件举报奖励制度	呼农信〔2007〕137号	3
12	2007年9月6日	呼图壁县农村信用合作联社重大事项报告制度实施细则	呼信发〔2007〕第155号	5
13	2008年11月19日	关于案件专项治理“回头看”深度排查活动实施方案	呼农信〔2008〕271号	4

续表14-2

序号	发文日期	文件标题	发文字号	页码
14	2009年7月8日	呼图壁县农村信用合作联社2009~2011年案件防控治理工作规划	呼农信〔2009〕168号	9
15	2009年8月28日	呼图壁县农村信用合作联社2006年度以前形成不良贷款损失责任追究的补充办法	呼农信〔2009〕205号	8
16	2010年4月1日	呼图壁县农村信用合作联社事后监督中心工作管理实施方案、呼图壁县农村信用合作联社事后监督中心工作管理实施细则	呼农信办〔2010〕04号	4
17	2010年9月16日	呼图壁县农村信用合作联社"内控和案防制度执行年"活动实施方案	呼农信办〔2010〕112号	4
18	2011年3月31日	呼图壁县农村信用合作联社2011年案件风险防控培训实施方案	呼农信办〔2011〕86号	6
19	2011年4月15日	呼图壁县农村信用合作联社审计委员会议事规则	呼农信办〔2011〕99号	6
20	2011年5月31日	呼图壁县农村信用合作联社案件防控与治理奖惩办法	呼农信办〔2011〕130号	6
21	2011年6月27日	关于会计凭证交接及有关事项	呼农信办〔2011〕147号	9
22	2011年6月27日	呼图壁县农村信用合作联社"合规文化建设年"活动实施方案	呼农信办〔2011〕148号	2
23	2012年3月9日	审计监察部审计范围	呼农信办〔2012〕68号	2
24	2012年3月9日	审计监察部自律监管再监督工作计划	呼农信办〔2012〕69号	4
25	2012年3月9日	呼图壁县农村信用合作联社自律监管考核办法	呼农信办〔2012〕70号	7
26	2012年3月9日	呼图壁县农村信用合作联社自律监管工作的指导原则	呼农信办〔2012〕71号	10
27	2012年9月10日	呼图壁县农村信用合作联社案件处置工作制度	呼农信办〔2012〕233号	6

第二节 内部审计

一、业务检查

业务检查是稽核审计的一项经常性的工作，对信用社经营活动的各个方面进行序时检查，发挥业务监督职能，促进业务的健康发展。

1982年，农村信用合作社的业务，由农业银行呼图壁县支行组织人员进行业务检查，至少每年一次。是年6月，对各乡镇农村信用合作社会计、出纳、现金、信贷等进行业务检查，对检查发现的问题，提出限期整改意见，并进行通报批评。

1984年12月19日，农业银行呼图壁县支行对各乡镇农村信用合作社业务检查，发现的问题要求限期进行整改。并对园户村信用社十三户信用社短款800元、冒名贷款500元的问题，对责任人进行经济处罚、扣发全年奖金并辞退。

1985年11月2日，农业银行呼图壁县支行在业务检查中，发现二十里店信用社东滩分社现金短款150元，储蓄存款账短140元，经查实属挪用现金、偷支储户存款的违规行为，给责任人行政记大过处分，扣发一年奖金。

1986年12月20日，农业银行呼图壁县支行对雀尔沟二大队信用社检查，发现贪污公款600元的责任人，给予警告处分，并扣发半年奖金。

1987年10月16日，农业银行呼图壁县支行业务检查发现二十里店信用社长款11.51元和二十里店信用社东滩分社短款273元，提出长款归公、短款自赔的处理意见。

1988年，县联合社成立后，王万清任副股级稽核员，负责业务稽核检查工作。

1991年4月15日，县联合社组成5人检查组，历时15天对第一季度的会计、结算、出纳、信贷及决算工作进行全面检查，检查面91.7%。对检查存在的问题按有关规定予以罚款，并全辖通报。

1992年9月25日，县联合社抽出4人组成检查小组，对全辖信用社工作综合检查，对查出的问题按有关规定进行整改。

1993年5月24日，县联合社抽调5人，历时13天，对信用社信贷、会计、出纳、计息、账务处理、重要空白凭证和抵押品进行检查，检查面95%，查出的问题按有关规定进行整改、处罚。是年7月8日，县联合社治理“三乱”领导小组成立，王炳剑任组长，马义河、孙吉贤为副组长，组员5人，全面开展金融“三乱”治理工作。

1995年，县联合社常规业务稽核检查2次，发现以据代账、资料因素不全、抵押品管理不规范、贷款计息不准确等问题，并对责任人进行通报，9个信用社受到处罚，罚金26810元。

1996年，县联合社对全辖网点进行检查，幸福分社、五工台信用社五工台分社丢失重要空白凭证的相关责任人罚款200元、扣发一个季度责任津贴、警告处分，并全辖通报。

1997年5月13日，县联合社组成8人检查组，历时10天对全辖网点会计、出纳、信贷、财务等制度执行进行第一季度检查，对存在的问题分析原因，提出限期整改意见，依据《违章罚款规定》进行通报并处罚款共10361元。12月，结合清产核资对各网点的业务进行一次全面检查，并对部分社在下半年超权限发放贷款，依据情节按《违章处罚规定》进行相应处罚，为业务经营规范化打好基础。

1998年5月6~28日，县联合社对全辖32个营业网点会计、出纳、信贷、财务费用、安全保卫、优质文明服务工作，历时18天，进行上半年常规稽核检查，对检查出的问题进行纠正和处罚，特别在信贷管理中存在不坚持制度，把关不严的问题，对部分责任人以下岗、待岗处理，并全辖通报。12月6日，对全辖网点进行下半年业务稽核检查，检查发现信贷方面存在问题较多，依据情节进行相应处罚，并通报告诫全辖职工，信贷员违章放贷柜台人员均有制约责任，发现不制止，将一并处罚。

1999年6月9日至7月9日，县联合社对全辖营业网点会计、出纳工作进行上半年稽核检查，对查出的问题共罚1668元，并通报批评。是年11月4日，县联合社对各网点内部管理、各项制度的贯彻、现金及重要空白凭证、安全保卫工作进行下半年稽核检查，对检查出部分信用社未认真贯彻执行有关规章制度等问题，联社要求相关社按期整改。

2000年3月19日，县联合社组织稽核人员，对各营业网点的会计、出纳、信贷工作中规章制度贯彻，规范化操作、内控制度执行、信贷管理等进行稽核检查，对存在问题责任人要求进行限期整改，并处罚款、通报批评处理。

2001年，县联合社对全辖28个网点进行3次常规稽核，主要是信贷、会计、出纳、财务和安全保卫等，检查面100%，共罚137人、9929元。

2002年，县联合社组织综合大检查2次，常规稽核3次，检查面100%。对27个网点财会、信贷、安全等业务制度执行、内部管理进行检查。对执行不严、学习不够的屡查屡犯的73名职工、5名社主任进行处罚，共罚6966.10元。

2003年，县联合社组织综合大检查3次，常规检查6次。对查出的问题下发整改意见书21份，对有章不循、屡查屡犯的共处罚112人、8806元。

2004年2月，县联合社对基层22个营业网点进行综合大检查4次，综合业务常规审计4次，对存在的贷后检查不及时、大额提现漏报不审批、抵押物账实不符等现象，要求限期整改，并根据《昌吉州农村信用社审计处罚暂行规定》，落实相关责任，有80名屡查屡犯的职工受到处罚，罚金19950元。

2005年4月，县联合社组织审计人员4人，对基层22个网点第一季度会计、信贷业务进行综合检查，在财务收支、重要空白凭证及现金管理、大额贷款结息、内外账务核对等方面存在问题，要求限期整改，并依照相关规定处罚责任人192人、16978.98元。

2006年，县联社组织审计人员对基层22个网点进行常规综合检查3次。检查第一、二季度会计业务和信贷业务等，对发现的贷款利率执行错误、会计科目使用不正确、账务冲正不规范等问题，提出限期整改意见，并落实责任通报批评，全年共处罚18个社、178人、20470元。

2007年，县联社组织5名审计人员，对22个基层营业网点进行稽核审计6次，稽核面100%，针对检查情况提出整改建议、措施35条，对存在问题的责任人346人通报批评和罚款处理，罚金33300元。

2008年，县联社开展常规审计1次，协助财务信息、信贷、保卫、督查室检查4次，历时50天，审计检查面100%，对检查问题提出整改意见7条，对相关责任人进行处罚，共罚179人、18540元。

2009年，县联社开展常规审计3次，在信贷业务、会计业务、财务管理、安全保卫等方面发现的问题，提出限期整改建议，对相关责任人进行处罚并通报批评。

2010年，县联社开展常规审计3次，案件专项治理检查2次，累计发出现场检查事实确认书75份、整改意见书126份，提出整改意见249条，现场处罚513人、37900元。完成审计检查通报39份，事后监督中心审核会计凭证8035册、会计业务2105846笔，提出审计建议和意见49条。

2011年，县联社组织常规自律监管审计4次，事后监督中心每月对会计凭证进行审计，累计审计会计凭证7585册，会计业务2242270笔，完成审计检查通报13份，按月下发12期《事后监督通报》，提出审计建议和意见39条。同时设有纪检监察岗，查出3起网点服务差和7起信贷业务违规操作事件，对违规责任人处以下岗1人，罚款6800元。

2012年，县联社组织综合业务审计2次，自律监管再监督检查2次，发出整改通知书20份，提出整改意见10条。在案件防控工作中，按规定设立纪检监察岗，全辖设立32名监督员，并设立举报箱22个。全年累计发出现场检查事实确认书161份，发现存在问题468条，限期整改445条，经济处罚92人次，罚金39686.2元。

二、离岗、离职审计

离岗审计是对重要岗位人员岗位变动时的经济责任审计。离职审计是对信用社高层管理人员离职时的经济责任审计。县联合社2001年开始对离岗、离职人员进行经济责任审计。

2001年2月6日，对大丰信用社副主任进行离任审计稽核，发现在1999~2000年主持信用社工作期间，利用放贷之便违规违纪，收取贷款合同印花税，按有关规定进行处理。在信贷专项稽核中对园户村信用社跨区放贷，形成多头贷款的违规行为，对有关责任人进行处理，并出具离任审计报告。

2002年2~6月，县联合社对6位主任、副主任进行离任审计，存在的问题限期整改，落实责任并出具离任审计报告。

2003年2月，县联合社对全辖11名信贷员、2名委派会计、3名内退信贷员进行离任审计，查出历史错账2笔，限期纠正并出具离任审计报告。

2004年2月，县联合社组织稽核审计人员分别对岗位调整的委派会计、信贷员及辞职人员16人进行离任审计，对存在的问题限期整改和责任落实，并出具离任审计报告，对在任期内工作业绩进行客观公正评价。

2005年2月，县联合社依据重要岗位轮岗要求，对5名基层社主任、5名信贷人员、1名委派会计及1名资产保全部工作人员进行离任审计，依据事实客观公正评价，对存在问题的639笔、4743万元贷款进行责任落实，对失效贷款要求限期整改补救，并对责任人罚款通报。

2007年1月，县联社组织5名稽核审计人员，对重要岗位轮岗的5名基层社主任、7名信贷员、3名委派会计进行离任审计，对任职期间的工作业绩予以客观公正的评价。针对存在问题落实责任，提出限期整改意见，并出具离任审计报告。

2008年2月27日至3月5日，县联社对2名信用社主任、6名信贷人员、4名委派会计重要岗位人员调整进行离任审计。对任职期间的工作业绩做出客观公正评价，并出具离任审计报告。

2009年1~3月，县联社对16名中层干部、3名委派会计、16名信贷员进行离任审计，针对发现问题提出限期整改意见，并出具离任审计报告，客观公正评价任职期间的工作业绩。

2010年，县联社组织审计员9人，对17人在任期内政策制度执行和责任履职进行离任审计，并出具离任审计报告做出客观公正评价。

2011年1~3月，县联社对3名基层社主任、6名信贷人员、17名委派会计，在任期内制度执行和履职情况进行离任经济责任审计，并出具离任审计报告做出客观公正评价。

2012年1月，县联社对15名中层管理人员、20名委派会计、22名信贷员，在任职期间制度执行和履职情况进行离任审计和经济责任审计，对发现问题提出限期整改意见，落实责任，并出具离任审计报告，作出客观公正评价。

三、专项审计

1991年2月，县联合社领导带队组成稽核审计小组，历时4天，对五工台乡农村信用合作社账务混乱问题进行专项稽核审计。主要稽核“行社往来”“对外往来”等账目，发现汇款未达垫付款10357元，行社串户11341元，单位透支2020元，按规定进行账务纠正处理，并对责任人罚款、通报批评。是年3月，对农牧区四个乡镇农村信用合作社进行决算工作专项稽核检查。发现对决算文件精神理解不透，雀尔沟信用社出现“以贷收息”，使账面虚盈2073元，进行通报批评，限期收回贷款。

1992年7月12日，县联合社对五工台信用社独山子分社进行专项稽核。在核打库款中，发现账款不符、库款短少721.5元，3张750元白条抵库，按照稽核罚款规定，对相关责任人进行处罚。是年9月28日，县联合社对园户村信用社十三户分社负责人兼信贷员收支存贷款业务不按规定入账，搞资金外循环，情节严重，在行社内外造成不良影响，为严肃金融纪律，经农业银行昌吉州中心支行党组9月25日批准，对责任人给予开除信用社职工队伍的行政处分，并报县检察院提出公诉。

1997年9月，县联合社在专项稽核中发现营业部外勤人员外出收储将盖有市场营业部公章的定期储蓄存单18份丢失，给信用社资金安全造成很大风险，事故责任人受到全辖通报批评，并扣发一个季度的津贴。是年12月17日，县联合社对五工台信用社副主任审计，发现在1994~1995年度管理工作中管理松散、有章不循、违章放贷、垒大户等违规行为情况属实，给信用社造成信贷资金损失和不良社会影响，经批准给予退职处理。

1998年7月14日，县联合社在专项稽核中，发现五工台信用社职工违反微机操作规程，造成存款、报表数据丢失，3天不能正常营业，责任人受到200元经济处罚，同时对五工台信用社微机管理员和主管领导违反《微机管理办法》给予通报批评。是年9月10日，根据人民银行新疆分行《关于加强我区农村信用社稽核工作的意见的通知》精神，县联合社对全辖网点各项规章制度的执行情况进行全面检查，对“一逾”“两呆”（逾期贷款、呆滞贷款、呆账贷款）贷款进行重点审计，并按照信贷资产分类标准进行形态确认，对违章违规造成无法收回的贷款进行检查，落实责任，限期收回，同时对利率政策执行、高息揽储、账外经营等问题重点审计，并对全辖网点的重要空白凭证管理、使用情况进行专项审计并上报《专项报告》。

1999年8月2日，县联合社在专项稽核检查中，发现五工台、二十里店信用社逾期贷款利率执行不正确，造成多收贷款利息，由各社做好清退工作。发现石梯子信用社会计不坚持制度，造成账务混乱，对会计经济处罚500元，扣发3个月责任津贴，对复核人员经济处罚100元，主任经济处罚200元，并通报批评。

2000年1月19日，县联合社对二十里店信用社宁州户分社外勤人员丢失存单进行专项稽核。由于制度执行不严，丢失一份盖有业务公章和分社条章的活期存单，对责任人予以辞退。8月18日，县联合社对园户村信用社和庄分社负责人侵占储户存款31400元进行专项稽核，对会计、出纳审查把关不严，严重侵犯储户合法权益、违规违章操作，予以下岗辞退处理。9月26~27日，县联合社组织人员对各网点进行重要空白凭证专项检查，对检查发现未按规定登记、销号、乱扔乱放、管理不严的责任人，进行通报批评和经济处罚。12月21日，县联合社对营业部、二十里店、五工台信用社发生的历年长短款挂账进行专项稽核检查，经检查核实长款、短款情况，并按规定作账务处理。

2001年4月7日，县联合社对25个网点会计出纳工作进行专项稽核检查。主要是会计出纳账、表、凭证。通过检查，7个大社（存款1000万元以上），二十里店信用社为第一名，18个小社，五工台信用社西树窝子分社为第一名。

2002年，县联合社组织专项稽核4次。主要对园户村信用社丢失业务公章，园户村信用社驾驶员在接送库款中违规使用外单位车辆接库事件，五工台信用社违规结付甜菜款，原县联合社主任违规转移资金100万元进行专项稽核审计。经批准对驾驶员解除劳动合同，对3名工作人员给予经济处罚，其中1人处罚300元，2人各处罚150元。

2003年，县联合社组织专项审计7次。对查出的问题下发整改意见书21份，对有章不循、屡查屡犯的79名职工共处罚6106元。

2004年，县联合社对基层22个网点针对资产保全部财务情况、上年“百日清非”活动任务完成真实性、上年度决算及内控制度执行情况、现金、重要空白凭证及抵押物、信贷业务、固定资产及抵债资产、会计业务、贷款发放及管理情况等专项审计12次，对发现的贷款催收不及时、固定资产账实不符等问题，下发限期整改通知书。

2005年，县联合社组织审计人员对资产保全部2004年各项收入及费用、2004年决算及内控制度执行、信贷业务、计算机管理、十大贷款、固定资产抵债资产及其他应收应付款等，进行专项审计检查9次。对存在问题要求限期整改并通报批评。

2006年，县联社对22个基层网点的不良贷款、2005年决算真实性、资产保全部租赁费用管理、会计现场操作、账外经营风险情况、安全内控、信贷等进行专项审计6次，对存在的问题进行责任落实，提出限期整改意见，并通报批评和罚款。

2007年，县联社组织信贷、审计等人员对22个基层网点进行专项审计3次。3月6～14日，县联社副主任谢会同带队，对会计凭证、现金、重要空白凭证、抵押物品等会计业务进行检查。4月16日，组织6人，历时15天，对业务操作风险防控情况进行检查。8月15～28日，组织15人对信贷资产、对外承诺担保、抵债资产、抵押物管理等信贷业务进行检查。针对检查发现的贷款跨区、超权发放贷款、贷款计息不准确、会计业务移交不规范等问题，落实责任，提出限期整改意见，并通报批评和罚款。

2008年，县联社对信贷业务进行专项审计1次，对营业网点存在业务管理和业务人员分工、配置不合理、雀尔沟发放违规贷款等问题，落实贷款违规责任，提出限期整改意见，并对违规责任人作下岗清收处理。

2009年，县联社组织专项审计3次，案件专项治理审计3次。对核销损失类贷款和抵债资产的专项审计逐笔责任认定，对违规处理业务的6名责任人予以责任追究和经济处罚。在案件风险排查"回头看"审计中，对排查工作重视不够、措施不力、屡查屡犯的单位和个人严格实行问责，其中处罚101人次，留社察看2人，警告处分4人，行政警告处分2人，罚金1696.02元。

2010年，县联社业务专项审计3次，在100万元以上大额贷款、现金及重要空白凭证、不良贷款等审计中，调阅档案77份，报表19套，登记簿83本。对发现未按时查库、登记簿登记不规范、重要空白凭证账实不符、不良贷款档案移交不规范、贷款借新还旧手续不规范、贷后制度执行不到位等问题，下发限期整改意见书19份，并落实责任，对责任给予经济处罚和通报批评。

2011年，县联社专项审计13次，对上半年财务管理、信贷业务、业务宣传费管理、工会经费、固定资产及低值易耗品、费用列支的真实合规性等进行审计，发出现场检查事实确认书、整改意见书各96份，提出整改意见43条，现场处罚465人，罚金76775元。

2012年，县联社组织专项审计7次，对新核心业务、玉卡及ATM业务、财务、信贷、非农业性公司类贷款、案件专项治理等进行审计，针对发现问题提出限期整改意见，并给予责任人经济处罚和通报批评。

第三节 上级领导机关审计

一、人民银行审计

1993年3月3日，人民银行呼图壁县支行委托农业银行呼图壁县支行对所辖农村信用社储蓄存款利率进行现场审计，发现以集资入股为名擅自提高储蓄存款利率，高息揽储，对相关信用社进行处罚，共处罚531元。

1995年6月29日，人民银行呼图壁县支行对二十里店信用社常规审计，发现无“侨汇证明书”“外汇兑换证明”办理华侨储蓄34笔、20.74万元；存款准备金1月份迟缴19天、236379元，2月份迟缴20天、4880元，3月份迟缴18天、784元，4月份漏缴，5月份迟缴28天、2884元，6～10月份漏缴，共71.63万元；利率不套写吸收储蓄存款18.85万元，办理大额存款利率上浮5%吸收储蓄存款17.26万元；以10.98‰上浮60%的利率发放贷款13笔、9.38万元，转移临时存款160万元；42张转账传票没有销号，也没有盖转讫章等问题，要求限期整改。

1996年9月13日，人民银行呼图壁县支行对园户村信用社下辖的10个分社进行常规审计，发现贷款收保证金66万元，贷款计息分段多收利息2.9万元，个别贷款利率上浮比例擅自提高到80%多收利息2868.27元，擅自提高储蓄存款利率多付利息1544.29元，园户村饭店、和庄分社从活期储蓄存款、定期储蓄存款转出300万元进入应解汇款，下三工分社将短期农业贷款30万元分别转入活期储蓄存款15万元、定期储蓄存款15万元，从玛纳斯城市信用社以个人名誉拆入资金60万元，协议期限6个月，超过拆借期限4个月等。对相关信用社责令限期整改并给予经济处罚，共处罚1.02万元。

1997年7月28日，人民银行呼图壁县支行对县联合社营业部、雀尔沟、五工台信用社进行常规审计，发现雀尔沟信用社公款私存54笔、94万元，擅自上浮贷款利率113笔、16万元。对因提高利率而获取的经济收入4608元予以没收，对负责人给予警告处分。

1998年7月13日，人民银行呼图壁县支行对县联合社利率政策执行、现金管理、高息揽储等业务进行常规审计，发现漏报大额提现金额13.4万元，处以3%的罚款4019.70元，并通报批评。

1999年7月30日，人民银行呼图壁县支行对五工台、二十里店信用社进行业务检查，发现传票没有执行期限利率16笔、3.58万元，部分逾期贷款罚息没有分段计息133笔收利息18.82万元，对违反利率管理规定提前预收利息行为处罚1万元。11月10日，人民银行呼图壁县支行对县联合社各项内控制度及安全保卫工作进行专项检查，发现乡以下营业机构库款提取、交回不能做到双人押库和专车运送，多数采用单人乘坐公共交通汽车或骑摩托车送款、取款，五工台分社一人守库，报警器安装不合理，营业机构内部没有设置卫生间等问题，责令限期整改。

2000年5月23日，人民银行呼图壁县支行对县联合社、园户村、石梯子、五工台信用社1999年年末贷款质量、盈亏状况以及内控制度、高级管理人员任职资格等真实性情况进行抽查，发现存在问题3处，提出整改意见，责令限期整改。

2001年4月10日，人民银行呼图壁县支行对县联合社市场分社主任进行离任稽核。11月19日，人民银行昌吉州中心支行对县联合社执行规章制度和“四防一保”案件防查目标管理进行检查并打分，分别为72分和96分，在全州8县（市）联合社中分别名列第8名和第3名。

2001年昌吉州各县（市）联合社综合检查评比表

表14-3 单位：分

名　称	执行规章制度的定期检查制度得分	"四防一保"及案件防查工作量化考核得分
玛纳斯县联合社	88	98
呼图壁县联合社	72	96
昌吉市联合社	86	95
米泉市联合社	80	83
阜康市联合社	91	95
吉木萨尔县联合社	77	81
奇台县联合社	92	97
木垒县联合社	76	81

2002年9月10日，人民银行呼图壁县支行对县联合社财务及内控制度建设进行检查，发现县联合社营业部存放同业款内外账不符差100万元；五工台信用社对公存款总账与分户账不符；石梯子信用社丢失贷款借据1份、1200元；银星、园户村信用社抵债资产——桑塔纳汽车各1辆，未经审批，擅自自用；县联合社营业部高院强制划款128.4万元，园户村信用社垫付棉麻公司棉花收购款118万元，五工台信用社人民银行罚款1万元长期挂账，银星信用社购3套商品房共计17万元长期挂账等问题，责令限期整改。

2003年3月19日，人民银行呼图壁县支行对县联合社、二十里店、园户村、五工台、大丰、雀尔沟、银星7个信用社机构管理情况进行合规检查，发现二十里店头工分社、东滩分社、宁洲户分社、园户村信用社石梯子分社没有对外挂牌，有个别机构利率牌不规范，银星信用社在办理储蓄存款业务时，有漏登、错登身份证号的现象，人民银行呼图壁县支行评价结果如下。

2003年呼图壁县部分信用社整体考核评价表

表14-4 单位：分

单　位	流动充足性指标得分	资产安全性指标得分	资本充足性指标得分	收益合理性指标得分	合计得分	评价结论
县联社	33.83	29.91	9.73	6.21	79.68	基本满意
二十里店信用社	40.00	30.88	9.11	5.80	85.79	满　意
园户村信用社	32.57	26.39	7.01	4.43	70.40	基本满意
五工台信用社	32.46	20.96	3.92	5.68	63.02	基本满意
大丰信用社	34.42	29.74	9.72	5.52	79.40	基本满意
雀尔沟信用社	39.16	28.78	6.69	6.69	81.32	满　意
银星信用社	36.00	28.90	0.71	4.55	70.16	基本满意

二、银监局审计

2004年10月26日，昌吉监管分局对县联合社各项制度执行、安全保卫责任制落实、安全设施完善等内容进行现场审计，发现园户村信用社2004年3月16日向庆源房地产开发有限公司贷款200万元，当日未进企业账户汇到昌吉市工商银行；《会计人员短期代理交接登记本》《计算机安全检查登记本》有漏登现象，如呼图壁县园户村信用社2004年6月16日和7月24日办理交接业务时有2次漏登；五工台信用社审贷会记录没有明确记录表决结果；农户联保贷款逆程序操作6笔；银星信用社2001年收回贷户费小军门面房一套作价13万元出租多年相关法律手续未办理齐全等问题，责令限期整改。

2005年11月14日，昌吉监管分局对县联合社机关、营业部、园户村信用社、五工台信用社内部控制、案件专项治理、安全保卫情况进行现场检查，发现五工台信用社未执行金库钥匙平行交接，有交叉交接现象；联合社重空库房保管股金证账实不符，实物比账少一份；园户村信用社向园户村宾馆贷款70万元资金被挪用等，对责任人进行相对应的经济处罚。

2008年2月25日，昌吉监管分局对县联社银行业金融机构案件专项治理工作的贯彻落实情况进行督导检查，对石门子信用社未按金融许可证要求进行独立会计核算、安防设施不达标、园户村信用社营业室监控有死角无全景监控等问题，限期整改。县联社逐项进行落实整改，4月18日上报整改报告。

2009年5月18日，昌吉监管分局对县联社100万元（含）以上大额贷款的不良贷款业务进行现场检查，对社团贷款发放不规范、抵押物存在瑕疵、信贷档案资料不齐全、未严格执行三查制度等问题，提出限期整改意见，县联社逐项落实责任，制定整改措施，7月13日上报整改报告。6月22日，昌吉监管分局对县联社营业部、芳草湖信用社、中渠信用社、大泉信用社等案件防控制度及其健全性和制度执行力等进行现场检查，并下发检查意见书，提出监管意见。县联社针对问题逐一进行整改，8月27日上报整改报告。

2011年5月20日，昌吉监管分局对县联社案件防控工作督导、案件防控制度建设及制度执行力进行检查。

三、农业银行审计

1990年起，人民银行呼图壁县支行按照人民银行总行工作安排，每年按20%的稽核面，委托农业银行呼图壁县支行对县信用社进行稽核，稽核工作由农业银行呼图壁县支行信合股具体负责。

1992年10月26至11月14日，农业银行昌吉州中心支行信用合作管理科对呼图壁县联合社营业部、二十里店信用社信贷及会计工作进行综合检查并作评价。根据农业银行昌吉州中心支行《关于1992年全州信用社综合检查的通报》，县联合社营业部从1989年到1992年分别给贷户白玉金发放农场生产费用贷款180950元，逾期贷款本息未还，其主要问题：一是《贷款申请担保协议书》手续不完整；二是担保抵押不实；三是政府干预较多；四是“三查制度”坚持不严。同时查出园户村信用社十三户分社丁泉龙贷款29笔，本息合计78499.04元，吸收储蓄存款79笔，金额277420元，支付存款65笔，本息合计236816.41元，其中支付利息8916.41元，至1992年5月账外结存储蓄存款余额14笔，金额49520元。根据农业银行昌吉州中心支行文件，给予丁泉龙开除处分，从1992年9月25日起执行。

1994年8月22日，农业银行呼图壁县支行对大丰信用社进行现场审计，非正常贷款比重过大，部分贷款凭证书写不规范，凭证要素不全，未实施担保手续的贷款3笔、5.9万元，越权发放贷款6笔、8.4万元，5笔利息转本金贷款现象，造成虚增利息收入3.9万元，要求限期整改。

1997年，农业银行呼图壁县支行对信用社的外审工作由人民银行呼图壁县支行接管，此项工作自行结束。

四、自治区联社审计

2007年1月17日，自治区联社对县联社2006年年终决算真实性和高管人员任期经济责任两项工作进行现场审计。6月2日，县联社对岗位组织控制、授权授信、信贷资产管理、财务会计管理、计算机系统管理等主要业务和重要操作风险控制环境进行“排雷”行动大检查，发现内控制度不完善、存在“一人多岗”现象、纪念钞抵库存现金、单位存款账户开户许可证名称与门柜业务系统名称不符、大额提现漏审批现象、信贷档案管理不规范。针对存在的问题限期整改，并将整改情况书面报告自治区联社。

2008年3月7日，自治区联社委派塔城地区检查组对县联社2007年度会计年终决算真实性、信贷大检查整改、联社高管人员履职及银监局对2006年度会计年终决算真实性审计整改等情况进行检查。

2009年5月12日，自治区联社对县联社财务、会计工作进行专项检查，提出35条问题要求限期整改，县联社逐项逐笔整改落实责任，对责任人罚款通报，8月13日上报整改报告。

2012年3月7日，自治区联社对县联社2011年年终决算真实性和高管人员任期经济责任两项工作进行现场审计，查出问题67条，县联社逐项整改落实责任，对3名责任人进行处罚，罚金2780元，通报批评并责令限期整改，9月26日上报整改报告。

第四节　外部审计

一、国家审计

2010年6月2日~7月23日，自治区审计厅在自治区人民政府授权下，依据2010年审计项目计划，昌吉州审计局下发《昌吉州审计通知书》，对县联社2009年度资产负债损益情况进行现场审计。审计存在问题：1.超比例发放贷款。2.违规办理借新还旧贷款，掩盖贷款真实形态，面临损失。3.违规办理以贷收息10.4万元。4.催收通知书不真实。5.列支清收奖励各项费用112.83万元，缺乏制度约束。6.未及时清理待处理财产损失699.72万元。7.其他应收款未及时清理201.89万元。8.未及时退还抵押品价值13.6万元。下发审计报告（征求意见稿），县联社逐项制定整改措施，落实责任，限期进行整改，8月15日上报审计反馈报告。

二、社会审计

2006年1月，县联合社依据《关于做好专项中央银行票据申请发行工作的通知》精神，委托新疆瑞新有限责任会计师事务所，对2005年度的股本金真实性情况进行审计，2005年年底，县联合社股本金为3021.53万元，其中资格股2505.9万元，入股县联合社股金515.63万元，与县联合社有关协议、章程股本金一致。

2007年1月，县联社委托新疆宏昌有限责任会计师事务所呼图壁县分所，对2006年度股本金实收情况真实性进行审计，2006年年底，县联社股本金为2862万元，与县联社有关协议、章程股本金一致。

2008年6月，由新疆维吾尔自治区人民政府金融工作办公室委托新疆瑞新有限责任会计师事务所，对县联社2007年度资产负债表、2007年度利润及利润分配表及财务报表附注等情况进行审计，发现2007年度“呆账准备”少提1449.93万元。在所有重大方面公允反映2007年度财务状况和经营成果。

2009年3月，县联社委托新疆宏昌有限责任会计师事务所呼图壁县分所，对2008年度资产负债表、2008年度利润及利润分配表、所有者权益变动表及财务报表附注等情况进行审计，财务报表按照相关准则、制度规定编制，在所有重大方面公允反映2008年度财务状况和经营成果。

2010年2月，县联社委托新疆宏昌有限责任会计师事务所呼图壁县分所，对2009年度资产负债表、2009年度利润及利润分配表、所有者权益变动表及财务报表附注等情况进行审计，财务报表按照相关准则、制度规定编制，在所有重大方面公允反映2009年度财务状况和经营成果。

2011年5月，县联社委托新疆宏昌天圆有限责任会计师事务所，对2010年度资产负债表、2010年度利润及利润分配表及财务报表附注等情况进行审计，财务报表按照相关准则、制度规定编制，在所有重大方面公允反映2010年度财务状况和经营成果。

2012年3月，县联社委托新疆宏昌天圆有限责任会计师事务所，对2011年度资产负债表、2011年度利润及利润分配表及财务报表附注等情况进行审计，财务报表按照相关准则、制度规定编制，在所有重大方面公允反映2011年度财务状况和经营成果。

2013年3月，县联社委托新疆宏昌天圆有限责任会计师事务所，对2012年度资产负债表、2012年度利润及利润分配表及财务报表附注等情况进行审计，财务报表按照相关准则、制度规定编制，在所有重大方面公允反映2012年度财务状况和经营成果。

第十五章 电子银行业务

2008年4月，县联社开始发行全疆统一品牌玉卡（借记卡）；2010年9月1日，首台自动柜员取款机正式运营；2011年9月5日，开始安装POS机；2012年6月26日，首笔网上银行业务开办；2012年8月，首台自动柜员存取款一体机正式运营。2012年9月21日，发行福农卡；各类自助设备的引进，给客户带来极大方便。

截至2012年年底，县联社累计发卡85226张，卡存款余额87583万元；布放ATM21台，其中在行式19台，离行式2台，手续费收入24.93万元；安装POS机120台，收单业务手续费48.17万元；开通企业网上银行14户，办理企业网银交易107笔，交易金额1765.62万元。

第一节 电子化建设

20世纪90年代初，县联合社部分信用社开始使用计算机办理储蓄业务。起初，信用社的计算机是以单机为主，仅用于记账、办理储蓄业务，计算机也是零星购买，机型、品牌也不统一。

1992年12月，县联合社派刘娟、王艳、刘玉华3人赴乌鲁木齐参加人民银行举办的全疆农村信用社计算机系统培训班，历时一个月。

1993年初，县联合社购置第一台长城286电脑，分配到市场分社（今百汇信用社），使用农业银行单机版储蓄系统（新农业银行系统）办理储蓄业务。

OKI5330柜员打印机

1994年，县联合社分别为昌华路、大丰、园户村信用社园户村分社购置电脑、凭证打印机（OKI5330）和报表打印机。

1995年，农业银行信息部为县联合社提供会计股上线农业银行报表系统，利用调制解调器，将报表数据报送至农业银行。是年年底，县联合社为办公室购置电脑和打印机，用于公文的起草和打印。

1996年初，县联合社为营业部配备实达柜员终端、凭证打印机(OKI5330)和报表打印机。是年年底，县联合社营业部上线农业银行单机版对公业务系统，并开始使用调制解调器对联社营业部、市场分社、昌华路信用社、园户村信用社园户村分社的单机版储蓄系统进行联网。但由于技术原因，该联网于1997年夏季被取消。

1997年，县联合社为二十里店信用社配备实达柜员终端、凭证打印机(OKI5330)和报表打印机，并开始为部分营业网点配备点钞机，结束柜员依靠手工点验钞的历史。是年，县联合社综合业务股上线人民银行TJBB报表管理系统和全国农村信用社报表报送系统（沧州版XBB）。

1998年，为解决电脑“千年虫”问题，县联合社选用人民银行推荐的中创单机版储蓄、对公业务系统（操作系统为XENIX，数据库为INFORMAX）。对全辖农业银行单机版储蓄（新农业银行系统）、对公业务系统进行更换。是年，为五工台、东滩、小土古里、园户村信用社配备实达终端、凭条打印机(OKI5330)和报表打印机，上线中创单机版储蓄、对公业务系统。

1999年，县联合社为丰贸、红山信用社配备实达终端、凭条打印机(OKI5330)和报表打印机，上线中创单机版储蓄、对公业务系统。

实达终端

2000年，县联合社为雀尔沟、宁州户信用社配备实达终端、凭证打印机(OKI5330)和报表打印机，并上线中创单机版储蓄系统。

2001年，县联合社为西树窝子信用社配备实达终端、凭证（OKI5330）打印机和报表打印机，上线中创单机版储蓄、对公业务系统，并于当年将全辖没有上线对公业务系统的网点进行升级，所有营业网点均能办理对公、储蓄业务。是年9月，县联合社开始在营业部、银星信用社、市场分社等网点实行柜员制，每人一台终端办理业务。12月20日，县联合社开通新疆农村信用社系统内电子汇兑联行业务。

2002～2003年，县联合社为城区部分网点购置实达液晶终端。

实达液晶终端

2004年8月，县联合社派黄卫民、马文江2名科技人员赴乌鲁木齐和昌吉参加核心系统上线培训。9月，营业网点系统切换升级，使用日达公司门柜业务软件进行全疆联网。11月12日，县联合社以集中接入方式中的直联方式加入中国人民银行大额支付系统。截至2004年年底，共对14个营业网点业务系统进行切换升级，初步建立起以新疆农村信用社电子技术服务中心为核心的网络构架。新门柜系统的上线标志着呼图壁县农村信用社业务系统向网络化建设迈出坚实的一步。

2005年6月，县联合社对剩余8个网点进行系统切换升级。至此，全辖22个营业网点实现全疆储蓄业务通存通兑。27日，县联合社大额支付系统上线运行。实现以电子方式实时全额处理跨行及跨区支付结算业务。截至2005年年末，县联合社为每个柜员配备终端和打印机。

2006年，县联合社为营业部、银星信用社等网点配备业务终端、凭证打印机、点钞机、扎把机，逐步完善柜员的标准配置。7月3日，县联合社小额支付系统、企业征信系统上线运行。9月，县联合社使用路由器进行点对点连接，将门柜业务系统延伸至呼图壁县天丰棉业有限公司，进行非现金结算棉款。

2007年1月，县联社OA办公系统上线运行。7月30日，县联社支票影像系统上线运行，全辖22个营业网点配备虹光FP2000扫描仪。9月，全辖所有轧花企业通过点对点延伸柜台进行非现金结算。11月22日，县联社上线人民银行数据统计报表管理分析系统（科瑞明软件公司开发）。

2008年1月1日，县联社上线人民银行个人征信系统。8月26日，枣园信用社开通支票影像业务。9月3日，中渠、大泉、西树窝子、丰贸信用社开通大额支付业务。是年，县联社为部分网点更换（实达8040）和升腾柜员终端，并上线瑞星企业版杀毒软件。

实达8040系列终端

2010年7月3日，县联社“农信银”系统上线，实现全国农村信用社之间通存通兑。9月1日，首台ATM在银星信用社正式运营。

2011年，县联社建立备份线路，各营业网点采用中国联通2M线路作为业务备份线路，使用博达2624路由器进行单路由器双线路互为备份。5月，县联社新财新系统上线。11月16日，县联社切换新的核心业务系统。替换使用8年之久的旧核心系统。9月15日，开始安装POS机。

2012年6月，县联社开通全国“农信银”共享网银系统，开办企业网银业务。截至年底，全辖共有台式电脑116台、笔记本电脑26台、柜员终端127台、点钞机144台、扎把机121台、捆钞机24台。

第二节　银行卡

一、银行卡申领及服务

2008年4月，县联社开始发行全疆统一品牌玉卡（借记卡）。申请人凭本人有效身份证件，填写《玉卡/个人银行结算账户开卡/开户申请书》，经审查无误，开立个人银行结算账户，按存款实名制规定办理发卡手续。

2009年10月，县联社办理“银信通”业务，在业务推广期间，以短信方式免费为持卡人提供账户资金变动的时间、金额和余额。同时，自治区联社开通全疆24小时统一客服电话“96596”，为客户提供业务咨询、受理客户投诉、账户挂失等服务。

2012年5月，东泉信用社为兴丰农机门市部开办首批“单位卡”。9月21日，东泉信用社发行首张“福农卡”。

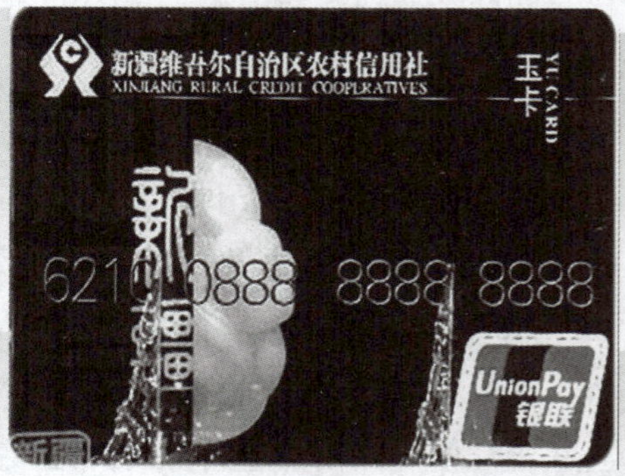

玉卡

二、银行卡会计核算

2008年4月，县联社通过旧业务系统发行“玉卡”，玉卡在核心系统中作为个人结算账户的附属卡，由核心门柜系统进行结算。

2011年11月，县联社新核心门柜系统上线，玉卡改为独立的结算账户，由门柜系统自动进行会计核算。

三、银行卡管理

2008年，县联社玉卡（借记卡）业务管理领导小组成立，负责指导、组织玉卡业务日常管理工作，是年年末，县联社共计发行玉卡6815张，卡存款余额8387万元，卡均存款1.23万元。

2009年，县联社将卡业务划归财务信息部管理。负责卡业务的计划、实施和管理工作。是年年末，县联社全年发行玉卡13479张，比年初增加6664张，卡存款余额19709.18万元，比年初增加11322.18万元，卡均存款0.97万元。

2010年1月，为推动银行卡业务更好发展，加大银行卡的营销力度，县联社将卡业务划归业务发展部管理。7月12日，为更加科学、规范的管理银行卡业务，县联社成立信用卡中心，全面负责银行卡及ATM的维护、管理和上线工作。是年，县联社全年发行玉卡20597张，累计发行玉卡40891张，卡存款余额45008.35万元，比上年同期增加25299.17万元，增长128.36%。

2011年11月16日，县联社新核心业务系统正式切换上线，淘汰运行8年之久的旧业务系统。新业务系统中，玉卡由旧业务系统的“卡折合一”，变为单独的存取款介质，卡和存折分离。是年，县联社发行玉卡17496张，累计发行玉卡58387张，卡存款余额62444万元，比上年同期增加17436万元，增长38.74%。

2012年，县联社发行玉卡26967张，累计发行85226张，发行福农卡1917张，卡存款余额87583万元。

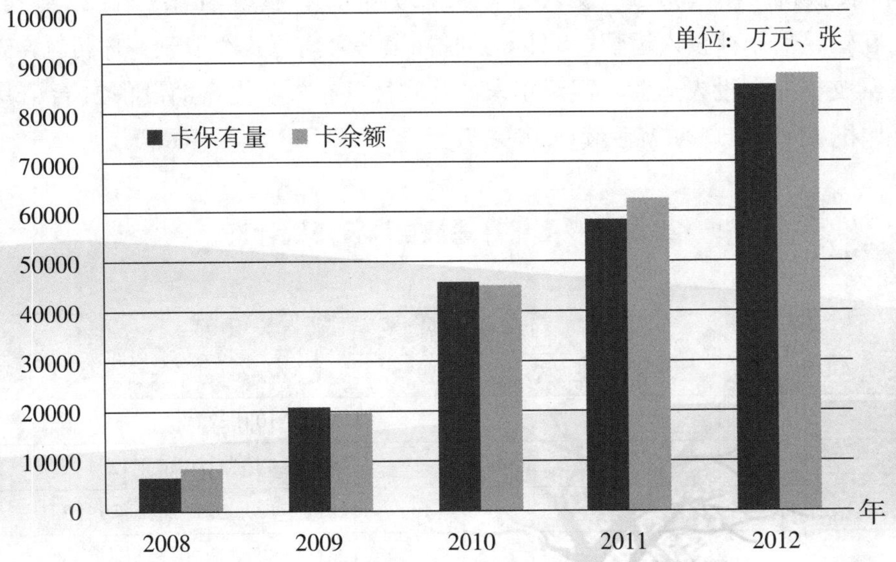

图15-1　2008～2012年呼图壁县联社玉卡发行示意图

第三节 自助银行

一、自助银行设备（ATM）

2010年9月1日，县联社第一台ATM在银星信用社正式投入运营，结束县联社五十多年来完全靠柜员办理业务的历史。ATM的投入运营，标志着县联社向金融电子化迈出一大步。10月22日，县联社营业部ATM投入使用；11月2日，枣园信用社ATM投入使用，成为呼图壁县联社第一台布放在兵团的自助设备。3日，园户村信用社ATM投入使用。是年年末，县联社共有4台ATM，均为NCR6625型取款机，该取款机为客户提供银联卡取款、本行卡转账、查询、改密等金融服务，方便广大客户，减轻柜面压力，提高县联社整体服务实力。全年实现ATM手续费0.87万元。

2011年6月1日，县联社芳草湖信用社ATM（广电运通H22N型）投入运营；2日，大丰信用社ATM（NCR6625）投入运营，县联社第一次将ATM安装到农村地区，为偏远乡镇提供24小时不间断金融服务。8月2日，昌华路信用社ATM（NCR6625）投入运营；9月28日，二十里店信用社ATM（NCR6625）投入运营；11月10日，园林路信用社两台ATM（广电运通H22N型）投入运营；21日，东泉信用社ATM投（NCR6625）入运营；12月20日，百汇信用社两台ATM（广电运通H22N型）投入运营。截至年末，县联社共安装ATM13台，实现ATM手续费20.59万元。

2012年8月25日，县联社第一台存取款一体机（NCR6635）在昌华路信用社投入运营。9月7日，百汇信用社存取款一体机（NCR6635）投入运营；9月22日，五工台信用社ATM（NCR6625）投入运营；10月1日，县联社第一台离行式取款机（广电运通H22N型）在五工台镇大泉村投入运营，解决当地因路途远，办理金融业务难的问题。10月25日，芳草湖信用社存取款一体机（NCR6635）和取款机（NCR6625）投入运营；12月4日，县联社第一台大堂式ATM（恒银CASH80ALI）在银星信用社投入运营；7日，县联社第一台离行式存取款一体机（NCR6635）在人民银行呼图壁县支行一楼投入运营。截至年末，县联社共布放各类自助设备21台，其中取款机17台，存取款一体机4台，实现ATM手续费24.93万元。

2012年呼图壁县联社自助设备统计表

表15-1　　　　单位：台

（社）部	自助设备数量	设备类型		投入运营时间	备注
		取款机	存取款机		
联社营业部	1	1	—	2010年10月22日	在行式
银星信用社	2	2	—	2010年9月1日/2010年12月4日	在行式
百汇信用社	3	2	1	2011年12月20日/2012年9月7日	在行式
昌华路信用社	2	1	1	2011年8月2日/2012年8月25日	在行式
园户村信用社	1	1	—	2010年11月3日	在行式
园林路信用社	2	2	—	2011年11月10日	在行式

续表 15-1

(社)部	自助设备数量	设备类型		投入运营时间	备注
		取款机	存取款机		
五工台信用社	1	1	—	2012年9月22日	在行式
大丰信用社	1	1	—	2011年6月2日	在行式
二十里店信用社	1	1	—	2011年9月28日	在行式
东泉信用社	1	1	—	2011年11月21日	在行式
芳草湖信用社	2	1	1	2012年10月25日	在行式
芳草湖天星信用社	1	1	—	2011年6月1日	在行式
枣园信用社	1	1	—	2010年11月2日	在行式
大泉村ATM	1	1	—	2012年10月1日	离行式
人民银行ATM	1	—	1	2012年12月7日	离行式

二、自助银行管理

2010~2011年，县联社制定《呼图壁县农村信用合作联社自动柜员机（ATM）管理办法》《呼图壁县农村信用合作联社自动柜员机（ATM）业务操作规程》，并在每个网点聘任自动柜员机设备和现金管理员，负责网点自动柜员机的日常运行检查、维护、登记、加减钞、吞没卡管理、设备保洁和账务核对工作。

2012年，县联社制定《呼图壁县农村信用合作联社离行式自动柜员机操作规程》《呼图壁县农村信用合作联社离行式自动柜员机管理办法》，由电子银行部管理离行式自助设备，负责自动柜员机的日常运行检查、维护、登记、加减钞、设备保洁工作。营业网点负责离行式自助设备保险柜密钥管理，电子银行部负责离行式自助设备保险柜钥匙管理。是年，县联社ATM手续费收入24.93万元。

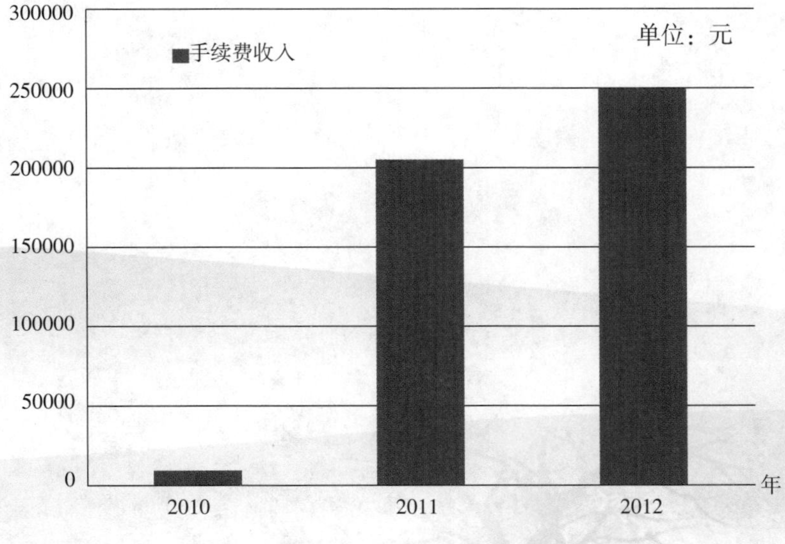

图15-2　2010~2012年县联社ATM手续费收入示意图

第四节　收单业务

一、商户拓展

2011年9月，县联社POS机收单业务正式投入运营。9月5日，乌鲁木齐市献瑞房地产开发有限公司五家渠分公司通过自治区联社审批，成为县联社第一个POS机收单商户。截至年末，县联社累计购进POS机39台，其中“新国都K301FZ”POS机19台、“联迪E530”POS机20台。累计拓展POS机收单商户31户，安装POS机具31台，实现收单业务手续费4.41万元。

2012年，县联社开始办理固话POS机和无线POS机业务。6月18日，东泉信用社申办的“呼图壁县兴丰农机门市部”成为全疆农村信用社第一个固话POS机商户。12月31日，县联社为呼图壁县北疆粮油工贸有限责任公司安装无线POS机，为企业上门收款提供无线POS机终端服务。截至2012年年末，全年累计购进POS机96台，其中固话POS机（百富T52）6台、无线POS机（联迪E550）10台、百富P58有线POS机40台、联迪E530有线POS机40台。累计拓展POS机商户139户，安装POS机143台，撤销23台，年末实际运营120台，收单业务手续费48.17万元。

新国都K301FZ

联迪E530

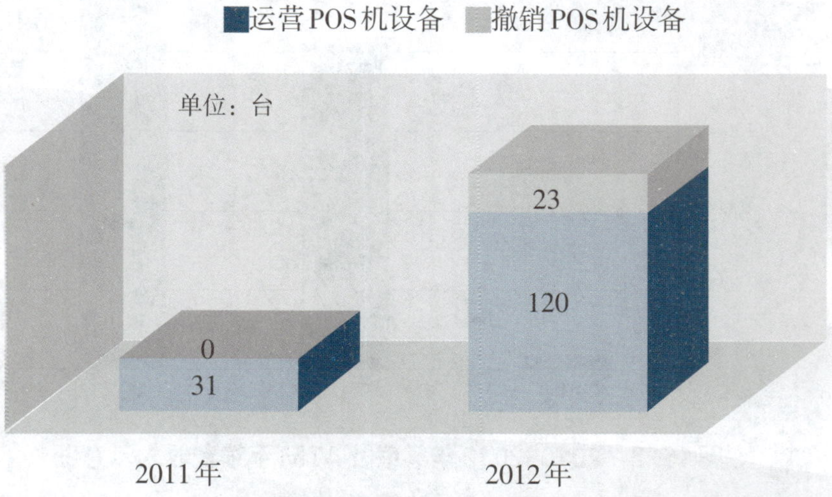

图15-3　2011~2012年呼图壁县联社POS机业务发展状况图

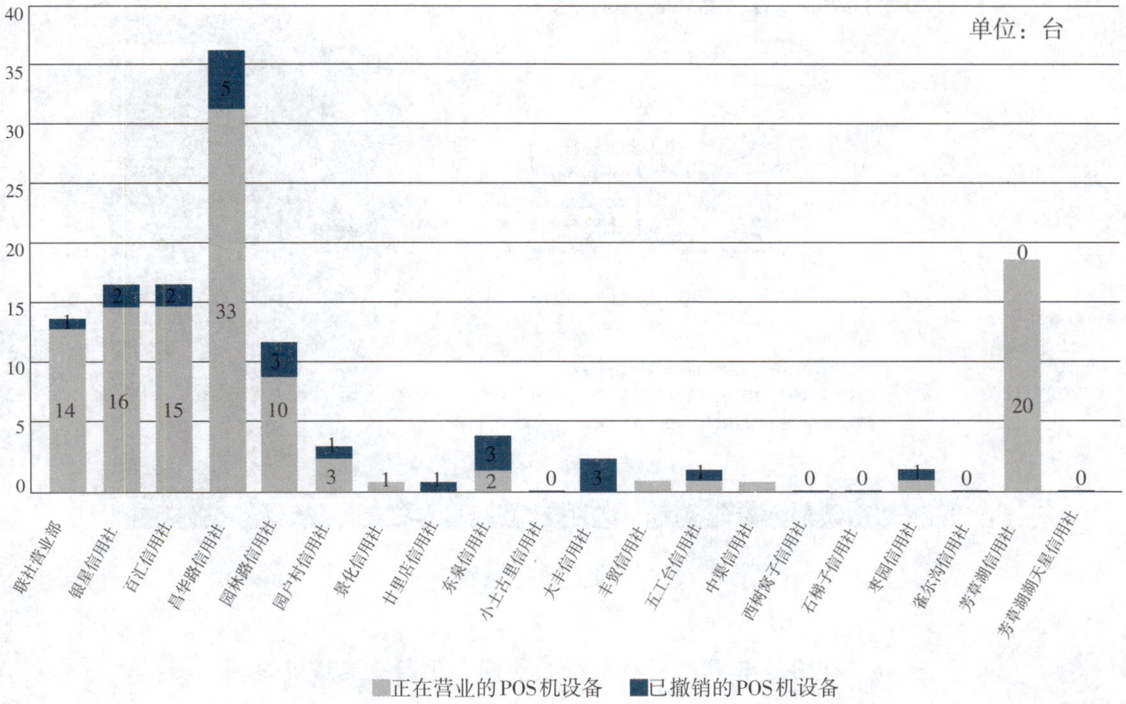

图15-4　2012年呼图壁县联社营业网点运营POS机状况图

二、商户管理

2011年，县联社制定《呼图壁县农村信用合作联社银行卡收单业务管理办法》《呼图壁县农村信用合作联社银行卡收单业务操作规程》《呼图壁县农村信用合作联社特约商户和POS机收单业务管理办法（暂行）》《呼图壁县农村信用合作联社POS机收单业务考核办法》《呼图壁县农村信用合作联社POS机收单业务考核奖励办法》等制度，严格规范县联社收单业务管理，明确岗位责任，有效防范操作风险。县联社电子银行部对商户进行直接管理，负责POS机具的申报、安装、变更、撤机，以及按月巡检工作。

第五节　网上银行

2012年2月，县联社企业网上银行上线运营。6月26日，县联社在园林路信用社为新疆华洋实业（集团）有限公司呼图壁分公司办理首笔网上银行业务。截至年末，县联社共拓展企业网上银行14户，发放企业网银USBkey28个，网银交易107笔，交易金额1765.62万元，其中行内交易41笔、286.54万元；跨行交易66笔、1479.08万元。

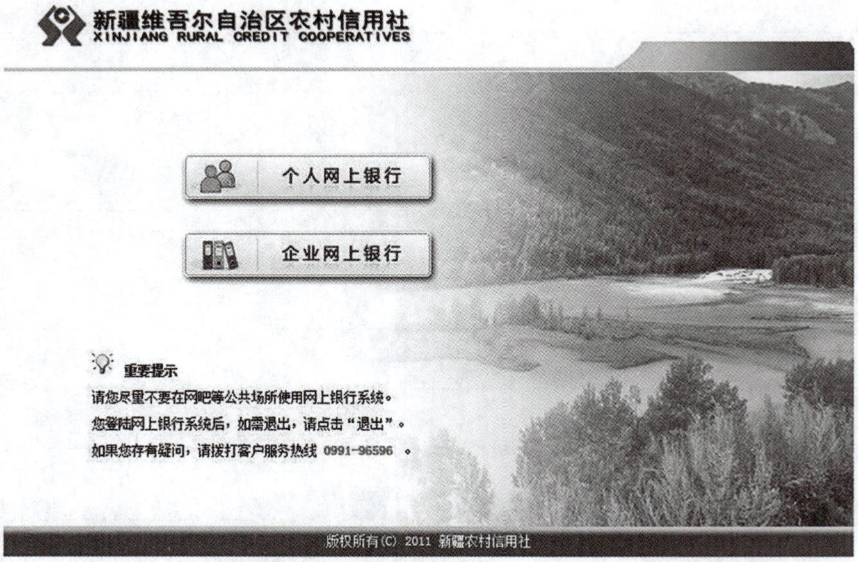

网上银行系统

2012年呼图壁县联社企业网上银行交易统计表

表15-2　　　　单位：笔、万元

网　点	合　计		行内转账		跨行转账	
	笔数	金额	笔数	金额	笔数	金额
联社营业部	6	7.54	6	7.54	—	—
园林路信用社	76	1094.25	21	163.86	55	930.39
银星信用社	8	587.59	1	50	7	537.59
园户村信用社	9	25.63	6	22.14	3	3.49
昌华路信用社	8	49.61	7	42	1	7.61
合　计	107	1764.62	41	285.54	66	1479.08

第十六章　资金业务

1995年1月，县联合社开始办理资金业务，并成立资金营运业务领导小组，制定《呼图壁县农村信用合作联社资金营运实施细则》《呼图壁县农村信用合作联社资金营运管理委员会工作制度》。通过自治区联社资金业务平台，与其他金融机构及具备资格的债券市场成员在共同严格遵守相关法律、法规、制度的前提下，开展系统内资金调剂、同业存放和债券市场业务等。至2012年，开立各类同业账户6个。2005~2012年，存放同业资金借方发生额为8788039.45万元，贷方发生额为8704298.79万元，利息收入5434.21万元。2009~2012年，票据贴现借、贷总金额均为4799.72万元。

第一节　同业资金

一、同业存款

同业存款是指县级农村信用社缴足存款准备金并按规定比例上存清算备付金后，因办理现金领缴、结算、理财投资或其他资金往来等业务需要而存入其他金融机构的款项以及自治区联社、县农村信用社因清算和管理需要而存入其他金融机构的款项。存放同业资金管理遵循分级管理、开户审批、防范风险、注重效益的原则。

（一）存放中央银行款项

存放中央银行存款是指金融机构在中央银行开户而存入的用于支付清算、调拨款项、提取及缴存现金、往来资金结算以及按吸收存款的一定比例缴存于中央银行的款项和其他需要缴存的存款。存放中央银行款项一般包括：法定存款准备金、超额存款准备金两种。

20世纪50年代至70年代，呼图壁县农村信用合作社的各项业务属人民银行管理，各乡信用社在人民银行开立资金账户，主要用于提、缴款和日常结算业务，资金周转量很小，几乎没有收益。

（二）存放农业银行款项

1980年，各乡信用社除向中央人民银行缴存存款准备金外，在农业银行另外开立资金账户，办理信用社现金领缴、结算或其他资金往来等业务。1988年，呼图壁县联合社各乡镇信用社不再在人民银行营业所设立存放同业资金账户，而由呼图壁联合社统一在农业银行开立资金账户，进行提、缴款等日常资金清算活动。存放同业资金账户的利息收入要按照规定核对无误后，及时纳入账内核算，严禁截留、挪用。

（三）存放其他银行款项

存放其他银行款项是信用社2005年以来蓬勃发展的一项业务，随着呼图壁县金融市场的改革深化，经济增长迅速，信用社与其他金融机构之间的资金往来愈发密切，往来资金数额逐年提高。

2005年，县联合社在农业发展银行呼图壁县支行开立资金账户。年末，存放同业款项3576.67万元。截至2012年，县联社在县域内开立同业存放账户3个，即商业银行2个，政策性银行1个。在县外开立存放同业账户3个，即昌吉市股份制银行2个，国有商业银行1个。

2005~2012年呼图壁县联合社（联社）开立专用存款账户明细表

表16-1

开户行名称	账户性质	开立时间
中国农业发展银行呼图壁县支行	专用存款账户	2005年11月24日
中国工商银行股份有限公司昌吉州分行呼图壁支行	专用存款账户	2006年3月27日
中国农业发展银行呼图壁县支行	专用存款账户	2006年9月5日
中国银行股份有限公司昌吉市延安南路支行	专用存款账户	2010年2月3日
上海浦东发展银行股份有限公司昌吉市支行	专用存款账户	2011年8月30日
兴业银行股份有限公司昌吉支行	专用存款账户	2011年10月9日

2006年，县联社存放同业资金达4186.38万元。存放同业资金借、贷交易额分别为482637.48万元、502591.62万元。

2008年，县联社存放同业款项3793.49万元。借、贷方交易额分别为368170.18万元、331533.49万元。

2010年9月6日，县联社印发《呼图壁县农村信用合作联社资金营运实施细则》《呼图壁县农村信用合作联社资金营运管理委员会工作制度》，规定存放同业资金按授权额度审批，即发生1000万元（含）以内的大额转账业务，5000万元（含）以内的提现业务，由县联社分管会计工作的领导审批；发生1000万元以上至5000万元（含）大额转账业务由县联社主任审批；发生5000万元以上大额转账、汇款及提现业务由县联社理事长审批。是日，县联社资金营运领导小组成立，朱智岗任组长，叶斌、陈志高、来红梅、叶寿林为成员。资金营运业务由信贷管理部、财务信息部、县联社营业部共同完成。是年，县联社共办理同业资金约期存款53笔、321360万元。年末，存放同业款项余额10000万元。

2011年，县联社存放同业资金约期存款累计交易60笔、485640万元，交易额比同期增长51.12%。

2012年，县联社同业存款累计交易达166笔、1136600万元，增长134.04%。实现收益从2005年的198.84万元发展到2012年实现收益2548.06万元。

2005~2012年呼图壁县联合社（联社）存放同业资金交易表

表16-2　　单位：万元

年度	交易种类	借方	贷方	余额	利息收入
2005	存放同业	—	—	3576.67	198.84

续表16-2

年度	交易种类	借方	贷方	余额	利息收入
2006	存放同业	482637.48	502591.62	4186.38	149.44
2007	存放同业	348230.57	351114.15	1302.80	29.56
2008	存放同业	368170.18	331533.49	3793.49	180.5
2009	存放同业	704765.80	730727.11	11978.18	349.57
2010	存放同业	1449871.63	1446551.09	15298.72	528.35
2011	存放同业	2179853.64	2173221.89	21930.47	1449.89
2012	存放同业	3254510.15	3168559.44	107881.18	2548.06
合计		8788039.45	8704298.79	83740.66	5434.21

2010～2012年呼图壁县联社存放同业存款表

表16-3　　单位：万元

年份	交易种类	笔数	比上年增幅(%)	金额	比上年增幅(%)
2010	存放同业	53	—	321360	—
2011	存放同业	60	13.21	485640	51.12
2012	存放同业	166	176.67	1136600	134.04
合计		279	—	1943600	—

2012年呼图壁县联社存放同业资金业务表

表16-4　　单位：万元

序号	2012年		业务种类	交易方名称	金额	利率(%)	期限	到期日	利息
	月	日							
1	1	4	存放同业	兴业银行股份有限公司昌吉支行	20000	6.60	1个月	2012.2.4	113.31
2	1	4	存放同业	兴业银行股份有限公司昌吉支行	10000	6.60	1个月	2012.2.4	56.65
3	1	4	存放同业	兴业银行股份有限公司昌吉支行	10000	6.60	1个月	2012.2.4	56.65
4	1	4	存放同业	兴业银行股份有限公司昌吉支行	5000	6.60	1个月	2012.2.4	28.33
5	1	9	存放同业	兴业银行股份有限公司昌吉支行	10000	6.40	1个月	2012.2.9	54.36
6	1	4	存放同业	兴业银行股份有限公司昌吉支行	5000	6.60	1个月	2012.2.4	28.33
7	1	31	存放同业	浦发银行股份有限公司昌吉市支行	5000	0.95	1天	2012.2.2	0.13
8	2	1	存放同业	兴业银行股份有限公司昌吉支行	6000	5.50	1个月	2012.3.1	26.22
9	2	6	存放同业	中国工商银行呼图壁县支行	6000	5.15	1个月	2012.3.6	25.75
10	2	7	存放同业	中国工商银行呼图壁县支行	10000	5.00	1个月	2012.3.7	1.94
11	2	7	存放同业	兴业银行股份有限公司昌吉支行	20000	5.00	1个月	2012.3.7	80.56
12	2	7	存放同业	兴业银行股份有限公司昌吉支行	10000	5.00	1个月	2012.3.7	1.80
13	2	9	存放同业	中国农业发展银行呼图壁县支行	10000	4.20	1个月	2012.3.9	33.83
14	2	9	存放同业	兴业银行股份有限公司昌吉支行	5000	4.10	14天	2012.2.23	7.97

续表16-4

序号	2012年		业务种类	交易方名称	金额	利率(%)	期限	到期日	利息
	月	日							
15	3	7	存放同业	兴业银行股份有限公司昌吉支行	5000	3.18	7天	2012.3.14	3.09
16	3	7	存放同业	兴业银行股份有限公司昌吉支行	5000	3.18	7天	2012.3.14	7.97
17	3	7	存放同业	兴业银行股份有限公司昌吉支行	5000	3.78	14天	2012.3.21	7.35
18	3	7	存放同业	兴业银行股份有限公司昌吉支行	5000	3.78	14天	2012.3.21	7.35
19	3	9	存放同业	中国农业发展银行呼图壁县支行	5000	4.00	1个月	2012.4.9	17.29
20	3	9	存放同业	兴业银行股份有限公司昌吉支行	5000	3.73	14天	2012.3.23	7.25
21	3	14	存放同业	浦发银行股份有限公司昌吉市支行	5000	3.25	14天	2012.3.28	6.32
22	3	14	存放同业	浦发银行股份有限公司昌吉市支行	5000	3.25	14天	2012.3.28	6.32
23	3	21	存放同业	中国建设银行昌吉州分行延安北路支行	5000	3.40	7天	2012.3.28	3.31
24	3	21	存放同业	中国建设银行昌吉州分行延安北路支行	5000	3.40	7天	2012.3.28	3.31
25	3	23	存放同业	中国建设银行昌吉州分行延安北路支行	5000	3.40	7天	2012.3.30	3.31
26	4	6	存放同业	兴业银行股份有限公司昌吉支行	10000	4.57	7天	2012.4.13	8.88
27	4	6	存放同业	兴业银行股份有限公司昌吉支行	5000	4.58	14天	2012.4.20	8.91
28	4	6	存放同业	兴业银行股份有限公司昌吉支行	5000	4.58	14天	2012.4.20	8.91
29	4	10	存放同业	兴业银行股份有限公司昌吉支行	5000	3.82	7天	2012.4.17	3.71
30	4	10	存放同业	五家渠国民村镇银行	2000	5.00	14天	2012.4.24	3.89
31	4	13	存放同业	兴业银行股份有限公司昌吉支行	5000	4.20	1个月	2012.5.13	17.60
32	4	13	存放同业	兴业银行股份有限公司昌吉支行	5000	4.20	1个月	2012.5.13	17.60
33	4	13	存放同业	浦发银行股份有限公司昌吉市支行	5000	3.85	14天	2012.4.27	7.47
34	4	13	存放同业	浦发银行股份有限公司昌吉市支行	5000	3.85	14天	2012.4.27	7.47
35	4	17	存放同业	兴业银行股份有限公司昌吉支行	5000	4.14	1个月	2012.5.17	17.35
36	4	20	存放同业	兴业银行股份有限公司昌吉支行	5000	3.92	7天	2012.4.27	3.81
37	4	20	存放同业	兴业银行股份有限公司昌吉支行	5000	4.03	14天	2012.5.4	7.83
38	4	24	存放同业	浦发银行股份有限公司昌吉市支行	2000	4.30	1个月	2012.5.24	7.17
39	4	27	存放同业	兴业银行股份有限公司昌吉支行	5000	4.12	14天	2012.5.11	8.01
40	4	27	存放同业	兴业银行股份有限公司昌吉支行	5000	4.12	14天	2012.5.11	8.01
41	4	27	存放同业	浦发银行股份有限公司昌吉市支行	5000	3.85	7天	2012.5.4	3.74
42	5	4	存放同业	兴业银行股份有限公司昌吉支行	5000	3.76	14天	2012.5.18	7.31
43	5	7	存放同业	兴业银行股份有限公司昌吉支行	5000	3.82	14天	2012.5.21	7.43
44	5	11	存放同业	兴业银行股份有限公司昌吉支行	5000	3.40	14天	2012.5.25	6.61
45	5	11	存放同业	兴业银行股份有限公司昌吉支行	5000	3.40	14天	2012.5.25	6.61
46	5	14	存放同业	兴业银行股份有限公司昌吉支行	5000	3.23	14天	2012.5.28	6.28
47	5	14	存放同业	兴业银行股份有限公司昌吉支行	5000	3.23	14天	2012.5.28	6.28
48	5	18	存放同业	兴业银行股份有限公司昌吉支行	5000	2.75	14天	2012.6.1	5.35
49	5	18	存放同业	兴业银行股份有限公司昌吉支行	5000	2.75	14天	2012.6.1	5.35
50	5	21	存放同业	兴业银行股份有限公司昌吉支行	5000	2.60	7天	2012.5.28	5.35
51	5	25	存放同业	兴业银行股份有限公司昌吉支行	6000	2.73	14天	2012.6.8	6.37
52	5	25	存放同业	兴业银行股份有限公司昌吉支行	6000	2.73	14天	2012.6.8	6.37

续表16-4

序号	2012年		业务种类	交易方名称	金额	利率（%）	期限	到期日	利息
	月	日							
53	5	28	存放同业	兴业银行股份有限公司昌吉支行	5000	2.65	14天	2012.6.11	5.15
54	5	28	存放同业	兴业银行股份有限公司昌吉支行	5000	2.65	14天	2012.6.11	5.15
55	5	28	存放同业	兴业银行股份有限公司昌吉支行	5000	2.65	14天	2012.6.11	5.15
56	6	5	存放同业	昌吉国民村镇银行	1000	3.65	14天	2012.6.19	1.42
57	6	1	存放同业	兴业银行股份有限公司昌吉支行	5000	2.96	1个月	2012.7.1	5.15
58	6	1	存放同业	兴业银行股份有限公司昌吉支行	5000	2.96	1个月	2012.7.1	5.15
59	6	8	存放同业	浦发银行股份有限公司昌吉市支行	6000	3.10	1个月	2012.7.9	16.02
60	6	8	存放同业	浦发银行股份有限公司昌吉市支行	6000	3.10	1个月	2012.7.9	16.02
61	6	12	存放同业	浦发银行股份有限公司昌吉市支行	5000	3.20	1个月	2012.7.12	13.33
62	6	12	存放同业	浦发银行股份有限公司昌吉市支行	5000	3.20	1个月	2012.7.12	13.33
63	6	12	存放同业	浦发银行股份有限公司昌吉市支行	5000	3.20	1个月	2012.7.12	13.33
64	6	12	存放同业	昌吉国民村镇银行	2000	4.20	1个月	2012.7.12	7.00
65	6	19	存放同业	昌吉国民村镇银行	1000	4.80	1个月	2012.7.19	4.00
66	7	2	存放同业	兴业银行股份有限公司昌吉支行	5000	5.03	14天	2012.7.16	9.78
67	7	2	存放同业	兴业银行股份有限公司昌吉支行	5000	5.03	14天	2012.7.16	9.78
68	7	9	存放同业	浦发银行股份有限公司昌吉市支行	6000	3.20	14天	2012.7.23	7.47
69	7	9	存放同业	浦发银行股份有限公司昌吉市支行	6000	3.20	14天	2012.7.23	7.47
70	7	12	存放同业	浦发银行股份有限公司昌吉市支行	5000	3.25	14天	2012.7.26	6.32
71	7	12	存放同业	浦发银行股份有限公司昌吉市支行	5000	3.25	14天	2012.7.26	6.32
72	7	12	存放同业	浦发银行股份有限公司昌吉市支行	5000	3.25	14天	2012.7.26	6.32
73	7	12	存放同业	昌吉国民村镇银行	2000	4.32	14天	2012.7.26	3.36
74	7	16	存放同业	兴业银行股份有限公司昌吉支行	5000	3.43	14天	2012.7.30	6.67
75	7	16	存放同业	兴业银行股份有限公司昌吉支行	5000	3.43	14天	2012.7.30	6.67
76	7	19	存放同业	昌吉国民村镇银行	1000	5.00	1个月	2012.8.19	4.33
77	7	23	存放同业	中国农业发展银行呼图壁县支行	6000	2.60	1个月	2012.8.23	13.43
78	7	23	存放同业	兴业银行股份有限公司昌吉支行	6000	3.98	14天	2012.8.6	9.29
79	7	26	存放同业	浦发银行股份有限公司昌吉市支行	5000	3.55	14天	2012.8.9	6.90
80	7	26	存放同业	浦发银行股份有限公司昌吉市支行	5000	3.55	14天	2012.8.9	6.90
81	7	26	存放同业	浦发银行股份有限公司昌吉市支行	7000	3.55	14天	2012.8.9	9.66
82	7	30	存放同业	兴业银行股份有限公司昌吉支行	5000	3.49	14天	2012.8.13	6.79
83	7	30	存放同业	兴业银行股份有限公司昌吉支行	5000	3.49	14天	2012.8.13	6.79
84	8	6	存放同业	兴业银行股份有限公司昌吉支行	6000	3.54	14天	2012.8.20	8.38
85	8	9	存放同业	浦发银行股份有限公司昌吉市支行	5000	3.30	14天	2012.8.23	6.42
86	8	9	存放同业	浦发银行股份有限公司昌吉市支行	5000	3.30	14天	2012.8.23	6.42
87	8	9	存放同业	浦发银行股份有限公司昌吉市支行	7000	3.30	14天	2012.8.23	8.98
88	8	13	存放同业	兴业银行股份有限公司昌吉支行	5000	3.48	1个月	2012.9.13	15.08
89	8	13	存放同业	兴业银行股份有限公司昌吉支行	5000	3.48	1个月	2012.9.13	15.08
90	8	21	存放同业	兴业银行股份有限公司昌吉支行	7000	4.47	14天	2012.9.4	12.17

续表16-4

序号	2012年		业务种类	交易方名称	金额	利率(%)	期限	到期日	利息
	月	日							
91	8	23	存放同业	中国农业发展银行呼图壁县支行	6000	2.60	1个月	2012.9.23	13.50
92	8	23	存放同业	浦发银行股份有限公司昌吉市支行	6000	4.00	14天	2012.9.6	9.33
93	8	23	存放同业	浦发银行股份有限公司昌吉市支行	5000	4.00	14天	2012.9.6	7.78
94	8	23	存放同业	浦发银行股份有限公司昌吉市支行	5000	4.00	14天	2012.9.6	7.78
95	8	24	存放同业	中国农业发展银行呼图壁县支行	1000	2.90	1个月	2012.9.24	2.50
96	8	29	存放同业	兴业银行股份有限公司昌吉支行	5000	3.84	7天	2012.9.5	3.73
97	8	31	存放同业	兴业银行股份有限公司昌吉支行	8000	3.61	14天	2012.9.14	11.23
98	9	4	存放同业	兴业银行股份有限公司昌吉支行	7000	3.63	1个月	2012.10.4	21.74
99	9	5	存放同业	兴业银行股份有限公司昌吉支行	5000	3.78	1个月	2012.10.5	16.05
100	9	7	存放同业	浦发银行股份有限公司昌吉市支行	5000	3.80	1个月	2012.10.8	16.36
101	9	7	存放同业	浦发银行股份有限公司昌吉市支行	5000	3.80	1个月	2012.10.8	16.36
102	9	7	存放同业	浦发银行股份有限公司昌吉市支行	6000	3.80	1个月	2012.10.8	19.63
103	9	14	存放同业	浦发银行股份有限公司昌吉市支行	5000	4.00	1个月	2012.10.15	17.22
104	9	14	存放同业	浦发银行股份有限公司昌吉市支行	5000	4.00	1个月	2012.10.15	17.22
105	9	14	存放同业	浦发银行股份有限公司昌吉市支行	8000	4.00	1个月	2012.10.15	27.55
106	9	17	存放同业	中国农业发展银行呼图壁县支行	4000	3.00	1个月	2012.10.17	10.00
107	9	21	存放同业	中国农业发展银行呼图壁县支行	2000	3.00	1个月	2012.10.21	5.02
108	9	21	存放同业	兴业银行股份有限公司昌吉支行	10000	4.79	1个月	2012.10.21	40.12
109	9	21	存放同业	昌吉国民村镇银行	3000	5.50	1个月	2012.10.21	13.78
110	9	24	存放同业	中国农业发展银行呼图壁县支行	7000	3.00	1个月	2012.10.24	17.50
111	9	28	存放同业	中国农业发展银行呼图壁县支行	3000	3.00	1个月	2012.10.28	7.56
112	9	28	存放同业	浦发银行股份有限公司昌吉市支行	10000	3.95	1个月	2012.10.29	34.42
113	9	28	存放同业	浦发银行股份有限公司昌吉市支行	7000	3.95	1个月	2012.10.29	24.09
114	9	29	存放同业	浦发银行股份有限公司昌吉市支行	10000	3.95	1个月	2012.10.29	3.33
115	9	29	存放同业	浦发银行股份有限公司昌吉市支行	8000	3.95	1个月	2012.10.29	26.65
116	10	8	存放同业	兴业银行股份有限公司昌吉支行	5000	4.35	14天	2012.10.22	8.46
117	10	8	存放同业	兴业银行股份有限公司昌吉支行	15000	4.35	14天	2012.10.22	25.38
118	10	15	存放同业	兴业银行股份有限公司昌吉支行	6000	3.76	1个月	2012.11.15	19.43
119	10	15	存放同业	兴业银行股份有限公司昌吉支行	6000	3.76	1个月	2012.11.15	19.43
120	10	15	存放同业	兴业银行股份有限公司昌吉支行	10000	3.76	1个月	2012.11.15	32.38
121	10	17	存放同业	中国农业发展银行呼图壁县支行	5000	3.00	1个月	2012.11.17	13.08
122	10	22	存放同业	兴业银行股份有限公司昌吉支行	5000	3.59	1个月	2012.11.22	0.30
123	10	22	存放同业	兴业银行股份有限公司昌吉支行	5000	3.59	1个月	2012.11.22	0.30
124	10	22	存放同业	兴业银行股份有限公司昌吉支行	10000	3.59	1个月	2012.11.22	0.60
125	10	22	存放同业	兴业银行股份有限公司昌吉支行	20000	3.59	1个月	2012.11.22	1.20
126	10	22	存放同业	昌吉国民村镇银行	3000	4.30	1个月	2012.11.22	11.11
127	10	22	存放同业	中国农业发展银行呼图壁县支行	2000	3.00	1个月	2012.11.22	5.17
128	10	22	存放同业	昌吉市榆树沟镇民心农村资金互助社	800	4.30	1个月	2012.11.22	2.96

续表16-4

序号	2012年		业务种类	交易方名称	金额	利率（%）	期限	到期日	利息
	月	日							
129	10	24	存放同业	中国农业发展银行呼图壁县支行	7000	3.00	1个月	2012.11.24	18.23
130	10	25	存放同业	兴业银行股份有限公司昌吉支行	20000	4.44	1个月	2012.11.25	76.87
131	10	25	存放同业	兴业银行股份有限公司昌吉支行	10000	4.44	1个月	2012.11.25	38.43
132	10	25	存放同业	兴业银行股份有限公司昌吉支行	8000	4.44	1个月	2012.11.25	30.75
133	10	25	存放同业	兴业银行股份有限公司昌吉支行	5000	4.44	1个月	2012.11.25	19.22
134	10	25	存放同业	兴业银行股份有限公司昌吉支行	5000	4.44	1个月	2012.11.25	19.22
135	10	25	存放同业	兴业银行股份有限公司昌吉支行	5000	4.44	1个月	2012.11.25	19.22
136	10	31	存放同业	中国农业发展银行呼图壁县支行	3000	3.00	1个月	2012.11.30	7.50
137	10	31	存放同业	浦发银行股份有限公司昌吉市支行	5000	3.50	7天	2012.11.7	3.40
138	10	31	存放同业	浦发银行股份有限公司昌吉市支行	10000	4.15	14天	2012.11.14	16.34
139	10	31	存放同业	浦发银行股份有限公司昌吉市支行	10000	4.15	14天	2012.11.14	1.00
140	10	31	存放同业	浦发银行股份有限公司昌吉市支行	10000	4.15	14天	2012.11.14	0.40
141	11	15	存放同业	浦发银行股份有限公司昌吉市支行	20000	3.80	1个月	2012.12.17	67.56
142	11	15	存放同业	浦发银行股份有限公司昌吉市支行	6000	3.80	1个月	2012.12.17	20.27
143	11	15	存放同业	浦发银行股份有限公司昌吉市支行	6000	3.80	1个月	2012.12.17	20.27
144	11	22	存放同业	兴业银行股份有限公司昌吉支行	5000	3.72	14天	2012.12.6	7.23
145	11	22	存放同业	兴业银行股份有限公司昌吉支行	5000	3.72	14天	2012.12.6	7.23
146	11	22	存放同业	昌吉国民村镇银行	3000	4.50	1个月	2012.12.24	12.00
147	11	22	存放同业	昌吉市榆树沟镇民心农村资金互助社	800	4.30	1个月	2012.12.24	3.06
148	11	26	存放同业	中国银行股份有限公司延南路支行	5000	4.60	21天	2012.12.17	13.42
149	11	26	存放同业	中国银行股份有限公司延南路支行	5000	4.60	21天	2012.12.17	13.42
150	11	26	存放同业	中国银行股份有限公司延南路支行	13000	4.60	21天	2012.12.17	34.88
151	11	26	存放同业	中国银行股份有限公司延南路支行	20000	4.60	21天	2012.12.17	53.67
152	11	26	存放同业	中国银行股份有限公司延南路支行	20000	4.60	21天	2012.12.17	53.67
153	12	6	存放同业	兴业银行股份有限公司昌吉支行	5000	3.42	14天	2012.12.20	6.65
154	12	6	存放同业	兴业银行股份有限公司昌吉支行	5000	3.42	14天	2012.12.20	6.65
155	12	17	存放同业	兴业银行股份有限公司昌吉支行	20000	3.07	7天	2012.12.24	1.20
156	12	17	存放同业	兴业银行股份有限公司昌吉支行	21000	3.07	7天	2012.12.24	1.26
157	12	17	存放同业	兴业银行股份有限公司昌吉支行	22000	3.07	7天	2012.12.24	1.32
158	12	17	存放同业	浦发银行股份有限公司昌吉市支行	10000	3.00	7天	2012.12.24	3.33
159	12	20	存放同业	兴业银行股份有限公司昌吉支行	20000	5.05	32天	2013.1.21	89.78
160	12	20	存放同业	兴业银行股份有限公司昌吉支行	20000	5.05	32天	2013.1.21	89.78
161	12	20	存放同业	兴业银行股份有限公司昌吉支行	20000	4.72	15天	2013.1.4	39.33
162	12	20	存放同业	兴业银行股份有限公司昌吉支行	13000	4.72	15天	2013.1.4	25.57
163	12	24	存放同业	浦发银行股份有限公司昌吉市支行	10000	5.15	31天	2013.1.24	44.35
164	12	28	存放同业	中国农业发展银行呼图壁县支行	2000	3.00	31天	2013.1.28	5.89
165	12	28	存放同业	兴业银行股份有限公司昌吉支行	5000	5.26	14天	2013.1.11	10.23
166	12	28	存放同业	兴业银行股份有限公司昌吉支行	10000	5.26	14天	2013.1.11	20.46
合计					1136600				2548.06

（四）其他银行存放县联社款项

2009年，县联社开办他行款项存放信用社业务，交易对手为中国农业发展银行呼图壁县支行，在县联社营业部开立同业存放账户。是年，农业发展银行呼图壁县支行在县联社营业部存放资金累计借、贷方发生额分别为2480万元、2541.94万元。年末，县联社同业存放款项余额61.94万元。2010年，县联社同业存放借、贷方交易额分别为2095万元、2126.44万元，年末同业存放款项余额93.38万元。2011年年末，县联社同业存放资金余额98.14万元。2012年，县联社同业存放资金借、贷方交易额分别为4085.08万元、3997.22万元。年末，县联社同业存放资金余额为10.28万元。

2009~2012年呼图壁县联社同业存放资金交易表

表16-5　　单位：万元

年份	交易对手名称	借方发生额	贷方发生额	余额
2009	农业发展银行呼图壁县支行	2480	2541.94	61.94
2010	农业发展银行呼图壁县支行	2095	2126.44	93.38
2011	农业发展银行呼图壁县支行	11830	11834.76	98.14
2012	农业发展银行呼图壁县支行	4085.08	3997.22	10.28
合计		20490.08	20500.36	0

二、同业拆借

同业拆借是指金融机构主要是商业银行之间为调剂资金余缺，利用资金融通过程的时间差、空间差、行际差来调剂资金而进行的短期借贷。金融机构间同业拆借由中国人民银行统一负责管理、组织、监督和稽核。金融机构用于拆出的资金只限于交足准备金、留足5%备付金、归还人民银行到期贷款之后的闲置资金，拆入的资金只能用于弥补票据清算、先支后收等临时性资金周转的需要。

信用社在经营过程中如果出现头寸资金不足，可以向其他商业银行及金融机构拆入资金并付给利息，用于弥补资金的临时头寸不足，缓解头寸资金不足的压力。头寸资金富余，可将富余资金存入银行及金融机构，信用社资金得到更大的利润。

（一）同业拆借资金管理

同业拆借资金管理按照人民银行的有关规定，同业拆借在上级有关部门的组织下进行，坚持自愿、平等、诚实、信用的原则，按有关法律规定签订同业借款合同。同业借款要优先借给自治区内支农资金不足的农村信用联社，资金仍然有余再拆借给其他金融机构。通过同业拆借，借入的资金应用于发放农户贷款，不得用于债券投资，不得用于保支付，不得用于发放农户贷款以外的其他贷款。同业拆借的最长期限不超过9个月。利率原则上按中国人民银行对农村信用社的贷款利率掌握，具体借款利率在上级部门的协调下，由借款双方协商确定。

（二）同业拆借资金业务

同业拆借包括：同业拆放和同业拆入。同业拆借是指商业银行同业之间的短期资金贷款行为。主要指银行同业间互相拆入、拆出资金，是银行筹措资金的一种行为。

1984年以前，中国实行的是高度集中统一的信贷资金管理体制。银行间的资金余缺只能通过行政手段纵向调剂，而不能自由地横向融通。1984年10月，中国人民银行开始专门行使中央银行职能，二级银行体制形成新的金融组织格局，对信贷资金管理体制也实行重大改革，允许各专业银行互相拆借资金。

1994年7月29日，县联合社因资金短缺，无法满足贷款客户需求。经领导协调，县联合社从昌吉州融资代办处拆入第一笔资金50万元，联合社与昌吉州融资代办处签订资金拆借合同，以昌吉州融资代办处为拆出方，期限为一个月，月息为10.2‰，确保农牧民贷款之需求。该笔拆入资金1994年8月29日本息全部还清。

1996年4月12日，县联合社转发农业银行昌吉州中心支行《昌吉州农村信用社融通调剂资金暂行管理办法》，规定拆借资金只能用于拆入社弥补票据清算，未经人民银行和上级管理部门同意，不得用拆入资金发放超比例贷款，严禁挤占挪用。联合社之间拆借资金期限最长不得超过4个月。拆借资金期限20天以内为年息13.32%、20~90天为13.5%、3~4个月为13.85%。

2002年4月17日，县联社转发人民银行总行《关于农村信用社同业借款的指导意见》，规定签订同业借款合同，借款期限最长不得超过9个月，可展期一次。利率按中国人民银行对农村信用社贷款利率掌握。

2004年6月28日，根据昌吉监管分局《昌吉州农村信用社投资及拆借资金业务管理办法》，从2004年7月1日起，县联合社投资及拆借资金业务纳入专项管理，每笔对外投资或拆借资金都要向昌吉监管分局报备。

2005年11月24日，根据人民银行新疆分行《新疆金融机构同业拆借备案管理试行办法》，加强对县联合社辖内同业拆借资金融通交易合规性动态管理，建立、健全资金融通交易登记备案制度，防范市场风险。

2006年9月11日，根据中国人民银行《关于调整存款类金融机构同业拆借期限相关事宜的通知》，县联合社决定调整存款类金融机构同业拆借业务，从2006年10月8日起，同业拆借资金期限最长投入期限1年，拆出资金期限不得超过对手方拆入资金最长期限。

2007年6月，县联社加大支农信贷投入，因贷款资金不足，县联社从玛纳斯县联社拆入资金300万元，期限3个月，到期后本息全部还清。

2008年7月12日，根据人民银行昌吉州中心支行《关于2008年下半年同业拆借资金限额的通知》，县联社决定对昌吉地区农村信用社同业拆借限额进行调整，同业拆借资金最长期限为1年，到期后不得展期。资金拆借交易双方交易结束2个工作日内，向人民银行呼图壁县支行书面报备及网上电子报备，未按规定备案则视为违规融资行为。

第二节 票据融资

一、票据贴现

票据贴现是指银行承兑汇票的持票人在汇票到期前，为取得资金贴付一定利息将票据权利转让给金融机构的票据行为，是金融机构向持票人融通资金的一种方式。

票据贴现风险管理的主要内容包括对信用、利率、操作、违规等风险的识别、计量、评估、监控及转化。票据贴现管理部门应与票据贴现经营机构和相关部门加强分工与合作，采取强化日常监控，建立重大风险事项报告制度，建立健全票据市场信息沟通与共享机制等风险控制措施，规避票据融资业务风险。

县联社办理银行承兑票据贴现严格执行国家机关或主管机关核准登记的企（事）业法人或其他经济组织，贴现主要用于解决企业短期融资需求，帮助信用社盘活资金，降低企业融资成本。

2009年4月7日，根据自治区联社《关于米东区等六家联社办理签发银行承兑汇票及银行承兑汇票贴现业务的批复》，同意县联社开办银行承兑汇票贴现业务。是日，县联社转发自治区联社《新疆维吾尔自治区农村信用合作社银行承兑汇票据业务管理办法》《新疆维吾尔自治区票据贴现业务操作规程》。7月15日，县联社下发《呼图壁县农村信用合作联社票据贴现业务操作规程》《呼图壁县农村信用合作联社票据贴现业务管理办法》。是年，县联社共办理票据贴现业务4笔，金额1974万元，创收25万元。

2010年2月24日，根据自治区联社《关于呼图壁县联社办理签发银行承兑汇票业务的批复》，同意县联社办理签发银行承兑汇票业务。是年，县联社为白杨沟煤炭有限公司等10余家持票人办理贴现业务，贴现金额达2035.72万元。

2011~2012年，县联社共办理票据贴现790万元，为呼图壁县白杨沟煤炭、丰源煤矿有限公司等解决资金困难。

2009~2011年呼图壁县联社部分票据贴现表

表16-6

单位：万元

持票单位名称	贴现金额	贴现日期	结清日期
新疆红火番茄制品有限公司	500	2009.9.14	2010.8.12
呼图壁县新华夏煤焦化有限公司	50	2009.8.27	2009.11.19
呼图壁县鸿亮煤炭运销有限责任公司	170	2010.1.29	2010.6.28
新疆宏汇煤炭制品有限公司	100	2010.2.2	2010.8.2
呼图壁县新型制钉厂	20	2010.2.4	2010.5.26
呼图壁县西沟煤炭有限公司	50	2010.4.20	2010.7.22
呼图壁县小西沟煤矿有限公司	72	2010.3.15	2010.5.28
呼图壁县白杨沟煤炭有限公司	100	2010.5.26	2010.9.4
新疆红火番茄制品有限公司	250	2010.9.4	2010.12.27
呼图壁县鸿亮煤炭运销有限责任公司	40	2010.9.6	2010.12.7
呼图壁县鸿亮煤炭运销有限责任公司	20	2010.9.6	2011.1.6
呼图壁县白杨沟丰源煤矿有限公司	20	2011.1.12	2011.1.26
呼图壁县白杨沟丰源煤矿有限公司	50	2011.1.12	2011.5.9

续表16-6

持票单位名称	贴现金额	贴现日期	结清日期
呼图壁县白杨沟丰源煤矿有限公司	60	2011.1.14	2011.4.8
呼图壁县西沟煤炭有限公司	10	2011.1.14	2011.4.25
呼图壁县西沟煤炭有限公司	10	2011.1.14	2011.4.28
呼图壁县白杨沟煤炭有限责任公司	100	2011.1.14	2011.1.27
呼图壁县白杨沟煤炭有限责任公司	200	2011.1.14	2011.4.18
呼图壁县白杨沟煤炭有限责任公司	50	2011.1.14	2011.5.26

2009~2012年呼图壁县联社票据贴现业务交易表

表16-7 单位:万元

年度	借方发生额	贷方发生额	余额
2009	1974.00	1974.00	0
2010	2035.72	847.00	1188.72
2011	790.00	1978.72	0
2012	0	0	0
合计	4799.72	4799.72	0

二、票据再贴现

再贴现是指金融机构将已贴现的票据再以贴现的方式出售给人民银行,以获取资金的行为,再贴现业务呼图壁县联社办理的很少。

三、票据回购

票据回购是指票据转出金融机构将票据质押给转入金融机构,并按双方约定的日期和利率,由转出贴现行(社)购回贴现票据,到期自行向票据承兑人委托收款。

第十七章　优惠政策

1999~2012年，县联合社（联社）在人民银行、地方财政、税务等方面享受诸多优惠政策，如支农再贷款、央行票据置换、地方财政给予涉农奖励等。同时，从2004年1月1日起，3年内免征农村信用社所得税，营业税率由5%降到3%；对1994~1997年间亏损农村信用社的保值补贴率由中央财政给予补贴等政策。截至2012年，县联社获支农再贷款达16亿多元。从2001年6月开始享有贴息贷款，仅2011、2012两年间，县联社就获"两居工程"贴息贷款155.18万元、"妇女创业"贴息贷款近2000万元；各类税收减免2618万多元。

第一节　人民银行优惠政策

一、支农再贷款

1996年11月，信用社与农业银行呼图壁县支行脱离行政隶属关系后，农业银行呼图壁县支行不再向信用社提供资金支持。

1999年，中国人民银行出台《中国人民银行对农村信用合作社贷款管理暂行办法》，并在《关于做好当前农村信贷工作的指导意见》中首次指出，农村信用社可以向人民银行申请再贷款以弥补对农民贷款不足。县联合社根据人民银行呼图壁县支行制定的《信用社再贷款管理实施细则》，开始办理支农再贷款业务。

2000年11月，根据人民银行昌吉州中心支行《关于对再贷款使用情况的检查报告》文件精神，县联合社下发相关通知要求全辖各网点严格执行再贷款条件，加强再贷款管理。

2003年，按春耕生产资金计划，缺口资金20000万元，为缓解压力，县联合社向人民银行呼图壁县支行申请支农再贷款20000万元，人民银行呼图壁县支行批准再贷款14500万元。

2004年2月2日，根据全县农业产业结构调整方案，县联合社向人民银行呼图壁县支行申请支农再贷款9000万元。6月24日，县联合社向人民银行呼图壁县支行申请支农再贷款2000万元。29日，县联合社向人民银行呼图壁县支行申请支农再贷款1500万元，7月29日，县联合社出现资金短缺，向人民银行呼图壁县支行申请支农再贷款2000万元。9月21日，向人民银行呼图壁县支行申请支农再贷款1500万元，12月17日又向人民银行呼图壁县支行申请支农再贷款4000万元。是年，县联合社累计向人民银行呼图壁县支行申请支农再贷款20000万元，人民银行呼图壁县支行批准再贷款9500万元。

2005年，根据《关于做好2005年农村信用社信贷支农工作的安排意见》的意见，县联合社及时做好资金需求计划与安排，全年累计向人民银行呼图壁县支行申请支农再贷款20000万元，人民银行呼图壁县支行批准再贷款11500万元。

2006年1月26日，县联合社向人民银行呼图壁县支行申请支农再贷款10000万元。6月15日，县联合社向人民银行呼图壁县支行申请支农再贷款20000万元，全年累计向人民银行呼图壁县支行申请支农再贷款30000万元，人民银行呼图壁县支行批准再贷款10000万元。

2007年1月8日，县联社向人民银行呼图壁县支行申请支农再贷款10000万元。是年，县联社累计向人民银行呼图壁县支行申请支农再贷款50000万元，人民银行呼图壁县支行批准再贷款29500万元。

2008年，县联社向人民银行呼图壁县支行申请支农再贷款50000万元，人民银行呼图壁县支行批准再贷款22500万元。

2009年，县联社转发人民银行总行《关于完善支农再贷款管理，支持春耕备耕扩大“三农”信贷投放的通知》。此项政策的出台，对引导扩大“三农”信贷投放、促进改善农村金融服务将发挥有效的正向激励作用。是年，按照《中国人民银行关于完善支农再贷款管理支持春耕备耕扩大“三农”信贷投放的通知》要求，将支农再贷款的发放对象由单一的农村信用社扩大为农村合作银行、农村商业银行、村镇银行等设立在县域和村镇的存款类金融机构法人，将支农再贷款的支持对象由农户扩大为农户和注册地在县及县以下的所有企业及各类组织，从而延长支农再贷款使用期限。进一步明确借款人使用支农再贷款的最长期限可达3年。这项新政策的出台，为县联社更好地利用支农再贷款政策，扩大资金使用效果和使用范围，进一步发挥支持“三农”作用创造条件。县联社向人民银行呼图壁县支行申请支农再贷款50000万元。按照人民银行的要求，按规定使用，保证各项农业生产顺利进行，确保各项专业政策落实到位。

2012年，县联社转发人民银行总行《关于管好用好支农再贷款支持扩大“三农”信贷投放的通知》，要求各分支机构进一步发挥支农再贷款引导金融机构扩大涉农信贷投放的积极作用，支持农村经济持续、稳固发展。8月，县联社转发人民银行总行《关于开展拓宽支农再贷款适用范围试点的通知》，在坚持涉农贷款占各项贷款比例不低于70%的发放标准不变的前提下，涉农贷款增长、农业贷款占比、农业贷款增长均实现“三个高于”的目标。是年，县联社向人民银行呼图壁县支行申请支农再贷款70000万元，人民银行呼图壁县支行批准再贷款31779万元。

2002~2012年呼图壁县联合社（联社）支农再贷款一览表

表17-1　　　　单位：万元

年份	需投资金	自筹资金		缺口资金	申贷金额	批准金额
		农牧民筹金	信用社筹金			
2002	35000	4500	10500	20000	20000	8500
2003	42000	6600	15400	20000	20000	14500
2004	47000	8100	25570	20000	20000	9500
2005	53000	9900	23100	20000	20000	11500
2006	70000	12000	28000	30000	30000	10000

续表17-1

年份	需投资金	自筹资金		缺口资金	申贷金额	批准金额
		农牧民筹金	信用社筹金			
2007	112000	18600	43400	50000	50000	29500
2008	126000	22800	53200	50000	50000	22500
2009	139000	26700	62300	50000	50000	0
2010	158000	32400	75600	50000	50000	0
2011	235000	49500	115500	70000	70000	23800
2012	245000	52500	122500	70000	70000	31779
合计	1262000	243600	575070	450000	450000	161579

二、央行票据置换

2006年1月11日，县联合社央行票据置换办公室成立，谢会同任主任，刘娟为副主任，李财寿、李彦清、张闫、马燕为成员。

2007年，不良贷款5205万元，占8.08%。央行票据置换金额1000万元，置换现金收回50万元，完成现金兑付任务的166.7%。

2008年6月10日，县联社央行票据置换工作通过中国人民银行总行考验验收，成为全疆首批通过考核验收的信用社之一。是日，央行专项票据1000万元兑付到账。

第二节 财政优惠政策

一、贷款贴息

2001年6月，根据中国人民银行、财政部、国务院扶贫开发领导小组办公室、中国农业银行制定的《扶贫贴息贷款管理实施办法》，县联合社扶贫贴息贷款的期限为1年，最长不超过3年。扶贫贴息贷款统一执行年利率为3%的优惠利率，贷款超过贴息期和展期、逾期的不再享受贴息政策，并按中国人民银行的有关规定执行。

2008年，为提高扶贫资金的运行效率和扶贫效益，县联社在贴息期内按年利率5%、项目贷款按年利率3%的标准给予贴息。

2009年，根据财政部、人力资源和社会保障部、中国人民银行、全国妇联联合发布的《关于完善小额担保贷款财政贴息政策，推动妇女创业就业工作的通知》精神，县联社将妇女小额担保贷款纳入下岗失业人员小额担保贷款工作体系，提高妇女小额担保贷款额度，对妇女小额担保贷款实行财政贴息。自2009年1月1日起，对符合条件的城镇和农村妇女新发放的微利项目小额担保贷款，由财政局全额贴息。

2010年，根据上级相关规定，县联社对2009年1月1日至2013年12月31日农户小额贷款的利息收入免征营业税；对农户小额贷款的利息收入在计算应纳税所得额时，按90%计入收入总额。对保险公司为种植业、养殖业提供保险业务取得的保费收入，在计算应纳税所得额时，按90%比例减计收入。

2011年10月，县联社贯彻执行中国残疾人联合会、国务院扶贫办、财政部、中国人民银行联合印发的《关于进一步完善康复扶贫贷款和贴息资金管理有关政策》，在贴息期内项目贷款由年利率3%调整为5%，到户贷款由年利率5%贴息调整为7%。

2012年，根据《新疆维吾尔自治区定居兴牧工程牧民家庭建房贷款财政贴息专项资金管理暂行办法》，县联社对"两居工程"实行贷款贴息。12月12日，县联社转发人民银行总行《农村信用合作社农户小额信用贷款管理指导意见》，农户小额信用贷款利率可以按中国人民银行公布的贷款基准利率和浮动幅度适当优惠。

2011~2012年呼图壁县联社妇女小额担保贷款贴息统计表

表17-2　　　　单位：万元

年　份	申请贴息贷款金额	拨付到位金额
2011	266.00	266.00
2012	1627.98	1627.98
合计	1893.98	1893.98

2011~2012年呼图壁县联社"两居工程"贷款贴息统计表

表17-3　　　　单位：户、万元

年份	户数	贷款金额	申请贴息金额	拨付到位金额
2011	179	1378.80	17.20	17.20
2012	1411	4959.40	137.98	137.98
合计	1590	6338.2	155.18	155.18

二、涉农贷款增量奖励

2008年，县联社全年累计发放各项涉农贷款99770万元，不良贷款余额2299万元，不良贷款率3.81%，符合奖励条件，可予奖励贷款增量为7036.1万元，可予奖励涉农贷款增量奖励资金140.72万元。

2009年，县联社全年累计发放各项涉农贷款137242万元，不良贷款余额3071万元，不良贷款率为3.43%，符合奖励条件，可予奖励贷款增量为875.76万元，可予奖励涉农贷款增量奖励资金17.52万元。

2010年，县联社全年累计发放各项涉农贷款144849万元，不良贷款余额2171万元，不良贷款率为1.72%，符合奖励条件，可予奖励贷款增量为13023.45万元，可予奖励涉农贷款增量奖励资金260.47万元。

2011年，县联社全年累计发放各项涉农贷款228547万元，不良贷款余额1989万元，不良贷款率为1.13%，符合奖励条件，可予奖励贷款增量为30376.45万元，可予奖励涉农贷款增量奖励资金607.53万元。

2012年，县联社全年累计发放各项涉农贷款295727万元，不良贷款余额4003.54万元，不良贷款率为1.77%，符合奖励条件，可予奖励贷款增量为17944.28万元，可予奖励涉农贷款增量奖励资金219.13万元（剔除后）。

2008~2012年呼图壁县联社涉农贷款发放及奖励表

表17-4　　　　单位：万元

年份	涉农贷款发放额			涉农贷款余额			涉农贷款不良贷款率			是否符合奖励条件	可予奖励贷款增量	奖励金额	剔除后
	金额	上年同期	同比变动	金额	上年同期	同比变动	不良率	上年同期	同比变动				
2008	99770	84594	15176.00%	60334	46346	13988	3.81%	7.29%	-3.48%	是	7036.1	140.72	—
2009	137242	99770	37.56%	88377	60334	28043	3.43%	3.81%	-0.38%	是	875.76	17.52	—
2010	144849	139216	4.05%	114657	88377	26280	1.72%	3.43%	-1.71%	是	13023.45	260.47	—
2011	228547	144849	57.78%	162232	114657	47575	1.13%	1.72%	-0.59%	是	30376.45	607.53	—
2012	295727	228547	29.39%	203610	162232	41378	1.77%	1.1%	0.64%	是	17944.28	358.886	219.13

第三节　税务优惠政策

一、所得税有关政策及管理

（一）政策

1996年1月5日，县联合社执行国家税务总局《关于在企业所得税预缴中偷税行为如何认定问题的规定》。

1997年1月5日，县联合社执行国家税务总局《关于城乡信用社若干税收、财务问题的暂行规定》。

1998年12月18日，县联合社执行自治区国家税务局《关于企业资产损失税前扣除管理办法》。

1999年11月16日，县联合社执行自治区人民银行《关于农村信用社代扣代缴储蓄存款利息所得个人所得税实施办法》。

2001年1月6日，县联合社执行国家税务总局《关于金融企业应收利息税务处理问题的通知》。2月16日，县联社执行国家税务总局《关于代扣代缴储蓄存款利息所得个人所得税手续费收入免征税问题的通知》。11月13日，县联社执行自治区国家税务局《关于储蓄存款利息所得个人所得税完税证明的通知》。12月6日，县联社执行国家税务总局《关于农村信用社专项奖金税前扣除标准》。

2004年1月1日，县联合社执行昌吉监管分局《财政部、国家税务总局关于进一步扩大试点地区农村信用社有关税收政策问题的通知》。

2006年7月19日，县联合社执行昌吉监管分局《财政部、国家税务总局关于延长试点地区农村信用社有关税收政策期限的通知》。

2009年，县联社执行自治区联社《财政部、国家税务总局关于金融企业涉农贷款和中小企业贷款损失准备税前扣除政策通知》《财政部、国家税务总局关于补充养老保险费、补充医疗保险费、有关企业所得税政策问题的通知》。

2010年，县联社执行自治区联社《财政部、国家税务总局关于农村金融有关税收政策的通知》。

2011年，县联社执行自治区联社《财政部、国家税务总局关于延长金融企业涉农贷款和中小企业贷款损失准备金税前扣除政策执行期限的通知》《财政部、国家税务总局关于专项用途财政性资金企业所得税处理问题的通知》。

2012年，县联社执行自治区联社《财政部、国家税务总局关于金融企业贷款损失准备金企业所得税税前扣除政策的通知》。

（二）管理

1997年4月10日，根据呼国税政字〔1997〕11号批复，县联合社3个基层社免征所得税，即石梯子信用社、县联合社幸福分社、园户村信用社市场分社，执行期从1997年1月至1999年12月31日止。

2001年10月10日，根据呼国税法字〔2001〕65号、66号、67号、73号批复，同意县联合社办公楼及营业部、园户村信用社等维修费用43.3万元属固定资产修理，可在当期税前直接扣除。即县联合社营业部装修14万元、安装防护栏10万元、后院绿化6万元，园户村信用社昌华路、和庄分社安装防护栏4万元，二十里店信用社营业部安装防护栏5万元、其他维修费4.3万元。同意县联合社安装电子图像监控设施等157万元属固定资产改良，作为递延费用在5年内平均摊销，即县联合社安装电子图像监控设施20万元，办公楼内外装修90万元，职工食堂、宿舍20万元，园户村信用社营业部装修10万元、安装防护栏6万元，二十里店信用社营业部装修11万元。同意县联合社贷款呆账损失141笔、93.71万元税前扣除。

2004年4月28日，根据呼国税发〔2004〕73号、75号批复，同意县联合社2003年发生资产净损失8.28万元在所得税税前扣除。

2007年，根据银监办发〔2006〕210号、财经〔2005〕49号文件精神，报自治区联社批准，县联社将2006年应缴所得税566万元在应缴税金下设专户管理：对呆账准备计提不足的6个社，增加呆账准备金481万元，其中增加呆滞贷款减值准备194万元，增加其他风险资产减值准备287万元，弥补原银星城市信用社历年亏损挂账85万元。

2011年5月26日，根据呼国税办〔2011〕21号批复，同意县联社2010年呆账损失11笔、29.71万元，非信贷资产10笔、189.97万元在所得税税前扣除。是年，县联社居民企业之间的股息红利等权益性投资收益为8.78万元，获免税为1.36万元；扣除残疾人保障基金为7.72万元，获免企业所得税为1.16万元；农户小额贷款利息收入4096.77万元，获免税为61.45万元；主营业务收入为9475.12万元，获免税为947.51万元。

2012年，县联社居民企业之间的股息红利等权益性投资收益为11.88万元，获免税为1.78万元；扣除残疾人保障基金为11.75万元，获免企业所得税为1.76万元；农户小额贷款利息收入3008.56万元，获免税为45.13万元；主营业务收入为13460.60万元，获免税1346.06万元。

二、营业税有关政策及管理

1992年11月20日，根据国科函发〔1990〕1749号批复，同意对农村信用社从1992年起至1993年底免征营业税。

1995年，根据财税字〔1995〕79号文件精神，农村信用社从1995年1月1日起，一般贷款业务一律以利息收入为营业额计算缴纳营业税，对金融机构往来业务收入暂不征收营业税。

1998年3月，根据财税字〔1998〕65号文件精神，农村信用社从1998年1月1日至12月31日止，减按6%的税率征收营业税。

1999年3月21日，根据财税字〔1999〕21号文件精神，农村信用社从1998年1月1日至2000年12月31日，按6%的税率征收营业税，其中按5%税率计征的部分由地方税务局征收，另按1%计征的部分由国家税务局征收。对营业税附征的城市维护建设税和教育附加税，仍按营业税5%的部分征收，由原征收机关征收。

2001年10月8日，根据财税字〔2001〕21号文件精神，农村信用社从2001年10月1日起，减按5%的税率征收营业税，由地方税务局征收，营业税收入全部归属地方。

2002年4月12日，根据呼地税发〔2002〕28号批复，同意县联合社2000年底以前已缴纳营业税的应收未收利息66.98万元在5年内逐步冲减应税营业额，年冲减比例20%，年冲减营业额13.4万元。

2004年，根据财税〔2004〕177号文精神，农村信用社从2004年1月1日起营业税按3%的税率征收。

2005年6月15日，根据呼地税发〔2005〕71号批复，同意县联合社2004年1~12月多缴营业税、城建税、教育附加税等共56.1万元从2005年申报税款中抵扣。

2010年7月30日，县联社执行自治区联社《财政部国家税务总局关于农村金融有关税收政策的通知》。

2011年，依据《财政部国家税务总局关于农村金融有关税收政策的通知》文件，自2009年1月1日至2013年12月31日，对金融机构农户小额贷款的利息收入，免征营业税。县联社农户小额贷款利息收入为4096.77万元，免营业税共计122.90万元。

2012年，依据上述政策，县联社农户小额贷款利息收入为3008.56万元，免营业税共计90.26万元。

第十八章 安全保卫

1954~1996年，信用社的安全保卫工作先后由人民银行呼图壁县支行和农业银行呼图壁县支行负责管理，信用社不单独开展安全保卫工作。信用社工作人员随行统一编排值班，担负网点“三防一保”工作。

1997年8月31日，县联合社经济民警小队成立，有4人组成，全辖安保人员有19人。截至2012年年底，全辖有安保人员29人。1998年，县联合社开始设金库，购置专用运钞车，配备相关武器，安保设施较齐全。至2012年全辖20个网点的电视监控、联网报警器、消防应急灯、安全出口灯、防弹玻璃、防护栏、灭火器、狼牙棒、警棍、枪弹等“四防一保”设施均达到国家规定的二级防护标准。

第一节 安保队伍

1996年前，县联合社安保工作由农业银行呼图壁县支行统一管理，全辖安保人员有13人。是年11月19日，县联社脱离农业银行隶属关系后，安保工作由县联社行政办公室负责。

1997年1月13日，县联合社聘来国珍兼任县联社办公室主任，分管安全保卫工作。8月31日，县联社经济民警小队成立，由4人组成，余文德为队长，兼任调款员。

1998年5月23日，因人员变动，王钧任经济民警小队指导员，来国珍为队长，刘玉海、孟生昌、邓兵为队员。

2001年1月10日，县联合社稽核监察科更名为稽核保卫科，聘李财寿为保卫科副科长主持工作，人员由6人增加为7人。4月2日，县联社治保会成立，由13人组成，来国珍任组长，李财寿、王万清任副组长。23日，县联社案件防查“四防一保”工作领导小组成立，刘怀强任组长，李澍为副组长。5月6日，县联合社调整经济民警小队人员，王万清为指导员，刘炳江为队长，成员5人。是年，全辖安保人员有24人。

2002年1月23日，县联合社设立安全保卫科，任命柳茂军为保卫科科长，科员5人。2月25日，县联合社任柳茂军为经济民警小队指导员，魏东为队长，成员4人。

2005年2月16日，县联合社内部管理机构进行改制，原安全保卫科改为安全保卫部，聘任柳茂军为安全保卫部干事，有人员10人。3月8日，县联合社调整安全保卫部经警人员，陈江为经警小队长，成员5人。是年，全辖22个网点有安保人员12人。除雀尔沟信用社，21个网点现金库及重要空白凭证每天由县联合社统一接送保管。是年，聘任何玉刚等22人为安全监督员，对22个网点安全保卫工作进行安全督查。

2005年呼图壁县联合社第一批安全督查员名表

表18-1

序号	网点名称	督查员姓名	序号	网点名称	督查员姓名
1	营业部	何玉刚	12	大丰市场分社	刘金泉
2	市场分社	范军华	13	大丰红山村分社	桂玉海
3	园林路分社	齐验兵	14	银星信用社	邓　辉
4	园户村信用社	杨志忠	15	东风路分社	马利军
5	昌华路分社	雷新兰	16	二十里店信用社	杨国锋
6	园户村分社	姚文艳	17	头工分社	杨　斌
7	五工台信用社	蔡春元	18	东滩分社	徐　刚
8	中渠分社	李玉清	19	小土古里信用社	孙玉斌
9	大泉分社	王国军	20	宁州户分社	向国忠
10	西树窝子分社	徐贵全	21	雀尔沟信用社	扎哈提·哈不德热合木
11	大丰信用社	冉秀萍	22	一〇六煤矿分社	曼拉提·苏里坦

2006年1月6日，县联合社“四防一保”、综合治理、消防安全领导小组成立，刘怀强任组长，张志豪任副组长，成员有17人。

2007年4月12日，县联社聘任狄光军为监察保卫部经理。

2008年2月19日，县联社聘任狄光军为经警小队长，柳茂军为经警小队指导员，队员11人。

2009年7月8日，县联社护社队成立，朱智岗任队长，陈志高、叶斌为副队长，成员有47人组成。

2010年1月18日，县联社调整“四防一保”综合治理消防安全领导小组。刘怀强任组长，陈志高为副组长，成员有18人。11月17日，县联社监察保卫部更名为安全保卫部，监察工作归口审计监察部负责。是年，因雀尔沟信用社距县城70公里，县联社与呼图壁县祥卫押运公司协商，由县祥卫押运公司派3人到雀尔沟信用社24小时值班守库。

2011年1月17日，县联社调整“四防一保”综合治理、消防安全领导小组，刘怀强任组长，朱志岗、刘娟、陈志高、叶斌为副组长，成员有28人。1月27日，县联社调整全辖19个营业网点的安全员，重新聘任19人为安全监督员及义务消防员。5月18日，县联社成立安全评估工作领导小组。刘怀强任组长，陈志高为副组长，成员有20人。11月25日，县联社综合治理、维稳工作领导小组成立，刘怀强任组长，朱智岗、刘娟、陈志高、叶斌为副组长，成员28人。

2012年1月4日，县联社聘徐贵全为安全保卫部总经理，科员4人。12日，县联社调整全辖19个营业网点安全监督员及义务消防员。14日，县联社对突发事件处置领导小组进行充实加强，刘怀强任组长，朱智岗、刘娟、陈志高、叶斌为副组长，成员有30人。同时，对防范和处理邪教及“法轮功”问题工作领导小组进行充实加强，刘怀强任组长，朱智岗、刘娟为副组长，成员有29人。16日，县联社成立纠正行业不正之风领导小组，刘怀强任组长，朱智岗，刘娟、陈志高、叶斌为副组长，成员有19人。同时成立县联社创建平安单位领导小组。刘怀强任组长，陈志高为副组长，成员有28人。县联社调整“四防一保”消防安全、综合治理领导小组成员，刘怀强任组长，陈志高为副组长，成员有29人。

第二节　安保设施

县信用社成立初期营业室比较简陋，基本上没有专用的安保设施。改革开放以后，随着社会治安形势的变化，信用社逐步加强安保设施建设。1988年县联合社成立后，县联社加强对安保工作的领导，当年28个信用社营业网点进行门窗加固，柜台安装防护栏，配备保险柜和电警棍、报警器。1995年，所有营业网点都配备电警棍、狼牙棒、防护栏和报警器。

1996年11月，行社脱钩后，县联合社开始设立金库，购置专用运钞车，配备相关武器。

1997年2月21日，根据自治区农金体改办批复，同意县联合社购置小型依维柯运钞车1辆。是年，县联合社营业部、五工台信用社更新运钞车各1辆。

1998年4月17日，县联合社一届一次职代会通过《呼图壁县“三防一保”处罚规定》。是年，县联合社购买微型冲锋枪2支，子弹200发，64式手枪1支，子弹20发，用于守库和武装押运。

1999年，县联合社购置防弹运钞车1辆，价值30万元。

2000年，县联合社22个营业网点消防器材、报警系统、防卫器械配备齐全。新改建营业网点柜台全部安装防弹玻璃、防盗门，以前购置的运钞车辆均更新为轻型防弹运钞车。是年，经州公安部门对金融系统营业场所风险等级达标验收，县联合社达到三级标准。

2001年，县联合社投资8.18万元，更新金库报警装置和防护栏及银星信用社安装防弹玻璃、防盗门。

2003年12月15日，县联合社市场分社、二十里店、五工台、大丰信用社安装数码电视监控和报警器；五工台信用社、县联合社市场分社装修营业室，共投资32万元。是年，县联合社投资19万元，维修大丰信用社办公楼、柜台及防护设施，安装电子联网报警器。

2004年3月30日，根据自治区联社批复，县联合社购买1辆价值30万元专用防弹运钞车。

2005年，县联合社有营业机构22个，其中法人社7个，县级联合社1个，信用社6个，信用分社15个，设置金库营业网点9个，专用运钞车2辆，代运钞车辆7辆。县联合社统一接送库营业网点7个，自己守库接送的法人社4个。4月19日，根据昌吉公安局《关于全区银行系统换装防暴枪有关事项的通知》，县联合社守库押运武器按要求进行换装。5月23日，根据自治区联社批复，同意县联合社银星信用社购置1辆10万元的工作用车。9月28日，根据自治区联社“四防一保”工作安排，县联社对22个网点和18个轧花厂的安全保卫及“四防一保”工作进行检查。尤其对安全设施、金库管理、现金押运、枪支管理、值班守库等进行重点检查。

2007年11月11日，根据区联社批复，县联社投资15万元，对联社营业部等20个网点安装防尾随联动门。经公安部门验收，全辖22个营业网点达到二级防护标准7个，至2008年达到三级防护标准的15个。是年，全辖22个网点全部安装防弹玻璃、电视监控及联网报警系统，17个网点安装尾随门，对城区部分营业场所按精品网点进行改造。

2008年9月26日，县联社22个营业网点现金库存移交呼图壁县祥卫押运有限公司押运保管。

2009年，县联社投资15万元，对枣园、园户村、昌华路、银星信用社电视监控设备、联网报警器、防弹玻璃防护栏进行改造。是年，县联社设金库1个，防暴枪1支，杀伤弹40发，动能弹10发。22个营业网点均安装消防应急灯、安全出口灯，配备灭火器、狼牙棒及警棍；营业场所与外界畅通出口均安装电视监控设施，接送库运钞车在监控范围内，达到接送运钞要求。年末，县联社22个营业网点，21个网点达到二级风险防护标准，1个网点达到四级风险防护标准。

2010年，县联社19个营业网点安装电视监控、防弹玻璃、联网报警系统。是年，雀尔沟信用社由县祥卫押运公司派3人24小时值班守库，每年费用10万元。

2011年，县联社投入50余万元，改造东泉、二十里店、芳草湖、园林路、石梯子、景化、百汇信用社防弹玻璃、防护栏、防尾随门。

2012年，县联社投入120万元对营业网点的硬件设施进行新建和改造。年末，全辖20个网点均达到二级防护标准。

1997~2009年呼图壁县联合社（联社）部分年份安保设施统计表

表18-2

年份	社(部)名称	运钞车（辆）	更新运车（辆）	枪支名 称（支）	子弹（发）	电子联网报警器（个）
1997	县联合社 联合社营业部 五工台信用社	1	1 1 1	—	—	7 5 —
1998	县联合社	—	—	冲锋枪2支、64式手枪1支	220	—
1999	县联合社	1	—	—	—	—
2001	银星信用社		—	—	—	9
2003	市场分社 二十里店信用社 五工台信用社 大丰信用社	—	—	—	—	5 7 5 8
2004	县联合社	1	—	—	—	—
2005	县联合社	9	—	5	390	—
2009	县联社	—	—	防暴枪1支	50	—
	合 计	12	3	9	660	46

第三节 消 防

1998年，县联合社给各网点配备石灰枪、狼牙棒、灭火器等防暴器材。

2000年8月1日，县联合社聘请县武装部4名教练就“54式”手枪及“81式”步枪的结构装弹、射击原理及方法要领进行讲解。县联合社领导及各网点主任、守库员、押运员40余人参加射击练兵活动。

2001年4月1日，县联合社消防小组成立，负责联合社营业场所及家属区消防安全工作，各基层信用社成立相应的组织。是年，县联合社定期检查维护营业室（厅）、金库、库房、车房的动力、照明电及微机设备专用线，杜绝一切火险隐患。

2003年，县联合社各营业网点配备专用灭火设施和器材，对灭火器等设施器材实行专人管理、定位放置、分工明确、责任到人。1月7日，县联合社刘怀强与各社(部)、科室负责人签订安全保卫责任书。3月29日，各基层社、机关科室与联合社签订“四防一保”（防诈骗、防盗窃、防抢劫、防火灾，确保资金及人员生命安全）责任书。5月21~23日，县联合社举办安全保卫培训班，聘请县公安局、消防中队、交警大队专职人员讲解消防安全管理、枪械分解组合、银行法规、社会治安综合治理、交通安全等法规，并进行消防演练、实弹射击，观看交通安全实况录像。

2005年，县联合社聘安全检查监督员及义务消防员22人。是年6月2~3日，县联合社组织保卫部人员及网点安全督察员、驾驶员40人，进行为期2天的安全保卫、消防知识理论学习培训和消防演练。邀请昌吉州公安局治安科何新勇、县政法委张光均、县公安局治安大队汤磊、消防科陈平、交警大队魏晓涛等有关人员授课。就《中华人民共和国枪支管理法》、枪支射击要领、枪支保养、分解组合、实弹射击、消防安全管理规定及各种灭火器的使用常识进行讲解和和实地演练。

2007年5月19日，县联社组织网点主任、副主任、安全员、经警、驾驶员86人参加消防演练。29日，县联社举办预防职务犯罪培训班，全辖各基层社主任、副主任、委派会计、信贷主管、信贷员80余人参加培训，特邀州检察院预防职务犯罪处干部授课。

2008年初，县联社与各基层信用社签订“四防一保”、消防安全、奥运期间安全目标责任书73份。制定《消防安全制度》《消防安全防暴预案》。22个营业网点配备灭火器130个，安装消防安全应急灯、安全出口灯。各营业网点都设有安全出口，经公安消防部门验收合格。是年，县联社举办2期安全保卫消防演练，参加演练人员有联社领导、各社主任、部门经理、网点安全督察员、经警人员共计190人次，组织安全保卫考试1次170人参加。

2010年5月6日，县联社组织全辖安全员消防演练

2009年，县联社22个营业网点均设有卫生间、安装消防应急灯、安全出口灯、配备灭火器、狼牙棒及警棍，员工都能熟练掌握使用。

2010年，县联社举办安全教育培训班2期，组织消防演练1次。是年，全辖营业网点、库房、机房配足灭火器130个。

2011年，县联社召开主任及安全员安全教育培训和消防演练2次，参训参练125人，对156个灭火器进行测试。是年，安全保卫部对20个网点每月进行安全消防综合检查共230次。接受州、区公安部门、银监部门检查11次，组织中层73人到芳草湖监狱进行预防职务犯罪警示教育1次。

2012年，县联社印发《呼图壁县信用合作联社消防安全管理办法》《呼图壁县农村信用合作联社安全保卫部自律监管实施细则》《营业场所灭火疏散应急预案》《营业场所消防安全管理制度》。组织安全员培训班2次，参训46人；召开主任及安全员培训班和消防演练2次，参训共158人。在演练中对各网点及机关部室156个灭火器进行使用测试。是年，县联社对基层20个网点安全消防综合检查240次，接受县、州、区公安部门、银监部门检查15次。

第四节　安保科技

一、电子设备

1954年，信用社成立初期至1990年的安全保卫工作主要是人防和物防，基本上没有电子科技防范。1991年，县联合社各营业网点陆续安装简易报警器。1996年，县联合社34个营业网点都配备电子报警器。

1998年，县联合社全辖营业网点全部改装联网红外线报警器。

2001年底，县联合社营业网点安装电视监控14个，联网报警21个。8个营业网点电视监控和联网报警系统进行维修和改造。

2002年7月，县联合社投资20万元，构建科技含量高、功能齐全、防抢、防盗、防火功能一体的网点电子联网报警系统，报警控制中心设在联合社警卫值班室。

2003年12月，市场分社、二十里店、五工台、大丰信用社安装电视监控和报警器，共投资12万元。

2004年12月16日，银星、园户村信用社安装电视监控器，共投资9万元。

2005年2月5日，昌华路分社、雀尔沟信用社安装电视监控和报警系统，共投资6.4万元。

2006年，根据公安部《营业场所风险等级和防护级别的规定》，县联社制定《营业网点安全设施三年建设改造规划》。是年，大丰市场、红山村、五工台大泉、西树窝子、二十里店头工、东滩、小土古里，宁州户分社等8个网点安装电视监控系统，共投资40万元。

2012年，县联社设立总监控室

2008年1月22日，芳草湖、银星、中渠、西树窝子、雀尔沟、园户村、昌华路、联社营业部8个信用社营业网点安装22个彩色摄像头。3月6日，根据区联社批复，县联社投资33.48万元，购置16式嵌入式硬盘录像机监控器和17英寸电视监控器各6台，分别给头工、红山、大泉、小土古里，东滩，宁州户信用社进行安装。

2010年3月10日，县联社四楼设总监控室，投资200余万元，安装电视监控设备、110联网报警系统、21部ATM技防设施，对全辖22个网点进行全天监控。8月10日，雀尔沟信用社业务库安装震动探测器及红外线报警器、尾箱出入监控探头，更换电视监控主机，监控图像清晰，尾箱出入区无监控盲区。

2012年，县联社响应区联社号召，深入兵团第六师，为芳草湖团场经济快速发展，新建营业网点，投资120万元，装置高科技震动报警器及高清监控设备。是年，县联社成立安保监控中心，与各个营业网点全部联网，进行远程实时监控。监控的内容主要有营业网点上下班是否正常，接送库款是否规范，安保设施是否完整，有无突发事件发生等。县联社保卫部门将监控的情况实时登记，需要提示的及时提示，需要汇报的及时汇报、对违反安保规定的单位和人员，及时提示、批评或处罚。

二、电子设备的使用和管理

1996年以来，县联合社制定出《安全保卫工作制度》《出入库工作制度》《金库保卫制度》《金库预防火灾制度》《安全保卫处罚实施细则》《闭路电视监控系统使用管理基本要求》等。

2004年，县联合社科技信息部成立，并设有计算机中心机房，负责全辖计算机维护及管理，基层网点专人负责闭路电视监控系统的使用和管理。聘请委派会计负责各网点的数据备份，各网点机房均配备灭火器、消防应急灯、安全出口安装联网报警器、安装防盗门、每天更换计算机口令，制定突发事件应急预案，并进行演练，建立电视监控调阅登记本，录像资料内存时间均达到30天。

2005年3月8日，县联合社聘22人为基层信用社安全督察员，协助主任负责安全责任制度执行及电子设备的安全使用与管理。

2007年5月8日，县联社对22个网点的“四防一保”工作进行检查。重点检查计算机管、机房管、密码使用与管理和各种安全登记本等。

2008年，县联社22个网点全部安装尾随门、防盗门、联网报警系统、电视监控系统等设备齐全，录像资料内存时间均达到30天以上。计算机管、机房管、密码使用与管理及各种安全登记制度齐全。

2009~2012年，县联社营业网点的现金区均安装监控装置，能实时记录现金交易全过程，回放图像清晰，录像资料内存时间均达到30天以上，各种管理责任到人。

附：

典型案例四则

园户村信用社抢劫案成功化解

1998年12月，园户村信用社饭店分社成功地化解一起抢劫案。1998年12月25日下午7点7分，园户村信用社柜员古丽和闫琴结完账，古丽准备锁钱箱，闫琴在拖地，等待运钞车来接钱箱。这时进来一个戴大口罩的青年男子，古丽问他办什么事，他说要拿钱，古丽问：“你拿什么钱?”他就拿出一张纸条，古丽一看，不是存单，就对他说：“请把存单拿出来”，歹徒掏出一颗手雷对柜台里的古丽说：“快把钱拿出来”。她们意识到是歹徒要抢钱，古丽伸手按报警器，歹徒把手雷伸进柜台让古丽站起来，古丽镇静地说：“我们这里就几千元现金，你抢钱值得吗?”她边说边准备拿石灰包，歹徒觉察到，马上用枪指着她说：“你往后站”，说着伸进一个提包，让古丽装钱。古丽和闫琴都想拖延时间，站着不动，这时正好有一位熟悉的顾客推门进来，闫琴就大声对顾客说：“他是抢钱的!”，歹徒见势不妙趁机逃跑了。她们立即给县联社保卫部拨打电话，及时报警，几分钟后，刑警队员赶到现场，发现歹徒留下的纸条上面写着：“把钱给我，要和我配合，不然就炸死你们!”

江湖“神医”当场被擒，储户存单失而复得

2003年8月15日下午，一名储户急匆匆赶到县联合社二十里店信用社头工分社，告诉正在准备下班的工作人员，他的两张金额为19000元的活期存单被自称是“神医”的江湖郎中骗走。分社负责人孙玉斌、会计叶会莉、出纳杨斌仔细询问事情的经过，并商议紧急预案措施。

8月18日上午约11点钟，一个男子来到分社柜台取钱，他的年龄、口音、外貌特征与被骗储户描述相符，立即引起三位工作人员警惕。他果然拿出骗来的两张活期存单要取现金。叶惠莉和杨斌让他稍等片刻，孙玉斌从后门出去立即拨打电话通知二十里店派出所和被骗的储户，并悄悄到营业室门前，以防骗子察觉逃跑。“神医”做贼心虚，再三催促工作人员赶快办理，正当发现有所不妙，欲溜之大吉时，被火速赶到的派出所民警和信用社工作人员当场擒获，而后另外三名犯罪嫌疑人也被抓获。储户捧着失而复得的存单，激动得不知说啥好，紧紧拉着二十里店信用社头工分社负责人的手说：“信用社的工作人员是好样的！”

县联社一驾驶员不慎撞死两匹马被问责

2008年3月27日，县联社监察保卫部一驾驶员驾驶运钞车（新B-76407）接库，行至312国道五工台镇呼克路西2公里处，不慎将横穿公路的2匹马撞死。4月9日，县联社决定对驾驶运钞车发生事故全辖通报。依据《新疆维吾尔自治区农村信用合作社运钞安全规定》，对此事故赔偿除保险公司外，其余均由驾驶员承担，责令其写出深刻的书面检查，待岗3个月，待岗期间发生活费每月800元，调离监察保卫部到宁州户信用社工作。

枣园信用社曹明配合警方智擒犯罪嫌疑人

2012年6月13日上午12时左右，王某准备给陈某汇款25000元，在打电话询问银行卡号过程中出现拨打手机号码错误，犯罪嫌疑人李某在明知对方打错电话的情况下依旧将自己的银行卡告诉王某，随后王某给嫌疑人李某汇去25000元。王某打电话确认陈某是否收到汇款时，发现自己拨错电话号码，立即向五家渠警方报警。中午13点14分，一名头戴红色太阳帽的陌生男子来到营业大厅，他进到营业大厅，并不急着办业务，而是在柜台前晃来晃去，东张西望，鬼鬼祟祟，这个人引起柜员曹明的警惕。在询问他要办理什么业务时，该男子说要将存折里的钱全部取完。在办理业务过程中，该男子说话非常紧张、吞吞吐吐，表情很不自然，不敢直视服务人员，帽子压得很低，该男子眼睛一直四下观望，行为异常。但此人手续齐全，柜员还是按正常手续给他办了业务。办完后，他又向柜员询问了汇款业务，说话时显得更加慌张，心神不宁，并且一直询问钱打错是否能追回。他的这一系列表现让柜员曹明更加提高警觉，通过仔细观察，该男子十分可疑，便用心记下此人的相貌特征和说话口音等。

下午16时30分，派出所的几位民警同志过来调查，主任张治及柜员曹明积极配合，把事情的全部经过和该男子的外貌特征告诉派出所的民警同志，将视频监控录像调出，根据提供的犯罪嫌疑人李某的外貌特征，认真分析视频监视录像，对当时的情况进行核实，找到犯罪嫌疑人李某作案的视频，为警方提供有力的证据。6月15日，五家渠市刑警队将犯罪嫌疑人李某成功抓获归案，追回存款。

第十九章　社务管理

1954~1957年，呼图壁县各乡镇信用社基础设施建设、固定资产维修、处置等均由各乡镇政府和人民银行呼图壁县支行共同负责配置和管理，各信用社办公设施、后勤保障均由乡镇政府负责解决。档案、劳动纪律及行政业务等均按人民银行呼图壁县支行的规章制度办理。

1958~1965年，人民公社化后，各乡镇信用社改为信用部，成为人民公社的机关部门，社务管理由人民公社负责。1966~1968年，贫下中农管理信用社，人、财、物由贫管会掌握，信用社无管理权。

1980年后，各信用社隶属农业银行呼图壁县支行领导，社务管理按农业银行制定的各项制度办理。1988年5月，县联合社成立后，在农业银行领导下，结合联合社实际出台许多社务管理制度和办法。

2006~2012年，县联社及乡镇信用社实行统一法人，统一核算、独立经营、自负盈亏、自我管理的新体制。在自治区联社领导下，建立健全一系列社务管理办法、制度，社务管理步入新常态。县联社才得以充分行使固定资产、办公用品、档案、文秘等行业管理职能。

第一节　固定资产实物管理

一、固定资产构建

（一）县联合社（联社）设施建设

县联合社办公大楼建于1995年9月，位于呼图壁县东风大街61号。该办公楼共五层（含地下室），建筑面积2475.8平方米（含营业大厅），耗资338.59万元。截至2012年，县联社机关办公设施配备情况为笔记本电脑8台、打印机6台、复印机9台、远程监控1套、装订机1台、空调12台、公务用车6辆。

截至2012年，县联社营业部营业办公面积300平方米，分为现金区、非现金区和自助设备区，配备ATM、复印机、捆钞机、叫号机、装订机、纸币清分机、票据鉴别仪各1台。

（二）基层信用社设施建设

1.百汇信用社营业用房购于2011年，建筑面积340.26平方米，耗资911.93万元。截至2012年营业办公设施配置ATM3台、监控设备1套、复印机、捆钞机、叫号机、装订机、纸币清分机各1台。

2.园林路信用社办公楼购于2012年，该楼共四层，建筑面积1577.86平方米，耗资886.23万元，截至2012年营业办公设施配置ATM2台、监控设备1套、复印机、捆钞机、叫号机、装订机各1台。

3.芳草湖信用社办公楼建于2011年，该楼共三层，建筑面积2075.87平方米，耗资1046.2万元。截至2012年营业办公设施配置ATM、复印机各2台、监控设备1套、空调9台、捆钞机、叫号机、装订机各1台。

4.枣园信用社办公楼建于2008年，该楼共二层，建筑面积647.24平方米，耗资183.46万元。截至2012年营业办公设施配置监控设备1套、空调、ATM、复印机、捆钞机、装订机各1台。

5.芳草湖天星信用社办公楼建于2006年，该楼共二层，建筑面积431.80平方米，价值141.49万元。截至2012年营业办公设施配置监控设备1套、空调、ATM、复印机、捆钞机、装订机各1台。

6.石梯子信用社营业办公用房于2009年租用石梯子乡政府办公楼一层，建筑面积76平方米。截至2012年营业办公设施配置：监控设备1套、复印机、捆钞机、装订机、空调各1台。

7.银星信用社办公楼建于1996年，该楼共四层，建筑面积1305.08平方米，耗资219.52万元。截至2012年营业办公设施配置监控设备1套、ATM 2台、复印机、捆钞机、装订机、纸币清分机、叫号机、空调各1台。

8.景化信用社营业办公用房于2011年租用呼图壁县财政局办公楼一层，建筑面积300平方米。截至2012年营业办公设施配置监控设备1套、复印机、捆钞机、装订机、空调、叫号机各1台。

9.二十里店信用社办公楼建于2012年，该楼共二层，建筑面积619.6平方米，耗资171.77万元。截至2012年营业办公设施配置监控设备1套、ATM、复印机、捆钞机、装订机、空调、叫号机各1台。

10.东泉信用社办公楼建于2012年，该楼共二层，建筑面积637.26平方米，耗资176.07万元。截至2012年营业办公设施配置监控设备1套、空调3台、复印机2台、ATM、捆钞机、装订机、叫号机各1台。

11.小土古里信用社营业用房建于1995年，建筑面积208.25平方米，耗资10万元。截至2012年营业办公设施配置监控设备1套、复印机、捆钞机、装订机各1台。

12.园户村信用社办公楼建于1997年，该楼共三层（含地下室），建筑面积1007.58平方米，耗资212.04万元。截至2012年营业办公设施配置监控设备1套、复印机3台、ATM、捆钞机、叫号机、装订机、空调各1台。

13.昌华路信用社营业用房建于1998年，建筑面积493平方米，耗资91.34万元。截至2012年营业办公设施配置监控设备1套、ATM 3台、复印机、捆钞机、装订机、纸币清分机、叫号机各1台。

14.五工台信用社办公楼建于2003年，该楼共三层，建筑面积741.07平方米，价值69.53万元。截至2012年营业办公设施配置监控设备1套、ATM 2台、复印机、捆钞机、装订机各1台。

15.中渠信用社营业用房建于1996年，建筑面积191.75平方米，耗资14.44万元。截至2012年营业办公设施配置监控设备1套、复印机、捆钞机、装订机各1台。

16.西树窝子信用社营业用房建于1992年，建筑面积153.12平方米，耗资20万元。截至2012年营业办公设施配置监控设备1套、复印机2台、捆钞机、装订机各1台。

17.大丰信用社办公楼建于1992年，该楼共二层，建筑面积613.76平方米，耗资89.97万元。截至2012年营业办公设施配置监控设备1套、复印机2台、ATM、捆钞机、装订机各1台。

18.丰贸信用社办公楼建于2008年，该楼共二层，建筑面积231.66平方米，耗资63.9万元。截至2012年营业办公设施配置监控设备1套、复印机、捆钞机、装订机、空调各1台。

19.雀尔沟信用社营业用房建于1996年，建筑面积298.64平方米，耗资11.62万元。截至2012年营业办公设施配置监控设备1套、复印机、捆钞机、装订机各1台。

（三）其他设施购置

2006年6月6日，县联合社购置信合小区车库2间7万元。

2009年6月30日，县联社购置信合小区车库1间3.03万元。

2011年4月13日，县联社购置交流干部宿舍5套185万元。

2012年12月21日，县联社购置ATM机房（人民银行）、ATM机房（大泉）2间12.34万元。

（四）交通工具购置

1995年4～5月，县联合社购置运钞车1辆，大丰信用社红山分社、五工台信用社乱山子分社购置摩托车各1辆，共27.5万元。

1997年8月16日，县联合社购置桑塔纳轿车1辆16万元，五工台信用社更新车1辆13万元，县联合社营业部更新运钞车1辆16万元。

1999年8月9日，县联合社购置防弹运钞车1辆30万元。

2000年4月18日，县联合社购置行政用车2辆30万元。

2003年4月18日，县联合社更新车3辆，即县联合社1辆、二十里店、大丰信用社各1辆。

2004年3月12日，县联合社更新车4辆，即县联合社运钞车30万元、工作用车37万元，五工台、园户村信用社工作用车均控制在16万元以内。

2005年，县联合社更新车2辆，即县联合社工作用车35万元、银星信用社工作用车10万元。

2007年3～5月，县联社购置业务用车2辆，即县联社购置越野车30万元、运钞车20万元。

2008年，县联社资产管理部购置业务用车1辆25万元。12月24日，县联社购置丰田锐志轿车（TV7250S4SP）24.88万元。

2010年9月17日，县联社购置斯巴鲁轿车1辆27.11万元。

2011年7月26日，县联社购置丰田轿车（TV7302VSPNG5）1辆32.22万元，丰田陆地巡洋舰霸道2986CC柴油型（KDJ150L-GK）1辆70.56万元。8月22日，购置别克旅行车SGM6512ATA1辆39.5万元。

2012年9月12日，县联社购置帕萨特轿车1辆27.12万元。

（五）网络、电子设备购置

2004年12月30日，购置通信网络（大中型网络及外围设备）139.09万元。

2005年1月，购置索尼投影机2.1万元。5月10日，购置东芝复印机9800元。6月1日，购置松下复印机（1510）9800元。9月21日，购置银皇冠电动遥控门1个2.35万元。12月19日，购置康佳液晶电视6台6.2万元。

2006年12月11日，银皇冠电动遥控门1个2.5万元。

2007年，县联社购置博达路由器（大中型2621）2个1.3万元，海康威视监控设备48.4万元，大中型网络及外围设备2台26.78万元，断桥隔热门（防盗门）2个6.26万元。

2008年，县联社购置银皇冠电动遥控门（防盗门WA600）1个2.23万元，洛阳通心防尾随门（GA576-2005）13个9.75万元，利达捆钞机（LD-2158）4台4.64万元，海康威视监控设备7台33.7万元，灾备中心电子设备44.16万元。

2009年，县联社购置利达捆钞机4台（LD-2158）4.4万元，中宝半自动装订机5台2.75万元，利达中意排队叫号机（PC-380）4台12万元，东芝复印机7台6.25万元，新丰泽科技票据鉴别仪1台1.6万元，LED室外显示屏2个127488元，LED室内显示屏1个5.66万元，索尼相机1台1.82万元，海康威视监控设备1台3.98万元。

2010年，县联社购置LED室内显示屏1个6.21万元，LED室外显示屏1个6.4万元，本田发动机2台3.03万元，东芝复印机4台4.64万元，利达捆钞机1台1.1万元，博达路由器5个4.3万元，海康威视监控设备10台38.05万元，银皇冠电动遥控门4个4.23万元，枣园金库门3.2万元，科士达UPS3个2.89万元，NCR自动取款机4台5.78万元，洛阳通心防尾随门2个1.5万元。

2011年，县联社购置LED室外显示屏7个57.86万元，山特ATM UPS（C6KS）8台12.48万元，东芝复印机4台3.7万元，叫号机5台20.8万元，半自动捆钞机10台11万元，半自动装订机7台4.06元，纸币清分机2台24万元，视频会议系统12.26万元，监控中心（监控系统）31.46万元，穿墙式取款机8台106.87万元，监控设备15台100.65万元，防尾随门15个3.75万元。

2012年，县联社购置捆钞机3台8.25万元，纸币清分机2台24万元，复印机16台19.23万元，排队取号机2台7.4万元，半自动装订机1.8万元，16路、4路数字硬盘录像机5台4.39万元，空调24台16.9万元，UPS电源（大中型）4台7.22万元，全自动捆钞机1台2.75万元，路由器（大中型）21个22.05万元，存取款一体机4台67.6万元，自动取款机5台48.48万元，LED屏1个2.02万元，ATM钞箱3个3万元，钞箱模块2个2.6万元。

2012年呼图壁县联社固定资产统计表

表19-1　　单位：万元

固定资产项目	数　量	原 值
一、房屋	16528.46	3978.06
1.营业用房（平方米）	11336.47	3435.03
2.职工食堂（平方米）	1785.91	35.16
3.职工宿舍（平方米）	111.66	8.8
4.其他	3294.42	499.06
二、交通工具	6	224.53
1.汽车（辆）	6	224.53
2.摩托车（辆）	0	0
三、电子设备	324	1172.63
1.计算机网络（台）	3	165.87
2.自动取款机（台）	13	173.17
3.存取款一体机（台）	4	67.6
4.电脑（台）	95	62.26
5.其他电子设备（台）	209	703.73
四、机器设备	4	9.63
1.锅炉（个）	4	9.63
2.电梯（台）	0	0

续表19-1

固定资产项目	数　量	原 值
3.中央空调(台)	0	0
4.其他	0	0
五、器具家具	84	112.77
六、其他固定资产	2	10.28
合　计	—	5507.9

二、固定资产维修

1997年12月1日，县联合社支付固定资产维修费18.86万元（含营业部装修9.06万元）。

2002年4月4日，县联合社银星信用社安装防弹玻璃维修费8.18万元。

2006年6月6日，县联合社职工食堂修缮费4万元。9月26日，县联社二十里店信用社等7辆业务用车维修及燃料系统改造费共5.4万元。

2011年，县联社园林路信用社网点装修费15.61万元。

2001~2012县呼图壁县联合社（联社）营业网点固定资产装修、维修表

表19-2　　单位：万元

年份	网点名称	装(维)修项目	工程造价
2001	二十里店信用社	办公楼室内外装修	15.16
	园户村信用社	办公室室内外装修	31.2
	大泉分社信用社	办公室室内外装修	20.94
	县联合社	办公楼外墙面装修	90.3
		一楼大厅装修	19.68
		综合服务楼修缮	22.55
2004	小土古里信用社	办公室改造工程	14.28
	市场分社信用社	办公室装修	15.11
2005	东滩分社信用社	办公室室内外装饰	13.13
	银星信用社	暖气维修改造	7.75
	雀尔沟信用社	办公室室内外维修	8.1
	大丰信用社	室外维修	14.3
2006	宁州户分社信用社	办公室维修	6.72
2007	二十里店信用社	办公楼装修	6.92
	头工信用社	办公室装修	6.1
	西树窝子信用社	办公室装修	14.3
2008	县联社	车库改造及室外管道维修	12.58
	大丰信用社	办公楼室内外维修	4.35
		暖气维修	4.35

续表19-2

年份	网点名称	装(维)修项目	工程造价
	园户村信用社	办公室装修	6.49
	二十里店信用社	信贷室维修	3.69
	雀尔沟信用社	办公室维修	2.7
2009	银星信用社	二至四楼维修	10.45
	县联社	办公楼木地板安装	8.5
		办公楼屋面维修	6.34
	园户村信用社	楼道大理石铺装	4.62
	昌华路信用社	办公室装修	5.36
2010	园林路信用社	暖气、下水维修	2.97
	芳草湖信用社	暖气、下水维修	7.2
	县联社	办公楼楼道及地面改造	10.63
		办公楼卫生间改造	9.03
	营业部	营业厅装修	27.83
	石梯子信用社	户外地坪改造	5
	园户村信用社	ATM机房装修	2.9
2011	枣园信用社	室外、管道工程改造	18.96
		ATM机房装修	3.98
	银星信用社	ATM机房装修	2.9
	中渠信用社	营业厅装修	4.25
	景化信用社	办公室装修	14.5
	园林路信用社	办公室装修	9.73
		ATM机房装修	5.88
	昌华路信用社	大院地坪维修	4.9
		ATM机房装修	6.83
		办公室装修	9.21
	大丰信用社	ATM机房装修	4.92
		供热管网改造	7.11
	小土古里信用社	暖气改造	2.45
2012	芳草湖信用社	室内装饰	39.97
		ATM机房装修	6.18
	雀尔沟信用社	门窗更换及改造	4.06
		金库改造	5.77
	五工台信用社	ATM机房装修	7.95
	大泉信用社	ATM机房装修	7.44
	昌华路信用社	人行道改造	5.72

续表 19-2

年份	网点名称	装(维)修项目	工程造价
	百汇信用社	ATM机房装修	6.28
	人民银行呼图壁县支行	ATM机房装修	4.9
	县联社	交流干部宿舍装修(二套)	15.81

三、固定资产处置

2000年12月4日，县联合社核销固定资产（职工住宅楼）247.79万元，即房改除集体营业用房、车库外，职工住房29套房改收回138.71万元后与固定资产账面轧差余额247.79万元进行核销。

2006年6～9月，县联合社同意处置固定资产原价193.79万元，出售总价款63.97万元，即园户村信用社呼芳路口3套住房原价22.5万元，提折旧4.91万元，每套4万元出售价12万元；园户村信用社原下三工分社营业用房原价21.2万元，计提折旧21.2万元，出售价5万元；大丰信用社原大土古里分社营业用房原价6.5万元，计提折旧3.03万元，出售价1.5万元；大丰信用社原红山分社营业用房原价3.5万元，计提折旧2.16万元，出售价3500元；园户村路家属院15套住房原价125.27万元，计提折旧74.55万元，出售总价款39.12万元；县联社处置固定资产（抵债资产三菱越野车）原价15万元，计提折旧15万元，出售价6万元。

2008年10月7日，自治区联社同意县联社处置14处固定资产，原价303.36万元，已提折旧142.55万元，评估出售总价289.81万元。

2009年3月19日，县联社处置固定资产原价37.57万元，即原城市信用社呼芳路营业室，原价34.21万元，已提折旧22.64万元，出售价6.44万元；园户村信用社楼顶广告牌原价3.36万元，计提折旧3.26万元，将广告牌拆除。

第二节　办公用品管理

自1996年5月29日，县联合社行政办公室成立后，联合社机关及基层信用社的办公用品管理逐步规范，由行政办公室负责统一采购，妥善保管，并建立台账。联合社机关和各基层信用社根据对办公用品品种、数量的具体要求，向办公室申请，经批准后由办公室安排专人购置，根据实际需求进行分发。县联社根据财务授权规定，结合年度内财务预算安排，负责对各类低值易耗品的采购结算、实物报损、处置，对低值易耗品购置费用使用情况进行监测分析，依据实际情况更换老化硬件设备，为网点建设提供财务支持。

对办公用品的管理分为三个环节：1、办公用品的采购。根据县联社库存及消耗情况，按采购计划要求的质量、数量、品种进行采购，做到既保证需要又不积压过多的资金。在采购时选购物美价廉的办公用品，尽量节减费用支出。采购办公用品之后，将发票交给保管员，由保管员凭票清点入库，做到正常交接，手续完备。采购工作中认真执行信用社财务管理制度、财务结算手续，做到单据、账目、手续清楚。2、办公用品的保管。县联社设立专门的库房和专人进行管理，保管员对采购的办公用品，按照物品规范、数量、质量，认真验收、登记，上账、入库，精心保管。库房内的各种物品摆放合理、整齐、美观。做到常检查，防止损坏、变质、变形、丢失。在保管工作中，及时登记保管账卡，定期清理库存，做到账物相符、账账相符。保管员还根据库存和需求情况，定期提出采购计划，对库房加强安全防范工作，防止各种意外事故的发生。3.办公用品的发放。根据各部门实际需要进行发放，避免浪费。实行财务包干的信用社，要做好记账和核算工作。根据领取时的单据和记录，核算所属信用社、各部门的经费使用情况，对经费已经超支的信用社，要限制领用。办公用品领取和发放工作中，保管人员坚守工作岗位，服务热情周到，对不符合规定的，做好解释工作，认真履行职责，把好后勤管理关。

1998~2012年呼图壁县联合社（联社）购置低值易耗品统计表

表19-3

年 份	资产名称	数 量 （个、张、件、台）	金额（万元）
1998	龙牌保险柜 乒乓球桌 镇江保险柜 档案柜 三门书柜	3 1 1 2 2	1.22
1999	AQI效果器(调音台)	1	0.34
2000	龙牌保险柜 美的空调 健康彩电	2 2 1	1.94
2001	办公桌 瑞祥文件柜 三星数码相机（NV30） 华夏彩电(2907D) 终端(TFT1780PS) 三晶刷卡器(323B) 电脑桌 Dell电脑(DIMENSION-E520) 南天打印机(NANTIAN-PR-2E) 利率牌 创维电视机(21NL9000) 台灯 其他家具	4 4 1 1 1 2 2 1 1 1 2 1	7.64
2002	办公桌 工艺大花瓶 文件柜 其他家具	11 2 4	2.25
2003	镇江保险柜 金希望会议椅 三星传真机 HP台式电脑（HP LI506）	1 40 1 1	1.90

续表19-3

年 份	资产名称	数 量 (个、张、件、台)	金额(万元)
2004	三星电脑(ANYCALL) 会议桌 档案柜 三星乒乓球桌 宣传栏 服务台 联想主机 南天打印机 镇江保险柜 空调 创维投影仪 办公椅 文件柜 办公桌 三木碎纸机 索尼摄像机(sl098) 双炒单温灶(CXW-98) 万利达DVD(MV-7200) 演讲台 牌匾 其他家具器具	1 1 16 1 1 1 3 2 2 27 1 10 1 6 2 1 1 1 1 2	21.03
2005	DP300密押机 海尔洗衣机 HP台式电脑 纽曼硬盘(UN705) 各类柜子 桌椅 空调 FP8400K打印机 电子显示屏 创维彩电 实达液晶显示器 三星数码相机 报警器 达尔迅电话机 其他家具器具	21 2 2 1 13 8 19 1 1 2 1 1 1 2	22.80
2006	报警器系统硬盘 电视机 VCD、DVD机 本田发电机 松下传真机(KX-FLM668CN) 利率牌 佳能照相机(DS126251) 电脑 UPS 稳压器 联想服务器(E660) 康威数码接收机(KWE-200) 报警器 扫描仪 DP700密押机 DP300密押机 打印机 刷卡器 信贷服务器(WOSTRO220) 其他家具器具	1 5 2 1 1 2 1 7 1 1 1 1 1 2 3 26 6 17 1	41

续表19-3

年 份	资产名称	数 量（个、张、件、台）	金额(万元)
2007	金牌刷卡器	13	67.31
	HP台式电脑	3	
	升腾终端	18	
	光辉点钞机	1	
	柜员桌	17	
	利率牌	3	
	三木碎纸机	1	
	一次成型款车	3	
	金牌刷卡器	15	
	DP700密押机	4	
	DP300密押机	22	
	博达路由器	2	
	宣传栏	5	
	三星笔记本电脑	10	
	戴尔电脑	4	
	密集架	40	
	兄弟打印机	3	
	伊利捆钞机	2	
	Avision扫描仪	8	
	京盾验证仪	1	
	纽曼硬盘	1	
	其他家具器具		
2008	Avision扫描仪	5	32.27
	山石保险柜	1	
	办公桌	7	
	发电机	11	
	康艺点钞机	7	
	利达扎把机	14	
	升腾液晶终端	10	
	DELL电脑	1	
	德实打印机	10	
	DP700密押机	4	
	利率牌	2	
	DP300密押机	3	
	其他家具器具		
2009	松佳档案柜	17	58.41
	DP700密押机	2	
	DP300密押机	6	
	PRT打印机	12	
	刷卡器	9	
	宣传栏	1	
	电脑	9	
	终端	26	
	纽曼硬盘	1	
	长峰资料架	2	
	一次成型款车	27	
	康艺点钞机	16	
	利达扎把机	14	
	兄弟DCP7030一体机	7	
	三晶磁卡读写机	9	
	Avision扫描仪	3	
	现金柜桌面	35	
	三木碎纸机	5	
	DP700密押机	2	
	DP300密押机	6	
	TCL液晶电视	5	
	松下传真机	5	
	其他家具器具		

续表19-3

年 份	资产名称	数 量 （个、张、件、台）	金额（万元）
2010	一次成型款车 金牌刷卡器 DELL电脑 DP700密押机 DP300密押机 索尼数码相机 终端 打印机 点钞机 碎纸机 传真机 现金柜桌面 603书柜 其他家具器具	9 61 8 5 1 1 48 20 39 2 2 7 11	83.01
2011	终端 有线POS机（E530） 桌子 保险柜、文件柜 款车 DP700密押机 DP300密押机 电脑 笔记本电脑 打印机 显示器 扎把机 点钞机 兄弟7060一体机 其他家具器具	26 41 37 26 40 1 7 30 15 48 24 20 24 4	120.21
2012	DP700密押机 DP300密押机 平板扫描仪 电脑 屏风桌 传真机 硬盘（500G） 一体机 点钞机 扎把机 对讲机 录音笔 票据打印机 终端 液晶显示器 半球摄像机（SCB-2080P） 彩色宽动态摄像机 自动镜头（2.8-8） POS机 刷卡器 打印机 取款钞箱 其他家具器具	5 20 2 42 10 2 12 15 56 52 24 7 27 34 17 6 7 6 88 20 21 4	133.72

第三节 档案管理

一、机构

1991年9月16日，县联合社会计达标领导小组成立，王建甫任组长，王万清等4人为成员。

1998年3月5日，县联合社档案管理领导小组成立，王钧任组长，来国珍为副组长，王万清等5人为成员。是日，县联合社档案鉴定小组成立，来国珍任组长，王万清、叶寿林为副组长，李生珍等4人为成员，田吉新等16人为兼职档案员。

2001年4～7月，县联合社调整档案管理领导小组成员，刘怀强任组长，叶斌为副组长，田吉新等5人为成员。调整档案鉴定小组成员，叶斌任组长，田吉新、叶寿林为副组长，张秋芳等3人为成员。

2004年3月1日，县联合社调整兼职档案员，齐新春等14人为科室及基层信用社兼职档案员。

2005年3月，县联合社调整档案管理领导小组成员，刘怀强任组长，谢会同为副组长，齐新春等5人为成员。调整档案鉴定小组成员，谢会同任组长，齐新春等4人为成员。

2007年9月10日，县联社调整档案管理领导小组成员，刘怀强任组长，谢会同为副组长，张闫等5人为成员。调整档案鉴定小组成员，谢会同任组长，张闫等5人为成员。

2009年2月16日，县联社被评为县级档案管理工作优秀单位，闫怀梅被评为2008年度先进档案工作者。4月30日，县联社聘任毛晓妍等31人为基层信用社兼职档案员。

2010年5～6月，县联社员工人事档案管理工作领导小组成立，刘怀强任组长，刘娟为副组长，张闫等4人为成员。调整王舞龙等27人为基层信用社兼职档案员。

2011～2012年，县联社聘任基层信用社委派会计为兼职信贷档案管理员。

二、档案设施

截至2012年，县联社档案室面积30平方米、阅览室20平方米、档案库房342平方米；配备计算机2台、11470元；复印机3台、7700元；密集架3套、593221.2元；档案柜12组、9050元；加温器1台、3500元；移动硬盘1步、630元。

三、档案整理

1998年11月28日，县联合社档案管理工作经自治区档案局、州档案局、县档案局验收，县联合社档案管理工作达到自治区一级标准。

2001年7月3日，县联合社举办14名专职（兼）档案员为期1天的培训班。是年，县联合社新增档案7930卷，其中文书档案87卷，会计档案7843卷，照片档案1卷。截至复验期，县联合社库存档案共计10065卷，其中文书档案119卷，会计档案9945卷。

2003年，县联合社决定，对1955～1985年之间的会计档案编制清册集中销毁。

2004年2月，县联合社库存档案8大类，共计13533卷，即永久卷99卷，长期卷218卷，短缺卷258卷，财务档案12958卷。3月1日，县联合社举办14名专职（兼）档案员为期2天的培训班。是年，县联合社被昌吉州档案局评为2004年档案管理工作先进集体。

2006年4月4日，县联合社被评为州级2005年度档案工作先进集体。

2008年8月12日，县联社经档案鉴定领导小组鉴定对1984~1992年会计凭证1094卷、1992年会计账簿1卷、1992年会计报表5卷予以销毁。

2010年9月20日，县联社根据《会计档案管理办法》，对1984~2004报表857卷、1984~1997年账簿166卷、1986~1994年凭证3568卷均达到销毁要求，经档案鉴定领导小组鉴定并报县档案局审批后予以销毁。

2012年12月20日，县联社共收集文书档案4716卷，其中永久卷1147卷、30年卷1107卷、10年卷2224卷、科技卷140卷、资料卷98卷。会计档案65580卷，其中永久卷100卷、15年卷65480卷。照片档案2卷。

四、档案查阅

1998年8月30日，园户村分社查阅储户存单是否已挂失支取。经查阅档案证明，该储户存单已被本人挂失支取，现手中持有存单为无效存单，信用社及时收回存单并与原挂失手续装订归档，避免纠纷和被冒领存款事件发生。9月14日，园户村信用社查阅1借款户贷款利息计算是否有误。经查阅档案证明，该借款户办理存单抵押贷款，期限15天，逾期60天归还，利息计算正确，向该借款户耐心解释后，该借款户非常满意。10月18日，昌吉州检察院查阅1借款户贷款事宜。经查阅档案，查明该借款户在县联合社营业部贷款情况，为检察院立案、侦破工作提供可信的依据。

1999年1月10日，县联合社查阅档案，即《关于农村信用社征收营业税等有关问题的通知》文件。经查阅档案印证，为准确及时上缴营业税提供可靠依据。6月30日，县联合社营业部查阅上年同期各项贷款余额。经查阅档案，查明各项贷款比上年增长9.6%。12月6日，业务科核对部分基层信用社贷款形态及调整情况，为县联合社了解和掌握基层信用社贷款形态提供准确数据。

2000年1月10日，市场分社为某单位查阅1笔外地汇款。经查阅档案，该单位汇款已解付入账，未造成资金损失。8月9日，业务科查阅基层信用社主任及岗位人员考核制度。经查阅档案，准确了解各岗位奖罚的历史数据，为县联合社旺季工作制定考核办法提供有效参考依据。10月14日，办公室查阅1997年职工档案，为县联合社人事管理部门提供真实、可靠的印证资料。

五、归档制度

1991年3月9日，县联合社转发农业银行昌吉州中心支行《昌吉州农村信用社职工档案管理办法》。12月14日，县联合社转发农业银行昌吉州中心支行《农村信用社会计工作达标升级实施办法》。

1998年3月5日，县联合社印发《呼图壁县农村信用社联合社档案管理办法》《呼图壁县农村信用社联合社档案保密制度》《呼图壁县农村信用社联合社档案移交制度》《呼图壁县农村信用社联合社档案鉴定销毁制度》《呼图壁县农村信用社联合社档案统计制度》《呼图壁县农村信用社联合社照片档案管理制度》《呼图壁县农村信用社联合社档案借用利用制度》《呼图壁县农村信用社联合社档案资料收集制度》《呼图壁县农村信用社联合社档案库房管理制度》。

2007年2月8日，县联社转发自治区联社《新疆维吾尔自治区农村信用合作社档案管理办法》

《新疆维吾尔自治区农村信用合作社文书与档案管理办法》《新疆维吾尔自治区农村信用合作社音像档案管理办法》《新疆维吾尔自治区农村信用合作社归档文件整理规则与操作方法》《新疆维吾尔自治区农村信用合作社档案统计制度》《新疆维吾尔自治区农村信用合作社档案库房管理制度》《新疆维吾尔自治区农村信用合作社系统档案室全宗卷规范》《新疆维吾尔自治区农村信用合作社系统档案室全宗指南编制规范》。

2011年8月30日，县联社转发自治区联社《新疆维吾尔自治区农村信用合作社档案管理实施细则》。12月22日，县联社转发自治区联社《新疆维吾尔自治区农村信用合作社档案管理五年发展规划》。

2012年7月25日，县联社转发自治区联社《新疆维吾尔自治区农村信用合作社会计档案管理办法》。

第四节　文秘工作

1996年5月，行政办公室作为联合社的综合部门，具体负责县联合社的文书处理、工作总结及有关综合材料的草拟、文稿审核、文稿校对、公文发送、上报等工作。做好信息反馈工作，整理基层信用社上报的材料和上级的有关文件，按要求将文件送交领导和相关部门。

2006年，自治区联社成立后，制定《新疆维吾尔自治区农村信用合作社公文处理办法》《新疆维吾尔自治区农村信用合作社公文处理实施细则》等规范性制度，县联合社综合办公室按照制度的要求，负责文书处理工作，由专职人员负责统一收发、分办、传递、立卷和归档。

2008年，县联合社对文件的收、发、传、管、阅做到规范化、程序化、制度化。全年共收自治区联社文件311份、新疆银监局文件3份、昌吉银监局133份、人民银行文件59份，县联合社共发文334份；全年共撰写工作简报10期，在自治区联社简报中刊载2期。共组织召开各类会议100余次。

2012年，县联社公文由秘书统一管理，公文行文坚持实事求是、准确规范、精简高效、安全保密的原则。县联社与自治区联社通过新疆农信OA系统传送文件，与新疆银监局通过新疆银行业电子政务传输系统和新疆银监局监管平台传输文件。县政府、街道办事处等其他文件随时通知随时派人取回。全年共收文505份，其中自治区联社397份，新疆银监局9份，昌吉监管分局87份、人民银行12份；发文562份。撰写简报17期。

1997~2012年呼图壁县联合社（联社）收发文统计表

表19-4　　单位：份

	收自治区联社文	收新疆银监局文	收昌吉银监分局文	收人民银行文	发文
1997	—	—	—	8	61
1998	—	—	—	25	122
1999	—	—	—	70	59
2000	—	—	—	30	37

续表19-4

	收自治区联社文	收新疆银监局文	收昌吉银监分局文	收人民银行文	发文
2001	—	—	—	98	96
2002	—	—	—	149	114
2003	—	—	—	111	128
2004	—	60	51	29	143
2005	—	30	47	31	176
2006	46	16	85	18	191
2007	152	6	42	13	239
2008	311	3	133	59	334
2009	308	3	151	38	352
2010	466	6	140	51	411
2011	394	6	146	54	460
2012	397	9	87	12	562

第二十章 党群组织

1954～1996年，信用社党、团组织活动一直归乡镇（人民公社）党、团委领导。1996年11月县联合社与农业银行脱钩后，1997年1月8日，县联合社党总支成立，隶属县直机关工委领导。是年，县联合社党总支下属机关及乡镇信用社有4个党支部，即县联合社机关、园户村、五工台、雀尔沟信用社党支部。

2008年1月10日，县联社党委成立，由自治区联社党委垂直领导。至2012年年底，县联社党委下设1个党总支、8个党支部，即县联社党总支、县联社机关第一、第二党支部、大丰、五工台、园户村、二十里店、银星、枣园信用社党支部。全辖共有党员76人，其中男48人，女28人。1997年1月成立县联合社青年工作委员会。1997年3月成立县联合社工会。2002年3月成立县联合社妇女工作委员会。

60年来，在呼图壁县联合社（联社）及地方党组织的坚强领导下，工、青、妇组织紧紧围绕党的中心工作，积极开展形式多样、丰富多彩的活动，弘扬主旋律，提升正能量，使县联合社（联社）由弱到强，成为呼图壁县金融界的主力军。

第一节 中共呼图壁县联社组织

一、党委

2008年1月10日，根据新农信党〔2008〕49号文件，中共呼图壁县农村信用合作联社委员会成立，刘怀强任党委书记，朱智岗、王惠琴、叶斌、陈志高为委员。

2009年4月27日，自治区联社党委决定，免去王惠琴呼图壁县联社党委委员职务。

2010年4月1日，自治区联社党委决定，刘娟任呼图壁县联社党委委员。

至2012年年底，县联社党委下设1个党总支、8个党支部，有党员76人。刘怀强任党委书记，朱智岗、刘娟、陈志高、叶斌为党委委员。

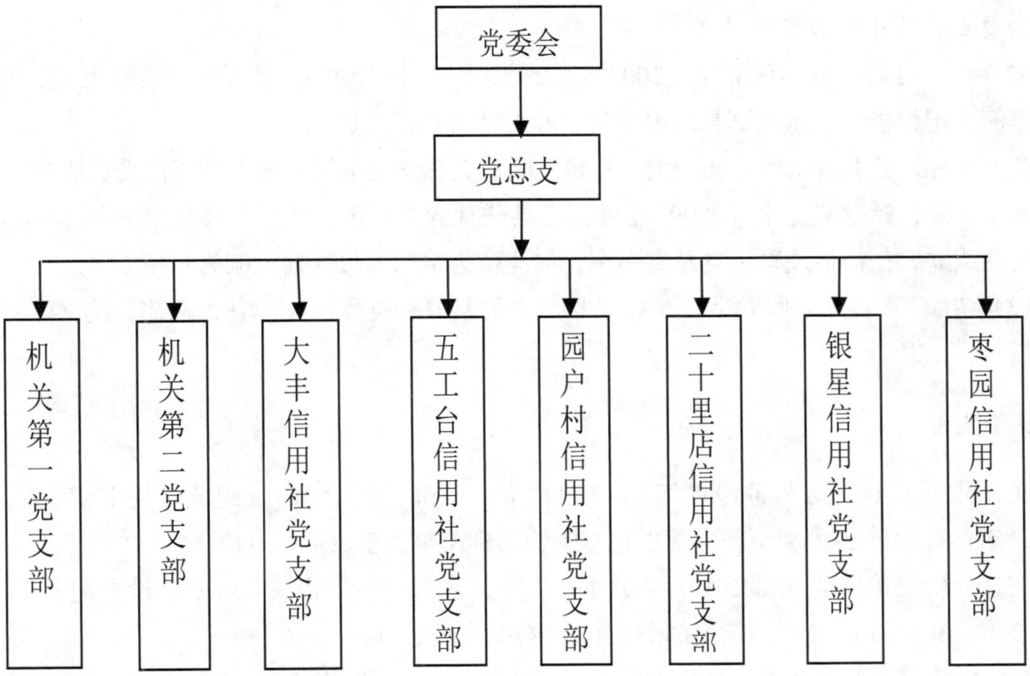

图20-1 2012年呼图壁县联社党委会组织机构图

呼图壁县联合社（联社）历任党委（党总支）书记、副书记名表

表20-1

姓名	性别	出生年月	籍 贯	学历	入党时间	职 务	任职时间
王 钧	男	1961年5月	新疆呼图壁县	本科	1993年5月	党总支书记	1997年1月~2001年1月
刘怀强	男	1956年11月	新疆玛纳斯县	本科	1994年2月	党总支书记	2001年6月~2008年1月
柳茂军	男	1964年9月	新疆呼图壁县	本科	1995年6月	党总支副书记	2001年3月~2002年4月
叶 斌	男	1964年4月	新疆呼图壁县	本科	2000年8月	党总支副书记	2002年4月~2007年4月
刘怀强	男	1956年11月	新疆玛纳斯县	本科	1994年2月	党委书记	2008年1月~
柳茂军	男	1964年9月	新疆呼图壁县	本科	1995年6月	党总支书记	2009年1月~

二、党总支

1954~1996年，信用社党组织活动一直归乡镇（人民公社）党委领导。

1996年11月19日，县联合社与农业银行呼图壁县支行脱钩后，1997年1月8日经上级主管部门批准，呼信联字〔1997〕第1号，中共呼图壁县农村信用合作社联合社总支委员会成立，王钧任总支书记，李生珍为组织委员，王万清为纪检委员，柳茂军、李彦清为宣传委员，叶寿林为青工委员。县联合社党总支隶属呼图壁县直机关工委领导。是年，县联合社党总支下属机构及乡镇信用社有4个党支部，即县联合社机关、园户村、五工台、雀尔沟信用社党支部。

2001年3月，柳茂军任县联合社党总支副书记。

2001年7月12日，呼信联党字〔2001〕第3号，经2001年6月11日县联合社党总支决定，补选刘怀强为总支委员并任总支书记。

2002年4月11日，呼信联党字〔2002〕第2号，因人事变动，刘怀强任党总支书记，叶斌为副书记，李澍为纪检书记，柳茂军为组织委员，叶寿林为宣传委员。

2007年4月，经上级党委批准，免去叶斌县联社党总支副书记、叶寿林宣传委员职务。

2009年1月，呼信联党字〔2009〕1号，经县联社党委批准，中共呼图壁县农村信用合作联社总支委员会成立．任命柳茂军为党总支书记，何建斌为组织委员，何玉刚为宣传委员。

2012年7月3日，呼信联党字〔2012〕27号，经县联社党委决定，任命唐志艳为县联社党总支宣传委员。

三、党支部

县联合社机关第一党支部1997年3月1日成立，支部委员会由3人组成。设书记1人，委员2人。2012年，有党员29人。历任支部书记有王钧、柳茂军、李彦清、夏琦。

县联合社机关第二党支部2010年3月1日成立，支部委员会由3人组成。设书记1人，委员2人。2012年，有党员11人。历任支部书记有向国忠、王敏、陈军。

大丰信用社党支部1997年3月2日成立，支部委员会由3人组成。设书记1人，委员2人。2012年，有党员8人。历任支部书记有甘润枝、唐志艳、王程、何新龙、陈发智。

五工台信用社党支部1997年3月1日成立，支部委员会由3人组成。设书记1人，委员2人。2012年，有党员6人。历任支部书记有李彦清、何建斌、李斌、王程、唐志艳、桂玉海。

园户村信用社党支部1997年3月1日成立，支部委员会由3人组成。设书记1人，委员2人。2012年，有党员6人。历任支部书记有张春山、柳茂军、雷新兰、潘存娟。

二十里店信用社党支部1997年3月5日成立，支部委员会由3人组成。设书记1人，委员2人。2012年，有党员8人。历任支部书记有李澍、向国忠、陈发智、杨国锋。

银星信用社党支部2010年3月1日成立，支部委员会由3人组成。设书记1人，委员2人。2012年，有党员18人。历任支部书记有李斌、马燕、向国忠。

枣园信用社党支部2007年7月1日成立，支部委员会由3人组成。设书记1人，委员2人。2012年，有党员7人。历任支部书记有陈晓军、李斌。

四、党员

（一）发展

1997~2006年，县联合社党总支发展新党员共18人，预备党员22人，26名青年职工参加县委机关工委入党积极分子培训班。截至2006年年末，县联合社党总支共有党员72人，其中离退休党员6人。

2009年2月22日，县联社党委发展新党员9人，预备党员6人，入党积极分子12人，共有党员87人。

2011年，县联社党委共有党员88人，其中预备党员8人，离退休党员5人。

2012年8月10日，县联社党委批准，刘中涛、闫怀梅、张治、蔡春元、罗光萍、付静、田培艳等7人按期转为正式党员。是年，县联社党委共有党员93人，其中预备党员3人。

（二）分布

1997年，县联合社党总支下设5个党支部、党员19人，分布：县联合社机关党支部7人，大丰、五工台、园户村、二十里店信用社党支部各3人。

2001年年末，县联合社党总支下设5个党支部，共有党员36人，分布：县联合社机关党支部有党员16人，二十里店信用社党支部4人，园户村信用社党支部8人，五工台信用社党支部4人，大丰信用社党支部4人。

2006年，县联社党总支所属5个党支部，共有党员67人，其中县联社机关党支部有党员39人，二十里店信用社党支部6人，园户村信用社党支部8人，五工台信用社党支部8人，大丰信用社党支部6人。

2010年，县联社党委党总支所属8个党支部，即县联社机关第一党支部，第二党支部，银星信用社党支部，二十里店信用社党支部，园户村信用社党支部，五工台信用社党支部，大丰信用社党支部，枣园信用社党支部。

2012年年末，县联社党委下设1个党总支8个党支部，共有党员93人，其中县联社机关第一党支部29人，县联社机关第二党支部11人，大丰信用社党支部8人，五工台信用社党支部6人，园户村信用社党支部6人，二十里店信用社党支部8人，银星信用社党支部18人，枣园信用社党支部7人。

2012年呼图壁县联社党员名表

表20-2

序号	姓名	单位	性别	族别	出生年月	参加工作时间	入党时间	文化程度
1	刘怀强	联社	男	汉	1956年11月	1978年4月	1994年2月	本科
2	朱智岗	联社	男	汉	1965年8月	1983年10月	1986年6月	本科
3	刘娟	联社	女	汉	1973年7月	1992年1月	2002年11月	本科
4	陈志高	联社	男	汉	1965年4月	1985年8月	1994年4月	大专
5	叶斌	联社	男	汉	1964年4月	1987年12月	1987年12月	本科
6	张闫	联社	女	汉	1967年11月	1985年12月	2002年11月	本科
7	邓辉	联社	男	汉	1970年12月	1989年7月	2008年12月	大专
8	黎保新	联社	男	汉	1965年6月	1981年12月	1985年10月	大专
9	柳茂军	联社	男	汉	1964年9月	1985年12月	1995年6月	本科
10	李文栓	联社	男	汉	1962年9月	1979年11月	1987年7月	高中
11	叶寿林	联社	男	汉	1961年7月	1985年3月	1987年6月	本科
12	夏琦	联社	女	汉	1976年2月	1998年8月	2003年8月	本科
13	马文江	联社	男	汉	1976年8月	2004年6月	2008年12月	本科
14	潘存娟	联社	女	汉	1969年12月	1994年7月	2004年8月	本科
15	王艳	联社	女	汉	1972年2月	1991年12月	1999年8月	大专
16	王新合	联社	男	回	1964年2月	2005年7月	1986年6月	大专

续表20-2

序号	姓名	单位	性别	族别	出生年月	参加工作时间	入党时间	文化程度
17	冉秀萍	联社	女	汉	1965年3月	1989年7月	2002年11月	本科
18	王国军	业务部	男	汉	1976年2月	1995年9月	2002年7月	大专
19	吴翔	业务部	男	汉	1972年11月	1990年12月	1993年1月	大专
20	王晓东	业务部	男	汉	1975年12月	1994年9月	2007年11月	大专
21	向国忠	业务部	男	汉	1968年8月	1988年12月	2006年5月	大专
22	陈晓军	业务部	男	汉	1973年2月	1995年12月	2001年4月	大专
23	桂玉海	五工台信用社	男	汉	1971年7月	1996年7月	2007年11月	大专
24	王传忠	业务部	男	汉	1964年1月	1989年7月	1999年6月	大专
25	李彦清	资产部	男	汉	1956年11月	1992年8月	1985年7月	高中
26	雷新兰	联社	女	汉	1960年5月	1994年7月	1992年8月	中专
27	祁小娟	营业部	女	藏	1974年8月	1996年7月	2006年5月	本科
28	杨国锋	东泉信用社	男	汉	1975年5月	1994年6月	1998年7月	中专
29	王敏	景化信用社	女	回	1970年10月	1988年8月	1996年6月	本科
30	甘润枝	资产部	女	汉	1966年8月	1989年7月	2001年1月	本科
31	刘晓琴	联社	女	汉	1970年10月	1993年1月	2005年12月	大专
32	何建斌	风险部	男	汉	1972年12月	1994年4月	2000年7月	大专
33	曹多明	联社	男	汉	1958年9月	1975年9月	1990年4月	中专
34	狄光军	联社	男	汉	1962年6月	1979年1月	2001年7月	本科
35	张广强	联社	男	汉	1964年12月	1988年8月	1998年7月	大专
36	范绍娟	联社	女	汉	1977年8月	1999年3月	2008年12月	大专
37	李斌	枣园信用社	男	汉	1973年3月	1999年3月	2000年7月	大专
38	马燕	银星信用社	女	汉	1971年10月	1991年3月	2006年5月	大专
39	孔艺洁	银星信用社	女	汉	1980年8月	1999年7月	2008年12月	大专
40	张桂林	园林路信用社	女	汉	1979年2月	2001年9月	2008年12月	本科
41	陈发智	大丰信用社	男	汉	1966年10月	1988年12月	1996年7月	大专
42	张栋	芳草湖信用社	男	汉	1970年3月	1987年10月	1990年4月	大专
43	闫怀忠	景化信用社	男	汉	1977年6月	1996年8月	2006年6月	大专
44	范军华	景化信用社	女	汉	1968年9月	1986年11月	1988年6月	大专
45	陈军	园林路信用社	男	汉	1970年2月	1989年3月	1991年6月	本科
46	王程	二十里店信用社	男	汉	1971年12月	1994年6月	2001年10月	大专
47	何新龙	大丰信用社	男	汉	1971年2月	1994年6月	1995年8月	大专
48	刘静	联社	女	汉	1977年11月	1996年7月	2006年5月	本科
49	王生香	东泉信用社	女	汉	1982年5月	2005年7月	2005年5月	大专

续表20-3

序号	姓 名	单 位	性别	族别	出生年月	参加工作时间	入党时间	文化程度
50	马利军	丰贸信用社	男	汉	1978年9月	1996年9月	2006年5月	大专
51	白 勇	西树窝子信用社	男	回	1977年1月	1996年12月	1999年10月	大专
52	周新袁	业务部	男	汉	1966年4月	1985年9月	1998年7月	本科
53	杨 斌	五工台信用社	男	汉	1975年7月	1997年10月	2005年6月	大专
54	张永谦	小土古里信用社	男	汉	1977年3月	1996年7月	2008年12月	大专
55	魏 东	枣园信用社	男	汉	1975年12月	1992年12月	1995年6月	大专
56	武永安	东泉信用社	男	汉	1965年9月	1995年5月	1987年7月	大专
57	李 洋	天星信用社	男	汉	1983年12月	2005年7月	2007年6月	大专
58	魏 巍	枣园信用社	男	汉	1983年6月	2001年12月	2006年1月	大专
59	马 建	枣园信用社	男	汉	1979年8月	1998年7月	2008年12月	大专
60	潘存新	枣园信用社	男	汉	1960年5月	1977年12月	1986年7月	中专
61	徐贵全	联 社	男	汉	1963年7月	1996年6月	1993年6月	中专
62	刘晓强	芳草湖信用社	男	汉	1978年9月	1998年12月	2000年7月	中专
63	唐志艳	联 社	女	汉	1970年5月	1989年12月	2003年1月	大专
64	陈海鸿	丰贸信用社	男	汉	1978年10月	1999年10月	2008年12月	大专
65	孙玉斌	中渠信用社	男	汉	1971年3月	1990年12月	2004年6月	大专
66	木合买提·哈南	联 社	男	哈萨克	1965年8月	1981年12月	1996年7月	本科
67	程珊姗	联 社	女	回	1988年5月	2010年8月	2009年11月	本科
68	朱华星	芳草湖信用社	男	汉	1987年12月	2010年8月	2010年5月	本科
69	郑建华	业务部	女	汉	1988年10月	2011年9月	2011年11月	本科
70	李金金	营业部	女	汉	1986年10月	2011年9月	2007年10月	研究生
71	于 娜	银星信用社	女	汉	1987年8月	2011年9月	2009年5月	本科
72	冯志娟	联 社	女	汉	1979年8月	2007年11月	2010年7月	大专
73	魏 婷	联 社	女	汉	1986年6月	2010年3月	2009年12月	本科
74	阿依娜希·托汗	石梯子信用社	女	哈萨克	1986年10月	2011年4月	2011年6月	本科
75	努尔加拉提	雀尔沟信用社	男	哈萨克	1986年2月	2011年5月	2010年8月	大专
76	叶 甜	百汇信用社	女	汉	1986年11月	2011年2月	2006年12月	大专
77	刘中涛	石梯子信用社	男	汉	1979年5月	1998年7月	2011年6月	大专
78	张春山	退 休	男	汉	1939年4月	1960年9月	1959年9月	小学
79	蔡春元	芳草湖信用社	男	汉	1978年3月	1997年9月	2011年6月	大专
80	张 治	枣园信用社	男	汉	1977年6月	1996年11月	2011年6月	本科
81	何玉芝	退 休	女	汉	1956年5月	1979年1月	1979年4月	初中
82	杨秀英	退 休	女	汉	1956年6月	1975年9月	2008年12月	大专

续表20-2

序号	姓 名	单 位	性别	族别	出生年月	参加工作时间	入党时间	文化程度
83	闫怀梅	园林路信用社	女	汉	1973年1月	1994年7月	2011年6月	大专
84	安学斌	银星信用社	男	回	1986年6月	2010年3月	2009年6月	本科
85	张媛媛	银星信用社	女	汉	1989年2月	2012年7月	2011年6月	本科
86	杨 静	中渠信用社	女	汉	1988年8月	2012年4月	2011年12月	本科
87	付 静	联 社	女	汉	1978年1月	2001年2月	2011年6月	本科
88	李生珍	退 休	女	汉	1950年2月	1971年7月	1976年4月	初中
89	罗光萍	联 社	女	汉	1975年7月	1998年7月	2011年6月	大专
90	田培艳	联 社	女	汉	1976年5月	1995年10月	2011年6月	大专
91	王万清	退 休	男	汉	1950年12月	1971年7月	1985年3月	初中
92	刘晓军	业务部	男	汉	1981年12月	2003年5月	2011年6月	大专
93	潘 峰	大丰信用社	男	汉	1988年8月	2012年7月	2010年4月	本科

（三）构成

1.性别。女性，1997年1人，占党员总数的6.67%；2001年6人，占17%；2006年21人，占31.34%；2008年21人，占31.82%；2012年36人，占38.71%。

2.年龄。1997年，30岁以下1人，占党员总数的6.67%；2001年，30岁以下10人，占27.78%；31~50岁22人，占61.11%；50岁以上4人，占11.11%。2006年，30岁以下9人，占13.43%；31~50岁52人，占77.61%；50岁以上6人，占8.96%。2008年，30岁以下5人，占7.58%；31~50岁56人，占84.85%；50岁以上5人，占7.58%。2012年，30岁以下16人，占17.20%；31~50岁69人，占74.20%；50岁以上8人，占8.60%。

3.民族。1997年3人，占党员总数的20%；2001年3人，占8.3%；2006年4人，占5.97%；2008年6人，占9.1%；2012年9人，占9.68%。

4.文化程度。1997年，大专以上学历3人，占党员总数的20%；中专及高中以下12人，占80%。2001年，大专及以上学历13人，占党员总数的36.11%；中专及高中以下23人，占63.89%。2006年，大专及以上学历45人，占67.16%；中专及高中以下22人，占32.84%。2008年，大专及以上学历47人，占71.21%；中专及高中以下19人，占28.79%。2012年，大专及以上学历76人，占81.72%；中专及高中以下17人，占18.28%。

2012年呼图壁县联社基层党支部基本情况表

表20-3　　单位：人

支部名称	党员	性别		族别				文化程度						
		男	女	汉族	回族	哈萨克族	藏族	研究生	本科	大专	中专	高中	初中	小学
机关第一党支部	29	15	14	28	1	—	—	—	12	12	3	2	—	—
机关第二党支部	11	8	3	9	1	1	—	—	2	6	2	1	—	—

续表20-3

支部名称	党员	性别		族别				文化程度						
		男	女	汉族	回族	哈萨克族	藏族	研究生	本科	大专	中专	高中	初中	小学
大丰党支部	8	8	—	7	—	1	—	—	—	5	—	3	—	—
五工台党支部	6	5	1	5	1	—	—	—	—	5	1	—	—	—
园户村党支部	6	2	4	4	1	1	—	—	4	1	—	—	—	1
二十里店党支部	8	6	2	8	—	—	—	—	3	4	1	—	—	—
银星党支部	18	6	12	16	1	—	1	1	5	10	1	1	—	—
枣园党支部	7	7	—	7	—	—	—	—	1	5	1	—	—	—
合　计	93	57	36	84	5	3	1	1	27	48	9	7	—	1

五、主要活动

1997年6月17日，县联合社总支委员会组织开展“庆七一、迎回归”作贡献活动。号召全体党员和入党积极分子围绕业务活动超额完成收储收贷任务，结合本单位、本部门、本岗位做一件有纪念意义的事；结合周围环境和情况，做一项对社会有贡献的活动。通过活动表现共产党员以实际行动庆祝党的生日和香港回归；表现共产党员的先锋模范作用，树立农村信用社的光辉形象。

1999年8月25日，县联合社党总支组织全体党员学习中共中央关于共产党员不准修炼“法轮大法”的决定。

2000年4月4日，县联合社党总支组织开展以“讲学习、讲政治、讲正气”为内容的“三讲”教育活动。旨在通过“三讲”教育活动，确实提高领导干部的自身素质，转变行业风气。

2001年1月10日，县联合社党总支开展“三个代表”学习活动，对全年的学习进行计划安排。

2004年6～7月，县联合社党总支组织开展第七个党风廉政教育月、第三个“公民道德建设月”及“迎七一”歌咏比赛和《昌吉报》“移动杯”党内法规知识竞赛等活动。

2005年，县联合社党总支及5个支部58名党员参加“十个一”活动。在“献真情、送温暖”活动中，帮扶贫困户20户捐款9000元，为群众办好事20件，为基层信用社购置空调、电风扇等价值3.68万元，为雀尔沟镇哈纳坝小学捐赠课桌椅20套，为牧区捐款6000元。

2006年12月18日，县联社党总支开展学习贯彻十六届六中全会精神“大学习、大讨论”活动。

2007年5月，县联社党总支开展“喜迎十七大，争当六个楷模”、庆祝建党86周年及“党员道德建设月”和深化学习型组织创建活动。

2010年8月16日，县联社党委组织开展“热爱伟大祖国·建设美好家园”主题教育活动。

2011～2012年,县联社党委组织开展“创优争先”教育活动。

第二节 纪 委

一、组织机构

1954~1996年，县信用社未设立党的纪律检查委员会，纪检监察工作由主管领导部门直接管理。

1997年1月8日，县联合社党总支委员会成立，同时成立党的纪律检查委员会。王钧任纪检委书记，王万清为纪检委委员。

2002年4月11日，李澍任县联合社纪检委书记。

2005年6月10日，补选张志豪为县联合社党总支委员会纪检委员。

2008年1月10日，中共呼图壁县农村信用合作联社纪律检查委员会成立，王惠琴任书记。4月14日，由县联社纪委书记提名，县联社党委审查同意拟任王惠琴、张闫、柳茂军、狄光军、马燕5人为中共呼图壁县农村信用合作联社纪律检查委员会委员。

2010年4月1日，根据新农信干〔2010〕37号文件，刘娟任中共呼图壁县农村信用合作联社纪律检查委员、纪律检查委员会书记。

2012年3月，因人事变动，刘娟任县联社纪检委书记，柳茂军、何建斌为委员。2012年前，县联社纪律检查委员会办公室设在审计监察部，由审计监察部负责纪律检查工作。

二、廉政与行风建设

1997年12月，县联合社被呼图壁县精神文明建设委员会授予县级精神文明单位称号。1998年，县联合社开展第一个党风廉政教育月活动。

2000年，县联合社被人民银行昌吉州中心支行授予存款先进单位、信贷管理先进单位和会计出纳统计工作先进单位。

2001年，县联合社党总支组织电化教育全年12次，参加人员768人次，其中党员352人次。各支部委员参加县直机关工委调训全年29人次。全年召开民主生活会28次，其中组织全体职工上党课及形势教育18次，参加学习教育1260人次，支部书记和部门行政领导每人10篇心得体会。32名党员年度民主评议合格率100%。是年，县联合社被昌吉州精神文明建设委员会授予州级精神文明单位称号。

2002年，县联合社被呼图壁县精神文明建设委员会命名为最佳文明单位。

2003年8月4日，县联合社党总支转发人民银行昌吉州中心支行《关于进一步加强昌吉州农村信用社精神文明建设的指导意见》，号召全体党员掀起学习“三个代表”重要思想新高潮，开展企业文化建设、职工思想政治教育活动。是年，县联合社党总支被县机关工委命名为县级“五个好”党组织。

2004年5月，县联合社党总支对下辖5个党支部一季度党建目标工作进行检查，检查内容：思想建设及精神文明建设、组织建设、作风建设和制度建设，工会、团建、妇女等组织建设。检查结果依次排名为：县联合社机关，大丰、五工台、园户村、二十里店信用社支部。是年，全年共组织党员干部学习45次，组织职工观看电教片16场，其中观看反腐倡廉电教片2次；党员重温《党章》和入党誓词1次，党员、职工做试卷3次，每人写读书笔记2万字。是年，县联合社党总支被县直机关工委命名为县级党建示范点和优秀基层党组织。

2005年7月15日，县联合社党总支开展第九个党风廉政教育月活动。全面启动廉政文化进班子、进岗位、进家庭、进管理、进城市的“五进”活动，转发《关于加强新疆维吾尔自治区农村信用合作社廉洁文化精神的实施意见》，印发《呼图壁县农村信用合作联社廉洁文化建设三年规划》及其《实施方案》。制定规范化服务标准，在城区网点每天坚持晨训活动，在职工中发调查问卷110份，基层信用社主任、支部书记谈话65人次。8月，县联合社党总支组织开展警示教育，请州、县检察院领导进行预防职务犯罪教育座谈会2次，参加人员160人次。到昌吉监狱召开警示教育现场会1次，参加人员80人。“送温暖、献爱心”党员捐款2.86万元，捐物206件。11月，县联合社党总支党务工作检查，第一名五工台信用社党支部97分，第二名县联合社机关党支部95分，第三名二十里店信用社党支部92分，第四名大丰信用社党支部90分。

2008年1～7月，县联社党总支开展“天山杯”主题实践活动。印发《2008年纠纷工作安排意见》《“讲党性、重品行、作表率”活动实施办法》《2008年综合目标管理实施意见》《2008年党风廉政建设和预防职务犯罪工作要点》《呼图壁县农村信用合作联社开展深入学习实践科学发展观活动实施方案》《呼图壁县农村信用合作联社开展深入学习实践科学发展观活动领导小组工作规则》《科学发展观分析检查报告及解决突出问题方案》《呼图壁县农村信用合作联社突发性事件应急处置预案》。聘请何希斌、缪军、王春海、魏忠文、赛利克江·吾热木、李子良、王万清、李秀玉、王舞龙等9人为特邀社会义务监督员。2005～2007年县联社党总支连续三年被县直机关工委评为先进党组织。是年，有1个先进党支部、12名优秀党员受到表彰。

2009年2月18日，县联社党委班子建立联系点制度，即党委书记、理事长刘怀强联系点为芳草湖、枣园信用社，党委委员、主任朱智岗为营业部、园户村、园林路信用社，纪检书记、监事长王惠琴为机关部室，党委委员、副主任叶斌为二十里店、银星信用社，党委委员、副主任陈志高为五工台、大丰、雀尔沟信用社，指导开展科学发展观学习教育活动。印发《呼图壁县农村信用合作联社开展“党员先锋工程”活动方案》《呼图壁县农村信用合作联社2009年党风廉政建设及案件防控责任分解表》。4～8月，县联社党委组织党员干部100人到芳草湖监狱开展警示教育1次，请县检察院干部预防职务犯罪讲座1次，参加80人次，组织全体党员学习新《党章》考试1次。“7·5”事件后，向无辜受伤群众、公安干警、武警官兵捐款3.25万元。向农民工子女、木垒、奇台、吉木萨尔3县受洪灾、南疆兄弟联社职工等重症病人捐款10.86万元。中层干部及员工轮岗70人，出具离任审计报告35份。年末党员民主评议，合格率100%，评出优秀党员11人。

2010年5～8月，县联社开展第十二个党风廉政教育月活动。并对上半年党务工作进行检查，检查结果依次排名为：机关第一党支部、二十里店、园户村、五工台、枣园、银星、机关第二党支部、大丰信用社党支部。印发《呼图壁县农村信用合作联社开展“四强四优”创先争优活动方案》《呼图壁县农村信用合作联社开展“热爱伟大祖国建设美好家园”主题教育活动第一阶段实施方案》。聘请何希斌、王春海、张传松、赛利克江·吾热木、马哈沙提·阿不得克尔、李军、王万清、石秀山、李文斌等9人为纠风工作义务监督员。

2011年10月31日，县联社转发《自治区农村信用社2011年党风廉政建设及案件防控责任制考核方案》。印发《呼图壁县农村信用合作联社惩防体系精神及党风廉政建设责任制工作计划》《呼图壁县农村信用合作联社2011党风廉政建设及案件防控责任制》《呼图壁县农村信用合作联社案件防控与治理奖惩办法》。是年，县联社88名党员年度评议合格率100%，其中评出优秀党员15人。

2012年2月，县联社印发《呼图壁县农村信用合作联社2012年纪律检查委员会工作计划》《呼图壁县农村信用合作联社2012年惩防体系建设及落实党风廉政建设责任制工作计划》《呼图壁县农村信用合作联社2012年党风廉政建设及案件防控责任制考核工作的实施方案》《呼图壁县农村信用合作联社党风廉政建设及案件防控责任制考核实施细则》《呼图壁县农村信用合作联社党风廉政建设及案件防控责任制考核实施细则》。8月，县联社党委组织开展第十四个党风廉政教育月活动。9月24日，县联社转发自治区联社《关于加强廉政建设风险防控的实施办法》。12月，县联社纪委组织2次检查，调阅资料42册，个别谈话69人次，民主测评169人次。是月，县联社举办6个代表队30人的"案件防控和廉政准则及安全保卫"知识竞赛活动。对全员进行案防及廉政建设知识考试，收回测试答卷112份。组织开展对"九种人"（黄赌毒行为的人、个人或家庭经商办企业的人、大额资金炒股的人、个人家庭负债较大的人、无故不能正常上班或经常旷工的人、交友混乱经常出入高档消费场所的人、在职工作超过强制休假轮岗规定的人、有不良记录或犯罪前科的人、已经出现违规操作的人）排查，收回调查问卷35张，共排查220人，签订《廉政建设、案件防控、反商业贿赂、远离黄、毒、赌承诺书》254份，签订《员工行为准则承诺书》220份。开展"阳光信贷"活动，收回自查报告280份，廉洁自律谈话记录122份，签订《廉洁自律承诺书》122份。纪委给县联社领导班子发风险建议书3份，基层信用社纪检建议书32份，节假日发"廉政提示函"80份，手机短信80条。

三、案件查处

1997年，在内审检查中，五工台信用社副主任在1994~1995年度管理工作中有管理松散、有章不循、违章贷款、垒大户等违规行为，给信用社造成信贷资金损失和不良社会影响，县联合社于1996年6月5日报请农业银行呼图壁县支行支委会批准，给予责任人停职收贷处理，限期1997年底分期分批清收风险贷款，对已落实清收的73万元未收回风险贷款，经联合社党总支1997年12月17日研究并召开各社主任会议决定给予退职处理。

五工台信用社西树窝子分社和乱山子分社在结付甜菜款时，违反规定给农户搭配药酒，给信用社造成不良的社会影响，致使县工商局对信用社罚款5000元。根据应负的责任大小，经县联合社党组织及理事会2002年3月29日研究决定，对有关责任人给予经济处罚，承担全部罚款，其中对社主任（党员）及信贷员（党员）各1人处以1000元的罚款，并全辖通报批评。

2002年9月28日，县联合社对原县联合社主任违规转移资金100万元的案情向公安刑侦部门报案，在公安部门协助下县联合社党组织依法追回本金及利息113万元，并对其作出相应处理，即同意本人辞去县联社主任职务，内部退养。

2009年2月4日，县联社党委对2003~2006年期间，6人违规发放冒名贷款31笔、27.06万元，落实责任后，截至2008年年末，6名责任人赔偿全部贷款本金及利息。为严肃纪律，给予责任人开除党籍、留社察看两年处分；1人留社察看两年处分；4人警告处分。对管理部门2名负责人各处罚1000元，对县联社高管3人各处罚800元，共罚4400元。

2012年12月25日，县联社党委决定，对违规放贷5.5万元责任人限期6个月待岗收回违规贷款，待岗期间只发生活费。对3名党员违规违纪处理，即1人撤销雀尔沟信用社主任职务，记大过处分，扣发12个月绩效奖金；2人记大过处分，不再从事信贷员工作，扣发6个月绩效奖金。

第三节 群团组织

一、工会

（一）组织机构

1997年前，县联合社与农业银行呼图壁县支行同为一个工会组织，鲍凌宇为工会主席。

1997年3月14日，县联合社工会成立。选举产生工会委员5人，石金山任工会主席。8月20日，县联合社工会委员调整，免去石金山工会主席职务，来国珍任工会主席。

2002年3月14日，李澍任工会主席，张闫、王智、王艳、刘娟等为委员。

2005年4月29日，县联合社召开第四届工会委员会第一次会议，选举产生第四届工会委员会委员，谢会同为工会主席，张闫、王智、马燕、李彦清、叶寿林为委员。

2006年3月17日，县联合社召开第四届工会委员会第二次会议，选举产生第五届工会委员会，免去谢会同工会主席职务，张闫任工会主席，直至2012年。

（二）职工代表大会

第一届职工代表大会32名代表中，有汉族、回族、藏族、壮族、哈萨克族5个民族和党、政、工人、专业技术员、管理及其他工作人员。第一届职工代表大会共召开5次会议。

第一次会议于1997年3月14日在县联合社举行，应到代表32人，实到27人。会议审议通过石金山作的《上年工会工作报告》及《工会经费审查报告》。大会收到代表提案17件，其中批评建议占70%。会议选出工会委员3人，来国珍当选工会主席。

第二次会议于1998年3月24日在县联合社举行，应到代表32人，实到31人。会议审议通过来国珍作的《上年工会工作报告》及《工会经费审查报告》。大会收到代表提案21件，其中批评建议占78%。

第三次会议于1999年3月8日在县联合社举行，应到代表32人，实到29人。会议审议通过来国珍作的《上年工会工作报告》及《工会经费审查报告》。大会收到代表提案19件，其中批评建议占68%。

第四次会议于2000年3月9日在县联合社举行，应到代表32人，实到26人。会议审议通过来国珍作的《上年工会工作报告》及《工会经费审查报告》。大会收到代表提案26件，其中批评建议占80%。

第五次会议于2001年3月26日在县联合社举行，应到代表32人，实到30人。会议审议通过来国珍作的《上年工会工作报告》及《工会经费审查报告》。大会收到代表提案27件，其中批评建议占81%。

第二届职工代表大会共召开4次会议。

第一次会议于2001年5月20日在县联合社举行，应到代表38人，实到38人。会议审议通过来国珍作的《2000年工会工作报告》及《工会经费审查报告》。大会收到代表提案31件，其中批评建议占69%。会议选出工会委员5人，李澍当选工会主席。

第二次会议于2002年3月18日在县联合社举行，应到代表38人，实到34人。会议审议通过李澍作的《2001年工会工作报告》及《工会经费审查报告》。大会收到代表提案33件，其中批评建议占71%。

第三次会议于2003年3月14日在县联合社举行，应到代表38人，实到38人。会议审议通过李澍作的《2002年工会工作报告》及《工会经费审查报告》。大会收到代表提案29件，其中批评建议占69%。

第四次会议于2004年3月2日在县联合社举行，应到代表38人，实到36人。会议审议通过李澍作的《2003年工会工作报告》及《工会经费审查报告》。大会收到代表提案17件，其中批评建议占68%。

第三届职工代表大会共召开4次会议。

第一次会议于2005年4月20日在县联合社举行，应到代表46人，实到45人。会议审议通过李澍作的《2004年工会工作报告》及《工会经费审查报告》。大会收到代表提案27件，其中批评建议占65%。会议选出工会委员5人，谢会同当选工会主席。

第二次会议于2006年3月17日在县联合社举行，应到代表46人，实到46人。会议审议通过谢会同作的《2005年工会工作报告》及《工会经费审查报告》。大会收到代表提案28件，其中批评建议占69%。会议选出工会委员5人，张闫当选工会主席。

第三次会议于2007年3月16日在县联社举行，应到代表46人，实到44人。会议审议通过张闫作的《2006年工会工作报告》及《工会经费审查报告》。大会收到代表提案25件，其中批评建议占72%。

第四次会议于2008年3月19日在县联社举行，应到代表46人，实到43人。会议审议通过张闫作的《2007年工会工作报告》及《工会经费审查报告》。大会收到代表提案19件，其中批评建议占62%。

第四届职工代表大会共召开2次会议。

第一次会议于2009年3月20日在县联社举行，应到代表52人，实到52人。会议审议通过张闫作的《2008年工会工作报告》及《工会经费审查报告》。大会收到代表提案39件，其中批评建议占76%。

第二次会议于2010年3月17日在县联社举行，应到代表52人，实到49人。会议审议通过张闫作的《2009年工会工作报告》及《工会经费审查报告》。大会收到代表提案28件，其中批评建议占71%。

第五届职工代表大会共召开4次会议。

第一次会议于2009年3月20日在县联社举行，应到代表52人，实到52人。会议审议通过张闫作的《2008年工会工作报告》及《工会经费审查报告》。大会收到代表提案39件，其中批评建议占76%。

第二次会议于2010年3月17日在县联社举行，应到代表52人，实到49人。会议审议通过张闫作的《2009年工会工作报告》及《工会经费审查报告》。大会收到代表提案28件，其中批评建议占71%。

第三次会议于2011年3月21日在县联社举行，应到代表52人，实到51人。会议审议通过张闫作的《2010年工会工作报告》及《工会经费审查报告》。大会收到代表提案29件，其中批评建议占65%。

第四次会议于2012年3月16日在县联社举行，应到代表52人，实到52人。会议审议通过张闫作的《2011年工会工作报告》及《工会经费审查报告》。大会收到代表提案26件，其中批评建议占59%。

（三）主要活动

70～80年代，信用社仍属农业银行领导，一度贫下中农管理，员工自购黄军装、军用鞋，继而又“中山装”，以得体为荣，或徒步深入牧场、社队，与农牧民同吃、同住、同劳动（“三同”），帮助其理财或骑自行车到深山老林，指导少数民族兄弟记账做账。每年开展“走千家，进万户，送信息，送资金”活动，支持家庭联产承包责任制，有名谣吟道：“穿戈壁，过山坳，算盘打到蒙古包。爬山越岭不怕苦，做个员工真自豪！”1983年后，开展专业服务禁语、文明用语活动，内塑素质，外树形象。

1988年5月8日，县联合社挂牌成立但仍属农业银行呼图壁县支行管理。是年，广泛开展球类、棋类、牌类、征文、演讲等多种文体活动及“走千家，进万户，送信息，送资金”等活动。

1992年4月13日～5月4日，县联合社分别举行演讲会、联谊会、“五四”纪念会，80多名员工参会。

1996年1月31日，县联合社举行“九七迎春联谊会”，各基层信用社自编自演丰富多彩的文艺节目，人民银行呼图壁县支行行长徐士良、县直机关党委书记季国祥、县总工会、县团委、县妇联等部门领导应邀出席联谊会。2月21日，县联合社组织80余人的秧歌队，佩戴信合标志，出动宣传车，锣鼓喧天、载歌载舞闹元宵。在县城主要街道宣传“发展是硬道理”“存款立社、效益强社、服务兴社、文化促社”的经营理念。

1997年5月6日，县联合社印发《储蓄专业服务禁语33条》《会计专业服务禁语24条》《出纳专业服务禁语33条》《文明服务用语26条》《信用社优质文明服务实施细则及违规处罚条例》。

1998年5月3日，县联合社举办庆“五一”“五四”活动。

1999年2月10日，县联合社举办“九九迎春文艺联欢会”，各基层信用社表演丰富多彩的文艺节目，县总工会副主席张大学应邀出席。3月2日，县联合社在县文体局、县团委举办的元宵节花灯展中荣获第二名。4月23日，县联合社举办乒乓球赛，叶斌、何建斌、杨斌分获男子单打一、二、三名，王艳、来国珍、吴燕分获女子单打一、二、三名。4月29日，县联合社参加县总工会、文体局在二中操场举行的“五一”运动会。

2008年5月，县联社举办迎奥运健美操大赛

2000年4月30日，县联合社举办庆“五一”健美操大赛，园户村信用社、县联合社营业部分获团体第一、二名。5月4日，县联合社在县第一小学操场举办拔河及篮球比赛。园户村、二十里店信用社分获拔河比赛第一、二名；二十里店、五工台信用社分获篮球比赛第一、二名。

2002年4月26日，县联合社在县机关工委、县总工会举办的呼图壁县第三届职工运动会中，获男子拔河比赛第二名。叶斌获乒乓球比赛男单第六名，来国珍获女单第七名。4月28日，县联合社在县总工会和县机关工委举办的庆“五一、五四”咏廉文艺汇演中，选送的舞蹈《金融战士》获一等奖。9月4日，县联合社从基层信用社选拔9人参加昌吉回族自治州首届“信合杯”职工篮球比赛。

2003年1月31日，县联合社举办2003年迎新春文艺联欢会，各基层信用社共演出20余个反映惠农政策、便民服务及信合员工职业道德等各具特色的文艺节目。7月1日，县联合社在县文化广场举办“信合杯”青年歌手大奖赛。是年，县联合社聘请专业人员创作社歌《信合心语》，制作电视专题片《为了大地的丰收》，并在县电视台专题播放。

2004年6月底，为庆祝建党83周年，激发广大干部职工爱党爱国热情，县联合社举办“迎七一”歌咏比赛。

2005年，县联合社投资120余万元，改善办公条件。

2010年2月4日，县联社举办迎春联欢晚会

2010年6月26日，县联社主办、县文体局承办、县一中协办，“庆七一”信合杯篮球邀请赛在一中举行。此次邀请赛由人民银行呼图壁县支行、县农发行、县财政局、县国土资源局、县人民法院、县水利局、县联社等7个单位参赛。县联社篮球队以五胜一负的成绩夺冠。7月1日，县联社三楼会议室举办庆“七一”塑信合文化、职工书法、摄影展，共展出书法、绘画、摄影、手工制作等作品80余件60余人参加。刘怀强的书法《信合风流》获特别奖，冯琬婷的集邮作品及解读《江山如此多娇》获优秀奖；硬笔书法类，王舞龙的《东坡词》获第一名，祁小娟的《古诗选》获第二名，李斌的《葬花吟》获第三名；摄影类，蒋斌的《春映桃花别样红》获第一名，狄光军的《丰收在望》、姚雅洁的《秋》分获第二名，朱智岗的《生命之火》、宋巨程的《黄山风光》、张闫的《春满枝头》分获第三名；手工制作类，潘存娟的十字绣《清明上河图》获第一名，运娜的十字绣《阳光下幸福着》、唐志艳的十字绣《家》分获第二名，孟风汐的丝花网《富贵牡丹》、李新花的十字绣《冰与金》、闫琴的十字绣《向日葵》分获第三名；绘画仅展出2幅，未产生奖项；其余作品均为鼓励奖。一、二、三等奖的奖金依次为300元、200元、100元，并颁获奖证书，所有参展作品均获参展荣誉证书。社内外前来观展者累计千余人次，县电视台记者进行专访，并在当日“呼图壁新闻”节目中播放。

2010年呼图壁县联社庆“七一”共塑信合文化职工作品获奖表

表20-4

作品类别	获奖情况	作品名称	作者单位	作者姓名
书 法	特等奖	《风流信合》	县联社	刘怀强
	一等奖	《东坡词》	县联社	王舞龙
	二等奖	《古诗选》	县社营业部	祁小娟
	三等奖	《葬花吟》	百汇信用社	李 斌

续表20-4

作品类别	获奖情况	作品名称	作者单位	作者姓名
摄 影	一等奖	《春映桃花别样红》	联社业务发展部	蒋 斌
	二等奖	《丰收在望》	联社监察保卫部	狄光军
	二等奖	《秋》	联社财务信息部	姚雅洁
	三等奖	《生命之火》	县联社	朱智岗
	三等奖	《黄山风光》	小土古里信用社	宋巨程
	三等奖	《春满枝头》	联社人力资源部	张 闫
手工制作	一等奖	《清明上河图》	联社财务信息部	潘存娟
	二等奖	《阳光下幸福着》	中渠信用社	运 娜
	二等奖	《家》	五工台信用社	唐志艳
	三等奖	《富贵牡丹》	百汇信用社	孟风汐
	三等奖	《冰与金》	东泉信用社	李新花
	三等奖	《向日葵》	银星信用社	闫 琴

2011年6月28日，纪念建党90周年，县联社举办“迎七一·唱红歌·骑自行车”比赛。《我的祖国》《游击队之歌》《团结就是力量》《四渡赤水》《没有共产党就没有新中国》等红色经典歌曲，唱出信合人爱党爱国的激情。大丰、丰贸、雀尔沟信用社组成的第六代表队荣获一等奖，五工台、中渠、西树窝子信用社组成的第九代表队荣获二等奖，二十里店、东泉、小土古里信用社组成的第八代表队获三等奖。在4公里自行车比赛中，雀尔沟信用社努尔加拉提、财务信息部冯志娟分获男、女组比赛第一名。

2012年10月10日，县联社马岚在昌吉州银行业协会举办的喜迎十八大、“讲述身边的人和事”主题演讲比赛中获优秀奖，潘峰获鼓励奖。12月1日，县联社五届六次职工代表大会讨论表决，将每年的12月1日确定为呼图壁县农村信用合作联社职工文化艺术节。是日，县联社在三楼会议室举办书法、绘画、摄影、手工制作作品展。31人参加书法、绘画、摄影、手工制作等四类作品52件，评出一、二、三等奖17人及优秀作品奖14人并予以奖励。12月31日，县联社表彰第一届职工文化艺术节获奖作者。书法类：刘怀强、周炜娜、于娜分获一、二、三等奖，绘画类：周炜娜为一等奖，马宁、冯洋为二等奖，张闫为三等奖，摄影类：刘怀强、蒋斌分获一、二等奖，陈亮、张闫为三等奖，手工制作类：杨霞为一等奖、达列力·热斯别克、李新花为二等奖，李雪、赵新萍、程珊姗为三等奖，其余均为优秀奖。一、二、三等奖和优秀奖的奖金依次为400元、300元、200元、100元。

2012年呼图壁县联社第一届职工文化艺术节获奖作品表

表20-5

作品类别	获奖等级	作品名称	作者单位	作者姓名
书 法	一等奖	《龙》《虎》	县联社	刘怀强
	二等奖	《艺海无涯》	县联社营业部	周炜娜
	三等奖	《古诗选》	小土古里信用社	于 娜

续表20-5

作品类别	获奖等级	作品名称	作者单位	作者姓名
绘 画	一等奖	《山间生活》	县联社营业部	周炜娜
	二等奖	《静物》	银星信用社	马 宁
	二等奖	《人物肖像》	东泉信用社	冯 洋
	三等奖	《今天你微笑了吗》	县联社人力资源部	张 闫
摄 影	一等奖	《牧场黄昏》	县联社	刘怀强
	二等奖	《戈壁风情》	县联社信贷部	蒋 斌
	三等奖	《伊犁风光》	二十里店信用社	陈 亮
	三等奖	《红色魔鬼城》	县联社人力资源部	张 闫
手工制作	一等奖	《陶女图》	县联社审计部	杨 霞
	二等奖	《雄鹰》	石梯子信用社	达列力·热斯别克
	二等奖	《黄金满地》	园户村信用社	李新花
	三等奖	《金色秋天》	景化信用社	李 雪
	三等奖	《喜结良缘》	五工台信用社	赵新萍
	三等奖	《海的女儿》	园林路信用社	程珊姗

二、共青团

（一）组织机构

1997年前，县联合社无青年工作委员会，青年工作由农业银行呼图壁县支行负责管理。

1997年1月，县联合社青年工作委员会成立，叶寿林任青工委员。

2006年12月27日，张闫任县联社工会主席兼管青年工作，直至2012年。

（二）主要活动

1997～2001年，县联合社按照党建带动团建的工作思路，紧紧围绕党委（党总支）的中心工作，大力开展以“争做职工道德标兵，创建职业道德企业”为主题的“岗位做贡献、行业树新风”、争做“四有”（有理想、有道德、有文化、有纪律）新人活动。贯彻落实党的十四大、十五大精神，号召广大青年团员旗帜鲜明地维护祖国统一，维护新疆社会稳定的大局，维护改革开放的大好局面，坚决反对民族分裂，反对非法宗教活动。深入开展“热爱伟大祖国，建设美好家园”“岗位学雷锋”、创建“青年文明号”活动。

2002年，县联合社投资20余万元，创办职工之家、党团活动室，备有娱乐厅、健身房、食堂、招待所等。

2002～2008年，在县联合社（联社）党委（党总支）的领导下，深入开展“三讲”“三个代表”重要思想和“科学发展观”学习教育活动；贯彻落实党的十六大、十七大方针、路线、政策，开展保持共产党员先进性、做好党的助手和后备军教育活动，努力提高广大团员青年在县联社“为三农服务”的积极性和主观能动性，为县联社创建“信用企业，标杆企业”多作贡献。

2009～2012年，以新疆成立60周年、纪念“五一”国际劳动节和“五四”运动90周年为契机，以“祖国在我心中、感恩伟大祖国、建设和谐新疆”为主题，和县直工会、团委、机关工委等部门共同举办“百日文化”联谊活动。纪念“一二·九”运动，开展综合知识竞赛。结合自身业务，开展“我是信合人”演讲比赛及徒步、拔河、乒乓球、篮球、书法、绘画、摄影等赛事。如2009年6月23日，举办“庆七一、因为有你而骄傲”演讲比赛；7月9日，举办有银监办事处领导及全辖70名党员和入党积极分子参加的“重温入党誓词，我为联社添光彩”徒步、拔河等活动；2010年、2011年连续两年举办信合文化职工书法作品展；2012年12月，举办第一届职工文化艺术节书法、绘画、摄影大展等。

三、妇女工作委员会

（一）组织机构

2002年前，县联合社无妇女工作委员会，妇女工作由县联合社工会代管。

2002年3月，县联合社女工委员会成立，张闫任女工委员会主席，直至2012年。

（二）主要活动

1997年6月10日，县联合社开展“创建职工之家、做职工之友”及“巾帼建功、爱岗敬业”活动。

2000年，县联合社有7名女员工被县联合社评为巾帼建功先进个人。

2006年3月2日，县联合社工会决定，在全辖女工中开展评选“好母亲、好媳妇、好女儿”“三好”活动。是年，刘娟、张闫、闫琴、刘静、马生华、叶会莉、雷新兰、刘玉萍、甘润枝、时维燕10人被评为“三好”女职工。

2008～2012年，县联社开展“岗位学雷锋”“争创‘三八’红旗手”“争先创优”“为三农服务，我是最美信合人”等活动。积极调动女工的积极性，为县联社“三个文明”（物质文明、精神文明、政治文明）建设多作贡献。

第二十一章 精神文明建设

县农村信用社自成立迄今60多年来，始终秉承“社兴我荣，社衰我耻”理念，以精神文明提升物质文明，精神文明建设常抓不懈，成绩斐然。20世纪60至80年代，学习“老三篇”（《为人民服务》《纪念白求恩》《愚公移山》），培养职工树立全心全意为人民服务思想。90年代，开展“三优一学”（优良秩序、优质服务、优美环境、学雷锋）、“五讲四美三热爱”（讲文明、讲礼貌、讲卫生、讲秩序、讲道德，心灵美、语言美、行为美、环境美，热爱祖国、热爱社会主义、热爱共产党）、“两个离不开”（汉族离不开少数民族，少数民族离不开汉族）等教育活动。尤其是2000年以来，县联合社（联社）紧紧围绕“三义”（社会主义、集体主义、爱国主义）、“三观”（世界观、人生观、价值观）、“三德”、（职业道德、家庭美德、社会公德）公民教育活动，狠抓“信用工程”、争当“学习型企业、知识型职工”“先进职工之家”“青年文明号”等创建活动，形成争先创优的良好局面，好人好事如雨后春笋，层出不穷。2012年，县联社被评为自治区级“信用工程建设先进集体”和“优秀信用社”。

第一节 组织机构

1997年11月14日，县联合社文明公民学校校委会成立，王钧任校长，来国珍为教务主任，柳茂军、叶寿林、姚继文为委员。

2001年6月20日，县联合社精神文明建设领导小组成立，刘怀强任组长，叶斌、李澍、来国珍为副组长，熊文、李财寿、狄光军、王万清为成员。26日，县联合社调整精神文明建设领导小组，刘怀强任组长，叶斌、李澍为副组长，李财寿、柳茂军、王程、何建斌、姚继文、熊文、木合买提·哈南、狄光军为成员。同时调整文明公民学校领导小组，刘怀强任组长，叶斌为副组长，李澍、李财寿、熊文、黄卫民、张秋芳、叶寿林为成员。

2005年4月11日，县联合社帮扶城市解困领导小组成立，刘怀强任组长，谢会同为副组长，张闫、王舞龙、齐新春为成员。27日，县联合社调整精神文明创建领导小组，刘怀强任组长，叶斌为副组长，谢会同、张志豪、李财寿、何建斌、柳茂军、王程、张闫、狄光军、木合买提·哈南为成员。

2008年8月18日，县联社调整精神文明创建领导小组，刘怀强任组长，朱智岗为副组长，王惠琴、叶斌、陈志高、柳茂军、张闫、狄光军、刘娟、王智、黄卫民、马燕、李财寿、陈军、何建斌、姚继文、王程、唐志艳、蒋斌、邓辉、徐贵全、马利军为成员。

2011年1月10日，县联社“民生工程”创建实施领导小组成立，刘怀强任组长，朱智岗、刘娟为副组长，张闫、柳茂军、潘存娟、蒋斌、张治、唐志艳、姚继文为成员。是年10月31日，县联社“五小工程”建设推广实施领导小组成立，刘怀强任组长，朱智岗、刘娟、陈志高、叶斌任副组长，张闫、柳茂军、潘存娟、狄光军、齐新春、范婷婷为成员。

2012年1月16日，县联社“平安单位”创建领导小组成立，刘怀强任组长，陈志高为副组长，成员由柳茂军、何建斌、张闫、潘存娟等28人组成。2月，县联社调整精神文明建设领导小组。刘怀强任组长，朱智岗、刘娟、陈志高、叶斌为副组长，张闫、柳茂军、狄光军、唐志艳、徐贵全、范婷婷为成员。

第二节 学习教育

20世纪60年代中叶至80年代，掀起学习“老三篇”（《为人民服务》《纪念白求恩》《愚公移山》）热潮，进行国际主义和毫不利己、专门利人、全心全意为人民服务教育；90年代，开展“三优一学”（优良秩序、优良服务、优美环境、学雷锋）活动、“五讲四美三热爱”（讲文明、讲礼貌、讲卫生、讲秩序、讲道德，心灵美、语言美、行为美、环境美，热爱祖国、热爱社会主义、热爱共产党）活动、“两个离不开”（汉族离不开少数民族，少数民族离不开汉族）等教育活动。

1997年，县联合社对全体员工进行“三德”（社会公德、职业道德、家庭美德）教育，把道德规范、法律意识、文明礼仪等落实到每个员工日常行为中。

2001~2002年，县联合社从4个方面进行精神文明建设学习教育。即每周三下午组织职工开展“三义”（社会主义、集体主义、爱国主义）、“三观”（世界观、人生观、价值观）、“三德”（职业道德、家庭美德、社会公德）等思想教育；聘请县委组织部、县党校、县法院干部讲课，学习党刊、党报、党章、经济合同法、担保法、贷款通则等法律、法规学习教育活动，写出心得体会90余篇，受教育达3800余人次；进行科技学习教育，举办计算机、会计出纳业务培训班6期，参加培训人员达930人次，合格率达100%；进行思想政治工作，提高群体凝聚力教育。

2004年6月11日，县联合社开展公民道德集中教育活动。活动分五个阶段：第一阶段，5月5~17日为宣传动员阶段；第二阶段，5月18日~6月1日为培训教育阶段；第三阶段6月2~11日为查找问题阶段；第四阶段6月12~22日，为建章立制阶段；第五阶段6月23日~7月8日为总结验收阶段。是年，共办宣传板报12期。

2006年，县联社开展3项教育学习。即学习党的“十六大”精神；学习《公民道德建设实施纲要》精神，进行“爱国守法、明礼诚信、团结友善、勤俭自强、敬业奉献”的基本道德规范和社会公德、职业道德、家庭美德“三德”教育；学习《文明礼仪手册》，做文明礼仪知识答卷95份。

2007年6月9日，县联社举办服务及礼仪培训班，聘请北京时代光华管理培训学院专家徐敬泽讲授信用社服务、个人礼仪、职业道德、团队精神、客户服务于服务技能等知识，全辖155名职工参训。7月24日，县联社印发干部职工行为规范“八条禁令”：一是严禁有章不循、违规违纪。二是严禁打架斗殴，损形毁誉。三是严禁经商办企，不务正业。四是严禁吃拿卡要，营私舞弊。五是严禁隐瞒事实，知情不报。六是严禁内外勾结，弄虚作假。七是严禁拉帮结伙，制造事端。八是严禁黄赌赌窃，淫乱违法。并组织职工认真学习，逐条对照，严格整改。

2008年，县联社围绕精神文明创建工程开展“社兴我荣、社衰我耻”“我靠信用社生存、信用社靠我发展”的学习教育活动，培养干部职工爱岗敬业、服务农业、服务农民、奉献社会的职业道德。

2010年，县联社组织职工参观揭批“法轮功”邪教组织及反分裂民族活动展览。组织职工观看电教片《时代楷模》《铁法官谭彦》《人民的好医生——赵雪芳》《大案要案纪实》等，结合职工思想实际进行法制教育。

2011年，县联社广泛开展形势政策、社纪法规、社会公德、职业道德、家庭美德教育活动，引导职工树立正确的人生观、道德观，培育守法正派、爱岗敬业、诚实友爱的高尚情操及知荣明耻、扬荣抑耻的政治素质和道德修养。

2012年，县联社将干部职工的思想道德教育放在首位，常抓不懈。一是认真制定政治思想教育工作计划，结合信用社业务特点做出详细的安排和部署。二是建设学习型企业，健全和完善学习制度，将每周三下午确定为联社机关干部教育学习日。三是精心组织开展以信合文化建设为核心的信合精神学习、讨论活动和“解放思想，求真务实，团结拼搏，争先创优”的呼图壁精神讨论活动。四是开展《公民道德建设实施纲要》学习，使“爱国守法，明礼诚信，团结友善，勤俭自强，敬业奉献”的20字基本道德规范成为每个干部职工的行为准则。五是以积极开展和谐企业和学习型企业创建活动为载体，组织干部职工进行相关法律、精神文明建设应知应会、保密、计划生育、公民道德建设、爱国卫生和综合治理等知识的学习，逐步形成团结协作、互相帮助、互相学习，积极向上的团队精神。

第三节　文明单位创建

1988~1996年，县联合社以培养“四有”（有理想、有道德、有文化、有纪律）职工队伍，提高整体素质为基本任务，以创建文明单位为主要形式，在系统内全方位深入开展精神文明创建活动。

1996年11月，根据《国务院关于农村金融体制改革的决定》，信用社与农业银行脱离行政隶属关系，脱钩后的县联合社抓住改革开放的机遇，按照文明单位创建的标准要求，大力推动两个文明建设，提出精神文明建设的总目标，即建设一支信念坚强、立党为公、在各项工作中发挥先锋模范作用的党员队伍和干部队伍。营造具有吸引力、增强凝聚力、激发创造力的工作与生活环境，树立让人民满意的良好行业形象，强化精神文明建设，使信用社的精神文明建设走在全县前列。

1997年6月10日，县联合社开展4项精神文明建设活动。即“创建职工之家，做职工之友”活动；“争做职工道德标兵，创建职业道德企业”活动；开展“岗位做贡献，行业树新风”活动；开展“巾帼建功”、爱岗敬业活动。是年，二十里店信用社被县联合社评为双文明单位，县联合社被呼图壁县精神文明建设委员会授予县级精神文明单位。

1999年，县联合社营业部被县联合社评为双文明信用社。

2000年以来，县联合社开展“创文明单位，做文明员工”活动。至2002年12月，在领导班子建设及党员基础工作、提高员工综合素质、完善落实各项规章制度、落实职工文化生活等4个方面的工作措施得以顺利实施，符合州级精神文明单位标准，并申报州级精神文明单位。

2001年6月，县联合社制定《精神文明建设领导成员责任制度》《办公室成员责任及考核办法》《领导班子精神文明建设议事制》。对精神文明创建工作设施指导、检查协调。对文明职工、文明科室、文明家庭、文明楼社进行评比表彰。实行临柜挂牌服务，接受社会各界监督。是年，县联合社被昌吉州精神文明建设委员会授予州级精神文明单位。

2002年，县联合社制定文明职工标准，在职工中开展“文明职工、文明家庭”创建活动，并在全县开展创建信用村、镇活动。县联合社投资20余万元，创办职工之家、党团活动室，备有娱乐厅、健身房、食堂、招待所。是年，县联合社被县精神文明建设委员会命名为最佳文明单位。

2003年，县联合社开展最佳文明单位创建活动，制定《文明院落行为要求》《文明楼院评比标准》《家属楼管理规定》《招待所管理规定》《食堂管理规定》《安全小区管理规定》《安全小区居民公约》等，每月进行卫生评比，每年进行文明单位、文明户、文明科室评比，以保证精神文明创建活动经常化。是年，县联合社工会被县总工会授予工会工作先进集体。

2004年，县联合社被呼图壁县人民政府命名为最佳文明单位。2005年4月25日，县联合社被新疆维吾尔自治区精神文明建设指导委员会命名为自治区级精神文明单位。

2006~2009年，县联社开展优化营业环境，集中整治部分网点脏、乱、差活动。按照“明亮、洁净、齐全、舒适”的标准，营造好的营业环境。把为客户提供热情、快捷、高效、安全的优质服务作为文明创建的首要任务，树立与客户共同成长的理念，用“快捷、准确、安全”标准提高服务质量；用“主动、热情、耐心、周到”标准规范服务态度；树立“客户至上”的服务理念，通过为客户提供满意的服务赢得客户，打造良好的农村合作金融机构品牌和形象。

2010年1月5日，县联社印发《呼图壁县农村信用合作联社文明规范服务明星评选活动方案》，开展文明规范服务明星评选活动。8月16日，县联社印发《呼图壁县农村信用合作联社热爱伟大祖国建设美好家园主题教育活动实施方案》。12月1日，经新疆银行业协会考核验收，银星信用社被授予新疆银行业文明规范服务“金牌服务单位”。是年，县联社被评为2010年度全国“县域经济最具潜力十佳银行”，被县委县政府评为支农先进单位；县联社工会委员会被县总工会授予模范工会；被昌吉州总工会授予和谐劳动企业、规范化管理工会委员会。

2011年，为进一步推动文明规范服务及“五小工程”建设向纵深发展，县联社制定《创建“金牌网点”及“五小工程”建设评比奖励办法》及《“五小工程”建设实施方案》，利用“五一”“十一”、元旦、春节等举办先进典型演讲会及文体比赛等活动、加大楷模的宣传力度，努力营造奋发向上、团结进取、乐于奉献、务实高效的工作氛围。

2012年，县联社始终坚持“以优秀的业绩激励人，以身边的典型启发人，以丰富的活动凝聚人”的原则，突出“岗位学习、岗位制度、岗位成才、岗位奉献”主题，广泛、深入开展以文明优质服务、争创佳绩为重点的各类劳动竞赛活动，如“学习型企业”“先进职工之家”“青年文明号”、争当“知识型职工”“信用工程创建”等活动，并结合农村金融工作实际，不断拓展活动内容，创新活动形式，注重活动实效。是年，县联社被自治区信用工程工作领导小组授予信用工程建设先进集体、优秀信用社称号。

1997~2012年呼图壁县联合社（联社）部分年份精神文明建设荣誉表

表21-1

先进单位	表彰年份	所授称号	授予部门
二十里店信用社	1997年	双文明信用社	县联合社
县联合社	1997年	县级精神文明建设单位	呼图壁精神文明建设委员会
二十里店信用社	1998年	双文明信用社	县联合社
联社营业部	1999年	双文明信用社	县联合社
市场分社	2000年	双文明信用社	县联合社
县联合社	2001年	为人民服务标准化党支部	中共呼图壁县委员会
县联合社	2001年	州级精神文明建设单位	昌吉州精神文明建设委员会
县联合社	2002年	最佳文明单位	呼图壁精神文明建设委员会
县联合社	2002年	州级精神文明建设单位	昌吉州精神文明建设委员会
县联合社	2003年	工会工作先进集体	呼图壁县总工会
县联合社	2004年	最佳文明单位	呼图壁县直属机关工委
县联合社	2005年	先进基层党组织	中共呼图壁县委员会
县联合社	2005年	自治区精神文明建设单位	自治区精神文明建设指导委员会
县联社	2006年	自治区卫生红旗单位	自治区爱卫会
县联社	2009年	模范职工之家	自治区联社工会
县联社银星信用社	2010年	文明规范服务金牌服务单位	新疆银行业协会
县联社	2010年	县域经济最具潜力十佳银行	最具影响力银行推选委员会中国经济报社
县联社	2010年	和谐劳动企业、规范化管理工会委员会	昌吉州总工会
县联社	2010年	模范工会	呼图壁县总工会
县联社	2011年	信用工程建设先进集体	自治区信用工程建设工作领导小组
县联社	2012年	信用工程建设先进集体、优秀信用联社	自治区信用工程建设工作领导小组

第四节　“五小”工程建设

2008年，县联社响应自治区联社创建“五小”工程号召，先后在基层信用社建起小宿舍、小食堂、小浴室、小菜园、小阅览室等“五小”工程，为员工创建温馨、舒适的工作、生活、学习环境，成为自治区联社“五小”建设的领头羊和示范点。为保证让员工吃上热饭，县联社为全辖19个营业网点配备微波炉、电热水壶。至2012年，县联社先后为“五小工程”投入123.8万元，建成五小项目83个，惠及员工219人，解决132名基层员工及18名退养、退休员工所关心、群众所期盼的实际问题。是年年底，“五小”设施齐全的信用社已达53.8%，达到“三小”的基层信用社占

30.8%，其余基层信用社均达到“两小”。

2009年，县联社按照“集中领导、统一规划、分步实施”的原则，投资165万元，新建部分办公楼及“五小”设施。每当夏秋之季，小菜园里红红的番茄，青青的蔬菜，黄黄的南瓜，熏风徐来，令人陶醉。员工们利用业余时间除草、浇水，喂鸡、放鸽，既陶冶情操又丰富精神生活。雀尔沟信用社离县城70公里，有6位员工，其中3位为哈萨克族同胞。自从办起小阅览室后，汉族员工主动学哈语，哈萨克族员工主动学汉语，形成学习“双语”的浓厚氛围，既方便开展业务，又促进民族团结，可谓“五小”虽小，意义重大。大丰信用社位于县城以西呼图壁县大丰镇，距县城29公里，有员工8人。为使员工有一个舒适的工作环境，县联社投资8万元购置健身器材，种植花草树木，有小菜园、小果园、小阅览室，为广大职工提供一个学习、运动、休闲的好场所，深受职工赞誉及爱戴。

2011年2月21日，自治区联社主任阿不都率全疆83家联社理事长及下属各部门负责人130余人，抵呼图壁县联社观摩民生小工程建设。参观大丰信用社和枣园信用社的“五小”设施建设后，异口同声、赞不绝口。10月30日，县联社印发《呼图壁县农村信用合作联社开展“五小工程”建设活动实施方案》。12月17日，县联社印发《“五小工程”建设评比奖励办法》。

2012年4月10日，县联社印发《关于继续做好“五小”工程建设的通知》，修订《呼图壁县农村信用社合作联社“五小”建设实施方案》。是年“五小”建设覆盖率达到100%。为解决职工小菜地购买菜苗、种子等费用开支，工会委员会根据各网点上报的开支明细，进行统计和审查，并结合各网点“五小”建设实际情况进行补贴。经工会委员会研究，报请联社党委批准后按标准给予补贴。

2012年呼图壁县联社“五小”工程建设补贴费统计表

表21-2　　　　单位：元

序号	网点名称	申请金额	补贴标准	备注
1	大丰信用社	3356	1646	
2	五工台信用社	1080	330	
3	中渠信用社	3762	496	
4	西树窝子信用社	2001.50	500	
5	二十里店信用社	4130	690	
6	东泉信用社	3450	650	
7	小土古里信用社	1000	500	
8	园户村信用社	3000	1500	（煤气灶、油烟机）
9	枣园信用社	8000	620	
	合计	29779.5	6932	

2012年呼图壁县联社“五小”工程建设统计表

表21-3

	网点总数	其中		开展“五小工程”建设网点数	其中	
		农牧区网点数	城区网点数		农牧区网点数	城区网点数
网点统计	20	14	6	13	13	0

	小宿舍			小食堂			小菜园			小果园			小畜群		小澡堂		小图书室			小健身房		其他项目	
	个数	面积（平方米）	床位数	个数	面积（平方米）	解决就餐人数	个数	面积（平方米）	累产（公斤）	个数	面积（平方米）	累产（公斤）	种类	累计数（头、只）	个数	面积（平方米）	个数	面积（平方米）	藏书(册)	个数	面积（平方米）	种类	数量
建设项目统计	49	1548	122	13	646	166	9	2295	5160	3	1700	850	3	239	10	81	9	202	1670	6	300	0	0

	建设项目		投入金额(万元)	补助项目	补助人数	补助金额(万元)
资金投入统计	1	小宿舍	149.8	伙食补助	106	15.72
	2	小菜地	11.55			
	3	小食堂	6.15			
	4	小澡堂	0.5			
	5	小健身房	0.5			
	6	小图书室	0.92			
	合计		169.42	合计	106	15.72

第五节　新风美德

一、舍己救人

1987年7月，一天上午，呼图壁县园户村信用社职工石金山，正在园户村乡三工大队桥边的修理铺修理自行车，突然听到“小孩掉进渠里了，快救人”的呼喊声。顺着喊声的方向，石金山看到水面上漂着一个小孩，冲进斜穿路面的大桥下，卷入有围墙的十三医院院内的渠道里，如果不赶快救出，小孩必死无疑。恰好修理铺门口停着一辆摩托车，石金山与顾客开着摩托车绕道一公里直奔团结四队渠边，此时落水儿童被水流冲到这里，石金山毫不犹豫地跳进水中，一把抓住小孩。这时，水势异常凶猛，他拼命与水流抗争，在群众的配合下终于上岸。几经折腾，救上岸的这个7、8岁小孩，呼吸已很微弱，石金山凭着自己急救知识，给小孩做人工呼吸，然后迅速送往十三医院。经医院及时抢救，小孩得救了。多日患有痢疾的石金山，他病情更严重了，浑身发麻、上吐下泻，整夜昏迷不醒。第二天他稍微清醒后，同事们问他为什么有病还敢下水救人，他笑着说：“那阵子只想着救人，哪还想到自己的病。”

二、关爱职工

1998~2012年，县联合社（联社）每年为职工办五件实事：一是做到“四访”，即：生病住院必访，天灾人祸必访，家庭纠纷必访，婚丧喜庆必访；二是建立健全病困职工、经济困难职工和职工遗属档案，实现爱心帮扶工作规范化、科学化管理；三是组织在职职工和退休退养职工进行全面的身体健康体检，达到无病防病，有病早治的目的；四是为在岗员工发放劳动保护费，女员工发放特殊保护费；五是在元旦、春节、端午节、中秋节、古尔邦节等传统节日来临之际为职工发放福利费等。

2009年8月，县联社职工王舞龙不幸身患尿毒症，自治区联社信合爱心基金资助19万元的手术费及后续治疗费。目前，该同志已重返工作岗位，但每月医疗费用及检查费用就近万元，昂贵的医疗费用使他根本无法承受。王舞龙因患大病致贫，联社将其作为困难职工进行帮扶，2010年12月，县联社从福利费中列支3万元，为其解决部分医疗费用。同时，考虑到王舞龙身体因素，联社为他调整工作岗位，安排其在相应轻松的工作岗位，还为他安排单人宿舍。

2011年1月6日，县联社召开老职工座谈会，县联社领导向退休职工通报2010年经营状况及完成任务情况，征询退休职工对联社发展的意见和建议，鼓励他们为联社的发展建言献策，发挥余热，并为每位退休职工发放节日慰问金1200元。会后，县联社班子成员与退休职工一起共进晚餐。

2012年1月17日，县联社召开退休职工座谈会。刘怀强、朱智岗、刘娟、陈志高、叶斌出席会议。刘怀强向老职工们对联社工作多年来的关心和支持表示衷心感谢，向老职工致以新春的祝福和诚挚地问侯。朱智岗向各位老职工汇报县联社2011年各项经营工作开展情况及2012年工作思路和改制农村商业银行筹备工作进展情况。老职工们在听取工作汇报后，对联社新一届班子上任以来所做的各项工作给予充分肯定，并积极为联社的发展“谏良言”“开良方”。会后，县联社领导班子向老职工们赠送节日慰问金和礼品。这次活动慰问困难职工1人，老党员5人，老职工12人，发放慰问金和礼品共计28800元。中午，县联社领导与老职工们一起会餐。餐后，县联社安排专人、专车将老职工们一一送到家。

三、扶贫帮困

呼图壁县信用社在做好经营工作的同时还扶贫帮困，积极参加社会救助活动。对贫困户、农民工、重病职工、地震灾区等都伸出援助之手，只要有灾情发生，都义不容辞地给予帮助。

2006年9月27日，县联合社167名职工为城市解困工程捐款8630元。10月20日，县联合社工会女工委在县妇联组织的以救助贫困户单亲家庭的孩子为主旨的“阳光关爱一助一”活动中，为呼图壁镇双龙社区哈萨克族单亲母亲江埃努尔捐款300元。11月15日为响应全民健身运动，县联合社全辖171名职工捐款51300元，修建篮球场。11月24日，县联合社158名职工为县民政局组织的“送温暖献爱心”活动捐款8100元。

2007年5月30日，县联社全辖172名职工为农民工子女捐款4375元、书包112个、铅笔盒7个、鞋2双、衣服95件，并捐助4名特困学生。8月6日，县联社150余名职工为昌吉州洪灾较重的木垒、奇台、吉木萨尔三县捐款4500元。

2007年，县联社积极参与社会救助活动，先后为农民工子女、城市解困工程、患重病职工捐款27485元。

2008年，县联社全辖在岗职工为伊宁市农村信用合作联社身患重病的职工张萍捐款8190元；为若羌县农村信用合作联社职工身患尿毒症的杨继猛捐款11500元；为城市解困工程捐款9500元；

在冬季来临之际参加呼图壁县送温暖献爱心活动捐款9700元；为自治区联社信合爱心基金会捐款12100元；为四川地震灾区3次捐款33860元。是年，县联社共参加各类捐款活动8次，金额达84850元，人均捐款458.65元。

2009年7月5日，乌鲁木齐打砸抢烧严重暴力犯罪事件后，县联社开展“同舟共济，血浓于水”爱心捐助活动，全辖185名职工为“7·5”事件无辜受伤的群众、公安干警和武警官兵捐款21000元。县联社主任朱智岗带领慰问组慰问执勤奋战在一线的武警官兵，给他们送去慰问品和全体信合人的真切关怀，感谢他们用自己的身体为各族群众筑起一道保护墙。

2009年8月19日，县联社全辖189名职工为身患尿毒症的员工王舞龙捐款84700元，县联社部分员工将自己一个月的工资全部捐出来。米东区、吐鲁番、玛纳斯、吉木萨尔、木垒等几个联社的兄弟姐妹们也纷纷汇出自己的一份爱心。

2011年5月27日，在端午节前夕，县联社副主任陈志高一行3人给联社城市解困帮扶对象徐彦龙家送去面粉、大米、清油各10公斤，表示慰问。

2012年，为进一步推进呼图壁县农村信用合作联社与呼图壁县敬老院精神文明建设工作，弘扬“奉献、友爱、互助、进步”的志愿者精神，弘扬中华民族尊老爱幼的传统美德，县联社与呼图壁县敬老院结成文明结对共建单位。6月19日下午，在端午节来临之际，县联社党委书记、理事长刘怀强，纪检书记、监事长刘娟等前往呼图壁县敬老慰问老人。赠送敬老院文化衫80件，价值1760元；牛奶、酸奶10件，价值450元；电脑2台。9月25日，在中秋节来临之际，县联社刘怀强、刘娟等到县敬老院慰问老人，赠送月饼、牛奶、酸奶等共15件，价值2170元。

是年，县联社“信合爱心基金”正式启动，信合爱心基金会共收到242名在岗职工捐款19220元。当年救助重大疾病员工3名，资助金额6000元；帮扶困难职工2名，支出4000元。

四、民族团结

呼图壁县信用社始终将民族团结教育工作作为精神文明建设的一项重要内容，常抓不懈。县联社不断教育各族职工认识汉族离不开少数民族，少数民族离不开汉族，各民族相互离不开的重要意义，只有各民族加强团结，互相帮助，互相尊重，互相支持，才能形成建设祖国，建设新疆的强大合力，抵御外来侵略，完成中华民族的伟大复兴的梦想。在平时工作中各族职工之间要坚持平等的原则，不论民族大小、人数多少、都要平等相待、和睦相处。县联社不但教育自己的职工要搞好职工内部民族团结，要互相帮助，还对村镇的少数民族居民给予帮助。

2009年7月，当呼图壁县农村信用合作联社领导得知二十里店村四组村民玉素甫·司马义由于妻子常年生病，在伊犁师范上学的大女儿交不起学费面临缀学时，联社领导班子当即决定，号召全辖职工为玉素甫·司马义的女儿奉献一片爱心，资助他完成学业。7月21日，县联社理事长刘怀强、主任朱志岗，副主任叶斌、陈志高等一行9人带着全体职工的爱心前去玉素甫·司马义家。当53岁的玉素甫·司马义接过联社送去的面粉、大米和2000元现金时，激动地拉着理事长的手说：“谢谢信用社对我们维吾尔族群众的关心，我今年在信用社贷款2.5万元，种了44亩地棉花，棉花长势非常好，我一定好好干，到秋天收了棉花后早早把贷款还上，还让我的女儿记住，是信用社帮了我们，是汉族同胞帮了我们。”

2012年6月13日，五工台信用社主任桂玉海，得知五工台镇大泉村五片区的6户哈萨克族牧民，在百公里以外的兵团第六师106团东北的北沙窝地区放牧，生活上有困难，他和杨斌、闫怀忠

3名党员代表党支部给哈萨克族牧民送去面粉20袋、清油60公斤，帮助哈萨克族牧民渡难关。

五、拾金不昧

2010年8月20日上午11时40分左右，枣园信用社信贷员马建下连队催收贷款回来后，走进营业大厅，他看到柜台上放着一个手提袋，上前打开一看，是一包钱，他赶紧叫来信贷员潘存新等人，经清点现金31200元。他们立即调出监控进行查看，经过排查，确认是一〇五团个体工商户新陕农资店的老板杨星善上午9时40分办理业务时，遗失在柜台上。他们将现金收好后，立即向社主任报告此事。12时40分左右，杨星善的妻子急匆匆地赶到枣园信用社，她说丈夫杨星善开车去芳草湖总场，到那里办事时，才发现自己的3万多元现金不见了，也不知道丢到哪里了，让她赶紧过来看一下是否丢在枣园信用社。当她得知现金已被信用社工作人员收好且分文未少，高兴地说："等杨星善回来后亲自来信用社取款。"便放心地回家去。当失主杨星善来到枣园信用社，马建等信用社工作人员将31200元现金交还失主。

第二十二章　企业文化

信用社成立60年来，作为行业之魂、精神路标、企业导向的企业文化，为呼图壁信用社的繁荣、发展和壮大发挥巨大作用。实践证明，搞好企业文化，不失为搞活信用合作事业的有效一招。

20世纪50~70年代，县农村信用社开展"社火"和戏曲活动，如舞狮、龙灯、旱船、秧歌、高跷，自编自演小曲子、秦腔等；针对信合工作性质，在村头、街口醒目地方张贴标语口号、画漫画；运用典型事例，宣讲信贷政策；在放电影前，放幻灯、小广播、诗朗诵、快板、数来宝等。

80~90年代，县联合社主要运用在街市和农村建长期性宣传栏、出黑板报、装饰壁画、巡回文艺演唱等形式，推动信合文化的发展。

2000年以来，借春节和元宵节灯展之机宣传信用社；还不失时机组织宣传车下乡宣传，设咨询站、散发宣传材料、宣讲支农政策；在县电视台制作专题节目，宣传信用社实力和地位，宣传"三农"、小额信用贷款；开展"我与信用社一起成长"征文，鼓励撰写报告文学、回忆录等；每年举办各类演讲比赛，举办书法、绘画、摄影作品展并进行评奖等。

2012年起，将每年的12月1日确定为县联社职工文化艺术节，以彰显企业文化，铸就信用社辉煌。

第一节　新闻报道及图书阅览

一、新闻报道

20世纪50~80年代，信用社无新闻报道组织，新闻写作爱好者给县广播站、《昌吉报》、《新疆日报》等新闻媒体自由撰稿，如鲍凌宇、王钧、王惠琴、陈歧山等。1990年以来，有刘怀强、柳茂军、张闫等。

1992年4月13日，农业银行呼图壁县支行在女工中开展"巾帼建功"活动，要求每个女工（含信用社女工）试办1期业务宣传栏或工商简报，向乡、县（团场）广播站投1篇宣传稿。

1992年6月6日，农业银行呼图壁县支行（含信用社）通讯报道领导小组成立，领导小组由狄光友、王炳剑、陈歧山、唐玉华、吐孜别克·哈力、陈华、李国寿、苏合祥、董维法、闫伟、王惠琴、卞爱学、张福山、来国珍、柳茂军、李陆、刘宝岐、佘富贵、田吉新、鲍凌宇、帕力旦、李维平、张莹、何燕、柳照清、何雪雁、周丽娟、曹兰、王钧、何云、宋文艳、杜宏、张萍、陈平元、王建甫、何伟军、赵志峰。并规定小组成员即通讯员每月向新闻媒体投稿至少1篇，多者不限。

2000年以来，县联合社规定每个网点每月至少投稿1篇，被报纸采用1篇奖励20~30元，全辖通讯员投稿迅速增加，每年都在300多篇。

2003年，县联合社聘请县文化馆馆长沙毅、县二中音乐老师杨占恩和县电视台记者徐明创作社歌——《信合心语》及电视专题片《为了农民的丰收》，并刻录成光盘。是年，被人民银行昌吉州中心支行《昌吉信息》采用通讯8篇，被县电视台采用新闻稿件10多篇。

2004年4月12~18日，县联合社在举办综合业务培训班期间，就新闻通讯、回忆文章等写作进行专题培训，并举行结业考试，成绩与工资挂钩，不及格者定期补考。

2005年，县联合社共投资50多万元在县城主干街道、繁华地段制作灯箱广告及大型外宣广告，并与县电视台联办新闻节目，制作《发展中的呼图壁县农村信用社》专题片。

2006年8月，县联合社制定《信息报道工作奖罚办法》及《补充办法》，当年职工撰写量比往年增加50%。

2010年6月30日，为加大农村信用社的宣传力度，县联社与县广播电视局签订联袂合办《呼图壁县新闻》协议书，主要内容是：（一）在每期《呼图壁新闻》片头后，播音员出镜时，在播音员下方打出呼图壁县农村信用联社协办字幕。（二）在《呼图壁新闻》片尾叠加农信标志，并配诸如：生活奔小康，农信帮你忙等字幕。（三）在每期新闻后的宣传栏中，以标语的形式宣传农村信用社的政策、开办的业务种类以及经济实力，内容由农村信用社提供，每期内容限定在两条以内。（四）对农村信用社在支持我县经济发展、扶贫帮困、热心社会公益事业、积极为“三农”服务等方面的一些举措及取得的成绩，以新闻或专题形式进行报道。（五）农村信用社应指定专人负责此事，确保此项工作的顺利开展。（六）协议期限一年，即2010年7月1日至2011年6月30日。

2010~2011年，齐新春、姚雅洁分别被县联社评为2010年和2011年度优秀通讯，受到表彰和奖励。

2012年，全辖通讯员发展到40多名，当年向县联社主办的《呼图壁合作金融报》《信合快讯》《农村合作金融通讯》投稿600多篇，采用400多篇。

二、报刊

（一）《农村合作金融通讯》

1999年7月，创办《农村合作金融通讯》，县联合社综合办公室主办，为8开活页，套色印刷，不定期出版。至2012年，共出版100多期。

（二）《信合简报》

2006年6月16日创刊。是年8月9日，《信合简报》编辑部成立，刘怀强任主编，王惠琴任副主编，张闫为责任编辑，王舞龙组版。编辑部下设通讯员小组，柳茂军、祁小娟、闫怀梅、来红梅、马文江、齐新春等6人为成员，蒋斌、陈军、付静、田培燕、张治、阿兰·哈勒班、刘尚磊、王生香、毛晓妍、夏琦为特约通讯员。报刊创刊时为月刊8开4版，在社内发行。2010年5月10日，《信合简报》扩版，并易名为《呼图壁合作金融报》。扩展后的报纸仍为月刊，4开4版，套色印刷，至2012年底共出版65期。总编辑刘怀强，副总编辑朱智岗，责任编辑张闫。

（三）《信合快讯》

2008年1月4日，创办《信合快讯》，县联社综合办公室主办，为8开活页，套色印刷，不定期出版。至2012年，共出版发行70多期。

三、电视和录像

1979年4月4日，呼图壁县正式转播新疆电视台电视节目，当年信用社作为农业银行呼图壁县支行的一个科室配备电视机。1985年，电视进入信用社机关和每个职工家庭，达到50多台。2002年以来，县联社除按时接收中央电视台、新疆电视台的国内外新闻、新疆新闻和其他电视节目外，还购置摄像机摄制《前进中的呼图壁信用社》及节日庆典、重要会议实况。2011年7月1日，摄制《情系民生，和谐社会》庆祝建党90周年电视片。至2012年年底，县联社机关拥有液晶电视机26台；200多个职工家庭也都有大屏幕、彩色、高档电视机，而且职工中有40多人购置摄像机。

四、图书阅览

1954~1957年，信用社在人民银行呼图壁县支行和人民公社管理时，几乎无报纸杂志供读者阅读，更无阅览室。直到1958年9月26日，《呼图壁报》成立后，才有几份报刊供读者阅览。1980年5月，县科协创办《呼图壁科技》后，信用社在农业银行管理时已开设图书阅览室，有《呼图壁科技》《昌吉报》《新疆日报》和部分杂志、图书供读者阅览。1996年11月19日，信用社与农业银行呼图壁县支行脱钩后有了自主权，建立"职工之家"，先后添置书架、杂志架、报纸架、阅览桌椅、书柜等设备。2011年11月21日，县联社和所辖枣园信用社被自治区联社工会分别授予"模范职工之家"和"模范职工小家"荣誉称号。至2012年底，县联社阅览室及20个网点机关科室共有图书约5000多册。

第二节　志书编纂

一、修志机构

2001年4月3日，《呼图壁县农村信用合作社志》编纂领导小组成立，王钧任组长，来国珍、熊文任副组长，叶寿林、王本钢、田吉新、宋巨森、柳茂军、何建斌、王程、木合买提·哈南、王艳、刘晓进为成员。领导小组下设办公室，熊文任办公室主任，田吉新为副主任，王本钢为成员。

2002年12月，因人事变动，调整《呼图壁县农村信用合作社志》编纂领导小组成员，刘怀强任组长，叶斌、李澍任副组长，柳茂军、王程、何建斌、唐志艳、王智、王艳、姚继文、狄光军、李财寿、刘娟、王惠琴、木合买提·哈南为成员。刘怀强为主编，李澍、张闫、来国珍为责任编辑，张致和为特邀总纂。

2009年1月15日，县联社社务会决定，《呼图壁县农村信用合作联社志》编纂工作领导小组成立，刘怀强任组长，陈志高任副组长，柳茂军、张闫、何玉刚、何建斌、李财寿、王智、潘存娟、狄光军为成员。

2013年4月10日，《呼图壁县农村信用合作社志》编纂委员会成立，刘怀强任主任，朱智岗、刘娟、陈志高、叶斌为副主任，唐志艳、闫紫涵、各部（室）经理为委员。下设编辑室，刘怀强任主任兼社志主编，陈志高为副主任，刘树靖为特约编纂，唐志艳为副主编，闫紫涵为编辑。

2014年1月1日，因人事变动，季明任《呼图壁县农村信用合作联社志》编纂委员会主任，刘轶全、叶斌、陈志高、狄光甫为副主任，各部（室）经理为委员；季明兼编辑室主任，陈志高为副主任；季明为《社志》主编，陈志高为副主编，刘树靖为特约编纂，王舞龙、周炜娜、叶寿林、李新花、向国忠为编辑。

二、《呼图壁县农村信用合作社志（1954~2002）》简介

2003年4月21日，《呼图壁县农村信用合作社志（1954~2002）》内部印行，刘怀强主编。全志设《沿革》《机构》《存储》《信贷资金》《经营管理》《干部队伍管理》《大事记》共7章，文字图表8幅；题词、序、凡例、钰印铭文、机构设置、光荣历程、联社概况冠前；联社营业部及各分社、信用社概况130多幅彩照冠前与殿后。全书约30000字，印刷800册。

三、《呼图壁县农村信用合作联社志（2003~2008）》简介

2010年6月1日，《呼图壁县农村信用合作联社志（2003 ~ 2008）》第二册简志内部印行，刘怀强主编。全志由《沿革》《机构》《经营方针和发展计划》《存储》《信贷资金》《经营管理》《大事记》7部分组成，文中图表16幅；题词、序、凡例、玉鼎铭文、中共呼图壁县农村信用合作联社委员会组织情况、呼图壁县农村信用合作联社党委会组织构架图、呼图壁县联社理（监）事会构架图、呼图壁县农村信用合作社联合社组织机构图等冠前；各营业网点简介、文化风貌等80多幅彩照冠前与殿后。全书约48000字，印刷800册。

第三节　书法、摄影、绘画、十字绣

一、书法、摄影

2000年以前，县联合社软笔书法爱好者有王传忠、刘兆德等，硬笔书法爱好者有王惠琴、田吉新、柳茂军等。2000年以后，县联社书法界涌现一些后起之秀。特别是在2010年信合文化职工书法作品展、2012年第一届职工文化艺术节书法、摄影大展中，刘怀强、王舞龙、祁小娟、李斌、周炜娜、于娜等人的书艺得到大展示，赢得广大职工的赞誉。其中刘怀强的书法作品曾发表在《昌吉日报》上，周炜娜的书法《我们新疆好地方》2010年5月22日获新疆维吾尔自治区团委鼓励奖。

20世纪50~60年代，在职工中就有摄影爱好者，如乔生福、陈定山、张春山、李殿昌等。那时，他们个人均无照相机，只是喜欢而已。而后，群众性的摄影活动不断开展，县联社摄影爱好者也就越来越多，如蒋斌、狄光军、姚雅洁、张闫、刘怀强、朱智岗、宋巨程、陈亮、熊文、叶寿林、李新花等。他们中尤以蒋斌的摄影见长，多年来，他的摄影作品有千余幅，在县联社摄影比赛中多次获奖。

二、绘画、十字绣

2000年以来，绘画、十字绣等美术创作活动在职工中蓬勃开展，涌现出一批十字绣等工艺制作人才，如潘存娟、运娜、唐志艳、孟风汐、李新花、闫琴、杨霞、达列力·热斯别克、李雪、赵新萍、程珊姗等。其中潘存娟的《清明上河图》十字绣画面恢宏，场景鲜明，人物肖像栩栩如生，博得大家好评。

绘画人才，在职工中相对少些。2000年以来，从高校毕业生中引进一些绘画新秀，如周炜娜、马宁、冯洋等，他们创作出一些较好的美术作品，特别是周炜娜的作品，题材广泛，生活气息浓郁，地方特色突出，如她的国画《喜上眉梢》《大山深处有人家》《大漠魂》《渔舟唱晚》《维吾尔族花地毯》《山间生活》等。其中《大山深处有人家》《大漠魂》作品分别在《新疆党员之友》《呼图壁合作金融报》报刊上发表；《山间生活》在县联社第一届职工文化艺术节美术作品中获一等奖。

①书法《虎》（刘怀强）
②摄影《红色魔鬼城》（张闫）
③手工艺品《衣物》（范军华）
④绘画《喜上眉梢》（周炜娜）
⑤素描《人物肖像》（冯洋）
⑥十字绣《金牛》（方宏）

第四节 信合故事

“最大一笔”贷款

县联社办公室 张 闫

1992年6月的一天，园户村乡良种场一队一位姓柯的农民来到园户村信用社申请贷款，用途为收购红花，金额12万元，期限7个月。当天晚上下班后，社主任石金山召集各分社员工来大社开会，讨论此笔贷款是否发放。当大家得知贷款金额时，几位老信贷员顿然失色，异口同声地说：“你们的胆子也真大，这么大金额也敢给他放？万一还不上咋办？到哪整十几万去？”一连串的问号把大家都给问住了。石主任分析贷户的情况：贷款人的祖籍是安徽亳州，那里是全国目前最大的药材市场，预计今年红花市场价格比上年要好，贷款人已联系好收购红花的商户，红花的销路不存在问题。经过反复讨论，最后决定由贷款人提供抵押物，同时再找一个担保人，过了一周贷款就按程序审批下来。

当时经办这笔贷款业务的情形依然让我记忆犹新，因为那是我自参加农村信用社工作7年后，经办的单笔金额最大的一笔贷款业务。当我为他支付12万元的现金时，感觉特别紧张，10元票面的现金整整12墩，齐刷刷地在柜台上排了一长溜，给他付款时心里还在不停地祈祷：贷款人一定要用好这笔贷款，做好这笔生意，一定要平平安安将贷款还回来呀！的确是这样，1992年年末，这笔贷款全部还清，我心中悬着那块石头终于尘埃落地。

一件快乐的事

园林路信用社 殷晓雨

我记得有一次，营业室来了一位老大爷，他吃力地拿着沉甸甸的塑料袋对我说：“姑娘，麻烦你给我把这些钱换换。”我接过钱一看满满一袋的一块和五毛的零钱，顿时心里变得烦躁起来，想着这些破钱，什么时候才能数完！可是，看着满头银发的老大爷，心想这些钱不知道是老人攒了多久啊！看看自己胸前的信合标志，我想作为一名信合人，本就应该热爱自己的工作，任劳任怨，有什么资格去抱怨呢？于是我微笑着对老大爷说：“您放心，我们给你换！”随后，跟其他同事一起把这些零钱和破币一张张地展平弄整齐，用一个多小时才整理完，老大爷连声道谢满意地离去。虽然整理琐碎的零钱过程占用我们办理业务的时间，但是我却异常快乐，因为我用自己的工作回报给客户，我以理性的情感渗透到客户的心中，以真诚的服务感动客户。

从“0”到“1”

资产管理部 徐 刚

2000年前，信用社没有电脑。因为没有电脑，存取款无法通存通兑，结算渠道不畅。2002年5月，我们开始在信用社实现电脑单式记账，大家是多么欢欣鼓舞。为尽快把原始数据植入电脑，我们放弃休息，连续几天挑灯夜战，终于告别一本本笨重的账簿。如今，我们陆续实现业务功能综合化，临柜操作“一卡通”。2008年“玉卡”加入中国银联，2009年开通96596电话银行，2010年实现ATM，2011年POS机的联网通用，极大方便市民用卡。随着银证转账、“一卡通”等业务的开展，全面提升信用社的结算功能和服务效率，彻底改变信用社初期结算工具单一、渠道不畅的问题，实现客户资金的实时到账，增强信用社参与同业竞争、培育忠实客户群体的信心和实力。作为信合人我们甚感欣慰!

日出日落，花开花谢，十几年的时光见证信合从“0”到“1”的创业和发展，也见证自己的成长和进步。

第五节 散文 铭文

一、散文

珍 惜

芳草湖信用社 葛万军

经过春夏秋冬，风风雨雨后，我才清楚地知道：信合已融入我的生命，成为我生命中不可缺少的一部分。

无法忘记，上班的第一天，我一句简单的“您好”，使得农民客户露出会心的微笑；无法忘记，农民朋友从我们手上接过一笔笔急需的化肥贷款时，眼神中无法掩饰的感恩与激动；无法忘记，当我们把粮食直补资金发放到农民手中，他们心底里按捺不住的兴奋与喜悦!是他们，让我更加深刻地体会到信合事业的意义所在；是他们，让我更加明白我的人生价值所在。几年来，我与单位共同成长，在信合这个温馨的大家庭里，得到领导关心栽培和同事的热心帮助，我看到领导班子给联社带来的变化，我经历工作环境及岗位的轮换。虽然岗位在变，环境在变，但我对信合事业的一片赤诚之心未变，我无怨无悔，敬业爱岗；岗位的调动，造就我适应不同岗位的能力和适应不同环境的工作方法，同时也悟出“学习出真知，实践增才干”的真切内涵。信用社就是一所学校，就是一本书，在上学时没有学到的东西，在这里全学到了。

作为一名呼图壁信合员工，回顾和呼图壁信合一起走过的日子，这里有我的付出，有我的牵挂，由不成熟到正在成熟，由没有经验到开始不断总结经验，这些角色的变化与觉悟的提升，离不开信用社这个大环境，信合的发展给予我个人发展的空间，是领导的培养与信任、同事们的帮助与关心让我得到锻炼和成长。

我努力用学习充实我的生活，全身心投入到每一天的工作中，一切都从最基本的做起，从加强练习基本功做起。每天坚持学习银行知识成为我必修的课题，人生风雨路，知识伴我行。生命有限，能量无限，我不断追求着生命中的无限能量，提高自己的人生才华，丰富自己的文化知识内涵；留意有关账目科目，熟悉单位实际情况，向前辈虚心请教，利用工作之余，努力学习新知识，根据自己所学的金融理论，结合社内的实际情况，为本社的工作任务全力以赴奔波。

在日常平凡琐碎的工作中，争创一流是我对自己的严格要求，在新的环境中尽快去适应，这就要求我必须要从爱岗敬业、诚实守信、乐于奉献做起。每当客户从我手中接过存单露出满意的笑容，我明白我的工作得到他们的认可；每当客户拿着破碎不堪的零钞从我这里兑换对我表示无比感谢时，我明白我热情周到服务已深深打动他们的心；而对客户不厌其烦的问询，我耐心地讲解迎来客户的存款。我们要把柜台服务质提高延伸到客户心里，要把上班服务延伸到下班服务，要把服务范围从老客户延伸到新客户。

从陌生到熟悉，一步步接近零距离接触。从算盘到微机，从通存通兑到新系统上线、从柜员制到电子银行ATM、POS机、从社会化押运到远程视频监控、从低矮的房屋到高楼大厦。农信的形象在变、理念在变、品牌在变，但是农村金融的主力军、联系“三农”最好的纽带永远不会变。信合以本土优势，正追赶着现代化的步伐，在改革发展中变化着，在同业竞争的舞台上健步行走着，潇洒着属于自己的风采。信合，我的母亲，我工作在你的怀抱里，带着一颗感恩的心，总是为你感到无比的欣慰。我深深地体会到，只有顺应时代的潮流和改革发展的要求，才能利用自己的智慧和力量搏击风浪，在激烈的同业竞争中站稳脚跟，开拓自己的生存空间。

我要珍惜这来之不易的机会，要继承和发扬老一代信合人无私奉献和吃苦耐劳的爱岗敬业精神，树立忧患意识和竞争观念，时刻要有危机感，要用发展的眼光去看待自己身边每一件事，要不断创新工作方法，提高自己工作效率。要真正把信用社当成自己家，把信用社事业当成自己的事去办，实实在在地做好自己每一项工作。时代在发展，社会在进步，如今新的形势、新的机遇和良好的工作环境以及工作条件都摆在我面前，面临激烈的金融竞争，这就需要以更新的观念、新的思路来应变新时代的发展。海阔凭鱼跃，天高任鸟飞！今天的信用社正朝着更加稳健、更加规范、更加成熟的方向发展，正以充满着生机和活力的步伐迈向成长的快车道！我相信，只要大家携起手来，与农信一起同发展、共进步，团结一心、众志成城，信合事业明天一定会更加美好！

我的书画情缘

县联社办公室　周炜娜

丹青韵雅，儒墨情酣。自幼，我与书画就结下不解情缘。

每当书兴大发，我即与启蒙老师——我的父亲试比高低。看，我的一幅幅“杰作”贴满家里偌大的墙，虽有蓬荜生辉之感，然我仍孜孜不倦地写呀、画呀，直到父亲啧啧称赞：“不错，有进步！”我才善罢甘休。

这个嗜好，迄今已有7年多。7年多来，无论是过去在学校还是而今在工作岗位，只要获悉书画比赛，我总是兴致勃勃地参加。记得2008年秋刚入大学时，我被推荐参加自治区团委、自治区学生联合会联合举办的书画大赛，结果以一条横幅书法《我们新疆好地方》荣获优秀奖，并受到学校领导和老师的好评。不久，我便当上校学生会宣传部副部长。书画“甜头”给我莫大鼓舞，从此我倍加挚爱书画，并与之相濡以沫，相伴而行。

2012年4月1日，自治区党委组织部《新疆党员之友》编辑部举办“美丽新疆”绘画作品大赛活动，参赛范围面向自治区大中型企业党员群众。作为呼图壁县农村信用合作联社的一名普通党员，我的机会又来了。于是，几个周末在父亲的悉心指导下，经过潜心构思，细心构图，精心创作，终于在8月中旬我和父亲分别完成了两幅国画。在联社工会张闫主席的鼓励下，我把作品送到自治区党委组织部，耐心恭候专家的评选。谁知时隔两个月便传来喜讯，我的其中一幅国画《大山深处有人家》荣获此次大赛优秀奖，并获荣誉证书和奖金200元。喜事萦怀，我嘴里不说，心里却像三暑天吃了凉西瓜，美滋滋、甜丝丝的。

当我怀揣着自己的智慧结晶和劳动成果、手捧着荣誉证书和奖金时，对父母多年精心培育的感激之情油然而生，不禁热泪盈眶：“爸爸、妈妈，您的心血哺育了我，我一定不辜负您的殷切期望，在努力做好本职工作的同时，我决心继续光大我的专长，让我的书画艺术为社会为人民大放异彩，让我的梦想像振翮之雄鹰，在蔚蓝的天宇飞得更高、更远……”

青春，我无怨无悔

石梯子信用社 牟新星

我总是这么认为，年轻人应该朝气勃发，向朝阳，勃后土，知耻而后勇，知不足而后上进！

2010年夏天，耳边回荡着父母的叮嘱，我背井离乡，怀揣着梦想，来到呼图壁这片充满希望与憧憬的土地。在这之前，原以为信用社的工作应该是简单的、安逸的，可以让我享受生活，享受这美好的青春。但随着工作时间的延续，我渐渐感到，原来的想法就像安徒生笔下的童话，是那么遥远，而让我触不可及！后来重新审视，信用社的工作原来是繁忙而紧凑的！既然我来到这里，我的目标就是成为一名合格的信合员工！

小时候，爷爷就告诉我，思考才是动力之源！于是在工作间隙，我经常思考如何改变自己，如何去掉那些年少的轻浮、躁动。就像一颗向日葵，平静而又茁长地生长，永远向着太阳！

各企业都提倡“爱岗、敬业、奉献”这6个大字。说，容易；做，谈何容易？我来谈谈进入信合事业半年多的一点体会。我是石梯子信用社的一名柜员，每天就是做好信用社窗口工作，我们接触的客户大多是农民，我想我不能当他们是客户，进门一个“您好”，出门一个“慢走”，生分了，我当他们都是我的朋友，“哎呀，你咋又来了？是不是中午喊我去你家吃饭呢？行了，我答应了，就这么着吧！”一个轻松的玩笑，话虽不客套，表达的确是真诚的情感！每当看见一张朴实而温馨的笑脸，我突然觉得自己好像也升华了，说不清也道不明……我的岗位虽然平淡无奇，却值得我用青春去守候！同时希望我的朋友们不仅仅是笑在脸上，而且伴随自己所在岗位用心谋其政。自然点钞、珠算、计算机这些基本功是不能落下。干一行，爱一行，得有敬业精神！万里长征，虽只是挪动一小步，但我相信万事开头难，只怕有心人！严谨的工作态度，无私的工作原则，尽职的工作信条，我相信，这些都是我敬业之路上不可或缺的！

说说奉献。我做不了王进喜，把自己奉献给石油；我也做不了焦裕禄，把自己奉献给大西北；我更做不了雷锋，把自己奉献给广大老百姓！但是，我能做一个合格的信合人，把自己奉献给我所依赖、所忠诚、所热爱的信合事业！我可以做到每月正常上下班，不迟到，不早退；我也可以做到，工作时不接电话，不吃零食；我还可以做到，遇到问题的时候，不懂就问，明白为止；我更可以做到，工作中坚持制度原则，因为我是呼图壁县农村信用社的一分子，我的一言一行与信用社荣誉息息相关！谈奉献，比较那些辛勤为信合事业奉献大半辈子的“老信合”我是不足挂齿，但我要为我们的青春年华高唱赞歌！

有时候工作累了，想家了，看看窗外焦急的农民伯伯需要我的帮助时，我又振作起来，忙碌的时间过得很快。一年四季，恍如朝夕，不知不觉间，在这生活大半年，平时父母打电话，问寒问暖，其实都挺好的，工作上有长我几岁的同事照顾；生活上有许多聊得来的同龄人，再加上我有一位优秀主任刘中涛，我觉得好幸福，只有好好工作，记住“爱岗、敬业、奉献”6个字，才能报答父母的养育之恩，报答信用社领导的知遇之恩！

二、铭文

钰印铭文

刘怀强

（2002年11月）

呼图壁县农村信用合作社是伴随着新中国的诞生，于一九五四年初创建，历经半个世纪风雨在中华大地这片古老的土地上，为社会主宰农村经济建设和信用合作事业创造了前所未有的功绩，全县信合员工以自己辛勤的汗水浇铸了中国信合这尊永不朽蚀的丰碑。今雕此尊铭印，以示后代信合传人牢记前人之功德，务须努力奋斗，将信合事业发扬光大、更加灿烂辉煌。

玉鼎铭文

刘怀强

（2009年6月3日）

呼图壁县农村信用合作联社成立于1954年初，在五十五年的沧桑岁月里，伴随着新中国成长的步伐，历经磨炼与考验，应对多次体制的改革与变迁，现已成为服务“三农”、支持中小企业发展的主力军，是呼图壁县经济发展的坚强后盾。

自2003年以来，在当地政府的支持下、在人民银行、银监局的正确领导和有效监管下，特别是二〇〇六年自治区联社成立以来，联社历届领导班子同心协力，带领全体员工经过八年的奋斗拼搏，改变了经营规模小、不良资产高、盈利水平低、历年亏损挂账多等困难局面，现已成为结算渠道宽，服务功能全，经营规模、经营水平走在全疆县（市）联社的前列。

2006年7月，呼图壁县信用联合社的改革发展正走向辉煌时刻。为体现全体员工团结奋发精神，彰显企业经济实力强盛，展示企业文化风貌和企业经营发展鼎盛繁荣，特雕此玉鼎，以鼓励信合传人不忘艰难创业之辛苦，发扬信合人拼搏之勇气，为农村合作金融事业的改革发展再造辉煌。

此玉鼎材质为河南安阳整块玉石所雕，重约一千五百公斤，高一百三十九厘米，宽一百零九厘米。鼎文“信合宝鼎，盛世乾坤”为联社理事长刘怀强所题，以中华篆书文字为体，整个鼎身雕工精美细腻，纹络凸显柔润，大有古朴典雅之风韵。是呼图壁农村信用合作联社业绩盛旺的“镇社之宝”，望信合传人永久保存。

今应《呼图壁县农村信用合作联社志》编委之约，特撰写此“玉鼎铭文”，以振信合传人永葆“盛世乾坤”之精神，踏着信合前人走过的路，再攀高峰！

志历铭文

刘怀强

（2014年6月）

盛世修志，志历史迹。本志将呼图壁县农村信用社的历史轨迹，发展过程，精神品质，业绩峰谷，文化韵味，社会贡献等以图文并茂形式展现出来，给后人以鉴赏。历史评说是非功过，以功给后来者奠定基础，使其前赴后继；以过使后来者教训，得鉴为镜，让车轮向着太阳升起的地方滚滚前进。

呼图壁县农村信用社始建于一九五四年三月，六十年来，她就像襁褓中的婴儿，从出生到成长，逐步发展壮大，在历史的长河中经历了无数的风雨洗礼，艰难磨砺，在天山北坡茫茫的黄土地上步履行程，走过了六十年的光辉岁月，现呼图壁县农村信用合作联社已在呼河大地上高高崛起，成为全县境内金融系统中市场份额最高、资金实力最强、经营效益最好的农村金融主力军，金融企业的龙头老大。根据国家银监会监管指标考核，呼图壁县农村信用合作联社已升级为全国中小金融机构AA级，达到全国最好的中小银行标准。目前，呼图壁县农村信用合作联社已进入股份制改造阶段，向农村商业银行股份有限公司行列迈进，农村信用社的历史就要翻过最后的一页，在这最后的时刻，我们怀着无比眷念和激情高昂的心情回顾农村信用社的过去和历史，撰写信用社史志，将农村信用社六十年来的发展史历历在目地展现在老信合人的面前，让它永远激励着信合人——在新的起跑线上，要更加奋发向上，努力工作，转变观念，更新思维，按着新型商业银行的经营理念，以创新产品、优化服务、安全运营、风险可控、效益优先为原则，在社会主义金融市场的激烈竞争中，求得更好更快地发展。

本志撰写是以呼图壁县农村信用社1954年成立以来，至2012年年末的经营发展史为内容而编撰成的一部《呼图壁县农村信用合作社志》。本志编写内容真实全面，数据确凿，图片可靠，依据充分，文字简炼，语言流畅，装饰精致，是一部真实反映呼图壁县农村信用社发展历史的里程碑，更是一部大型的呼图壁信合史诗，它包含着历代信合人的酸甜苦辣和辛勤汗水，孕育着信合人与“三农”血与情的关系，虽然走在转型为农村商业银行的艰难历程中，但永远也不会忘记养育和支持了农村信用社一个甲子年的憨厚而朴实的农民和广阔而秀美的农村这片热土。虽然在不久的将来我们将成为商业银行的一员，但我们要永远高举农村金融主力军这面大旗，继续而更好地为“三农”做好金融服务。

我们要永远记住农村信用社这个与共和国同日诞生的历史产物，正因为她的诞生，以弱势的合作经济体担负起解决中国共产党领导下的八亿农民生产生活资金需求的责任，更为占中国人口三分之二以上农民发家致富奔小康做出巨大贡献。要珍惜我们的过去，展望我们的未来，用历史的辉煌来鞭策我们，沿着十八大精神指引的道路勇往直前，再筑呼图壁县农村信用社新的时代丰碑。

第六节　诗　歌

一、新诗

我们信合人

刘怀强

（2009年5月21日）

信合人从泥土中走来，
一路坎坷一路欢歌，
走过漫漫沧桑一甲年，
历经万苦千辛岁月蹉跎，
迎来了改革发展的黎明曙光。
我目睹着也经历了，
农村合作金融的浪舟程帆，
参与过她的改革与变迁，
今天终于在天津滨海，
看到了合作金融改革发展的明天。
农村商业银行？
听起来离我们多么遥远；
但，任凭信合人的坚韧拼搏，
未来新型的农村商业银行，
定会屹立在新疆广阔的地缘。
这是目标也是期盼，
现代化金融体制的再现，
为信合人树立了光辉的典范，
踏着滨海农村商业银行的足迹，
我们正阔步勇往直前。
这就是新疆的信合人，
儿子娃娃的气概正豪情满怀，
聪慧，智勇，豪气全在，
向天山上的雄鹰展翅，
剑鸿蓝天。

农村信用社——我的家

刘怀强

我是一个农村的娃。
高中毕业，我成了回乡知青中的向阳花。
三年后的一个偶然机会，
被录取到了农村信用社。
我不懂农村信用社是啥？
在老师傅的指导下写数、点钞、打算盘……
日出日落、早起晚睡，从冬到夏。
老旧的桌子、摇摆的椅子、掉珠的算盘，
黄帆布的挎包背肩上。
这就是我的岗位信用社，存款只有2万元的一个小小的家。
年轻人怕的是工作枯味烦躁，
久了，没有人给你长时间手把手地教，
只有凭自己仔细观察和请教，更要眼到、心到、手到。
一个多月的时间，
我终于会操作简单业务了。
在以后的日子里，
面对着各方面的顾客，尤其是农民顾客，
我更是倍感亲切，
因为信用社是农民入股的合作经济体，
他们才是信用社真正的主人。
勤学苦练，日积月累，铁杵成针，
从成长到成熟，社会经验逐渐丰富。
我成了一名农贷员兼农村会计辅导员。
在人民公社的生产队，
做调查，定计划，帮助队长搞规划。
我身挎帆布背包，满腔热情，
一辆破旧的飞鸽牌自行车一路春风，
还有存单，借据和现金。
信用社的全部家当集于我一身。
人勤春早，处处闻啼鸟，
既要把集体生产信贷投放照顾好，
还要把农民社员生活信贷投放兼顾好，
迎朝阳背晚霞，风雨无阻，争分夺秒。

无论是严冬还是烈日我始终无所畏惧。
在队里的会计室、在田间、在农家的炕头，
处处都有我的身影和足迹，不辞辛劳。
把农业和农民的事放在心上，从不烦恼。
大地春回，日月生辉。
改革开放三十年。
农村联产承包、分田到户政策惠及千家万户，
先让一部分人富起来。
农村变、农民变，信用社的服务也在变。
集体经济、农户经济风云际会。
不失时机、抢抓机遇，
农村信用社真正踏上了服务“三农”的长征之路。
三十年、这漫长的三十年！
咱农村信用社成长发展笑开颜。
农业银行政策倾斜，让利于农村信用社。
把农村金融这块土壤由农村信用社来耕耘。
农业银行逐步从乡镇农村金融市场退出，
农村信用社在乡镇广阔的天地一马当先。
我们抓住了、抓住了这个绝好的机遇，
农村信用社成长了、发展了、壮大了，
已成了主宰农村金融市场的主力军。
九六年十月——是农村信用社大转折时期，
行社分家，农村信用社成为独立的经济载体。
雄鹰展翅、搏击长空、实力逐增、突飞猛进，
与各家银行机构平起平坐，同步竞争。
农村信用社有了广阔的发展天地。
是农村还是城市？
是农民还是商户？
只要是县域的经济实体，
都与咱农村信用社结成命运共同体。
同甘共苦，共享风和日丽。
这是一个变革的年代、遍布发展的空间，
我，成长了，
在信用社发展的历史长河中，
我入了党，在党组织的培养教育下，
我懂得了经营、学会了管理，一步一重天。
而今，已成长为县联社的高层管理者，信用社的当家人。
我和农村金融一起成长，沐浴春风。

我懂了，我与农村信用社忠诚到永远，
岁岁年年。
二〇〇六年七月，是值得纪念的岁月。
自治区联社的成立带来了新的勃勃生机。
管理规范、能力提升，各项制度执行有力。
产品创新、功能完善，服务日新月异。
农村信用社焕然一新。
存、贷款规模的逐年扩大，
经营效益连年攀升，盈利水平步步提高。
高质量的信贷资产促使不良率大幅下降，
各项拨备到位，资本充足率直线上升。
股金红利高额回报，股民拍手叫好。
实现了国家银监会监管评级AA高标准的要求。
农村信用社服务于三农是天经地义，
以农为根，以农为本，根本是农村信用社的天与地。
三农给了农村信用社生长的肥沃土壤，
出苗、成长、壮大，枝繁叶茂，天和日丽。
无时无刻都挥洒着三农给予的抚爱与关怀，
农村信用社的爱农、支农、惠农又赋予“三农”财气和瑞气。
农村信用社成长了，
农民致富了，
三农经济的发展带来了建成小康的一个个奇迹。
服务不能单一品种、功能齐全才能双赢，
从信贷产品的独花荳叶到繁花似锦，
实现了农村金融市场的全覆盖。
信用卡业务在国际上得到了广泛应用，
电子银行业务的开通使现代化的科技结算水平迅猛提升，
与各类商业银行齐头并进。
一个新型的农村商业银行雏形已展现行业之中。
六十年的光景，六十年春。
历史的车轮永不停，
农村信用社的乳汁养育了我，
我在农村信用社扎了根，献了青春献终身，
这里是我永远的家。
日出江花红似火，
信合事业绿如蓝。
愿农村信用社更加灿烂辉煌，永远兴旺！

信合情

二十里店信用社 熊 文

你是拓荒者
六十余载的风霜雪雨
充满艰辛坎坷

你从戈壁荒漠走来
步履蹒跚而坚定
走过天山南北雪域沙漠

你掠走饿殍
驱散着疮痍和阴霾
在贫瘠荒凉的土地上
堆砌着葳蕤的希望——信合

你是耕耘者
传承着华夏民族的勤劳质朴
沸腾的血脉
运行着无私奉献的信合精神
你用饱经风霜的双手
将理想希望幸福
深植于合作的土壤
用信用的汗水去浇灌
悉心耕耘
你用羸弱的肩膀
扛起这服务“三农”的大旗

人们说
信合是坐标是灯塔
是架起致富的桥梁

我说信合是一种情
血浓于水有严父的关爱
慈母的呵护兄弟的提携
是无私坦荡的赤诚之心

信合是成功的基石
是生机勃勃的种子
是起点是刷新的跑道
是蓬勃的黎明

当金色的麦浪席卷大地
当累累的硕果挂满枝头
当丰收的笑靥如花般绽放
当捷报传遍天山南北
在一百六十万平方公里的土地上
你继续创造着辉煌
书写着传奇

“三个办法一指引”
要义新编三字经

九六年，通则出，时至今，争议多。三办法，一指引，立法规，划时代。有背景，模式粗，虚假贷，挪用多；合同虚，骗过信，贷后残，责任生。全流程，合同化，贷后优，法制清。控用途，变模式，审提款，额度定。报申请，重调查，有风评，有审批；合同签，放付分，管贷后，有回收；九环节，精细化，三办法，殊途归。管流程，忠诚信，析协议，实付贷；贷放分，贷后严，罚依法，责任重；七原则，三要义，三办法，同含义。固重付，视进度，指引严，辨风险；流重测，防过渡，个重签，拒假虚。曰固贷，十二七，分四类，有区分。明受理，合法规，读可研，查资金。双主体，严准入，现金流，全预测。识风险，分阶段，评价深，缓释急。资本金，同比例，项目大，银团需。受托付，遵约定，签证单，进度依。百分五，五百万，择孰低，启受托。五十万，划界限，千万下，成例外。做项目，禁流贷，低风险，可简议。落项目，会签单，它类型，合理化。款落账，不隔日，拨对手，实贷付。自主付，报告制，下现场，验凭证。贷吸存，不允许，整拆零，莫擅为。曰流贷，二一二，统授信，控总量。测需求，防过渡，做微调，加定性。定营运，估增长，周转率，配系数。扣自有，除现有，减其他，得新增；申请值，做比较，高查融，低查挪；值为负，因果多，集团户，用合并。立专户，全监控，需提款，合同定。受托付，三情况，按额度，审材料。自主付，看计划，督事后，查凭证。曰个贷，二一二，有面谈，重面签。把准入，做面谈，审资料，核身份。用途实，交易真，听陈述，细核实。实查主，入现场，间查辅，多渠道。测还款，查收入，偿债比，莫夸张。重意愿，看能力，审担保，变现力。有身份，要收入，有户籍，问婚姻。询征信，查负债，调流水，列资产。抵质押，有权人，担保人，及配偶。订合同，填借据，做核保，写承诺。核原件，要双签，签协议，要素全。做抵押，要合法，进他项，伴随行。自主付，四情况，依合同，辨额度。消费贷，三十万，经营用，五十万。做贷后，核凭证，合同真，发票齐。看用途，依约定，整化零，必追究。无心非，名为错，有心非，名为恶；过能改，归于无，倘掩饰，法无情。先学文，再力行，孤一行，昧理真；勤有功，戏无益，与君勉，必成器。

二、旧体诗

诗二首

叶寿林

呼图壁信合人

信合为民致富源，桃花流水自陶然。
穷根拔掉植新蕊，圆梦小康景壮观。

二十里店镇花木培育中心

感之原野育花忙，开泰三阳破译荒。
待到秋深明媚处，画乡无处不芬芳。

（原载浙江《丽水诗坛》2014年第1期，总第15期）

诗二首

李新花

乡村即景

（一）
园林掩映农家巷，花木精神大院墙。
杨柳参天遮马厩，浓荫匝地裹村庄。

（二）
村北榴花红胜火，林南河水绿如蓝。
新楼岸上高高耸，油菜嫩黄接远天。

（原载浙江《丽水诗坛》2014年第1期，总第15期）

诗二首

周炜娜

甲午年偕友于呼图壁踏春

十里清波印九垓，犹如碧海滤尘埃。
花香欲醉丹青我，挽住春光竟忘回。

呼图壁河自白

清流来自大天山，濡得绿洲景万千。
只要人间长福祉，何辞碧血荐轩辕。

（原载浙江《丽水诗坛》2014年第1期，总第15期）

三、《晨训词》及《社歌》

晨训词

刘怀强执笔

我是光荣的信合员工，
我热爱信用社的每一个工作岗位，
遵章守纪是我们员工的铁律，
团结勤奋是我们做人的原则。
发展创新是我们不断的追求，
诚挚合作，
用心服务，
质量一流，
顾客满意，
是我们最大的心愿，
我愿做农村信合事业的守护神。

呼图壁县农村信用合作联社社歌

1=F 4/4　　　　　　　　词/沙 毅

深情地　　　　　　　　　曲/杨占恩

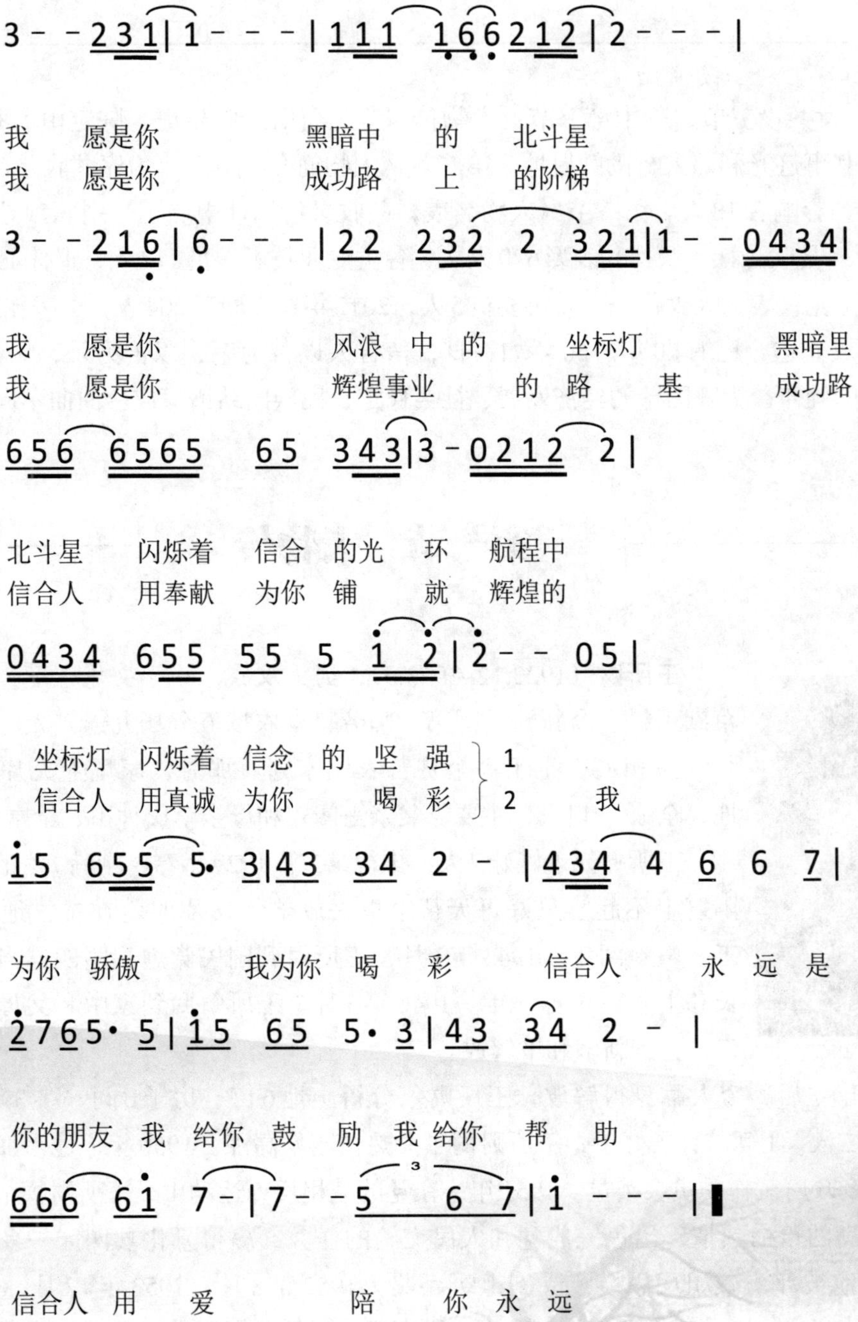

第二十三章　人　物

《人物》章共设三节，其中第一节《人物传》为王所财、叶生虎、陈定山、乔生福等4位已故人物立传，其事迹光彩照人，勖勉胤坤。第二节《人物简介》以生年为序共收录信用社正、副职领导及有贡献和影响者18人。第三节《人物名表》共收录信用社中层正、副职领导81人，受县级以上表彰35人、县联合社（联社）表彰629人次，各类专业技术人员112人，退休19人，复转军人19人，县级以上党代表、人大代表、政协委员5人，2012年在岗职工204人，劳务派遣员工41人。

信用社成立迄今已有60年。60年如一日，信合人以苦为荣，以苦为乐，用多少动听的音符，用多少迷人的旋律，为呼图壁的经济发展、社会稳定、民族团结谱写成一曲曲不同凡响的乐章。

第一节　人物传

王所财（1922.12~1973.5），男，汉族，小学文化程度，新疆呼图壁县芳草湖王村（今新疆兵团第六师芳草湖农场五分场九连）人。1922年农历十一月（属相犬）生于一个贫苦农民家庭。那时，家里上无片瓦，下无插针之地，全家13口人，主要靠父亲王闯吉和母亲李氏种田、给富人家打工为生。

王所财兄弟姊妹7人，排行第二。1929年春，刚满7岁的王所财，因家境困窘上不起学只好每天帮家里去放羊。18岁时就在本村地主王和喜家扛长工，整整两年。1943年1月，王所财到国民党炮兵团四连当兵，曾任中士班长和上士班长各一年。1946年5月，王所财回到家中和父母一起种田养家糊口，直到新疆和平解放。

新中国建立后，穷人翻身得解放，王所财家分得土地6亩、房子6间、牛3头、马2匹、羊8只、小车“二人”1辆。日子好了，王所财的革命热情越发高涨。1950年，他参加农会，不久任联防队队长、乡政府工作委员会委员。1951年，在党的减租反霸运动中，王所财模范地执行党的方针政策，以饱满的革命热情，出色完成党和人民交给的任务，赢得景化县四区一乡老百姓的高度赞誉，这一年他被评为减租反霸模范受到上级嘉奖。1952年8月、1953年12月，王所财分别被县委、县人民政府评为土改工作模范、扫盲识字教育工作积极分子，受到表彰和奖励。

1954年3月25日，呼图壁县第一个农村信用合作社——滑户乡农村信用合作社成立后，王所财作为滑户乡陈光初级社副主任兼信用合作社主任和会计（那时，信用社只有1人，既是主任又是会计，故称“一人社”），为呼图壁县农村信用合作社首位主任和会计。为了信用社的发展，王所财夜以继日地工作。信用社成立的当年，入社社员就有566户621股，股金863元。人们每天都能看到王所财为信用社奔波的身影，日子久了人们都亲切地称他“财神爷”。1954年10月21日，经张多仓、王曰云二人介绍和以张文治为首的县党委批准，王所财成为一名光荣的中国共产党党员。

1955年3月至1958年10月，王所财先后任渭户乡高级社第五小队队长兼乡党委委员、渭户高级社主任等职。1958年11月至1960年2月，任红旗人民公社（原四、五区）渭户大队大队长兼大队党支部副书记。1961年6月至1963年5月，王所财当选呼图壁县第四届人民代表大会代表，为全县84名人大代表之一。1964年任芳草湖农场五分场行政办公室主任。而后，任五分场机关生产股股长等职。

1966年在“文化大革命”中，王所财被莫须有的罪名而受到错误批判。然而，王所财对党从未怀疑过，他坚信共产党。因此，他密切配合党组织内查外调澄清自己的问题，事实证明，他“历史清白”。

1973年5月18日，这是一个令人难忘的日子。这天，王所财在小海子水库防洪一线参加总场防洪工作会。会后，他和其他干部职工一起参加抗洪大战，可是谁也未料到王所财当晚回到五分场水管处，于次日凌晨5时许因脑溢血溘然长逝，终年51岁，葬于芳草湖农场五分场东河坝上。王所财英年早逝，人们为失去一位好干部而悲痛。出殡之日，近千人自发为其送葬。

叶生虎（1940.11~1995.4），男，汉族，初中文化程度，新疆呼图壁县二十里店镇小土古里村四组人。1940年农历10月生（属相龙）。父母无文化，均为老实巴交的农民，靠给富人扛长工、打短工维持全家10口人的生计。1948年，到了入学年龄的叶生虎因家贫寒上不起学，只好随父母在家干一些力所能及的活，直到新疆和平解放。

新中国建立后，1956年7月，叶生虎凭着过人的天赋初中毕业。1957年，在本村小土古里劳动期间加入共青团。1958年，上半年在小土古里村副业队学习木工，下半年就读农业高中。1959年6月参加工作，成为呼图壁县供销社小土古里分销店的一名营业员。参加工作后，叶生虎以饱满的革命热情为父老乡亲服务，受到广泛赞誉。

1961年3月至1963年9月，叶生虎先后任呼图壁县供销社石梯子分销店营业员、二十里店供销社保管员。他作风正派，爱社如家。他常告诫家人说：“我做保管，公家的一草一木我们都不能沾。”为了响应国家精政减员的号召，1963年10月，他主动报名、自愿回到小土古里村副业队劳动。在供销社工作的两年多期间，叶生虎被评为先进工作者光荣地出席了呼图壁县商业系统群英会，受到表彰和奖励。

1964年3月，23岁的叶生虎被招进小土古里信用社任会计。1965年4月，全乡合并大社后，调任二十里店信用社会计。1968~1978年，信用社、营业所合署办公后，任小土古里分社会计。1978年，调进二十里店大社任副主任主持工作。

1981~1990年，作为二十里店信用社的领头人，叶生虎始终把握发展是第一要务的主旨，把储蓄工作放在各项工作的首位，充分利用板报、广播、村（组）群众开会机会，不失时机地进行多种形式地宣传，通过加强柜台人员力量，优质服务百姓，明确贷款分类、划分任务，督促外勤人员利用人熟、地熟有利条件收贷收储，认真清理沉淀贷款，严格奖惩制度，极大调动了员工的积极性，每年储蓄100余万元，超额完成任务的10%~20%，每年收回沉淀贷款10万至15万元，为全县信用社树立了榜样。1981年，叶生虎被农业银行呼图壁县支行评为先进工作者参加呼图壁县群英会受到表彰和奖励。1985~1986年，连续两年被农业银行呼图壁县支行和农业银行昌吉州中心支行评为先进工作者。1988年9月被评定为助理经济师。1989年7月光荣加入中国共产党。

1990年以来，叶生虎带领二十里店信用社全体员工同心戮力，团结奋斗，进一步调整信贷结构，完善工作条例，使信用社工作又上新台阶：储蓄存款余额由1988年的39.2万元增加到1992年的792万元，4年储蓄净增400万元，创年均增加100万元的历史新高，同时还为县联合社二十里店营业所代办储蓄170多万元。1991年，帮助亏损企业扭亏为盈，除还清陈欠贷款还盈余1000多元；支持54户农民专业户发展生产，人均年收入3000多元，比全乡人均年收入多2000多元。1991年底，经民政部门验收，在二十里店信用社的大力扶持下全乡共脱贫164户，脱贫率达91.6%，脱贫后人均年收入达到全县人均年收入水平。是年年底，二十里店信用社在全县综合检查评比中名冠第一。鉴于此，叶生虎和他所领导的信用社被树为全县同类行业的一面旗帜。

1992年，叶生虎在调研时发现二十里店村4个组80多户维吾尔族中，有相当一部分农户牛羊育肥、生产及生活急需要贷款，于是他挨家挨户摸底、帮办贷款抵押手续，当年就给10余户少数民族农户办贷300余万元。至1995年春，叶生虎共帮40多户维吾尔族农民办理贷款1000余万元。如今，当年受他帮助的维吾尔族农民中90%以上的农户脱贫，其中有楼房、有车、有400头牛羊以上的养殖场、资产过500万元的有13户，资产过千万元的有3家。木他力甫·吾守、力提甫·木沙、斯拉甫·艾买都、阿不都·牙生等维吾尔族农民每每念及叶生虎时，便跷起大拇指说："叶生虎是我们的贴心人，叶主任，亚克西！"

叶生虎尊老爱幼，恭兄奉弟，颇有威信，家人对他敬重有加。在家族中，20多户人家100多口人中当年唯他有文化，且是国家工作人员，因此无论谁家红白事均由他主管，而他总是不负众望，筹划周密，安排有序，料事妥当，深得族人拥戴。纵是异姓兄弟，若家庭不睦、子女不孝，他都主动去说和。数十年来，叶生虎调解家庭纠纷、说服子女敬老孝老等不计其数。德高望重，名贯乡里。叶生虎在同胞兄弟姊妹6人中排行第二，故平辈年少者称他"我二哥"，老辈与同辈年长者都尊他为"老二"。

风云不测，常人难料。1995年4月28日，叶生虎不幸逝世，终年55岁，葬于二十里店镇小土古里村四组庙圪垯。

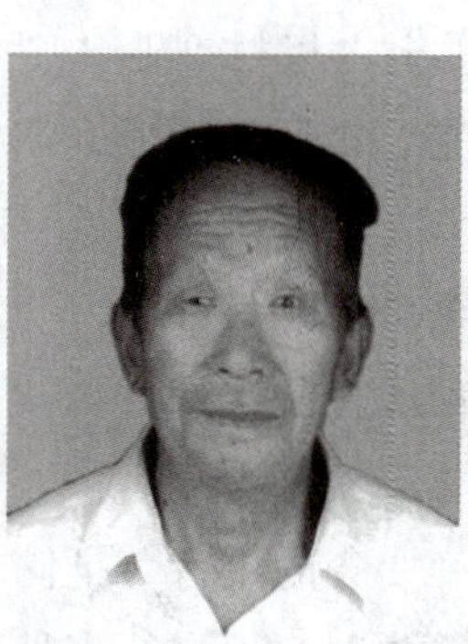

陈定山（1929.5~2011.2），男，汉族，小学文化程度，新疆呼图壁县二十里店镇东滩村三组人。民国18年（1929）5月（属相蛇）生于一个贫苦农民家庭。陈定山兄妹9人，排行第二。父亲陈兴武、母亲王建芳，不识字，为传统的乡村农民。房无一间，地无毫厘，一贫如洗，全家11口人，主要靠父母给富人扛长工、打短工勉强度日。

民国23年（1934），陈定山5岁时随父母住在东滩村一组舅舅王万昌家。民国25~33年（1936~1944），陈定山7~15岁时在舅舅家放牛维持生计。民国34年（1945）后，陈定山先后给地主陈万禄和张登举放牛、扛长工。家贫上不起学，陈定山就挤时间跟识字的人学写字。他刻苦好学，如饥似渴，不耻下问。功夫不负志人，几年工夫他便能看书读报写文章。他不仅能用毛笔写出一笔漂亮的字，还能熟练地打出加减乘除多位数算盘。尽管一天学校门未进，但他却是村上被乡亲们公认的有文化的人。

新中国建立后，陈定山是村上唯一的“秀才”。每逢春节，东邻西舍的乡亲们都涌到他房子请他写春联，他总是有求必应。由于他有文化、人缘好，在广大社员的一致举荐下，他于1959年初任跃进公社红旗大队第三生产队（今二十里店镇东滩村三组）会计，直到1960年。1959年11月，经何希吉、张福荣介绍光荣加入中国共产党。1961~1965年4月，任跃进公社红光大队（今二十里店镇十四户村）管理员和出纳。其间，1963~1964年，先后被红光联合厂评为“五好”社员、被红旗三队评为学毛选（《毛泽东选集》）积极分子，分别受到上级党委的表彰和奖励。当年，在全民学毛选的热潮中，陈定山能熟背“老三篇”（《为人民服务》《纪念白求恩》《愚公移山》），通读《毛泽东选集》（1~4卷），在二十里店家喻户晓，人人皆知。

1965年4月，陈定山被招进二十里店镇东滩信用社工作。当时，东滩信用社是“一人社”，陈定山既是出纳、会计，又是信贷员和主任。信用社的资金来源主要靠社员入股和吸收储蓄存款两大渠道，那时信用社无固定办公地点，他一个人提一个小布包，办公的凭证、现金、账本、算盘都装在包内，每天起早贪黑走村串户办业务，东滩村的田间地头、沟畔溪边、麦场庭院，到处都能看到他的身影，到处都留下他的足迹，老百姓亲切地叫他“农民主任”。

1966年6月，“文化大革命”开始，不久贫下中农管理信用社，陈定山上半天办理业务，下半天参加田间劳动。那时，信用社的贷款要经大队党支部书记和大队长审批后才能发放，特别是吸收储蓄存款，一元起存，若遇到一次存入5元的就是当地有钱的人了。为了信用社的发展，陈定山往往要到40千米外的老龙河去收储。冬天，他骑马冒着零下35度的高寒奔波于老龙河畔收储放贷。饿了，啃几口干馕；渴了，吃几口冰雪。手冻木了，脚冻麻了，他全然不顾，他常说：“只要能把农民兄弟的事办好，再苦再累我也无怨无悔。”

陈定山乐于助人。每年入冬前，他总是利用休息日去帮助邻里赶着毛驴车到很远的地方去拉枇杷柴、梭梭柴，以备过冬取暖。夏收季节，他就主动帮助那些劳力少、老弱病残、有困难的家庭去割麦、打麦、扬场。每逢庄稼浇水时，不分白昼，只要他有空就会不召自到，帮有困难的农户挖渠、防水、浇地。“陈老二，大好人！”乡亲们总是这样传颂着。

1970年，在“文化大革命”中，陈定山被强加莫须有的罪名受到无情打击和严厉批判。然而，他坚信自己“清白”，始终淡然自若，配合组织查清问题直到真相大白。陈定山在东滩信用社工作17年。17年如一日，他勤勤恳恳，任劳任怨，艰苦奋斗，苦乐无虞，直到退休。

1982年7月1日，陈定山因眼疾无法继续工作，经组织批准光荣退休。2011年2月2日病故，享年82岁，葬于呼图壁公墓。

乔生福（1941.11~2012.11），男，汉族，原籍甘肃武威市。民国30年（1941）11月29日（属相蛇）生于乌鲁木齐市的一个贫苦市民家庭。从乔生福记事始，父亲乔文玉就在外祖父贾有知家入赘。那时，贾有知在乌鲁木齐开砖窑，父亲成年累月为他烧砖却无工资，只管食宿，偶尔给少许零用钱。天有不测风云，人有旦夕祸福。乔生福出生后8个月时母亲病故，孤儿无依无靠，只好由外祖母抚养。

新中国建立后，乔生福入读乌鲁木齐市第六小学。1956年考入乌鲁木齐市第二中学（后并入五

中）。1959年9月，乔生福18岁时考入乌鲁木齐铁路局电训班。一年后即1961年3月结业，分配到

乌鲁木齐铁路第一工程局电工段信号队当工人。1962年9月，为了响应国家精政减员的号召，经本人申请组织批准离职。1964年3月考入新疆农业银行，由新疆农业银行分配到农业银行呼图壁县支行工作。至1980年9月，乔生福在农业银行呼图壁县支行先后任二十里店营业所会计、信贷员、社队会计辅导员、二十里店营业所副主任、农业银行呼图壁县支行会计股副股长兼农业银行呼图壁县支行负责人。在负责农业银行工作期间，他深入调查研究，精心组织力量盘核全县行、所“家底子”，历时9个月完成“三查三定”（查安全，定指标；查效益，定措施；查管理机构现状，定管理问责制度）实施方案，农业银行呼图壁县支行出现前所未有的新局面，赢得广大干部职工高度赞誉。

1972年4月至1979年底，在农业银行呼图壁县支行二十里店营业所当副主任主持工作期间，乔生福助人为乐被传为美谈：王万清驻队回不了家，他就主动给王家挑水、劈柴、照看娃娃。在祁发斗妻子何立英糖尿病重的日子里，何立英每天都需要到医院打针，然而病人走不成路怎么办？乔生福看在眼里急在心里，每当祁发斗驻队工作忙回不了家时，乔生福总是按时背着何立英去县医院打针，打完针后再把她从县医院背回家。就这样一天去两次医院背4个往返，究竟背了多少趟谁也记不清了。平日里，行、所里的职工谁家有红、白事，他不仅主动去帮助筹划，而且身体力行，带领职工共同把事情做好。

乔生福在和员工相处时总是想着别人唯独未想到自己。在20世纪70~80年代，有几次职工调工资时，他主动把自己这个名额让给老干部、老职工，即使大家都同意他晋级他也不要。他说：“我还年轻，今后机会有的是；老同志劳苦功高且时间不多了，工资评给他们我心里才安稳。”只要提及此事，刘兆德、祁发斗、孙吉贤、王建甫等老同志都赞叹不已。

1980年9月，乔生福任农业银行呼图壁县支行副行长后，对自己要求更严了，工作更认真了。他组织员工认真学习上级有关文件精神，制定了行、所及科室各项工作制度、服务原则、标准并以身作则，带头示范，指导年轻人学业务、学技术，走既红又专道路。当时，他家住农村生活负担重，但他在农业银行呼图壁县支行上班不是徒步就是骑自行车，从不公车私用，从不迟到早退，为全行干部职工做出表率。1983年7月，乔生福光荣地加入中国共产党。1984年6月，乔生福出任农业银行呼图壁县支行行长。1987年11月被农业银行新疆分行评定为经济师职称。由于工作不断上台阶，不久，乔生福便成了呼图壁县小有名气的“乔行长”。

1987年秋，妻子纪惠芳患腹膜结核住进乌鲁木齐市第二人民医院，他对爱人说：“工作忙脱不开身，不能在医院陪护，请爱人理解、原谅。”乔生福办完妻子住院手续后立即回到二十里店镇自己驻队所在地宁州户。爱人在乌鲁木齐住院一个多月，乔生福一共去医院两次，这两次还是因为住院费用光了去给爱人送钱送粮票的，而每次去医院又都是那样匆匆地来匆匆地走了。不久，父亲也病倒在家，乔生福仍旧强调自己工作忙，无法在家照顾。家庭的担子全落在爱人身上，单位的同志们看到这种困难情景，有的就主动帮助爱人照顾父亲，有的把粮油买来送到家里，乔生福除了感激外就是努力把工作做得更好。

1988年5月8日，县联合社成立后，乔生福任农业银行呼图壁县支行行长兼县联合社主任直到1991年8月调离呼图壁。在任县联合社主任的3年间，乔生福带领信用社全体员工团结奋斗，开拓进取，不断创造新成绩。1989年，他曾工作过的二十里店信用社人均储蓄467元，储蓄余额比1988

年增加54.4万元，增长10%。1990年县联合社各项存款余额达2617.3万元，比1989年净增598.1万元，比农业银行昌吉州中心支行下达的230万元的任务超额完成160%，其中储蓄存款比上年增长623.2万元，增长32.7%。

2001年11月，乔生福光荣退休。2012年11月20日下午4时30分许，因心脏病突发，溘然长逝，终年71岁，葬于昌吉市黄土梁公墓。乔生福逝世后，人们为失去一位好干部而无比悲痛。出殡之日，数百人从乌鲁木齐、呼图壁等地赶到昌吉为其送葬，留下无尽的哀婉和思念。

第二节 人物简介

蒋兆茂（1924.5~1996.7），男，汉族，新疆呼图壁县芳草湖东河坝（今新疆兵团第六师芳草湖农场六分场四连）人。1924年5月8日（属相鼠）生于一个贫苦农民家庭。童年时曾给富户人家放过羊，后来打短工，直到新疆和平解放。

新中国建立后，蒋兆茂在芳草湖东河坝参加土地改革运动，后来任西渠村村长。1955年2月18日加入中国共产党，不久任渭户大队党支部书记。1955年12月参加革命工作。1956年兼任渭户乡信用社主任。从此，岁月的雕刀镌镂他坚毅性格。他生活简朴，诚实守信，努力工作，为全县第一个成立的农村信用社——渭户乡信用社的发展作出了积极贡献。为了搞好工作，他如饥似渴学习文化。经过几年刻苦学习，蒋兆茂终于脱盲，具有小学文化程度。1956年12月至1958年5月，蒋兆茂当选呼图壁县第二届人民代表大会代表，为全县55名人大代表之一。10年（1966~1976）“文化大革命”中，在极“左”思潮冲击下，蒋兆茂受到不公正待遇。20世纪80年代后，在芳草湖六场机关曾任生产股干事、股长等职，1984年5月退休。

1996年7月19日，因骨癌溘然长逝，享年72岁，葬于芳草湖南侧约3公里处的沙梁上。

唐志成（1930.10~1976.3），男，汉族，1930年农历9月（属相马）出生，芳草湖渭户（今新疆兵团第六师芳草湖农场五分场）人，小学文化程度。1954年3月25日呼图壁县第一个农村信用社——渭户乡信用社成立后不久，唐志成任会计，是呼图壁县农村信用社第二任会计。而后，调到芳草湖农场八分场兽医站工作。

唐志成是当地出名的木匠。在任信用社会计期间，为了节约单位开支，他白天做账，晚上就自己动手做钱柜、办公桌、凳子、梳妆台等。迄今，这些物品还保留完好，成为今天进行艰苦奋斗、家风美德教育的绝好教材。唐志成是个孝顺儿子。20世纪50年代初，母亲高血压病得厉害，从渭户到正繁户（今芳草湖农场场部）35公里往返买药、回来煎药、给母亲喂药及做好吃的，几乎全由他一人包揽了。唐志成更爱信合工作。他打一手好算盘、写一笔好字，常常是白天背着帆布包走村串户收贷，晚上回来做账到三更半夜却从无怨言，凡了解他的人都说："唐志成是信用社的一个好会计。"

1976年3月6日，唐志成因患骨髓瘤病故，年仅46岁，葬于芳草湖农场五分场十连河桥处河沿上。

王建甫，曾用名王小武，男，汉族，1937年9月25日生（属相牛），河南省南阳市郊达士营村人。初中文化，助理经济师。1956年6月1日，由新疆荒地勘测设计局招工进疆，自此参加革命工作。

1956年7月，分配到新疆荒地勘测设计局勘测第一队搞测工植物和土壤调查。同年底至1957年5月，在局文化学校中学班学习。1957年5月至1959年5月，调任测量第七队记录员。1959年6月至1960年1月，在新疆农垦厅阿克苏第一农场任管理员。1960年2月至1961年2月，在新疆农垦厅化验室任化验员兼会计。其间，在新疆文化厅文化学校第一学区高中班学习。1961年2月至1962年12月，在农垦厅直属单位乌鲁木齐市八道湾材料厂食堂任管理员。1962年12月，调任呼图壁县人民银行企业记账员，后做储蓄工作。1966年6月至1979年12月，在人民银行呼图壁县支行会计股先后任记账员、辅导员。1980年1月至1988年5月，先后任农业银行呼图壁县支行种牛场营业所副主任、信用合作股副股长、股长。1988年8月至1993年10月，任呼图壁县农村信用合作社联合社副主任。1993年10月至1995年3月，任农业银行呼图壁县支行驻二十里店工作组组长。

1963年、1964年，分获农业银行呼图壁县支行企业综合奖二、三等奖；1997年，与人合著《呼图壁县社队会计教材》及《财务管理制度》等；1982年，被农业银行昌吉州中心支行评为优秀社队会计辅导员，受到表彰和奖励。1995年4月1日退休。

孙吉贤，男，汉族，新疆兵团第六师芳草湖农场五分场六连人。高小文化程度，助理经济师。1939年8月14日出生（属相兔）。1961年7月1日参加工作，1984年3月加入中国共产党。

1956年1月至1961年12月，在呼图壁县正繁户乡官地村（今兵团第六师芳草湖农场五分场六连）先后任初级社、高级社及芳草湖农场生产连队会计。1962年1月至1964年3月，任芳草湖农场五分场信用社会计。1964年4月至1990年8月，历任农业银行呼图壁县支行营业所、五工台营业所会计、信贷员、副主任、主任、农业银行呼图壁县支行人事股股长、农业银行呼图壁县支行信用合作股股长等职。1990年8月至1994年11月，任呼图壁县农村信用合作社联合社第一副主任。1994年11月至1995年7月，任呼图壁县农村信用合作社联合社副主任。

1983年，被呼图壁县人民政府授予金融红旗手称号；1984年，被农业银行呼图壁县支行评为优秀共产党员；1987年5月，被农业银行昌吉州中心支行评为金融工作先进个人，均受到表彰和奖励。1996年4月退休。

来国珍，女，藏族，新疆呼图壁县五工台镇西树窝子村人。大专文化程度，会计师职称。1951年10月1日生（属相兔）。1971年4月参加工作。

1971年4月至1978年3月，任五工台乡西树窝子信用社会计、信贷员。1978年4月至1985年10

月，任五工台营业所、信用社（合署办公）会计。1985年10月至1988年4月，任五工台乡大社会计。1988年5月至1990年12月，任呼图壁县信用合作社联合社营业部会计。1991年1月至1995年5月，任县联合社营业部主任。1995年6~7月，任园户村乡信用社主任。1995年7月至2001年4月，任呼图壁县联合社副主任。其间，1997~2001年兼任县联合社工会主席。2006年10月退休。

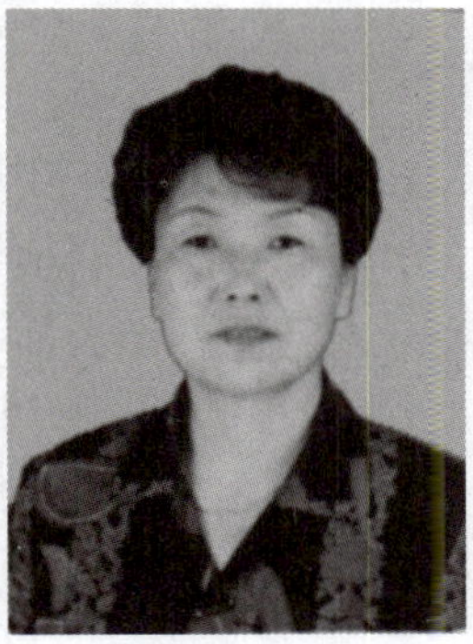

1988年9月，被评定为助理会计师；1993年2月，被评定为会计师（中级职称）。1977~2001年，10余次被呼图壁县委、县人民政府评为金融工作先进个人、工会工作先进个人。1993~1994年，被农业银行昌吉州中心支行分别评为最佳储蓄员、金融工作先进个人。1994年，被农业银行昌吉州中心支行、农业银行新疆分行评为“巾帼建功”先进个人。

狄光友，男，汉族，1955年2月10日生（属相羊），新疆玛纳斯县乐土驿镇上庄子村人。1976年12月加入中国共产党。1978年1月参加工作。硕士研究生学历，经济师（中级职称）。

1974年7月至1977年12月，在玛纳斯县乐土驿镇上庄子大队接受贫下中农再教育，曾任大队团总支书记兼民兵营长。1978年1月至1986年1月，在玛纳斯县乐土驿信用社工作，1980年后任主任。1986年2月至1987年7月，任农业银行玛纳斯县支行人事股股长。1987年7月至1991年7月，任农业银行玛纳斯县支行纪检组组长。1988年9月至1990年6月，在新疆大学学习。1991年8月至1993年9月，任农业银行呼图壁县支行行长、党总支书记兼呼图壁县联合社主任。1993年10月至1997年8月，任农业银行昌吉州中心支行农合科科长。1997年9月至2004年2月，任人民银行昌吉州中心支行合作金融管理科科长、银行管理科科长。2004年3月至2005年11月，先后任中国银行业监督管理委员会昌吉监管分局人事科负责人、科长。2005年12月，任中国银行业监督管理委员会昌吉监管分局副调研员（副县级）。

刘怀强，男，汉族，1956年11月2日生（属相猴），新疆玛纳斯县下桥子村人。1978年4月参加工作，1994年2月加入中国共产党。1988年9月晋助理经济师，1994年2月晋经济师。2004年7月取得新疆财经大学金融学专业本科学历。2007年8月、2011年8月，当选呼图壁县第十五届、第十六届人民代表大会代表。

1975年5月至1978年4月，在玛纳斯县兰州湾二道村二队接受贫下中农再教育，曾任民兵连长、团支部书记。1978年4月至1984年6月，任玛纳斯县兰州湾信用社会计、信贷员。1984年7月至1998年3月，任玛纳斯县兰州湾信用社主任。1998年4月至2001年4月，任玛纳斯县农村信用合作社联合社副主任。2001年4月至2008年1月，任呼图壁县联合社（联社）主任、理事长、党总支书记。2008年1月，任呼图壁县联社党委书记、理事长。2013年7月，调任自治区联社党委巡视组巡视专员（副处级）。

1986年，被农业银行昌吉州中心支行评为金融红旗手。1988年，被农业银行昌吉州中心支行评为双文明先进个人。1999年，被玛纳斯县委评为五好党员。2002年，被呼图壁县直机关工委评为优秀党员。2004年、2005年，被人民银行昌吉州中心支行评为金融工作先进个人。2005年、2011年，分别被呼图壁县委授予优秀共产党员荣誉称号。热爱诗、书、画，有论文和书法发表于《中国县域经济报》《昌吉日报》等。

王炳剑，男，汉族，1959年11月25日生（属相猪），新疆呼图壁县五工台镇乱山子村人。1977年8月参加工作，1985年4月加入中国共产党。1991年1月被评定为经济师。2001年4月，取得首都经贸大学工商企业管理专业研究生学历。2006年4月，被评定为高级经济师。

1977年9月至1979年12月，为呼图壁县二十里店乡知青。1979年12月至1983年9月，任农业银行呼图壁县支行新疆兵团第六师一一一团营业所会计、信贷员。1983年9月至1997年10月，先后任农业银行呼图壁县支行稽核股股长、营业部主任、副行长、行长（其间，1993年10月至1997年9月任农业银行呼图壁县支行行长、党支部书记兼呼图壁县农村信用合作社联合社主任）。

刘新，男，汉族，1960年4月11日生（属相鼠），新疆呼图壁县五工台镇林场人。大专文化程度，经济师（中级职称）。1979年1月参加工作，1985年7月加入中国共产党。

1979年1月至1990年12月，先后任农业银行呼图壁县支行五工台信用社会计、农业银行呼图壁县支行五工台营业所会计、二十里店营业所主任。1990年12月至1991年9月，任农业银行呼图壁县支行营业部主任、人秘股股长、办公室主任。1991年9月至1993年8月，在新疆农业银行学校就读。1993年10月至1994年11月，任呼图壁县农村信用合作社联合社副主任。

王钧，男，汉族，1961年5月15日生（属相牛），新疆呼图壁县大丰镇大土古里村五组人。1981年12月参加工作，1993年5月加入中国共产党。1993年9月，被评定为经济师（中级职称）。1999年12月，取得中共中央党校函授学院经济管理专业本科学历。

1981年12月至1985年9月，任大丰信用社信贷员、出纳、会计。1985年9月至1987年12月，在新疆农业银行干校就读中专。1988年1月至1990年12月，任大丰信用社会计。1991年1月至1992年12月，任呼图壁县联合社人事专干兼做统计财务工作。1993年1月至1994年9月，任农业银行呼图壁县支行人事秘书股副股长。1994年10月至1997年8月，任呼图壁县联合社副主任主持工作。1997年8月至2001年4月，任呼图壁县联合社党总支书记、理事长、主任。2005年5月16日，经组织批准内部退养。

1984年，被呼图壁县委、县人民政府评为金融红旗手。1986年，被新疆农业银行干部学校评为三好学员。1998年7月，被呼图壁县委评为优秀共产党员。2001年2月，分别被人民银行昌吉州中心支行、呼图壁县直机关工委评为先进工作者、2000年度优秀党务工作者。

张志豪，男，汉族，1962年6月20日生（属相虎），新疆昌吉市人。1979年7月参加工作，1995年3月被评定为经济师（中级职称），1996年8月加入中国共产党。2001年6月，取得乌鲁木齐陆军学院本科学历。

1980年5月至1984年5月，在农业银行昌吉市支行二六工乡营业所工作。1984年6月至11月，在工商银行昌吉市支行工作。1984年12月至1995年3月，在人民银行昌吉州中心支行工作（其间，1987~1989年，在河南金融干部管理学院脱产进修）。1995年4月至2002年11月，任昌吉市银通城市信用社主任。2002年12月至2004年3月，在昌吉市联合社工作。2004年4月至2008年2月，任呼图壁县联合社（联社）副主任。2008年3月至2010年3月，调任奇台县联社党委委员、主任。2010年4月至2013年12月，任奇台县联社党委书记、理事长。

2012年，被奇台县联社党委评为优秀共产党员。

叶斌，曾用名叶兵，男，汉族，1964年4月2日生（属相龙），呼图壁县二十里店镇小土古里村四组人。1985年9月参加工作，1995年9月被评定为助理经济师，2000年8月加入中国共产党。2002年7月，取得中国人民大学成人高等教育学院会计学专业本科学历。

1985年9月至1987年12月，在呼图壁县二十里店镇小土古里小学任教。1987年12月至1991年2月，任呼图壁县二十里店信用社信贷员。1991年2月至1994年9月，任呼图壁县联合社营业部出纳、会计、信贷员。1994年9月至1996年7月，在新疆财经大学脱产学习。1996年7月至2001年3月，任呼图壁县联合社市场分社主任。2001年4月，任呼图壁县联合社副理事长、副主任。2002年4月至2007年4月，任呼图壁县联合社（联社）党总支副书记。2013年7月，任呼图壁县联社监事长。

1992年，分获呼图壁县“十佳”储蓄员和先进工作者称号。1993年至2004年，曾5次被评为县、社先进个人、优秀共产党员、先进工作者。1998年、1999年、2000年、2003年、2004年、2005年，分获昌吉州金融工作先进个人、先进工作者荣誉称号。

李澍，男，汉族，1964年9月8日生（属相龙），江苏淮阴人。1982年7月参加工作。1991年12月被评定为经济员，1995年9月被评定为助理经济师。2000年7月，加入中国共产党。2004年7月，取得新疆财经大学本科学历。

1982年7月至1990年12月，任呼图壁县五工台乡西树窝子村信用社出纳、会计、信贷员。1991年1月至1995年，任五工台信用社信贷员。1995~1996年，任呼图壁县联合社稽核员。1997~1998年，任二十里店信用社主任。1999年1月至2001年3月，任呼图壁县银星城市信用社主任。2001年4月至2005年3月，任呼图壁县联合社副理事长、副主任。2005年3月，调任玛纳斯县联合社副主任。

1997~2000年，连续4年被人民银行昌吉州中心支行评为昌吉州双文明信用社主任。2003年，被呼图壁县联合社评为优秀共产党员。2009年，被玛纳斯县联社评为优秀共产党员。

谢会同，男，汉族，1964年12月5日生（属相龙），新疆玛纳斯县北五岔人。1984年6月参加工作，1993年6月加入中国共产党，1994年3月被评定为经济师（中级职称）。1997年7月，取得中南财经学院本科学历。

1984年6月至1990年3月，在玛纳斯县北五岔信用社工作。1990年4月至1992年10月，任玛纳斯县联合社稽核员。1992年11月至2002年5月，任玛纳斯县凤城城市信用社主任。2002年6月至2005年3月，任玛纳斯县联合社副主任。2005年4月至2008年3月，任呼图壁县联合社（联社）副主任。2008年4月，任昌吉市联社党委委员、市联社主任。2010年4月，任玛纳斯县联社主任。2013年7月，调任昌吉市联社工会主席。

参加工作近30年来，多次被评为州、县级先进工作者、优秀共产党员。2011年，被自治区联社授予金融工作先进个人荣誉称号。

陈志高，男，汉族，1965年4月12日生（属相蛇），原籍江苏建湖，出生地新疆米泉市。大专文化程度，助理经济师。1985年8月参加工作，1996年8月加入中国共产党。

1985年8月至1988年8月，在米泉县长山子信用社大庄子分社任出纳、会计。1988年9月至1991年10月，任米泉县长山子信用社信贷员。1991年11月至1994年8月，在米泉市联合社营业所任记账员、信贷员、营业部负责人。1994年9月至1997年1月，在米泉市联合社机关任信贷专干。1997年2月至2001年1月，任米泉市大庄子信用社主任。2001年2月至2002年3月，任米泉市羊毛工信用社主任。2002年4月至2005年7月，任米泉市联合社营业部主任。2005年8月至2008年3月，任米泉市联合社（联社）副主任。2008年4月，调任呼图壁县联社副主任。

自参加工作20余年来，多次被评为州、县级先进个人、先进工作者、优秀共产党员。1998年，被米泉市委、市人民政府授予米泉市“十大杰出青年”荣誉称号。

朱智岗，男，汉族，1965年8月4日生（属相蛇），新疆木垒县人。1983年10月参加工作，1986年6月加入中国共产党。本科学历，助理经济师，呼图壁县第十三届政协委员。

1983年10月至1986年7月，在新疆军区通信团服役。1986年11月至1989年4月，任人民银行木垒县支行代理股科员。1989年5月至1990年9月，任人民银行奇台县支行科员。1990年10月至1995年12月，任人民银行木垒县支行人代股股长。1996年1月至2002年12月，任昌吉市通达城市信用社主任。2003年1月至2004年3月，任昌吉市大众农村信用社主任。2004年4月至2005年3月，任昌吉市联合社资产保全部经理。2005年4月至2008年2

月，任吉木萨尔县联合社（联社）副主任。2008年3月，任呼图壁县联社主任。2013年7月，调任木垒县联社党委书记、理事长。

2007年12月，被自治区联社评为“排雷”工作先进个人。2012年，被自治区妇联评为妇女小额担保财政贴息贷款工作先进个人。

王惠琴，女，汉族，1969年2月7日生（属相鸡），新疆呼图壁县二十里店镇良种场四组人。1988年11月参加工作，1995年9月被评定为助理经济师。2002年7月，取得新疆财经大学本科学历。2004年7月加入中国共产党。

1988年11月至1991年2月，任呼图壁县二十里店信用社出纳、会计。1991年3月至1995年3月，任呼图壁县联合社营业部会计。1995年4月至2000年3月，任呼图壁县五工台信用社会计。2000年3月至2002年3月，任呼图壁县大丰信用社丰贸分社会计。2002年3月至2005年5月，任呼图壁县联合社稽核科科长。2005年5月至2008年3月，任呼图壁县联合社（联社）副主任。2008年4月至2009年4月，任呼图壁县联社纪检书记、监事长。2009年4月至2012年10月，任吐鲁番市联社党委委员、联社主任。2012年11月，任昌吉国民村镇银行行长。

参加工作20余年来，多次被评为州、县级金融工作先进个人、“巾帼建功”先进个人。2007年12月，获自治区联社“排雷”工作先进个人荣誉称号。

刘娟，女，汉族，1973年7月15日生（属相牛），新疆呼图壁县二十里店镇小土古里村三组人。1992年6月1日参加工作，2002年11月加入中国共产党。本科学历，硕士研究生在读，注册理财规划师、注册信贷分析师。

1992年6月至1998年5月，任呼图壁县二十里店信用社出纳、会计、坐班主任、稽核员。1998年6月至2001年12月，任呼图壁县五工台信用社信贷员、坐班主任、稽核员。2002年1月至2008年12月，任呼图壁县联合社（联社）会计统计部总经理。2005年6月，取得浙江大学计算机专业本科学历。2006年11月至2007年4月，在交通银行乌鲁木齐分行挂职；2007年5~8月，借调自治区联社信贷部负责非信贷资产分类指导工作；2007年9月至2008年11月，借调自治区联社会计部负责第一册操作规程的撰写与央行票据置换工作。2009年1~2月，任呼图壁县联社营业部主任。2009年3~11月，在自治区联社挂职。2009年12月至2010年3月，任呼图壁县联社营业部主任。2010年4月，任呼图壁县联社纪委书记、监事长。2011年3~11月，在自治区联社纪检监察部挂职；2013年7月，调任玛纳斯县联社副主任。

2005年至2007年，被昌吉监管分局授予优秀管理者称号；2008年，被自治区联社评为优秀共产党员并授予“共产党员先锋岗”称号。2010、2012年，分别被呼图壁县机关工委授予优秀共产党员荣誉称号。

第三节 人物名表

1954~2012年呼图壁县信用社中层正、副职人员名表

表23-1

姓名	性别	族别	出生年月	籍贯	文化程度	职务	任职单位	任职时间
王所财	男	汉族	1922年12月	新疆呼图壁	高小	主任(兼)	渭户乡信用社	1954年3月~1956年6月
蒋兆茂	男	汉族	1924年5月	新疆呼图壁	初小	主任(兼)	渭户乡信用社	1956年6月~1958年4月
杨金林	男	汉族	1938年1月	新疆呼图壁	初中	主任	二十里店信用社	1966年9月~1978年1月
杨 福	男	回族	1928年8月	新疆呼图壁	高小	主任	园户村信用社	1966年9月~1978年7月
张春山	男	汉族	1939年3月	新疆呼图壁	初中	主任 主任	五工台信用社 园户村信用社	1966年9月~1980年1月 1980年12月~1988年5月
王振荣	男	汉族	1938年12月	新疆呼图壁	初中	主任	大丰信用社	1966年9月~1986年4月
吐孜阿洪·木那甫	男	哈萨克族	1944年12月	新疆呼图壁	初中	负责人	雀尔沟信用社	1966年9月~1998年10月
结克山巴依·吾力买赛克	男	哈萨克族	1928年6月	新疆呼图壁	初中	负责人 负责人	石梯子信用社 石梯子二大队信用社	1966年9月~1988年5月 1988年5月~1990年3月
叶生虎	男	汉族	1940年10月	新疆呼图壁	初中	副主任	二十里店信用社	1978年2月~1995年4月
佘富贵	男	回族	1948年9月	新疆呼图壁	初中	副主任	五工台信用社	1988年5月~1995年4月
田吉新	男	汉族	1944年10月	新疆呼图壁	初中	主任	大丰信用社	1986年4月~1997年12月
托克西·举尔提拜	男	哈萨克族	1949年10月	新疆呼图壁	中专	副主任 主任	雀尔沟信用社 雀尔沟信用社	1988年5月~1995年3月 1995年3月~1996年12月
余文德	男	汉族	1957年12月	新疆呼图壁	高中	负责人	石梯子信用社	1978年5月~1996年7月
热斯别克·吐尔热汗	男	哈萨克族	1948年6月	新疆呼图壁	初中	负责人	石梯子一大队信用社	1988年5月~1997年12月
王建甫	男	汉族	1937年9月	河南南阳	高中	主任(兼)	营业部	1988年5月~1995年5月
石金山	男	汉族	1957年11月	新疆呼图壁	高中	主任 主任	园户村信用社 营业部	1988年5月~1995年6月 1995年6月~1999年1月
来国珍	女	藏族	1951年10月	新疆呼图壁	大专	主任	营业部	1991年1月~1995年5月
叶寿林	男	汉族	1961年7月	新疆呼图壁	本科	主任 股长	二十里店信用社 综合业务股	1995年5月~1997年1月 1997年1月~2002年3月
宋巨森	男	汉族	1956年1月	新疆呼图壁	大专	副主任 负责人	二十里店信用社 资产保全部	1995年5月~2001年12月 2002年1月~2002年12月

续表23-1

姓名	性别	族别	出生年月	籍贯	文化程度	职务	任职单位	任职时间
王万清	男	汉族	1950年1月	新疆呼图壁	初中	主任 科长	园户村信用社 稽核科	1995年7月~1997年1月 1997年1月~2002年3月
李彦清	男	汉族	1956年11月	新疆呼图壁	高中	副主任 经理	五工台信用社 资产管理部	1995年5月~2001年3月 2003年3月~2008年3月
陈发斌	男	汉族	1962年1月	新疆呼图壁	中专	副主任	幸福分社	1995年3月~1997年12月
刘晓进	男	汉族	1965年1月	新疆呼图壁	大专	主任 副经理	营业部 业务拓展部	1999年1月~2002年2月 2003年1月~2004年1月
李 澍	男	汉族	1964年9月	江苏淮安	本科	主任 主任	二十里店信用社 银星城市信用社	1997年1月~1998年12月 1999年1月~2001年3月
叶 斌	男	汉族	1964年4月	新疆呼图壁	本科	主任	市场分社	1996年7月~2001年3月
柳茂军	男	汉族	1964年9月	新疆呼图壁	本科	主任 科长 干事（副职） 主任	园户村信用社 保卫科 保卫部 综合办公室	1997年3月~2002年1月 2002年1月~2005年1月 2005年1月~2008年12月 2008年12月~
木合买提·哈萨克族南	男	哈萨克族	1965年1月	新疆呼图壁	本科	主任	雀尔沟信用社	1999年1月~2007年4月
李生珍	女	汉族	1950年2月	新疆呼图壁	初中	副科长	综合业务科	1999年1月~2002年1月
黄卫民	男	壮族	1972年11月	广西都安	大专	副科长 副科长 科长 副经理	综合业务科 财会信息科 财会信息科 会计统计部	1999年1月~2002年1月 2002年1月~2003年1月 2003年1月~2005年1月 2005年1月~2009年11月
熊 文	男	汉族	1970年2月	江苏泗阳	本科	副主任 主任助理	行政办公室 行政办公室	1999年1月~2002年1月 2002年1月~2003年1月
张 闫	女	汉族	1967年11月	新疆呼图壁	本科	副主任 副主任 主任 总经理	营业部 行政办公室 行政办公室 人力资源部	1999年1月~2002年1月 2002年1月~2003年1月 2003年1月~2008年12月 2008年12月~
姚继文	男	汉族	1963年6月	甘肃定西	本科	副主任 副主任 主任 主任 总经理	五工台信用社 二十里店信用社 园户村信用社 大丰信用社 资产管理部	1998年1月~2001年1月 2002年1月~2005年1月 2005年1月~2008年12月 2008年12月~2012年1月 2012年1月~
王传忠	男	汉族	1964年1月	新疆呼图壁	大专	副主任 主任	大丰信用社 大丰信用社	1997年1月~1998年1月 1998年1月~2001年4月
甘润枝	女	汉族	1966年8月	新疆呼图壁	大专	副主任	大丰信用社	1998年1月~2008年2月
狄光军	男	汉族	1962年6月	新疆呼图壁	本科	主任 经理	银星信用社 监察保卫部	2002年1月~2007年4月 2007年4月~2012年1月
李财寿	男	汉族	1965年6月	新疆呼图壁	本科	副科长 科长 经理	计划信贷科 计划信贷科 业务发展部	2002年1月~2003年1月 2003年1月~2005年1月 2005年1月~2010年4月

续表23-1

姓名	性别	族别	出生年月	籍贯	文化程度	职务	任职单位	任职时间
刘娟	女	汉族	1973年7月	新疆呼图壁	本科	副科长 科长 主任	财会信息科 财会信息科 营业部	2002年1月~2003年1月 2003年1月~2008年12月 2009年1月~2010年3月
王惠琴	女	汉族	1969年2月	新疆呼图壁	本科	副科长 科长	稽核监察科 审计监察科	2002年3月~2003年1月 2003年1月~2005年5月
王智	男	汉族	1973年9月	新疆呼图壁	大专	副主任 主任 经理 总经理	营业部 营业部 风险资产管理部 审计监察部	2002年1月~2005年3月 2005年3月~2007年4月 2007年4月~2010年9月 2010年9月~2012年6月
王艳	女	汉族	1972年2月	新疆呼图壁	大专	副主任 主任	市场分社 市场分社	2001年3月~2002年3月 2002年3月~2008年12月
唐志艳	女	汉族	1970年5月	新疆呼图壁	大专	副主任 主任 主任 主任 副主任	园户村信用社 园户村信用社 大丰信用社 五工台信用社 综合办公室	2002年1月~2003年1月 2003年1月~2005年3月 2005年3月~2008年12月 2009年1月~2012年1月 2012年1月~
何建斌	男	汉族	1972年12月	新疆呼图壁	大专	副主任 主任 主任 经理 总经理	五工台信用社 五工台信用社 二十里店信用社 审计部 资产风险管理部	2002年1月~2003年1月 2003年1月~2005年3月 2005年3月~2008年12月 2008年12月~2010年9月 2010年9月~
王程	男	汉族	1971年12月	新疆呼图壁	大专	副主任 主任 主任 主任 主任	大丰信用社 大丰信用社 五工台信用社 园户村信用社 二十里店信用社	2002年1月~2003年1月 2003年1月~2005年3月 2005年3月~2009年1月 2009年1月~2012年1月 2012年1月~
邓辉	男	汉族	1970年12月	广东梅州	大专	主任	银星信用社	2007年4月~2009年1月
陈发智	男	汉族	1964年10月	新疆呼图壁	大专	主任 主任	银星信用社 大丰信用社	2009年1月~2011年12月 2012年1月~
杨志忠	男	汉族	1963年9月	新疆呼图壁	大专	副主任	园户村信用社	2004年1月~2005年1月
刘中涛	男	汉族	1979年5月	新疆呼图壁	大专	副主任 副主任 主任	综合办公室 石梯子信用社 石梯子信用社	2008年2月~2010年1月 2010年2月~2011年12月 2012年1月~
祁小娟	女	藏族	1974年8月	新疆呼图壁	本科	副经理 副总经理 主任	审计部 业务发展部 营业部	2008年12月~2011年12月 2010年1月~2010年4月 2010年4月~
何玉刚	男	汉族	1974年12月	新疆呼图壁	大专	副经理 总经理	信贷管理部 信贷管理部	2008年12月~2010年1月 2010年1月~2012年6月
潘存娟	女	汉族	1969年12月	新疆呼图壁	本科	经理 主任	财务信息部 昌华路信用社	2008年12月~2012年1月 2012年1月~
蒋斌	男	汉族	1966年10月	江苏徐州	大专	主任 主任 副总经理 总经理 总经理	市场分社 园林路信用社 业务发展部 业务发展部 信贷管理部	2004年11月~2005年2月 2005年2月~2009年2月 2009年2月~2010年12月 2011年1月~2012年1月 2012年1月~

续表23-1

姓名	性别	族别	出生年月	籍贯	文化程度	职务	任职单位	任职时间
陈军	男	汉族	1970年2月	广东化州	本科	负责人 主任 主任 主任 总经理	园林路信用社 营业部 园林路信用社 景化信用社 业务发展部	2004年9月~2008年2月 2008年2月~2010年4月 2010年4月~2011年4月 2011年4月~2012年1月 2012年1月~
李斌	男	汉族	1973年3月	重庆云阳	大专	主任	百汇信用社	2008年12月~
蔡春元	男	汉族	1979年3月	甘肃武威	大专	主任 主任	景化信用社 芳草湖信用社	2008年2月~2010年1月 2010年1月~
马燕	女	汉族	1971年10月	新疆呼图壁	大专	主任 主任	昌华路信用社 银星信用社	2008年12月~2012年1月 2012年1月~
祁鹏	男	汉族	1968年11月	新疆呼图壁	大专	主任 主任	二十里店信用社 园户村信用社	2008年12月~2012年1月 2012年1月~
杨国锋	男	汉族	1975年5月	河南新野	中专	主任	东泉信用社	2007年4月~
吴翔	男	汉族	1972年11月	新疆呼图壁	大专	主任	东滩信用社	2008年12月~2010年3月
杨斌	男	汉族	1975年7月	新疆呼图壁	本科	主任	宁州户信用社	2007年4月~2010年3月
李玉清	男	汉族	1970年12月	新疆呼图壁	大专	主任	小土古里信用社	2008年12月~2010年1月
刘金泉	男	汉族	1974年2月	甘肃武威	大专	主任 副总经理	中渠信用社 业务发展部	2008年12月~2010年1月 2012年3月~
周洋	男	汉族	1973年7月	河南扶沟	大专	主任 主任	西树窝子信用社 雀尔沟信用社	2008年12月~2012年1月 2012年1月~2012年4月
贺寺军	男	汉族	1974年4月	四川遂宁	大专	主任	大泉信用社	2008年2月~2009年1月
王舞龙	男	汉族	1976年1月	四川南充	大专	副主任 主任	综合办公室 丰贸信用社	2008年2月~2008年12月 2009年1月~2010年12月
王国军	男	汉族	1976年2月	新疆呼图壁	大专	主任	红山信用社	2008年3月~2009年1月
马利军	男	汉族	1978年9月	新疆呼图壁	大专	主任 主任	芳草湖信用社 丰贸信用社	2008年1月~2010年1月 2010年1月~
张治	男	汉族	1977年6月	新疆昌吉	本科	主任	枣园信用社	2008年8月~
徐贵全	男	汉族	1963年7月	新疆呼图壁	中专	主任 总经理	雀尔沟信用社 安全保卫部	2007年4月~2012年1月 2012年1月~
闫怀梅	女	汉族	1973年1月	江苏睢宁	大专	主任 主任	景化信用社 园林路信用社	2010年1月~2011年4月 2011年5月~
张永谦	男	汉族	1977年3月	河南新密	大专	副主任 主任	小土古里信用社 小土古里信用社	2010年1月~2011年5月 2011年5月~
孙玉斌	男	汉族	1971年3月	新疆呼图壁	大专	主任	中渠信用社	2010年1月~
姚雅洁	女	汉族	1976年8月	新疆木垒	本科	副经理 总经理	财务信息部 计划财务部	2010年1月~2012年1月 2012年1月~

续表23-1

姓名	性别	族别	出生年月	籍贯	文化程度	职务	任职单位	任职时间
马文江	男	汉族	1976年8月	甘肃酒泉	本科	负责人 副经理 总经理	信用卡中心 信用卡中心 信用卡科技管理部	2010年7月~2011年1月 2011年1月~2012年1月 2012年1月~
冯琬婷	女	汉族	1972年3月	山东乳山	本科	副经理 总经理	审计监察部 会计部	2010年1月~2012年1月 2012年1月~
王　敏	女	回族	1970年10月	新疆米泉	本科	副总经理 主任	业务发展部 景化信用社	2011年1月~2012年1月 2012年1月~
王玉梅	女	汉族	1972年10月	新疆呼图壁	大专	副经理 副总经理 总经理	资产风险管理部 审计监察部 审计监察部	2011年1月~2012年1月 2012年1月~2012年6月 2012年6月~
马　建	男	汉族	1979年8月	新疆呼图壁	大专	主任	雀尔沟信用社	2012年4月~
李　洋	男	汉族	1983年12月	甘肃宁县	本科	主任	芳草湖天星信用社	2012年11月~
白　勇	男	回族	1977年1月	新疆呼图壁	本科	主任	西树窝子信用社	2012年1月~
桂玉海	男	汉族	1971年7月	新疆呼图壁	大专	主任	五工台信用社	2012年1月~
夏　琦	女	汉族	1976年2月	江苏泗洪	本科	副总经理	会计部	2012年2月~

说明：此表相当内容属回忆性资料，不可作历史依据。因年代久远，一部分中层领导资料回忆不清乃至遗漏，在此向遗漏者致歉

1995~2012年呼图壁县联合社（联社）省级先进个人名表

表23-2

姓名	性别	族别	籍贯	单位	所授称号	授予部门	表彰时间
王　艳	女	汉族	新疆呼图壁	联社市场分社	世界妇女知识竞赛活动第三名	农业银行新疆分行	1995年5月
叶会莉	女	汉族	新疆呼图壁	二十里店信用社	世界妇女大会知识竞赛活动鼓励奖	农业银行新疆分行	1995年5月
马　冰	女	汉族	新疆呼图壁	园户村信用社	世界妇女大会知识竞赛活动鼓励奖	农业银行新疆分行	1995年5月
田培香	女	汉族	新疆呼图壁	五工台信用社	世界妇女大会知识竞赛活动鼓励奖	农业银行新疆分行	1995年5月
王惠敏	男	汉族	新疆呼图壁	中渠信用社	业务技能竞赛信贷系统第二名	自治区联社业务技能竞赛	2012年11月
张　闫	女	汉族	新疆呼图壁	人力资源部	优秀共产党员 女职工建功立业标兵	自治区联社 自治区联社	2012年7月 2012年10月

1995~2012年呼图壁县联合社（联社）州级先进个人名表

表23-3

姓名	性别	族别	籍贯	单位	所授称号	授予部门	表彰时间
张闫	女	汉族	新疆呼图壁	营业部	世界妇女大会知识竞赛活动二等奖	农业银行昌吉州中心支行	1995年5月
				办公室	巾帼建功先进个人	昌吉州总工会	2005年3月
				办公室	五一巾帼奖先进个人	昌吉州总工会	2011年4月
何玉玲	女	汉族	新疆呼图壁	园户村信用社	世界妇女大会知识竞赛活动一等奖	农业银行昌吉州中心支行	1995年5月
冉秀萍	女	汉族	新疆呼图壁	大丰信用社	世界妇女大会知识竞赛活动三等奖	农业银行昌吉州中心支行	1995年5月
王艳	女	汉族	新疆呼图壁	市场分部	世界妇女大会知识竞赛活动三等奖	农业银行昌吉州中心支行	1995年5月
王惠琴	女	汉族	新疆呼图壁	二十里店信用社	世界妇女大会知识竞赛活动鼓励奖	农业银行昌吉州中心支行	1995年5月
张秋芳	女	汉族	新疆呼图壁	二十里店信用社	世界妇女大会知识竞赛活动鼓励奖	农业银行昌吉州中心支行	1995年5月
张春山	男	汉族	新疆呼图壁	园户村信用社	信贷工作先进个人	农业银行昌吉州中心支行	1995年
祁鹏	男	汉族	新疆呼图壁	二十里店信用社	信贷工作先进个人	农业银行昌吉州中心支行	1995年
马燕	女	汉族	新疆呼图壁	营业部	先进工作者	人民银行昌吉州中心支行	2000年
王钧	男	汉族	新疆呼图壁	县联社	先进工作者	人民银行昌吉州中心支行	2000年
叶斌	男	汉族	新疆呼图壁	县联社	先进工作者	昌吉监管分局	2004年3月
李财寿	男	汉族	新疆呼图壁	信贷部	先进工作者	昌吉监管分局	2004年3月
黄卫民	男	壮族	新疆呼图壁	财务部	先进工作者	昌吉监管分局	2004年3月
张桂林	女	汉族	新疆呼图壁	二十里店信用社	先进工作者	昌吉监管分局	2004年3月
付静	女	汉族	新疆昌吉市	县联社	先进工作者	昌吉监管分局	2004年3月
陈发智	男	汉族	新疆呼图壁	县联社	清收不良资产先进个人	昌吉监管分局	2004年3月
李彦清	男	汉族	新疆呼图壁	县联社	清收不良资产先进个人	昌吉监管分局	2004年3月
马文江	男	汉族	新疆玛纳斯	县联社	论文纪念奖	昌吉银行协会	2012年6月
姚雅洁	女	汉族	新疆呼图壁	县联社	论文纪念奖	昌吉银行协会	2012年6月
冯琬婷	女	汉族	新疆昌吉	县联社	论文纪念奖	昌吉银行协会	2012年6月
周立伟	男	汉族	新疆玛纳斯	县联社	论文纪念奖	昌吉银行协会	2012年6月

续表23-3

姓名	性别	族别	籍贯	单位	所授称号	授予部门	表彰时间
陈 军	男	汉族	新疆呼图壁	县联社	论文纪念奖	昌吉银行协会	2012年6月
刘 静	女	汉族	新疆呼图壁	银星信用社	点钞项目第二名	新疆信合业务技能竞赛俱乐部昌吉分部	2012年10月
曹 明	男	汉族	新疆呼图壁	枣园信用社	门柜系统第三名	新疆信合业务技能竞赛俱乐部昌吉分部	2012年10月
王惠敏	男	汉族	新疆呼图壁	中渠信用社	信贷系统第五名	新疆信合业务技能竞赛俱乐部昌吉分部	2012年10月

2002～2012年呼图壁县联合社（联社）县级先进个人名表

表23-4

姓 名	性别	族别	籍 贯	所授称号	授予部门	表彰时间
柳茂军	男	汉族	新疆呼图壁县	优秀党务工作者	呼图壁县直属机关工委	2002年
李 澍	男	汉族	江苏淮安	优秀党员	呼图壁县直属机关工委	2002年
徐贵全	男	汉族	新疆呼图壁县	优秀党员	呼图壁县直属机关工委	2002年
张 闫	女	汉族	新疆呼图壁县	先进女工工作者	呼图壁县总工会	2006年

1992～2012年呼图壁县联合社（联社）先进个人名表

表23-5

所授称号	受奖个人	所授时间
女工先进个人	王惠琴、马冰、闫琴、张闫	1992年
民族团结先进个人	宋巨森、陈发斌、石金山、张志友、木合买提·哈南	1992年
工会工作积极分子	王钧、宋巨森、杨秀英、狄光军、赫万友、佘福贵	1992年
五好家庭	叶寿林、叶生虎、张春山、托克西·举尔提拜、刘生健、李北昌、佘福贵、哈不哈尼·吐尔甫别克	1992年
好丈夫	姚继文、陈发斌	1992年
做好人好事突出的	宋巨森、祁鹏、佘福贵、杨秀英	1992年
安全保卫工作先进个人	王传忠、叶生虎、刘玉海、赫万友	1993年
民族团结先进个人	姚继文、佘文德	1993年
工会工作积极分子	宋巨森	1993年
女工先进个人	王惠琴、甘润枝、来国珍、张建琴	1993年
模范家庭	叶寿林、田吉新、刘生健、王万清、张春山	1993年

续表23-5

所授称号	受奖个人	所授时间
支持工会工作的领导	叶生虎	1993年
先进个人	祁鹏、叶会莉、王万清、李北昌、张立、马德荣、杨志忠、孔秀文、王程、张世军、刘晓进、唐志艳、达列力·热斯别克	1996年
先进个人	李澍、祁鹏、周新袁、杨国锋、狄光军、闫琴、赫万友、张春山、张建军、甘润枝、张世军、马斌程、王晓东、刘晓进、余文德、黄卫民、陶丽、陈加才、曼拉提·苏里坦	1997年
工会工作先进个人	王艳、孟风汐、刘玉娟、吴永安、姚雅洁、何建斌	1998年
安全保卫先进个人	闫琴、古丽、马斌程	1998年
先进个人	王钧、刘晓进、叶斌、田吉新、李澍、王勇、祁鹏、杨国锋、王惠琴、冯琬婷、狄光军、马德荣、武永安、马洪军、白新元、李彦清、杨志忠、徐贵全、冉秀萍、陈晓军、刘静、王程、陈新梅、波拉提·哈布哈尼	1998年
优质文明服务先进个人	马燕、姚雅洁	1998年
优秀党员	王钧、李生珍	1998年
先进个人	刘晓进、甘润枝、唐志艳、叶斌、张闫	1999年
优秀信贷员	王晓东、王程、马德荣、叶会莉	1999年
优秀会计出纳	冯琬婷、马燕、王惠琴	1999年
优秀储蓄员	冯琬婷、姚雅洁	1999年
安全保卫先进个人	宋巨森、柳茂军	1999年
工会工作先进个人	王智、孟风汐	1999年
先进个人	王钧、李生珍、黄卫民、张闫、马燕、王玉梅、狄光军、马德荣、闫琴、何玉玲、田吉新、陈晓军、刘金泉、王传忠、白新元、贺寺军、祁鹏、叶斌、陶丽、木合买提·哈南	2000年
安全保卫先进个人	李斌、桂玉海、刘炳江	2000年
巾帼建功先进个人	来国珍、刘娟、刘玉华、甘润枝、叶会莉、闫怀梅、雷新兰	2000年
工会工作先进个人	王本钢、王艳、何建斌、杨斌、王程、王智、姚雅洁	2000年
先进个人	田吉新、李财寿、黄卫民、宋巨森、贺寺军、唐志艳、马德荣、王玉梅、何建斌、刘军、王程、甘润枝、刘晓进、王艳、贾庆军、赵建林、木合买提·哈南	2001年
优秀信用社主任	木合买提·哈南、王艳	2001年
优秀信贷员	马德荣、杨志忠	2001年
综合治理先进个人	王万清	2001年
安全保卫先进个人	王万清、张建军、冯琬婷、武永安、桂玉海、宋巨森、李彦清、刘忠、曼拉提·苏里坦	2001年
工会工作先进个人	来国珍、邓玉、刘玉华、马建、陈晓军、刘娟、叶会莉、曼拉提·苏里坦	2001年
先进个人	刘怀强、叶斌、王智、王艳、唐志艳、李玉清、闫琴、徐贵全、李斌、叶会莉、杨国锋、阿兰·哈勒班、贾庆军、赵建林、王程、甘润枝	2002年
安全保卫先进个人	魏东、马燕、余文德、冯琬婷、白新元、陈发智、刘忠、冉秀萍、努尔别克·逊哈提	2002年
工会工作先进个人	张闫、田培艳、武永安、何玉刚、孟风汐、杨斌、陈晓军、潘存娟、波拉提·哈布哈尼	2002年
优秀信用社主任	姚继文、王程	2002年

续表23-5

所授称号	受奖个人	所授时间
优秀信贷员	陈晓军、曼拉提·苏里坦、刘军、李玉清	2002年
会计工作先进个人	刘晓琴	2002年
优秀分社会计	桂玉海、来冬梅	2002年
先进个人	叶斌、黄卫民、李财寿、付静、冯琬婷、雷新兰、赵建林、王玉梅、范绍娟、陈发智、杨国锋、张桂林、桂玉海、贾庆军	2003年
安全保卫工作先进个人	魏东、何玉刚、刘静、唐志伟、王波、钱涛、陈发智、刘忠、努尔别克·逊哈提	2003年
工会工作先进个人	张闫、阿兰·哈勒班、潘存娟、闫怀梅、武永安、杨斌、陈晓军、陈海鸿、路秀婷	2003年
优秀信用社主任	王程、姚继文	2003年
优秀信贷员	徐贵全、曼拉提·苏里坦、何玉刚、马春林、王晓东	2003年
优秀会计员	马燕、宋巨程	2003年
优秀出纳员	何玉玲	2003年
先进个人	刘怀强、叶斌、刘娟、王惠琴、桂玉海、范绍娟、徐贵全、潘存娟、唐志艳、祁鹏、张治、孔艺洁、阿兰·哈勒班、杨国锋、叶会莉、闫怀梅、刘忠玲、陈军、王艳	2004年
工会工作先进个人	陈晓军、孟风汐、雷新兰、赵新萍、杨斌、冯琬婷、王智、张闫、马生华、哈德尔·哈木巴尔	2004年
安全保卫工作先进个人	何玉刚、魏东、唐志伟、杨志忠、李文栓、刘晓琴、陶丽、张鑫、扎哈提·哈不德热合木	2004年
优秀信贷工作者	何玉刚、孙玉斌、周洋	2004年
优秀会计工作者	冉秀萍、刘晓琴	2004年
优秀出纳工作者	邓玉	2004年
先进个人	张广强、齐新春、宋巨程、叶会莉、王晓东、王斌、潘存娟、齐验兵、罗光萍、孟风汐、刘金泉、马利军、贾金琴、刘静、哈德尔·哈木巴尔	2006年
安全保卫先进个人	孟志峰、范军华、张鑫、张新成、唐志伟、王生刚、杨国锋、何玉刚、扎哈提·哈不德热合木	2006年
优秀信贷员	祁鹏、陈发智、邓辉	2006年
优秀会计员	张桂林、刘晓琴、李辉清	2006年
工会工作先进个人	张妍、白勇、陈海鸿	2006年
优秀信用社主任	何建斌、王智	2006年
优秀部门经理	张闫、刘娟	2006年
先进个人	齐新春、张秋芳、刘晓琴、潘存娟、付静、雷新兰、阿兰·哈勒班、张桂林、孟春玲、罗光萍、祁鹏、张治、马生华、范军华、李玉清、邓辉、房勇、魏东、夏琦	2007年
安全保卫工作先进个人	王新合、马建、张鑫、齐验兵、杨国锋、王晓东、何玉健、赵新萍、王芳、马利军、达列力·热斯别克	2007年
优秀信贷员	桂玉海、陈发智、李斌	2007年
优秀会计工作者	张瑞贤、刘静、刘尚磊	2007年
工会工作先进个人	方宏、白勇、扎哈提·哈不德热合木	2007年
优秀信用社主任	何建斌、蒋斌	2007年

续表23-5

所授称号	受奖个人	所授时间
优秀部门经理	张闫、黄卫民	2007年
先进个人	张建军、来红梅、向国忠、雷新兰、杨国锋、李玉清、王生刚、宋巨程、蔡春元、孟志峰、周洋、魏东、贾挺、黎保新、王芳、方宏	2008年
优秀共产党员	朱智岗、雷新兰、刘晓琴、刘娟、何建斌、陈军、潘存娟、陈发智、唐志艳、吴翔	2008年
优秀部门经理	王智	2008年
优秀信用社主任	姚继文、蒋斌	2008年
优秀信贷员	何建斌、达列力·热斯别克、孙玉斌、陈晓军、周立伟、周新袁	2008年
优秀会计工作者	宋巨程、张桂林、付静	2008年
安全保卫先进个人	刘尚磊、王新合、范军华	2008年
工会工作先进个人	白勇、马建、刘静	2008年
先进个人	李彦清、王传忠、向国忠、马鸿斌、王多存、马建、宋巨程、刘德庭、张瑞贤、罗光萍、刘静	2009年
优秀共产党员	朱智岗、李彦清、张闫、叶寿林、柳茂军、陈发智、桂玉海、李斌、周新袁、徐贵全、唐志艳	2009年
优秀部门经理	蒋斌	2009年
优秀信用社主任	陈发智、徐贵全	2009年
优秀信贷员	熊文、周洋	2009年
优秀会计工作者	张桂林、范绍娟	2009年
优秀部门经理	王晓东、齐验兵	2009年
安全保卫工作先进个人	白文涛、王星星	2009年
工会工作先进个人	何建斌、白勇	2009年
优秀共产党员	何建斌、潘存娟、刘娟、叶寿林、夏琦、向国忠、杨国锋、冯志娟、范绍娟、马建、魏东、马燕、唐志艳、徐贵全	2010年
优秀部门经理	蒋斌、狄光军	2010年
优秀信用社主任	李斌、周洋	2010年
优秀信贷员	熊文、马建	2010年
优秀会计工作者	姚文艳、刘静	2010年
优秀客户经理	陈晓军、张世军	2010年
优秀柜员	冯志娟、陶丽、祁江、魏东、王芳、吴晶、刘忠玲、周海霞、李丽、贾挺	2010年
优秀科员	付静、田培艳	2010年
安全保卫工作先进个人	罗超、张锋	2010年
工会工作先进个人	安学斌、马建	2010年
不良资产清收先进个人	李彦清	2010年
优秀通讯员	齐新春	2010年

续表23-5

所授称号	受奖个人	所授时间
优秀共产党员	刘怀强、朱智岗、潘存娟、叶寿林、夏琦、范绍娟、陈海鸿、王生香、孔艺洁、白勇、李彦清、桂玉海、唐志艳、李洋、刘德庭、蒋斌、狄光军	2011年
优秀部门经理	蒋斌、狄光军	2011年
优秀信用社主任	李斌、周洋	2011年
优秀审计员	孟春玲	2011年
优秀信贷员	李淑荣、潘存新	2011年
优秀会计工作者	刘静(财务信息部)、刘静(芳草湖信用社)	2011年
优秀客户经理	向国忠、吴翔	2011年
优秀科员	何玉健、甘润枝	2011年
优秀柜员	庞瑞卿、周海霞、叶甜、时维燕、刘玉华、李丽、冯志娟、牟新星、程珊姗、葛万军	2011年
安全保卫工作先进个人	朱华星、刘晓军	2011年
工会工作先进个人	刘尚坤、陈海鸿	2011年
不良资产清收先进个人	阿兰·哈勒班	2011年
优秀通讯员	姚雅洁	2011年
优秀共产党员	刘娟、黎保新、徐贵全、范绍娟、向国忠、付静、桂玉海、王生香、朱华星、马燕、张桂林、范军华、陈海鸿	2012年
优秀部门经理	马文江、徐贵全	2012年
优秀信用社主任	李斌、祁小娟	2012年
优秀审计员	叶会莉	2012年
优秀信贷员	赵建林、阿兰·哈勒班	2012年
优秀会计工作者	王星星、孟风汐	2012年
优秀客户经理	周新袁、房勇	2012年
优秀科员	叶寿林、刘静(计财部)、王多存、刘尚坤	2012年
优秀柜员	阿依娜希·托汉、易娜、马宁、陶妍冰、叶甜、刘玉华、郭春、程珊姗、刘辉萍、孟志峰	2012年
不良资产清收先进个人	李彦清	2012年
安全保卫工作先进个人	曹明、罗超	2012年
工会工作积极分子	刘静(银星)、曹明	2012年
优秀通讯员	蒋斌	2012年

2012年年底前呼图壁县联社初级以上专业技术人员名表

表23-6

姓名	性别	族别	籍 贯	出生年月	文化程度	参加工作时间	技术类别	技术职称	评定时间
刘怀强	男	汉族	新疆玛纳斯	1956年11月	本科	1978年1月	金融	经济师	1992年
朱智岗	男	汉族	新疆木垒	1965年8月	本科	1983年10月	金融	助会师	1995年
刘 娟	女	汉族	新疆呼图壁	1973年7月	本科	1992年6月	金融	会计员	1995年
陈志高	男	汉族	江苏建湖	1965年4月	大专	1985年8月	金融	助经师	1995年
叶 斌	男	汉族	新疆呼图壁	1964年4月	本科	1987年12月	金融	助经师	1995年
谢会同	男	汉族	新疆玛纳斯	1964年12月	本科	1984年6月	金融	经济师	1994年
张志豪	男	汉族	新疆昌吉	1962年6月	本科	1979年7月	金融	经济师	1995年
王惠琴	女	汉族	新疆呼图壁	1969年2月	本科	1988年12月	金融	助经师	1995年
李财寿	男	汉族	新疆木垒	1965年6月	本科	1982年10月	金融	助经师	2002年
叶寿林	男	汉族	新疆呼图壁	1961年7月	本科	1985年3月	金融	助经师	1995年
黄卫民	男	壮族	广西都安	1972年11月	本科	1993年5月	金融	经济员	1995年
张秋芳	女	汉族	新疆呼图壁	1970年7月	大专	1991年7月	金融	会计员	1995年
张 闫	女	汉族	新疆呼图壁	1967年11月	本科	1985年12月	金融	助会师	1993年
刘晓琴	女	汉族	新疆呼图壁	1970年9月	大专	1993年12月	金融	经济员	1995年
马 燕	女	汉族	新疆呼图壁	1971年10月	大专	1991年3月	金融	会计员	1995年
冉秀萍	女	汉族	新疆呼图壁	1965年3月	本科	1989年7月	金融	会计员	1993年
冯琬婷	女	汉族	山东乳山	1972年3月	本科	1995年12月	金融	会计员	2004年
李彦清	男	汉族	新疆呼图壁	1956年11月	高中	1992年8月	金融	助经师	2002年
王 艳	女	汉族	新疆呼图壁	1972年2月	大专	1991年12月	金融	会计员	1995年
赵建林	男	汉族	新疆呼图壁	1973年1月	大专	1993年4月	金融	经济员	1995年
甘润枝	女	汉族	新疆呼图壁	1966年8月	大专	1989年7月	金融	会计员	1993年
柳茂军	男	汉族	新疆呼图壁	1964年9月	本科	1985年12月	金融	助经师	1993年
狄光军	男	汉族	新疆呼图壁	1962年6月	本科	1979年1月	金融	助经师	1993年
贾庆军	男	汉族	新疆呼图壁	1959年6月	大专	1979年3月	金融	助会师	1995年
宋巨森	男	汉族	新疆呼图壁	1956年12月	大专	1979年1月	金融	助经师	1993年
张广强	男	汉族	山东蓬莱	1964年12月	本科	1988年8月	金融	助会师	1995年
李文栓	男	汉族	甘肃宁县	1962年9月	高中	1981年12月	金融	政工员	1995年
曹多明	男	汉族	新疆呼图壁	1958年9月	中专	1977年9月	金融	经济师	1993年
木合买提·哈南	男	哈萨克族	新疆呼图壁	1965年8月	大专	1981年12月	金融	助经师	1991年
张 栋	男	汉族	新疆呼图壁	1970年3月	大专	1987年10月	金融	政工员	1995年
陈 军	男	汉族	广东化州	1970年2月	本科	1989年3月	金融	会计员	1994年
闫 琴	女	汉族	新疆呼图壁	1964年4月	中专	1983年9月	金融	助会师	1993年
贾南翔	男	汉族	山东菏泽	1960年8月	本科	1979年12月	金融	会计师	1994年
王 斌	男	汉族	上海市	1970年1月	大专	1990年12月	金融	助会师	1995年

续表23-6

姓名	性别	族别	籍 贯	出生年月	文化程度	参加工作时间	技术类别	技术职称	评定时间
范军华	女	汉族	新疆木垒	1968年9月	大专	1986年11月	金融	会计员	1995年
马生华	女	回族	新疆呼图壁	1967年6月	大专	1988年8月	金融	助会师	1993年
蒋 斌	男	汉族	江苏徐州	1966年10月	大专	1985年12月	金融	会计师	1994年
张建琴	女	汉族	新疆呼图壁	1967年12月	高中	1985年3月	金融	助会师	1995年
杨志忠	男	汉族	新疆呼图壁	1963年9月	大专	1990年4月	金融	会计员	1993年
时维燕	女	汉族	山东单县	1965年7月	中专	1982年8月	金融	会计员	1995年
张新成	男	汉族	四川成都	1970年1月	大专	1989年7月	金融	助会师	1993年
姚继文	男	汉族	甘肃定西	1963年6月	本科	1985年12月	金融	助经师	1995年
刘玉华	女	汉族	新疆呼图壁	1969年1月	大专	1991年12月	金融	会计员	1995年
刘德庭	男	汉族	新疆吉木萨尔	1963年6月	大专	1982年10月	金融	助经师	1994年
王多存	女	汉族	新疆呼图壁	1964年12月	本科	1989年8月	金融	助会师	1993年
王凤兰	女	汉族	新疆呼图壁	1963年12月	中专	1980年1月	金融	会计员	1995年
祁 鹏	男	汉族	新疆呼图壁	1968年11月	中专	1985年12月	金融	会计员	1993年
王 芳	女	汉族	新疆呼图壁	1973年4月	大专	1991年6月	金融	会计员	1995年
向国忠	男	汉族	四川遂宁	1968年8月	大专	1988年12月	金融	会计员	1993年
熊 文	男	汉族	江苏泗阳	1970年2月	本科	1988年11月	金融	助经师	1995年
叶会莉	女	汉族	新疆呼图壁	1971年12月	大专	1991年7月	金融	会计员	1995年
田培艳	女	汉族	新疆呼图壁	1976年5月	本科	1995年12月	金融	会计师	2003年
刘 军	男	汉族	新疆呼图壁	1962年5月	大专	1989年7月	金融	经济员	1995年
白新元	男	回族	新疆呼图壁	1969年1月	大专	1992年8月	金融	经济员	1995年
李玉清	男	汉族	新疆呼图壁	1970年12月	大专	1989年7月	金融	会计员	1993年
唐志艳	女	汉族	新疆呼图壁	1970年5月	大专	1989年12月	金融	会计员	1993年
孔艺洁	女	汉族	新疆呼图壁	1980年8月	大专	1999年7月	金融	会计员	2007年
夏 琦	女	汉族	江苏泗洪	1976年2月	本科	1998年8月	金融	会计员	2007年
贾 挺	男	汉族	新疆呼图壁	1978年12月	大专	2001年9月	金融	会计员	2007年
曼拉提·苏里坦	男	哈萨克族	新疆呼图壁	1965年7月	高中	1981年12月	金融	助经师	1995年
邓 辉	男	汉族	广东梅州	1970年12月	大专	1989年7月	金融	会计员	1995年
陈发智	男	汉族	新疆呼图壁	1964年10月	大专	1988年12月	金融	会计员	1993年
杨 霞	女	汉族	江苏灌云	1965年12月	大专	1982年9月	金融	会计员	1995年
周新袁	男	汉族	新疆呼图壁	1966年4月	本科	1985年9月	金融	助经师	1995年
李新花	女	汉族	新疆呼图壁	1964年11月	大专	1990年4月	金融	会计员	1995年
何玉玲	女	汉族	新疆呼图壁	1966年8月	高中	1989年7月	金融	会计员	1993年
潘存新	男	汉族	新疆呼图壁	1960年5月	中专	1977年12月	金融	经济师	1994年
齐验兵	男	汉族	河北吴桥	1968年6月	大专	1988年8月	金融	助会师	1995年
王传忠	男	汉族	新疆呼图壁	1964年1月	大专	1989年7月	金融	会计员	1993年

续表23-6

姓名	性别	族别	籍 贯	出生年月	文化程度	参加工作时间	技术类别	技术职称	评定时间
王 敏	女	回族	新疆米泉	1970年10月	本科	1988年8月	金融	助经师	1995年
李 澍	男	汉族	江苏淮安	1964年9月	高中	1982年9月	金融	助经师	1995年
刘晓进	男	汉族	新疆呼图壁	1965年1月	高中	1985年7月	金融	助经师	1995年
刘生健	男	汉族	新疆呼图壁	1940年8月	初中	1960年6月	金融	助会师	1988年
田吉新	男	汉族	新疆呼图壁	1944年6月	大专	1971年7月	金融	经济师	1995年
刘玉海	男	汉族	新疆呼图壁	1954年1月	初中	1975年8月	金融	助经师	1993年
赵永林	男	汉族	新疆呼图壁	1965年12月	中专	1990年12月	金融	助经师	1993年
热斯别克·吐尔汗	男	哈萨克族	新疆呼图壁	1948年6月	初中	1972年7月	金融	助经师	1993年
陈发斌	男	汉族	新疆呼图壁	1962年1月	中专	1982年7月	金融	助经师	1995年
马 冰	女	汉族	新疆呼图壁	1968年11月	高中	1985年5月	金融	助会师	1995年
托克西·举尔提拜	男	哈萨克族	新疆呼图壁	1949年10月	中专	1966年2月	金融	经济师	1992年
哈布哈尼·吐尔甫别克	男	哈萨克族	新疆呼图壁	1945年9月	初中	1966年2月	金融	经济师	1993年
吐孜阿洪·木那甫	男	哈萨克族	新疆呼图壁	1944年12月	初中	1961年2月	金融	助经师	1988年
帕塔克·库力汗	男	哈萨克族	新疆呼图壁	1949年3月	初中	1966年3月	金融	助经师	1988年
杨秀英	女	汉族	甘肃民勤	1956年6月	大专	1975年3月	金融	会计员	1995年
王 钧	男	汉族	新疆呼图壁	1961年5月	本科	1981年12月	金融	经济师	1993年
来国珍	女	藏族	新疆呼图壁	1951年10月	大专	1971年4月	金融	会计师	1992年
李生珍	女	汉族	新疆呼图壁	1950年2月	初中	1971年7月	金融	会计师	1995年
石金山	男	回族	新疆呼图壁	1957年11月	高中	1979年1月	金融	经济师	1995年
孟生昌	男	汉族	新疆呼图壁	1942年1月	初中	1971年7月	金融	助经师	1991年
王万清	男	汉族	新疆呼图壁	1950年1月	初中	1971年7月	金融	经济师	1993年
李北昌	男	汉族	新疆呼图壁	1939年9月	初中	1960年9月	金融	经济师	1995年
张春山	男	汉族	新疆呼图壁	1939年3月	初中	1960年9月	金融	经济师	1995年
张志友	男	汉族	河南扶沟	1947年2月	初中	1972年6月	金融	助会师	1993年
马德荣	男	汉族	新疆呼图壁	1949年11月	初中	1978年4月	金融	助经师	1993年
赫万友	男	回族	新疆呼图壁	1956年6月	初中	1979年1月	金融	助经师	1993年
张 立	女	汉族	新疆呼图壁	1962年1月	高中	1979年5月	金融	助会师	1993年
余文德	男	汉族	新疆呼图壁	1957年12月	高中	1978年6月	金融	助经师	1993年
吴 燕	女	汉族	安徽巢湖	1966年12月	高中	1989年7月	金融	会计员	1993年
佘富贵	男	回族	新疆呼图壁	1948年9月	初中	1978年6月	金融	助经师	1993年
刘炳江	男	汉族	新疆呼图壁	1946年10月	初中	1966年6月	金融	助经师	1988年

续表23-6

姓名	性别	族别	籍 贯	出生年月	文化程度	参加工作时间	技术类别	技术职称	评定时间
居玛拜克·呼依山	男	哈萨克族	新疆呼图壁	1958年10月	初中	1979年1月	金融	助经师	1993年
王振荣	男	汉族	新疆呼图壁	1938年12月	初中	1956年7月	金融	助经师	1988年
叶生虎	男	汉族	新疆呼图壁	1940年11月	初中	1959年6月	金融	助经师	1988年
徐成喜	男	汉族	新疆呼图壁	1949年1月	初中	1972年1月	金融	经济员	1988年
叶 红	女	汉族	新疆呼图壁	1962年11月	高中	1981年12月	金融	会计员	1988年
何玉芝	女	汉族	新疆呼图壁	1956年5月	初中	1979年9月	金融	会计员	1988年
何 伟	男	汉族	陕西大荔	1961年7月	初中	1979年8月	金融	经济师	1996年
丁泉龙	男	回族	新疆呼图壁	1964年7月	高中	1985年3月	金融	经济员	1988年
结克山巴依·吾力买赛克	男	哈萨克族	新疆呼图壁	1928年6月	初中	1956年6月	金融	助会师	1988年

2012年年底前呼图壁县联社中级工以上专业技术人员名表

表23-7

姓 名	性别	族别	籍贯	出生年月	文化程度	参加工作时间	技术类别	技术职称	评定时间
王国富	男	汉族	新疆呼图壁	1967年9月	初中	1993年5月	汽驾	技师	1999年
刘 忠	男	汉族	新疆呼图壁	1963年9月	高中	1994年4月	汽驾	高级技师	1998年
黎保新	男	汉族	四川遂宁	1965年6月	初中	1981年12月	汽驾	技师	1994年

2012年年底前呼图壁县联社退休（含内退）人员名表

表23-8

姓 名	性别	族别	籍 贯	出生年月	文化程度	政治面貌	参加工作时间	职务职称	退休时间
陈定山	男	汉族	新疆呼图壁	1927年5月	高小	党员	1965年4月	东滩信用社负责人	1982年7月
结克山巴依·吾力买赛克	男	哈萨克族	新疆呼图壁	1928年6月	初中	群众	1956年6月	石梯子二大队信用社负责人	1990年3月
王振荣	男	汉族	新疆呼图壁	1938年12月	初中	群众	1956年7月	大丰信用社主任	1989年10月
刘生健	男	汉族	新疆呼图壁	1940年8月	初中	群众	1960年6月	助会师	1996年1月
李北昌	男	汉族	新疆呼图壁	1939年9月	小学	群众	1960年9月	经济师	1997年1月
张春山	男	汉族	新疆呼图壁	1939年3月	小学	党员	1960年9月	经济师	1997年12月
孟生昌	男	汉族	新疆呼图壁	1942年1月	初中	群众	1971年7月	助经师	1998年12月

续表23-8

姓名	性别	族别	籍贯	出生年月	文化程度	政治面貌	参加工作时间	职务职称	退休时间
田吉新	男	汉族	新疆呼图壁	1944年10月	初中	群众	1971年7月	经济师	2004年10月
李生珍	女	汉族	新疆呼图壁	1950年2月	初中	党员	1971年7月	会计师	2005年12月
来国珍	女	藏族	新疆呼图壁	1951年10月	大专	群众	1971年4月	会计师	2006年11月
刘炳江	男	汉族	新疆呼图壁	1946年10月	初中	群众	1966年6月	助经师	2006年11月
马德荣	男	汉族	新疆呼图壁	1949年11月	初中	群众	1978年4月	助经师	2009年9月
王万清	男	汉族	新疆呼图壁	1950年1月	初中	党员	1971年7月	经济师	2010年1月
杨秀英	女	汉族	甘肃民勤	1956年6月	大专	党员	1975年3月	会计员	2011年6月
赫万友	男	回族	新疆呼图壁	1956年6月	初中	群众	1979年1月	助经师	2002年2月
刘晓进	男	汉族	新疆呼图壁	1965年1月	大专	群众	1985年7月	助经师	2003年12月
王 钧	男	汉族	新疆呼图壁	1961年5月	本科	党员	1981年12月	经济师	2005年5月
何 伟	男	汉族	陕西大荔	1961年7月	初中	群众	1979年6月	经济师	2003年9月
何玉芝	女	汉族	新疆呼图壁	1956年5月	初中	党员	1979年6月	助会师	2003年3月

2012年年底前呼图壁县联社复转军人名表

表23-9

姓名	性别	族别	籍贯	出生年月	文化程度	政治面貌	何时参军	何时复转
黎保新	男	汉族	四川遂宁	1965年6月	大专	党员	1982年1月	1985年1月
李文栓	男	汉族	甘肃宁县	1962年9月	高中	党员	1979年12月	1993年3月
陈 军	男	汉族	广东化州	1970年2月	本科	党员	1989年3月	1991年11月
吴 翔	男	汉族	新疆呼图壁	1972年11月	大专	党员	1990年12月	1993年12月
魏 东	男	汉族	新疆呼图壁	1975年12月	大专	党员	1992年12月	1995年11月
白 勇	男	回族	新疆呼图壁	1977年1月	本科	党员	1996年12月	1999年12月
范军华	女	汉族	新疆木垒	1968年9月	大专	党员	1986年1月	1990年3月
孙玉斌	男	汉族	新疆呼图壁	1971年3月	大专	党员	1990年12月	1993年11月
王新合	男	回族	河南南阳	1964年2月	大专	党员	1983年1月	1986年1月
刘德庭	男	汉族	新疆吉木萨尔	1963年6月	大专	党员	1982年1月	1986年1月
陈 江	男	汉族	新疆昌吉	1972年9月	大专	群众	1991年12月	1994年3月
孟志峰	男	汉族	新疆呼图壁	1979年2月	大专	群众	1997年12月	2000年12月
张 栋	男	汉族	新疆呼图壁	1970年3月	大专	党员	1987年1月	1990年12月
魏 巍	男	汉族	新疆呼图壁	1983年6月	大专	党员	2001年12月	2003年12月
罗 超	男	汉族	新疆呼图壁	1990年2月	中专	团员	2007年11月	2009年11月
刘晓强	男	汉族	新疆呼图壁	1978年9月	中专	党员	1998年12月	2000年12月

续表23-8

姓名	性别	族别	籍贯	出生年月	文化程度	政治面貌	何时参军	何时复转
刘晓进	男	汉族	新疆呼图壁	1965年1月	中专	群众	1981年1月	1984年1月
贾宏伟	男	汉族	新疆呼图壁	1987年11月	高中	群众	2005年11月	2007年11月
努尔加拉提	男	哈萨克族	新疆呼图壁	1986年2月	大专	党员	2005年12月	2011年12月

呼图壁县联社县级以上党代表、人大代表、政协委员名表

表23-10

代表姓名	名称及届次	任职时间
李彦清	中共呼图壁县第六次代表大会代表	1988年11月~1992年5月
刘怀强	中共呼图壁县第十一次代表大会列席代表	2001年5月~
蒋兆茂	呼图壁县第二届人民代表大会代表	1956年12月~1958年5月
王所财	呼图壁县第四届人民代表大会代表	1961年6月~1963年5月
李彦清	呼图壁县第十届人民代表大会代表	1987年11月~1990年3月
李彦清	呼图壁县第十一届人民代表大会代表	1990年3月~1993年2月
李彦清	昌吉回族自治州第九届人民代表大会代表	1988年4月~1993年3月
刘怀强	呼图壁县第十五届人民代表大会代表	2007年8月~2011年8月
刘怀强	呼图壁县第十六届人民代表大会代表	2011年8月~
朱智岗	政协呼图壁县第十三届委员会委员	2011年8月~

2012年年底前呼图壁县联社正式在岗员工名表

表23-11

序号	姓名	曾用名	性别	民族	籍贯	出生年月	政治面貌	入党时间	入社时间	文化程度	毕业院校	毕业时间	专业
1	刘怀强	无	男	汉族	新疆玛纳斯	1956年11月	党员	1994年2月	1978年4月	本科	新疆财经大学	2004年7月	金融
2	朱智岗	无	男	汉族	新疆木垒	1965年8月	党员	1986年6月	1996年1月	本科	乌市党校	2003年9月	经济管理
3	刘 娟	无	女	汉族	新疆呼图壁	1973年7月	党员	2002年11月	1992年6月	本科	浙江大学	2005年6月	计算机
4	陈志高	无	男	汉族	江苏建湖	1965年4月	党员	1994年4月	1985年8月	大专	新疆财经大学	2001年7月	金融
5	叶 斌	叶兵	男	汉族	新疆呼图壁	1964年4月	党员	2000年8月	1987年12月	本科	中国人民大学	2002年7月	金融
6	张 闫	无	女	汉族	新疆呼图壁	1967年11月	党员	2002年11月	1985年12月	本科	新疆财经大学	2004年7月	金融
7	范婷婷	无	女	汉族	新疆呼图壁	1983年9月	群众		2007年10月	本科	新疆财经大学	2007年7月	财会
8	张秋芳	无	女	汉族	新疆呼图壁	1970年9月	群众		1991年7月	大专	中央广播电视大学	2004年5月	财会
9	王舞龙	王武龙	男	汉族	四川南充	1976年1月	群众		2001年2月	大专	四川大学	1998年7月	广告策划
10	邓 辉	无	男	汉族	广东梅州	1970年12月	党员	2008年12月	2004年9月	大专	新疆财经大学	2002年7月	金融
11	王国富	王国福	男	汉族	新疆呼图壁	1967年9月	群众		1993年7月	初中	呼图壁县五工台中学	1983年7月	
12	黎保新	无	男	汉族	四川遂宁	1965年6月	党员	1985年1月	2004年9月	大专	中央广播电视大学	1980年9月	金融
13	柳茂军	无	男	汉族	新疆呼图壁	1964年9月	党员	1995年6月	1985年12月	本科	中央党校	2002年12月	经济管理
14	李文栓	无	男	汉族	甘肃宁县	1962年9月	党员	1987年7月	2004年9月	高中	甘肃宁县一中	1980年9月	
15	刘 忠	无	男	汉族	新疆呼图壁	1963年9月	群众		1994年4月	大专	昌吉学院	2002年7月	金融
16	何玉健	无	男	汉族	新疆呼图壁	1974年7月	群众		1995年5月	大专	中央广播电视大学	2008年7月	金融
17	叶寿林	无	男	汉族	新疆呼图壁	1961年7月	党员	1987年6月	1985年3月	本科	中央党校	2002年12月	经管
18	付 静	无	女	汉族	新疆昌吉	1978年1月	群众		2001年2月	本科	中央广播电视大学	2004年5月	金融
19	叶会莉	叶惠丽	女	汉族	新疆呼图壁	1971年12月	群众		1991年7月	大专	中央广播电视大学	2002年11月	财会
20	夏 琦	无	女	汉族	江苏泗洪	1976年2月	党员	2003年8月	1998年8月	本科	中央广播电视大学	2004年5月	金融
21	马生华	无	女	回族	新疆呼图壁	1967年6月	群众		2004年9月	大专	中央广播电视大学	2004年6月	金融
22	姚雅洁	无	女	汉族	新疆木垒	1976年8月	群众		1998年9月	本科	新疆农业大学	2002年7月	会计

续表23-11

序号	姓名	曾用名	性别	民族	籍贯	出生年月	政治面貌	入党时间	入社时间	文化程度	毕业院校	毕业时间	专业
23	马文江	无	男	汉族	甘肃酒泉	1976年8月	党员	2008年12月	2004年6月	本科	浙江大学	2009年7月	计算机
24	潘存娟	无	女	汉族	新疆呼图壁	1969年12月	党员	2004年8月	1994年7月	本科	中央广播电视大学	2004年5月	财会
25	冉秀平	无	女	汉族	新疆乌鲁木齐	1965年3月	党员	2002年11月	1989年7月	本科	新疆财经大学	2004年7月	金融
26	王　艳	王岩	女	汉族	新疆呼图壁	1972年2月	党员	1999年8月	1991年12月	大专	西安陆军学院	2000年7月	金融财会
27	闫　琴	无	女	汉族	新疆呼图壁	1964年4月	群众		1987年7月	中专	新疆银行学校	1991年12月	金融
28	贾南翔	贾兰祥	男	汉族	山东菏泽	1960年8月	群众		2004年9月	本科	中央广播电视大学	2003年5月	金融
29	田培艳	无	女	汉族	新疆呼图壁	1976年5月	群众		1995年12月	大专	中央广播电视大学	2005年11月	财会
30	王新合	无	男	回族	河南南阳	1964年2月	党员	1986年6月	2005年7月	大专	乌市成职教院	1999年1月	经管
31	王国军	无	男	汉族	新疆呼图壁	1976年2月	党员	2002年7月	1995年9月	大专	中央广播电视大学	2005年4月	金融
32	吴　翔	无	男	汉族	新疆呼图壁	1972年11月	党员	1993年1月	1995年7月	大专	自治区党校	2000年8月	经管
33	李玉清	李玉庆	男	汉族	新疆呼图壁	1970年12月	群众		1990年11月	大专	湖南农村金融学院	2004年6月	经管
34	刘金泉	无	男	汉族	甘肃武威	1974年2月	群众		1995年3月	大专	中央广播电视大学	2006年5月	金融
35	王　斌	无	男	汉族	上海市	1970年1月	群众		2004年9月	大专	东北财经大学	2002年7月	金融
36	蒋　斌	无	男	汉族	江苏徐州	1966年10月	群众		2004年9月	大专	新疆财经大学	1995年7月	投资信用
37	王晓东	无	男	汉族	新疆呼图壁	1975年12月	党员	2007年11月	1994年9月	大专	中央广播电视大学	2005年4月	金融
38	张　武	无	男	汉族	新疆奇台	1970年12月	群众		1996年6月	大专	新疆农业技术学院	2004年7月	金融
39	向国忠	无	男	汉族	四川遂宁	1968年8月	党员	2006年5月	1988年12月	大专	中央广播电视大学	2003年10月	金融
40	张世军	无	男	汉族	新疆呼图壁	1974年6月	群众		1995年5月	大专	中央广播电视大学	2004年5月	金融
41	陈晓军	无	男	汉族	安徽临泉	1973年2月	党员	2001年4月	1995年12月	大专	中央广播电视大学	2005年4月	金融
42	桂玉海	无	男	汉族	新疆呼图壁	1971年7月	党员	2007年11月	1996年7月	大专	中央广播电视大学	2004年11月	金融
43	齐验兵	无	男	汉族	河北吴桥	1968年6月	群众		2004年9月	大专	中央广播电视大学	2003年5月	金融
44	王传忠	无	男	汉族	新疆呼图壁	1964年1月	党员	1999年6月	1989年12月	大专	湖南农村金融职工大学	2002年7月	银行经营管理
45	李彦清	无	男	汉族	新疆呼图壁	1956年11月	党员	1985年7月	1992年8月	高中	呼图壁县一中	1976年6月	

续表23-11

序号	姓名	曾用名	性别	民族	籍贯	出生年月	政治面貌	入党时间	入社时间	文化程度	毕业院校	毕业时间	专业
46	雷新兰	无	女	汉族	新疆呼图壁	1960年5月	党员	1992年8月	1994年7月	中专	新疆农业广播电视学校	1998年7月	财会
47	祁小娟	祁晓娟	女	藏族	新疆呼图壁	1974年8月	党员	2006年5月	1996年7月	本科	中央广播电视大学	2003年5月	金融
48	杨国锋	无	男	汉族	河南新野	1975年5月	党员	1998年7月	1994年6月	中专	昌吉农业学校	1992年7月	农业经济与管理
49	张建军	无	男	汉族	新疆呼图壁	1970年9月	群众		1994年5月	大专	自治区党校	2002年7月	经管
50	王　敏	无	女	回族	新疆米泉	1970年10月	党员	1996年6月	2004年9月	本科	新疆财经大学	2004年7月	金融
51	甘润枝	无	女	汉族	新疆呼图壁	1966年8月	党员	2001年1月	1989年7月	本科	新疆财经大学	2004年7月	金融
52	刘晓琴	无	女	汉族	新疆呼图壁	1970年9月	党员	2005年12月	1993年1月	大专	中央党校	2002年7月	经管
53	冯琬婷	冯少樱	女	汉族	山东乳山	1972年3月	群众		1995年12月	大专	自考汉族语言	2007年7月	汉族语言
54	王玉梅	无	女	汉族	新疆呼图壁	1972年10月	群众		1995年10月	大专	乌鲁木齐职业大学	1995年7月	信用合作
55	何建斌	何建兵	男	汉族	新疆呼图壁	1972年12月	党员	2000年7月	1994年4月	大专	自治区党校	2000年8月	经管
56	孟春玲	无	女	汉族	新疆呼图壁	1976年9月	群众		1997年9月	本科	中央广播电视大学	2010年7月	会计学
57	曼拉提·苏里坦	曼那提	男	哈萨克族	新疆呼图壁	1965年7月	群众		1981年12月	初中	呼图壁县一中	1989年9月	
58	曹多明	无	男	汉族	新疆呼图壁	1958年9月	党员	1990年4月	2004年9月	中专	新疆财贸大学	1980年8月	金融
59	狄光军	无	男	汉族	新疆呼图壁	1962年6月	党员	2001年6月	1979年1月	本科	新疆财经大学	2004年7月	金融
60	贾庆军	无	男	汉族	新疆呼图壁	1959年6月	群众		1992年11月	大专	新疆经济干部管理学校	1992年9月	企业管理
61	张广强	无	男	汉族	山东蓬莱	1964年12月	党员	1998年7月	2004年9月	大专	中央广播电视大学	2002年11月	金融
62	方　宏	方虹	女	汉族	新疆呼图壁	1975年5月	群众		1994年7月	中专	乌市职业学校	1994年7月	财会
63	王星星	无	女	汉族	新疆呼图壁	1981年6月	群众		2000年9月	大专	中央广播电视大学	2005年4月	金融
64	范绍娟	无	女	汉族	安徽临泉	1977年8月	党员	2008年12月	1999年3月	大专	乌市成人教育学院	1998年7月	金融
65	刘晓娟	无	女	汉族	新疆呼图壁	1972年5月	群众		1994年6月	大专	山东大学	2002年7月	会计电算化

续表23-11

序号	姓名	曾用名	性别	民族	籍贯	出生年月	政治面貌	入党时间	入社时间	文化程度	毕业院校	毕业时间	专业
66	谢聪英	无	女	汉族	新疆玛纳斯	1974年6月	群众		2007年10月	本科	中央广播电视大学	2003年10月	金融
67	刘忠玲	无	女	汉族	新疆呼图壁	1970年4月	群众		1995年2月	大专	中央广播电视大学	2004年6月	金融
68	孟凤汐	孟晓琴	女	汉族	新疆呼图壁	1976年12月	群众		1995年12月	大专	中央广播电视大学	2007年7月	会计
69	邓　玉	无	女	汉族	广东梅州	1978年9月	群众		2000年10月	本科	中央广播电视大学	2007年1月	会计
70	李　斌	无	男	汉族	重庆云阳	1973年3月	党员	2000年7月	1999年3月	大专	乌市成人教育学院	1998年7月	金融
71	赵新萍	无	女	汉族	新疆呼图壁	1970年3月	群众		1994年8月	大专	中央广播电视大学	1995年7月	会计
72	张建琴	无	女	汉族	新疆呼图壁	1967年12月	群众		1985年3月	高中	呼图壁县职业高中	1992年1月	会计
73	王凤兰	无	女	汉族	新疆呼图壁	1963年12月	群众		1993年1月	中专	中央广播电视大学	1999年7月	财会
74	马　燕	无	女	汉族	新疆呼图壁	1971年10月	党员	2006年5月	1991年3月	大专	中央广播电视大学	2002年11月	金融
75	王多存	无	女	汉族	新疆呼图壁	1964年12月	群众		2004年9月	本科	中央广播电视大学	2003年5月	金融
76	孔艺洁	孔　丽	女	汉族	新疆呼图壁	1980年8月	党员	2008年12月	1999年7月	大专	中央广播电视大学	2007年7月	金融
77	张　鑫	无	男	汉族	新疆呼图壁	1980年6月	群众		2004年1月	中专	新疆粮食技工学校	1998年7月	财会
78	何玉玲	无	女	汉族	新疆呼图壁	1966年8月	群众		1989年7月	高中	呼图壁职工学校	1990年12月	财会
79	刘玉华	无	女	汉族	新疆呼图壁	1969年1月	群众		1991年12月	大专	中央广播电视大学	2002年11月	财会
80	王　芳	无	女	汉族	新疆呼图壁	1973年4月	群众		2004年9月	大专	中央广播电视大学	2002年11月	金融
81	路秀婷	无	女	汉族	新疆呼图壁	1977年5月	群众		2000年9月	本科	中央广播电视大学	2005年12月	会计
82	宋玉清	宋玉琴	女	汉族	甘肃民勤	1971年9月	群众		1995年10月	中专	昌吉财校	1994年1月	财会
83	来冬梅	无	女	藏族	新疆呼图壁	1975年12月	群众		1996年9月	大专	自治区党校	2001年6月	经管
84	张桂林	无	女	汉族	甘肃金塔	1979年2月	党员	2008年12月	2001年9月	大学	中央广播电视大学	2007年7月	工商管理
85	陈发智	无	男	汉族	新疆呼图壁	1966年10月	党员	1996年7月	1988年12月	大专	中央广播电视大学	2004年6月	金融
86	陶　丽	无	女	藏族	新疆呼图壁	1973年10月	群众		1994年8月	大专	中央广播电视大学	2003年5月	金融
87	刘玉萍	无	女	汉族	新疆呼图壁	1970年11月	群众		1995年8月	大专	中央广播电视大学	2002年11月	财会
88	张　栋	无	男	汉族	新疆呼图壁	1970年3月	党员	1990年4月	2004年9月	大专	中央广播电视大学	2003年10月	金融

续表23-11

序号	姓名	曾用名	性别	民族	籍贯	出生年月	政治面貌	入党时间	入社时间	文化程度	毕业院校	毕业时间	专业
89	闫怀梅	无	女	汉族	江苏睢宁	1973年1月	群众		1994年7月	大专	中央广播电视大学	1994年7月	财会
90	罗光萍	无	女	汉族	新疆呼图壁	1975年7月	群众		1998年7月	大专	西北大学	1996年6月	法学
91	闫怀忠	无	男	汉族	江苏宿迁	1977年6月	党员	2006年6月	1996年8月	大专	中央广播电视大学	2010年12月	工商企业管理
92	范军华	无	女	汉族	新疆木垒	1968年9月	党员	1988年6月	2004年9月	大专	新疆财经大学	1996年7月	金融
93	陈　军	无	男	汉族	广东化州	1970年2月	党员	1991年6月	2004年9月	本科	中央广播电视大学	2003年5月	金融
94	张　妍	无	女	汉族	新疆呼图壁	1974年2月	群众		1994年9月	大专	中央广播电视大学	2008年7月	会计
95	韩　军	无	男	回族	新疆昌吉	1976年1月	群众		2005年7月	中专	新疆银行学校	1992年7月	金融
96	肖　芳	无	女	汉族	甘肃金塔	1979年5月	群众		2005年7月	本科	新疆财经大学	2008年1月	会计
97	杨志忠	无	男	汉族	新疆呼图壁	1963年9月	群众		1990年4月	大专	湖南金融职大	2002年6月	金融
98	王　程	无	男	汉族	新疆呼图壁	1971年12月	党员	2001年10月	1994年6月	大专	新疆大学	2001年7月	农村金融
99	李辉清	无	男	汉族	新疆呼图壁	1974年11月	群众		1995年7月	大专	中央广播电视大学	2007年1月	金融
100	白新元	无	男	回族	新疆呼图壁	1969年1月	群众		1992年8月	大专	新疆财经大学	2001年7月	金融
101	时维燕	无	女	汉族	山东单县	1965年7月	群众		1993年4月	中专	昌吉职专	1994年7月	财会
102	赵建林	无	男	汉族	新疆呼图壁	1973年1月	群众		1993年4月	大专	中央广播电视大学	2004年7月	财会
103	姚继文	无	男	汉族	甘肃定西	1963年6月	群众		1985年12月	本科	新疆财经大学	2004年7月	金融
104	唐志搏	唐志卫	男	汉族	新疆呼图壁	1977年8月	群众		2003年1月	大专	中央广播电视大学	1995年7月	会计
105	刘晓燕	无	女	汉族	新疆呼图壁	1984年11月	群众		2008年11月	大专	新疆财经大学	2007年2月	会计学
106	何建江	无	男	汉族	新疆呼图壁	1974年8月	群众		1998年4月	大专	中央广播电视大学	2007年1月	财会
107	王　波	无	男	汉族	安徽临泉	1975年6月	群众		2001年7月	中专	昌吉职业中等专业学校	1997年7月	办公自动化
108	葛万军	无	男	汉族	甘肃金塔	1984年12月	群众		2007年10月	本科	南阳理工学院	2007年7月	计算机
109	何新龙	无	男	汉族	新疆呼图壁	1971年2月	党员	1995年8月	1994年6月	大专	中央广播电视大学	2003年7月	企管
110	刘　静	无	女	汉族	安徽太和	1977年11月	党员	2006年5月	1996年7月	本科	中央广播电视大学	2006年5月	会计

续表23-11

序号	姓名	曾用名	性别	民族	籍贯	出生年月	政治面貌	入党时间	入社时间	文化程度	毕业院校	毕业时间	专业
111	周海霞	无	女	汉族	新疆木垒	1985年12月	群众		2008年7月	本科	贵州财经学院	2008年7月	金融学
112	马　宁	无	女	回族	新疆乌鲁木齐	1985年5月	群众		2008年7月	本科	新疆大学	2008年7月	金融
113	王生香	无	女	汉族	新疆呼图壁	1982年5月	党员	2005年5月	2005年7月	大专	新疆教育学院	2005年7月	计算机
114	马春林	无	男	汉族	新疆呼图壁	1973年9月	群众		1995年12月	大专	中央广播电视大学	2008年7月	金融
115	马利军	无	男	汉族	新疆呼图壁	1978年9月	党员	2006年5月	1996年9月	大专	中央党校	2003年7月	经济管理
116	马鸿斌	无	男	汉族	新疆呼图壁	1977年1月	群众		2001年9月	大专	中央广播电视大学	2008年7月	财会
117	祁　鹏	无	男	汉族	新疆呼图壁	1968年11月	群众		1990年8月	大专	中央广播电视大学	1999年7月	财务会计
118	白　勇	无	男	回族	新疆呼图壁	1977年1月	党员	1999年10月	2004年8月	大专	中央广播电视大学	2008年7月	财会
119	周新袁	无	男	汉族	新疆呼图壁	1966年4月	党员	1998年7月	1985年9月	本科	新疆财院成人教育学院	2004年7月	金融
120	钱　涛	无	男	汉族	浙江余姚	1978年7月	群众		2001年3月	本科	中央广播电视大学	2007年7月	财会
121	毛晓妍	毛晓燕	女	汉族	安徽桐城	1981年5月	群众		2005年7月	本科	新疆财经大学	2004年6月	金融
122	刘晓军	无	男	汉族	新疆呼图壁	1981年12月	群众		2003年5月	大专	中央广播电视大学	2010年5月	工商管理
123	杨　斌	无	男	汉族	新疆呼图壁	1975年7月	党员	2005年6月	1997年10月	大专	天津经管学院	1997年7月	经贸
124	祁　江	无	男	汉族	新疆呼图壁	1978年8月	群众		2004年8月	大专	中央广播电视大学	2004年5月	会计
125	宋巨程	宋晓成	男	汉族	新疆呼图壁	1978年11月	群众		1995年7月	大专	中央广播电视大学	2001年7月	财会
126	周嘉星	无	男	汉族	陕西绥德	1986年6月	群众		2008年7月	本科	解放军西安政治学院	2008年6年1	法学
127	张永谦	无	男	汉族	河南新密	1977年3月	党员	2008年12月	1996年7月	大专	中央广播电视大学	2004年12月	金融
128	魏　东	无	男	汉族	新疆呼图壁	1975年12月	党员	1995年6月	1998年5月	大专	中央广播电视大学	2004年7月	财会
129	熊　文	无	男	汉族	江苏泗阳	1970年2月	群众		1988年12月	本科	中央广播电视大学	2004年11月	金融
130	李新花	无	女	汉族	新疆呼图壁	1964年11月	群众		1990年4月	大专	中央广播电视大学	1997年7月	财会
131	武永安	无	男	汉族	新疆呼图壁	1965年9月	党员	1987年7月	1995年5月	大专	中央广播电视大学	2003年5月	金融
132	唐志伟	无	男	汉族	新疆呼图壁	1978年1月	群众		1997年12月	高中	呼图壁县一中	1997年6月	

续表23-11

序号	姓名	曾用名	性别	民族	籍贯	出生年月	政治面貌	入党时间	入社时间	文化程度	毕业院校	毕业时间	专业
133	张新成	无	男	汉族	四川成都	1970年1月	群众		2004年9月	本科	中央广播电视大学	2011年7月	会计学
134	刘　静	无	女	汉族	山东临沂	1985年3月	群众		2007年10月	本科	中原工学院	2007年7月	会计
135	房　勇	无	男	汉族	四川广安	1981年6月	群众		2001年8月	本科	中央广播电视大学	2007年7月	经济管理
136	李　洋	无	男	汉族	甘肃宁县	1983年12月	党员	2007年6月	2005年7月	大专	新疆农业大学	2005年6月	海关业务
137	周立伟	无	男	汉族	新疆玛纳斯	1981年10月	群众		2005年7月	大专	石河子大学商学院	2005年6月	金融
138	魏　巍	无	男	汉族	新疆呼图壁	1983年6月	党员	2006年1月	2007年10月	大专	新疆轻工职业技术学院	2007年7月	金融与保险
139	王　琴	无	女	汉族	新疆呼图壁	1983年11月	群众		2008年11月	本科	新疆财经大学	2008年7月	会计学
140	蔡春元	无	男	汉族	甘肃武威	1979年3月	群众		1997年9月	大专	中央广播电视大学	2004年11月	金融
141	徐　刚	无	男	汉族	新疆呼图壁	1978年4月	群众		1998年7月	中专	昌吉州财贸学校	1998年7月	会计电算化
142	张　治	无	男	汉族	新疆昌吉	1977年6月	群众		1996年11月	本科	中央广播电视大学	2007年7月	财会
143	王生刚	无	男	汉族	新疆呼图壁	1979年2月	群众		1998年8月	大专	中央广播电视大学	2003年5月	金融
144	庞瑞卿	无	男	汉族	新疆呼图壁	1982年4月	群众		2004年6月	大专	中央广播电视大学	2009年1月	会计
145	马　建	无	男	汉族	新疆呼图壁	1979年8月	党员	2008年12月	1998年7月	大专	中央广播电视大学	2008年7月	金融
146	潘存新	无	男	汉族	新疆呼图壁	1960年5月	党员	1986年7月	1993年7月	中专	新疆银行学校	1991年12月	金融
147	陈　江	无	男	汉族	新疆昌吉	1972年9月	群众		1996年7月	大专	中央广播电视大学	2008年7月	金融
148	贾　挺	贾庭	男	汉族	新疆呼图壁	1978年12月	群众		2001年9月	中专	昌吉财贸学校	1998年7月	财会
149	徐贵全	无	男	汉族	新疆呼图壁	1963年7月	党员	1993年6月	1996年6月	中专	呼图壁县职高	2002年3月	财会
150	努尔别克·逊哈提	无	男	哈萨克族	新疆呼图壁	1977年4月	群众		2001年6月	高中	昌吉三中	1996年7月	
151	扎哈提·哈不德热合木	无	男	哈萨克族	新疆呼图壁	1978年6月	群众		2003年9月	大专	塔里木农垦大学	2001年6月	果树
152	张　锋	无	男	汉族	新疆呼图壁	1980年10月	群众		2001年8月	中专	新疆农业职业技术学院	2000年7月	经济管理

续表23-11

序号	姓名	曾用名	性别	民族	籍贯	出生年月	政治面貌	入党时间	入社时间	文化程度	毕业院校	毕业时间	专业
153	达列力·热斯别克	无	男	哈萨克族	新疆呼图壁	1973年12月	群众		1995年12月	大专	新疆财经大学	2005年7月	金融
154	阿兰·哈勒班	阿林	男	哈萨克族	新疆呼图壁	1977年8月	群众		2000年5月	大专	新疆财经大学	2004年7月	金融
155	姚文艳	无	女	汉族	新疆呼图壁	1974年6月	群众		2000年8月	本科	中央广播电视大学	2011年5月	会计学
156	刘中涛	无	男	汉族	新疆呼图壁	1979年5月	群众		1998年7月	大专	中央广播电视大学	2003年12月	金融
157	刘晓强	无	男	汉族	新疆呼图壁	1978年9月	党员	2000年7月	2000年12月	中专	昌吉州技校	1998年7月	微机应用
158	唐志艳	无	女	汉族	新疆呼图壁	1970年5月	党员	2003年1月	1989年12月	大专	中央广播电视大学	2001年12月	财会
159	张瑞贤	无	女	汉族	新疆呼图壁	1975年9月	群众		1995年12月	中专	自治区农校	1996年7月	财会
160	李　丽	无	女	汉族	新疆呼图壁	1985年8月	团员		2008年7月	本科	新疆财经大学	2008年7月	金融学
161	刘晓琼	无	女	汉族	新疆吉木萨尔	1986年10月	团员		2009年7月	本科	新疆财经大学	2010年5月	金融
162	贾金琴	无	女	汉族	甘肃武威	1978年8月	群众		2000年10月	本科	中央广播电视大学	2004年5月	财会
163	孟志峰	无	男	汉族	新疆呼图壁	1979年2月	群众		2001年1月	中专	呼图壁县职工学校	1998年3月	财会
164	王　建	无	男	汉族	新疆呼图壁	1974年1月	群众		2002年2月	大专	自治区党校	2003年7月	经济管理
165	陈海鸿	无	男	汉族	新疆呼图壁	1978年10月	党员	2008年12月	1999年10月	大专	中央广播电视大学	1998年6月	会计电算化
166	李淑荣	无	男	汉族	新疆玛纳斯	1974年12月	群众		2005年9月	大专	西安陆军学院	1999年7月	经济管理
167	孙玉斌	无	男	汉族	新疆呼图壁	1971年3月	党员	2004年6月	1995年6月	大专	中央广播电视大学	2005年4月	金融
168	刘　军	无	男	汉族	新疆呼图壁	1962年5月	群众		1989年7月	大专	中央广播电视大学	2007年7月	金融
169	杨　霞	无	女	汉族	江苏灌云	1965年12月	群众		1993年4月	大专	北京经济函授大学	1988年7月	经管
170	宋巨森	无	男	汉族	新疆呼图壁	1956年12月	群众		1979年1月	大专	新疆财经大学	2001年7月	金融
171	木合买提·哈南	无	男	哈萨克族	新疆呼图壁	1965年8月	党员	1996年7月	1981年12月	本科	自治区党校	2005年12月	经济管理
172	牟新星	无	男	汉族	新疆塔城	1986年9月	团员		2010年8月	本科	新疆农业大学	2010年7月	信息管理与信息系统

续表23-11

序号	姓名	曾用名	性别	民族	籍贯	出生年月	政治面貌	入党时间	入社时间	文化程度	毕业院校	毕业时间	专业
173	程珊姗	程珊珊	女	回族	江苏靖江	1988年5月	党员	2009年11月	2010年8月	本科	云南大学旅游文化学院	2010年7月	旅游管理
174	朱华星	无	男	汉族	河南汝南	1987年12月	党员	2010年5月	2010年8月	本科	新疆农业大学	2010年7月	国际经济与贸易
175	李　翔	无	男	汉族	新疆呼图壁	1987年12月	团员		2011年9月	本科	新疆农业大学	2011年6月	经济学
176	范军涛	无	男	汉族	新疆呼图壁	1988年3月	团员		2011年9月	本科	塔里木大学	2011年6月	农林经济管理
177	郭　春	无	男	汉族	新疆呼图壁	1987年2月	团员		2011年9月	本科	新疆师范大学	2011年7月	经济学
178	郑建华	无	女	汉族	山东郓城	1988年10月	党员	2009年11月	2011年9月	本科	新疆财经大学	2011年6月	市场营销
179	傅　博	无	男	汉族	新疆呼图壁	1986年6月	团员		2011年9月	本科	新疆农业大学	2011年6月	经济学
180	李金金	无	女	汉族	新疆吉木萨尔	1986年10月	党员	2007年10月	2011年9月	研究生	新疆财经大学	2011年7月	会计学
181	于　娜	无	女	汉族	新疆呼图壁	1987年8月	党员	2009年5月	2011年9月	本科	新疆财经大学	2011年6月	会计学
182	刘尚坤	无	男	汉族	新疆玛纳斯	1985年5月	团员		2008年4月	大专	新疆轻工职业技术学院	2008年7月	化工工艺
183	冯志娟	无	女	汉族	甘肃武威	1979年8月	党员	2010年7月	2007年11月	大专	河北工程技术学院	2001年7月	计算机
184	王惠敏	无	男	汉族	新疆呼图壁	1981年5月	群众		2007年11月	本科	华北水利水电学院	2003年7月	经济管理
185	白文涛	无	男	回族	新疆呼图壁	1983年4月	群众		2007年11月	大专	昌吉职业技术学院	2006年6月	计算机
186	吴　晶	无	女	汉族	新疆呼图壁	1986年9月	团员		2010年3月	大专	昌吉教育学院	2008年6月	应用电子技术
187	魏　婷	无	女	汉族	新疆呼图壁	1986年6月	党员	2009年12月	2010年3月	本科	新疆师范大学	2010年6月	人力资源管理
188	黄文霄	无	男	汉族	四川什邡	1986年9月	团员		2010年3月	本科	上海海洋大学	2008年7月	市场营销
189	闫紫涵	无	女	汉族	山东昌邑	1987年7月	团员		2011年2月	本科	东北财经大学	2011年7月	金融学

续表23-11

序号	姓名	曾用名	性别	民族	籍贯	出生年月	政治面貌	入党时间	入社时间	文化程度	毕业院校	毕业时间	专业
190	祁　璐	无	女	汉族	新疆呼图壁	1984年12月	群众		2011年10月	本科	新疆财经大学	2008年6月	人力资源管理
191	高哈尔·阿娜尔汗	无	女	哈萨克族	新疆木垒	1985年10月	群众		2011年10月	大专	中央广播电视大学	2006年7月	幼师英语
192	安学斌	无	男	回族	新疆呼图壁	1984年6月	群众		2010年3月	本科	新疆师范大学	2009年7月	音乐学
193	李　培	无	女	汉族	新疆玛纳斯	1987年10月	团员		2011年2月	本科	新疆财经大学	2009年7月	金融
194	白　莹	无	女	汉族	甘肃民勤	1988年1月	团员		2012年3月	本科	新疆财经大学	2012年6月	金融
195	李　雪	无	女	汉族	新疆呼图壁	1989年12月	团员		2012年3月	本科	新疆财经大学	2012年6月	财务管理
196	杨　静	无	女	汉族	新疆呼图壁	1988年8月	团员		2012年7月	本科	新疆财经大学	2012年6月	财务管理
197	张媛媛	无	女	汉族	新疆呼图壁	1989年2月	党员		2012年7月	本科	新疆财经大学	2012年6月	金融学
198	商红梅	无	女	汉族	江苏靖江	1989年4月	团员		2012年7月	本科	新疆财经大学	2012年6月	会计
199	刘育芳	无	女	汉族	河南驻马店	1990年2月	团员		2012年7月	本科	湖北工业大学	2012年6月	会计
200	殷晓雨	无	女	汉族	新疆昌吉	1987年3月	团员		2012年7月	本科	新疆财经大学	2012年6月	金融
201	夏伊热·加帕尔	无	女	维吾尔族	新疆米泉	1989年8月	团员		2012年7月	本科	新疆财经大学	2012年6月	国贸
202	易　娜	无	女	汉族	新疆呼图壁	1985年8月	群众		2011年2月	本科	苏州科技学院	2010年7月	历史系
203	张佩佩	无	女	汉族	新疆呼图壁	1987年12月	团员		2011年6月	本科	重庆师范大学涉外商贸学院	2010年6月	对外汉族语
204	杨晓希	无	女	汉族	新疆昌吉	1986年5月	团员		2011年8月	大专	乌鲁木齐职业大学	2009年7月	会计与审计

2012年年底前呼图壁县联社劳务派遣员工名表

表23-12

序号	姓 名	性别	民族	籍 贯	出生日期	政治面貌	入社时间	最高学历	毕业院校	毕业时间	专业
1	罗 超	男	汉族	新疆呼图壁	1990年2月	团员	2010年3月	中专	乌鲁木齐轻工学院	2009年6月	机电一体化
2	陶妍冰	女	汉族	甘肃民勤	1986年10月	党员	2010年3月	大专	新疆大学	2009年7月	档案管理
3	张述坤	男	汉族	新疆呼图壁	1985年8月	团员	2010年3月	大专	河北金融学院	2008年4月	证券投资与管理
4	刘辉萍	女	汉族	新疆呼图壁	1980年5月	群众	2010年3月	本科	新疆财经大学	2003年7月	财务管理
5	张 璐	女	汉族	新疆呼图壁	1985年12月	团员	2011年2月	大专	四川托普职业信息技术学院	2008年6月	计算机通信
6	唐雪琴	女	汉族	新疆呼图壁	1988年1月	团员	2011年2月	大专	江西司法警官职业学院	2010年7月	法律事务
7	黄 飞	男	汉族	新疆玛纳斯	1988年7月	团员	2011年2月	本科	新疆大学	2010年7月	金融系
8	张 波	男	汉族	新疆呼图壁	1984年9月	团员	2011年2月	本科	中国人民解放军空军指挥学院	2007年7月	计算机科学与技术
9	刘 静	女	汉族	新疆呼图壁	1983年11月	团员	2011年2月	大专	昌吉教育学院	2006年7月	公共事业管理
10	叶 甜	女	汉族	新疆呼图壁	1986年11月	党员	2011年2月	大专	新疆农业职业技术学院	2008年7月	畜牧兽医
11	李 朕	男	汉族	新疆呼图壁	1987年10月	团员	2011年2月	大专	海南职业技术学院	2009年6月	计算机系统维护
12	曹 明	男	汉族	新疆呼图壁	1988年8月	团员	2011年2月	大专	石家庄邮电职业技术学院	2010年6月	财务信息管理
13	阿依娜希·托汉族	女	哈萨克族	新疆呼图壁	1986年10月	团员	2011年4月	本科	北方民族大学	2010年7月	化学工程与工艺
14	王 晏	男	汉族	四川盐亭	1985年6月	群众	2011年5月	大专	石河子大学	2008年7月	数控技术
15	努尔加拉提	男	哈萨克族	新疆呼图壁	1986年2月	党员	2011年5月	大专	塔里木农大	2011年7月	农业经济管理
16	组卡玛力·达吾力	女	哈萨克族	新疆呼图壁	1986年2月	团员	2011年5月	本科	中国石油大学	2009年7月	电子信息工程
17	刘超超	男	汉族	新疆呼图壁	1987年10月	团员	2011年5月	大专	上海托普学院	2010年6月	计算机应用
18	贾宏伟	男	汉族	新疆呼图壁	1987年11月	团员	2011年5月	高中	呼图壁县一中	2006年6月	
19	郭宏亮	男	汉族	新疆呼图壁	1984年4月	群众	2011年8月	大专	东北财经大学	2011年9月	会计
20	许丽丽	女	汉族	江苏徐州	1987年7月	团员	2011年12月	大专	新疆财经大学	2009年1月	会计专业
21	周炜娜	女	汉族	甘肃天祝	1989年6月	党员	2012年3月	大专	新疆警官高等专科学校	2011年6月	司法助理
22	南丽丽	女	汉族	河北邯郸	1988年10月	团员	2012年3月	本科	新疆财经大学	2012年6月	金融

续表23-12

序号	姓 名	性别	民族	籍 贯	出生日期	政治面貌	入社时间	最高学历	毕业院校	毕业时间	专业
23	马 岚	女	汉族	新疆呼图壁	1988年3月	团员	2012年3月	本科	昌吉教育学院	2011年6月	音乐学
24	闫家奇	男	汉族	新疆呼图壁	1991年1月	团员	2012年3月	本科	新疆财经大学	2012年6月	法学
25	爱丽曼·木坤	女	哈萨克族	新疆呼图壁	1986年4月	团员	2012年3月	本科	新疆师范大学	2009年7月	音乐学
26	裴 伟	男	汉族	新疆呼图壁	1988年11月	团员	2012年3月	本科	新疆财经大学	2011年6月	金融学
27	齐 放	男	汉族	湖南宁乡	1988年1月	团员	2012年3月	大专	新疆财经大学	2008年7月	信息管理
28	赵 莉	女	汉族	新疆呼图壁	1986年1月	团员	2012年3月	大专	新疆财经大学	2009年7月	财务管理
29	杨 慧	女	汉族	新疆昌吉	1987年10月	团员	2012年3月	大专	河北大学	2009年7月	旅游管理
30	王倩倩	女	汉族	甘肃武威	1990年3月	团员	2012年3月	大专	昌吉职业技术学院	2012年6月	财务管理
31	李 娇	女	汉族	四川中江	1989年9月	团员	2012年3月	大专	石河子职业技术学院	2012年6月	会计电算化
32	潘 峰	男	汉族	新疆呼图壁	1988年8月	党员	2012年7月	本科	乐山师范学院	2011年6月	数学与应用数学
33	叶紫薇	女	汉族	新疆玛纳斯	1990年8月	团员	2012年7月	大专	湖南科技职业学院	2012年6月	模具设计
34	王 雪	女	汉族	新疆玛纳斯	1986年12月	团员	2012年7月	本科	武汉族工商学院	2010年7月	财务会计
35	李 宁	男	汉族	新疆呼图壁	1986年8月	团员	2012年7月	本科	陕西帅范大学	2011年6月	公共事业管理
36	陈 亮	男	汉族	新疆呼图壁	1983年9月	群众	2012年7月	大专	新疆师范大学	2009年6月	外贸俄语
37	吴丹君	男	汉族	四川岳池	1989年12月	团员	2012年7月	本科	新疆财经大学	2012年6月	金融
38	李金金	女	汉族	新疆玛纳斯	1989年4月	团员	2012年7月	本科	西京学院	2011年6月	国际贸易
39	冯 洋	女	汉族	新疆呼图壁	1987年9月	团员	2012年7月	大专	新疆教育学院	2011年6月	旅游英语
40	杨慧敏	女	汉族	新疆石河子	1990年7月	党员	2012年7月	大专	新疆轻工职业技术学校	2011年6月	应用俄语
41	赛特哈力·沙里拜	男	哈萨克族	新疆呼图壁	1987年8月	团员	2012年12月	本科	辽宁大学	2011年7月	金融学(国际金融方向)

附　　录

一、文献选编

(一)中国银行业监督管理委员会新疆监管局关于呼图壁县农村信用合作联社开业的批复

呼图壁县农村信用合作联社筹建工作领导小组：

你筹建工作领导小组《关于呼图壁县农村信用合作联社(统一法人社)开业的请示》(呼信发〔2006〕130号)和《关于呼图壁县农村信用合作联社理事和高级管理人员任职资格进行审核的请示》(呼信发〔2006〕136号)收悉。现批复如下：

一、同意呼图壁县农村信用合作联社开业,并核准《呼图壁县农村信用合作联社章程》。

二、该联社为合作制农村信用合作联社,实行一级法人、统一核算、分级管理、授权经营的管理体制。

三、该联社注册资本金为人民币2862万元;住所为呼图壁县东风大街61号。

四、核准刘怀强的理事长任职资格,核准叶斌、谢会同、张志豪、王惠琴的副主任任职资格。同意刘怀强、叶斌、谢会同、匡玉林、罗文辉、王多明、贺云龙、何建斌、刘娟、李贵泉、柯永福为该联社第一届理事会理事。

五、核准该联社业务范围:(一)办理存款、贷款、票据贴现、国内结算业务;(二)办理个人储蓄业务;(三)代理其他银行的金融业务;(四)代理收付款项及受托代办保险业务;(五)买卖政府债券;(六)代理发行、代理兑付、承销政府债券;(七)提供保险箱服务;(八)由县联社统一办理资金融通调剂业务;(九)办理经中国银行业监督管理委员会批准的其他业务。

六、该联社接受银行业监督管理机构的监督和管理,定期向银行业监督管理机构报送会计报表、统计报表和其他业务资料。

该联社自文到之日起60日内持此文及其他申领许可证的材料,到昌吉监管分局领取金融许可证;并持金融许可证到当地工商行政管理部门领取企业法人营业执照。

二〇〇六年十二月二十二日

附：

关于呼图壁县农村信用合作联社（统一法人社）开业的请示

新疆银监局：

根据《农村信用社以县(市)为单位统一法人工作的指导意见》(银监发〔2003〕12号)、《中国银行业监督管理委员会关于印发〈县(市)农村信用合作联社组建审批工作指引〉的通知》(银监发〔2005〕58号)和《关于同意筹建呼图壁县农村信用合作联社的批复》(新银监复〔2006〕29号)，呼图壁县农村信用合作联社筹建工作小组在昌吉监管分局、自治区联社的指导下，在地方政府及相关部门的支持下，加强领导，精心组织，统筹安排，按照组建方案稳步实施，完成了各项筹建工作。

一、组织发起人认购全部股金，并聘请中介机构进行了验资。

新疆银监局批准筹建呼图壁县农村信用合作联社（以下简称统一法人社）后，筹建工作小组组织发起人认购了全部股金。原农村信用社和县联社老社员在自愿前提下，将老股金转为统一法人社新股金；老社员增资、新的发起人认购股金的资金全部是自有货币资金，且来源合法、真实。筹建工作小组聘请有相应资质的新疆瑞新会计师事务所进行了验资，出具了验资报告。截至2005年12月31日，呼图壁县农村信用合作社联合社注册资本为1118万元，股本金为3021.53万元,其中法人股515.63万元，占股金总额17.07%；自然人股（含职工）2505.9万元，占股金总额82.93%。资本充足率13.63%,核心资本充足率12.03%。

二、统一法人社股权设置、资本充足率、核心资本充足率。

统一法人社自然人（含职工）资格股入股起点为100股，每股金额为1元（人民币）；法人股入股起点为10000股，每股金额为1元（人民币）；本联社股金中单个自然人社员（含职工）持股（含资格股和投资股）最高不得超过股本总额的2%，单个法人持股最高不得超过股本总额的10%；自然人持股总额不得少于总股本的50%，其中职工持股总额不得超过股本总额的20%；

截至2006年9月末，股本金2818万元，其中法人股本金349万元，占股金总额12%；自然人股股本金1778万元，占股金总额63%；职工股本金691万元，占股金总额25%；资本充足率12.84%，核心资本充足率11.82%。

三、制定了呼图壁县农村信用合作联社(统一法人)章程草案。

章程草案共八章四十二条，对统一法人社的性质、服务宗旨、办社方向、组织机构、基本职能、财务会计、审计监督、入股社员的权利和义务等方面做出了明确的规定，其内容充分体现了合作制的原则和为“三农”服务的宗旨。

四、按程序召开了呼图壁县农村信用合作联社（统一法人）创立大会。

2006年10月22日召开了呼图壁县农村信用合作联社创立大会暨第一届社员代表大会，会议按程序选举产生了理事会、监事会。

在召开创立大会前合规民主推选了第一届社员代表大会代表。以职工、社会自然人和企业法人的入股比例为基础，严格按照规定选举产生了70名社员代表。其中职工社员代表28名，占40%；社会自然人社员代表37名，占52.9%；企业法人及其他经济组织社员代表5名，占7.1%。

五、高级管理人员、理事会、监事会组成及通过的各项决议情况。

创立大会暨第一届第一次社员代表大会审议通过了《统一法人筹建工作报告》《章程(草案)》《社员代表大会议事规则》《第一届理事会理事和监事会监事选举办法》。社员代表大会选举产生了第一届理事会理事11人。其中职工理事5人,占45%;其他自然人、法人理事6人,占55%。选举产生了第一届监事会监事5人。其中职工监事4人,占80%,其他监事1人,占20%。

第一届理事会、监事会分别召开了第一次理事会会议和第一次监事会会议,第一次理事会审议通过了《理事会议事规则》《理事长选举办法》《主要内部管理制度的决议》。按照法定程序和条件,理事会选举刘怀强同志拟任呼图壁县农村信用合作联社(统一法人)理事长;经理事长提名,理事会讨论决定聘任叶斌同志、谢会同同志、张志豪同志、王惠琴同志任呼图壁县农村信用合作联社(统一法人)副主任。第一次监事会审议通过了监事会议事规则,同时将以上人员任职资格报银行业监督管理部门进行审批。理事会、监事会还形成了合法、有效的其他相关决议。

六、制定、通过了经营方针及计划和主要管理制度。

制定、通过了《呼图壁县农村信用合作联社(统一法人)经营方针和业务发展规划》。按照自治区联社的统一规定通过了《财务管理实施办法》《人事劳资管理办法》《稽核管理办法》《安全保卫管理办法》和《信贷管理办法》。

七、呼图壁县农村信用合作联社及其分支机构营业场安全设施符合公安、消防和行业管理部门规定的标准。

八、经自治区联社和昌吉监管分局同意后,向呼图壁县工商行政管理局申请设立的统一法人机构名称为:呼图壁县农村信用合作联社。

九、申请经营的业务范围:

(一)吸收公众存款、发放贷款;

(二)办理国内结算、票据贴现;

(三)代理其他银行的金融业务,代理收付款项及受托代办保险业务,代理发行、代理兑付、承销国债和政策性金融债券;

(四)买卖国债和政策性金融债券;

(五)按银监局规定并经中国人民银行批准从事同业拆借;

(六)提供保管箱服务;

(七)经银监局批准的其他业务。

十、其他需要说明的情况。

(一)职能部门的设置严格按行业管理部门的要求设六部一室。即:业务发展部、会计统计部、稽核监察部、资产保全部、科技信息部、安全保卫部、行政办公室。

(二)呼图壁县农村信用合作联社(统一法人)现有184名(含内部退养10人)工作人员。其中具有大、中专以上学历的人员占88%,从业人员素质符合业务发展的要求。

综上所述,呼图壁县农村信用合作联社筹建工作业已全部完成,特向新疆银监局申请开业。

妥否,请批示。

二〇〇六年十月二十四日

（二）中国人民银行昌吉回族自治州分行关于对申请建立呼图壁农村信用联社报告的批复

农业银行昌吉州中心支行：

你行昌州农银（1988）信字第037号文件《关于建立呼图壁县农村信用联社的报告》收悉，经我们研究同意建立呼图壁县农村信用联社，办理存贷款、结算、代理保险及全县信用社资金调剂、汇划业务。县联社受中国农业银行呼图壁县支行的政策领导和业务指导。

希呼图壁县农村信用联社认真执行金融法规和政策，严格按《章程》办事，实行独立核算、自主经营、自负盈亏，在金融体制改革中不断总结经验，不断完善和提高，更好地为地方经济建设服务。

特此批复。

一九八八年六月三日

（三）呼图壁县农村信用合作社联合社章程（草案）

（2000年）

第一章 总 则

第一条 本联合社定名为呼图壁县农村信用合作社联合社。本联社地址：新疆维吾尔自治区呼图壁县东风大街61号。

第二条 本联合社是在新疆维吾尔自治区呼图壁县境内依法设立的农村信用合作金融组织。

农村信用合作社（以下简称信用社）按照平等互利的原则，出资入股组成，实行民主管理，主要为信用社服务的联合经济组织，是独立的企业法人。

第三条 本联合社依法自主经营、自负盈亏、自担风险、自我约束；以其全部资产对本联社的债务承担责任，依法享受民事权利，承担民事责任。本联社财产和合法权益及依法开展业务经营，受国家法律保护，任何单位和个人不得侵犯和非法干涉。

第四条 本联合社对辖内信用社行使以下管理职能：

（一）根据全国信用社统一的规章制度，制定辖内信用社人事、劳资、信贷、财务、会计、稽核、保卫等方面的具体制度办法并组织实施；

（二）管理辖内信用社人事、劳资，统筹解决信用社职工退休经费；

（三）制定并检查、考核辖内信用社信贷、财务收支计划执行情况，稽核、辅导辖内信用社业务和财务；

（四）监察、处理辖内信用社案件，组织指导辖内信用社做好安全保卫工作；

（五）协调有关方面的关系，维护辖内信用社的合法权益；

（六）综合汇总辖内信用社的会计、统计报表，按规定及时上报；

（七）其他管理职能。

第五条 本联合社为辖内信用社提供以下服务：

(一)组织辖内信用社之间的资金调剂；

(二)经中国人民银行批准，参加资金市场，为辖内信用社融通资金；

(三)办理或代理辖内信用社的资金清算和结算业务；

(四)组织管理辖内信用社的社团贷款；

(五)组织做好辖内信用社的现金供应和回笼；

(六)筹集、管理辖内信用社风险防范基金；

(七)组织辖内信用社职工培训教育；

(八)组织经验交流，为辖内信用社提供各种信息咨询服务；

(九)其他服务职能。

第六条 本联合社遵守国家法律、法规和金融方针政策，主要任务是对辖内信用社进行管理和服务。本联社开展业务经营，坚持不与信用社竞争的原则。

第七条 本联合社依法接受中国人民银行的监督管理，接受行业统一的业务制度管理。

第二章 注册资本

第八条 本联合社注册资本为人民币478.93万元，其中下列社员出资入股：

二十里店农村信用社48万元；

园户村农村信用社82万元；

五工台农村信用社45万元；

大丰农村信用社42万元；

雀尔沟农村信用社5万元；

石梯子农村信用社5万元；

银星城市信用社40万元。

第三章 股　金

第九条 本联合社股金每股一元人民币。每个社员至少入五股，最高不得高于联社股金额的20%。

第十条 本联合社社员必须用货币资金入股，不得以债权、实物资产、有价证券等折价入股。本联社社员不能退股。

第十一条 本联合社使用记名式股金证，作为社员资格证明和股金所有权证明。社员不能以股金证在本联社以外设定质押。

第四章 社　员

第十二条 凡辖内的农村信用社，承认本联社章程，承担社员义务，办理社员登记手续后，即成为本联社的社员。

本联合社职工可以集中资金向本联社入股。在入股职工中，3人选举一名代表参加联社社员大会。

其他法人和自然人不得向县联社入股。

第十三条 本联合社社员的权利：

(一)参加社员大会并有选举权和被选举权；

(二)参与本联合社重大事项决策的权利；

(三)接受本联合社服务的权利；

(四)按本联合社章程规定，接受利润返还的权利；

(五)监督本联合社经营状况和财务状况的权利；

(六)监督本联合社各项工作并提出建议、批评和质询的权利；

(七)参加本联合社举办的学习、培训教育及经验交流的权利；

(八)本联合社依法破产后参加剩余财产分配的权利；

(九)本联合社章程规定的其他权利。

第十四条 本联合社社员的义务：

(一)遵守本联合社章程及各项规章制度，执行社员大会和理事会决议；

(二)缴纳股金；

(三)以缴纳的股金为限对本联合社承担有限责任；

(四)按期交纳管理费；

(五)维护本联合社公共利益，保护本联社财产；

(六)支持本联合社各项业务开展，协助本联社扩大资金来源和回收贷款；

(七)做好本联合社委托的各项业务；

(八)接受本联合社的管理；

(九)参加本联合社举办的活动；

(十)本联合社章程规定的其他义务。

第十五条 对本联合社发展作出突出贡献的社员，本联合社给予精神鼓励和物质奖励；对违反本联合社章程的社员，本联合社予以批评教育。

第五章 组织机构

第十六条 本联合社实行民主管理，社员大会是权力机构，由全体社员组成。

第十七条 社员大会每年至少举行一次，由本联合社理事会召集，社员的法定代表人参加，理事会认为必要时，经二分之一以上理事提议，或有三分之一以上的社员提议，可以临时召集联社社员大会。表决时每个社员一票。

第十八条 社员大会行使下列职权：

(一)制定和修改本联合社章程；

(二)审议和更换理事、监事；

(三)审议和批准理事会、监事会工作报告；

(四)审议本联合社的发展规划和对辖内信用社业务的管理办法；

（五）审定和批准本联合社年度财务预、决算方案、利润分配方案和亏损弥补方案；

（六）对本联合社的分立、合并、解散和清算等事项作出决议；

（七）对本联合社其他重大事项作决议。

第十九条 章程的修改，本联合社的分立、合并、解散和清算，要经社员大会以全体社员的三分之二以上多数通过；其他方案必须经过社员大会以全体社员的二分之一以上多数通过。

第二十条 本联合社理事会是社员大会常设执行机构，由七名理事组成。理事由社员大会选举和更换，理事会每届任期三年，可连选连任，理事会会议由理事长召集和主持，每半年召开一次，必要时可随时召开。

第二十一条 理事会行使下列职权：

（一）召集社员大会，并向社员大会报告工作；

（二）执行社员大会决议；

（三）审定本联合社的经营方针、年度业务经营计划；

（四）批准本联合社内部管理制度；

（五）批准本联合社的人员管理制度和奖惩制度；

（六）聘任和解聘联合社主任、副主任；

（七）审议本联合社年度财务预、决算方案和利润分配方案；

（八）批准本联合社机构设置及调整方案；

（九）提出联合社的分立、合并、解散、清算等重大事项的计划和方案；

（十）章程规定和社员大会授予的其他职权。

第二十二条 理事会决议须经半数以上理事表决通过，理事会理事长、副理事长的选举和更换，须经全体理事三分之二以上的多数通过。

第二十三条 理事会设理事长一人，主持理事会工作；副理事长一至二人，协助理事长工作。理事长、副理事长由理事会选举产生，可连选连任。

第二十四条 本联合社设监事会，由五名监事组成。每届任期与理事会相同，行使职权至社员大会选出新的一届监事为止。

第二十五条 本联合社监事由社员代表、职工代表组成。由社员大会选举和罢免，理事、主任、副主任和财务负责人不得兼任监事。

监事会会议由监事长召集和主持，每半年召开一次，必要时可随时召开。

监事会设监事长一人，主持监事会工作，由监事会选举和更换，可连选连任。

第二十六条 监事会行使下列职权：

（一）向联合社社员大会报告工作；

（二）派代表列席理事会会议；

（三）监督联合社执行国家法律、法规、政策；

（四）监督联合社履行其对农村信用社的管理、协调、指导和服务职责；

（五）对理事会决议和主任的决定提出质询，并要求复议；

（六）监督联合社的经营管理和财务管理；

(七)联合社章程和社员大会授予的其他职权。

第二十七条 监事会决议须经全体监事的二分之一以上多数通过,重大事项须经全体监事的三分之二以上多数通过;

第二十八条 本联合社实行理事会领导下的主任负责制。设主任一人,为法定代表人,副主任一至二人。主任人选按《农村信用合作社县级联合社管理规定》的有关程序产生,由理事会聘任、可连聘连任。主任、副主任可以由理事长或副理事长兼任。

第二十九条 主任全面负责本社的管理经营,并行使下列职权:

(一)负责管理辖内信用社的业务活动,提出工作方案并组织实施,保证辖内信用社顺利开展业务并健康发展;

(二)主持县联合社的管理经营工作,组织实施理事会的决议;

(三)拟定联合社内部管理制度草案;

(四)拟定县联合社发展规划和经营计划草案;

(五)拟定县联合社年度财务预、决算方案和利润分配方案;

(六)提出符合县联合社特点的人员管理制度和奖惩制度草案;

(七)拟定县联合社内部机构设置及调整方案;

(八)决定对内部工作人员的奖惩;

(九)推荐副主任人选,报理事会审议;

(十)任免县联合社的中层管理人员;

(十一)根据县联合社人员管理制度和工资制度聘任或解聘职工;

(十二)章程规定和理事会授予的其他职权。

第三十条 本联合社理事长、副理事长、主任、副主任不得在党政机关任职,不得兼任其他企事业单位的高级管理人员,不得从事除本职工作以外的其他任何以盈利为目的的经营活动。

第六章 业 务

第三十一条 本联合社经中国人民银行批准,经营下列业务:

(一)办理存款、贷款、票据贴现、国内结算业务;

(二)办理个人储蓄业务;

(三)代理其他银行的金融业务;

(四)代理收贷款项及委托代办保险业务;

(五)买卖政府债券;

(六)代理发行、代理兑付、承销政府债券;

(七)提供保险箱业务;

(八)按照中国人民银行的规定从事同业拆借;

(九)办理经中国人民银行批准的其他业务。

第三十二条 县联合社执行中国人民银行和全国农村信用社统一的结算制度,按照中国人民银行的规定,组织本县农村信用社的县辖结算,办理同域和异地结算业务。

第七章 财务会计

第三十三条 本联合社执行国家统一制定的农村信用社财务会计制度，并按照国家有关规定，建立、健全财务制度。本联合社在每一会计年度终了时按规定制作财务会计报告，并汇总全辖信用社的会计报表，及时报送中国人民银行。

第三十四条 本联合社的财务会计报告在召开社员大会五天以前置备于本联社，供社员查阅。

第三十五条 本联合社依法纳税，税后可分配利润归全体社员所有，并按下列顺序分配：

（一）提取法定盈余公积金10%；

（二）提取公益金，按税后利润的5%提取；

（三）提取员工劳动分红基金，按税后利润的5%~10%提取；

（四）股金分红和按交易量返还利润，按不超过税后利润的50%~70%提取，其中股金分红部分不超过税后利润的50%。

利润返还部分按社员与本社的交易量（按活期存款年平均余额计算）大小返还。

第三十六条 本联合社的盈余公积金可用于弥补亏损或转增资本金；转增资本金时，以转增后留存联合社的盈余公积金不少于注册资本的25%为限，并按照股本结构公平扩增每股权益价值，向社员公告。

第三十七条 本联合社除法定的会计账册外，不得另立会计账册。对本联合社资产，不得以任何个人名义开立账户存储。

第三十八条 本联合社聘请中国人民银行认可的会计师事务所对本联社财务报表及财务状况进行审查。

第三十九条 本联合社定期向理事会和监事会报告财务状况。

第八章 终止与清算

第四十条 本联合社因分立、合并需要解散的，由理事会提出议案，并附解散的理由、解散的清算方案，召集临时社员大会作出决议，经中国人民银行批准后按有关规定予以实施。

本联合社的撤销、破产的清算按《农村信用合作社县级联合社管理规定》执行。

第九章 附　则

第四十一条 本章程未尽事宜，按《农村信用合作社县级联合社管理规定》办理。

第四十二条 本章程报中国人民银行批准后，经本联合社社员大会审议通过，由理事会发布实施。

第四十三条 本章程解释权属本联合社理事会，修改权属本联合社社员大会。

（四）呼图壁县农村信用合作联社章程

（2012年）

第一章 总 则

第一条 本联社名称呼图壁县农村信用合作联社。本联社住所：呼图壁县东风大街61号。

第二条 本联社是在呼图壁县境内依法设立的、由社员入股组成、实行社员民主管理、主要为社员、为农业、为农村经济服务的合作金融组织。

第三条 本联社是独立的企业法人，依法享有民事权利，承担民事义务，以本联社全部资产对外承担有限责任。

第四条 本联社的经营活动，除中国银监会及其派出机构有特别规定外，均在本市范围内开展。本联社主要为社员提供金融服务，在充分满足本联社社员正当资金需求的前提下，剩余资金可用于非社员（本联社社员是指已在本联社入股的自然人和法人）。

第五条 本联社坚持入社自愿、社员所有、利益共享、风险共担、民主管理、勤俭办社的原则。

第六条 本联社下设信用社均为非独立核算的分支机构，在本联社授权范围内依法、合规开展业务，其民事责任由本联社承担。

本联社按照“统一法人、授权经营、分级核算、单独考核”的原则，对分支机构实行财务统一核算，人员统一调配，财产统一管理，资金统一调度，所得税、费统一缴纳。

第七条 本联社遵守国家法律、法规和规章，贯彻执行国家金融方针政策，依法接受中国银行业监督管理委员会各级派出机构的监督管理，执行行业统一的业务、财务、会计、劳动工资等规章制度。

第二章 经营范围

第八条 经银监局批准，本联社可以经营下列业务：

（一）吸收公众存款、发放贷款；

（二）办理国内结算、票据贴现；

（三）代理其他银行的金融业务，代理收付款项及受托代办保险业务，代理发行、代理兑付、承销国债和政策性金融债券；

（四）买卖国债和政策性金融债券；

（五）按银监局规定并经中国人民银行批准进行从事同业拆借；

（六）提供保管箱服务；

（七）经银监局批准的其他业务。

第九条 本联社执行全国农村信用社统一的结算制度，按照银监局规定，组织本市的市辖结算，办理同城和异地结算业务。

第三章 社 员

第十条 本联社分为个体社员、团体社员和职工社员。凡本市的农户及居民，承认本联社《章程》，承担社员义务，均可申请入社，按规定缴纳股金后，成为本联社个体社员。

凡本市的各类具有法人资格的经济组织，承认本联社的《章程》，承担社员义务，均可申请入社，经本联社审查同意后，按规定缴纳股金后成为本联社团体社员。

本联社职工应按规定缴纳股金，成为本联社职工社员。

第十一条 社员的权利

（一）选举权和被选举权；

（二）获得本联社金融服务的优先权和优惠权；

（三）对本联社工作及工作人员提出建议、批评，进行监督或质询；

（四）享有股金分红权；

（五）本联社依法破产后参加剩余财产分配的权利；

（六）享有本联社为社员举办的文化等公益事业的权利；

（七）本联社《章程》规定的其他权利。

第十二条 社员义务

（一）遵守本联社《章程》及各项规章制度，执行社员代表大会、理事会的决议；

（二）缴纳股金；

（三）以缴纳股金为限对本联社的债务承担责任；

（四）维护本联社的利益和信誉，支持本联社的合法经营；

（五）在本联社开户，积极存款；

（六）本《章程》规定的其他义务。

第四章　资本金

第十三条 农村信用社股本金分为自然人股（含内部职工股）和法人股两种。股本金每股为1元人民币，自然人股东起点金额为20万元，法人股东起点金额为100万元。新增单一自然人股东持股比例不得低于股本金总额的5‰，单个自然人持股最高不得超过股本金总额的2%；单个法人股东不得低于1%，单个企业法人及其关联企业持股金额合计不得超过股本总额的10%；本联社职工的持股合计比例不超过股本金总额的20%，法人股东持股合计比例不低于股本金总额的40%，其中要有3~5家持股比例5%以上的股东。

第十四条 本联社的集体资本金是由联社历年积累按规定程序转作实收资本所形成的资本金。

第十五条 本联社的注册资本金为人民币15732.627万元，其构成如下：

（一）法人股股本金5399.04万元，占股本金总额的34.32%；

（二）自然人股股本金10333.587万元，占股本金总额的65.68%；其中职工股股本金2358万元，占股本金总额的14.99%。

第十六条 募集股本金一律是货币资金，不得以债权、实物资产、有价证券折价入股，不得以金融机构贷款入股，不与工商企业或其他金融机构之间以换股形式相互入股。

第十七条 入股社员使用记名式股金证作为社员资格证明、股金所有权证明和分红依据，股本金只能参与分红，不保息，不得退股，股本金也不得作为贷款的质押物。

第十八条 农村信用社股本金实行股本与利益挂钩，风险共担，可以相互转让或依法继承。股东可以转让其全部股权，也可以只转让部分股权，转让部分股权时，其剩余股金余额不得低于联社规定的最低出资额。股本金继承时，由股东的合法继承人提出继承申请，并出示其拥有合法继承权的证明方可办理继承手续。

第五章 组织机构

第十九条 本联社实行民主管理，其权力机构是社员代表大会。社员代表大会由社员代表组成。社员代表按社员人数的一定比例，由社员选举产生。非职工自然人和法人社员代表人数不得低于代表总数的60%，本联社管理部门职工代表人数不得超过代表总数的10%，每届任期三年。表决时每个社员代表一票。

第二十条 社员代表大会由理事会召集，每年召开一次。经半数以上理事提议，或三分之一以上社员代表提议，理事会可临时召集社员代表大会。

第二十一条 社员代表大会行使下列职权：

（一）制定和修改《章程》；

（二）选举和更换理事、监事；

（三）审议批准理事会、监事会工作报告；

（四）审议批准本联社年度财务预算方案、利润分配方案和弥补亏损方案；

（五）对本联社的分立、合并、解散和清算等重大事项作出决议；

（六）对本联社其他重大事项作出决议。

第二十二条《章程》的修改，本联社分立、合并、解散和清算，理事、监事的选举更换等重大事项，须经社员代表大会全体代表的三分之二以上多数通过。其他议案须经社员代表大会全体代表的二分之一以上多数通过。

第二十三条 本联社设理事会。理事会是社员代表大会的常设执行机构，由9至13名理事（奇数）组成，非职工自然人和法人社员代表担任理事人数不得低于三分之一。理事由社员代表大会选举产生或更换，每届任期三年，可连选连任。

第二十四条 理事会会议由理事长召集和主持，每半年召开一次，必要时可随时召开。

第二十五条 理事会行使下列职权：

（一）召集社员代表大会，并向社员代表大会报告工作；

（二）执行社员代表大会决议；

（三）审定本联社的发展规划、经营方针、年度业务经营计划；

（四）批准本联社的内部管理制度；

（五）批准本联社的人员管理制度和奖惩制度；

（六）选举、更换理事长；

（七）聘任、解聘本联社主任、副主任；

（八）审议本联社年度财务预、决算方案、利润分配方案和弥补亏损方案；

（九）批准本联社的内部职能部门设置和调整方案，审议分支机构的设置及调整方案；

（十）提出本联社合并、分立、解散等重大事项的计划和方案；

（十一）《章程》规定和社员代表大会授予的其他职权。

第二十六条 理事长的选举和更换，须经理事会全体理事的三分之二以上多数通过，其他方案须经全体理事的二分之一以上多数通过。

第二十七条 理事会设理事长1名，主持理事会的工作。理事长由理事会选举产生，可连选连任。理事长为联社法定代表人。

第二十八条 理事长行使以下职权：

（一）主持社员代表大会，主持、召集理事会会议；

（二）负责本联社的日常工作；

（三）检查理事会决议的实施情况；

（四）签署本联社股金证；

（五）签署本联社主任和副主任聘书；

（六）对联社业务的合法、合规性进行监督；

（七）社员代表大会和理事会授予的其他权利。

第二十九条 本联社设监事会，监事会是本联社的监督机构，由5至9名（奇数）监事组成。监事由社员代表大会选举产生和更换，每届任期与社员代表大会相同。本联社理事、主任、副主任和财务负责人不得兼任监事，职工监事和团体监事不少于三分之一。

第三十条 监事会会议由监事长召集和主持，每半年召开一次，必要时可随时召开。

第三十一条 监事会行使下列职权：

（一）向社员代表大会报告工作；

（二）派代表列席理事会会议；

（三）监督本联社执行国家法律、法规、政策；

（四）监督本联社经营管理、财务管理及对分支机构的管理、协调和指导；

（五）对理事会决议和主任的决定提出质询，并要求复议；

（六）《章程》规定和社员代表大会授予的其他职权。

监事会设专职监事长1名，主持监事会工作。监事长由监事会选举和更换，可连选连任。监事长列席理事会会议。

监事长的选举和更换，须经全体监事的三分之二以上多数通过，其他议案须经全体监事的二分之一以上多数通过。

第三十二条 本联社实行理事会领导下的主任负责制。设主任1名，副主任2至3名。主任、副主任由理事会聘任，可连聘连任。主任与理事长分设（或者主任由理事长兼任）。

第三十三条 主任负责本联社日常的经营管理工作，行使下列职权：

（一）组织实施理事会决议，负责管理辖区内的业务活动；

（二）拟定内部管理制度草案；

（三）拟定发展规划、经营方针和经营计划草案；

（四）拟定年度财务预决算方案和利润分配方案；

（五）拟定内设部门和分支机构设置及调整方案；

（六）决定对内部工作人员的奖惩；

（七）向理事会推荐副主任人选；

（八）聘任和解聘中层管理人员；

（九）根据员工管理制度聘任和解聘员工；

（十）《章程》规定和理事会授予的其他职权。

第三十四条 本联社理事长、副理事长、主任、副主任及其他主要管理人员不得在党政机关任职，不得兼任其他企、事业单位的高级管理人员，不得从事除本职工作以外其他任何以盈利为目的的经营活动。

第六章 财务会计

第三十五条 本联社执行国家统一制定的农村信用社财务会计制度，并按照国家有关规定，建立、健全财务制度。在每一会计年度终了时按规定制作财务会计报告，向银监局报送会计报表。财务会计报告包括下列财务会计报表及附属明细表：

（一）业务状况表；

（二）资产负债表；

（三）损益表；

（四）利润分配表；

（五）决算说明表。

第三十六条 本联社的财务会计报告在召开社员代表大会五天以前置备于本联社，供社员代表查阅。

第三十七条 税后利润按下列顺序分配：

（一）弥补以前年度亏损；

（二）提取法定盈余公积。法定盈余公积按不低于税后利润（减弥补亏损，下同）10%的比例提取，法定盈余公积累计达到注册资本的50%时，可不再提取；

（三）提取一般准备金，不低于10%；

（四）提取任意公益金。公益金的提取比例原则上不得超过法定盈余公积金的提取比例；

（五）社员分配利润。

第三十八条 本联社的盈余公积可用于弥补亏损和转增资本；法定盈余公积金按规定转增资本金后，留存的法定盈余公积不得少于实收资本的25%。

第三十九条 本联社除法定的会计账册外，不得另立会计账册。本联社资产不得以任何个人的名义开立账户存储。

第七章 终止和清算

第四十条 本联社因分立、合并需要解散时，由理事会提出方案，并附解散的理由、解散的清算方案，召集临时社员代表大会作出决议，报银监局批准后实施。本联社被依法撤销或关闭、被宣告破产，清算依照国家有关规定执行。

第八章 附 则

第四十一条 本章程报银行业监管部门核准后，经本联社社员代表大会审议通过，由理事会发布实施。

第四十二条 本章程解释权属本联社理事会，修改权属本联社社员代表大会。

（五）呼图壁县农村信用合作联社营业窗口服务规范

（2006年8月17日）

一、服务环境规范

1.农村信用社、分社、联社营业部等营业窗口的社容、社貌必须使用联社统一装饰规范，机构牌、营业时间牌、利率牌等悬挂齐全、端正。临时宣传条幅悬挂要端正、得体、适时收下（一般不超过20天）。外行业广告张贴应及时洗刷，做到环境整洁、美化。否则，扣罚该营业网点负责人每次50元。

2.保持营业厅内外卫生，做到无纸屑、果皮等杂物。否则，扣罚网点负责人每次50元（门前不允许有摆摊现象，一经发现应及时纠正，难以解决的，以书面形式向联社反映，以便协同解决）。

3.保持柜台内外各种办公物品摆设有序，营业厅墙壁可悬挂地方党政机关、金融系统、本社系统授予的最高荣誉奖牌，时间在近五年内为限；营业执照、金融许可证等必须整齐定位，与办公无关的物品不上柜面。否则，扣罚网点负责人每次50元。

4.向社会公布“服务承诺”。柜台上应设置“顾客意见簿”“服务监督岗”，内容应及时更正、充实。否则，扣罚该网点负责人每次50元。

5.保证日常所需凭条种类齐全、分类排列、方便使用。否则，扣罚责任人每次50元。

二、服务设施规范

1.营业场所必须做到“四净三无”，即地面净、墙壁净、门窗净、桌椅净；无灰尘蛛丝、无纸屑垃圾、无堆放杂物（包括电脑设备周围不得放置危及设备安全的物品，如水杯和细小金属物等）。否则，扣罚该网点负责人每次50元。

2.营业厅柜台外应配备便于客户书写凭条的座椅和笔墨，为客户无偿提供茶水服务。柜台上应配置验钞器具。否则，扣罚该网点负责人每次50元。

3.营业柜面应摆密码键盘、点钞机显示器等，在办理业务过程中以便顾客有效监督。否则，扣罚责任人每次50元。

4.报警器、灭火器、电击棍等安全防卫器材应保持处于良好的工作状态，营业人员应通晓基本的使用操作方法。

三、接待客户规范

1.客户临柜时，员工应主动站立（除正在为客户办理业务外），熟练应用服务用语，微笑迎接，主动招呼，问明事由后，方可坐下办理业务。无论工作忙闲，在接单和交单时，员工都应站立，微笑迎接或道别，对于顾客的提问应该耐心解答，给客户一个满意的答复。否则，每发现一次扣罚当事人50元。

2.临柜人员遇到以下几种情况时，尤其必须站立服务：接待老、幼、病、残客户时；存款填写凭证与钱数不符时；取款递交的凭证、单据有疑问时；客户对工作提出建议或批评时。否则，每发现一次扣罚当事人50元。

四、服务用语规范

1.在办理业务过程中应讲究语言艺术，语气亲切、礼貌，说话时音量适中，语句清晰，并注意在不同场合运用适当的语言及称谓，在办公和营业场所须保持安静、和谐，不可喧哗。否则，每发现一次扣罚当班人50元。

2.在使用电话办理业务、接受咨询时语气平和，坚持使用“十字”文明用语：您好、请、对不起、感谢、再见。接电话时应主动问候“您好”，否则每发现一次扣罚当事人50元。

3.对同事、客户用语平和，语气规范，不讲粗话、脏话，不得与客户争吵、谩骂，若确因顾客过于激动或有不文明举动，应灵活机巧劝说客户或及时向领导汇报妥善处理。否则，每发现一次扣罚当事人50元。

五、服务态度规范

1.柜台服务必须坚持：存款取款一样主动；代他业务一样办理；生人熟人一样热情；大额小额一样欢迎；忙时闲时一样耐心；表扬批评一样诚恳。否则，每违反一次扣罚当事人50元。

2.当客户咨询时，应主动介绍储种办理程序，若本社未开办的业务，应向客户说明情况。否则，每违反一次扣罚当事人50元。

3.交给客户钱、折、单时，动作要轻，不扔不摔；对临下班前办理业务的客户应不急不躁，热情受理。否则，每发现一次扣罚当事人50元。

4.在任何情况下，不得与客户发生争执，如属客户原因应理智解释，或由领导出面调解，否则处罚当事人100元，并向客户赔礼道歉。

六、服务质量规范

1.临柜人员应按章操作，熟悉业务，尽量减少差错，并按规定时限办理每笔业务，做到“及时、认真、准确、快捷”。

2.顾客提交凭证要素不齐全或有误时，经办人员应主动使用文明用语要求客户更改，如未能审查发现纠正而受理者，每发现一次扣罚当事人50元。

3.收、付款时不认真识别而收入或付出假钞者除按照假钞面额自赔外，并对经办、复核人员各再罚款100元。

4.付给客户的现钞如符合整理成捆的应捆扎腰条，并加盖经办人员名章。否则，一经发现每把扣罚责任人10元。

5.交给客户的凭条必须要素齐全、字迹清晰并加盖业务公章、经办人员印章。否则，扣罚责任人50元。

6.客户当场发现付出钞票中有短缺时，每短缺一张扣罚有关责任人每人100元。

7.临柜人员应确保利息计算准确。否则，每差错一笔扣罚责任人100元（属电脑程序错误，未通知用手工计算之前除外）。

8.在票面基本整齐的情况下，不得拒收客户现金，更不得因备用金不足而拒付客户现金，由此发生客户投诉事件，一经查实，处罚当事人200元。

七、服务技能规范

1.临柜人员必须熟练掌握本社开办的各项业务及具体程序；能够准确识别假钞及伪造涂改的凭证。否则，发生事故除扣罚责任人500元外，还应视情节轻重给予处分。

2.临柜人员应加强岗位练兵，熟练掌握本岗位业务操作规程；熟练操作本岗位各种电子设备。同时，必须掌握会计、出纳制度和与业务相关的电子计算机应用知识等，若在抽查中未能正确回答以上相关知识的，每次扣罚责任人10元。

八、仪表服饰规范

1.全社员工必须统一着装，服装整洁、得体，衣冠整齐，不敞胸露怀，不穿拖鞋上岗。否则，每违反一次扣罚责任人50元。

2.员工必须挂牌上岗，定位佩戴在胸前，不斜不脏。否则，每违反一次罚款当事人50元。

3.仪表大方得体。男职工应保持面部整洁，不蓄长发，不留胡须。女员工宜化淡妆，不浓妆艳抹；佩戴饰物要简洁，不得佩戴过分耀眼的首饰，不得有怪异发型，不得戴有色眼镜从事工作。否则，每违反一次扣罚当事人50元。

九、劳动纪律规范

1.认真执行国家金融政策、法规，不泄露国家机密、商业秘密；客户的账号、户名、密码和存款数额应严格按储蓄业务操作规程和有关制度办理。违章操作者，罚款500元，并视情况追究经办人员有关责任。

2.各营业网点公布的营业时间，不准随意更改，不准擅自停止营业或提前停业关门，员工要按时上班，不迟到，不早退，有事须事前办理请假手续，不得擅自代班代岗，违者每次扣罚责任人500元。

3.营业期间在营业厅里不准吸烟；不得趴在桌上或斜躺在柜台边，不准坐在办公桌上；不准擅自离岗、串岗聊天，除查询规章制度汇编及有关文件外，不准阅读书籍、报刊等；不准在柜台内吃零食或打瞌睡；不得收听收音机、“随身听”，收看电视机；不准占用电话聊天；不准酗酒后上班，更不准在营业场所喝酒、猜拳、打牌；严禁外部人员进入柜台内。否则，每违反一项扣罚责任人500元。

4.不准违规经营，不得以工作之便为单位或个人谋取私利，贪占客户利益或乱收手续费，违者每次扣罚责任人500元。

5.严禁隐瞒包庇工作中出现的差错，发现内部有违规、违纪行为必须及时报告，确保资金安全运行。否则，每违反一次扣罚责任人500元，并追究经办人员责任。

6.擅自离开岗位或因网络故障和业务需要暂不能办理业务的，应在柜前放置“暂不办理业务”牌，致使客户长时间等候被投诉者，一经查实，处罚责任人200元。

7.因服务态度问题致使客户投诉，一经查实，处罚责任人200元，并处罚营业网点负责人100元。

8.网点负责人应做到每天上班前检查工作人员的仪容仪表是否合规，并及时纠正不轨行为，做好检查记录，否则处罚负责人50元。

十、附则

信用社主任、分社负责人应积极引导和督促职工严格执行本规范，否则对本单位上岗人员的违规行为负有直接领导责任。因此,在对违规职工处罚款的同时,亦将相应对该信用社主任、分社负责人处以一半的罚款,并向联社写出书面检查。

本规范自下发之日起执行。

二、资料选辑

(一)2013~2014年呼图壁县农村信用合作联社大事记

2013年

1月8日,呼图壁县信用工程领导小组授予石梯子乡A级信用乡镇荣誉称号,这是北疆地区首个成功创建的少数民族牧区信用乡镇。

1月22日,陈志高、张闫、柳茂军代表县联社前往美华社区为城市解困帮扶对象吐尔迪·亚库甫送去大米、面粉各1袋、清油5公斤以及慰问金500元。

1月23日,刘怀强、陈志高率县联社慰问小组,带着节日慰问品,慰问县武警消防中队官兵。

1月24日,朱智岗等一行5人带着羊肉和酸奶,前往县联社敬老助老结对共建单位——呼图壁县敬老院,看望和慰问孤寡老人,并与院领导和老人们亲切座谈,共庆新春佳节。

1月25日,县联社近年新招聘大学生员工座谈会在联社三楼会议室召开,全辖20个营业网点的64名新招大学生员工参会。

1月29日,县联社荣获昌吉州2012年金融统计工作评比第二名,受到人民银行昌吉州中心支行表彰和奖励。

1月30日,县联社2012年度总结暨表彰大会在县五洋酒店召开。县委副书记张明清、县政协党组书记王红及县人大副主任李江豫会上对2012年度农村信用社的工作给予肯定,对受到表彰的21个先进单位及先进个人表示祝贺,对今后的工作提出希望和要求。

2月6日,县联社招商客户部、个人贷款业务部、纪检监察部成立。

2月22日,县联社业务发展部更名为公司业务部。

3月1日,传达自治区农村信用社2013年工作会议精神大会在县联社召开,县联社领导班子成员、各部室负责人及全辖20个营业网点的主任、委派会计、信贷员共91人参会。会上,荣获自治区联社2012年度的2名优秀共产党员、1名先进个人,2名农牧区优秀客户经理、2名女职工建功立业标兵受到表彰。

是日,原业务发展部印章作废停用。

是日,纪检监察部、公司业务部、个人贷款业务部、招商客户部4部门印章开始启用。

3月5日，共青团呼图壁县农村信用合作联社委员会第一次团员代表大会召开，全辖49名团员代表出席大会。大会选举产生共青团呼图壁县农村信用合作联社委员会第一届共青团委员会委员和书记。魏婷、黄文霄、牟新星、爱丽曼·木坤为委员，选举唐志艳为书记。

3月6日，县联社重大突发事件处置领导小组成立，刘怀强任组长，朱智岗、刘娟、陈志高、叶斌为副组长，各部室经理及网点主任为成员，领导小组下设办公室，在安全保卫部。

3月10日，县联社"构建服务标准化网点项目启动大会"召开，联社领导、网点及部室负责人、委派会计和全体柜员共100人参会。

4月3日，呼图壁县信用工程领导小组创建"信用县"推进座谈会在县联社召开，县委组织部及各乡镇主要领导、联社领导刘怀强、朱智岗、各农村信用社主任参会。县委副书记、政法委书记张明清对信用工程创建工作进行总体安排。

是日，呼图壁县信用工程领导小组授予石梯子哈萨克乡为A级信用乡，阿苇滩、东沟村等4个村被命名为信用村并颁牌匾及奖金，自治区联社农贷部副总经理、信用工程办主任任胜，县委副书记、政法委书记张明清到会祝贺。

4月7日，县联社党委决定：审计部、纪检监察部、公司业务部、个人贷款业务部、放款中心、招商客户部的党员组织关系划归机关二支部管理；营业部、银星信用社、百汇信用社、园林路信用社、昌华路信用社党员组织生活划归银星信用社党支部管理；枣园信用社党支部更名为芳草湖信用社党支部。

4月9日，县联社"五小工程"建设推广和实施领导小组成立，刘怀强任组长，朱智岗、刘娟、陈志高、叶斌为副组长，工会委员及各网点负责人为成员。领导小组下设办公室，办公室设在工会委员会，刘娟兼办公室主任，张闫、柳茂军、姚雅洁及各网点负责人为成员。

4月10日，《呼图壁县农村信用合作社志》编纂委员会成立，刘怀强任主任，朱智岗、刘娟、陈志高、叶斌为副主任，唐志艳、闫紫涵、各部(室)经理为委员。下设编辑室，刘怀强主任，陈志高为副主任，刘怀强为社志主编，刘树靖为执行主编，唐志艳为副主编，闫紫涵为编辑，刘树靖为顾问。

4月15日，共青团呼图壁县农村信用合作联社委员会印章开始启用。

4月20日，四川省雅安市芦山县发生7.0级地震后，县联社243名职工向地震灾区共捐款15350元。

4月26日，人民银行昌吉州中心支行货币发行科科长朱启森、昌吉市联社理事长刘福生一行11人抵县联社调研，观摩农民专业合作社的操作运行情况。

4月27日，县联社第五届职工代表大会第十次会议在县联社召开，出席代表75人。会议审议通过《呼图壁县农村信用合作联社2013年绩效考核管理办法》。

5月7日，县联社机关、银星、大丰、五工台、园户村、芳草湖、二十里店信用社团支部成立。

5月9日，经县联社各党支部推荐，党委会审查，团委决定：任命刘尚坤为县联社机关团支部书记，李丽为银星信用社团支部书记，李雪为园户村信用社团支部书记，周嘉星为二十里店信用社团支部书记，杨静为五工台信用社团支部书记，刘静为芳草湖信用社团支部书记，范军涛为大丰信用社团支部书记。

5月22日，二十里店信用社党支部向种牛场中学和小学的4位贫困学生捐助现金2000元。

6月3日，县联社主任朱智岗、县联社信贷部总经理蒋斌与呼图壁镇党委书记刘晓晨、副书记田晓峰就创建信用乡镇和金融服务进村入社区等工作进行调研。

6月14日，县联社《征信业管理条例》暨征信知识宣传月宣传活动在呼图壁县东风大街百汇信用社门前举行。活动期间，悬挂宣传横幅10多条、发送征信宣传资料及本社的业务宣传单1000多份。

6月20日，县联社组织中层领导干部、客户经理、信贷员70多人赴芳草湖监狱参加县检察院组织的金融学院警示教育活动。

6月26日，自治区联社社志督导组郑东辉、刘德润、孙文建一行3人抵县联社指导社志工作。联社党委书记、理事长刘怀强，主任朱智岗，《社志》编辑室全体编辑及各科室经理共40多人参会。

6月26日，呼图壁县信用工程领导小组在镇清泉社区举行呼图壁镇信用工程创建动员大会，县委组织部领导、县联社高管及相关部室、呼图壁镇各社区及工商个体户代表共90多人参会，县联社与呼图壁镇共同签订了《信用工程创建合作协议》。

7月22日，县联社第三届社员代表大会第一次会议召开，72名代表和27名特邀代表参会。会议由呼图壁县委副书记张明清主持。季明、刘铁全、柳茂军、杨国锋、李玉山、王多明、罗存福、孟彪、张新芳等9人当选新一届理事会理事，季明当选理事长，叶斌、张闫、何建斌、李军、徐新柱等5人当选为新一届监事会监事，叶斌当选为监事长。根据自治区联社党委推荐，联社理事会聘任刘铁全为联社主任，陈志高、狄光甫为副主任。

7月24日，经县联社党委会议研究，新一届党委领导班子成员分工如下：季明主持县联社全盘工作，主管党建、理事会、审贷委员会、财务审查委员会、风险管理委员会、审计、人事工作，分管人力资源部。刘铁全主持县联社业务经营与实施发展规划，分管信贷管理部、计划财务部、风险管理部、放款中心、招商客户部。叶斌主持县联社纪律检查委员会、监事会工作，分管党建、审计监察、信访、行业纠风、案件专项治理、工会、共青团、妇女、老干，协助理事长抓好宣传、员工教育培训工作。陈志高分管资产管理部、安全保卫部、办公室、个人贷款业务部、电子银行部，协助县联社主任抓好业务经营管理与县直各部门协调沟通工作。狄光甫分管会计部、公司业务部、兵团客户部和法律法规建设工作，协助县联社主任抓好政府与县直各部门协调沟通工作。

7月25日，因人事变动，季明为县联社党的群众路线教育实践活动领导小组组长，刘铁全、叶斌、陈志高、狄光甫为副组长，各支部书记、县联社各部门总经理、各网点主任或副主任为成员。领导小组下设办公室，柳茂军为主任，何建斌、夏琦、向国忠为成员，办公室内设综合协调、宣传文秘和督导3个工作组。

7月27日，李翔、商红梅、白莹3人代表县联社参加昌吉州银行业协会举办的“昌吉银行业从业人员消费者权益保护知识竞赛”，荣获优秀奖。

8月15日，季明、刘铁全、狄光甫、陈军，赴呼图壁县北方天玑钢结构有限公司和新疆金源洁净煤有限公司调研。

8月16日，因人事变动，季明为信合爱心基金管理领导小组组长，刘铁全、叶斌、陈志高、狄光甫为副组长、张闫、何建斌、柳茂军、冯琬婷、潘存娟为成员。

8月27日，由昌吉市、木垒县、奇台县、吉木萨尔县联社监事长组成的“五小工程”建设检查验收小组抵县联社，在县联社监事长叶斌、县联社督查室主任唐志艳陪同下，对“五小工程”建设的6个网点进行现场检查、验收，并就如何因地制宜开展“五小建设”进行经验交流。

8月28日，自治区联社党委委员、副主任李文祖率自治区联社风险管理部总经理马文学等一行4人，抵县联社就党的群众路线教育实践活动开展情况进行调研。

9月24日，自治区联社贷款利率定价调研组计划部副总经理陶钧一行抵县联社，就目前联社贷款利率定价执行情况、现行贷款利率定价水平、取消贷款利率管制后的市场反应、惠农政策利率执行、让利情况以及在贷款利率定价指导意见执行过程中存在的实际困难、问题进行调研。

9月25日，自治区联社理事长米力古丽·阿吉一行赴县联社就党的群众路线教育实践活动开展情况进行督导、调研。县联社理事长季明汇报了呼图壁县联社第一阶段党的群众路线教育实践活动具体开展情况。米理事长对县联社所取得的成绩给予肯定。

10月11日，县联社"信用乡（镇）"评审会暨信用工程推进会召开，县联社领导、各基层信用社主任、信用工程联络员、机关各部室负责人共40多人参会。大会审议通过年审大丰镇为AAA级信用镇，五工台镇、二十里店镇为AA级信用镇，石梯子乡为A级信用乡，兵团第六师一〇五团为AA级信用团场。

10月29日，呼图壁县信用工程创建推进会召开。自治区银监局二处处长史小平、自治区联社农贷部经理刘新东、昌吉监管分局监管三科科长杨晓东莅会，县委副书记、政法委书记张明清代表县委及政府出席会议，县委组织部和相关部门、各乡（镇）党委书记及县联社高管、各基层社主任和相关部室共40多人参会。石梯子乡白杨河村、雀尔沟镇西沟村被评为信用村，张明清代表县委、县政府向石梯子乡、雀尔沟镇颁发了信用村牌匾及奖金。

11月3日，县联社团支部举办2013年团委培训班，团委书记唐志艳在开班仪式上总结当年工作并部署2014年任务。会上，被聘专业老师作题为《如何做好金融部门共青团工作》的报告。

11月5日，因人事变动，季明任县联社党风廉政建设、案件防控暨惩防体系工作领导小组组长，刘轶全、叶斌、陈志高、狄光甫为副组长，机关各部（室）、各信用社负责人为成员。领导小组下设办公室，办公室设在纪检监察部，叶斌兼任办公室主任。

11月27日，因人事变动，季明任《呼图壁县农村信用合作社志》（简称《社志》）编纂委员会主任，刘轶全、叶斌、陈志高、狄光甫为副主任，唐志艳、各部（室）经理为委员；季明兼编辑室主任，陈志高为副主任；季明为《社志》主编，刘树靖为执行主编，陈志高为副主编，唐志艳、宋巨森、闫紫涵、李新花、周炜娜、张秋芳为编辑，刘树靖为顾问。

12月17日，自治区联社任胜、刘怀强、刘德润、郑东辉、孙文件一行5人抵县联社，就信用社志"写什么？如何写？"、编写进度及修志工作中目前存在的突出问题等进行调研。

2014年

1月3日，县联社五届职工代表大会第十一次会议召开。会议审议通过《呼图壁县农村信用合作联社2014年员工"双聘"实施方案》《呼图壁县农村信用合作联社2014年机构设置方案》《呼图壁县农村信用合作联社劳务派遣员工末位淘汰实施办法》《呼图壁县农村信用合作联社2014年绩效考核办法》。

1月11日，县联社中层管理干部竞聘演讲答辩会召开，62名员工竞聘34个中层管理岗位。

1月15日，县联社免去柳茂军等35人中层岗位职务，聘任王程等32人任中层管理岗位职务。

1月18日，县联社2013年度工作总结暨表彰大会在县财政局召开，县委常委、副书记、政法委书记张明清出席会议，县联社全体员工参会。县联社党委委员、主任刘铁全作2013年度工作总结及2014年工作部署。党委书记、理事长季明作重要讲话。会上，有9个先进集体和52名先进个人受到表彰。

1月19日，自治区联社党委委员、副主任谭建新率自治区联社领导班子考核组赴县联社对领导班子及其成员履职情况进行考核。县联社全辖中层干部、机关科员、营业部员工近100人参会。

1月20日，县联社召开老干部座谈会，并为老干部及贫困员工发放慰问金及慰问品。

1月22日，县联社举行客户经理等级资格考试，41名客户经理参考。

是日，县联社副主任陈志高率相关部门负责人到县消防大队慰问消防官兵。

1月28日，县联社举办2014年信贷内勤业务培训班，16人参训。

1月29日，县联社三届二次社代会及三届三次理事会召开。会议审议通过2013年度理事会、监事会、业务经营、信息披露等报告、2014年度经营目标计划、2013年度财务决算、利润分配和2014年度财务预算方案、2013年度股金红利分配方案。

2月11日，县联社下发《2014年度信贷经营及存贷款规模计划》。

2月13日，县联社2013年安全评估结果认定为优秀等级，获自治区联社通报表彰。

2月18日，县联社撤销机关第一、第二党支部，同时成立机关、园林路、枣园信用社党支部。

2月25日，县联社召开员工大会，会议由县联社主任刘铁全主持。会议传达学习2014年新疆农村信用社工作会议暨纪检监察工作会议精神。县联社党委班子，全体中层干部，机关全体员工100多人参会。

2月28日，县联社召开主任办公会议。集中讨论修订了《呼图壁县农村信用合作联社不良资产认购清收奖惩考核暂行管理办法》《呼图壁县农村信用合作联社核销贷款责任追究办法》等9项管理办法。

3月1日，县联社组队参加由呼图壁县文明办及县妇联联合举办的“华丽民族秀，靓丽风采展”民族服装服饰展示大赛，获优秀奖。

是日，县金融团工委暨金融志愿服务活动启动仪式在人民银行呼图壁县支行举行。会后，金融团工委书记陈志鹏一行到园户村信用社慰问困难职工李金金。

3月6日，自治区联社农贷部副总经理张涛一行抵县联社就农户贷款及土地经营权抵押贷款开展情况进行调研。县委常委、副书记、政法委书记张明清出席座谈会。

3月11日，县联社三届四次理事会审议通过石梯子信用社、大丰信用社网点搬迁议案。

3月13日，县联社举办网上银行业务培训班，70人参训。

3月19日，县“三权”抵押贷款启动仪式在大丰镇红柳塘村举行。自治区联社党委委员、副主任潘隽、昌吉回族自治州党委书记李建国、州党委常委李铁明等区州领导出席会议并讲话，县联社理事长季明与6家农民专业合作社及种植大户签订土地流转抵押贷款意向书。

是日，自治区联社副主任潘隽、自治区联社农贷部副总经理张涛抵县联社调研春耕生产贷款投放及2014年信用工程建设推进工作。

3月25日，县联社被中国银行业监督管理委员会昌吉监管分局评定为2013年度案件防控与安全保卫工作先进单位。

4月4日，县联社团委召开第二次团员大会。会议讨论通过《共青团呼图壁县农村信用合作联社委员会委员选举办法》《共青团呼图壁县农村信用合作联社委员会副书记选举办法》和团委委员的建议名单。郭春、马岚、安学斌被补选为团委委员，郭春当选团委副书记。同时免去魏婷、黄文霄、艾丽曼·木坤团委委员职务。

是日，县联社园林路、枣园信用社团支部成立。

是日，县联社银星、大丰、五工台、园户村、芳草湖、二十里店团支部分别更名为银星信用社、大丰信用社、五工台信用社、园户村信用社、芳草湖信用社、二十里店信用社团支部。

4月16日，人民银行乌鲁木齐中心支行处长程刚一行抵县联社调研农村"三权"抵押贷款开展情况，并与县委常委、政法委书记张明清，人民银行昌吉州中心支行、人民银行呼图壁县支行及县各主要金融单位领导一起座谈。

4月24日，县联社召开阳光信贷宣传教育月活动动员大会。

是日，县联社员工安学斌在县委宣传部、总工会、文化体育旅游广播影视局联合主办的"中国梦·劳动美·我与改革创新"职工歌手大赛中，获民族唱法决赛第一名。

4月26日，县联社开展"我们的节日—最美信合人"徒步活动。活动以工会小组为单位，分9个小组进行。

4月27~29日，县联社开展理论知识、点钞、珠算平打和汉字录入4个科目全员业务技能考核。

5月8日，县联社石梯子信用社迁入新办公楼。

是日，县联社荣获中国银监会新疆监管局2013年度新疆银行业服务"三农"特色产品奖。

5月15日，县联社客户经理王惠敏在2013年南疆农村信用社业务帮扶中工作突出，获自治区联社表彰。

5月16日，县联社举办民族团结是发展进步的基石讲座，邀请县委党校老师主讲，60余名党员参加。

5月21日，县联社在县城西郊举行突发火灾应急演练，县消防大队指导员现场指导。

5月22日，县联社开展"博爱一日捐"和第十八届"母亲节暨幸福工程救助贫困母亲活动日"捐助活动，259名员工捐款17017元。

6月13日，县联社开展为期80天的"抓服务创效益·全员夏季增存揽储"劳动竞赛活动。

6月25日，由呼图壁县人民政府主办，人民银行呼图壁县支行、呼图壁县联社承办的呼图壁县金融IC卡公共服务领域应用启动仪式在县五洋酒店举行。呼图壁县在全疆率先实现IC卡在公共领域的应用。县联社已在县1路公交车安装金融IC卡非接触POS机18台。

7月1日，在纪念建党93周年之际，县联社理事长季明、县联社党总支书记唐志艳一行慰问退休老党员张春山等。

是日，县联社机关党支部全体党员开展重温誓词、观看爱国教育片等庆"七一"活动。

7月4日，县联社聘任唐志伟担任西树窝子信用社主任。

7月8日，自治区联社党委委员、副主任陈伟林一行抵县联社调研"三权"抵押贷款工作。

7月15日，县联社召开2014年上半年工作总结大会。

7月26~27日，县联社组队参加新疆农村信用社信合业务技能竞赛俱乐部昌吉分部举办的第三届业务技术比赛，荣获团体第三名，获奖励10000元。闫家奇荣获信贷项目第一名，奖金10000元；叶紫薇荣获手工点钞项目第二名，奖金8000元；裴伟荣获信贷项目第四名，奖金4000元；刘静荣获机器点钞项目第五名，奖金3000元；叶甜荣获机器点钞项目第六名，奖金3000元。

7月30~31日，县联社举办为期2天的银行客户优质服务与深度客户拓展培训班，邀请深圳思创培训中心专家授课。

8月18日，县联社传达、学习自治区联社反恐维稳暨2014年工作会议精神。

8月21日，县联社撤销监察保卫部，成立保卫部、纪检监察部。

是日，县联社免去祁小娟监察保卫部总经理职务，聘其为保卫部、纪检监察部总经理。

8月24日，县联社团委派73名团员青年赴昌吉战鹰拓展培训基地参加为期一天的拓展训练。

9月20日，县联社免去祁小娟保卫部总经理职务，聘县联社监事长叶斌兼任保卫部总经理。

9月29日，县联社西树窝子信用社主任岗位竞聘大会召开。

9月30日，县联社聘张桂林任昌华路信用社主任。

10月21日，县联社三季度经营分析会召开。会上，各网点、科室对本部门前三季度工作开展、任务完成情况、存在的问题及解决措施作详尽汇报。县联社领导对四季度各项工作作具体安排部署。

11月4日，自治区联社党委书记、监事长田海舟一行抵县联社调研旺季工作开展情况、贯彻落实自治区联社年初年中工作会议精神等。理事长季明、主任刘轶全汇报前三季度工作开展情况。

11月25日，县联社聘任周立伟为西树窝子信用社主任。

12月4日，县联社电子银行部、保卫部在园户村信用社举办2014年计算机网络及突发事件应急演练，各网点主任、委派会计、安全员共60余人参练。

12月13日，县联社举行2014年度下半年员工业务技能考核。166人分别参加珠算平打、汉字录入及点钞3个项目的考核。

12月15日，县联社举办"喜迎新年·畅刷玉卡"为期7天的有奖活动。

12月24日，在自治区联社举办的"我与农村信用社一起走过的日子"征文中，葛万军《珍惜》获一等奖；牟新星《放飞的青春》、徐刚《感受·分享·见证》、冯琬婷《难忘在哈密的日子》、赵莉《小荷才露尖尖角》分获二等奖；冯琬婷《秋天的故事》、殷晓雨《信合事业伴我行》、郑建华《与信合同行》、熊文《信合情》、张闫《我经办的"最大一笔"贷款》、叶紫薇《浏览日子》、杨静《考验》、董博《收获》、张波《长风破浪会有时，直挂云帆济沧海》分获优秀奖。县联社获优秀组织奖。

12月30日，县联社下发《委派会计竞聘实施方案》。

(二)2013~2014年呼图壁县农村信用合作联社工作概况

2013年工作概况

一、各项存款

年末负债总额44.99亿元，比年初增加7.07亿元，增长18.66%，各项存款余额42.39亿元，比年初增加6.71亿元，增长18.79%，其中储蓄存款27.56亿元，比年初增加4.24亿元，增长18.17%；对公存款余额14.83亿元，比年初增加4.24亿元，增长18.17%。低成本资金占34.98%，比年初上升0.44个百分点。

二、支农工作

截至年末，县联社累计投放各项贷款32.96亿元，其中累计发放农业贷款31.60亿元，占95.87%，累计发放农户贷款24.86亿元，净发放小额信用贷款1.05亿元，发放农户联保贷款1.11亿元。

三、经营效益

年末，资产总计49.43亿元，比年初增加7.94亿元，增长19.12%。所有者权益4.45亿元，比年初增加0.86亿元，增长23.99%。利润总额0.84亿元。各项风险拨备余额1.93亿元，拨备覆盖率210.40%，资本净额4.71亿元，比年初增加0.92亿元。资本充足率15.86%，高出监管指标7.86个百分点。

四、不良贷款

年末，不良贷款余额0.84亿元，占2.86%。全年清收不良贷款2351.23万元。

五、电子银行业务

年末，银行卡发卡总量为103202张，比上年同期增加17976张，卡存款余额占各项存款余额的25.19%。已安装自助设备34台，覆盖全县5个乡镇；总交易额达18.40亿元，总交易笔数132万笔，完成中间业务收入632.96万元。发展特约商户204户，全县204台POS机，实现交易3.70万笔，交易金额2.4亿元，实现手续费收入126.86万元。企业网银累计开户数99户，交易2.4万笔，转账金额15.30亿元。

六、信用工程

是年，全县农户建档率100%，已评定信用户15598户，占96.08%，其中AA级以上信用户占87.88%。已评定信用村45个，比上年新增2个，信用村占88.23%，其中AA级以上信用村占77.78%。已评定农村乡（镇）社区3个，均为AAA级。已评定信用乡镇5个，比上年增加1个，信用乡镇占83.33%，其中AA级信用乡（镇）占60%。

七、党风廉政建设及案防工作

按照纵向到底、横向到边的原则，建立案件长效机制，实现全年无违规违纪行为和零案件的目标。

八、优化员工队伍

全年举办信贷、会计等各类培训班31期，2421人次受训；参加内外各类培训班32期，94人次受训。

九、“三大工程”活动

是年，结合“农村中小金融机构小微企业宣传服务月”，积极开展“三大工程”“阳光信贷”“金融服务进村入社区”等宣传活动，组织60人次“送金融知识、送信息、送服务”宣传5次，发放宣传资料8000多份。同时结合县域实际，不断推出富民惠农政策，相继出台《呼图壁县农村信用合作联社应收账款质押贷款管理办法》《呼图壁县农村信用合作联社林果业农民专业合作社贷款管理办法》《呼图壁县农村信用合作联社养殖业农民专业合作社贷款管理办法》《呼图壁县农村信用合作联社“两居”工程贷款管理办法》等富民惠农创新政策。年末，累计发放中小企业贷款73920万元，为50家各类农民专业合作社发放贷款35000万元，发放“两居”贷款521万元。

2014年工作概况

一、经营效益

至年末，资产总额47.72亿元，比年初下降1.71亿元；负债总额42.35亿元，比年初下降2.64亿元；所有者权益5.37亿元，比年初增加0.92亿元。各项存款余额38.99亿元，比年初下降3.4亿元，贷款余额29.51亿元，比年初增加0.06亿元。存、贷款市场份额均居县域金融机构之首。实现利润总额1.48亿元，比上年增加0.64亿元，增长76.19%；实现净利润1.2亿元，比上年增加0.61亿元，增长103.39%。利润总额与净利润增量、增长均达历史最高水平。资本充足率18.93%，高于监管指标8.43个百分点；核心资本充足率17.99%，高于监管指标10.49个百分点；贷款拨备覆盖率285.52%，高于监管指标135.52个百分点；贷款损失准备充足率449.82%，高于监管指标349.82个百分点；拨贷比6.97%，高于监管指标4.47个百分点。是年，监管评级自评为AA级，比上年提升一个等级。

二、各项贷款

累计投放各类贷款28.99亿元，其中涉农贷款25.06亿元，占投放量的86.44%，农户覆盖率98%。支持各类农民专业合作社35家，发放贷款5964万元；支持各类工商企业37家，发放贷款7.86亿元；支持个体工商户360家，发放贷款1.28亿元。在支持实体经济发展的同时，将惠民政策落到实处，投放“两居工程”贷款2624万元，惠及农牧民1031户；全年缴纳各类税费3700多万元。

三、不良贷款及回收

不良贷款余额7202万元，比年初下降1232万元，不良贷款占2.44%，比年初下降0.42个百分点。收回历年不良贷款1941万元，收回核销贷款43.2万元，收回置换贷款6.34万元。从房地产、煤化工、水泥等限制行业净收回贷款820万元；成功化解动力源9948万元社团贷款及金穗棉业1487万元社团贷款风险。贷款利息收回率97.2%，比2013年年末提高2个百分点，高于全疆平均水平。各管理部门对信贷业务违规责任人处罚金额10多万元。

四、电子银行业务

新增玉卡20726张；激活农村社保卡16509张；累计布放自助设备39台，实现交易金额32.07亿元；POS机保有量454台，实现交易金额3.71亿元；累计开通企业网银194户、个人网银7511户、手机银行4714户，合计交易金额35.49亿元。在全县率先实现电子结算服务立体化、全天候、城乡全覆盖。先后在全疆率先推出公交POS机，土地承包经营权流转抵押贷款。成功运营公交POS机18台，实现交易1352笔，覆盖县城主要道路；发放土地承包经营权流转抵押贷款6笔、540万元。微信公众平台成功上线；更新企业杀毒软件和OA系统；与移动公司合作推出商户管家短信平台；深入推进三大工程建设，新增自助设备5台，离行式自助取款点2个；新增POS机309台；布放电力缴费POS机22台。

五、党风廉政建设及案防工作

全年修订完善各类制度49项，参加上级部门组织的各类培训班19期，55人次受训；组织各类内部培训班19期，1141人次受训；开展消防、防爆、突发事件演练4次；观看廉政教育宣传片5次；组织重要岗位人员赴昌吉参观学习1次，培训经费支出100万元；管理部门开展各类检查32次，下发整改意见400多条，经济处罚违规责任人769人次，金额15.36万元。业务宣传费比上年减少76.59万元，招待费减少1.41万元，公杂费减少11.2万元，差旅费减少3.77万元；实现同业往来利息收入3722万元，比上年增加282万元，增长8.2%；优惠政策减免税费2047万元。全辖业务笔数较2013年增加141273笔，人均笔数增加8682笔，平均差错率比上年下降9.4%；全年开展反洗钱、反假币、支付系统宣传教育4次；收缴残损人民币24187万元；代收新农保31935户、1179万元；发放养老金866万元。审计部向理事会、经营班子、信贷管理部门发出7份风险建议书，提出54条亟须规范问题；完成66人离职、离岗审计，171人强制休假审计，10笔不良资产责任认定，18笔不良贷款责任追究。2014年，县联社成功创建为自治州精神文明单位。

六、人才选派

选拔10名工作能力强的青年员工走上管理岗位；选派6名业务骨干参与兄弟联社的商行改制及业务帮扶；选送2名员工参加自治区联社业务技能比赛；组织20名管理人员赴内地学习。

七、社志工作

社志已完成初审，送自治区联社复审；年鉴已进入出版审核阶段。

（三）2005~2012年呼图壁县联合社（联社）概览

2005年

【概况】县联合社成立于1988年5月，截至2005年年底，营业机构22个，其中法人社7个，非法人社15个，内设职能部门6个，即业务发展部、资产保全部、会计统计部、稽核监察部、安全保卫部、行政办公室。在职职工174人，党员60人，各类专业技术人员58人，大专及大专以上学历86人。

2005年，县联合社各项存款62441万元，各项贷款39990万元，其中经济组织贷款19294万元。年内累计发放各项贷款61684万元，累计收回各项贷款53575万元。不良贷款余额4800万元，占各项贷款余额的12%，全辖不良贷款比年初下降4703万元，实现不良贷款绝对额与比例“双降”的工作目标。各项收入4814万元，各项支出4054万元，7个独立核算的信用社全部实现盈余，利润总额1000万元。股金余额3021.53万元，超额完成951万元，完成任务的146%。

【支农工作】2005年，县联合社累计发放支农贷款19294万元，比上年增长13%。新评定信用村7个，信用村总数达41个，新增信用户350户，信用户总数2317户，发放小额信用贷款651万元，发放农户联保贷款13418.81万元。

【员工培训】2005年，县联合社投入10万余元委托新疆石河子大学经济管理学院举办信贷、计算机、会计、结算等全封闭军事化培训班4期，聘请州、县治安、消防等部门人员举办安全保卫培训班2期，受训人员218人次。

【内控制度建设】2005年，县联合社理事会按照《农村信用社内控制度建设实施方案》，开展内控制度建设执行年活动，补充、修正、完善各项内控制度、各岗位职责、业务操作流程。出台《执行内控制度责任追究的处罚规定》《关于对责任贷款实施责任追究办法》《呼图壁县农村信用联社案件专项治理方案》等规章制度。

【贷款管理】2005年，县联合社调整信贷投向，推行“限大抓小”的信贷政策，扩大信贷客户群体，相对控制单户贷款金额，在满足“三农”资金需求的同时，将贷款重点向中、小企业和个体工商户倾斜，加速资金周转。推广质押贷款、商品房抵押贷款，合理界定中、小企业的范围，采取多种方式灵活办理，稳妥开办棉花收购、葡萄酿酒企业封闭运行贷款。联社自行研发贷款管理系统，通过鉴定在全辖区统一安装使用，并在全州推广使用，贷款管理工作实现科学化、网络化。

【企业文化】2005年，县联合社投资120余万元从软硬件设施着手，改善办公环境。支持和参与各项公益活动，与县委宣传部、县总工会、县妇联及各乡镇配合，开展“信合杯”系列文体活动，与县电视台联办《呼图壁新闻》栏目。创作社歌《信合心语》，制作专题宣传片《为了大地的丰收》，在城区主要街道制作大型户外广告牌和灯箱。

2006年

【概况】截至2006年年末，县联社有营业机构22个，其中城区网点7个，农区网点15个，分布于县辖乡镇、村及兵团芳草湖农场。员工总数192人，其中在岗职工174人，内部退养职工8人，退休职工10人，其中本科31人，大专101人，中专21人。获得专业技术职务62人，其中中级专业技术职务11人，初级专业技术职务51人。男职工125人，女职工67人，其中汉族171人，回族8人，哈萨克族7人，藏族5人，壮族1人。呼图壁县农村信用合作联社党总支下设5个支部，共有党员63人，其中男42人，女21人。少数民族6人。大专以上44人，在职职工57人，离退休6人。

2006年年末，县联社各项存款77913.48万元，比上年同期增加15471万元，增长24.8%。各项贷款54896万元，比上年同期增加14906万元，增长37.3%。全年累计投放各项贷款73642万元，累计回收58736万元。不良贷款余额4717万元，占8.6%，其中逾期贷款余额3145万元，占5.73%，呆滞贷款余额1212万元，占2.21%，呆账贷款余额360万元，占0.66%。股金余额3068.25万元，各类风险资产减值准备金2074万元。利润总额191万元。

【统一法人工作】2006年，县联社根据银监复〔2006〕29号《关于同意筹建呼图壁县农村信用合作联社的批复》要求，按照《呼图壁县农村信用合作联社统一法人改革实施方案》分阶段完成了统一法人后的第一届第一次社员代表大会，完成换届工作，完善“三会”制度，重新组建新一届的决策、经营和监督机构，标志着呼图壁县农村信用社的改革迈出成功的第一步。

【支农工作】2006年，县联社累计投放支农贷款24071万元，比2005年增长24.8%，其中农业生产费用贷款19898万元，畜牧业贷款1010万元，农户贷款覆盖面100%，全年累计取得央行支农贷款1亿元，已创建信用村48个，占村队总数的23%，信用户2667户，占农户总数的16%。在贷款发放形式上，主要以农户小额信用贷款和农户联保贷款为主，合理确定农户贷款额度，一般单户贷款控制在1万~3万元，较往年更具灵活性，既满足个别地区、个别农户的生产需求，又有利于呼图壁县农村经济的发展。

【员工培训】2006年，县联社以培养造就一批政治过硬、品质优良、业务素质高的员工队伍为目标，分别举办职业道德、法律法规、“八荣八耻”、贷款五级分类、小额支付系统、OA办公系统等培训班6期，聘请呼图壁县委党校及成人职业学校讲师授课，受训人员326人次。出台《呼图壁县农村信用合作联社员工上岗考核管理办法》，实施全员持证上岗。

【贷款管理】2006年，县联社实施贷款五级分类，成立信贷资产风险分类工作领导小组、风险管理委员会。积极探索贷款新模式，根据农村不同产业结构的资金需求，为不同类型的农户量身定做一系列贷款新产品，有针对农机更新改造的“致富快车”大型农机具按揭贷款，有针对畜牧业的“绿色”牛羊育肥、家禽养殖贷款，有针对林果栽培的“宏富士”林果业贷款，以及“助成才”生源地助学贷款和“康乐居”新农村个人住房按揭贷款。

【中间业务】2006年，县联社开办的中间业务有结算业务、代售手机充值卡、代理保险、代接库款、代收电费、代收税款、代收燃油款等业务，全年实现中间业务收入75万元，比2005年增加14万元，增长20%。

【企业文化】2006年，县联社精心打造“信合品牌”，加强营业窗口硬件设施改造，统一标志、统一色调。出台《呼图壁县农村信用合作联社营业窗口服务规范》，支持和参与呼图壁县公益活动，与呼图壁县委宣传部、县总工会、县直机关工委及各乡镇配合，开展“信合杯”系列文体活动。加大对外宣传力度，《信合简报》创刊，为职工搭建文化生活平台。

2007年

【概况】截至2007年年末，县联社营业机构22个，其中城区网点7个，农区网点15个，分布于县辖乡镇、村及兵团芳草湖农场。员工总数195人，其中在岗职工177人，内部退养职工8人，退休职工10人。男职工126人，女职工69人，其中汉族174人，回族8人，哈萨克族7人，藏族5人，壮族1人。本科31人，大专101人，中专21人。获得专业技术职务78人，其中中级专业技术职务11人，初级专业技术职务67人。信用合作联社党总支下设5个支部，共有党员63人，其中男42人，女21人，少数民族6人，在职职工57人，离退休6人。

2007年年末，县联社各项存款72060万元，其中集体存款余额17583万元，比上年增加1464万元，储蓄存款余额54477万元，比上年减少7317万元。各项贷款64430万元，比上年同期增加9534万元，增长17.36%。全年累计投放各项贷款83978万元。不良贷款余额5205万元，占8.08%，其中逾期贷款余额2059万元，占3.2%；呆滞贷款余额2788万元，占4.33%；呆账贷款余额358万元，占0.56%。央行票据置换金额1000万元，股金余额3479万元，各类风险资产减值准备3458万元。利润总额561万元。

【信用工程】根据新农信党〔2007〕2号《关于在呼图壁县全面推行信用工程的通知》精神，自治区联社将呼图壁县列为北疆地区首个创建“信用县”的试点县，截至2007年年末，全县创建信用乡镇2个，其中大丰镇为AAA级信用镇，五工台镇为AA级信用镇，评定信用村19个，占村队总数的36.56%，信用户6798户，占农户总数的42.11%，评定信用企业21个。全年累计发放农业贷款27135万元，其中小额信用贷款9852.25万元，农户联保贷款10012.21万元。

【员工培训】2007年，县联社以培养造就一批政治过硬，品质优良，业务素质高的员工队伍为目标，分别举办服务及礼仪、信贷管理、计算机应用、“1104”工程、非信贷资产分类、会计业务、预防职务犯罪、职业道德、法律法规、安全保卫和消防知识讲座等培训班，受训人员586人次。

【贷款管理】2007年，县联社实施社团贷款，先后与木垒县农村信用合作联社、阜康市联社为棉花企业、兵团芳草湖农场三方组建社团贷款，同时结合棉花封闭运行贷款模式，开办油脂企业封闭运行贷款，结合乡镇农户联保贷款模式为兵团芳草湖农场职工发放农工联保贷款。

【中间业务】2007年,县联社开办的中间业务有结算业务、代售手机充值卡、代理保险、代收电费、代收税款、代收燃油款等业务,全年实现中间业务收入91万元,比上年增加19万元,增长26.4%。

【企业文化】2007年,县联社在全辖范围内开展加强内控、提升执行力活动,所有营业网点实行“晨会制”,全体员工朗诵晨训词,开展以“我是信合守护神”为主题的演讲比赛和警示教育。支持和参与各项公益活动,与县委宣传部、县总工会、县直机关工委及各乡镇配合,开展“信合杯”系列文体活动,积极参与社会救助活动,先后为农民工子女、城市解困工程、患重病职工捐款27485元。

2008年

【概况】截至2008年年末,县联社有营业机构22个,其中城区网点7个,农区网点15个,分布于县辖乡镇、村及兵团芳草湖农场、一〇五团枣园镇。员工总数204人,其中在岗职工186人,内部退养职工8人,退休职工10人,其中本科47人,大专117人,中专以下40人,获得专业技术职务24人,其中中级专业技术职务12人,初级专业技术职务12人。

2007年1月,经自治区联社党委批准成立呼图壁县农村信用合作联社党委。2008年,下设6个支部,共有党员81人,其中男55人,女26人,少数民族6人,大专以上53人,在职职工75人,离退休6人。

2008年,县联社女工委被授予自治州级“三八”红旗集体,东泉信用社被授予自治州级“工人先锋号”等称号,联社营业部被授予州级“巾帼建功文明示范岗”,农村信用合作联社被县委、县人民政府授予支农先进单位、行风评议先进单位、群众满意“五好”部门、城市解困先进单位、综合治理先进单位、工会工作先进单位。

【经营效益】2008年,县联社实现总收入9981万元,比上年增加3217万元,增长47.56%,其中贷款利息收入9174万元,比上年增加3053万元,增长49.88%;总支出7966万元,比上年增加2972万元,增长59.51%;实现经营利润5633万元,完成自治区联社下达任务的151.83%。除所得税外,上缴营业税及其他税金共计308.4万元,所得税计提增加专项准备1184万元。利润总额2016万元,比上年增加247万元,增长13.96%,净利润829万元。

截至2008年12月末,所有者权益8821万元。实收资本(股本金)余额4920万元,比上年增加1442万元,增长41.46%,资本充足率为9.73%,比上年增长0.64%。

【存、贷款业务】2008年,县联社各项存款111797万元,各项存款占全县7家金融机构存款余额的35.67%,居全县金融机构首位。全年累计发放各项贷款99775万元,比上年同期增加15797万元,增长18.81%。其中农业贷款54615万元,占54.74%,比上年同期增加27480万元,增长100.61%;中小企业、消费类等贷款45160万元,比上年同期减少12299万元。年末各项贷款余额60336万元,比上年减少4093万元,存贷比例54%。各项贷款余额和增量市场份额均居全县金融机构首位,贷款余额占全县7家金融机构贷款余额的36.18%。不良贷款余额按四级分类共2927万元,占4.85%,比年初下降2276万元,比年初下降3.23个百分点。不良贷款余额按五级分类共2299万元,占3.81%,比年初下降2393万元,比年初下降3.47个百分点。年末各类风险资产减值准备余额4888万元,其中按照五级分类口径计算,年末信贷资产应提拨备1202万元,实际拨备余额3082万元,信贷资产拨备充足率256.41%,覆盖率134.03%;非信贷资产应提拨备1267万元,实际拨备余额1806万元,非信贷资产拨备充足率142.62%,覆盖率128.58%。2008年6月10日,中央银行专项票据1000万元顺利兑付成功,县联社成为全疆首批兑付成功的信用联社之一。

【中间业务】2008年，县联社实现中间业务收入112万元，比上年增加21万元，增长23.1%，完成自治区联社下达任务的101.82%。4月18日，县联社正式开办银行卡业务，截至年末，发行玉卡6815张，卡余额8387万元，完成自治区联社下达任务的136.3%。

【支农工作】2008年，县联社累计向人民银行申请支农再贷款5亿元，调入调剂资金7500万元，拆借资金5000万元。全年发放农业贷款54615万元。为解决单户超比例、有效规避信贷风险等问题，2008年办理社团贷款7笔、6400万元，比上年增加6400万元，参加社团贷款2笔、1900万元，比上年增加1900万元。

【兵团业务】2008年8月19日，县联社在兵团设立第二个营业网点—枣园信用社。截至年末，兵团网点各项存款10138万元，各项贷款4814万元，利息收入864万元。

【信用工程】截至2008年年末，呼图壁县有农户14765户，已评定信用户8035户，占农户总数的54.42%。全县共有行政村51个，已评定信用村24个，占全县行政村的47%。全县6个乡镇中，已评定信用镇3个，占乡镇总数的50%。其中AAA级信用镇1个，AA级信用镇2个。

【企业宣传】2008年，县联社对新搬迁的景化、丰贸、红山信用社统一进行装修，更换门牌，同时加大对城区网点内外部环境的整治力度，更换县城主要街道的宣传广告牌，制作信合标识邮政贺卡2500枚。取得呼图壁县电视台、兵团芳草湖农场电视台《呼图壁新闻》和《芳草湖新闻》的独家冠名权，同时与《中国县域经济报》达成战略合作协议，加大对外宣传。全年编辑《信合快讯》19期，《信合简报》3期，在《中国县域经济报》发表文章3篇，被《新疆金融》采用1篇，被自治区联社采用11篇。

【扶贫帮困】2008年，县联社全体在岗职工分别为伊宁市农村信用合作联社身患重病的职工捐款8190元，为身患尿毒症的若羌县信用社职工捐款11500元，为城市解困工程捐款9500元，参加送温暖献爱心活动捐款9700元，为自治区联社信合爱心基金捐款12100元，为四川汶川地震灾区3次捐款33860元。2008年，呼图壁县农村信用合作联社共参加各类捐款8次，捐款者达1325人次，金额84850元，人均捐款458.65元。

2009年

【经济效益】2009年，县联社实现各项收入9488.53万元，比上年减少493.15万元。实现中间业务收入149.28万元，比上年增加37万元。各项支出8077.72万元，比上年增加111.54万元，增长1.4%，收支轧抵实现利润4234.74万元，比上年增加140.82万元。应付利息备付率4.17%，比上年减少1.17个百分点，提取拨备1835.7万元，拨备充足率比上年提高32.22个百分点，保证信用社的健康可持续发展。

【存、贷款业务】2009年，县联社资产总额162992万元，比年初增加34542.7万元，其中各项贷款余额89655万元，比年初增加29319万元，增长48.6%；负债总额150350.5万元，比年初增加30772万元，增长25.68%，人均贷款725万元，比年初增加414万元，增长57.1%；各项存款余额143656万元，完成任务的1592.95%，人均存款748.2万元，比年初增加172.2万元，增长23%，其中对公存款69873万元，储蓄存款73783万元，存款市场占有率35.63%，新增存款占有率34.07%。

全年累计投放各项贷款139270万元，比上年增加39495万元，增长39.58%；其中投放农业贷款

118548万元，比上年增加63933万元，占85%，增长117%；投放小额信用贷款16582.92万元，比上年增加1251.7万元，占11%，增长8.16%；投放农户联保贷款36581.12万元，投放农户抵质押贷款6377.6万元，占比4.58%，增长34%；投放涉农中小企业贷款68728万元，占49.3%，增长82%；投放个体工商贷款4852万元，占3.5%；投放消费类贷款2574万元，比上年增加77万元，占1.8%，增长3%。

截至2009年年底，资本充足率、拨备覆盖率分别为12.90%和141.05%，分别比年初提高3.17个和7.02个百分点。不良贷款基本实现双降，其中按四级分类不良贷款余额2528万元，占2.82%，比年初降低424万元，比年初降低2.07个百分点；按五级分类不良贷款余额3071万元，比上年增加772万元，不良贷款占3.43%，比年初降低0.38个百分点。

【贷款管理】2009年，县联社推出住房抵押贷款，农村专业合作组织贷款、中小企业抵押贷款、中小企业固定资产贷款、中小企业流动资金贷款、担保公司担保贷款、设施农业贷款、农副产品收购加工企业浮动抵押贷款和票据贴现等新业务。完善充实《棉花收购加工企业贷款封闭运行管理办法》《油脂企业收购贷款封闭运行管理办法》。

【银行卡业务】截至2009年年底，县联社银行卡发卡量13479张，比年初增加6664张，卡存款余额19709.18万元，比年初增加11321.82万元，卡均存款9705元，受理网点覆盖面100%。

【信用工程创建】截至2009年年底，呼图壁县有农户22487户，已建立农户经济档案22124户，占农户的98%，已评定信用户8877户，占农牧民户数的39.48%；已评定信用村28个，占行政村的55%；已评定信用乡（镇）3个，占乡（镇）总数的50%。在信用工程建设的基础上，县联社推出评定“优质文明信用户”创建考核办法并制定与之相配套的管理实施细则。凡达到“优质文明信用户”条件的，最高核定贷款额度5万～20万元。并对其实行贷款利率优惠、贷款额度增加的政策。全县已评定“优质文明信用户”182户，贷款授信总额2730万元，为农户让利30多万元。

2009年，县联社联合信用评级管理公司新疆分公司合作全面启动企业信用评级工作，共为30家企业进行信用等级评定，评出2家AAA级信用企业，11家AA级信用企业，16家A级信用企业，1家B级信用企业。

【员工培训】2009年，县联社举办各类培训班12期，受训员工774人次。全辖189名员工参加持证上岗考试，合格率99.5%。县联社先后制定实施《呼图壁县农村信用合作联社督查工作制度》《呼图壁县农村信用合作联社学制度、学业务、练技术活动实施方案》。同时还开展风险提示和合规教育，让每一名员工把合规能力当作自己的基本要求和服务品牌。

【支农工作】2009年，县联社累计投放春耕备耕生产费用贷款44416万元，农户贷款覆盖率、贷款增量继续位居全县各家金融机构首位。出台《呼图壁县农村信用合作联社设施农业贷款实施细则》，投放专项贷款2100万元，支持全县1万公顷的节水灌溉工程，帮助农户增收6000万元。同时取消受规模限制的畜牧业信贷政策，凡是有一定的自有资金、有养殖经验、诚实守信的农牧民，都给予大力支持，全年累计发放畜牧业贷款1655万元，比上年多投放350万元。

【社团贷款】2009年，县联社为解决单户超比例和有效规避信贷风险，吸引其他联社信贷资金8笔、2.49亿元，重点支持天山农业发展有限公司、云龙油脂、福华玻纤、鑫联煤化工、西域春乳业等一批重点优质企业的发展。全年共参加社团贷款15笔、41300万元。最大限度地提高资金使用效率，资本利润率11.09%，比上年增加1.42个百分点；资产利润率1.05%，比上年增加0.28个百分点。

【“三社手拉手”工程】2009年，县联社联合县供销社，重点培育和开发新生农民专业合作社，制定切实可行的贷款管理办法，对已具雏形且符合贷款管理条件的3家农业专业合作社，安排专项贷款资金380万元，贷款利率下浮10%。

【政策性保险业务】2009年，县联社累计投放春耕备耕生产费用贷款44416万元，收取保费30万元，投保户数5325户，占40%，投保面积2.13万公顷，占全县可耕面积的47%。

2010年

【概况】2010年，县联社积极贯彻落实自治区联社年初工作会议精神，坚持以科学发展观统领全盘工作，始终坚持“服务三农，服务中小企业、服务县域经济发展”的市场定位，紧紧围绕党和国家的经济金融方针政策和呼图壁县委、县政府2010年县域经济发展规划，深度推进经营战略转型，以业务营销为主线，以风险防范为重点，强力规范经营管理，全面提升资产质量，被中国县域经济报社评为“2010县域经济最具影响力银行”，被县委县政府评为支农先进单位。

至2010年年底，县联社共有营业机构19个，其中城区网点6个，农牧区乡镇信用社11个，兵团网点2个。联社党委下设党总支1个，党支部8个，党员80人。县联社机关设7部1室，员工总数207人。2010年各项存款221226万元，各项贷款126259万元，存、贷款规模均居全县7家金融机构之首，股本金余额11495万元，实现各项收入12664万元，上缴所得税1464.16万元，全面完成自治区联社下达的各项考核任务。

【经营管理】2010年，县联社资产总额246940.77万元，比上年增加87231.02万元，增长54.62%，其中贷款余额126259万元，比上年增加36604万元，增长40.83%，占全县7家金融机构的56.44%；负债总额225694.65万元，比上年增加78626.49万元，增长53.46%；各项存款余额221226万元，占全县7家金融机构各项存款的42.9%，比上年提高8个百分点。各项资产减值损失准备为7192.01万元，其中贷款损失准备4778.57万元，资产减值准备2413.44万元；贷款拨备覆盖率220.13%，非信贷资产拨备覆盖率212.16%；贷款损失准备充足率441.6%，资产损失准备充足率406.52%。所有者权益21246.12万元，比上年增加8604.53万元，增长68.07%；资本充足率16.86%；核心资本充足率16.97%；资产利润率3.33%；资本利润率26.01%；流动性比例64.02%。全年累计营销玉卡20597张，卡余额45008.35万元，比上年增加25299.17万元，增长128.36%，玉卡累计发卡量40905张。实现各项收入12664万元，比上年增加3175.74万元，增长33.47%；实现中间业务收入246.96万元，比上年增加98万元。营业支出6986.95万元，比上年下降76.94万元，降低1.09%；利润总额5620万元，比上年增加3266.65万元，净利润4155.41万元，比上年增加2744.60万元，增长194.54%，上缴所得税1464.16万元，其他税金共计213.1万元。

【支农工作】2010年，县联社对全县7个农牧乡镇的养殖户、设施农业蔬菜大棚和各类农民专业合作社开展调研，摸清全县贷款需求情况，及时制定出台《呼图壁县农村信用合作联社畜牧业贷款管理实施细则》，对符合条件的养殖户发放畜牧业贷款9112万元，比上年增加5445万元，支持建成千头牛场2个、30万只肉羊基地、20万口生猪基地、2000万羽家禽养殖基地，优质高产奶牛存栏达到5万头，家禽出栏2003万羽。出台《呼图壁县农村信用合作联社设施农业贷款管理实施细则》，发放设施农业贷款4920万元，比上年增加2178万元。根据各类农民专业合作社的性质和特点，出台《呼图壁县农村信用合作联社种养业农民专业合作社贷款管理办法》《呼图壁县农村信用合作联社创建农村信用共同体实施办法》。截至年底，已为90家各类农民专业合作社及3000多户社员发放信贷资金15600万元，有力推动“三社手拉手工程”的开展。其中二十里店奶牛养殖技术协会和苗木种植协会分别创建为国家、自治区科普惠农兴村先进协会。

截至2010年年底，县联社累计发放农户小额信用贷款和农户联保贷款68739万元，比上年增加13895万元，小额农贷覆盖率稳步提升，净投放和累计投放再创新高，稳居全县各金融机构之首。

【支持中小企业发展】2010年，县联社根据中小企业资金需求周期短，频率高、时间急等特点，改造业务流程，提高服务效率，简化办贷手续，方便中小企业。根据贷款抵押担保方式、贷款期限、信用等级实行差别利率，全年累计为各类中小企业投放65621万元，重点支持小甘沟、白杨沟、丰源等60万吨以上技改煤项目，鑫联煤化工6000吨工业萘、鸿新石化15万吨凝析油等项目。积极支持农业产业化发展，推出中小企业流动资金贷款、固定资产贷款、农副产品收购企业封闭运行贷款、最高额抵押流动资金贷款等，实现金融产品与中小企业实际融资需求的有效对接，并根据企业资信情况，推行差别化利率，全年累计投放农业产业化龙头企业贷款4500万元。至12月底，企业贷款余额73130万元，占58%。截至年底，县联社支持的企业中新增产值过亿元企业5家，重点工业企业86家，新增新疆名牌产品2个、自治区级企业技术中心1家，被授予区级农业产业化龙头企业4家，州级25家，占全县农业产业化龙头企业总数的80%。

【产品创新】2010年，县联社积极创新金融服务产品，持续强化对城镇化和农业现代化的金融服务，全面支持城乡经济结构的战略性调整。在充分调研的基础上出台《林果业贷款管理实施细则》《抗震安居贷款管理实施细则》《妇女创业贷款管理办法》《党员创业贷款管理办法》《个人综合消费贷款管理办法》《企业应收账款抵（质）押贷款管理办法》《银行承兑汇票业务管理办法》《票据贴现业务管理办法》。

【清收不良贷款】2010年，县联社经营班子对存量不良贷款逐户制定出清收方案和措施，修改完善不良贷款的考核奖惩办法，领导班子成员每人交纳1万元，中层干部每人交纳3000元，一般职工交纳500元风险金参与考核。截至年底，累计收回不良资产4051.05万元，其中收回表内不良贷款3273.5万元，收回已核销贷款50.2万元，收回票据置换贷款13.35万元，处置抵债资产674万元，收回不良非信贷资产40万元。不良贷款按四级分类余额为2046.97万元，占1.62%，比上年减少481.65万元，下降19.05%；按五级分类为2171万元，占1.72%，比上年减少900万元，下降29.32%，提前两年完成银监局达标考核规划。

【信用工程建设】截至2010年年底，呼图壁县有农户31149户（含兵团），已建立农户经济档案21079户，占农户的67.67%，已评定信用户10884户，其中兵团1157户，占农牧民户数的34.94%；已评定信用村38个，其中信用连队10个，占行政村的40.42%；已评定信用乡（镇）3个，占乡（镇）总数的50%，已签订贷款协管员协议94份。累计发放农户小额信用贷款4211户，金额14483.23万元，占农业累计发放贷款的10%；累计发放农户联保贷款15561户，金额54255.16万元，占农业累计发放贷款的37%。

2011年

【概况】2011年,县联社以体制转换为契机,以科技创新为动力,以风险管控为保障,以服务提升为主线,以市场拓展为重点,以科学发展观统领全盘工作。始终坚持"服务三农,服务中小企业、服务县域经济发展"的市场定位,不断提高综合实力、市场竞争能力和抵御风险能力,促进县联社各项业务持续稳健发展,经自治区人民政府批准成为全疆首批成立农村商业银行的11家联社之一。

截至2011年年底,县联社有网点19个,其中城区网点6个,农牧区信用社11个,兵团信用社2个。县联社机关设9部1室,职工总数231人,其中在职员工197人,内部退休职工5人,劳务派遣员工29人。

【经营管理】2011年,县联社资产总额333046.76万元,比上年增加86105.99万元,增长34.87%,其中贷款余额176076万元,占全县7家金融机构的65.03%(不含兵团),负债总额302253.1万元,比上年增加76558.45万元,增长33.92%;其中各项存款余额286124万元,占全县7家金融机构各项存款的56.94%(不含兵团)。各项资产减值损失准备为8012.57万元,其中贷款损失准备5966.74万元,资产减值准备2045.83万元;贷款拨备覆盖率300.00%,非信贷资产拨备覆盖率210.46%,贷款损失准备充足率566.52%,资产损失准备充足率486.97%。所有者权益30793.66万元,比上年增加9547.54万元,增长44.94%;资本充足率16.44%;核心资本充足率16.52%;资产利润率2.59%;资本利润率27.39%;流动性比例66.36%。年度累计营销玉卡17496张,卡余额62444万元,比上年增加17436万元,增长38.74%,玉卡累计发卡量58387张;实现各项收入19790万元,比上年增加7125.95万元,增长56.27%;实现中间业务收入345.08万元,比上年增加98.12万元。营业支出10635.12万元,比上年增加3648.17万元,增长52.21%;利润总额9123万元,比上年增加3503万元,净利润6937万元,比上年增加2782万元,增长66.94%,上缴所得税2186.57万元,其他税金共计722.41万元。

【存款业务】2011年,县联社围绕增加存款总量、优化存款结构、降低资金成本、提高经营效益的指导思想,加大与政府、财政及各涉农单位沟通协调,加强与兵团芳草湖农场和兵团一〇五团的协调力度。截至12月底,储蓄存款余额176436万元。全年签约纳税人518户,办理业务1906笔,2440万元。收新农保费16411笔,金额800.14万元,发放养老金23163笔,金额688.61万元,新农保基金账户存款余额3661万元,其中转定期存款2760万元。在县联社新开设财政性存款账户和企业账户229户,存款余额39176.9万元。

【支农工作】截至2011年年底,县联社各项贷款累计投放237399万元,其中投放涉农贷款151452万元。累计发放农户小额信用贷款和农户联保贷款126850.75万元,其中投放妇女创业贷款9327.2万元,为6000多名妇女实现创业就业。

2011年,县联社根据《呼图壁县农村信用合作联社种养业农民专业合作社贷款管理办法》《呼图壁县农村信用合作联社创建农村信用共同体实施办法》,不断加强农村信用社与农民专业合作社的互动合作机制。截至年底,已为106家各类农民专业合作社发放贷款18538万元。土地合作联营模式面积0.13万公顷。

【扶持优势产业】2011年,县联社对全县6个农牧乡镇的养殖户、设施农业和各类农民专业合作社开展调研,对符合条件的养殖户发放畜牧业贷款12370万元,比上年增加3258万元,支持建成千头牛场2个、标准化养殖小区10个、优质高产奶牛存栏5.5万头，家禽出栏2500万羽，农牧民人均纯收入比2010年增加1460元，达到11496元。根据《呼图壁县农村信用合作联社设施农业贷款管理实施细则》，发放设施农业贷款7364万元，比上年增加2444万元，全县特色农作物12000公顷，贷款投放2945万元。新增食用菌4万平方米，保鲜库容8万立方米，新增优质种苗花卉1300公顷，累计3400公顷。

【支持中小企业发展】2011年，县联社根据中小企业资金需求周期短、频率高、时间急等特点，改造业务流程，提高服务效率，简化办贷手续。全年累计为各类中小企业投放70695万元。重点支持白杨树60万吨以上技改煤项目、鑫联煤化工15万吨煤焦油深加工项目、西域春千头牛养殖基地等项目。尤其是对兵团第六师重点招商企业，新疆动力源生物科技有限公司的16万吨农产品合成酒精与饲料项目给予大力支持。同时，积极支持农业产业化发展，推出中小企业流动资金贷款、固定资产贷款、最高额抵押流动资金贷款等，实现金融产品与中小企业实际融资需求的有效对接，推行差别化利率。投放农业产业化龙头企业贷款9760万元。至12月底，企业贷款余额75432万元，占42.84%。截至年底，县联社支持培育的企业中，新增产值过亿元企业5家，重点工业企业86家，新增新疆名牌产品2个，自治区级企业技术中心1家，被授予自治区级农业产业化龙头企业4家，州级25家，占全县农业产业化龙头企业总数的86%。

【清收不良资产】截至2011年年底，县联社五级分类不良贷款余额为1989万元，比上年末下降182万元，不良贷款占1.13%，比上年末下降0.59个百分点。处置抵债资产985万元，收回核销贷款50.31万元，收回央行票据置换贷款18.9万元，收回挂账应收款27.9万元。

【股权改造】为尽快建立符合现代金融企业经营要求，重点推进以明晰产权关系、完善法人治理结构为主要标志的产权制度改革和筹备农村商业银行，呼图壁县农村信用合作联社对股权结构的改造进行安排，自2009年起逐步消除资格股，加大法人股募集力度纳入考核。2011年，增资扩股4238万元，截至12月底，股本金余额15732.63万元，全部为投资股，经昌吉监管分局评定，满足筹建商业银行的条件。股权改造稳步推进，为县联社顺利向商业银行改制打好基础。

【信用工程建设】2011年，县联社率先在全疆174个农牧团场中，将一〇五团创建为首个信用团场。截至12月底，全县农户37211户（含兵团），已建立农户经济档案35722户，占农户的96%，已评定信用户12029户，其中兵团1614户，占农牧民户数的32%；已评定信用村37个，其中信用连队15个，占行政村的75%；已评定信用乡（镇）3个，占乡（镇）总数的50%，已签订贷款协管员协议87份。累计发放农户小额信用贷款4377户、17209.09万元，占农业累计发放贷款的7.53%；累计发放农户联保贷款16696户、109641.66万元，占农业累计发放贷款的47.97%。

【POS机收单业务】2011年，县联社新推出POS机收单业务。制定《呼图壁县农村信用合作联社POS机收单业务管理办法》等相关制度。分别在大丰镇、二十里店镇、芳草湖农场、一〇五团等网点安装ATM。在全县范围内推进POS机收单业务。截至年底，全辖安装ATM 13台、POS机31台，累计交易53万笔、7169万元；实现中间业务收入25万元，实现零突破。

2012年

【概况】截至2012年年底，县联社共有营业机构20个，其中城区网点6个，农牧区乡镇信用社11个，兵团网点3个。县联社共设11部1室1中心，分别为信贷管理部、资产管理部、风险管理部、计划财务部、会计部、安全保卫部、审计监察部、业务发展部、兵团业务部、电子银行部、人力资源部、综合办公室、放款中心。职工总数264人,其中正式职工204人、劳务派遣工41人、退休职工19人。

【经营管理】截至2012年年底,县联社资产总额41.50亿元,比上年增加8.19亿元,增长24.58%,全年累计投放各项贷款30.96亿元,比上年增加7.22亿元,增长30.41%;年末各项贷款余额和增量市场份额均居全县金融机构首位。各项存款余额35.68亿元,比上年增加7.07亿元,增长24.71%。其中对公存款余额12.37亿元,占34.65%,比年初增加1.39亿元,增长12.75%;储蓄存款余额23.31亿元,占65.35%,比年初增加5.67亿元,增长32.17%。各项存款占全县7家金融机构各项存款的55%;比上年提高2个百分点,居全县金融机构首位。所有者权益3.59亿元,比上年增加0.51亿元,增长16.55%。全年实现各项收入2.75亿元,比上年增加0.72亿元,增长39.15%;实现利润0.97亿元,比上年增加0.06亿元;净利润0.86亿元,比上年增加0.16亿元;上缴所得税0.01亿元,其他税金共计0.06亿元。全年计提贷款损失准备0.4亿元,同业存放坏账准备0.05亿元。至年底,各项资产减值损失准备1.16亿元,其中贷款损失准备1.03亿元,资产减值准备0.12亿元,贷款拨备覆盖率245.34%,高于监管指标95.34个百分点,信贷资产拨备覆盖率3586.07%,高于监管指标3436.07个百分点;贷款损失准备充足率669.64%,高于监管指标569.64个百分点,资产损失准备充足率720.80%,高于监管指标620.8个百分点;资本充足率为16.09%,高于监管指标8.09个百分点;核心资本净额35723.14万元,核心资本充足率15.15%,高于监管指标11.15个百分点;资产利润率2.41%,高于监管指标1.81个百分点;资本利润率26.35%,高于监管指标15.35个百分点;流动性比例55.38%。

【清收不良贷款】截至2012年年底,县联社不良贷款余额4003.54万元,占1.77%,全年累计收回不良贷款1052.75万元,处置抵债资产43.9万元。收回核销贷款本金25.06万元,利息2.73万元。收回央行票据置换贷款本金22.86万元,利息4.9万元,完成全年任务的129.26%。协调有关部门收回应收账款154.45万元。

【信用工程建设】2012年,县联社在全县4大农区、2个牧区乡镇和兵团第六师芳草湖农场、一〇五团全面开展信用工程创建。全年组织信用工程专项检查6次,组织督查4次。举办信用工程业务培训3期,并加大信用工程档案材料的经验交流,抽调专干人员到基层指导帮助。并实行三统一,即评定标准统一,信用档案统一,硬件设施统一。

截至年底,全县农户37213户(含兵团),已建立农户经济档案29800户,占农户的80.08%,已评定信用户20489户,其中兵团3714户,占农牧民户数的18.13%;已评定信用村43个,占84.3%。创建信用乡(镇)5个,占乡(镇)总数的71.4%,创建信用团场1个,信用乡1个,签订贷款协管员协议84份。兵团第六师一〇五团被自治区信用工程办命名为北疆片区首个"信用团场",石梯子乡作为第一个民族乡被县信用工程建设领导小组评为"信用乡"。县联社被自治区联社评为信用工程创建先进集体。

【电子银行业务】2012年,县联社累计发放玉卡85226张,福农卡1917张。安装存取款一体机4台,取款机17台,POS机120台。上半年开通网上银行,年末已开办企业网上银行业务14家。

【体制改革】2012年,县联社被自治区人民政府列为第一批向农商银行改制的联社之一,根据自治区联社体改办及银监局农商行改制文件要求及工作流程,依照商业银行法和联社《章程》要求,依法召开理事会、社员代表大会。聘请中介机构对县农村信用合作联社所有资产进行清产核资和资产评估。同时对银监局初审出的问题及时整改、上报。9月20日,县农村信用合作社农商银行筹建申请材料被中国银监会正式受理，并一次性通过，正等待银监会批筹。

【新农保业务】2012年，县联社在全辖17个营业网点全面开办新农保代理，做好代理代缴工作。截至年底，全县应参保人数44036人，实际缴费28920人，参保率65.67%。全辖信用社共收缴保费0.12亿元。

【信贷支农】2012年，县联社累计投放涉农贷款29.57亿元，占各项贷款投放总量的95.51%；涉农贷款净增5.74亿元，增长37.07%。涉农贷款投放中，农户贷款累计投放18.89亿元，比上年增加6.2亿元，占总投放额的61.04%。全年累计投放农业产业化龙头企业贷款6.18亿元。全年投放中小企业贷款8.58亿元，占36.23%。截至年底，支持城乡各族妇女贷款8259户，累计金额4.63亿元，占农户贷款投放额的21.80%。县农村信用合作联社被评为昌吉州妇女创业工作先进单位。截至年底，已支持农民专业合作社115家，贷款金额2.5亿元，其中以合作社名义发放贷款8家，金额0.24亿元；以合作社成员联保贷款方式解决4663户，金额2.3亿元。全年发放安居富民、牧民定居工程贷款1411户，金额0.50亿元。并对两居工程贷款实行利率优惠政策，全年共计让利0.02亿元。

三、文论辑存

（一）改革创新，多措并举，推行会计委派制见实效

——呼图壁县农村信用合作联社实施会计委派制的一点体会

为进一步加强农村信用社内控制度建设，规范会计核算程序，提高风险防范能力，呼图壁县联社自2002年起对独立核算信用社（含县联合社营业部）的主管会计全面实行委派制，通过7年来会计委派制工作制度的不断补充和修订，使会计委派制度不断完善，从而使呼图壁县农村信用社的会计核算和管理工作有了整体提高和进一步规范。现就自2002年实行会计委派制以来的一点体会汇报如下。

一、主要做法

（一）高度重视，加强组织建设

全面推行会计委派制，是呼图壁县联社“推进规范化管理”目标的一项重要举措，对规范农村信用社内部管理、有效防范操作风险具有积极作用。2001年12月，制定了委派会计实施方案，并在2002年元月成立实施委派会计制工作领导小组，出台委派会计竞聘上岗实施办法，于2002年2月正式启动在全辖各信用社推行。

为了推行会计委派制工作，使会计委派制真正落到实处，联社专门召开会计委派制工作领导小组会议，就全面推行会计委派工作进行认真布置。全辖20名人员报名参加竞聘会计主管，通过公开、公平选拔，对选拔出的7名会计主管名单张榜公示，使各基层信用社迅速统一思想、提高认识，把开展会

计委派制工作当作当前工作和防范风险的重要任务来抓，制定措施，精心组织，扎实推进。

（二）完善各类制度，明确委派会计的责、权、利

为指导基层农村信用社规范地做好会计委派制工作，我们本着“制度先行”的原则，制定《呼图壁县农村信用社委派会计管理办法（试行）》。《管理办法》对委派会计应具备的条件与选聘程序、权利与义务、职责与具体业务操作、管理与监督、考核与奖惩等均予以明确规定，明确委派会计的任务、奖惩、考核，由县联社财务信息部实行管理，按照规定对受派单位的信贷、财务等各项业务经营管理活动进行监督。

（三）狠抓落实、检查，措施有力

会计委派制在全辖各信用社全面推行后，县联社财务信息部及时掌握、了解在实践操作中遇到的困难，通过协调解决实际问题、召开座谈会、深入基层调研、组织开展专项检查等多种方式，对委派会计的工作进行认真的督促检查。同时，建立委派会计季度报告制度，要求委派会计认真总结本季监督检查工作情况，撰写会计季度报告，于每季后七个工作日内报送委派会计工作报告。2003年以来，我们每季抽调各社委派会计组成检查组，对各社委派会计工作和核算质量进行大检查。督促委派会计切实履行职责，对不能胜任委派会计工作、不能认真履行会计监督职责的及时予以处理。如2003年5月份至今，县联社对没有认真履行职责的2名委派会计给予了免职并进行了相应处罚。保证了各项工作措施落到实处，有力地促进了委派会计工作的扎实开展。

（四）强化管理，职责履行到位

首先，实行委派会计例会制。财务信息部每月定期召开委派会计例会，组织委派会计学习各项规章制度，听取委派会计对各社网点检查辅导中存在问题的汇报。对一些共性问题联社财务信息部能答复解决的当场给予明确答复，对存在的一些难点问题也协同各部门研讨解决方案。其次，加大对委派会计的培训力度。按照信贷、财务、保卫、审计等部门的要求对委派会计进行综合培训，不断提升委派会计的素质。第三，要求委派会计按季向联社财务信息部写出会计委派制工作的检查分析报告。第四，坚持按年考核。联社信息部按月对委派会计工作业绩进行考核和评价，作为年终评选会计工作先进集体和优秀委派会计的依据。

通过制度化、规范化的管理，委派会计的监督职责得以较好发挥，始终做到“四个注重”，突出“五个原则”。“四个注重”，即更加注重有针对性解决会计工作的薄弱环节；更加注重防范操作风险，尤其是资金、贷款的风险；更加注重每笔业务规范有效地监督；更加注重处理好县联社、信用社、委派会计三者之间的关系。“五个原则”，即独立性原则，充分发挥会计监督的独立性作用，委派会计向县联社负责；连续性原则，注重保持工作的连续性，原则上委派会计每3年交流一次；及时性原则，及时实施监督管理，及时反馈监督结果，及时制止违规行为，及时督促整改落实；全面性原则，对各项业务实施监督管理，对所有上级下发的需要执行的制度、流程等，委派会计都有权力监督信用社主任和其他岗位人员仇行，所有违反规定的行为委派会计都可以抵制或向上级报告；重点性原则，在全面监督管理的基础上，以防范信贷风险为重点进行监督。实行会计委派制后，真正实现了委派会计由过去单纯的核算型会计向核算、监督综合型会计转变，按程序把关需要审核的事项，按职责要求做好监督。确保基层信用社财务、信贷业务按流程操作，有效地防范和减少了各项业务风险。

二、工作成效

（一）员工业务素质明显提高

按照委派会计管理的原则，县级联社对委派的会计人员实行聘任制。目前的委派会计为保证自己能够胜任本职工作，其他工作人员为跻身于委派会计行列，都能自主自发地加强业务知识学习，从而在系统内形成一种良好的竞争环境，激发员工的争先意识，在全辖掀起一股学知识、学业务、学制度、学流程的学习热潮，有力地促进员工业务素质的提高。

（二）会计核算质量明显提高

会计委派制实施以前，基层信用社为完成联社分配的工作目标，争得更多的效益工资，数字造假现象严重，如假存款、假盘活、假收息、假利润等。实行会计委派制后，委派会计的相对独立地位和严格的责任追究制度，使会计人员敢于并且必须抵制这种不良倾向，认真坚持各项规章制度、坚持实事求是，杜绝过去部分信用社主任存在的“一支笔”“一言堂”和玩弄数字游戏现象，基层信用社务实经营的作风明显增强，会计信息质量明显提高。

（三）信贷管理水平明显提高

实施会计委派制后，委派会计能够按照规定认真执行国家政策，坚持信贷管理制度，加强对贷款发放合法性、合规性的审查和监督，有效制止贷款违规行为的发生。截至今年3月末，县联社通过委派会计审查，共抵制各类违规贷款40笔、642万元，其中超权限贷款15笔、295万元；跨地区贷款10笔、180万元；化整为零贷款2笔、20万元；“人情”贷款3笔、15万元；冒名贷款5笔、24万元；其他违规贷款5笔、108万元。此外，2003年至2007年，全县各信用社累计办理各项贷款档案70530份。由于会计人员在贷款手续上严格把关，加强信贷基础管理工作，有效地规避新发放贷款的风险。

（四）风险防范能力明显提高

根据委派会计管理办法，委派会计对受派单位现金、账务、凭证、业务操作等均负有监督责任，承担防范操作风险职责。实施会计委派制后，委派会计能够严格按照规定履行监督职责，尽量减少业务差错。据统计，1~3月，全县委派会计共审查发现记账错误（串户）34笔，已按规定更正34笔；抵制擅自减免贷款利息1笔、0.6万元；抵制以贷款利息抵消支出1笔、0.2万元；按规定更正凭证使用错误33笔；更正凭证要素填写不齐929笔；更正凭证金额大小写不符21笔。对审查发现的错误均予以抵制或按规定予以更正，从而有效地防范操作风险，提升信用社规范化水平。

三、存在问题

（一）在日常实际工作中，存在委派会计工作量过大问题

委派会计管理办法对委派会计要求高，考核与奖惩力度大，也给会计人员工作形成较大压力。委派会计除做好受派单位的会计管理与监督工作外，白天要临柜办理业务，晚上要跟账，还负责会计报表、会计达标及内控管理，同时，还要承担信用社分配的收息收储以及营业柜台、下属机构网点的业务辅导、监督等工作，普遍感觉工作量过大、责任过重，存在一定的畏难情绪。

（二）在单位内部岗位间存在委派会计关系处理难的问题。

委派会计在工作中按照《管理办法》规定需对业务逐笔审查，并抵制了一些违规或手续不全贷款的发放，致使部分信用社主任和信贷员产生意见，认为委派会计是在抓权，不能正确对待。

（三）在信贷工作监督上存在委派会计能力不胜任问题

由于以往工作岗位和职责的不同，导致会计人员对贷款业务不是很熟悉，加之部分委派会计个人

业务素质不高，因此，对贷款工作不清楚其流程和规定、不知道应该如何进行审查和监督、不能够迅速准确地对贷款合规性进行判断，在履行贷款监督职责中显得力不从心。

四、几点启示

（一）建立科学的会计主管委派制度，是推行会计委派制的前提

靠制度管人，按流程操作，是县联社确定的基本管理理念，也是科学管理必须遵循的原则。通过几年的工作实践和所取得的效果证明，县联社提出开展会计委派制的思路是完全正确的，是有生命力的；今年自治区联社制定的会计主管委派制度，通过呼图壁县联社几年的工作实践，证实会计委派制适合信用社自身特点，证明自治区联社决策和实行委派制度的科学性，为联社该项工作的顺利开展指明方向、奠定基础、提供保证。

（二）做好委派会计主管的选拔培训工作，是推行会计委派制的基础

人是生产力中最积极的因素，也是最活跃的因素；任何一个企业的发展、任何一项工作的开展，关键都在于人。推行会计委派制以来，我们通过加强培训、组织测试等方式不断增强员工学习意识、提高委派会计业务素质，真正做到靠机制激发人才、靠培训提升人才、靠竞争引进人才，较好地调动员工的工作积极性和主动性，激发员工的工作责任感和压力感。为会计委派制工作的深入推进提供强有力的人才保证和智力支持。

（三）突出委派会计的相对独立地位，是推行会计委派制的关键

推行会计委派制，是自治区联社强化内控管理、加强岗位监督、防范操作风险的一个重大创新和重要举措；但要真正发挥会计人员监督作用，就必须突出委派会计的相对独立地位，假若委派会计不能独立地履行监督职责，监督工作就会表面化，起不到真正的防范操作风险、遏制经济案件、保障稳健经营的作用。

（四）形成良好融洽的工作环境氛围，是推行会计委派制的保证

推行会计委派制，不仅仅是加强对基层信用社主任权力的监督，更重要的是尊重和发挥信用社主任的积极性，提高基层信用社的管理水平，相互促进，共同发展。其目标都是为农村信用社防范风险，加快发展，推进规范化，提升竞争力。因此，必须始终坚持妥善处理好县联社、委派会计和信用社主任之间的关系，健全工作机制，形成良好氛围。要通过深入细致的宣传教育，为会计委派制工作营造一个良好的工作环境和氛围。

（二）呼图壁县农村信用合作联社支农出新招
农牧民专业合作社贷款助推“三农”经济发展

刘怀强　柳茂军

2009年呼图壁县农村信用联社克服国际金融危机和“7·5”事件的严重冲击，在自治区联社党委的正确领导下，在县委、县政府的大力支持下，在人民银行和银监部门的有效监管指导下，团结带领全体各族员工，坚定信心、迎难而上、共克时艰，努力化挑战为机遇。以科学发展观为指引，以深化改革为

动力，以实施追赶战略为主线，以转变发展方式。防范风险、强化内控、提高可持续发展能力为核心，各项业务稳定持续发展，各项经营指标再创历年最好水平。

一、2009年工作成效

一是各项经营指标持续向好发展。2009年年末，资产总额162992万元，比年初增加34542.7万元，其中各项贷款余额89655.4万元，比年初增加29319.28万元，负债总额150350.5万元，比年初增加30772万元，存款市场占有率35.63%，应付利息备付4.17%，提取拨备1835.7万元，实现各项收入9488.53万元，实现中间业务收入149.28万元，各项支出8077.72万元，实现利润4234.74万元，同比增盈140.82万元。二是各项贷款增势强劲，支农工作落到实处。全年累计投放各项贷款139270万元，同比增加39495万元，其中投放农业贷款118548万元，投放小额信用贷款18263万元，投放农户联保贷款36581万元，投放农户抵质押贷款8218万元，投放涉农中小企业贷款68728万元，投放个体工商贷款4852万元，投放消费类贷款2574万元。三是内控内管水平逐步提高，风险管控能力明显增强。按照自治区联社的要求，县联社树立全面风险管理理念，加强风险管理的组织建设、机制建设和制度建设，健全风险管理组织体系，改进风险管理监控方法，强化风险全程管理，增强识别、计量、预警、防范和处置风险能力，截至2009年年末，资本充足率、拨备覆盖率分别为12.90%和141.05%，分别比年初上升3.17个和7.02个百分点。不良贷款基本实现双降。四是业务品种不断丰富，服务水平不断提升。在做大、做强、做优小额农户贷款的基础上，又推出住房抵押贷款、农村专业合作组织贷款、中小企业抵押贷款、中小企业固定资产贷款、中小企业流动资金贷款、担保公司担保贷款、设施农业贷款、农副产品收购加工企业浮动抵押贷款和票据贴现等新业务。完善充实《棉花收购加工企业贷款封闭运行管理办法》《油脂企业收购贷款封闭运行管理办法》。品种不断丰富，业务种类已达70多个；服务手段不断创新，银行卡推广进度加快，当年发卡量达到13479张，比年初增加6650张，卡存款余额19709.18万元，受理网点覆盖面达100%。五是“信用工程”建设扎实推进，农村金融生态环境进一步改善。县联社以贯彻落实自治区“信用工程”建设现场经验交流会精神为契机，扎实推动“信用工程”建设。累计发放农户小额信用贷款7748户、18264万元，占农业累计发放贷款的15.5%；累计发放农户联保贷款16743户、36581万元，占农业累计发放贷款的30.8%；截至年末全县农户22478户，已建立农户经济档案22124户，占农户的98%；已评定信用户8877户，占农牧民户数的44%；已评定信用村28个，占行政村的55%；已评定信用乡（镇）3个，占乡（镇）总数的50%。

二、创新信贷产品，积极支持县域农村经济增产增效、农民增收，改进信贷服务方式，在提高金融服务水平上又出新招

2010年元月，在呼图壁县委、县政府的大力倡导和指导下，在县域农民乡镇全面启动由农村信用社、专业合作社、供销社组成的“三社手拉手”工程，启动组建种养业农牧民专业合作社。改变过去单一的农民按户种植为家庭土地联营，实行联营连片种植、养殖小区联营养殖模式，成立农民各类种植和养殖的专业合作社。采取统一耕作、统一播种、统一浇水施肥、统一管理、统一收获的“五统一”模式，农业的生产结构、生产规模发生变化，改变单一的低效率的生产方式，使之具有规模大、机械化程度高、科技含量高、生产经营水平高、产品产量高、收益效果明显、农牧民增产增收的农民土地联营的合作经营的生产方式。由于农民的生产方式变了，这给农村信用社的信贷管理、发放贷款等提出新课题。呼图壁县联社的领导们认真研究制定新的专门支持农牧民专业合作社的信贷管理办法，与此同时,联社领导带领相关人员深入对农民专业合作社较热衷的大丰镇联丰村、园户村镇进行多次调研,与农牧民进行座谈,了解农牧民对专业合作社的认识和运作模式。通过精心调研、座谈掌握实际情况、县联社专门开会研究,并结合在天津滨海银行挂职学习带回来的经验和办法,制定《农民专业合作社贷款管理办法》。

农民专业合作社是当前农村新型产业化结构调整的合作性农业生产组织,更是农村信用社信贷业务新的增长点,在当前多家农村金融机构并存、竞争激烈的形势下,我们农村信用社能够抓住农民专业合作社和新型组织开放载体,对我们农村信用社今后的发展具有极为深远的意义。当然,在县委、县政府倡导的"三社手拉手"工程建设中,呼图壁县农村信用社能够积极参与"三社手拉手"的建设,对支持有发展前景的农民专业合作社的健康稳步发展具有很重要的作用。

为确保"三社手拉手"工程建设顺利实施,大力推广农民专业合作社"土地合作联营"模式,针对全县已具雏形的65家农民专业合作社3000余户社员,呼图壁县联社以支持农民专业合作社为依托,全力铸造"农村信用共同体"工程建设,出台《呼图壁县农村信用合作联社创建农村信用共同体实施办法》和《呼图壁县农村信用合作联社种养业农民专业合作社贷款管理办法》(以下简称"两个办法")从信贷管理的角度,规范农民专业合作社的运行与发展,此项工作得到县委、县政府和自治区联社信贷部门的高度重视,鼓励我社先行试点再推广,现已将"两个办法"的实施在全县各农牧乡镇全面启动。

近日,县联社全面展开农民专业合作社贷款的发放工作,促使"两个办法"顺利实施,切实起到支持农村新型农民专业合作社组织发展,达到农牧民增收的目的,并解决贷款发放过程中出现的有关专业合作社发展的实质性问题。县联社班子领导分别赴全县6个农牧乡镇对"两个办法"的落实和贷款发放情况进行现场督导。目前呼图壁县联社大丰镇、丰贸信用社已为9个农民专业合作社授信投放信贷共400余万元,用于节水灌溉工程的实施和购买生产资料。2010年,县联社计划投放8000万元信贷资金,专项支持农民专业合作社的发展,以此来加快全县农业生产经营模式的快速转变。

(原载《中国农村金融创新与实践(中)》,崔何主编,中国商业出版社2010年4月第3版)

(三)新疆呼图壁县域金融调研报告

马晓逵

呼图壁县地处欧亚大陆腹地,准噶尔盆地南缘,总面积9721.6平方公里,东距新疆维吾尔自治区首府乌鲁木齐76公里,素有"西出隘口,东进咽喉"之称,是古丝绸之路新北道上的重要驿站。全县有宜农荒地130万亩,现耕种面积60万亩。县内居住着以汉族为主的24个民族,总人口22万,其中县属人口14万,城镇人口6万。作为首府乌鲁木齐市的"卫星城市",呼图壁县处在乌鲁木齐—昌吉—石河子—克拉玛依城市经济圈中,交通便利,境内312国道、201省道、乌奎高速公路和北疆铁路东西横贯全境,是通往北疆各地的重要交通枢纽。

呼图壁人口少,县域经济总量较小,农副产品种(养)植业和加工业是当地支柱性产业,该县是全国奶业百强县，企业的资金需求也主要来自这一领域。当地中小企业众多，金融机构为满足其资金需求，不断创新贷款方式，形成较有特色的贷款融资模式。特别是呼图壁县农村信用合作联社（以下简称"呼图壁农信社"）努力创新金融产品，优化贷款流程，降低贷款利率，成功的实施企业封闭运行贷款，有效地缓解当地中小企业贷款难的问题，并取得很好的经验。课题组以呼图壁农信社的创新尝试为案例，研究企业封闭运行贷款的可推动性，这在当前宏观经济环境下，对缓解普遍缺乏有效抵押物的中小企业贷款难问题，具有非常重要的现实意义。

课题组成员在新疆维吾尔自治区对以呼图壁农信社为主的金融机构进行调研，采取与当地人民银行、政府官员、信用社主要领导和员工座谈，深入调查典型农户、中小企业等方式，汲取县域金融发展的很多宝贵经验。

一、呼图壁县域经济发展特点

2010年，呼图壁县域经济保持快速发展，农业和农村经济较快增长，工业生产提速较快、效益提高明显，消费和投资需求稳中有升，财政金融运行平稳，城乡居民收入持续增长，经济运行质量进一步提升。2010年全年实现地区生产总值79.98亿元，比2009年增长17%，比上年提高2.9个百分点。全县完成第一产业增加值31.92亿元，增长7.1%；第二产业增加值28.21亿元，增长31.1%，其中工业增加值17.01亿元，增长34.9%；建筑业增加值11.2亿元，增长23.9%；第三产业增加值19.85亿元，增长12%。经济快速发展的同时，当地产业结构也随社会的需求和经济转型协调发展，三次产业结构分别为39.9%、35.3%和24.8%，其中第一产业和第三产业比重分别比上年下降0.2和1.7个百分点，第二产业提高1.9个百分点。在17%的GDP增速中，三次产业分别拉动经济2.7、11.1和3.2个百分点。全社会固定资产投资35.21亿元，增长50.2%；社会消费品零售总额13.24亿元，增长18%；地方财政收入2.86亿元，增长37.7%。当地经济运行的主要特点是：

（一）从三次产业看：农业发展较快，工业增势强劲，服务业运行平稳

首先，农业生产态势良好。2010年，呼图壁县实现农业总收入48.63亿元。其中种植业收入11.02亿元，畜牧业收入11.12亿元，林业收入0.42亿元，渔业收入0.22亿元；第二产业收入15.96亿元；第三产业收入9.89亿元。年末农牧民人均纯收入达到10036元，比2009年人均增加1608元。其中通过种植业、畜牧业、林业和第一产业与第三产业劳动力转移的发展，分别实现农牧民人均增收699元、374元、42元、493元。有60%的村农牧民人均纯收入达到万元，建成大丰镇、五工台镇、二十里店镇3个万元镇，成为新疆昌吉州地区首批万元县。当地政府紧紧围绕"粮食增产、农业增效、农民增收"的基本目标，采取各种有力措施，以调整促发展。全县完成农林牧渔业总产值39.16亿元，实现增加值22.59亿元，剔除价格因素，实际增长8%。第一产业发展主要体现在六个方面：第一，粮食生产形势较好。由于各种惠农政策到位，农民尝到种粮的甜头，种粮的积极性空前高涨，全县粮食播种面积为62.35万亩，比上年增长28.5%，其中小麦面积为41.48万亩，增长17.1%，粮食产量为25.43万吨，比上年增产6.34%。第二，经济和饲草作物规模进一步扩大，效益显著提高。受农副产品加工企业带动、价格上涨和畜牧业快速发展因素的驱动，全县经济作物面积55.57万亩，比上年同期增长5.7%，饲草面积为10.78万亩，增长39.5%。第三，虽然部分经济作物减产，但价格涨幅较大，效益提高。据调查，2010年棉花、打瓜、油料、薯类价格比上年成倍上涨，蔬菜、玉米、制酱番茄、酿酒葡萄等增长35%左右，使农业生产效益显著提高，农民大幅增收。第四，受牲畜、家禽及畜产品价格全面上涨因素的影响，全县牲畜

养殖规模进一步扩大。截至2010年12月，牲畜存栏数达57.79万头（只），全年牲畜饲养量为162.84万头（只），比上年增长3.5%，牲畜出栏105.05万头（只），增长6.2%；家禽饲养量2231.43万只，增长19.2%，家禽出栏2003.09万只，增长21.1%。全县产肉量为7.01万吨，增长14%；奶类产量18.51万吨，增长10.8%；禽蛋产量1817吨，增长22.1%；羊毛产量1486吨，增长2.3%。第五，林业生产继续强化森林资源保护与管理，保持生态、社会、经济协调发展。全县完成合格造林面积2.37万亩，其中以农田防护林为主的"三北"防护、道路精品和工业园区绿化面积1.74万亩；经济林完成面积0.63万亩。完成义务植树和四旁植树13.3万株。2010年年末封沙育林面积达16.6万亩，其中当年新增1万亩；实有育苗面积3.01万亩，其中2010年新育8845亩，当年苗木产量3764万株。第六，渔业生产较快发展，全县水产品产量继续上升。全年鱼类产量达3900吨，比上年增长9.9%。

其次，工业生产快速发展，经济效益明显提高。呼图壁2010全年工业总产值43.94亿元，实现工业增加值11.12亿元，比上年增长31.1%。其中规模以上工业完成增加值8.46亿元，规模以下工业2.66亿元。到2010年年末规模以上工业企业个数达到72家，比上年新增5家，总量占到全县工业经济的76.1%。工业经济综合效益指数由2009年的114.6%，提高到200.2%。七项效益考核指标中，资产负债率下降5.7个百分点，流动资金流转次数加快0.8次。产品销售率、成本费用利润率、总资产贡献率和资本保值增值率分别比上年提高8.8、12.7、11.1和24个百分点。主要工业产品产量中，煤化工、棉纺以及农畜产品加工为主的主要食品工业产品产量快速增长，原煤、建材和部分轻工业产品产量呈现不同程度的下降。其中兰炭、塑料薄膜、乳制品、小麦粉、配混合饲料、棉纱、人造板、纸制品等主要工业产品产量分别比上年增长12.7%、426.9%、18.9%、121.6%、151.4%、98.7%、340.7%和141.4%。其余工业产品如煤炭、食用植物油、番茄罐头、皮鞋、白酒、砖、服装等呈下降趋势。2011年1~4月份，呼图壁工业经济运行状况良好。全县完成工业总产值9.54亿元，实现工业增加值2.34亿元，工业经济增长速度为30.01%。8家州重点监控企业完成工业总产值4.19亿元，同比增长118.2%；实现销售收入2.98亿元，同比增长50.7%；完成工业增加值7214万元，同比增长84.7%。

最后，第三产业拉动作用明显。第三产业增加值拉动GDP增长3.2个百分点，对经济增长的贡献率达到l8.7%，支撑作用较为明显。随着工农业生产的快速发展，城乡居民收入稳步提高，居民消费观念不断转变，为新型服务业的发展创造条件，全县交通运输、邮电通信、批零贸易、金融保险、文化娱乐、房地产等服务业均创造不菲业绩。全县客货周转量和邮电业务总量分别增长9.6%和10.7%。金融机构存款余额达51.62亿元，同比增长27.9%，其中城乡居民储蓄存款余额34.04亿元，增长25.3%。

（二）从三大需求看：消费和投资并驾齐驱，增长态势明显

首先，固定资产投资不断优化。2010年，呼图壁完成全社会固定资产投资35.21亿元，比上年增长50.2%。其中农村投资继续呈"迅猛增长"的态势，投资额达21.48亿元，增长55.6%；城镇和房地产投资分别增长48.1%和6.7%。从三次产业完成投资情况看，农林牧渔业完成投资8.19亿元，工业投资19.41亿元，第三产业投资7.61亿元，分别比上年增长75.1%、40.4%和54.1%。从投资主体看，非国有投资增长明显。全年国有投资完成10.75亿元，比上年增长31%；非国有投资完成24.46亿元，增长60.5%，比国有投资增长高出29.5个百分点。

其次，消费品市场稳中趋旺。受国家继续推行"家电下乡""万村千乡市场工程"等各项扩大消费政策的影响，消费"马车"表现抢眼。市场消费水平在2009年的基础上，继续呈现出快速发展的势

头。全县全社会消费品零售总额13.24亿元，比2009年增长18%。其中批发零售业11.09亿元，增长17.6%；住宿餐饮业2.15亿元，增长20.2%。

（三）从三大收入看：财政、居民增收、企业增效

首先，财政收入快速增长。2010年完成全口径财政收入63547万元，比2009年增长42.1%；实现县本级财政收入36613万元，比2009年增长29.3%，其中一般预算收入28644万元，增长37.7%。在主体税种中，国内增值税、营业税、企业所得税、个人所得税、资源税和城市维护建设税分别增长47.5%、49.9%、110.8%、5.5%、121.5%和49.2%。

其次，城乡居民货币收入持续增长。全县城镇单位（不含私营、个体）在岗职工年平均工薪收入为30631元/人，比2009年增加3411元/人，增长12.5%；城镇居民家庭人均可支配收入12631元/人，比2009年增加1158元/人，增长10.1%；农牧民人均年纯收入达10036元/人，比2009年增加1608元/人，增长19.1%。

最后，企业经济效益显著提高。2010年全县72家规模以上工业企业首次呈现扭亏为盈态势，亏损面由去年的46.3%，下降到16.7%；产销率为95.2%，同比提高8.8个百分点，盈亏相抵后实现利润3.72亿元，增长16.6%。

二、呼图壁县联社企业封闭运行贷款方式

当然，经济的发展离不开金融的支持，县域经济的大发展更离不开当地金融机构的大力支持。呼图壁农牧业加工业为主的经济结构，中小企业众多，贷款难问题也更为突出。呼图壁农信社是当地主要的金融机构，截至2011年4月底，呼图壁全县存款53亿元，农信社存款规模为21亿，占比超过39%。呼图壁农信社为缓解当地中小企业贷款难问题，不断创新贷款模式与服务方式，2010年，呼图壁农信社支持中小企业95户，贷款余额达70021万元，累计投放中小企业贷款65621万元，较好地满足中小企业信贷资金需求；同时，根据银监会支持小企业“六项机制”的要求，呼图壁农信社组建专门为中小企业服务的机构——业务发展部，形成单独的授权、审批、管理、核算、考核机制。小客户贷款业务不召开审贷会议审议，实行审贷委员会签审批制，提高审贷工作效率。同时开办“绿色通道”，实施客户经理制，为中小企业提供“一对一”的个性化贴心金融服务，提高服务效率和品质。

呼图壁农信社为缓解当地中小企业贷款难问题，在有效控制风险的前提下，为企业提供多样化的融资服务，开发小企业快易贷和多户联保贷款系列产品。最具代表性的是以企业固定资产、原料及产成品抵押，对企业进行封闭运行管理的农产品收购封闭运行贷款。此类贷款有效解决农产品加工企业收购资金不足的问题，也保证广大农户农产品顺利缴售。目前此模式已在全疆推广。（企业封闭运行贷款是指联社向企业发放的以该企业所有收购、加工的原料、产成品、副产品及收购专户资金作抵押的、用于收购原料的专项贷款。）

中小企业流动资金贷款是指呼图壁农信社对经工商行政管理部门批准的，有经营资质的企业法人、经济组织（以下简称借款人）从事收购原料、加工、销售等生产经营过程中的流动资金需求（包括周转性流动资金需求和临时性流动资金需求）而发放的贷款。所谓的中小企业流动资金贷款封闭运行管理是指“钱随货走、购贷销还、专款专用、库贷挂钩”的封闭运行方式。该贷款形式仅限于满足中小企业两个方面的资金需求：一是一般流动资金，即用于借款人正常生产经营过程中为耗用或销售而储存的各类存货、季节性物资储备等生产经营周转性、经常占用性或临时资金需求；二是项目流动资金

贷款,即用于满足中小企业固定资产投资项目的临时资金需求。

该贷款方式由于以中小企业的流动资产为抵押,抵押物变动性较大,银行面临的风险也要大很多,因此,在安全性与盈利性原则基础上,呼图壁农信社对借款人的信用等级、信用记录、有效担保、自有资金等条件均有较高要求,以防范风险。此外,农信社对贷款的程序、贷后监督与管理(包括贷款发放形式与企业生产各环节等)也有严格的规定,以在最大程度上规避风险,保证贷款安全。通过全程规范收购原料、加工、销售各环节信贷资金运动,全程封闭监管企业物资流和资金流;通过建立健全贷款风险预警系统,落实信用等级管理、贷款担保管理等措施,严防信贷资金流失。

三、企业封闭运行贷款支持中小企业典型案例

呼图壁农信社施行中小企业封闭运行贷款方式以来,在支持中小企业信贷资金需求方面,成效显著。截至2010年年末,呼图壁县参加封闭运行的企业有涉棉企业11家、油脂企业2家、番茄企业2家,累计发放贷款38950万元,及时地解决上述企业收购资金不足的困难。2011年上半年,发放制造业——新疆鑫联煤化工有限公司存货浮动抵押封闭运行贷款5000万元,调研组对这一典型案例进行深入了解,并予以总结如下,希望能得出有公益性的经验。

(一)基本情况

新疆鑫联煤化工有限公司成立于2008年4月,位于新疆呼图壁县大丰镇工业园区,占地面积200亩,是呼图壁县重点招商引资企业。该公司的经营范围包括燃料油的加工、销售;其主要产品是化工行业的重要原料,主要有改质沥青、脱精蒽油、工业萘、洗油、中油、酚油等,其中改质沥青、脱精蒽油、洗油、工业萘等产品,填补了新疆市场空白。公司经营性质为个人合资有限责任公司。

(二)贷款发放和管理

2011年1月,新疆鑫联煤化工有限公司一期项目15万吨煤焦油深加工设备项目已全部建设完毕,并进入正常加工生产阶段。2011年计划加工煤焦油15万吨,实现产值55080万元,实现净利润5006万元。由于设备的增加,年生产能力达15万吨,计划每月使用原料煤焦油1.25万吨,而库存原料1.86吨,仅够1个多月的使用量,由于其下游企业以先供货后结款的结算方式进行结算,故该公司需要的原料储备需求量非常大,其库存原料不能满足正常生产的需要。该公司决定以公司资产(土地、房产、机器设备及流动资产)作抵押向呼图壁农信社申请流动资金贷款5000万元,主要用于购买原料高温煤焦油,鉴于企业流动资产库存量大,且流动性较强的特点,呼图壁农信社在贷款办理过程中,参照农副产品封闭运行贷款管理办法对其进行贷款发放和管理。

2011年1月27日,呼图壁农信社参照农副产品封闭运行管理办法,结合该企业实际,以该企业土地、房屋、设备和动产抵押,办理社团贷款5000万元。其中固定资产抵押2778万元,动产抵押贷款金额2222万元。

(三)动产抵押部分操作

该企业用价值7406万元动产(包括原料、半成品、成品)抵押,并作为核定库存。按30%抵押率计算,贷款金额2222万元。并开立贷款保证金专户,作为抵押的动产的价值保证。

呼图壁农信社采取核定企业库存进行监管,定时对企业库存(包括原料、半成品、成品)进行盘点,当库存少于所抵押价值时,要求企业按少于抵押值部分的30%存入贷款抵押保证金,作为动产抵押不足的保证,抵押物的减少用保证金资金来弥补。如果固定资产增加,也可以以固定资产抵押来置换动产抵押部分。

（四）可操作性

第一，对农信社而言，呼图壁农信社对于核定的库存进行盘点，监督企业存入相应保证金。企业的库存减小，保证金则相应增加。这样使得农信社可以及时了解企业生产经营情况，保证信贷资金安全。这对信用社而言，其监管既方便又直观，有效地降低其贷款风险，可操作性很强。

第二，对企业而言，若企业的动产增加或减少，其存放农信社的保证金也将随之减少或增加。这样以来，该贷款方式不会对企业的经营造成大的影响，而且减少对企业资金的占用。呼图壁农信社通过企业封闭运行贷款方式，在中小企业有效抵押物匮乏的时候，也可以为其提供信贷资金支持，这在很大程度上缓解中小企业贷款难的问题。

（原载《中国县域金融调查报告（2011）》，杨德勇、徐楠主编，中国经济出版社2011年11月第1版）

（四）奉献“三农” 人生如歌

——记呼图壁县信用联社党委书记、理事长刘怀强

范汝豪　柳茂军

在中国共产党九十华诞之际，我奉上级指示慕名采访了优秀金融家、自治区信用联社主任阿不都同志。这位胸怀坦荡而又和蔼可亲的人直言不讳地说：“若不接受你老作家采访，那我就无情无义了，但合作金融战线上许多艰苦细致的工作是基层做的，应该写写县市信用联社，于是，我遵命阿主任的指示由乌鲁木齐市驱车西行，来到了呼图壁县城，只见高楼大厦鳞次栉比，城容城貌焕然一新，情不自禁地赞叹：呼图壁变化太大了、太快了、太神了、太奇了！

就在我惊喜之中巧遇到了县委宣传部的朋友，他满腔热忱地解释说，因为这里的农村经济繁荣而促进县城建设飞速发展，其中县信用联社功不可没！真是肝胆相照，原来彼此所见略同。于是我坚定了采访的信心，兴致勃勃地走进了联社办公大楼。首先接待我的就是刘怀强，他衣着朴素，中等身材，方方正正的国子面容，浓浓的眉毛，厚厚的嘴唇，那憨态可掬的形象，仿佛是位典型的农民。其实农民是衣食父母，当年历史伟人毛泽东也以农民出身而自豪呢！

就是这位“农民”，自2001年春天主持呼图壁县信用联社工作以来，使企业由小到大、由弱到强，产生了质的飞跃，发生了天翻地覆的变化：各项存款余额从2000年的24316万元飚升到2011年的286124万元，各项贷款由2000年的12316万元飚升到2011年的176076.52万元，税后利润由2000年的23万元飚升到2011年的6937.09万元。11年在历史长河中是渺小的，然而，刘怀强却创造了令人瞩目的奇迹！

一

刘怀强出生在玛纳斯县兰州湾乡一个老实巴交的农民家庭，高中毕业后根据当时的政策下乡接受贫下中农的再教育。其间不仅表现出色担任了民兵连长、团支部书记，而且念念不忘自学成才，成

为同龄人中杰出的佼佼者。

1978年春天，经兰州湾乡党委的大力推荐，他跨进了农村合作金融事业的大门，任兰州湾乡信用社会计、信贷员。当时我国农村信用社很少，天山南北更是罕见，所以，他名正言顺地成为新疆合作金融事业的元老级人物之一。尽管当时的信用社很不起眼，在土平房里办公营业，仿佛是令人可笑的"丑小鸭"，但刘怀强以敬业爱岗的精神，勤勤恳恳、任劳任怨地搞好会计、信贷工作，同时利用一切业余时间刻苦学习金融业务知识，以如饥似渴的心情，不仅虚心向老财会人员请教，而且认真精读有关财政金融方面的报刊书籍，促使他的金融知识和业务水平大大提高。

1984年夏天，刘怀强担任了兰州湾乡信用社主任，直至1998年前后达14年之久。14年在历史的长河中是短促的，然而对于刘怀强来说是意义非凡的。经过14年基层信用社的历练，经过14年的苦斗，使他得到了磨砺，增长了才干。在任期间，他使兰州湾信用社的面貌发生了巨大的变化，存款由刚任职时的100多万提高到4500多万元，且年年获得赢利，年年迈上新台阶，在全疆同行业中名列前茅。因此，他年年受到上级的表彰，于1994年早春2月光荣地加入了中国共产党，从此，为他人生的腾飞插上了金色的翅膀！

在1998年春意盎然、桃花盛开的时候，刘怀强被上级提拔任玛纳斯县信用联社副主任，主管办公室、信贷、工会、安保工作。为了提高企业的管理水平，他执笔先后起草和制定了各岗位职责28项，行政管理8项，信贷管理5项，发展中间业务5项，虽然仅仅3年时间，就使企业的各项工作上了新台阶，尤其是拓展中间业务方面更是成绩斐然。

采访中，刘怀强深有感慨地说，他的人生关键时刻都发生在春天，仿佛春天对他情有独钟。是的，一年之计在于春，阳光在争艳，和风在微笑，百花在盛开，鸟儿在歌唱，每人都在同一片蓝天下拥有同样的春天，但各人的收获大不相同，刘怀强不愧为时代的幸运儿，在人生之路上留下了闪闪发光的足迹！

二

2001年又一个桃花盛开、春光明媚的日子里，刘怀强奉上级调令，风尘仆仆地来到呼图壁县任信用联社书记、理事长、主任。从此，他迎来了人生又一个施展才华的平台。因为多年来他是党委书记、理事长"一肩挑"，从管理体制上保证了党组织的参与决策权。首先，把创建一个政治坚定、业务精通、团结务实、廉洁高效的领导核心作为领导班子建设的目标，为呼图壁县农村信用合作联社快速发展建设提供了坚强的保证，联社党总支多次被地方党委评为优秀基层党组织。其次，他始终坚持党管人才的原则，完善人才选拔任用机制，按照"民主、公开、竞争、择优"的要求，把群众公认的政治素质高、业务能力强、业绩出色的员工选拔到管理岗位上，以提高中层干部的管理能力；同时将党建工作同业务工作深入基层，仅2011年就发展新党员8名，培养入党积极分子22名，为搞好联社各项工作奠定了雄厚的基础。

以科学发展观为指导，搞好党风廉政建设和行业作风建设是刘怀强的重中之重。他坚决主张"谁主管、谁负责、管行业必须管行风"的原则，每年初都要同联社班子成员、各信用社主任、机关各科室层层签订目标责任书，将党风廉政、纠正行业不正之分、行业自律、案件防范等目标纳入年度目标管理，不论前台、后台，不论一线、二线，坚持审批、操作、监督三权分离，职能分离，实行岗位制约，按业务流程顺序操作，这样坚持责任约束原则，不仅强调责、权、利相结合，而且岗位制约，责任牵制，严防产生人情化的不正之风。并且开展了以“四强四优”为主题的创先争优活动，全面实行人事、财务、信贷和招投标公开制度，从而行之有效地加强了党风、行风建设。

以“加强党性修养，弘扬优良作风，忠实履行职责”为主题，又是刘怀强深入学习实践科学发展观的新理念。他始终信奉治标和治本、惩治和预防两手都要硬，惩治于已然、防患于未然的原则，牢记过好“五关”，即政治关、权利关、金钱关、享乐关、亲朋关；净化“三圈”，即工作圈、生活圈、社交圈；坚持“三个把握住”，即在行使权力中把握住自己，在对外交往中把握住自己，在生活作风上把握住自己；在具体工作中做到“十个严禁”，即严禁违规违法经营行为，严禁为亲友违规办理贷款、投资、担保等金融业务，严禁利用职权接受宴请、钱物，严禁泄露商业秘密，严禁乱提工资、乱发奖金与钱物，严禁违规新建、扩建、豪华装修，严禁公费旅游度假，严禁以各种理由收红包，严禁利用人事关系收取钱物，严禁个人或伙同他人合办企业。

为了深刻教育广大员工，刘怀强率领100名主要员工，于2009年前往芳草湖监狱接受现场教育，由劳教服刑人员现身说法，以犯罪服刑人员活生生的事实，沉痛而后悔莫及的教训，使听者的心灵受到极大的震慑，真正起到警钟长鸣的巨大作用！

在精神文明建设中，他坚决围绕一个中心，抓住一个根本，紧扣一个主题，做好八项工作。“围绕一个中心”，即紧紧围绕提高经济效益为中心；“抓住一个根本”，即抓住员工队伍建设为根本；“紧扣一个主题”，即提高综合实力，促进企业发展力主题；“做好八项工作”，一是抓好党建工作，二是抓好综合治理工作，三是抓好支农服务工作，四是抓好法制教育工作，五是做好双拥工作，六是做好扶贫帮困工作，七是做好民族团结工作，八是做好“五小建设”。

关于企业文化建设方面，他忠贞不渝地以“诚信、创新、和谐、奉献”的理念团结员工，以“诚实守信、合作共赢”的价值观鼓励员工，将人们的自我价值同企业的宗旨有机统一形成凝聚力和向心力，以提高软实力，加强执政力，发挥战斗力。

为了更好地配合精神文明建设和企业文化建设，近几年来由刘怀强任总编辑、朱智岗任副总编辑、张闫任责任编辑的《呼图壁合作金融报》越办越好，不仅内容丰富多彩、文章短小精悍，而且版式新颖、图文并茂，深受读者的喜爱，在天山南北同系统的企业报中独树一帜！

三

当年周恩来总理曾说：“人才是什么？人才就是科技的载体，人才就是宝贵的生产力，任何时候社会的竞争就是人才的竞争！”刘怀强十多年如一日念念不忘“人才经”，始终在发现人才、培养人才、团结人才、爱惜人才和使用人才方面大做文章。

他首先以自己自学成才的经历，大力支持员工们走自学成才之路，调动一切积极因素鼓励员工们参加夜大、函大等形式的在职教育学习，不仅提供许多方便，而且对取得毕业证的部分费用给予报销，并对学习成绩优秀者给予一定的奖金。这种开拓性的培养人才举措，既调动了自学成才的积极性，亦行之有效地促使团队整体素质明显提高。

员工培训工作贵在求真务实，将具体事务做实、做深、做细，他一次又一次地不遗余力组织举办了新员工上岗、会计、出纳、信贷、微机操作、文秘写作、档案管理等培训学习班，仅2011年就举办了核心系统和新员工等各种培训班24期526人次，并招收了8名本科生，23名文化较高的劳务派遣工。为了加强培训质量，不惜代价从乌鲁木齐市、昌吉市，甚至从内地请来金融、财政、司法、税务及礼仪等方面的专家讲课。刘怀强不仅百忙之中亲自主持培训班的重要活动，而且深更半夜、呕心沥血地备课并亲自为新员工讲课。因为他不仅具有全面的金融知识，而且具有丰富的基层工作经验，又善于旁征博引，所以凡他讲的课比较精彩，使听课者仿佛亲临其境，受益匪浅。

同时，他又善于走出去“取经”，每年都要派出联社领导、中层干部及业务骨干参加自治区和自治州的金融培训班，有的甚至千里迢迢地奔赴内地大专院校深造。如2010年7月，他有幸参加了自治区信用联社组织的50多位合作金融精英，前往我国最高学府清华大学取经，聆听了经济管理学院教授的讲课，使他茅塞顿开、耳目一新，深刻领悟到了金融管理方面的新理念。尤其使他刻骨铭心地理解到：高层领导必须把事情做正确，中层必须做实正确的事，低层必须把正确的事做好的哲理。同时，他深深地感到自己使命的光荣而艰巨：当领导不容易，当好领导更不容易。所以，他将这篇两千多字的进修心得刊登在《呼图壁合作金融报》上，愿同全体员工共同勉励！

呼图壁县信用联社有19个营业网点，其中11个网点分布在8000多平方公里的农牧区，两个网点在兵团，最远的网点离县城有70多公里，长期以来员工们生活很不方便，文化娱乐生活不尽如人意，为此，刘怀强看在眼里疼在心上。近3年来他以“以人为本”的管理理念，尊重和关心各族员工，改善员工工作与生活条件，有效解决农村信用社改革发展等一系列重大问题的需要，着力维护一线员工切身利益；时时处处心系员工利益，从珍视人、依靠人、造就人的人文关怀着眼，先后在基层信用社建起了小宿舍、小食堂、小浴室、小菜园、小阅览室等“五小”基础设施，为员工创建了温馨、舒适的工作、学习和生活环境，极大地改变了干部员工的工作作风，树立了良好的信合形象，密切了党群干群关系，全社精神面貌发生了可喜变化，成为自治区联社“五小建设”的领头羊和示范点。

按照“集中领导、统一规划、分步实施”的原则，于2009年投资165万元，新建了部分办公楼及“五小”设施。每当夏秋之季，小菜园里红红的番茄，青青的瓜菜，黄金金的南瓜，好不令人喜欢。员工们利用工余时间，有的除草，有的松土，有的浇水，有的喂鸡，有的放鸽，既陶冶情操，又丰富精神生活。如离县城70公里的雀尔沟信用社有6位员工，其中3位哈族同胞，自从办起小阅览室后，汉族同胞主动学哈语，哈族同胞积极学汉语，形成学习“双语”的氛围，既方便开展业务，又有促进民族团结，真可谓“五小”虽小，意义重大。如今“五小”建设的覆盖率达到100%。

2011年2月21日，自治区联社阿不都主任冒着严寒，率领全疆83家联社理事长及下属各部门的负责人共有130多人，兴致勃勃地来到呼图壁观摩民生小工程建设，参观了大丰信用社和枣园信用社的“五小”设施建设，大家表示十分满意，赞不绝口……

因为阿不都主任是才华横溢的诗坛明星，便即兴用哈、汉两种语言朗诵了一首赞扬“五小建设”的抒情诗，接着响起一阵经久不息的掌声！

四

我国开放的总设计师邓小平说：“发展才是硬道理。”刘怀强将老人家的循循教导溶化在血液里，忠贞不渝地落实在行动中。

他多年来视存款为聚宝盆，企业生存与发展的源泉，以“存款为第一要务”的理念，严格要求各信用社加强组织领导，积极做好存款宣传工作，建立优质客户群，健全激励机制等措施，调动一切有利因素，从大目标着眼，从细微处入手，从大客户突破，真正将存款业务做实、做深、做细，全力以赴地促使每年存款迈上新台阶。

尤其是近年来，随着中央新疆经济工作座谈会召开的大好形势，他更是将存款业务做到家喻户晓、深入人心。以最近的2011年为例：一是要求全体员工认清形势，坚定信心，紧紧抓住机遇，力争存款更上新台阶；二是强化责任感，将全年任务层层分解下去。真正做到"千斤重担大家挑、人人身上有指标"，根据联社制定的奖惩政策，组织开展"存款首季开门红"活动，极大地调动了员工们的积极性与创造性；三是改善服务态度，严格执行"营业网点文明优质服务办法"，时刻坚持文明服务，同时苦练操作技术，提高业务水平与工作效率，每年至少举办2次业务技能考试，对考试不过关的限期补考并给予经济处罚，将服务质量、服务态度、服务效率、服务环境等内容进行细化、量化，具体落实到岗位人员并加大检查督导力度，对服务很差而受到客户投诉的员工，本着"谁砸信用社的牌子，信用社就砸谁的饭碗"的原则从严处理；四是紧紧抓住商机，即抓住招商引资企业入住，做好开户、资金到位、商场资金回笼的时机，夏秋季节粮棉收购的时机，千方百计地将农牧民口袋里的钱源源不断地流进信用社的"聚宝盆"；五是积极采用现代化的存款与取款设备，方便储户取款，仅2011年就安装了9台自动取款机和30部POS机；六是周六、周日照常营业，极大地方便客户办理存取款业务。

为了提高存款存量，优化存款结构，降低资金成本，提高经济效益，刘怀强常常百忙之中亲自出马，主动登门拜访县委、县政府有关领导、团场乡镇领导，在亲切友好的交谈中捕捉信息，以诚信待人争取得到政府帮助与支持。他不辞劳苦、锲而不舍地深入企业拓展业务，凭着他人格的魅力，使全县的绝大多数企业、财政金融、社保扶贫资金、农村医保资金、安全风险抵押资金、房产局公共维修资金等纷纷落户到信用社。

更可贵的是刘怀强不遗余力地开拓兵团芳草湖农场和一〇五团的业务，不仅建立两个较大的营业网点，而且将一〇五团培育成为全疆首家信用团场，以如椽的大笔书写了兵地合作金融事业的新篇章！

硕硕的丰收之果，永远属于胸怀大志执著追求的人，永远属于将心血溶进事业为理想播下"圣火"的人。刘怀强的努力追求获得了成功，刘怀强的艰苦奋斗创造了令人瞩目的奇迹。以2011年为例：年末各项存款余额286124万元，占全县七家金融行业的56.94%；全年实现利润9123.66万元，上缴税金2186.57万元。让金灿灿的数字永远镌刻在新疆合作金融史册上！

五

温家宝总理在十一届五次全国人大报告中强调"三农"事业是一切工作的重中之重。刘怀强就是几十年如一日，对"三农"事业怀有特殊情结，忠心耿耿地为"三农"服务的模范人物。

他在努力创建信用户、信用村、信用乡镇、信用团场的基础上，千方百计地在优化信贷结构，把握信贷投放节奏，加大信贷投入，在落实惠农兴农政策上狠下功夫，大做文章。通过信用工程建设，更加完善与发展农户小额贷款、农户联保贷款、妇女创业贷款，简化办贷程序，提高办贷效率，切实加大支持"三农"的力度，完成国家银监会要求的涉农贷款"三个高于"的目标，满足农业经济发展的需要，推动传统农业向现代化农业的大跨越，促使新农村建设更上一层楼。2011年年末，各项贷款累计投放

237399万元，其中涉农贷款投放151452万元，农户小额贷款和农户联保贷款投放126850.75万元，连续多年在全县各家金融机构中遥遥领先。

大力扶持优势产业，促使广大农牧民脱贫致富奔小康，又是刘怀强这位老金融的新贡献。2011年年初，他在百忙之中深入基层，对全县的养殖户、设施农业户进行深入细致的调研，对符合条件的养殖户果断地发放畜牧业贷款12370万元，扶持建成了两个千头牛场、标准化养殖小区10个，优质高产奶牛存栏达5.5万头，家禽出栏2500万羽，同时发放设施农业贷款7364万元，促使全县特色农作物达18万亩，增加食用菌4万平方米，保鲜库容8万立方米，优质树苗和花卉面积5.1万亩。因此，促使全县广大农牧民的人均收入达到11496元，在天山南北名列前茅。不仅为农牧民开拓了脱贫致富的金光大道，而且使呼图壁真正达到了自治区首府"后院"的意义和作用。

扶持农民专业合作社是近几年来的新生事物，亦是刘怀强情系"三农"、服务"三农"、奉献"三农"的闪光点。所谓专业合作社，就是有的出土地，有的出劳力，以信用社贷款资金支持为后盾，以供销合作社服务网络为依托的"三社手拉手工程"，以此为契机发展养殖业、种植业，在劳动力、土地、资金互利互赢的基础上进行合理分配。至2011年年末，信用社向106家专业合作社发放贷款18538万元，入社土地达30万亩。这是改革开放新形势下的新生事物，让人们殷切地盼望早日喜结硕果。2012年3月13日上午，在自治区新农村建设促进会及县农业局领导的陪同下，国家财政部、农业部畜牧局、中国农科院、农民日报社领导一行9人来县联社调研农民专业合作社发展情况，中国农科院赵主任对县联社积极支持"三农"、培育农民专业合作社健康快速发展取得的成绩给予充分肯定，尤其是在经济欠发达的西部地区，政府、农业部门、农村信用社联合扶持农民专业合作社并取得快速发展，个别农民专业合作社发展到一定规模，感到十分惊喜并提出新的工作要求，希望县联社在取得成绩的同时，不断总结经验，为推进县域经济跨越式发展，发挥好农村信用社支农主力军作用。

呼图壁县地处乌昌经济区的西部，具有的天时、地利、人和等优势，工商业比较发达，经济也比较繁荣，所以，全力以赴地支持中小企业的迅速发展又是刘怀强的重要贡献。

他首先深入企业认真调研进行摸底梳理排队，坚持"有保有压、区别对待"的原则，根据中小企业资金要求周期短、频率高、时间紧等特点，改变业务流程，简化办贷手续，提高服务效率，及时放贷到位，以真正解决燃眉之急。2011年累计为全县中小企业发放贷款70695万元，重点支持白杨河60万吨以上煤矿技改项目，鑫联煤化工15万吨煤焦油深加工项目，西域春千头牛养殖基地等项目，尤其是对兵团第六师重点招商企业新疆动力源生物科技有限公司的16万吨农产品合成酒精与饲料项目给予大力支持。同时，努力扶持农业产业化发展，推出了中小企业流动资金贷款、固定资产贷款、最高额抵押流动资金贷款等，实现金融产品同中小企业实际需求的有效结合，共计投放农业产业化龙头企业贷款9760万元。

目前通过信用社扶持新增产值近亿元的企业有5家，重点工业企业86家，新增名牌产品两个，省级企业技术中心1家，被授予省级农业产业化龙头企业4家，地州级25家，占全县农业产业化龙头企业总数86%。

如农民企业家李子良原来的企业仅是加工面粉的小作坊，在刘怀强的鼓励与支持下，2002年向信用社贷款300多万元引进现代化的瑞士设备，2010年又贷款2000万元，使面粉加工日产量达300吨，产品销往中亚各地，仅2010年就纳税150万元，获得净利300万元。这位良心浓浓的农民企业家，经常掏心掏肺地说:“若没有刘怀强的信任和支持,就没有我李子良的今天!”

六

众所周知,清收不良贷款是金融工作的重中之重,亦是令人棘手的头等大事,刘怀强为此真是使出浑身解数,耗尽了宝贵的心血。

近几年来,他首先加强对不良贷款的专户考核管理,对于不能完成“双降”任务的信用社主任不能评优,甚至降级使用,同时联社领导亲自出马包片、包社,调动一切力量对大户实行重点攻坚,并将多次催收无效的“钉子户”“赖账户”在县电视台进行公告,仍无效者依法起诉,果然起到了积极的作用。

更难能可贵的是刘怀强不计个人得失,以大局为重、胸怀坦白地向县委、县政府要求,于2009年在县城西北20多公里处,无偿划给县联社1000亩土地,将出租后约960万元资金,作为解决历年因特殊情况沉欠的不良贷款基金。这一举措不仅在天山南北,就全国而言都是罕见的。采访中,刘怀强满怀深情地说:“党和人民永远同我们心连心,黄土亦能变成金……”

在清收不良贷款中,曾发生过许许多多使人难忘的故事,在此仅举了近两年中的3例,以飨读者。

故事一:

现年30岁的郝和升是园户乡三工湖村村民,于2000年向信用社借了10000元的小额贷款,按实际能力是可以按时还清的,但由于受了社会不正之风的污染,他欠贷不还,成了死皮赖脸的“钉子户”。在忍无可忍的情况下,刘怀强支持清收贷款人向县人民法院起诉,于2009年9月7日立案受理,必须还本息合计17947.92元,但郝和升却以“死猪不怕开水烫”的态度赖着不还。法律是严肃而公正的,县人民法院于2010年7月13日做出执行裁定书,判决归还本息合计18072.92元,但仍然拒不执行。2012年2月18日,县人民法院将被告人郝和升戴上冰冷的手铐,被告人终于低头悔过承认错误保证还贷。

这是一起典型的还贷案件,在呼图壁县引起很大的反响,不仅敦促贷款户还贷的责任感和紧迫感,而且树立信用社奉公执法、弘扬正气的光辉形象。

故事二:

维吾尔族同胞依扎克原来是县二轻局工人,企业倒闭后夫妻俩每人只拿了2000元的安置费,家中有3个孩子,为了生计就向信用社贷款30000元做收购皮毛生意,因受骗上当而损失了48万元,又向私人借钱买了一辆旧汽车拉煤维持生活。谁知开车时不幸压坏了一条腿成了残疾人。祸不单行,2008年因心脏病借钱做了支架手术,当时3个孩子中两个上大学,妻子又无工作,家庭生活的艰难不言而喻,自然怎么也还不起贷款。当刘怀强知悉后同信贷员李彦清一起看望了依扎克家,面对此情此景情不自禁地流下了同情的泪水。经过几年来千方百计地积极想办法,以特殊困难为由优惠了上万元的利息,当孩子们大了后,于2011年8月终于还清了这笔贷款。

依扎克夫妻见人便情不自禁地伸起大拇指说:“共产党亚克西、社会主义民族大家庭亚克西、呼图壁县信用社亚克西!”

故事三:

崔新河原是生产建筑材料的老板,于2005年1月17日向县联社营业部贷款了95万元,以他评估为230万元的房产、土地作抵押。当两年后到期时,因贷款人经营不善,不仅有200万元贷款收不回,而且又出安全事故赔款25万元，原本就十分艰难的企业更加雪上加霜。家中孩子要上大学，本人又得了肾衰竭的病，确实还不起贷款，就是起诉法院也难以处理，怎能将人逼上绝路呢？

这是一笔较大的贷款，作为县联社主要领导的刘怀强责任重大，真是食不甘味、夜不成寝。几年来经过多方努力，在坚持信贷原则的基础上，采取取消复息，利息挂账、先收本金等优惠政策，目前进展顺利，取得较好的社会效果，因而受到广大群众的广泛好评。

七

刘怀强出生清贫，是党和人民亲自哺育成才的。他不愧为党和人民的好儿子，几十年来以感恩的情怀回报社会，其中生动感人的故事似呼图壁河畔烂漫的山花艳丽而芬芳，在此仅摘取几朵献给读者。

第一朵，艳丽之花：

呼图壁县是汉、回、哈萨克、维吾尔、蒙等兄弟民族团结的大家庭，所以刘怀强念念不忘搞好民族团结，往往在信贷上给少数民族同胞适当的优惠，对少数民族员工在生活上适当地给予照顾。

2009年7月上旬，当刘怀强知道二十里店村维吾尔族村民玉素甫的妻子重病缠身，考上大学的女儿因交不起学费而面临辍学时，就同联社领导商量，决定义不容辞地伸出爱心之手。7月21日，他同朱智岗主任、叶斌、陈志高副主任送去了2000元及大米、面粉。

当年玉素甫还向信用社贷款25000元，种植了44亩棉花，刘怀强特地领着农业技术员前去指导，结果棉花获得了好收成，成了民族团结、扶贫帮困的佳话。

第二朵，美丽之花：

2011年春天，呼图壁县信用联社在既扶贫更重扶志、既重治穷更重治愚、既重“输血”更重“造血”的精神指导下，开展了“一帮一”的扶贫帮困活动。被扶助的对象是城郊居民徐彦龙，他是打零工的收入甚微，妻子在家没有工作，家庭生活比较艰难，两个子女全考上大学，但面临着辍学的困境。刘怀强看在眼里疼在心上，百忙之中前去看望，在决定孩子上学部分学费时，又送去吃的、穿的、用的，真是不是亲人胜似亲人。

第三朵，瑰丽之花：

在自治区信用联社庆祝党的九十华诞文艺晚会上，有位叫做王舞龙的小伙唱了一支歌曲《唱支山歌给党听》，接着又进行了现场采访：他10年前从四川大学毕业后来到了乌鲁木齐晚报社工作，两年后又成了呼图壁县信用联社的员工。谁知天有不测风云，小王于2009年不幸得了尿毒症！当刘怀强惊悉后坐立不安、心急似火，立即率领全体员工共计捐9万多元，同时又积极争取自治区信用联社的“信用爱心基金”19万元，当联社工会主席张闫代表大家千里迢迢地奔赴四川华西医院，将这笔沉甸甸的救助金交给小王时，凡在的知情人无不感动万分，尤其是小王父母潸然泪下、泣不成声。也许人间的真情大爱感动了“上帝”！果然小王奇迹般地康复了，又回到神圣的合作金融岗位上。采访中，王舞龙紧紧地握住我的手久久不放，满怀深情地说：“是刘书记和同事们给了我宝贵的第二次生命！”

每当南北疆发生震灾、旱灾、水灾、雪灾、寒流、风灾时，当前些年印度洋发生海啸时，当2008年春天四川汶川发生大地震时，当2009年乌鲁木齐发生“7·5”事件时。刘怀强都毫不犹豫地挺身而出，率领广大员工纷纷伸出爱心之手，仅仅近3年来累计捐款达30多万元。所以，他多年来被评为优秀共产党员、优秀思想政治工作者、优秀合作金融工作;他所领导的企业多年来保持自治区文明单位、先进基层党组织、工会先进集体、民族团结先进集体、扶贫济困先进单位等等。当我聚精会神、通宵达旦地写就此稿时,迎看东方晨曦翻开日历一看,正是当年毛主席老人家“向雷锋同志学习”题词五十周年的光辉日子。此时此刻,不禁心潮澎湃、思绪万千,便毅然采用雷锋同志的语录结束全文:“人的生命是有限的,可是,为人民服务是无限的,我要把有限的生命,投入到无限的为人民服务之中去!”

(原载《2012新疆报告文学》,毛玉山主编,中国文化出版社2012年12月第1版)

(五)这是几则真实的故事

陈发智 口述　刘树靖 整理

一

我父亲陈定山是呼图壁县的一个“老信合”。他已去世3年多了,可他在世时时常给我们说,20世纪50年代,信合人跑业务全凭“11”号,即两条腿。每天太阳未醒就出门,晚上满天星才回来,记不清跑了多少个农户,跑得两条腿像灌满了铅抬不起来,回到家就像一团烂泥——瘫了。后来不知又过了多少年,单位总算配了一匹枣红马,布褡子披在马身上,一支笔一个账本装在布褡子里,走村串户办业务,这就是老百姓常说的“马背银行”。有了马,以马代步,自己觉得优越了许多,轻松了许多。

子承父业。1988年11月1日,我通过考试在二十里店东滩信用社上班了。发工资时,我领了80元钱。“哟,这么多啊!”我高兴得跳蹦子,这可是我第一次拿工资啊,心里像三暑天吃了凉西瓜——美滋滋、甜丝丝的。回到家给老爹说了我的一些心事,老爹虽然默许了,但事情还是到了1989年2月6日才如愿。那天,我拿着几个月的积蓄,一溜烟跑到街上花了220元钱买回一辆“飞鸽”牌28型链盒自行车。自从有了崭新的自行车,我跑信贷方便极了。

光阴荏苒,当日历翻到1991年10月13日那天时,我告别了自行车,单位用8800元给我配备了一辆“金城铃木”100型摩托车,后来这辆摩托作价归了我。自从有了摩托,我显得格外威风。无论是在宽阔平坦的柏油大道上,还是在乡间泥土羊肠小路上,我骑着大摩托跑信贷,鸣着大喇叭,那个兴劲就甭提了,许多熟人见到我都竖起大拇指羡慕一番。那时,我真正感到一个信合人太幸福了!

尽管如此,但我还有更高的愿望,那就是朝思暮想的小轿车。这天终于到了,那是2009年4月15日,我用了129800元买回一辆日产“丰田卡罗拉”牌银灰色小轿车,多年的梦想终于实现了,此时此刻那种自豪感是用语言无法表达的。

跑信贷,由两条腿到以马代步,又到飞鸽自行车、铃木大摩托,直到现在坐着“丰田”小轿车。从父辈到我,一个普普通通的信合员工交通工具的变迁,不正是我们农村信用社从无到有、从小到大、从弱到强、从贫穷到富有的真实写照吗?

二

刚上班时，我所在的单位——二十里店镇东滩信用社一无所有，堪称“上无片瓦，下无插针”之地。因为我来后没地方坐，只好借用大队一间不足20平方米的破房子，土坯垒成，“田”字形的小窗户玻璃残缺不全，无防盗钢筋，一扇朽木门已被多年的风雨洗刷得不成样子了。房子低矮潮湿，光线阴暗，晴天还好，若遇雨天，外面不下了，里面还滴滴答答的。房内，并排着两张高低不一的桌子。高的桌子仔细尚能辨出颜色，模模糊糊深蓝色的桌面脏兮兮的；矮的那张已看不出什么颜色，剥落的油漆下裸出木头的本色。两张破桌子既是我和师傅姚继文的办公桌，又是顾客办信贷的柜台。因无地方坐，有的顾客来了屁股一抬便坐在桌上了。我趴在上面办公时，他们坐在上面居高临下地看着，心中的几许尴尬是不言而喻的。记得一天上午，来了七八个顾客，有站着的，有坐在我桌子上的，有靠着墙角蹲着的，他们办完事恋着不走，用报纸卷着莫合烟，不一会小房里烟雾缭绕，烟雾从“田”字形窗口顺着风势往外冒，外面行人惊讶地叫起来了，以为信用社失火了呢！

1993年秋，二十里店信用社盖起了二层小楼，面积414.01平方米，耗资365371.3元。从此，我们无办公地点的历史一去不复返了。随着信合事业的快速发展，这二层小楼已有些捉襟见肘，因此后来二十里店信用社又建起了一幢619.6平方米的办公楼，耗资1717738.19元。宽敞明亮的营业厅里，一律是崭新的现代化办公设施，什么桌椅，什么电脑、扫描仪等，一应俱全，应有尽有。50年代的背包银行以至后来的马背银行、自行车、摩托银行，都成了人们难以忘却的历史。

1988年5月8日，呼图壁县农村信用合作社联合社成立。1995年9月，县联合社耗资338.59万元，在县城东风大街和西市路交汇处最繁华的黄金地段建起一幢含地下室共五层的办公大楼，总面积2475.8平方米，设计美观，装修豪华，引人注目。特别到夜晚，楼顶上各种鲜艳夺目的彩旗高高飘扬，五颜六色的彩灯熠熠生辉，“呼图壁县农村信用合作联社”几个大牌子在大楼正门两侧十分诱人，整个大楼成了县城的一个光辉耀眼的标志化亮点。不久，耗资12800万元、总面积41166平方米又一幢18层(含地下室)高的大厦将矗立在呼图壁县城，它将像一颗璀璨的明珠照耀在祖国西部边陲！

如今，我们信合干部职工在这样一个优美的环境里学习、工作、生活，有谁不感到光荣、自豪呢！然而又有谁能忘怀过去那艰苦的岁月呢！

三

常听一些“老信合”说，50年代初呼图壁县农村信用合作社刚成立的那几年，各乡镇几乎是一个信用社就是一个人，称之为“一人社”，领导、会计、出纳就这个人“一篮子拐”。到20世纪50年代末，全县信合员工也只有20多人，直到“文化大革命”前的1965年，全县信合员工也才发展到50多人。可如今呼图壁县联社已有职工250多人，是20世纪50年代初的20多倍。1955年，全县各项存款30.7万元，1958年增加到3661.4万元；而2012年，仅呼图壁县联社各项存款就达到35.68亿元，是1955年全县各项存款的11622倍，是1985年全县各项存款的9.8倍。

然而，2001年却是呼图壁县联合社黑色的一年，这一年全社亏损90万元。痛定思痛，深刻的痛楚像一股电流触醒了联社一班人。“火车跑得快，全靠头来带”的道理感悟了我们。翌年，联社中层以上干部全员实行竞聘上岗，绩效挂钩，大家心往一处想，劲往一处使，2002年当年扭亏为盈，盈利23万元。而后三年一个大台阶稳步上升：2005年纯利润1000万元，是2002年的43.48倍；2008年纯利润2016万元，比2005年翻了一番；2011年纯利润6937多万元，是2008年的3.44倍；2012年纯利润8600万元，是2008年的4.27倍；2013年上半年就盈利6000多万元，预计今年全年盈利有望达到1.5亿元。10多年来，呼图壁县联社各项业务指标均达到"全国好银行标准"，多次受到区、州、县党委、政府及金融部门的表彰和奖励。

信用社发展我发展，信用社壮大我壮大，信用社辉煌我辉煌。如今，呼图壁县联社80%以上员工都有自己的小轿车，上下班都是自己开着车。员工的月薪也由最初的几元、几十元、几百元增加到如今几千元。2008年，员工年均收入达7万元，2012年就达到93600元，在全疆名列前茅。楼上楼下，手机电话，宽敞明亮的营业大厅，新颖统一的服装，安全达标的工作环境，优厚的福利待遇，十分诱人。如今，我也由一个不谙世事的毛头小伙成长为呼图壁县大丰镇信用社主任。回顾我在信用社25年的工作历程，我感到无比光荣和自豪！

修志始末

1954年3月，呼图壁县第一个农村信用合作社在渭户乡成立，迄今经过60年的风雨历程。早在21世纪初，县联社领导深感数十年的艰苦创业却无文字记载的遗憾，遂萌修志之念。随后多次征求联社部分老领导及老同志的意见，形成共识，并于2001年4月3日成立《呼图壁县农村信用合作社志》（以下简称《社志》）编纂领导小组，王钧任组长，来国珍、熊文任副组长，叶寿林、王本钢、田吉新、宋巨森、柳茂军、何建斌、王程、木合买提·哈南、王艳、刘晓进为成员。领导小组下设办公室，熊文为主任，田吉新为副主任，王本钢为成员。

2002年12月20日，因人事变动，县联合社调整《社志》编纂领导小组成员，刘怀强任组长，叶斌、李澍任副组长，柳茂军、王程、何建斌、唐志艳、王智、王艳、姚继文、狄光军、李财寿、刘娟、王惠琴、木合买提·哈南为成员。刘怀强为主编，李澍、张闫、来国珍为责任编辑，张志和为特邀总纂。

2003年4月21日，《呼图壁县农村信用合作联社志（1954～2002）》第一册内部印行，刘怀强主编。全志设《沿革》《机构》《存储》《信贷资金》《经营管理》《干部队伍管理》《大事记》共7章，图表8幅；题词、序、凡例、钰印铭文、机构设置、光荣历程、联社概况冠前；联社营业部及各分社、信用社概况等130余幅彩照冠前与殿后。全书约3万字，印刷800册。

2009年1月15日，因人事变动，县联社调整《社志》编纂领导小组成员，刘怀强任组长，陈志高为副组长，柳茂军、张闫、何玉刚、何建斌、李财寿、王智、潘存娟、狄光军为成员。

2010年6月1日，《呼图壁县农村信用合作联社志（2003～2008）》第二册内部印行，刘怀强主编。全志由《沿革》《机构》《经营方针和发展计划》《存储》《信贷资金》《经营管理》《大事记》7部分组成，文中图表16幅；题词、序、凡例、玉鼎铭文、县联社党委组织构架图、县联社理（监）事会构架图、县联社组织机构图等冠前；各营业网点简介、文化风貌等80余幅彩照冠前与殿后。全书约4.8万字，印刷800册。

2013年初，自治区联社号召全疆各县市联社编修社会主义新方志，并对各县市《社志》的编修工作作具体部署。应县联社之邀，2013年4月2日，外聘修志专家刘树靖正式上岗。4月9日，在年初拟出的篇目一稿基础上拟出篇目二稿，决定《社志》上限溯自事物发端，下限至2012年。

2013年4月10日，县联社《社志》编纂委员会成立（呼农信办〔2013〕100号），刘怀强任主任，朱智岗、刘娟、陈志高、叶斌为副主任，唐志艳、闫紫涵、各部（室）经理为委员。编委会下设编辑室，刘怀强任主任、陈志高为副主任，刘怀强为《社志》主编，刘树靖为执行主编兼顾问，唐志艳为副主编，闫紫涵为编辑。

2013年5月16日，宋巨森、李彦清及返聘退休老干田吉新、王万清到岗参与修志工作。“志书是银，资料是金”，志书的基础是资料，资料是志书的生命，故收集资料乃当务之急。是年5月中旬开始，刘树靖、田吉新、王万清、宋巨森、李彦清、闫紫涵、张秋芳等7人即不失时机收集资料。5月22日，自治区联社任胜、郑东辉、刘德润一行3人抵县联社指导修志工作。6月26日，郑东辉、刘德润、孙文件一行3人抵县联社座谈修志工作；随后拟出社志篇目第三稿。7月，调整李彦清到银星信用社、李新花到社志编辑室工作。9月，调周炜娜为社志编辑。至10月初，用近半年的时间，资料收集工作基本告竣，提供资料的单位有：县联社档案室、县联社综合办公室、县联社人力资源部、县联社信贷管理部、县联社计划财务部、县联社会计部、县联社电子银行部、县联社安全保卫部、县联社审计部、县联社公司业务部、县联社资产部、县联社风险管理部、县联社芳草湖信用社、县人大办、县政协办、县委宣传部外宣办、县档案局、县统计局、人民银行呼图壁县支行、农业银行呼图壁县支行、县委史志办、呼图壁诗词学会、县文体旅游广播影视局、县住建局、农业银行新疆分行、农业银行昌吉州中心支行、昌吉监管分局、昌吉日报社、昌吉国民村镇银行、兵团第六师芳草湖农场档案室、呼图壁河管理处。提供资料的人员有：傅贵春、张春山、田吉新、叶寿林、王万清、李彦清、宋巨森、刘树靖、李新花、周炜娜、向国忠、刘尚坤、牟新星、叶会莉、闫琴、何伟、王振荣、刘生健、孙吉贤、丁万和、闫紫涵、戴良佐、王建甫、刘怀强、朱智岗、刘娟、陈志高、叶斌、季明、刘轶全、狄光甫、王程、王舞龙、郭春、张广懿、周万兴、李殿昌、张闫、张秋芳、唐志艳、蒋世清、王曰英、唐志辉、唐福明、李北昌、刘刚、陈发智、柳茂军、甘润枝、宋巨程、付静、范绍娟、冉秀萍、木合买提·哈南、达列力·热斯别克、曼拉提·苏里坦、刘静(芳草湖)。共查阅档案11000余卷、报纸1000余张、文献100余册，社会调查100多人次，收集各类资料900多万字；征集回忆录、谚语、歇后语、故事传说、诗词歌赋、调查报告、新闻报道、名人札记、图片文牍、名人题签、信合文论、图表玉照、景观介绍等口碑和文字资料30余万字，照片6000余帧。在此基础上，社志编辑室拟出社志篇目第四稿。至此，进入试写《社志》初稿阶段。

2013年11月27日，因人事变动，县联社呼农信办〔2013〕282号文件决定，调整《社志》编委会成员，季明任主任，刘轶全、叶斌、陈志高、狄光甫为副主任，唐志艳及各部(室)经理为委员。编委会下设编辑部，季明任主任，陈志高为副主任，季明为《社志》主编，刘树靖为特约编纂，陈志高为副主编，唐志艳、宋巨森、闫紫涵、李新花、周炜娜、张秋芳为编辑。

2013年12月10~12日，自治区联社修志工作会后，12月17日任胜、刘怀强、郑东辉、刘德润一行4人抵县联社听取修志工作回报。12月31日，田吉新、王万清2人合同期满，离开社志办。2014年1月20日，县联社办公室副主任王舞龙负责社志办日常工作，宋巨森、闫紫涵分别调到安全保卫部和中渠信用社工作；调叶寿林为编辑。至此，《社志》编辑组由刘树靖、叶寿林、李新花、周炜娜4人组成。

2014年1月2日，自治区联社在《关于当前撰写〈农村信用社志〉过程中应注意的一些问题》中强调指出：“经自治区联社修志办研究决定，各行社编写的《农村信用社志》的上限一律从1951年1月1日，下限一律断至2012年12月31日，断限后至出版期间的发展情况可编写成大事记和专记，录入附录。”是年5月13日，自治区联社任胜、刘怀强、王海勇、郑东辉、刘德润、孙文件等一行6人抵县联社调研修志工作，就志书上限问题又作了说明。5月25~28日，在自治区联社举办的“自治区农村信用社2014年修志培训会”期间，对志书断限问题又作了强调。至此，拟出《社志》篇目第五稿。

在《社志》篇目第五稿的基础上，编写人员遵循志书体例，充分运用资料，秉笔直书，反复推敲，精心编写。从2013年10月中旬开始，经过一年的殚精竭虑、呕心沥血、艰苦磨砺，至2014年9月《社志》初稿初具端倪：《序》《凡例》《概述》《大事记》冠前；正文23章、99节、299目居中；《附录》《修志始末》殿后，共90万余字。由刘树靖统筹篇目、总纂统稿，并编写《序》《凡例》《概述》《大事记》、第一章《建置区划》、第二章《区域环境》、第三章《机构》、第五章《货币》、第二十一章《信合文化》、第二十三章《人物》及全志章前小序、《修志始末》《跋》等初稿。叶寿林编写第四章《队伍建设》、第八章《资产风险管理》、第十章《财务管理》、第十七章《管理》、第十八章《党群组织》。李新花编写第七章《贷款》、第十三章《资金业务》、第十六章《安全保卫科技应用》、第二十章《精神文明建设》。周炜娜编写第十四章《中间业务》、第十五章《优惠政策》《附录》，并负责全志的排版、打印工作。张秋芳编写第九章《会计出纳》。田吉新编写第二十二章《表彰》。王万清编写第十一章《稽核审计》。宋巨森编写第六章《资金来源》、第十九章《竞赛活动》。闫紫涵编写第十二章《电子银行业务》。10月，制定《审稿与审稿要求》连同初稿呈县联社初审、县委史志办复审。11月，将复审稿打印成册呈自治区联社专家组复审。

从2014年11月开始，《社志》编辑室把工作重点转移到志稿修改上来。是年12月底，叶寿林退休。翌年2月，共收集修改意见400余条，其中县联社各部门修改意见100余条，自治区联社专家组复审意见300余条。而后，拟出社志篇目第六稿。3月1日拟出修改进度表。4月13日，向国忠到岗。根据上级修志部门要求和各方面的意见，刘树靖、向国忠、李新花、周炜娜等4名编辑不辞辛劳，连续作战，纠谬补遗，完善资料，日夜修改。6月4日，自治区联社任胜、刘怀强、徐长江、刘德润一行4人再次莅临县联社检查指导修志工作，对复审后的修改稿给予充分肯定和热情鼓励，并进一步提出修改意见。按自治区联社修志办专家组的指导意见，6月26日终审稿脱稿。修改后的终审稿《序》《凡例》《概述》《大事记》冠前、正文23章，99节、276目居中，《附录》《修志始末》殿后，共96万余字。终审稿正文排序为第一章《区域环境》、第二章《机构》、第三章《体制改革》、第四章《职工队伍》、第五章《人民币管理》、第六章《股金》、第七章《存款》、第八章《贷款》、第九章《利率》、第十章《信用工程》、第十一章《资产风险管理》、第十二章《会计 出纳》、第十三章《财务管理》、第十四章《稽核审计》、第十五章《电子银行业务》、第十六章《资金业务》、第十七章《优惠政策》、第十八章《安全保卫》、第十九章《社务管理》、第二十章《党群组织》、第二十一章《精神文明建设》、第二十二章《企业文化》、第二十三章《人物》。经县联社审查批准，报《新疆维吾尔自治区农村信用合作社志丛书》编纂委员会终审验收，9月由方志出版社出版发行。

《社志》的编辑、出版，得到自治区联社修志办领导的大力支持和自治区联社修志专家郑东辉、刘德润、孙文件等悉心指导，得到县联社领导的高度重视和所属各部门的通力合作，得到呼图壁县委史志办、县档案局、人民银行呼图壁县支行等有关单位及县联社老领导、老干部刘怀强、傅贵春、张春山等热情关爱，得到方志出版社的大力支持，在此向所有关心和支持修志工作的领导、专家、学者及提供资料的单位、信合老领导、老前辈致以衷心感谢和崇高敬意！

编修《社志》是一项浩大的文化工程，凝聚着几代信合人的智慧和心血。虽经断断续续十余年的编修，但由于才疏学浅，且专业性颇强，加上后续编写工作时间紧、资料缺、经验少，故书中舛误和遗珠之憾在所难免，敬请读者批评指正。

《呼图壁县农村信用合作社志》编辑部

2015年9月30日